三十六计

五

原著◎南朝宋·檀道济

图　文　版

主编◎赖　咏

中国书店

目　录

第四编　《三十六计》智谋经典

第五编　《三十六计》现代新编

第六章 败战计智谋经典

31计 美人计

有施妹喜，惑桀亡国

夏王朝建立之后，有其辉煌的岁月，但传至第十四代的夏桀时，已是风雨飘摇，大厦将倾，岌岌可危。

夏桀其人，据说智力超群，颇有腕力，可以扳直铁钩。然而好大喜功，追求奢侈，贪图际乐的欲望，没有止境。夏桀继承王位期间，在夏国的北方的昆吾、豕韦都先后称霸，在其东边的商国也日益强大起来。相比之下，夏王朝日渐衰败。夏桀不甘心这一现实，企图依恃自己的智力和勇武，出兵讨伐相对弱小的邻国。夏桀权衡之后，选择有施氏为突破点，亲率士兵前往。

有施氏深知自己不是夏桀的对手。当得到夏桀率军前来讨伐的情报之时，一面派兵守御，一面召集臣僚筹划对策。危难之时，集思广益，想出了一条暂避祸患的美人计，借以瓦解夏桀的攻势，使自己得以保存，以图后举。计策已定，有施氏部落的首领便令侍从在城门上悬挂白旗，以示投降之意，条件是：夏桀若停止讨伐，有施氏便献上天下无与伦比的美女妹喜。

妹喜是有施氏人家的子女，又黑又亮的一头秀发，长可及地，明目皓齿，光彩照人。夏桀一见，便心摇神动，魂不守舍。立即答应有施氏的求降，鸣金收兵，带着妹喜和有施氏贡献的金钱财宝返回夏朝都城。

天生丽质的妹喜，使夏朝后宫的宠妃个个黯然失色，夏桀一心一意爱怜着妹喜。为了讨得妹喜的欢心，夏桀下令重修宫室，富丽堂皇高大无比，抬头仰望，大有倾侄之感，故名为“倾宫”。宫内筑琼室瑶台，走廊上镶嵌着象牙，床榻用白玉雕琢，极尽奢侈豪华之能事。而妹喜深知自己是兵败求生的贡品，牢记有施氏的耻辱和肩负报仇的使命。于是，她千方百计地纵容夏桀浪费钱财，结怨臣民。夏桀对此毫无觉察，只贪图妹喜的容貌、性感的体态，从中获得从未有过的激动。所以，对妹喜惟命是从。有一天，妹喜与夏桀对饮，妹喜说：“舞女长得太丑陋，舞池也太寒碜。应该挑选年轻貌美的少女，穿戴五彩绣衣，重修舞池，三千人同时起舞才能赏心悦目。”夏桀立即委派得力宠臣照妹喜所言办理。一时间，弄得鸡犬不宁，百姓叫苦连天。好不容易挑选了三千少女，赶制出五彩绣衣，还得找乐师编曲教舞，宫墙之内，忙忙碌碌，待乐师报告舞曲演练已毕，夏桀急可不耐地命令即日在倾宫演出。妹喜陪着夏桀倚栏而观，只见一队队身着不同颜色绣衣的舞女冉冉而入，大红的、翠绿的、天蓝的寻白的，斑斓的色彩，撒满舞池。伴奏的舞曲鸣响，个个

脸似芙蓉，腰若细柳，随着音乐节拍，翩翩起舞，翠摇珠动，红飞绿舞，千姿百态，变化无穷；再伴以犹如娇鸟啼春的清脆歌声，使夏桀目迷神移，乐不可支；妺喜也心花怒放，兴奋异常。次日再次歌舞，间隙时由宫奴巡行斟酒，妺喜嫌有碍观赏，便献上一策：与其个个赐酒赐食，不如筑一酒池，池边设肉山脯林。舞罢一曲，由舞女自行采食，将另有一番情趣。夏桀拍手称赏，即刻召见侍臣曹触龙、于辛，命其在倾宫园内修筑可以泛舟的大池，池中贮酒，池旁置肉山脯林。曹、于二人为了邀宠，特别卖力，先令百姓挖一又长又大的池子；将泥土堆成小山，栽种树木；池壁用大石砌成，池底铺上鹅卵石，大小相同，洁净无比，贮以美酒，作为池水；小山上铺绿色布帛，重叠摆上脔肉，犹如石块；树木上挂着用红绿布帛包裹的肉脯，似花若叶。又制作一轻巧的小船，供夏桀、妺喜乘坐，往返服游于池中。工程完竣，夏桀与妺喜前往观鉴，一见精致的酒池脯林，喜不自胜，急切地登上小船，荡漾池中；三千美女绕池歌舞。歌罢一曲，美女们爬在池边作牛饮之状，接着上山摘吃肉脯，欢声笑语，不绝于耳。夏桀放眼望去，若处在香国之中，流连忘返，如此歌舞不止，还嫌白日太短，又举灯火，作长夜之饮。美女的绣衣沾上酒痕油渍，又赶制新装。三番五次更换，都摊派给穷苦百姓，众百姓敢怒而不敢言。

妺喜对此渐渐厌倦，就怂恿夏桀到民间寻找身怀绝技的角色，诸如弹唱小曲的歌伎、奇形怪状的侏儒、玩杂耍的艺人等，召进宫中，供其取乐。可是，时过不久，妺喜又生厌倦，且突发奇想，对夏桀说：撕裂布帛的声音十分悦耳。夏桀立即下令每天进贡一百匹布帛，命力大的宫女轮番撕裂给妺喜听。单调的撕裂声弄得夏桀和妺喜头昏脑胀，又再变新法：妺喜脱去红妆，穿起戎服，招摇过市。几日过后妺喜忽觉还是浓妆艳抹更能使夏桀沉迷，便恢复红装，肆意修饰。不仅如此，妺喜觉得倾宫虽然豪华，但太沉闷，提出要与夏桀上朝，见见群臣朝拜的场面。夏桀当然听从，就搂着妺喜上朝，还让妺喜坐在自己的腿上，听群臣奏事，任由妺喜随意决断。

一批正直的臣子看到夏桀沉迷女色，荒淫无度，靡费钱财，无不为夏朝的命运忧虑。太史令终古首先苦谏说："勤俭失道的君王，必有亡国之虞。"夏桀不以为然，还以天上的太阳自许，终古见其执迷不悟，便全家逃往商国。大夫关龙逄看到夏桀不仅不纳终古的劝谏，反而强令诸侯国增

加贡品,任意挥霍;四处派兵,搜罗美女宝货,供其玩乐。就捧黄图进宫劝谏,声泪俱下。夏桀厌恶关龙逢进宫扰乱了他与妹喜的淫乐,勃然大怒,夺过黄图,扔进火炉,顿时化为灰烬。关龙逢对此十分痛苦,便冒死说道:"君王不务贤明,不爱百姓,夏朝的灭亡,指日可待。到那时,悔之晚矣!"夏桀一听此言,气得浑身发抖,喝令侍卫将关龙逢推出斩首。

忠臣出走、被杀,佞臣像苍蝇一样乘机而入,围绕在夏桀跟前,投其所好,搜刮百姓,以大量的金银财宝和美女来满足夏桀的贪欲。不堪重负的百姓,愤恨地说:"天上的太阳为什么不快点灭亡!"面对众叛亲离的时局,夏桀仍沉迷于花天酒地之中,不知祸患将至。当他听到商国日益强盛,为开拓疆域,攻占昆吾,还要进兵夏朝,惊怒并生。可惜强壮魁梧勇武的夏桀,自妹喜入宫之后,日夜淫乐,已经是手无缚鸡之力了。然而,他仍骄枉自负,决心与商国的兵马决一雌雄。两军相遇,夏桀毫无招架之力,只得步步后退,丢盔卸甲,溃不成军。商汤率兵乘胜前进,攻入夏朝都城。夏桀早就携妹喜出逃。商汤进到三嵏,才把夏桀活捉,将其流放南巢,不久,便一命呜呼,结束了夏朝四百余年的江山。

纣宠妲己,乱商亡命

商汤灭夏桀,建立商朝。经过数百余年的争斗,最后传位至爱,人们称其为纣。

商纣王统治时期,奢侈之风极盛,宫廷用度,入不敷出。惟一的办法,就是靠其天子之尊向各诸侯国勒索贡品。若不按时按量进贡,即兴兵讨伐。此时有个有苏氏,由于未如数交纳贡品,商纣王就亲率兵马勒逼。有苏氏国君得知,恐惧异常,心想如何保住国家才是当务之急。连年饥荒,已使有苏氏财力交困。要应付贪婪的纣王,只有另觅良策了。幸好有一女儿,名叫妲己,娇艳绝伦,权可忍痛作为贡品进献。于是一面搜罗有限的珍宝,一面唤出妲己,告以苦衷。然后派遣使者带上进献的贡册和妲己画像去向纣王求情。并表示若大王允准,以后如期进贡,再不延误。

纣王接过贡册,随意翻阅,所列珍宝奇物歌姬美女,数量可观,尤其是妲己画像,使纣王目不转睛,魂飞神驰,恨不得即刻把她揽入怀中。当纣王回过神来,表示允其承诺,尽快按贡册所列送到营帐。

妲己陪伴纣王返回商都,在旅途中,纣王醉眼凝望,妲己的举止,真若天仙般妩媚妖娆;与之交谈,声音悦耳动听。纣王满心欢喜地拥着妲己回到宫中。再看旧宠,一个个丑陋不堪,便一心一意爱怜妲己。把妲己的住处布置得极为豪华,服装用品都异常讲究。用象牙琢成精巧的筷子,还有五色斑斓的玉杯琼碗、瑶斝翠觚等器皿。与此相适应,供其娱乐的歌伎舞女日渐增多,服饰陈设,也日渐奢侈,不仅如此,又嫌宫室简陋,大兴土木,建造琼楼玉宇,历时七年,占地三里,名为"鹿台",装点得富丽堂皇。接着又在鹿台周围,修筑花苑园囿,广集奇禽异兽、狗马等畜养其中。在沙邱一带营造离宫别馆,以满足妲己的欲望。

自妲己入宫,纣王百依百顺,言听计从,肆意挥霍,使得忠臣个个为之寒心。先是箕子默然叹息,深表忧患;继而是商容、比干一同劝谏,纣王不纳,

商容只好告老还乡。

忠良之臣的沉默和引退，恰恰给纣王为所欲为的机会，对妲己更加宠爱；妲己也不忘父王的嘱托，放手怂恿纣王沉迷酒色淫乐，靡费资财。且看妲己美人的作为：

商朝的别都，奢侈之风极盛，贵族大贾终日歌舞，无止无休，因而有朝歌之称。妲己嫌商调缺乏韵味，时时流露出厌烦之意。纣王便令宫中乐师师延作北鄙之调，靡靡之音，音调窈眇飘荡，听得人心动神移。接着选拣民间美女，练舞习歌。还仿夏桀时的酒池荡舟和肉山脯林。所不同的是，当纣王与妲己泛舟酒池时，有成百上千的裸体少男美女在肉山脯林间追逐打闹，做出不少风流事，纣王受到感官刺激，也不由自主地搂抱妲己，脱衣宽带。

妲己对此并不满足，她要干预政事，在君臣之间惹起事端。一日，纣王闷闷不乐，妲己问其故，纣王说："鹿台虽然建造完工，倒还豪华壮丽，但园囿的珍离异兽、花鸟虫鱼及歌舞的少男美女还未齐备。诸侯们又停止进贡，使得花费供不应求。我欲兴兵讨伐，君臣反对，竟然对营建鹿台别馆提出异议。"妲己听罢，笑着对纣王说："此等区区小事，大王不必在意。诸侯停止进贡，只有讨伐一法，当年若不是大王亲征有苏国，我怎有机会入宫侍奉大王。而那些臣子敢对大王的作为说三道四，是大王太仁慈和刑法不严的缘故。"纣王以为妲己言之有理，心想讨代罢贡的诸侯，倒还好办；对辅佐自己的君臣施以严刑峻法，一时还难以有什么口实。妲己见纣王犹豫的神态，似有难言之隐，便进一步蛊惑道："群臣对大王说三道四，是诽谤犯上。"同时设计出一种酷刑，即"炮烙之刑"。

这种刑具是用铜铸成长约五尺、宽约三尺的铜格（后改铸成铜柱），架在火炭上烧烤，令囚犯在上面行走，使其烤烫致死。

待炮烙刑具制成后，纣王便召来朝的诸侯和大臣。诸侯、大臣们进得宫来，见庭中用木炭燃起熊熊烈焰，上面的长方形铜格烧得通红，直冒青烟，个个疑惑不解，不知做何用途。施礼已毕，纣王高兴地说："以往刑法太宽，致使诸侯不按时进贡，群臣不认真办事，百姓不服政令，多有诽谤。特制此炮烙刑具，借以严肃朝政。"诸侯和群臣听得此言，吓得浑身战栗。纣王看见此刑的威慑力，心中十分得意，便令侍卫从宫门外拖来两个百姓。纣王说："这

两个刁民肆意诽谤朝政,煽惑百姓犯上作乱,特处此刑。"侍卫便将两个百姓推上铜格。只见两人在铜格上大声惨叫,颠仆跳踯,顿时俯伏其上,皮焦肉烂,生出些许黑烟。诸侯、群臣面如土色,忧惧俱加,纣王却开怀大笑不止。

正当此时,敢于直言的诸侯梅伯,走出朝班说道:"大臣所言,多有不妥。先王成汤仁及禽兽,网开三面,得到天下诸侯的拥戴。当今仁未及,政未周,惠未布。理应节财爱民,宽刑薄赋,广施恩泽。怎能设此酷刑,残杀百姓呢!"纣王一听此言,勃然大怒,厉声痛斥道:"你多次诽谤,我容忍不究。今日又来胡言乱语,可见与刁民是一丘之貉,严惩不贷。"纣王的话,并未使梅伯畏惧,继续奏道:"臣之所言,是不忍商朝的六百年社稷毁于一旦,大王若以忠言为诽谤,臣情敢受炮烙酷刑,使天下后世知臣之忠、君之暴!"纣王怒不可遏,令侍卫把梅伯推上铜格。好在比干等群臣苦苦求情,纣王才改口将梅伯推出斩首。又命将梅伯尸首剁成肉酱,分赐诸侯,下令若不按时进贡和诽谤朝政的,皆处以此刑。诸侯得到梅伯的肉酱,愤怒不满的情绪,更加浓重。九侯国君的女儿得知父王闷闷不乐的情由后,哀求入宫舍死进谏,结果,入宫仅一日,就被纣王绞死。九侯、鄂侯也做了纣王的刀下之鬼。

西伯姬昌,对纣王的暴虐,愤怒不已。岂料这一情绪被告发,纣王将其逮捕,囚于羑里。姬昌被囚期间,研究八卦图,推演出《周易》来,其子伯邑考为了搭救他,带上珠宝到商朝做人质。不料,未救出父亲,自己被害致死。残忍的纣王将伯邑考做成肉羹,赐给姬昌。最后,还是给纣王献上美女和奇珍异宝,再用百两黄金买通纣王宠臣费仲,才将姬昌搭救回国。姬昌深知纣王的残暴和贪财好色,就投其所好,借以麻痹纣王,使纣王失去警惕;趁机广施恩惠,联络诸侯王,势力日渐增强,连与商都朝歌临近的黎国也对周臣服。

纣王对周的举动熟视无睹,仍整日与妲己淫乐。不仅如此,又用燕地的红蓝花汁调制成一种化妆品——胭脂,供妲己涂抹,显得更加妖艳妩媚,纣王为之兴奋不已,面对美人,酒兴大发,欢饮不休,纣王醉卧数日,迷迷糊糊,不知天上人间。

纣王的暴虐无道,使比干和箕子、微子十分忧虑,多次苦谏,纣王无动于衷,依然故我。致使一些正直大臣,纷纷离商而去。为了保住商朝宗祀。比干和箕子力劝纣王的亲兄微子离开朝歌,微子依其言而去。结果不仅没有使纣王从亲兄出走一事中猛省,而且倒使他觉得少了一个絮絮叨叨的人,一如既往地与妲己痛饮纵欲,继续作恶。

一年隆冬,纣王和妲己登上鹿台赏雪,见城河边老少二位汉子负薪过河,年老者步履稳健,年少者缩手缩脚,纣王觉得奇怪。妲己信口说什么是二位汉子腿骨血髓充满与空虚的差别。纣王即刻令侍卫下楼将二位汉子的腿砍断,以验证妲己所言。恰在纣王与妲己察看骨髓时,比干入宫来见说:"两个汉子被砍断双腿,犯有何罪?"纣王一时语塞,比干接着恳请纣王修德爱民,弃恶从善。纣王一听此言,勃然大怒,斥责比干退下。比干毫不畏惧,直视纣王、妲己,厉声说道:"大王不理政事,听信狐女妖言,祸国殃民,残暴无道,导致商朝危在旦夕。今天大王不答应弃恶从善,臣决以死谏。"妲己听得此言,心中畏惧,再看纣王气得满脸通红,觉得可以借机离间,杀死比干,于是冷冷说道:"照叔父说的意思,好像夫王是暴君,你是圣人。听说圣人的

心有七窍，不知是真是假？”纣王听到妲己的话，心领神会，便丧心病狂地令侍卫把比干开膛剖心来看。比干之妻赶到宫中求情，纣王见其怀有身孕，便与妲己打赌是男是女，当场剖腹检验。可怜比干之妻，救夫不成，反被开肠破肚，鲜血淋漓。当箕子赶到宫中，见此情景，大吃一惊，愤恨地对宫奴说：“如此残暴，商朝岂能不灭！快快通报，我要当面苦谏。”纣王与妲己对饮得兴高采烈，得知箕子前来没有好听的，对宫奴随口说道：“把箕子囚禁为奴。”

纣王的商朝所面临的，是诸侯背商服周：群臣中有的出走，有的被杀，有的被囚，有的被罢官为奴，就连其亲叔父比干也被剖心而死；百姓敢怒而不敢言，等待时机，推翻昏庸残暴之君。真是四面楚歌，危难迫在眉睫。

与此相反，继文王之位的武王姬发，礼贤下士，节俭爱民，势力日益强大。当武王得知比干被剖心而死，箕子被囚为奴时，认为灭商的时机已到，遂调集兵马，讨伐纣王。号令一出，各地诸侯纷纷响应，且拥戴武王为天子，浩浩荡荡，渡黄河向西进发。

纣王纵欲过度，难以重现昔日的英雄本色。匆忙中召集兵马，应召者寥寥无几。只好把奴隶和俘虏组织起来，驱赶着去迎战周兵。结果可想而知，牧野一战，商兵纷纷倒戈、溃散，纣王在恶来的保护下返回鹿台。

遭此惨败而又恶贯满盈的纣王，自知难为周兵和百姓所容。在他死到临头时，还要再次作恶。他命左右侍从把所有奇珍异宝都集中到鹿台，与妲己一起披金挂银地衣戴整齐，双双端坐在珠宝之中，令侍从点火，焚毁鹿台。就这样，花费千百万穷苦百姓心血和汗水构筑的豪华无比的鹿台，连同纣王、妲己以及敲骨吸髓而得来的奇珍异宝，顿时化为灰烬，商朝灭亡。有苏国君若九泉有知，当为他施用美人计的成功而感到欣慰了。与此相联系，因美人妲己怂恿纣王作恶，带给穷苦百姓的苦难，也是有苏国君始料不及的。

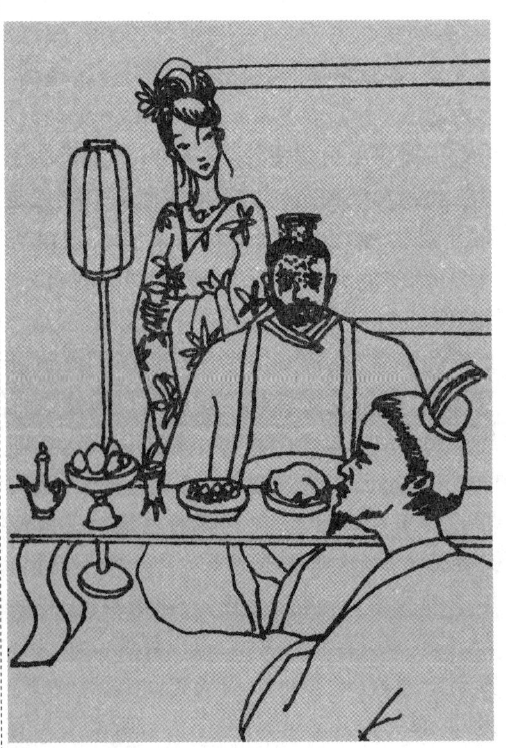

上述两个事例，前提相同。即在己国将亡而又不甘心于灭亡之时所采取的美人之计，此计实施的步骤也如出一辙：通过美人妹喜和妲己怂恿夏桀和纣王沉迷淫乐，靡费资财，离间君臣关系，结果弄得众叛亲离，怨声载道，危机四伏，导致灭亡。诚然，夏、商两国的灭亡，是其国内日趋尖锐的矛盾的结果，而妹喜和妲己的怂恿，加速了它的灭

亡。请看:第一步,以色迷人,沉溺淫乐,惑其志,弱其体。妹喜和妲己,称得上是绝代佳人。当她们被作为贡品入宫之后,夏桀与纣王视原来宠爱过的后妃们如敝履,钟爱集于美人一身,肆意淫乐,不理朝政。第二步,追求豪华奢侈,肆意挥霍,费其财,祸其国。夏桀时建豪华宫殿,造酒池脯林,裂帛;纣王筑鹿台,费时七年,占地三里,又有园囿之建,珍禽异兽,充于囿中。致使人不敷出,进而增加诸侯的贡献,勒索百姓,敲骨吸髓,结果,诸侯、百姓,怨声载道,人心背向。第三步,建立酷刑,招致怨恨,离间君臣,诛杀正直。夏桀的胡作非为,商纣的残暴无道,引起臣僚的不满,一批正直大臣如终古、关龙逢和梅伯、比干等,纷纷直言劝谏,被妹喜、妲己迷惑的夏桀和商纣,不仅不予采纳,反而诬其诽谤,处于斩首。尤其是妲己怂恿制造的炮烙之刑,残酷无比。就连商纣的叔父比干,最后也难逃开膛剖心之刑。如此一来,君不君,国不国,不亡何待。

巧用西施,勾践灭吴

自古以来,国与国之间,兵戎相见,胜而败,败而胜,生生灭灭地演变着。吴越两国的胜与败,败与胜,生出许多耐人寻味的故事,并且表现出在战败之后如何运用自辱其身,寻求胜机的美人之计的手法来。

吴王夫差之父阖闾,在与越王勾践的争战中重伤而死。夫差为报杀父之仇,守丧日毕,即命伍子胥为大将,伯嚭为副将,率倾国之兵,讨伐越国,且志在必胜。当吴军来到越境,勾践召集三万之兵与之对抗。结果,兵力众寡悬殊,越兵惨败,仅剩五千人退至会稽。在越国将亡之时,范蠡进言道:“战至如此地步,惟一的办法就是送上丰厚的礼物,谦恭的哀求,讨得吴王的哀怜和同情。若其不允,君王只好自辱其身,去做吴王的奴仆,寻求时机,以图再举。”勾践令文种以范蠡之言前往,言卑情切地向吴王请求,且答应交出越国,越王和王妃供吴王驱使。吴王见此情景,本想允诺,而在侧的伍子胥,列举史例,劝阻吴王,且说若不趁此良机灭越,后患无穷。吴王以为其言有理,拒绝文种。

勾践得知夫差拒绝,万念俱灰。文种又进一策:以财色贿赂嫉贤妒能而又贪财好色的吴王宠臣伯嚭,投其所好,定能请和成功。勾践即令文种采办。文种火速带上八名美女、二十双白璧,入吴军军营进献给伯嚭,果然顿时生效。次日伯嚭就领着文种叩见吴王。吴王仍持前议,决心彻底灭越,以慰父王在天之灵。伯嚭摇动如簧之舌,说什么允越求和,既可得越财富增强吴国实力,又可博得仁义美名,号召诸侯,名实俱获。否则,越国余兵,困兽犹斗,吴国虽不至于失败,但消耗人力物力,并非上策;倘有疏漏,还会贻笑于诸侯。吴王夫差为之心动,转而问文种,越王是否愿入吴侍奉。文种立即叩头,答称越王甘心情愿侍奉大王。夫差便应允越国讲和投降,伍子胥予以谏阻,吴王不听。文种回报越王,勾践立即挑选珍宝,又选三百三十名美女,装载上车,分送吴王和伯嚭,遂签订盟约。吴王十分满足,凯旋而归。

公元前四九二年年中,勾践怀着极其伤感和屈辱的心情,带着妻子在范蠡的陪同下入吴为奴仆。离开越都时,朝臣少不了一番劝慰,忍辱负重,以图来日东山再起。勾践心怀远图,认为暂时的坎坷,命中注定。入见吴王,跪拜俯首,感恩戴德之情,溢于言表,说得夫差也觉于心不忍、伍子胥得知勾践入事吴宫,其意不言自明,急速进谏吴王趁机诛杀勾践,以绝后患。吴王以“诛降杀服,祸及三世”为辞,回绝伍子胥。伯嚭在旁劝吴王勿食前言,夫差便饶恕勾践不死,在宫中为奴养马。

成大事者,必经磨难。勾践自辱其身,目的在于复国。因此,他与妻子、范蠡在天宫中小心翼翼,不愠不怒。夫差派人去观察勾践的行动,只见他们穿的是破衣烂衫,吃的是粗糠野菜,勾践看马喂草,范蠡砍柴打草,勾践夫人做饭洗衣,个个安分守己,一副心甘情愿模样。吴王得知此情,也认为他们意志消磨殆尽,再无尊严可言。从而放松了对败国之君应有的警惕。

不觉一晃三年过去了,夫差反倒觉得勾践君臣十分可怜,生出恻隐怜悯之心,加上伯嚭的讲情,打算放他们回国。伍子胥赶来劝阻说:“夏桀、殷纣囚成汤、文王而不杀,留有后患,结果夏被汤灭,纣被周亡。现在大王不仅不杀勾践,反令其回国,岂不是放虎归山,将重蹈夏桀和殷纣的覆辙吗!若不早除勾践,必悔恨终生!”夫差采纳其言,将勾践夫妇及范蠡重新囚禁石室。

文种在越国得到伯嚭传来信息,越王等不久将获赦免回国,接着又得知事有逆转,急忙派人携带珠宝美女贿赂伯嚭。伯嚭入见吴王,引经据典,对说吴王以仁德为重,方能成功霸业。夫差也觉其言不无道理,答应病愈之后,再议赦还勾践之事。

范蠡通医,知吴王疾病将很快好转,便建议勾践前往探病,要表现出对吴王的无限忠诚和谦恭,以便博得吴王的好感和信任。次日,勾践即通过伯嚭叩见吴王,显得十分忧虑,跪拜询问病情,恰在此时,吴王要大便,勾践便请饮溲尝便,判断病情。待尝过之后,高兴地对吴王说:“大王的病很快就会痊愈。”吴王为之感动,当即答应勾践搬出石室,养马驾车,待病痊愈,赦其回国。

事也凑巧,不几日,吴王的病真的好了,临朝理事。一日,大摆宴席,待勾践以宾客之礼。伍子胥见此礼遇,挥袖而去。接受越国金贿的伯嚭为防止伍子胥再生枝节,使勾践顺利回国,便趁机在吴王面前大肆攻击伍子胥。第二天,伍子胥果然面见吴王,苦言相劝,一针见血地指出:“越王入臣于吴,其谋深不可测;虚府库而不露愠色,是欺瞒我王;饮溲尝便,是食王之心肝。入吴为奴,是为灭吴!若不省悟,将大祸临头!”可是,吴王不悟,斥令伍子胥住口退下。就这样,因吴王一叶障目,不纳忠言,专信谀词,才使勾践及妻子、范蠡提心吊胆地回到越国京都,勾践感慨万端,复仇之志,坚定不移。

勾践回国后,千方百计地侍奉吴王夫差,发动男女采葛,织成十万细布进献给吴王,以满足他的嗜好,讨得他的欢心和信任。吴王高兴了,返还越国的八百里国土。而勾践暗暗地实施其复仇的计划,且以身作则,“日卧则攻之以蓼,足寒则渍之以水,冬常抱冰,夏还握火,愁心苦志,悬胆于户,出入尝之,不绝于口”。平日,勾践耕种,夫人织布,节衣缩食,出不敢荐,入不敢传,苦身劳心,取得百姓拥戴。同时对诸侯国的士民以礼相待。不久时间,越国人口增加,生产发展,民气日涨,实力日强。

当吴国伐齐凯旋的消息传到越国,文种向勾践进谋说:“古人云高飞之

鸟死于美食,深渊之鱼死于芳饵。大王若想伐吴复仇,仍要投其所好,参其所愿。"勾践精神为之一振,请文种详细说来。文种侃侃而谈,提出九术之策:尊天地事鬼神以求其祸;重财帛以遗其君,多货贿以喜其臣;贵籴粟麦以虚其国,利所欲以疲其民;遗美女以惑其心而乱其谋;遗之巧工良材,使其起宫室以尽其财;遗之谀臣,使之易伐;强其谏臣,使之自杀;君王国富而修利器;利甲兵以承其弊。文种最后说:"大王用此九术,破吴灭敌,报怨复仇,易如反掌。"勾践连连点头称妙,认真研究九术且逐步付诸实施。

说来也巧,吴王正在修建姑苏台,勾践立即命令搜集巧匠良材,送给吴王。吴王看到勾践送来的又长又大的木料,喜出望外,便根据良材的尺寸,重新设计宫殿规模,增派百姓服役,费时八年,才予完工,因而浪费人力、物力、财力,可谓劳民伤财。

接着又令文种和范蠡挑选越国最漂亮的女子西施和郑旦,送给吴王,投其淫而好色之癖。吴王见西施美如天仙,能歌善舞,多才多艺,顿时入迷。又为其建馆娃宫,铜构玉栏,珠玉装饰,富丽无比。馆娃宫外,又有鸭城、鸡城、鹅城、酒城之筑,耗资不计其数。此后,遂与西施在宫中淫乐,将朝政交给伯嚭。伍子胥多次劝谏,均遭斥责。

吴王西施挥金如土,致使百姓疲惫,国力日衰,勾践趁机派文种请籴吴国,伍子胥知文种用心,谏阻吴王说:"虎狼不得委以食,蝮蛇不可恣其意。"伯嚭却以德义反驳伍子胥。吴王夫差正以勾践臣服得意,批准借给越国粟麦万石。次年,越国将粟麦蒸煮后还给吴国,夫差见颗粒硕大饱满,十分高兴,不仅由此认为勾践讲信用,还要臣下将归还的粟麦留作来年的种子。结果,种子入土,没有发芽出苗,一年耕耘,颗粒无收,百姓饥困。夫差不知危难,仍骄横无羁,依恃勇武,准备兴兵伐齐,伍子胥再谏,惹恼吴王,令其往齐劝降。伍子胥知吴亡只在时日,便与儿子一起赴齐,托友人照顾,然后返回吴国。伯嚭趁机进谗言,把伍子胥赴齐托子之事大肆渲染一通,吴王听信不疑,令伍子胥自杀。伍子胥含泪从命,临死前对家人说:"我死后,请把我的眼睛剜下来挂在东门城墙上,我要看看越国灭吴的大军。"吴王夫差得知此言,怒不可遏,即令侍卫用马革将伍子胥尸首包裹,抛入江中,诤诤良臣,了却一生,吴王再也听不到逆耳忠言。伯嚭遂晋升为相国,朝政更加腐败。

公元前四八二年，勾践从西施传来的情报得知，吴王率精兵强将往黄池会诸侯，谋取盟主。只留太子及老将弱兵在国内把守。于是，勾践派兵遣将，讨伐吴国，吴军大败，吴王得知，惊得哑口无言，面如土色。赶紧与诸侯签订盟约，急忙赶回。见兵疲民困，只好向越国求和。勾践审时度势，慨然应允。由于吴王不从此一事件中吸取教训，在内仍重用伯嚭，宠爱西施，诛杀太子；在外又与齐、晋、楚以武力相对峙，兵力日渐消损。四年之后，勾践再次派兵攻打吴国，笠泽一战，吴军大败而逃，夫差奔至阳山，越军四面围困，伯嚭已经投降。夫差不得已，只好再次向勾践求和。范蠡与文种对勾践说："大王卧薪尝胆，愤发图强，熬了二十二年，今日定要除掉夫差，以避后患！"勾践还记会稽之败，夫差不杀的恩德，派人告知夫差，给他甬东之地、三百仆役，以终其养。夫差羞愧难言，自杀而死。

数年后，勾践消灭了吴国，杀死伯嚭、扶同；范蠡多谋远虑，携西施远走高飞。只有文种，不听范蠡规劝，以为有功，终被勾践赐死。此为后话不赘。

吴越间的败而胜，胜而败，几经反复，多所曲折。仅就夫差和勾践而言，异同极为分明。其相同处表现在，当处于劣势之时，以复仇为目标，都能够忍辱负重，苦心积虑，时时警惕，不达目的誓不罢休。如夫差为报杀父之仇，派专人在门庭外，迎其出入，却要提醒勾践杀阖闾之事。勾践兵败入吴为奴不愠不怒；回国之后，卧薪尝胆，以图再举。但两者的结果迥异：夫差羞愧自杀身亡，勾践消灭吴国，得到诸侯领袖的地位。这一差异，关键在于美人计的妙用。

当勾践兵败会稽，请求讲和而不得之时，是文种献策，以珠宝美人贿赂夫差宠臣伯嚭，且以入吴为奴为条件，才得以不死；继而被囚石室，伍子胥谏吴王立即处死，斩草除根之时，又是伯嚭，以仁义为辞，从中劝说，紧张情势，随之缓解；当勾践等小心翼翼，终日劳作，无悔无怨，引起夫差的怜悯，择日赦其回国，经伍子胥一番论说，而又重新将勾践等拘于石室之时，文种再次遣人以财色贿伯嚭，使勾践等解除囚禁，养马驾车，由于勾践有忠臣范蠡出谋划策，勾践探夫差之病，竟饮溲尝粪，以判吉凶。尽管夫差以胜利者自居，骄横傲慢，但这一举动，无论是在精神上，还是在感情上，所起的作用是巨大的，它一方面使胜利者得到了精神上的满足，以为勾践表现得如此卑贱，精神崩溃，只能为奴仆，不会有东山再起之心；从而在感情上，夫差不得不出于怜悯寄予勾践以同情，以至放其回国。

再以臣僚间而言，夫差下有伍子胥、伯嚭，勾践下有文种、范蠡。伍子胥、文种、范蠡足智多谋，深思远虑，洞察一切；伯嚭贪财好色，舍利忘义。伍子胥的忠信，被伯嚭的奸邪抵消。君王偏听偏信，由胜转衰。而文种、范蠡，目标一致，精诚团结，竭尽全力，出谋划策。君王为摆脱困境，虚心求教，付诸实施，由弱转强。由此可以看出，胜国之君因其胜而骄，因其骄而暴露出对方可乘之隙；败国之君因其败而谦，因而谦而深藏不露，虚心倾听臣僚意见。尤其是勾践回国后的卧薪尝胆与文种所献以美人计为核心的取吴九术，可谓是美人计的精品。因勾践运用适时得当，终于实现了由弱变强，灭吴复仇的目标。这就是《周易》中说的渐卦九三爻变与巽卦示以柔顺之意。

舍得美人，得居相位

吕不韦知道，做生意得找一个可以买卖的最好的商品，有的东西干上一年也赚不了多少钱，而有的东西一年干一次也就行了。

嬴异人却是一件干一次而一辈子都享用不尽的商品。

这可真是奇货可居。

嬴异人是秦昭王的太子安国君的儿子，这个二十多岁的年轻人，长得是清秀俊雅，可是由于这一阵赵王不断地派人骚扰，让人看起来显得有点孱弱，脸色也不好看。

自从秦国和赵国在渑池结盟以后，他就被自己的爷爷派到了赵国，当一名人质，一开始的时候，赵王还拿他当成个人看，可是到现在，他混得越来越没有个王孙的模样了。

嬴异人对于自己的命运已经丧失了希望，他知道，自己的父亲有好几个夫人，而他的母亲又早就死了，现在父亲最宠爱的是华阳夫人，而且在父亲那二十几个儿子之中，有他没他对于父亲而言，是没有什么了不起的事，已经一年了，也没有接到父亲和秦国的一点消息，只知道秦国和赵国的关系已经十分紧张。

他没有想到这时的他已经成了吕不韦的一块心病，吕不韦整天想的都是他、一个落魄的秦国的王孙。

嬴异人万万没有想到，赵国的大富翁吕不韦会给他送来他现在最想要的金子，而且说想见见他。

“见就见罢，就今天晚上如何?”嬴异人整天在家里反正也没有什么事，对于吕不韦派来的家人吕三，他看了看吕三送来的金光灿灿的金子，马上就答应了他，而且他从心里也想知道，吕不韦要见他干什么。

邯郸的夜色十分的美丽，天空好像是那样的低，星星也好像一伸手就可摘一个下来。

吕不韦的牛车来到了嬴异人的家门口。

被异人迎进了家门的吕不韦，一看见他家里的摆设，就知道，嬴异人的日子还真是不好过。

两人刚在几案前坐了下来，吕不韦就单刀直入地说：“王孙，我可以光大您的门庭。”

“哈哈哈哈!”异人一阵大笑。

“老兄，还是先光大您自己的门庭吧!”异人虽然落魄，

但是一个商人和他说这种话，他还是觉得十分可笑。

他看了看吕不韦，吕不韦没有说话。

等异人笑完了，吕不韦又说了：“王孙，我的门庭要靠王孙才能光大起来！”这一回是异人不再说话了。

吕三把从家里带来的美酒拿了出来，又拿出了赵国的美味，两个人都乘这个机会想了一想自己的心事，谁也没有说什么。

“王孙请。”吕不韦先端起来了酒杯。

“请。”异人还是那么的落落大方，吕不韦心想，异人虽然落魄，但是王孙到底还是王孙。

“听说王孙是当今秦王的嫡亲王孙，为什么反落到这么个地步。”吕不韦说话了，他想要先打掉异人王孙的傲气。

这一问，果然换来了王孙长长的叹息声。

“我虽然是王孙，可是却是一个不讨人喜欢的王孙。”吕不韦的话，一下就让嬴异人的头低了下来。

“不管怎么说，你也是秦王的嫡王孙，你为什么不把自己现在的处境向秦王和自己的父亲说一说呢？”吕不韦又问了。

“说又有什么用，我是让他们当成一个牺牲品派到赵国来的。”说到这里异人更是十分地悲观。

吕不韦老长一阵没有说话。

“王孙难道不想改变一下现在的这种局面嘛？”

“改变？想又有什么用？”异人的头还是抬不起来，却大口地喝了一口酒。“王孙，你难道没有听人说过，塞翁失马，焉知非福，《易经》上也说过嘛，穷则变，变则通嘛！”

又是一声长长的叹气，异人什么也没有说。

“王孙，我能让你成为秦王孙里最受宠爱的一个！”吕不韦一下子就喝干了自己铜盏内的酒。

这一句话让异人瞪大了眼。

他死死地盯着吕不韦，好像一下子明白了许多。

“要是真是如此，我一定要好好地感谢您。”异人对吕不韦尊重起来。

“我还要让您当上秦王！”吕不韦又给自己倒了一杯酒。

“要是那样的话，秦国就是你我两个人的！”异人说的是那样的干脆！

“王孙的话说错了，我吕不韦哪里敢和王孙共有秦国的天下，我只不过是想在列国纷争的天下，做一个青史留名风云际会的贤臣罢了。”说完，吕不韦向异人长长地做了一揖。

异人不知道吕不韦如何才能兑现他所说的一切，但是一个家有万金的大富翁，非要给自己这个根本就没有什么把握当秦王的落魄王孙当臣下，也着实让他感动了。

“我看，我们还是做兄弟的好！”异人又长长地向吕不韦一揖。

吕不韦敢忙还了一揖，连声说：“臣下哪里敢，臣下哪里敢啊！”

“哈哈哈哈！”异人又是一阵朗声长笑，说：“老兄，我的秦王不一定当上，不过我倒是真心实意地想结交你这个大富翁啊！”

吕不韦答应了,他比异人大,当了兄长。

两个人长谈了一夜,吕不韦又留下了五百锭的金子走了,他告诉异人,他这就西去秦国为异人谋事。而这五百锭金子可以换成上万枚赵国的小刀币和布币。

十五天后,吕不韦来到了秦国的都城咸阳。

咸阳秦王宫的西首,有一条长长的小街,那里有一处十分高大的府弟,宽敞的屋子和秦王宫正好相配,只不过屋檐下的瓦当比秦宫的小了许多。

这里就是秦国太子华阳夫人姐姐的家。

吕不韦在这座宅子的外边徘徊着。

他的心里在不停地想着自己的计划。这个世界对于吕不韦而言,他自己觉得已经了然于胸了,作为一个商人,手里最有力量的东西莫过于钱了,有了钱就有了一切,人们说得好,有钱能使鬼推磨,有钱能买人的一切。

吕不韦笑了,他突然觉得这不过是过去父亲那一代商人的思想,这已经太落伍了,他要超越的就是这个钱的哲学。现在的吕不韦是这样想的,钱是一个好东西,但是不是万能的,能将钱、权、名,这些人们都想要的东西结合在一起,这才是一个完人,一个顶天立地的男人,一个可以主宰自己和一切人命运的人。

有钱还要有权,将钱变成权,再从权里变出钱来,而在这个过程中又将名,那个看不见摸不着,而人们又像疯了一样追求的东西像光环一样套在自己的头上,那才是千古一绝,那才是天下第一商人。

而天下第一商人又是天下第一政客。

这能不让吕不韦笑嘛。

"笑得太早了。"吕不韦又自言自语起来,他知道,要想做到这一点,一万里他刚走了第一步,以后的路还长着呢!

而更为重要的是,有的时候,让钱发挥作用的时候,单单地将钱送上去是没有用的,还要靠自己的聪明和才智。

所有的这一切他都有。

吕不韦信心十足地走进了华阳夫人姐姐的大门,三天前,吕三已经将一切打点好了,华阳夫人的姐姐已经收下了吕不韦送来的赵国的珍宝,对于这些东西,没有一个女人不喜爱。

吕不韦知道,送礼要会送,给男人送胭脂说不定会让人打出来,这就和给女人送宝剑一样。

今天的见面礼是一串他从齐国贩来的墨玉珠子,他知道华

阳夫人的姐姐长得极是白皙清丽，而这一串墨色的珠宝，会让她觉得自己美如天仙。

果然，那串珠子让这位美艳的妇人爱不释手。

“夫人，我就开门见山的说吧，我是为两个人来的，这两个人关系到夫人家的荣华富贵！”吕不韦知道，他已经有了说话的权力了。

“哪两个人？”夫人一边把玩着那串珠子，一边问。

“华阳夫人和异人。”

“谁是异人？”夫人问。

吕不韦三言两语就让夫人知道了那个在赵国的落魄王孙。

“我是异人王孙的门客。”吕不韦说了一句谎话。“那真是一个让天下豪杰归心的王孙，一个在列国中有名的还算是有点钱的人，自愿地给他当门客这事我想您在列国中还没有听说过吧！”吕不韦话一出口，就让夫人觉得异人这人还真有两下子。

“夫人，您知道，华阳夫人是太子最宠爱的夫人，可是我不知道夫人知道不知道这么一句话？”吕不韦问了。

“什么话？”

“色衰爱弛！”吕不韦的话掷地有声。

“色衰爱弛！”夫人下意识地摸了摸自己的脸，没有哪一句话比这句话更能打动女人们的心了。

“夫人，华阳夫人，您的妹妹，现在是那样的美丽，但是她总有老的那一天，天下的美女就像春天的芳草一样，永远是那么地铺天盖地，我不知道您想过没有，要是那一天到了，华阳夫人怎么办，而您家又会如何？”吕不韦的话总是那样的有力。

“您可千万别忘了，华阳夫人一个孩子也没有给太子生过，可是太子却有二十多个儿子，总有一天华阳夫人会老，而总有一天太子也会在自己的儿子里面找一个太子，人们都知道母由子贵这个道理，而到了那个时候，对于您和华阳夫人而言，天就塌下来了！”

“怎么办？”夫人放下那一串珠子。

“我今天来就是给您的妹妹和异人王孙说合的。”吕不韦顿了顿。

“夫人，华阳夫人没有孩子，而异人却是一个母亲早就死了又没有得到太子宠爱的王孙，可是异人是一个很有作为的王孙，在赵国和列国都有特别好的声誉，对于自己的父亲他是那样的思念，更为可贵的是，他知道父亲喜爱华阳夫人，就将华阳夫人当成了自己的母亲，您不知道，就因为你们家是楚人，在赵国的异人也穿的是一身的楚服，他天天向上天祷告，让老天保佑太子和华阳夫人永远恩爱，福寿永长！”

看着没有说话的夫人，吕不韦又说了两句：“夫人，要是华阳夫人能真正地认异人为自己的儿子，让太子封异人为太子的话，那么华阳夫人就是再老，也不会因为色衰而爱弛啊！”吕不韦是一字一顿地说完最后这句话的。

夫人的心让吕不韦说动了，确实，他说的字字在理，而且方方面面都是给她们家打算的。

“异人是不会忘记自己‘母亲’的！”华阳夫人的姐姐知道这句话的意

思。

当天夜里，夫人就进宫找华阳夫人去了，将吕不韦的这些话告诉了自己的妹妹，当然也没有忘记给自己的妹妹带去远在赵国的异人送给自己"母亲"的厚礼。

人们说男人是征服世界的，而女人却是专门征服男人的。

谁也不知道华阳夫人用了什么手段，反正太子答应了她认异人为儿的请求，而且答应华阳夫人，封异人为嗣子，并且专门雕了一枚玉印。

玉印上刻着"嫡嗣异人"四个篆字。

吕不韦的第一步成功了。

现在，在赵国都城邯郸的吕宅里，吕不韦正在和他的兄弟异人喝酒，庆贺这一伟大的胜利。

对于两个人来说，有一个用不着说明的道理，俩人都心照不宣。那就是秦昭王死了天下就是异人爸爸的了，而异人的爸爸死了，天下就是异人的了。

望着吕不韦从秦国给他带来的金子，异人笑了。

"这些都是华阳夫人送给您的，送给嫡嗣儿子的。"吕不韦十分认认真真地说，而且按照账单一分不少地交给了异人。

异人心里一阵的感动。

两人开怀痛饮起来，天色越来越暗，吕不韦突然想起什么来了。

"老弟！今天真高兴，我倒忘记了，我有一个爱姬叫红吉，弹得一手好琴，跳得好舞，唱得好歌，让他给咱们助助兴，高兴高兴，你看如何！"

"那可太好了！"异人很长时间没有和女人亲近了，一听吕不韦说到女人，眼立即就放出光来。

一阵环珮之声，一个女子袅袅婷婷地走了出来。

异人看得呆了。

只见那女子粉妆玉琢，白嫩的脸上淡淡地抹了一点红红的胭脂，明亮的瞳仁就像是熠熠生辉的宝石。

她就像从梦里走近了吕不韦和异人，向两人长长的一揖，说："贱妾见过王孙。"声音如莺。

说完就在堂中边歌边舞起来：

……

关关雎鸠，
在河之洲；
窈窕淑女，
君子好逑。
……

天啊，这歌声就像是从天上飘下来的，世界上没有再比这动听的声音了。

异人从来没有见过这么充满了诱惑的身段，那长长的白色的袖子，就像是一支钓鱼的钩子，让异人的眼如死鱼一般。

“太美了！”异人心里在叫喊，而灯下的美人又让他什么也说不出来。

酒的力量使异人跪在了吕不韦的面前。

“大哥！求您将红杏赐给小弟吧！”

“什么！”吕不韦大怒！那满脸的怒气吓得异人的酒一下子就醒了。

“小弟失言，小弟失言！”异人连声说道。

就在这两句话之间，吕不韦的脑海里飞快地闪过了无数的念头。

这是个什么东西！

你还叫人！

杀了这个混蛋！

阉了这个色鬼！

……

送给他！将红杏送给他。

……

越到后来，后面这念头就越强烈。

做买卖要有资本，做大生意更要有资本，没有资本什么都没有。

无钱作力，吕不韦想起了父亲的话，为什么无钱作力，不就是因为没有资本嘛！

少有斗智，饶时争时。

有了资本才能干大事，而今天的吕不韦能将自己的全部家财拿出来做这一桩奇货可居的大生意，不投入巨额的资本行嘛！

异人在吕不韦想事的时候告辞了，他知道，今天这事干得太傻了，没有吕不韦就没有他的今天，也可能没有他的明天，君子不夺人之爱，可是今天，他却要夺恩人所爱。

异人逃席而去。

他万万没有想到，第二天，吕不韦竟然将那个千娇百媚的红杏给他送来了。

异人觉得有点眩晕，世界上没有比他更幸福的人。

他不知道，这个美丽的女人已经怀孕了，肚子里有他大哥的孩子！

黄歇贪色，失位亡身

在吕不韦想秦王的事情的时候，远远的南方，黄歇正在分析着楚考烈王熊完，他那个学生。

黄歇的日子不好过。

熊完总是对他阴着个脸，过一段时间，黄歇就不知道熊完心里在想什么，而他每时每刻都在想着，一定要牢牢地掌握住熊完，要不一切就完了。

黄歇想起了屈原，那个年轻时代自己特别佩服的一个人，而现在他却觉

得正是由于自己年轻时候佩服他，才给现在的他提供了这么好的经验，他已经走向屈原的反面。

黄歇在心里给自己找到了理由，只爱国而没有国王的支持那是傻爱，屈原就是一个例子。

有的时候他也想起老莱子，特别是上一回合纵未成，他领兵从前线回来的时候，在长江边上正好遇见了老莱子。

老莱子什么也不想和他说，只在他问他干什么去了的时候，那个欢快的老头才说："大月去太湖，大雪过长江。"

真美啊，黄歇马上就想到了太湖的大月亮和大雪时的长江，可是哪却不是他黄歇现在的生活，他已经在宦海里沉的太深了！

看着熊完对自己阴沉的脸，黄歇的花样也越来越多起来，一开始他将楚王封给自己和齐国相连的封地回献给了楚王，让楚国在那里设立了郡县，他看出来了，楚王特别高兴。

楚王将过去的吴地又回封给了他。

看着楚王的脸色，黄歇又一次和山东五国商量，再一次搞合纵攻秦，由于春申君的名望和门客们的奔走，又一次搞成了。可是楚兵多年没有征战，成了秦兵的主要打击目标，是他第一个率军离开了合纵的前线，跑了回来。

合纵就这么失败了。

熊完又开始找他的麻烦。

这事源于山东五国派使者来问楚王，为什么楚国说搞合纵，可是又第一个跑了？

熊完叫黄歇进宫去盘问，黄歇是淌着汗从楚王那里回来的。

还得让楚王心里有事，得像水牛一样，用一根绳子牵着走。这就是这几年来黄歇对付楚王的办法，也是楚王离不开黄歇的原因。

正好门客朱英给他出了一个主意，说过去楚国之所以不怕秦国，主要是因为都城和秦国离得远，而现在楚都和秦境离得太近，而秦兵又如此强悍，不如迁都。

"不如迁都。"黄歇重复着这句话。

迁都可是大事，一年两年干不完。

黄歇笑了，这主意真好！他马上就又回到了楚王宫，将秦兵多么厉害，楚军这么多年没有打仗，在前线如何一触即溃，而现在楚国的都城多么的危险和楚王说了一遍。

郢都失陷的惨景在熊完的眼中还历历在目。

楚王下定了决心，迁都，将都城再一次向南迁，离秦兵，离秦国越远越好，越远越安全。

楚国的都城一下子就从陈又迁到了寿春。这是楚国的第四次迁都了。

黄歇还有一个对付楚王的办法，就是给楚王找女人。

熊完并不十分好色，可是却特别需要女人，还要那些高胸大臂的女人，原因是这么多年来，熊完连一个孩子也没有，楚国就要绝后了。

黄歇就成了熊完的觅花使者，他知道，他是熊完的希望，也是楚国的希

望。

可是，黄歇可没有想到在他这么费尽心思琢磨楚王的同时，一个自己的门客也在琢磨他。

真可谓是螳螂捕蝉，黄雀在后。

这个门客叫李园，一个长得水蛇腰，娘娘腔，总是让男人看着不顺眼的人。

李园看得出来这个男性的世界对他的轻蔑，而他也是一个男人，他时刻在想，臭男人们，你们现在笑吧，总有一天，我让你们永远也笑不出来。

他想出人头地，可是就是在黄歇的这些门客中，他也总是被人们嘲笑。

李园有个好妹妹，之所以说她好，那是因为她是一个人见人爱的大美人，人长得像天仙，又特别聪明，男人喜欢聪明的女人，更别说一个聪明而又漂亮的大美人了。

她的名字叫李嫣。

李园知道，自己的妹妹是一个见城倾城，见国倾国的人物，可是那有机会让城见她，让国见她啊。

李园是赵人，他请求黄歇让他回一次家。

黄歇同意了，对于这个门客，黄歇心里觉得好笑，人长得像个女人，一切的一切都像是个女人，心也特别的细，可老天却偏偏让他是个男人。

说好了一个月就回来，可是又多过了十天，李园才从赵国回来。

黄歇觉得奇怪，这个人特别心细，从来都是守时的。

“你怎么回来晚了？”看着李园，黄歇随意一问。

“是这么回事，赵王的使者到了我家，我接待了一下，回来晚了。”李园不动声色。

“赵王的使者到你家干什么去了？”黄歇已经进了圈套。

“他想让我的妹子进宫。”

既然赵王去求，那么这个女人一定特别漂亮，而因为熊完的关系，黄歇对于漂亮的女人特别地关心。

“已经让赵王聘走了？”黄歇又问了一句。

“也就是说了说，别的什么还都没干呢！”李园还是不动声色。

“能让我见见嘛！”看着女人一样的李园，黄歇想他的妹妹该是一个什么样子啊。

"那有什么说的,我这就再回去一趟,让她来楚国一游。"李园心满意得地走了。

李嫣一下子就迷住了黄歇,这个楚国的才子,从来没有见过这么漂亮而又聪慧的女性,特别能让他动心的是这个女人有北方的那种豪迈的劲头,论喝酒,黄歇不是她的对手。

而且对于黄歇的要求,李嫣没有什么不好意思的,一夜狂欢,欲仙欲死,黄歇得到了从来没有过的满足。

他离不开李嫣了。

第二天,他给了李园两双白玉璧,五百镒金子。

让黄歇特别高兴的是,这个女人还从来不出门,以至于楚国上下竟然没有什么人知道他刚刚纳了个美妾。

刚刚三个月,李嫣怀孕了。

李嫣可是一个聪明的女子,以至于聪明到了对于男人的认识和其他女人的不同。别的女人只知道嫁汉嫁汉,睡觉吃饭。在李嫣的心里,这些女人太傻了。

她要的是能改变她命运的男人,她有着女人所必须的财富,那就是让男人一见就爱的美姿。而嫁给一个平常的人,也就只有睡觉吃饭了,而嫁给一个大官,那她就是夫人,要是嫁给一个国王呢?

李嫣想起了哥哥李园的话。

"做妾和做夫人哪个富贵?"

"当然是夫人。"

"夫人和王后哪个富贵?"

"当然是王后。"

"那就当一回王后。"李园说。

李嫣相信她的这个哥哥,这个比别的男人看起来弱小,可是心智却不比哪一个男人差的哥哥。

李嫣想,男人并不只需要强壮,而更重要的却是心智。

夜色已经笼罩了楚国的相国府,看着在自己身边无限依恋的黄歇,李嫣就觉得他还是个孩子,在感情上,哪一个男人也玩不过女人。

该行动了。

"夫君。"李嫣千娇百媚地叫了黄歇一句。

黄歇从头到脚觉得美。

"干什么?"黄歇觉得她要说些什么。

"夫君!楚王对您那么好,就是楚王的兄弟也比不过您,列国四大公子,也只有您不是王亲。"李嫣的话激起了黄歇的自豪感。

李嫣知道,男人在女人那里想得到什么,他们要虚荣,要女人的称赞。

"可是我真为您担心。"黄歇看见李嫣第一次皱了眉头,心里竟然觉得好痛。

"用不着为我担心。"

"我怎么能不为您担心呢。楚王无子,楚王一死,楚王的兄弟就是国王了,可是您当了楚国十几年的相国,那一个楚王的兄弟不看着您眼红啊!那

一个您没有因为什么事得罪过他们啊，到了那一天，就不会有您和我的今天了！”

黄歇吃了一惊，这女人真是天下第一聪明的女子。他的事，她都知道，而且还能为他着想。

“那你说怎么办?”黄歇心想，不妨问问。

“我有一计，不仅可以为君免祸，而且还能为您增福。”

“什么计策，快说。”黄歇从床上爬了起来。

“可是我心里觉得羞愧，不敢说。”真真的千娇百媚，真真的欲擒故纵。

“说吧，我知道你是为了我好！”

“楚王无子，您为什么不将我送给楚王呢，我可是已经有了您的儿子了！”李嫣两眼死死地盯住黄歇。

一万个道道从黄歇的心里蹿了出来。

他却从来没有想到一条这么对付楚王的办法。

要真是那样，楚国的天下不就是自己的了嘛。不就不用整天这么担惊受怕了嘛，这是一条多么天衣无缝的妙计啊，一万个黄歇也想不出这个计来。

黄歇从心里佩服这个依偎在他怀里的女人。

“你可真是天下第一智妇啊。”李嫣听得出来，这话说得发自内心。

楚王一见盛装的李嫣，心飞天外。

没几天他又知道这个让人爱得要死的女人，竟然又怀孕了。

天大的喜事。熊完高兴得快疯了，大臣们从来没有见过这个阴阴的楚王脸上竟然还会泛出红光来。

十个月后，李嫣生了个儿子，这样的胎儿真是能在母亲肚子里等待，他比嬴政还多在肚子里待了一个月。

李嫣的目的达到了，她成了王后，而李园也一下就成了国舅。

楚王久于女色，现在又来了李嫣，一下子就不行了。

黄歇心中暗暗自喜，他比谁都高兴。

可是春申君的门客朱英，却是一个善于观察的人，这一阵他发现从春申君那里跳了龙门的李园，开始在列国中招募死士。

他要死士干什么。

朱英想来想去，知道了，这一定是为了春申君，李园是要和春申君争权，依靠自己的妹子，从春申君手里夺权。

朱英不知道李嫣和黄歇的密事。

他决定去见一见自己的主人。

“公子，您知道天下有无妄之福、无妄之祸和无妄之人嘛?”朱英说。

黄歇对于自己的这个门客还是十分欣赏的，他觉得在他那三千多门客中，也就这位还有头脑。

“什么叫无妄之福?”

“公子，算起来，您当楚国的相国已经有二十年了，名义上是相国，可您又是楚王的老师，实际上和楚王差不多，可是现在楚王已经病了，又病得挺重，太子又小，楚国还得靠您主政，日后楚王真行就认真地扶持他，不行就自

立为王,这不就是无妄之福嘛!"

黄歇不动声色:"那么什么又是无妄之祸呢?"

"国舅李园多蓄死士,我想那是要向您夺权,这不就是无妄之祸嘛。"

黄歇听到这里笑了。

他心里想,就那个在腰上别了一把剑,走起路来摇晃不定,而让男人耻笑的李园,哪里敢想和他争什么权势,这可不是什么无妄之祸,而应该是无妄之事。

"那什么叫无妄之人呢?"

"我就是无妄之人。"

"怎么说?"

"您让我带兵杀了李园,绝了后患,那我不就成了无妄之人了嘛!"

黄歇笑出声来了。

"你多虑了。"

他无论如何也不相信李园会对他怎么样,更何况他还有李嫣呢!朱英的话真是天方夜谭。

朱英跑了,黄歇也没觉得什么。

十七天后,楚考烈王熊完死了。

李嫣先通知了李园,李园让黄歇进宫安排楚王的后事。

黄歇进营的时候,正赶上王宫里穰鬼,楚王死了,要让他安全地回到阴间,诸鬼要远离楚王的灵魂,而王宫里要行傩,保证太子的安全。

傩的队伍阵容庞大,领头的全是宫里的宫人,他们身后一字排开了一百二十多名童男童女,人人头上扎着红色的头巾,身着黑衣,正好和楚王宫的建筑色彩一致。

驱鬼的主帅自然就是大名鼎鼎的方相氏,头戴黄巾四目的面具,身着熊皮,红裙黑衣,此外还有十名"神兽",那是方相氏的助手。

黄歇走进宫门的时候,傩调已经开始唱起来了,那些童男童女,在傩中被称为振子的孩子们也随之敲响了拨浪鼓,方相氏跳进了场内,率人驱打厉鬼。

只见那方相氏正咬牙切齿地对鬼魂进行诅咒,十二个神兽也跳起了近于疯狂的舞蹈,这些高冠长顶,手持利斧的神兽,更是带着张牙舞爪的面具大喊大叫,

宫内一片混乱。

就在黄歇走过行傩的人们，而要进入大殿的时候，一个“神兽”上前一步就将黄歇的头砍了下来。

李园下令将太后讨伐黄歇谋反的布告贴满全城。

黄歇的头也被挂在了城门之上。

春申君的门客一逃而光。

他的封地也被收了回来，楚国从此成了李园的天下，李嫣和一个小小的孩子一个是太后，一个是楚王，而李园是相国。

从此楚国的国事不可收拾。

计用貂蝉，诛除董卓

公元189年，在镇压黄巾起义中卓有“战功”的董卓，率兵进入了洛阳，废掉汉少帝，立献帝，独揽朝中大权。

董卓看出丁原是他专权的障碍，遂起杀机，收买了丁原的部将吕布，将丁原杀死。

从此，董卓权倾朝野，为所欲为，竟然犯下指挥士兵屠杀无辜百姓的暴行。董卓的残暴专横犯了众怒，统治集团内部产生了分裂。

司徒王允表面上效忠董卓，暗地里却对他恨之入骨，时刻想除掉他，但苦于一时没有良策，一直心情不畅。一天晚上独自在后花园中散步，忽闻花丛后有轻微的叹息声，王允顿觉奇怪，轻步上前一看，原来是养女貂蝉在叹息流泪。

貂蝉自幼丧父，来到王允府中学习演艺，不但长得出众，而且十分聪明伶俐，很得王允的喜欢，大了以后被王允收为养女。

貂蝉看王允来到近前，急忙起身拜见。王允爱怜地问道：“是什么事使你这样伤心，夜深人静在这里叹息？”貂蝉回答说：“这些年来您一直待我如亲生女，我今生今世也报答不完大人的养育之恩，总想着能有机会为您效力。近来看到您心事重重，好像有什么大事发生，但又不敢动问，所以只好在夜晚向上天祈祷，为大人分忧。”

一番话听得王允十分惊讶，万没想到平日只会跳舞弹琴的貂蝉，竟然暗自替自己分忧，于是道：“你心里真是这样想的吗？”貂蝉见王允略有犹豫的意思，有些发急地说：“只要能为您分忧解难，我就是粉身碎骨也在所不辞！”王允扶起貂蝉，心中颇有感触：“想不到汉朝的复兴还要靠她呢！”

王允带着貂蝉来到内室，掩好门窗，然后说：“董卓专权乱政，权倾朝野，恐怕汉室江山，要为他所得。为了先主的重托，保住汉室江山，惟一的办法就是尽快除掉董卓，这件事只有靠你了。”说完泪流满面，向貂蝉连连称谢。貂蝉急忙扶住王允说：“只要是您的吩咐，就是刀山火海我也敢闯！”

于是王允授意貂蝉对付董卓之计。

时过不久，董卓义子大将吕布在府中宴请宾客，王允借机派人参加，并送去许多珍贵之物。吕布不知为何居司徒高位的王允，要给自己一个小小

的骑都尉送厚礼，于是决定亲去王府，一是探明究竟，一是作为回拜。

吕布到王府后，受到热情款待。王允笑着说："您是天下的英雄，我不过是略表敬意而已，区区薄礼，实在不值得将军挂在心上。"吕布本是见利忘义之人，王允也正是投其所好，才选择他作为除掉董卓的突破口。

听到王允的称赞，吕布心里十分舒畅，话语也多了。王允命貂蝉前来献酒。经过刻意修饰过的貂蝉，容貌艳丽，楚楚动人，在侍女的搀扶下，由内室款款走出。吕布一见貂蝉不由得两眼发直，心中暗自说："真想不到天下竟有如此美女！"吕布看得愣住，直到王允和他说话，才发现自己失态，忙掩饰地问道："小姐是府中什么人？"王允漫不经意地回答说："是小女貂蝉。"随后让貂蝉为吕布敬酒。貂蝉为吕布斟满了一杯酒，装出一副羞涩的样子，双手献给吕布。吕布连忙接过酒杯，偷看貂蝉，正巧貂蝉也在看他，二人的目光碰到一起。王允见状心中暗喜，对貂蝉说："你陪将军多喝几杯，让将军尽兴，今后我们还要仰仗将军呢！"然后让貂蝉坐在身边。

席间二人眉来眼去，有王允在旁又不便开口说话，吕布显得有些急躁。王允见时机已到，就借故离开。王允一走只剩吕布和貂蝉二人，吕布心中高兴，对貂蝉问长问短，貂蝉都一一回答。这时王允回到席前，暗示貂蝉回避，貂蝉心领神会，起身告辞吕布走向内室。

吕布按捺不住地问王允说："小姐真是美丽无比，不知何人有此大福，能娶她做夫人？"王允说："小女还不曾许配，我想高攀将军，不知您意下如何？"说完观察吕布的反应。吕布一听大喜过望，急忙向王允参拜说："岳父大人在上，请受小婿一拜。"王允扶起吕布说："将军不必多礼，待选个良辰吉日，就将小女送过府去成亲。"吕布再次拜谢了王允，才满怀高兴地告辞。

吕布如此贪色，他中计也是理所当然的。不知忍女色，害身害己不说，更容易被别人利用。

第二天，散朝后王允、董卓走在一起，王允邀请董卓去府上喝酒做客，董卓很痛快地答应了。隔了一天，董卓在侍卫的簇拥下，来到了王允的府邸，王允以隆重的礼节欢迎董卓，然后摆上酒席，分宾主落座，边饮酒边交谈，气氛十分融洽。王允不断奉承董卓功德无量，功高盖世，听得董卓心花怒放，连连点头表示赞同对他的吹捧。

董卓与王允越谈越投机，酒兴也越来越浓。王允举手向侍从示意，音乐声徐徐响起，伴随着乐曲走出一队歌女，个个长得国色天香，婀娜多姿，尤其是领队的那位，更是容颜照人，美若天仙，看得董卓欲仙欲醉，就问王允说："这位漂亮的歌女是谁啊？"王允说："是我新买来的歌女，名叫貂蝉。"董卓笑道："不但人美，名字也悦耳。"一曲终了，王允叫众人退下，留住貂蝉给董卓敬酒，貂蝉手捧酒杯缓步上前为董卓敬酒，董卓满脸堆笑问道："今年多大了？"貂蝉微笑不语，王允在旁说："今年已经十六岁了，您若是喜欢，就带回府去伺候您吧。"

董卓听后心中暗喜，但表面上却假意推辞说："君子不夺人之美，我怎能这样做呢？"王允说："如果您不嫌弃的话，就请收下，这也是抬举我了。"董卓见王允确有诚意，就顺水推舟地说："如果我再推辞，就辜负了你的一片好意了，恭敬不如从命。"说完大笑不止。

王允将貂蝉先许吕布又许董卓，一箭双雕，然后又故意传出消息，让吕布知道此事。吕布果然中计，怒气冲冲找到王允指责道："您既然已将貂蝉许配于我，为何又送给董卓？"王允见状四周环顾，见没有人，就压低声音对吕布说："这里不便细说，请将军随我回府。"说完就同吕布一同回到王府。

吕布迫不及待地问道："有人亲眼看见貂蝉在太师府中，这难道是假的不成？"王允见吕布怒火中烧，更不急于回答，给吕布让坐后，又命人献茶，然后才一副无可奈何的架势说："前几天太师来我府中饮酒，席间说见见我的女儿，我不好拒绝，就让小女出来给太师敬酒。谁知太师见后，就十分喜爱，说府中缺人侍候，暂时让她过去，待找到合适的人，再送她回来，太师的要求我怎能违抗呢？"

吕布见王允说得合情合理，无可指责，就向王允赔罪，然后离去。

吕布回府后，坐卧不安，夜不能寐，第二天一早就借故来到太师府打探消息。侍卫告诉吕布，太师新得美人，还未起床呢，吕布听后心如刀割，但又不敢过于放肆，急得在大厅中团团转。

过了些时候，董卓来到大厅问吕布是否有事，吕布谎称刚刚听得到义父得了美人，特地前来贺喜。董卓听后，称赞吕布有孝心，并让貂蝉出来相见。貂蝉在吕布面前装出愁眉不展的样子，趁董卓不备时，用手指向自己的心口，然后又指吕布。吕布领会貂蝉的示意，心中更加凄苦。董卓见已到上朝的时候，就和吕布一同而行。见过皇帝后，董卓留在朝中处理政务，吕布借机来到太师府找貂蝉。

二人相见百感交集，到了僻静处貂蝉泪流满面，痛不欲生对吕布说："我今天能见将军一面，死也甘心了，本想侍奉将军一生，看来今世是不可能了！"说完就要寻死。吕布急忙拉住貂蝉，流着泪说："请你放心，我一定将你救出来，否则的话誓不为人！"貂蝉听后扑向吕布说："将军待我真是恩重如山，如能将我救出来回到将军身边，就再也没人敢欺负我了。若不能实现，真就没什么盼头了。"貂蝉越说越伤心，哭泣不止。

正在二人难舍难分之际，董卓突然从外面进来，见到他们情意绵绵的样子，气得大喝一声直奔过来。吕布见势不妙，扔下貂蝉向外逃走。

董卓站在府门望着逃去的吕布，气得怒目横对。

这时董卓的谋士李儒来到门前，看到董卓怒气冲冲的样子就问发生了什么事，董卓一言不发回身进府来到书房。李儒随后跟了进来，站立一旁，这时董卓才对李儒说明发怒的原因，扬言非杀了吕布不可。

李儒听完董卓的话，笑着劝道："太师怎么能为这点小事杀人呢？貂蝉不过是个歌女而已，吕布可是朝中猛将啊！不可以因小失大。我看不如来个顺水推舟，这样可使吕布感激您，一生都为您效劳。"这时董卓的气已经消了一半，觉得李儒的话确实有些道理，就来到了貂蝉的卧室想问清缘由。

董卓见貂蝉仍在哭泣，就先劝慰了一番，然后说："既然吕布对你有意，我就成全你们吧。"刚刚止住哭声的貂蝉，听了董卓的话又哭了起来，说自己并无意于吕布，而是他强行无理，自己是想诚心诚意伺候太师，如果真要将她送给吕布的话，宁可一死以报太师大恩。董卓听了貂蝉的一番哭诉，以为自己所见到的并不是二人私情，气也全消了，又见貂蝉对自己如此忠心，很是高兴，向貂蝉保证以后再也没人敢欺负她。貂蝉也破涕为笑。

董卓对李儒的话并没有完全听进去。他还是不能忍受已到手的美人成为他人怀中物。如果他此时不为女色所惑，毅然决然地把貂蝉赐于吕布，哪里会有后来的杀身之祸？貂蝉的几滴眼泪就让他把李儒的劝告抛到九霄云外去了，只图享乐，还忍什么？什么也不忍了。

第二天，王允将吕布请到府中，若无其事地与吕布闲谈，吕布满脸愁容，心情沮丧，王允假装不知，问吕布因何事而闷闷不乐，吕布就将昨天在太师府中发生的一幕，详细地告诉了王允。

王允听后，故意气愤地说："想不到董卓已经荒淫霸道到如此地步，连自己儿子的妻子都要强娶，这不但使我无脸见人，这是将军的侮辱啊！"

吕布愤恨地说："我真想杀了他，可又怕别人议论，终究我们有父子之名啊！"王允说："将军说得有道理，看来我们只好任人欺辱了。"王允的话听起来是在赞同吕布，实际上则起到了火上浇油的作用。他十分清楚吕布的为人，不但不讲情义，素来以天下无敌手而自居，不将别人放在眼里，心胸狭窄，性格暴躁，这夺妻之恨怎能忍得下？

不出所料，王允的话音刚落，吕布就拍案而起，手握剑柄，满脸杀气，咬牙说道："我一定杀了他，报夺妻之仇！"王允见吕布决心已下，又烧了一把火，说："将军如果杀了董卓不但报了仇，重要的是为国家除去一害，可以名留千古啊！"吕布伏地而拜，表示愿意听从王允调遣。

等待数日，行动的机会终于来了。皇帝大病初愈，准备临朝召见文武官员，众臣奉命进朝拜见。

董卓由太师府乘车去未央宫，随身侍卫前呼后拥，道路两旁兵士林立。自从董卓专权以来，诛杀异己，暴虐百姓，知道树敌太多，为防暗算，每次出门外行，都内穿护身甲衣，以防不测。今天虽然有重兵护卫，仍然格外小心。

董卓的马车行至中途，王允的心腹李肃向众人发出了行动的暗号，紧接着飞步上前拔出佩剑，向董卓刺去，却不料坚实的甲衣挡住了利剑，董卓由车上迅速站起，将李肃击倒在地。这时另一人持刀上前向董卓砍去，董卓闪身躲过。情况危机，董卓大叫吕布护驾，吕布大声说道："圣上有旨，诛杀贼臣董卓！"话音未落，吕布的长戟已刺进董卓的咽喉，李肃上前一刀割下董卓

的头。

董卓被杀的原因一是暴政专权，引起众愤，一是统治集团内部，争权夺势，相互倾轧。后一点是根本的原因。

当时王允和董卓在力量对比上，是敌强我弱，而且相差悬殊。如果以武力达到除掉董卓的目的，希望甚微，于是王允采取了瓦解董卓内部势力的策略，利用貂蝉制造董卓和吕布之间的矛盾，进而争取吕布。

王允正确地利用了董卓荒淫贪欲的弱点，以此作为突破口，最终达到了目的。

刘备结亲，美人计空

三国时期，魏、蜀、吴三国鼎立，为攻城夺地，互相争斗不休，或金戈铁马相见；或谈判桌上唇枪舌剑；或玉帛财礼暗藏杀机。而孙权招亲，刘备娶妻一事，则又是另一种斗争形式，只是红裙智谋相杂，花烛雪刃互见，更具有奇情异彩，因而被传为千古佳话。

建安十四年九月，从柴桑通往荆州的大道上，行走着十余骑。为首的一位一副儒生打扮，一脸忠厚长者的气度。他便是东吴的赞军校尉鲁肃。也是东吴之主孙权所敬重的人，东吴前部大都督周瑜的好友。

鲁肃同随从乘船、骑马、已奔走于道二天了。他一路都在为这次使命忐忑不安：刘备、孔明会顺顺当当地把荆州送还我东吴吗？我该用什么办法说服他们呢？

他细想起来，觉得刘备、孔明这伙人真有些可恶；也后悔自己失言惹来麻烦。

那是赤壁之战，周瑜乘着胜势，经东吴精锐，来攻夺曹军占领的荆州等城，经过无数次浴血奋战，终于杀得曹兵弃城而逃。可当东吴兵从战场收兵，要以胜利者的姿态入据荆州城时，谁料那胜利的“桃子”已被别人摘走了——刘备已在城头插上了自己的旗帜，布置了自己的军队。

周瑜一见，气得箭伤迸裂，昏厥过去。苏醒后，决意要与刘、孔决一雌雄，夺回城池。鲁肃担心孙、刘两家失和，会导致曹操回军复仇。因此他劝周瑜暂且忍耐，待他去以理劝说刘备交还荆州。周瑜只好忍气同意一试。

鲁肃见着刘备、孔明，将东吴花费钱粮军马战败曹军，而你等却安享其成，于理不顺的道理讲来。谁知孔明竟搬出荆州的旧主人刘琦来，说是代他守荆州。鲁肃见刘琦一副病入膏肓的样子，估计他将不久于人世，便要求待他死后，刘、孔须将荆州归还东吴。孔明爽快地同意了。鲁肃是个忠厚长者，竟相信了这“君子协议”，欣然回吴复命。其实孔明哪里会把到手的宝物送人呢！他答应鲁肃只是个“缓兵之计”。他清楚目前不能跟东吴干仗。己方需要赢得时间与力量去扩大地盘，等强壮了再与东吴兵戎相见不迟。

不出一年，刘琦果然一命呜呼。东吴获讯，急遣鲁肃前来索债。这就是鲁肃此行的使命。

又经一日的行程，鲁肃一行抵达荆州城下，被刘备、孔明接入城中，置酒

相待。酒席上，鲁肃着重申明来意，问刘备何时还东吴荆州。谁知孔明、刘备一反前言，竟放刁要赖，不但说占着荆州合理，而且抢白了鲁肃一顿。最后论来争去，孔明作了一个退让的姿态说："我劝我主公立纸文书，暂借荆州为本；待我主夺得西川，有了立身之地时，再将荆州交付东吴。"鲁肃无奈，只得听从。当下刘备亲笔写成借条一张，签了名，保人孔明也签了名；又让鲁肃做东吴一方的保人，签名押字。鲁肃就这样糊里糊涂收了文书，宴罢辞回。

他先到柴桑郡见到周瑜。周瑜急问他："荆州可曾讨到？"

鲁肃说："有文书在此。"将借条呈与周瑜。

周瑜阅毕将文书掷于地，顿足说："你又中孔明的诡计了，他名为借地，实是混赖。他说取西川便还，知他几时取西川？假如十年不得西川，十年不还？这样的文书，如何中用，你却与他做保人！他若不还时，一定会连累你，主公要怪罪你怎么办？"鲁肃闻言又气又惧。周瑜念他是好友，便安慰他："你且宽心住几日，待江北探子回来，再想对策。"

过了几日，探子作回报："荆州城中扬起布幡办丧事，城外建坟，军士挂孝。"周瑜惊问："什么人过世了？"探子答："刘备的甘夫人过世。"

周瑜急唤来鲁肃说："我有计了，保使刘备束手就缚，荆州反手可得！"鲁肃请教何计。周瑜说："刘备丧妻，必将续娶。主公有一妹，正当妙龄，又颇有姿色，且性格雄毅，足配刘备。我上书主公，教人去荆州作媒，说刘备来迎亲。骗到南徐，妻子不能得到，囚禁在狱中，却使人去讨荆州换刘备。等他交割了荆州城池，我再处理刘备。这样，你担的干系也就勾销了。"鲁肃拜谢。周瑜写了书呈，选快船送鲁肃投南徐见孙权。

鲁肃飞抵南徐拜见孙权，先说借荆州一事，呈上借条。孙权阅毕批评鲁肃说："你怎如此糊涂？这样的文书，要他何用！"鲁肃忙说："周都督在书呈在此，说用此计，可得荆州。"孙权看毕，点头暗喜。寻思一下，召来吕范，说明要差他作媒的意思。吕范欣然领命，即日收拾船只，带数个从人，望荆州而来。

却说刘备自从死了甘夫人，昼夜烦恼。一日，正与孔明闲谈，人报东吴使者吕范到来。孔明笑说："这必是周瑜为荆州而来耍花样了。亮在屏风后暗听。对方有什么话，主公先不妨应承下来。然后留来人在馆舍中安歇，再作商议。"

刘备请吕范入。礼毕坐定，刘备问："贵宾前来，必有所教。"吕范说："节近闻皇叔丧偶，现有一门好亲，特来作媒，未知尊意如何？"刘备说："中年丧妻，人生大不幸。但死者骨肉未寒，怎忍心就议亲？"吕范说："人若无妻，如屋中无梁。岂可久使屋中无梁呢？我主公有一妹，貌美而贤惠，足可侍奉皇叔。若孙、刘两家共结秦晋之好，则曹贼不敢窥视东南。这事于家于国两有利，请皇叔勿疑。但国太吴夫人甚爱此女，不肯远嫁，必求皇叔到东吴结婚。"刘备问："此事你主公知否？"吕范答："不先禀主公，如何敢造次来说！"

刘备寻思一会说："我年已半百，鬓发斑白；你主之妹，正当妙龄，恐不般配。"吕范说："我主之妹，身虽女子，却志胜男儿。常说：'若非天下英雄，我

不侍奉。'现在皇叔名闻四海,万人仰望,正所谓淑女配君子。岂以年龄相限呢!"刘备说:"公暂住下,来日回报。"于是设宴相待,安置于馆舍。

当晚,与孔明商议。孔明说:"来意我已知道了,欲用'美人计'赚主公。刚才我用《易经》卜卦,得一大吉大利之兆。主公不要拒人盛情,只管应允他。先诱孙乾和吕范回见孙权,面许已定,择日便去成亲。"

刘备说:"周瑜定计欲害我,岂能轻入危险之地?"

孔明大笑说:"他周瑜虽能用计,岂能出我诸葛亮之料呢?我只略用小谋,将使周瑜半筹莫展;孙权之妹,又属主公;荆州又万无一失。"

刘备还是犹豫不决,孔明竟教孙乾往江南说合亲事。孙乾面领了言辞,与吕范同到南徐,来见孙权。孙权好好款待他,当面答应许嫁小妹给刘备。

孙乾拜谢,回荆州见刘备,说:"吴主专候主公结亲。"

刘备怀疑不敢往。孔明却撺掇他去,说:"我已定下三条计策,并派子龙同往,可保无虞?"于是唤赵云近前,附耳说:"汝保主公入吴,当领此三个锦囊。囊中有三个妙计,你可按次序使用。"即取出三个锦囊,给赵云贴肉收藏。

孔明又派人往东吴纳了聘礼,一切手续完备。

十月中旬,刘备与赵云、孙乾取快船十只,壮士五百余人,离了荆州,前往南徐进发。一路上,刘备怏怏不快,心里极不踏实。

刘备一行晓行夜宿,好不容易来到南徐。船一停岸,赵云暗思:军师吩咐三条妙计,依次而行,今已到此,当先开第一锦囊来看。于是开囊看了计策,便唤五百随行军士,一一吩咐如此如此,众军领命而去。

赵云又请刘备先往拜会乔国老。那乔国老乃是在东吴备受尊崇的人物。他有两个姿容绝代的女儿,被人称"二乔"。小女嫁周瑜,大女嫁孙权的哥哥孙策。乔国老现正居于南徐。刘备牵羊担酒,以后生之礼拜候国老,说是吕范为媒,自己前来娶亲之事。国老高兴作贺。

那五百军士,俱都披红挂彩,入大街小巷采办物件,逢人便说主人已入东吴做女婿,弄得城中尽人皆知,成为街头巷尾的热门话题。

孙权知刘备已到,教吕范相待,暂就馆舍安歇。

却说乔国老已见刘备,便入见吴国太贺喜。吴国太就是孙权之母。国太不解地说:"我有什么喜事值得国老前来相贺吗?"

国老睁大眼睛说:"咦?公女已许刘备为夫人。现在刘备已到,何故相瞒?"

吴国太大惊说:"老妇却不知道这回事!"

国太便使人去请孙权来问虚实,一面先使人在城中探听。探人回报都说:"果有此事。女婿已在馆舍安歇,五百随行军士都在城中买猪羊果品,准备成亲。做媒的女家是吕范;男家是孙乾,都在馆驿中相待。"国太大吃一惊。

不久,孙权处理完公事入后堂见母。国太捶胸大哭。孙权慌问:"母亲何故烦恼?"国太说:"你长大了,眼里竟丝毫没有我了!"

孙权大惊说:"母亲有话明说,何苦如此?"

"男大须婚,女大当嫁,古言常理。我是你母亲,大事当禀告于我。你招

刘备为婿，如何瞒我？你妹妹是我的女儿！”国太的话飞口而出。

孙权又吃了一惊忙问：“哪里听到这话来？”

国太说：“若要人不知，除非己莫为。满城百姓，哪个不知？你倒瞒我！”

乔国老笑着说：“老夫已知多日了，今特来贺喜。”

孙权见瞒不住了，便说：“这是周瑜之计，因要取荆州，故假借娶亲名义，骗刘备到此拘囚起来，要他把荆州来换；若其不从，先斩刘备。这是计策，并非实意。”

国太大怒，痛骂周瑜：“你做六郡八十一州的大都督，竟无一条计策去取荆州，却拿我的女儿来使什么‘美人计’。须知杀了刘备，我女儿便是‘望门寡’，日后再怎么说亲？这不是误了我女儿一世！你们做的好事！”

国老说：“若用此计，即得荆州，也被天下人取笑，此事如何干得！”

说得孙权默默无语。

国太不住口地骂周瑜。国老劝道：“事已如此，刘皇叔乃汉天子宗亲，不如真个招他为婿，免得出丑。”

孙权说：“年纪恐不般配。”

“刘皇叔乃当世英杰，若招到这个女婿，也不委屈了令妹。”国老说。

国太说：“我没见过这刘备，明日约在甘露寺相见。如不中我的意，任凭你们行事；若中我的意，我自把女儿嫁给他。”

孙权乃大孝之人，见母亲这么说，随即应承。出外唤吕范，吩咐来日在甘露寺方丈设宴，国太要见刘备，可通知他。吕范说：“何不令贾华统领三百刀斧手，伏于两廊；若国太不中意时，一声号举，两边齐出，将他拿下。”

孙权遂唤贾华，吩咐预先准备，到时只看国太的喜怒而行动。

却说乔国老辞别吴国太而归，使人速报刘备说：“来日孙权、吴国太亲自要见你，好生在意！”

刘备与孙乾、赵云商议。赵云说：“来日此会，凶多吉少。云自引五百军保护主公。”刘备点首。

次日，吴国太、乔国老先在甘露寺方丈坐定。甘露寺坐落在镇江市北固山上，高宇宏阔，树木排映，浩浩长江从眼前流过，好一派江山胜景。

不久，孙权引一班臣僚亦到寺，便教吕范去馆驿中邀请到刘备。

刘备内穿精细铠甲，外着锦袍。从人背剑紧随，上马投甘露寺来。赵云全副武装，引五百军随行。

来到寺前下马，先见孙权。孙权细观刘备，见此人仪表非凡，心中有畏惧之思。二人叙礼毕，遂入方丈见国太。

国太见了刘备，左右上下打量个遍，然后大喜，笑对乔国老说："这真是我的女婿！"国老说："刘备有龙凤之姿，天日之表；更兼仁德遍布天下。国太得此佳婿，真可庆贺。"

刘备一一拜谢。于是与众人共入酒席。酒宴就设在方丈内，大家谈些闲话，气氛融和。

酒过二巡，忽赵云带剑而入，立于刘备之侧。国太问道："这是什么人？"刘备答："常山赵子龙！"国太忙问："莫非就是当年长坂坡出入百万曹军，救护阿斗者？"刘备答："正是！"国太肃然起敬说："这才是真正的将军！"起身赐赵云美酒一杯。赵云饮毕谢过，轻声对刘备说："刚才云在廊下巡视，见房内有刀斧手埋伏，必无好意！可告知国太。"

刘备乃跪于国太席前，哭着叩头说："若要杀刘备，请就席前诛戮！"

国太吃惊说："为什么说这种话？"

刘备说："廊下暗伏众多刀斧手，不是要杀刘备是干什么用？"

国太大怒，责骂孙权："今日刘备已为我婿，即是我的儿女。何故伏刀斧手于廊下？"

孙权佯作不知，唤吕范来问；吕范推贾华；国太唤贾华责骂，贾华默然无语。国太喝令推下斩首。

刘备忙求情说："若斩大将，于亲事不利，刘备就难于久侍大人了。"乔国老也从旁相劝。国太方叱退贾华。刀斧手都抱头鼠窜而去。

出此风波，孙、刘皆无心饮酒。无奈国太已喜欢刘备，苦劝留饮，所以饮至午后方散席。

刘备回馆后，与赵云、孙乾谈起今日酒席间的风险，都有些后怕。孙乾说："主公只有急求乔国老，让他去求国太，早早毕婚，免再生别事。"

次日，刘备复至乔国老宅，拜见国老，告道："江南之人，多有要害刘备的，恐不能久居。"

国老说："贵人请宽心。我为你告国太，令作护持。"刘备道谢自回。

乔国老入见国太，说刘备恐人谋害，急急要回。国太怒道："我的女婿，谁敢害他！"即时便教搬入书院暂住，择日完婚。

刘备自入告国太说："只恐赵云在外不便，军士无人约束。"国太教尽搬入府中安歇，不要留在馆驿中，免得生事。刘备暗喜。

几天后，国太府内张灯结彩，大排宴会，宾至如云，刘备与新妇举行婚宴。

至晚客散，两行红炬，接引刘备入房。明耀的灯光下，只见枪刀簇满；侍婢皆佩剑悬刀，排列两旁。刘备疑是东吴伏兵洞房，吓得魂不附体，转身要跑。

一个穿着体面的管家婆见状，忙笑着拉住刘备说："贵人莫要惊惧，夫人自幼喜欢武事，平常也令侍婢击剑为乐，所以洞房才布置成这模样。"

刘备这才放下心来，对管家婆说："这不是夫人所应热衷的事。我心里有些恐惧，可命暂时将兵器去掉。"

管家婆回禀孙夫人说："房中摆列兵器，新姑爷不安，今可暂时撤去。"

孙夫人笑说："厮杀半生，还惧兵器吗?"命尽撤去，令侍婢换装改服。

夜深了，刘备与孙夫人同眠于床，情浓爱密，非常欢洽。

次日晚起，刘备很是欢心，将金帛遍散侍婢，以买其心，又教孙乾回荆州报喜。自此连日饮宴，国太十分爱敬。

在吴国太的干预下，一场假戏变成真演。孙权暗暗叫苦，但也无奈，只得差人来柴桑告知周瑜。周瑜闻讯大惊，叫苦不迭，行坐不安。冥思苦想，又得一计，修下密书一份，交付来人持回见孙权。孙权拆书细览，见大意说：

"既已弄假成真，便可将计就计。刘备有如蛟龙，又有孔明、关、张等人为云为雨，所以这条龙不可放归江海。我认为不如软困于东吴，为他大筑宫室，以丧其志；多送美色珍玩，以迷其耳目，使他与关、张、孔明分隔，以疏远他们的感情。然后以大兵进伐，大事必成。今若放走，恐蛟龙得云雨，必为东吴劲敌。"

孙权阅毕，又给大夫张昭看，张昭说："都督之谋，正合我的心意。刘备出身低贱，一生奔走天下，未曾享受过富贵。今若以华堂大厦，美女金帛，供他享用，自然疏远孔明、关、张等，使他们各生猜疑，然后荆州可图，主公可迅速实施都督之计。"

孙权大喜，即日差工役修整东府，广栽花木，盛设用品，请刘备与妹妹居住；又送女乐数十人，外加无数金玉锦琦好玩之物。吴国太只说儿子是一番好意，喜不自胜。

那刘备自搬进新居后，果然被声色珍玩所迷，全然不想回荆州。

岁月如梭，转眼已到年终，赵云猛然想起临行孔明付与三锦囊，教我一到南徐开第一个；住到年终开第二个；临到危急无路再开第三个。此时岁已将终，主公贪恋女色，难得见面，何不拆开第二个锦囊，看计而行。

于是拆开看了，马上就径到府堂，让侍婢通报，有急事要见主公。玄德唤入。一入门，赵云作失惊之状说："主公，大事不妙！今早军师使人来报说，说曹操要报赤壁之恨，起精兵五十万，杀奔荆州，请主公速回应敌。"

刘备大惊，说："待我告了夫人，即便起程。"赵云说："若和夫人商议，必不肯放主公归。不如别说，今日便好起程，"刘备说："你且暂退，我自有办法。"

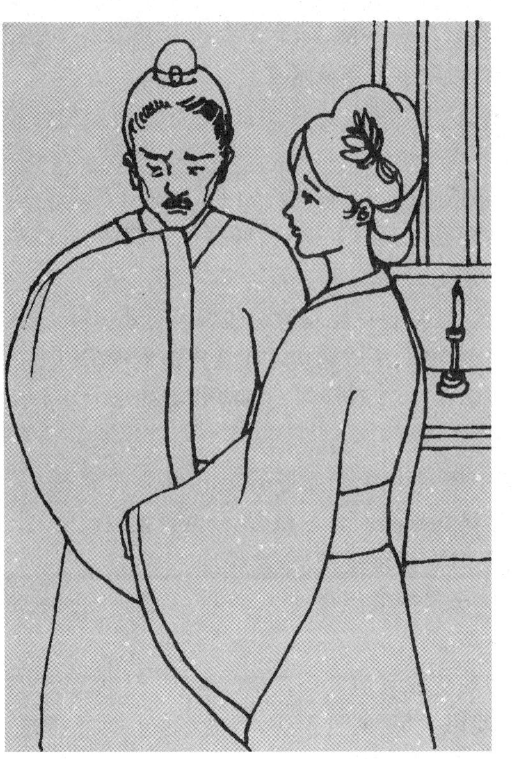

刘备入见孙夫人，暗暗流泪。孙夫人问："丈夫何故不乐？"刘备答："新春将临，人人都准备祭祖；而备孤单飘落异乡，有祖宗不能祭祀，所以忧郁伤心。"孙夫人笑道："你休哄我，我已听到了！刚才赵子龙报说荆州危急，你欲返回！"刘备跪告说："夫人既知，备岂敢再瞒。备若不去，荆州必失；欲去，又舍不得夫人，因此烦恼。"夫人说："妾已事君，君到哪，妾相随。"刘备说："感谢夫人！只是国太与你兄怎肯让你去？"言毕，泪如雨下。孙夫人劝说："丈夫不要烦恼。妾当苦告母亲，必放妾与君同去。"刘备说："纵然国太肯时，你兄也必然阻挡。"孙夫人沉吟良久，才说："妾与君元旦拜贺时，推称江边祭祖，不告而去，行吗？"刘备又跪下谢道："若如此，生死难忘。"

建安十五年新春元旦，孙权大会文武于朝堂，庆贺新春，刘备与孙夫人入贺国太。孙夫人说："夫君念父母坟墓，俱在北方，今日欲往江边。望北遥祭，请母亲恩准。"国太说："这是孝道，岂有不从之理？你亦当与夫同去祭拜，以尽为妇之礼。"孙夫人同刘备拜谢而出。

此时只瞒着孙权。夫人乘车，只带随身一些细软。刘备上马，引数骑跟随出城。赵云早领军士在城外大道等候，众人会齐，离了南徐，趋程而行。

当日，孙权在宴会上大醉，左右近侍扶入后堂，文武皆散。等到众官探得刘备夫妇逃遁时，天色已晚，要报孙权，他又酒醉不醒。待到他酒醒，已是五更天气。

孙权闻知走了刘备，急唤文武商议。张昭说："今日走了此人，早晚必生祸乱。可急追之。"孙权令陈武、潘璋选五百精兵，不分昼夜，务必捉拿回报。

二将去后，孙权深恨刘备，将桌上玉砚摔得粉碎。大将程普在旁冷笑说："主公空有冲天之怒，普料二将必擒不来此人。"孙权说："二人岂敢违我命令！"程普说："令妹自幼好观武事，严毅刚正，诸将都惧怕她。二人即使追上，若公妹阻拦，岂敢下手？"孙权大怒，拔身上佩剑，唤蒋钦、周秦吩咐道："你二人拿这口剑，去取我妹及刘备头来，违令者斩！"蒋、周二将领命，引一千军马赶去。

刘备一行离了南徐，马不停蹄，日夜兼行。将到柴桑郡边界望见后面尘头大起，人报"追兵来了！"赵云说："主公先行，云愿断后。"刘备刚转过山

脚，前面又一彪军马拦住去路。当先两员大将，在马上哈哈一笑说："刘备快快下马受缚！吾奉周都督将令，在此恭候多时了！"原来周瑜恐刘备偷走，早使徐盛、丁奉引三千军驻扎重要之处，时时了望，今日拦个正着。

刘备慌忙勒回马问赵云："前有拦截，后有追杀，怎么办？"赵云说："主公莫慌。军师有三个锦囊，吩咐在危难之时拆第三个。目前危难当头，是拆第三个的时候。"便将锦囊拆看，又献与刘备，自去将兵摆开阵势。刘备看完，急来前往告孙夫人说："备有心腹之言，到这时候该实告夫人了！"夫人说："君有话尽管说。"刘备说："这次令兄招亲，实是为了荆州，不过以夫人为香饵而钓刘备。刘备不惧万死而来，是慕夫人雄毅贤惠之名，欲得一贤内助。现在陷入前堵后追的危境，非夫人莫解此灾了。如夫人不允，备请死于车前，以报夫人之恩。"夫人怒道："吾兄既不以我为骨肉，我又何必视其为亲人？今日之危，我自当解救！"

于是叱亲随推车直前，卷起车帘，亲喝徐、丁二将说："你二人想造反啊？"二将慌忙下马，放了兵器，揖于车前说："不敢造反，为奉周都督将令，在此专候刘备。"孙夫人大骂："周瑜逆贼！我东吴并没亏待你！刘备乃我丈夫，我两人已对母亲、哥哥说明回荆州去。你却派人拦截，想要动我夫妻财物呀？"丁、徐二将连忙说："不敢，请夫人息怒。这不干我们的事，而是周都督的将令。"孙夫人叱道："你们只怕周瑜，独不怕我？周瑜杀得你，我难道杀不得周瑜？"把周瑜大骂一场，喝令推车前进。

徐盛、丁奉自思：我等下人，岂敢与夫人违拗？又见赵云怒目圆睁，只得把军喝住，放条大路让过去。

才行不到六七里，背后陈武、潘璋赶到。徐、丁二将迎着细言其来。陈、潘二将说："我二人奉主公将令，特来追捉刘备，休放他走！"

于是四将合兵一处，趋程赶来。

刘备见后面喊声大起，又告孙夫人说："后面追兵又到，怎么办？"夫人说："丈夫先行，我与子龙断后。"刘备引三百兵，朝江岸走去。

子龙勒马于车旁，将士卒摆开，专候来将。四员将见了孙夫人，只得下马，叉手而立。夫人大声问："陈武、潘璋，到这来干什么？"二将答："奉主公令，请夫人、刘备回去。"夫人正色叱道："我奉了母亲慈旨，令我夫妇回荆州，便是我哥哥亲来，也不能强迫我，难道不怕我母亲吗？你们倚仗兵威，想要杀害我吗？"骂得四人面面相觑，都知道孙夫人不好惹，军中又不见了刘备，只见赵云怒发冲冠，只待厮杀，因此喏喏连声而退。孙夫人令推车便行。

四人领兵沮丧而返，忽见一军如旋风而来，一瞧，是蒋钦、周泰。蒋、周二人问："你等曾见到刘备吗？"四人说："过去已半日了。"蒋钦问："为什么不拿下？"四人叙述孙夫人发威之事。蒋钦说："主公正担心这个。因此授我们佩剑，教先杀他妹，后斩刘备。"四将说："走得已很远了，怎么办？"蒋钦分派说："他只是些步军，谅不得出柴桑地界。徐、丁二将军可飞报都督，教水路划快船追赶；我四人在岸上追赶。无论水旱之路，赶上便杀，休听他胡言乱语。"

于是徐、丁二将飞报周瑜，其余四将引兵沿江追去。

刘备一行急急逃命，此时已来到湖北石首县西北的刘郎清，沿着江岸寻渡，一望江水弥漫，并无船只。刘备急令赵云远近寻找，忽报后面尘土冲天而起。刘备登高而望，只见军马盖地而来，长叹说："连日奔走，人困马乏，追兵又到，必死无疑了。"

喊声越来越近，正慌急跑着，忽见前面江岸边一字儿排着拖篷船二十余只，赵云大喜，说："天幸有船在此！何不速下，划过对岸，再想办法！"刘备与夫人便奔上船，子龙与五百军士也都上了船。

刘备正欲到船舱寻梢公，只见船舱中一人纶巾道服，大笑而出，说："向主公道喜！诸葛亮在此等候多时。"船中扮作客人的，都是荆州水军。刘备握着孔明的手，惊喜交集。

不久，东吴四将赶到。孔明笑指岸上的人说："我已算定多时了。你等回去转告周瑜：以后别再使'美人计'的手段。"岸上乱箭射来，船已开远了。蒋钦等四将，只好呆看。

刘备等人正在船中叙阔别之情，忽闻喊声大震。回细看，只见战船无数，帅字旗下，周瑜自领水军，左有黄盖，右有韩当，飞速追来。眼看赶上，孔明命划船到北岸，弃了船，上岸而行，车马登程。

周瑜赶到江边，也上岸追袭。大小水军，尽是步行；只有为首军官骑马。周瑜一马当先，望见刘备车马不远，下命令全力追击。

赶到一山脚下，一声鼓响，山谷内突出一彪人马，为首大将，手持大刀，长须拂胸，乃是关云长。周瑜一见举止失措，急转马回奔，关云长纵马追赶。正奔走间，左边黄忠、右边魏延两军杀出，吴兵大败。

周瑜与诸将逃得性命，回船坐定。只听岸上对方军士在齐声大叫："周郎妙计安天下，陪了夫人又折兵！"周瑜气得大叫一声，箭伤迸裂，昏倒船上。待众将救醒时，岸上已杳无人踪。

一世英雄，一事糊涂

晋武帝司马炎是中国历史上一位很有作为的皇帝。司马炎完全统一中国，建立晋王朝的大业以后，开始懈怠政事，醉心游乐。司马炎好听直言，好用人才，却也喜欢女色。

司马炎宠爱的女人很多，这些美艳的女人先后替他生下了二十六个儿子，不幸的是，二十六个儿子中虽然不乏英伟聪慧之辈，但长子司马轨不幸夭折，次子司马衷成了事实上的长子，按中国立嫡立长的继承人法则，司马衷要立为太子，而司马衷却只是个白痴，不谙世事，糊涂虫一个。

太子司马衷的低能，武帝是十分清楚的，他知道这个儿子难以肩负国家重任。但是杨皇后反对更易太子。杨皇后名杨艳，字琼芝，是陕西华阴人，父亲杨文宗是魏贵族，以功封侯。杨皇后十分美丽，出自豪门大族，替武帝生下了三男三女，长子早逝，次子便是司马衷，是嫡又是长。武帝数次担心地说太子不长进，天性愚钝，难以胜任大事。杨皇后每次都和颜反驳：儿子虽不聪明，但却忠厚纯良，好生教导，会有长进的。武帝试探说，现在更易太子，还来得及。杨皇后摇头，说太子的名分已定了，决不能轻易改动，按立嫡立长，都应是太子，破坏了这项法制，日后岂不乱了套？我坚决反对。

果敢刚毅的武帝司马炎在美人面前优柔寡断，下不了决心。到荀勖进奏，说太子有了进步，武帝信任荀勖，尤其佩服荀勖的高深学问和不世之才。武帝相信了荀勖，放下心来，不再考虑更易太子。

一转眼太子就十三岁了，按照当时的惯例，要为太子选婚。太子选婚无论是对皇家还是全体国民，都是一件大事，因为这选上的是未来的国母，母仪天下，坐镇后宫。皇亲贵戚、王公大臣便纷纷物色自己家族的女子，积极活动，准备促成一段美好的姻缘，从而使家族荣显。

经过一番激烈的斗争，贾充之女贾南风于晋武帝泰始八年二月，就是公元272年与十四岁的太子司马衷结婚，册立为太子妃，进住太子宫。司马衷愚顽无知，哪里是贾南风的对手？司马衷很快俯首听命，贾南风控制了东宫，贾南风在感情上的妒嫉就像她的母亲郭槐一样，到了神经质的程度，而且一旦发作，便失去控制，闹得天翻地覆。

贾南风听说一个宫女怀上了太子的孩子，肚子很大了，快要临产，贾南风勃然大怒，立即传令心腹侍女将那个快要临产的宫女带到跟前。贾南风恨恨地在殿中走来走去，想不到这个痴愚的太子在女色方面不痴不愚，还毫不含糊，三下两下的就把个宫女弄大了肚子！这贱妇也不是个东西，她不勾引这个傻太子，傻太子会无缘无故地扑上去？

贾南风正恨恨不已，忽见殿中站着一个女子，抬头一看，正是怀孕的宫女，肚子很大，想拜见太子妃，又俯不下身去，正在那里不知所措。但是，怀孕宫女的眼中没有惧色，脸上是怀孕的自得和幸福，一丝微笑也挂在嘴角。贾南风火冒三丈，随手抄起一枝短戟，闪电般的向怀孕宫女高高凸起的肚子刺去。只听得嗞啦一声。宫女凄厉的惨叫一声，昏死过去，向后仰倒。血花飞溅，血腥味在大殿中弥漫，一团血呼呼的东西在血水中蠕动着，那是还没有出世的孩子，还没降生便离开了人世。场面惨不忍睹，侍从宫女们目瞪口呆。贾南风根本不当一回事，扔掉短戟，没事似的吩咐侍女好生收拾。

这场骇人听闻的东宫变故很快传遍皇室深宫。武帝司马炎闻讯，简直不敢相信这会是真的。侍从探听属实以后，武帝这才有些后悔，悔恨自己不该听信杨皇后的话，为太子娶了这么一个不管不顾、胡作非为的泼妇。可已经册为太子妃了，如何是好？是废了她？

这时，金墉城刚刚修好，专门用以收容被废的后妃，打入这与世隔绝的荒僻冷宫。司马炎打算将贾南风太子妃废掉，将她送入金墉城，再另行替太子选一位贤淑慧静的女子做太子妃。

可是，贾南风身后有一个势力很大的家族，宫中和朝中有一帮为她撑腰说话、举足轻重的人物。贾南风有了强大的势力作后盾，有实力雄厚的家族撑腰，有杨皇后替她说话，她当然有恃无恐！这一次有些过分。武帝司马炎动怒。废太子妃之意一出，朝廷便又热闹起来。贾充的私党荀勖、杨珧之流和充华赵粲等积极出面，为贾南风说话，营救将被废送金墉城的太子妃。

营救的人无非是说太子妃年纪还小，容易意气用事，动怒过火；不过，嫉妒历来是古今女人的天性，这很正常，等年纪大一点，自然会好些。出面说话的人一多，加上都是些信服倚重的重臣、侍仆，武帝的怒气稍稍平复。武帝便转而寻问皇后意见如何？这个时候，皇后杨艳已经离世。杨皇后的去世是武帝好色所致的。武帝不满足于后宫女子，便下令将一应名门大族的适龄女子选送入宫，以备选用。

这一选女令是在杨艳立为皇后的第九年即泰始九年八月颁布的，凡公卿大员的女子，都一律应选，隐匿不送者依不敬法处以死罪。美女们送入皇宫。司马炎出于尊重杨皇后，让她主持挑选。杨皇后心存妒嫉，哪能容忍美艳的女子进入皇宫侍候皇帝，夺爱夺宠？杨皇后专挑人高马大、身材魁梧的女子，而将有姿色的女人全部遣送回家。

卞藩的女儿长得沉鱼落雁，司马炎看呆了。杨皇后照旧发话送她回家。司马炎急了，讨好地对杨皇后说：皇后，这女子不错，不错呀！杨皇后立即反驳，说卞家三代都做皇后，不能委屈了这女子只做妃子！这卞家三代皇后是指曹操妻子、曹髦妻子、曹奂妻子。司马炎一听，勃然大怒。后来，司马炎干脆自个儿挑选美女，不再搭理杨皇后。

杨皇后和司马炎毕竟有感情，生三男三女。三男即：司马轨、司马衷、司马柬。三女即：平阳公主、新丰公主、阳平公主。司马炎将选中的美女用红纱在女子玉臂上打个结，送入后宫，再从中选出十名艳色女子一一册封，其中最得宠的是贵嫔胡芳、夫人诸葛婉，地位仅次于皇后。杨皇后忧郁痛苦，卧病不起。临终时，司马炎坐在病榻上，杨皇后把头枕上司马炎腿上，恳求他，在她死后，立叔父杨骏的女儿杨芷为皇后。司马炎含泪答应了她。这时便是杨芷皇后。

司马炎问杨芷皇后太子妃的废立如何？杨芷皇后说：贾充是朝中第一功臣，不能因为贾南风，忽略了贾氏对王朝的功德；贾南风年纪还小，嫉妒是正常的，等再大一点，自然会好；我再好好管教她。司马炎听了心腹大臣和皇后这么一说，又犹豫了。废掉太子妃这一风波便再次平息。杨芷皇后严厉训诫了贾南风几次，贾南风为此并不对杨皇后感恩，反而认为司马炎要废她是杨皇后的主意，就恨上了杨皇后。

太子的问题一直是司马炎的一块心病。册立太子并保留了下来是司马炎在皇后的坚持下共同对付忧心国事的朝廷才办到的。如果这时再承认太子是个白痴，岂不承认豪雄一世的自己办了天下第一荒唐事？可是，朝臣还一直认为太子是愚笨的，如何才能堵住朝臣的嘴？司马炎想出了一个更为

荒唐的主意,设宴大会群臣,当众测试太子。

宴席自然是十分丰盛的,朝臣和太子宫中的大小官员都应邀欢宴。酒酣耳热时,司马炎的几个心腹送上奏折,有几件大事奏请处理。司马炎吩咐将奏折密封,送东宫交太子处理。太子妃贾南风得知此事,明白了皇上的意思,使命心腹代为批答。这位心腹很有学问,人也精明,精通政务,批语自然无懈可击。贾南风的另一个亲信给事张泓浏览后,赞叹批文精妙之后,认为不妥,说朝臣们和皇上都知道太子不好读书,看到这样的文字,反会生疑,对太子自然不好,不如就事论事,写个简洁明了的处事意见。太子妃认为有道理,便命张泓重拟,再由太子抄写送去。司马炎当众拆看,自然万分高兴,随手拿给主张更换太子的太子少傅看。这当然是假的,一看就知道,可能说什么?从此以后,大臣们再也不提更换太子一事。

太子的地位在众大臣传阅奏章批语时便已稳固下来,东宫自然一片祥和。太子妃贾南风鼓足了劲怀孕生子,一连四次生育,都是女儿,没有儿子。太子妃十分恼怒,便对其他怀孕的宫女发泄怒恨,亲手杀死了两位怀孕宫女,并不许其她宫女接近太子。而事实上,这个时候,太子已经有了一个儿子,只是太子不知道而已。

原来是在太子娶妻之前,武帝司马炎考虑太子太小,不懂得男女房中秘事,特地在他的后宫中选了一位丰满成熟,懂得宫规的才人谢玖,前往东宫教导太子。谢玖出身贫寒,父亲是屠夫,以宰羊为职业。谢玖天生丽质,美丽出众,便被选入皇宫。谢玖到东宫后,侍候太子的饮食起居,教导太子男女做爱之事,到太子妃贾南风直入太子府时,谢玖已经怀孕。太子妃的厉害谢玖是早就知道的,相处了一段时间谢玖更加清楚,如果再呆下去,不仅孩子难保,恐怕性命都不可预料。

谢玖知道太子妃不会容纳他,便进奏武帝,请求回到西宫。足月以后,谢玖便生下了一个儿子,取名司马遹,养在武帝后宫。司马遹长到三岁时,有一天,太子到后宫给父母请安,在园中见到了司马遹,和他一起玩,司马炎这才告诉他,这就是他和谢玖生下的儿子。太子大为奇怪。

太子痴愚,可太子生下的这个儿子却是十分了得,武帝司马炎对这个孙子非常疼爱。司马遹五岁时,有一天夜晚,宫中失火,浓烟腾腾,火光冲天。武帝站在火光下看这大火。这时,小皇孙拉着武帝的衣服走到暗处。武帝很奇怪,问为什么?小皇孙郑重地说:夜晚失火,太混乱了,不能不防意外,皇上不宜在火光之下,暴露面目。武帝惊奇地看着这个五岁的孩子,怎么也不敢相信这会是傻太子生的!

司马炎没有废太子司马衷,在一定程度上将王朝复兴的希望寄托于这个聪明过人的皇孙。司马炎觉得,太子天资不足,皇孙可以弥补,有这样的孙子,还担心什么王朝基业?因此,司马炎常对群臣、侍从们由衷夸赞:这个孩子当兴我司马家业。司马炎的夸赞,使皇孙的美誉传遍天下,朝野群臣都知道皇上有一个聪明不凡的好孙子,是太子的儿子,未来不可限量。

善观天象的人进奏武帝,说广陵紫气氤蕴,是天子之气。武帝疼爱皇孙,便将皇孙司马遹封为广陵王,食邑五万户,并选硕学大儒刘宴为师,以孟珩为友,心杨准,冯荪负责教导文学。到太子司马衷即皇帝位,司马遹便理

所当然地立为太子,慎选天下德高望重的大臣出任太子师傅:以何劭为太师,王戎为太傅,杨济为太保,裴楷为少师,张华为少傅,和峤为少保。可是,武帝父子和天下群臣对司马遹期望太高了。司马遹长大以后,令天下失望。史称他及长,不好学习,喜爱屠宰牛羊,并贪色好色。司马遹毕竟是屠夫和好色的武帝的后裔。

司马炎贪欢好色,纵情享乐,夜夜驾羊车游乐后宫,渐渐身体亏损,染病不起。太熙元年四月,就是公元290年,司马炎在洛阳含章殿去世,在位二十六年,终年五十五岁。太子司马衷在灵前即皇帝位,为晋惠帝。杨芷皇后尊为皇太后,太子妃贾南风册为皇后。杨芷的父亲杨骏任职太尉、太傅、大都督,统领军政,总理朝廷政务。实际上,军政和宫中大权掌握在太后杨芷父女手里。皇后贾南风自然不会就此罢休。晋后宫一场血雨腥风就在所难免了。

好色将军,终为色降

洪承畴是明代的名将,在松山城因叛徒出卖被俘。清太宗非常喜欢洪承畴的儒将风度,心想:若得洪承畴,使之成为清军的前锋,那么,荡平华北,南下中原几乎指日可待。所以清太宗想尽所有办法劝降洪承畴。听说洪好色,清太宗下令全国搜罗美女,最后选中十名给洪承畴送去,可都一一被洪退了回来。清太宗因此事而闷闷不乐。一日回宫,被皇后博尔济古特氏(即庄妃)看到,便问:"国主因何事而不高兴呢?"

太宗说:"爱妃你有所不知,我本想劝降明军主帅洪承畴,但谁知他却死活不降,我已想尽办法,如今已无计可施,我正为此事而不高兴。"

皇后皱眉沉思好一会儿,两颊晕红,似有话要说的样子。太宗问:"爱妃有何奇谋?"她不出声,两眼汪汪地盯住太宗。太宗立即拥他入怀,在耳边低声说:"如果有利于国家的,我不惜一切……"

皇后也在太宗耳边低声说起来,忽然太宗生气了,叫道:

"我身为一国之君岂可戴绿帽上朝?"

"我这样做无非为了国家嘛,如果不愿意就算了。"庄妃说。

太宗是个聪明人,想了一会儿,叹了口气说:"为了国家前途,由你去干吧!——但要千万小心,莫要给任何人知道!"

于是皇后特别打扮一番,黄昏时候携起一个篮子秘密出宫,独自到监牢,见洪承畴正闭目危坐,一副凛然不可侵犯的神态,乃细声问:"此位是洪将军吗?"声如出谷黄莺。洪承畴是一个对于声喉婉转、吹气如兰的女人特别敏感的英雄,不知不觉地就把眼张开。

但仍正色问:"你是什么人,谁叫你来的?有什么事?"

她深深行了一礼,说:"洪将军,我不是吃人的,怕什么?我知道将军是忠心耿耿,正准备以死殉国,你还有什么可怕的!"随之嫣然一笑,媚眼一抛。

洪承畴的刚气开始有些下降,说:"我不是怕死,只是你来得太突然!"

"你且不要问,我此来是片好心,想拯救你脱离苦海的!"

她继续说:"将军!你不轻视我,我虽女子,颇识大义,对将军这种英勇行为、殉节精神,忠心钦佩,岂忍夺将军之志!"

“那你来这里做什么呢?”

“唉,将军,我不是说过吗,是来救将军的。”她的话里充满同情,而又惹人爱怜,“将军不是绝食等死吗?但绝食起码要等七八日才会气绝的,未死之前,必会饿火中烧,心绪潮涌,头晕眼花,发冷发热,其中苦楚,甚于吊颈投河。我是佛门信徒,慈悲为怀,怎忍将军受此痛苦?所以煎好一包毒药来敬将军,将军现所求者不外一死,那绝食死和服毒死,究竟有什么不同?将军若不怕死,请饮了这毒药,不就减少死前痛苦吗?”说完捧壶送过去。

洪承畴经她这般一捧一跌、一怜一媚的摇荡之下,已身不由己,连呼:“好,好!我饮,我饮,死尚不怕,何怕毒药!”立即接过壶来,张口狂饮,不料流急气促,咳嗽起来,弄得药沫飞溅,喷得美人衣襟尽湿。

洪承畴连忙向她道歉。她若无其事,谈笑自若,拿出香帕来慢慢擦拭,媚眼向洪承畴一抛说:“看样子,将军的阳寿还未尽哩!”

“哪里哪里!我立志一死。不死不休!”再拿起药壶来,倒水一样倒落肚中。

“将军可为英勇之至,竟能视死如归,英雄英雄!”她说,“不过,我还有一句话告诉将军,你现在既已为国殉了节,但身丧异域,去家万里,丢了家人,哭望天涯,深闺少妇,望着浮云发呆,春风秋月,枕边弹泪,情何以堪?多情如将军,岂能闭眼不顾不念旧情呢?”

洪承畴被勾起心事,酸楚万分,想到毒药已下了肚,死期不远,不禁泪如泉涌,簌簌地落下来,长叹一声,说:“死到临头,还有什么可说,什么可叹?可怜无一河边骨,犹如深闺梦里人!”

她知他已心动,复又挑逗着:“决心殉国,将军可谓忠贞无贰,无愧臣节,但在我看,却是笨得可以。”

“什么,照你所说,难道失节投降,反是英雄好汉?”

“将军!你身为国家栋梁,明朝对你的希望正殷,这样一死,得了一个虚誉,究竟对国家有何补益呢?如果是我的话,我会忍辱一时,渐图恢复,所谓忍辱负重,伺机报皇,断不会这般轻生,效匹夫匹妇所为,不过,士各有志,勉强不得。——我的话说得太多了,请不要见怪!将军已服了毒,也不该使垂死的人增加痛苦!”

她一边说，一边媚眼乱飞，使出浑身解数，媚态撩人，洪承畴虽然等死，但血脉格外畅通，既醉其美貌，又服其见识，心中忐忑，欲火已燃烧上蹿了。

她又说："将军死后，有什么话要转告家人？我两人既然相遇，亦算一段缘分，送佛送到西，我无论如何有此传递责任！"

洪承畴听此言，眼泪又流出来了。她再掏出香帕来，迎身靠过去替他拭泪："将军不要伤心，看把衣服弄湿了，唉！我也舍不得你这样离开的！"

一阵脂香粉气，四面袭击而来，洪承畴不由得顺手抚着她的玉臂，觉得滑如膏脂，柔若无骨。

洪承畴这时欲火正炽，把死置于脑后，一把将她搂住，说："只要毒药迟发一刻，牡丹花下死，做鬼也风流！"

她卟哧一笑，用指头在他额上一戳："傻瓜！服毒的只要洗洗胃就无事了！"

"那你就给我洗胃吧！"

于是青苔板为翡翠之床，罗衣绣带暂作鸳鸯之帐，洛浦腾飞巫山雨，此时无声胜有声！

到天明，这位曾经为万民景仰、飨过国祭的大明经略大臣，显赫权臣洪承畴竟携手与庄妃共见清太宗去了。

洪承畴这样一个刀架在脖子上不动摇、高官厚禄摆在眼前不动心，决心求死以保自己名节的英雄也终于被一个柔弱的女子打败了。这就是以柔克刚的道理。

美女间谍，屡立大功

1941 年上半年，美国尚未正式参加世界大战，当时轴心国和同盟国纷纷派出间谍来到华盛顿等中心城市，展开了形式多样的谍报战。一名披着棕红色头发、长着碧绿大眼睛、身材婀娜多姿、脸蛋娇艳迷人的女间谍，也被英国情报机关安全协调局头目威廉·斯蒂芬森派到此地。

这位美貌的女间谍化名辛西亚。她的名字也是英国情报机关给取的，因为斯蒂芬森认为，使用化名可以避免许多麻烦。

她原名叫贝蒂·索普，生于美国一个高级海军军官家庭，19 岁时嫁给近 40 岁的多病的英国外交官阿瑟·帕克。她随丈夫在马德里任职时，同一位西班牙高级军官勾搭上，并开始为英国提供情报。后来，她丈夫被派到华沙，她又奉英国间谍机关之命，用自己的色相诱惑了波兰外交部长贝克的机要副官。她通过这位其貌不扬的副官，从外交部长那儿获得了许多秘密文件，复制后便交给英国秘密情报局。

而波兰外交部长贝克上校与德国纳粹分子交往甚密，英国秘密情报局就指示她利用这一点，设法弄到德军的新密码系统。半个月后，一身艳装的辛西亚与丑副官去布拉格和柏林旅行了一圈回到华沙，果然带回了这种密码系统的索引。这可是无价之宝啊。

当时各国情报机构为了弄清这种密码系统的奥秘花费了大量人力物力都没有结果，但这位以美色为武器的女人却轻易地得手了。英国首相为此也对她大加赞扬，说她是最出色的间谍。

英国情报协调局头目斯蒂芬森见辛西亚在谍界崭露头角，知其终非池中物，便说服她脱离了半死不活的丈夫，改名换姓，正式在自己手下做事。

辛西亚在1941年成为职业间谍后，更加热衷于以自己那勾魂的眼睛和迷人的身材向男性知密者进攻。当然，她的本领不仅仅在于使用美色这一“武器”上。她知识广博，敢于冒险，落落大方，且幽默风趣，善用计谋。

她先在美国华盛顿乔治城的一座寓所小试身手。她的猎物是意大利驻美国大使馆海军军官莱斯上将。这位好色之徒除了女人之外没有别的追求。只要有美人做伴，什么意大利与德国如何履行盟约，什么地中海海战，什么军事机密……统统都可以和盘托出或抛到一边。

辛西亚先让他在“温柔乡”里初尝甜头，尔后故意闭门谢客，多日不理莱斯，大吊其胃口，这一来，逼得莱斯简直要发疯。

为了要辛西亚做他的终身情侣，他向辛西亚提供了意大利海军的密码本。英国皇家海军凭着这份密码，破译了地中海东部意大利海军电报中的全部秘密。

1941年3月28日，意大利舰队在希腊南部的马塔潘角附近惨败于英国海军手下，几艘巡洋舰都被英国海军击沉。自此，意大利海军在地中海东部对英国海军的威胁基本解除。斯蒂芬森兴奋地说：“果然肉弹战胜了炮弹！”英国首相丘吉尔对此也十分满意。

但莱斯上将很快就被逐出华盛顿，回到意大利不久，便抑郁而死。

辛西亚不久又接受了新任务。

斯蒂芬森告诉她：“法国维希政府驻华盛顿大使馆，是我们搜集情报的重要目标。如果能全部掌握他们与欧洲联络的外交信件和电报，我们就可能了解轴心国的战略部署。”

维希政府是1940年德军侵占巴黎后，由贝当等卖国者在法国南部城市维希成立的亲德傀儡政府。虽属傀儡，但也有其秘密警察组织，对内盯得很紧。外交信件和密码电报是他们驻华盛顿大使馆的核心机密，岂容他人觊觎？

辛西亚也感到与虎谋皮，绝非易事。但她面无难色，一口应允下来。

1941年5月，辛西亚以一个亲贝当政府的美国记者身分，提出了采访维希政府驻美大使的请求。

大使馆新闻处负责人夏尔·布鲁斯上尉审查了辛西亚的申请表，打电话答复说：

"大使同意美国记者采访。"

辛西亚于是用心将自己打扮了一番。她深知,法国人很看重女性美丽的外表。别看她已 31 岁,但穿上镶有金线花边的连衣裙后,身段依旧格外苗条,一头蓬松的卷发则更使她显得年轻漂亮。她携带一架照相机,走进了维希政府驻美大使馆的花园式别墅。

布鲁斯上尉首先接待了他。对于他,辛西亚早在登门之前就进行过了解。此人原是法国海军航空兵战斗机驾驶员,一年前曾与英国皇家空军军官有过良好关系,对英国人有好感,而且布鲁斯相貌堂堂,长得一表人才。他是个容易被女子吸引的美男子,辛西亚着意打扮,多半也是为了他。

布鲁斯并不忙着将辛西亚引见给大使,他邀这位漂亮的女记者在自己办公室坐下,与她海侃神聊。

采访大使完毕,布鲁斯送别辛西亚。他在门口吻了她的手,约定了再次相见的时间。

第二天一早,辛西亚收到了象征爱情的玫瑰花和一封上尉的约会信。接着,布鲁斯就被邀请到辛西亚充满温馨的寓所做客。

他俩的暧昧关系发展得太快了吗?不,在英国安全协调局头目斯蒂芬森的秘密指令中,似乎已经对辛西亚"按兵不动"略有微词了。

斯蒂芬森在指令中说:"有消息说,英国舰队穿越大西洋行动的情报,正是维希政府驻华盛顿大使馆向德国提供的。务必迅速查明此事真相。难道大使馆那么难进吗?"

要进大使馆,要靠布鲁斯。可是布鲁斯不像个新闻部门负责人,倒像个机要部门负责人,对战事守口如瓶。

更出乎意料的是,维希政府经济拮据,下令削减驻外人员,布鲁斯正在被裁之列。他要求继续留在美国,大使表示,他若硬要留下,只能领 50% 的薪金。

布鲁斯陷入了两难境地,既接受不了半薪待遇,又舍不得离开辛西亚,因为他已经深深地爱上了她。

英国安全协调局指示辛西亚,在经济上和感情上同时稳住布鲁斯。

斯蒂芬森的助手霍华德问辛西亚:"说真的,你爱他吗?"

辛西亚谨慎的回答:"准确地说,是他爱上了我。"

霍华德说:"你得战胜他。"

辛西亚打电话约来布鲁斯,对他说:"我俩要想共同生活在一起,看来已没有别的办法。如果我们能为美国情报机构干点什么,就能弄到足够的钱。"

辛西亚没敢说她自己是英国情报机构的人,而只说可以向美国出卖情报。

布鲁斯有些犹豫。辛西亚马上加强攻势,终于使布鲁斯心甘情愿地当上她的"俘虏"。从此,辛西亚能像大使馆官员一样,随意翻阅大使馆的外交邮件以及大使馆的每日简报。当然,她干这些事不是在大使馆,而是在自己的寓所。

布鲁斯从她那里得到了大大超过自己薪金的美元,也得到了她的百般

温柔和甜蜜。他不再央求大使给他加薪，也不再担心与美人分开了。

英国安全协调局对于情报的需求是永无止境的。为了顺利实施进攻北非和占领马达加斯加的计划，上司又要辛西亚从维希政府驻美大使馆窃取海军通讯密码。

布鲁斯叫苦不迭："你让我拿回外交邮件，虽然冒点风险，终究还可以办到，但窃取密码就是另一回事了。我没有进入机要室的权利，也不可能打开保险柜。"

辛西亚说："我就喜欢干不可能的事情。"

辛西亚曾企图买通负责保管密码的人，但是连遭失败。她只能采取偷窃一法。

经过申请，英国安全协调局让美国战略情报局从中助一臂之力。美国从纽约监狱中放出一名会撬保险柜的惯偷，配合辛西亚行动。布鲁斯对撬锁贼尽量详细地介绍了保险柜的外形特征。那窃贼果然名不虚传，他马上判断说："这是莫斯勒型保险柜，打开它得用55分钟时间。"

但大使馆夜间有携枪者巡逻值班，还有警犬守门。不要说外人难进，就是馆内工作人员也不能呆在里边过夜。

辛西亚从上司那里弄来了催眠药，化在香槟酒内。布鲁斯又塞给值班员一叠钞票，给他耳语："这几天晚上，有位女朋友要与我做伴，请你行个方便。"见值班员没有反对，布鲁斯拎出一瓶香槟酒，满斟一杯，递过去说："今天是我与这位女友首次相遇的周年纪念日，我们共饮一杯！"

值班员推辞道："上尉，值班时间禁止喝酒……"

"怕什么？就只一杯！"

不料，一杯下肚，他就站立不住，到一旁伏案大睡去了。

布鲁斯一挥手，撬锁贼猫着腰就进了大使馆。

也许是心慌意乱手脚不十分麻利，等最后打开保险柜时，对密码拍照的时间已经不够了。他们怕催眠药药力不足值班员会提前醒来，只好依原样放回密码，锁上保险柜。在窃贼把如何开锁的方法告诉了辛西亚后，他们便悄悄撤出了大使馆。

次日夜间，辛西亚再次被布鲁斯带进大使馆。今天不能再让值班员喝药酒，只能乘他巡逻的空档快速下手窃密。糟糕的是，辛西亚拨动了保险柜

的暗码,门却没有打开。只得再从纽约请窃贼。

第三次夜进大使馆,要使值班员不怀疑是很难的。他们摸进大使馆时,刚好碰上值班员巡逻。辛西亚急中生智,立即与布鲁斯在客厅沙发上紧紧搂在一起。

值班员走过来,无意中用手电筒照到了他们。他们没有什么不好意思,倒是值班员像做错了事似地连声道歉又低头退出,再也不来打搅他们。真是,脸皮薄的害怕脸皮厚的,没做错事的对不起做错事的。谁叫他拿了人家的钱嘴软呢?

窃贼又猫腰钻进大使馆,十分利索地打开了保险柜。辛西亚从窗户递出密码本,外面有英国安全协调局的间谍接应。他们在蒙得十分严实的汽车里将密码拍了照。

在值班员巡逻的空档,密码又悄然回到保险柜中。

1942 年 6 月,盟军轻易地占领了马达加斯加,接着,又成功地在北非登陆,几乎没有遇到维希政府军的任何抵抗。这一切,都与辛西亚的情报工作有着密切关系。

盟军名将蒙哥马利说:“多亏搞到了密码,辛西亚是改变了战争进程的间谍。”

1944 年,布鲁斯离开自己的原配夫人与辛西亚结合。他们于 1946 年正式举行婚礼,然后在法国定居下来。

美人行间,学子梦断

色情和间谍活动在古今中外都是密不可分的。两千多年前,妖冶的埃及女王克莉奥贝特拉曾对一代枭雄凯撒大帝说:“间谍战中不能没有女人,除非这个世界上光剩下了男人。”

在现代商战中,这一原始的手段在现代女郎的发展下仍然熠熠生辉。并且,女人温暖而柔顺的肉体加上精巧而先进的录音、摄影器材以及形形色色的圈套,使得人类这一古老而秘密的谋略更加诡谲离奇。

让我们来仔细阅览下面这个真实的故事,去领略一幕幕温柔香艳的桃色镜头,看看那些天生丽质的楚楚女子,是如何用自己的肉体征服那些商界精英和学术骄子,从而令对手猝不及防,一败涂地的。

他望着铁窗外那一小块星空发愣,清癯、浅黑的脸上挂着泪珠,那是忏悔的泪珠。

他明明知道哭是无济于事的,可他无法控制,一想起那不堪回首的往事他就泪如泉涌。如果不是在这异国的高墙电网内,他一定要飞回那景色迷人的千岛之国,跪在他那温柔纯洁的娇妻面前,向她忏悔,请求宽恕。

这是他走进监狱的第一夜。从现在开始,他还要在这间狭小冷寂的牢房里度过几千个夜晚。

他是什么人?

他到底犯了什么罪?

20 世纪 50 年代,在苏加诺执政的印度尼西亚与苏联的关系亲密无间,就像如胶似漆的情侣。

当时的印度尼西亚刚刚独立，百废待兴，人才匮乏，总统苏加诺十分崇拜当时"世界革命中心"的苏联，他派遣了大批优秀青年学生到苏联留学。

哈丹托那便是其中的佼佼者。

他出身贫寒之家，可他天资聪颖，好学上进，成绩总是名列前茅。为此，他赢得了一位少女的芳心。她名叫维蒂，出身豪门世家，其父亲还在印尼政府担任要职。

贫穷的哈丹托那需要爱情，更需要金钱。于是，维蒂常常慷慨地解囊相助，使他得以圆满地完成中学学业，并以优异的成绩考上印尼著名的学府——万隆大学。这时，两位日渐成熟的青年终于互吐衷情，共结鸳盟，在椰林、沙滩、花丛……处处留下他们热烈的足迹。

1958 年，哈丹托那以优异的成绩毕业，被印尼政府免试送到苏联莫斯科的门捷耶夫大学化学工业系留学深造。

这时的哈丹托那可谓春风得意，前途无量。

门捷耶夫大学是以俄国近代最杰出的化学家门捷耶夫的名字来命名的，它的化工专业在苏联堪称超一流。

在留学期间，哈丹托那以勤奋好学的精神和出色的科研才能赢得该校教授的赞赏。他们甚至断言：哈丹托那一定会成为印尼未来的"化工泰斗"，世界一流的化工专家。

由于哈丹托那留学期间出类拔萃的表现，印尼政府决定：哈丹托那留苏结束后，即赴日本攻读化工专业的博士生。并将此决定通知了哈丹托那本人。

哈丹托那接到通知后，激动得热泪盈眶，他觉得一条铺满鲜花的大路正展现在自己的面前。

深深陶醉在美梦之中的哈丹托那万万没想到，此时一只黑手已经悄悄向他伸来。

在苏联的大学校园里，男女大学生们的私生活是浪漫而又自由的。他们常常成双结对地出没于花丛树影间，不少人已营造起爱的小巢。

身在异乡的哈丹托那触景生情，不由地思念起远在家乡的未婚妻，回忆他们那段温馨如歌的恋爱时光。然而，他们天各一方，相隔千里，别说是见面，连相互问候一声也十分困难。

相思的日子是异常难熬的。孤独寂寞的哈丹托那只好拼命地读书，以此来摆脱心中的感情苦痛。

一天，哈丹托那又来到学校图书馆，像往常一样，借了几本专业书籍，在一个幽静的角落坐下，聚精会神地阅读起来。

"请问，我可以坐在您的身边吗？"

哈丹托那抬起头，寻声望去，只见眼前站着一位身材修长、年轻貌美的俄罗斯姑娘，她那湛蓝清澈的大眼睛似乎有万种风情，一头金色的秀发瀑布般披散在肩头……

顿时，哈丹托那脸上感到火辣辣的，手脚竟不知如何摆放好，姑娘的美貌打动了那颗孤寂的心。

姑娘莞尔一笑，洒脱大方地坐在他身旁，一阵浓郁的香水味扑鼻而来。

他的心绪被搅乱了，他再也没心思去看手中的书了，可他并没有恼怒，而是感到一种甜蜜的舒适感。

他俩一见如故，热烈地交谈起来。谈话中，他知道她的名字叫“娜达莎”，是该校的进修生。

娜达莎对印尼的一切都很感兴趣，什么自然景观、文化风俗等等，她都问个没完，哈丹托拉一一回答着。嗅着姑娘身上的香水味儿，听着她那甜润动听的话语，哈丹托那有些陶醉。

图书馆关门了。这对刚相识的青年意犹未尽，娜达莎主动提出到校园的小树林里散步继续交谈。

莫斯科郊外的夜晚很美。小树林里，银辉点点，花香阵阵，幽静宁馨，令人陶醉。他俩漫步在林间小道，娓娓而谈。

他俩谈了很多，当哈丹托那带着思念的情调谈起远在家乡的未婚妻时，娜达莎的眼睛忽闪了几下，竟流下几滴同情的热泪，她伸出手握住了哈丹托那的手。

哈丹托那浑身像触电似的，感到一阵晕眩。这是他第一次触摸异国女性的手，温热、柔软、细嫩。月色中，他看到那双明亮的大眼睛秋波流转，充满了挑逗的韵味。

娜达莎趁势将头轻轻靠在他的肩头，喃喃道：“我早就注意到你了，你才华出众，学习勤奋，不愧为印尼的骄子，我真是衷心地倾慕你。咱们做个知心朋友好吗？”

哈丹托那毕竟是个血气方刚、精力充沛的青年，身在异国他乡的单调而孤独的求学生涯，常使他备感郁闷惆怅，娜达莎的柔情蜜语使他仿佛又回到了印尼与维蒂热恋的情景。他情不自禁地挽起了这位俄罗斯女郎那丰腴的胳膊……

从此，他俩一次又一次地频频幽会。在哈丹托那心目中，娜达莎已经逐渐替代了那娇小棕黑的印尼姑娘的位置。

一天，他和娜达莎在校园里散步，已经很晚了，他们浑然不觉，耳鬓厮磨地喃喃私语。天忽然下起雨来，不一会儿，他俩就淋得像落汤鸡似的。幸好娜达莎的住处就在附近，他俩手牵手一齐跑进屋里。

娜达莎独居一家，房间虽小，却布置得十分雅致舒适。娜达莎让哈丹托那坐在沙发上，然后走进里屋。不一会儿，她换了一件薄如蝉翼的绣

花睡袍，手握一瓶伏特加和一只高脚杯，轻盈地来到哈丹托那的面前，为他斟了一杯酒，柔声劝他喝下去，借以驱除身上的寒凉。

一杯下肚，哈丹托那顿觉浑身燥热，如火烧一般。他血红的眼睛直勾勾地盯着眼前的金发女郎。在柔和灯火下，她那白里透红的脸蛋分外妖冶动人，半透明的长裙使她修长的双腿隐约可见，一条雅致的腰带在纤细的腰上松松一扎，高耸的胸部凹凸分明。

娜达莎微微一笑，像一只温顺的小猫依偎在哈丹托那的怀里，眼里荡出一串灼人的秋波。哈丹托那一阵冲动，猛地将她横抱起来，走进了里屋……

沉迷于温柔乡中的哈丹托那，一点也不知道，他已经陷入了克格勃的谍网之中了。

美丽迷人的娜达莎，其真实身份是克格勃的女特工，隶属于第一总局七处。该处任务是负责刺探日本和东南亚的经济情报。娜达莎专门以女色来引诱拉拢这些国家的来苏留学生，尔后胁迫他们为克格勃搜集情报。哈丹托那就是她猎取的一个对象。

这时，娜达莎的体貌已经深深烙在哈丹托那的心里，一日不见娜达莎，就如痴似癫，失魂落魄。老练狡诈的娜达莎见此情形，知道这条“鱼儿”已经游进网中了，是该收网的时候了。

她将此事向上司作了详尽的汇报，筹划着下一步的行动。

一个周末的晚上，娜塔莎把哈丹托那领到波尔什剧场内的歌舞厅里，在幽蓝的灯光下，伴着轻柔缠绵的舞曲，他俩翩然起舞。娜达莎今天打扮得很漂亮，她身穿一件粉红色的连衣裙，酥胸微露，体态婀娜，那双美丽撩人的大眼睛半睁半闭，望着飘飘欲仙的哈丹托那，心里暗暗冷笑着。

一曲终了，娜达莎领着哈丹托那走到一个幽静的角落，只见一位中年男子已经坐在那里自斟自饮。娜达莎将这位印尼留学生介绍给他，便借故离去。

此人头顶微秃，一双鹰隼般的眼睛寒光逼人。他是娜达莎的上司，名叫安德列夫。

寒暄了几句，安德列夫便单刀直入地对哈丹托那说：“我是国家安全局的官员，听说你回印尼后要作为化学工业的研究生到日本去，我们想叫你给我们搜集提供日本化学工业的情报。当然你每次事成之后会得到一笔数目可观的酬金。”

哈丹托那惊呆了，他那浅黑色的脸登时变得灰白，连忙摇头说：“要我当间谍？不行，绝对不行！”

安德列夫的脸立刻阴沉下来，用胁迫的口吻说：“先生，你应该为我们这个全世界最庞大的情报网服务而感到荣幸和自豪。”

“不……不能，我是个一心搞学问的人，决不干这种肮脏事！”哈丹托那依旧断然拒绝。

看来要向哈丹托那摊牌了，安德烈夫冷笑道：“看来你是不见棺材不流泪呀，那好，请你看看这些吧。”

呈现在哈丹托那面前的是他与娜达莎在床上做爱的一组照片。

哈丹托那像被雷击似的惊呆了。

“哈丹托那先生，别忘了，你家乡还有个未婚妻，要是她知道你同娜达莎的事会怎样呢？这且不说，若惹恼你未来的岳父大人，你可就有家难归！现在两条路摆在你面前，你看着办吧！”

哈丹托那如梦方醒，知道中了对方的“美人计”，沮丧地低下头。

他已别无选择，只好含泪写下一纸与克格勃进行合作的保证书。

克格勃的“美人计”又一次得逞。

1964 年初春。

一艘开往日本的客轮驶出了雅加达港口。哈丹托那和新婚燕尔的妻子维蒂坐在这艘客轮的头等舱里。

望着无边无际海面，哈丹托那的心如同那波涛一样起伏不平。到日本攻读博士学位，曾是他梦寐以求的愿望，然而现在他仿佛觉得自己是在迈向危险的深渊。

在他的心里，永远也忘不了在莫斯科留学那段荒唐可耻的生活，忘不了那三个月如同在地狱中挣扎的谍报工作训练，忘不了克格勃赋予他的罪恶使命。

这时，纯洁温柔的妻子看到他郁郁寡欢的样子，以为他舍不得再次远离自己的国家，便体贴地安慰他。

哈丹托那心里更加痛苦和矛盾，他曾经几次想和维蒂道明实情，却始终没有勇气开口。因为他知道，在他的身后有一双阴险的眼睛在监视着他的一举一动。

到达日本东京后，哈丹托那按克格勃的秘密指令，在一个星期五的下午 6 点，来到池代井支店等待接头。

一个瘦高的男子走过去对他说：“有火没有？”

“刚巧剩下一根火柴。”

“你从哪里来？”

“我叫卢思比，刚从千岛之国来。”

暗号对上后，那男子自我介绍道：“我叫塞多夫，在苏联驻日贸易代表处工作。”

就这样，哈丹托那与活动在日本的苏联克格勃接上了头。

哈丹托那在东京的新宿日语学校苦读半年，过了语言关。他被派到日本信越聚合体株式会社东京工厂当博士研究生，一边学习深造，一边跟导师参与技术试验。

信越聚合体株式会社当时正在投入大量人力和财力进行塑料成型的高科技研究，该项研究已进入尾声阶段。

塑料成型对林业生产具有着不可估量的推进作用，尤其在军事工业生产方面的用途更为广泛。如用塑料成型的方法研制塑料炸药和地雷，既有隐蔽性又有很大的杀伤力。克格勃对这项高科技成果早已垂涎三尺，蓄谋将其窃为己有。

哈丹托那到该会社的东京工厂来读研究生，正是可遇不可求的好时机。克格勃指示他不惜任何代价一定要把塑料成型法的技术情报资料搞到手，并威胁道：如拒绝合作，就把他爱妻维蒂杀死。

哈丹托那没有别的选择，只好俯首听命，为虎作伥。

哈丹托那不愧是个天才。

他装出一副刻苦钻研学问的忠厚诚实的态度，从不问自己不该知道的东西；在实验中他以精辟独到的见解，很快赢得了导师的赏识。

渐渐地，他博得了工厂试验中心的其他日本专家的信任，被允许看些比较保密的试验资料，到后来他竟可以在中心的保密试验室里出入自如。

精明的日本人这回犯了个大错误，他们将装满珍宝的保险柜钥匙交给了小偷，使他可以在保险柜里随意将认为值钱的东西拿走。

克格勃得到哈丹托那窃取的技术情报后，立即交给了军工专家。苏联很快研制出居世界领先水平的超级塑料炸药和地雷，令西方国家大为震惊。

塞多夫因此次行动有功，被调回苏联另任高职。窃取情报的哈丹托那也获得了10万美元的巨额酬金。这个贫苦出身的青年一下子成了富翁，金钱的诱惑使他忘记了廉耻和恐怖，更加死心塌地为克格勃卖命。

哈丹托那毕业后，以出色的才华和忠诚的品格博得日本人的青睐，他被日本协同合成株式会社聘为高级职员。

协同合成株式会社是日本化工大企业，主要生产有机化工合成产品，其中以生产氯化乙烯基为主，其生产工艺先进，产品在国际市场上十分畅销，对苏联的同类产品出口冲击甚大。

为扭转这个局面，克格勃严令哈丹托那设法将该会社的氯化乙烯基配制表弄到手。然而，这份配制表高度保密，只有会社的少数高级技术管理人员才能看到。哈丹托那感到无从下手。

为了确保哈丹托那这次行动的成功，克格勃总部特意派来了他在莫斯科留学时的“老情人”娜达莎。

在东京的一家豪华酒店，他俩又重逢了。娜达莎依旧楚楚动人、风姿绰约。她告诉哈丹托那，她现在的公开身分是苏联驻日商贸代表部译员。哈丹托那向她汇报了协同合成株式会社的内部情况。而后两人密谋起行动方案来。

会社档案室保管员山本一郎被列为重点对象。

山本一郎工作严谨，木讷寡言，但却好喝酒。哈丹托那决定从这点入手。他设法接近山本，常请山本到酒吧里喝酒，他俩很快成了酒肉朋友。

哈丹托那又把娜达莎介绍给山本，娜达莎迷人的身段和高雅的谈吐深深地吸引了山本，他丧失了警惕性。三个人常在一起饮酒作乐。从山本嘴中，哈丹托那和娜达莎探知了氯化乙烯基工艺配制表的确切存放位置。

一次，他俩又请山本到一家小酒店喝酒。哈丹托那和娜达莎一唱一和，又是敬酒又是劝酒。山本一郎害怕喝多了误事，不敢贪杯。

于是，娜达莎站起身，装出已不胜酒力的醉态走到山本跟前，倚在他的肩头，撒娇地劝道：“山本君，我最佩服的是你具有典型的日本武士的豪爽之气，因此你一定要喝下这杯酒。若不行，你喝半杯我喝一杯，怎么样？”

山本的嗅觉里充满了娜达莎的体香，再加上娜达莎勾人魂魄的媚眼，令山本痴迷了，他竟伸手在桌底下偷偷地抚摸着娜达莎的大腿。

娜达莎趁势搂住山本的脖子，两人狂吻起来。这当儿，哈丹托那悄悄地

将一包特制的粉末倒进山本的酒杯里。

山本拿起那杯酒一饮而尽，以报答"美人"的厚爱。不久，他便酩酊大醉，不省人事。

这时，夜幕已降临。哈丹托那和娜达莎把山本搀扶到会社的档案室，山本仍沉醉不醒。哈丹托那从容地从山本身上解下钥匙，打开了保险柜，娜达莎用随身携带的特制微型照相机拍摄下氯化乙烯基配制表这份绝密的工业技术情报。

克格勃又一次奖给哈丹托那一笔丰厚的酬金。

娜达莎和他重温旧梦，沉浸于温柔乡中。

短短五年时间，哈丹托那窃取了日本化工界大量的经济情报，使其蒙受一定程度的损失。他本人却获得了数十万美元的报酬。

哈丹托那得意地想：再干几次，自己便成百万富翁了。到时，他马上离开日本回国，在那里平平安安地享受荣华富贵。

然而，哈丹托那的美梦并没能实现。

日本警视厅已经悄悄盯上他了。

1969 年 5 月，哈丹托那在盗窃塑料水桶的制作方法时彻底暴露，被日本警方当场逮捕。

在被戴上手铐的一刹那间，哈丹托那脑海中再次掠过娜达莎的影子。

他无比悔恨："莫斯科之恋"毁了他的一生。

港姐淫诱，关员被囚

22 岁的赖志海出生于广东的一个山村，小时候，他整天放牛，家境十分贫困，他打心底里也没有想过穿金戴银的生活。他高中毕业，碰上海关招工，就去考，考上了，被分配到海关当关员，负责对入境货物征税。他十分清楚，在他的手上如果"松一松"，非法物品就会畅通无阻地进来，就会赚大钱，就会给国家带来莫大的损失。

他到海关工作整整一年，不曾痛痛快快休息过一天，几乎天天都要当班。一个风和日丽的星期天，领导见他有女朋友找上门来邀请他去玩，便批准他全休一天。他穿上一套崭新的制服，把皮鞋擦得锃亮，带着女友到风光明媚的西丽湖度假村游玩。他俩跳进游泳池里来个鲤鱼跳龙门……快乐极了。

当他们进餐厅进午餐时，一位约35岁，长得风骚漂亮的女人，老盯着他俩，若有所思。这女人穿着半身衣，身上能够露出来的部分都露出来了。一会儿，她向他俩姗姗走来，坐在赖志海的女友陈秀珠的一旁，一只手亲热地搭在陈秀珠的胳膊上。陈秀珠此刻莫名其妙，正想推开这位女人的手时，这位女人就抢嘴说："喂，不认识啦！那天陈老板在江边酒楼举行生日庆祝会上，我不就和你碰过杯。"陈秀珠想了又想，才想起来。

这女人名叫葛玉珍，原香港一家玩具厂的职员，因不愿一天到晚地干那周而复始的活儿，前年，她辞了职，来到广东做"生意"。她曾以做生意为名，和100多名香港及内地男人发生性关系。她谈生意，不是把眼睛盯在货物的价格上，而是盯着有"实力"的人员。她表面和赖志海的女友说话，但眼珠老直视着赖志海。

过了两天，葛玉珍去找赖志海。寒暄之后，她问起他的家庭情况和个人生活。他一一如实说了，她同情地说："你的家庭在农村，你又孑然一身在外工作，经济上又不宽裕，如果没有钱用，就说一声。""不用！不用！我每月200元工资够了。"

"哈哈哈……"葛玉珍大笑起来，"真是可怜，你200元工资，还不够我吃一顿饭，现在深圳的物价高，饮杯咖啡都要六七元！看你还吃青菜炒肥猪肉，像个啥……"葛玉珍临走时，从小包里拿出一张一百元面额的港币，硬往赖志海手里塞。以后，葛玉珍就一次又一次地找赖志海，赖志海也一次又一次地应邀出席或在家等候。

有时，她请他去酒家饮茶；有时，她给他一二百元港币；有时她送他一套西装；有时她送他一条金项链。

赖志海做梦也没有想到，能有这位港姐姐，真是天赐厚福，她是好心人。渐渐地，赖志海和女友陈秀珠疏远了，他对葛玉珍说："秀珠是工人，没啥出息，就算一天上24小时的班，也发不了财。她酸得很，一分钱掰两半用。"

一天傍晚，赖志海接到葛玉珍的电话："喂，老弟吗？我从香港过来，现在在大园宾馆304号房，今晚你来我这里一下……"

赖志海放下话筒看看表，还差一个小时才能下班。他多想时间走快一些啊。

下班了，赖志海便骑着单车直奔大园宾馆，敲响了304号房的门。门开了，港姐葛玉珍着一套薄薄的透明睡衣迎他而来，赖志海初次见到葛玉珍这模样，不大好意思，葛玉珍笑了笑说："我很累，刚睡了一阵子，你把我敲醒了。"随即她关上门。葛玉珍突然把眼睛紧紧地一动也不动地看着赖志海，显得特别温柔，她像发现了什么似的，身子摇动了一下，说："志海，你还未吃饭吧，闻你一身汗味，快冲凉去，冲完凉去吃饭。"她边说边挨近他，用手来解他的衣扣，关心地说："后生仔要会打扮自己，干净一些，姑娘才看得上嘛。"赖志海有点慌了神说："用不着你帮忙解衣。"赖志海走进浴室。当他擦干身上的水，正要穿衣的时候，葛玉珍推开了浴室的门。赖志海不知所措，急急转过身去面对着墙壁。可这时葛玉珍已撮着嘴，双手伸向了他。

"吻我，抱我……"她命令地说。

"这，这……"他不知说什么好，只好勉强去吻她。

他们一边亲吻，葛玉珍一边把赖志海拉到了床上……她断断续续地说："赖弟，你爱我吗？我一看到你就想'这个'，我平时给你钱用也是想'这个'，你不嫌我年纪比你大吧，不过我才30岁多一点，我看，我比内地20岁的姑娘还显得年轻。"她把他搂得紧紧的，简直连气也喘不过来。

半小时以后，她从床上起来，拿起放在桌上的照相机，边调光边说："我们照一张合影作纪念好吗？"他不说话，由她说什么做什么，像是一匹被驯服的马。她调好自动快门后，随着"嚓"的一声，拍下了一张双双全裸的照片。她高兴极了。对他说："快穿上衣服，一起去餐厅吃饭去。"

饭后，她带他回房里……他完全听她的摆布。快12点了他欲走，又停了脚步，似乎还有什么要说，却难以启口，久经沙场，善于察言观色的葛玉珍，早就摸透赖志海贪财的心理，她知道他在想什么，就装糊涂地说："唉，都叫我给忘记啦！还没给你买彩色电视机呢。"说着，她便从小钱包里掏出五张一千元面额的港币递给他，说："深圳进口的彩电多的是，你拿这钱去买吧！"

她一手把钱递给他，一手拧着他的耳朵说："你现在又想摆阔气，又不会赚钱，靠领国家的200元钱，够啥用的，我没约束你吧！内部人有内部钱嘛！看你这个穷酸样！""老港姐"此时不再是刚才那么温柔了，两只火热的眼睛变成了一双冷眼。

赖志海接过钱后，心里自然喜滋滋的。他有时也想过，葛玉珍为啥对他这般好意？她现在分明是叫我赚钱，我凭什么办法赚钱呢？他不解地请教她，她狡猾地摸摸他那钥匙模样的肩章说："靠这个。"赖志海还不理解她的意思，她觉得现在还不是说破的时候，莞尔一笑，叫他回海关了。

赖志海和葛玉珍称姐道弟已有4个月了。可赖志海从不过问葛玉珍的详细家庭情况及她的历史，他只知道她是一位荡妇，又是一位穿金戴玉的好姐姐。可葛玉珍对赖志海是摸透了的。她知道他在海关，负责进出口货物的关税工作，她不知道他单位党支部研究过他入党的事，打算发展他为共产党员，他升迁的可能很大。葛玉珍想，现在该是向赖志海"吐露真情"的时候了。一天晚上，她约赖志海到她的老客房304号。见面先来一番亲昵后说："老弟，我们做个生意，好不好！你有钱赚，我有财发，两全其美嘛。"赖

志海从来没有沾过生意的边儿。听见“生意”两个字,脑子里就糊涂,好一阵子摇摇头说:“我不会做生意。”

“我做生意是做你懂行的,只要你做个帮手,就会成功的。”葛玉珍说。

“我懂……”赖志海高兴地一笑。

“是的,你不是负责进出口货物打税这项的吗!”葛玉珍画龙点睛。

赖志海毕竟是读了10年书的人,也悟出“懂行”的真谛,说:“走私?!”

“对! 就干这个,不费吹灰之力,就可赚大钱。”葛玉珍说。

赖志海想了又想,心里确实有些害怕:“万一被发现了,会坐牢的。”

“你知我知,如果你我不说,只有鬼才知道哇!”葛玉珍说。

“那你想做什么生意?”赖志海又胆怯又镇定地问。

“现在海外‘的士’小车在内地畅销,是热门货,赚的钱又大,就做这个。”

她和他谈了大半夜,策划了一套行之有效的计划。她约好了时间地点后,又把入关的大货柜司机名字告诉他。

第二天一早,她就从香港开始发“的士”进关了。其实“老港姐”那边的货早就准备得差不多了,只等赖志海上钩就干。

下午3时,赖志海按约好的时间在如龙的车队入境通道上当班,心里背诵着葛玉珍告诉的一切,时刻准备“战斗”。

葛玉珍指定的香港司机把车开来了,这辆大货柜车上装有两台崭新的“的士”小车,他看看司机,司机看了看他,互相都心照不宣,他接过司机递给他《来往香港汽车进出境签证簿》后,故意认真看了几下,便利索地在本子上画了又画,当空车一样入关了,关税完全在他的笔下勾销了。

成功了。已在深圳等候的葛玉珍,又把这两台走私的“的士”马上卖给别人。然后,她按照1/3分成,把这个“一”交给了赖志海,这样,4万元“介绍费”不费吹灰之力地到了赖志海的手里。

赖志海毕竟不是生意老手,从来没见过这么多的钱,他拿着这笔钱心里有点害怕。他想,干这一次算了,不再做了。

可葛玉珍是个见钱眼红的人,她想,好不容易才找到这条“金钥匙”叫她怎能就此罢手呢!“万一……我就……”这下葛玉珍不像初次那样柔情绵绵苦口婆心地“开导”他了,也不称姐道弟了,她狡猾地说:“你已经干了,我一告发你就完蛋!”说着,她又从衣袋里拿出一张和他合影的裸体照片:“你看这是什么,不怕我说出去吗?”

赖志海这下愣住了,伸手把照片抢过来撕烂,但葛玉珍不慌不忙地说:“你撕也没用,底片放在香港我家里,一分钟就可以洗出一百张来,给你们海关上上下下,当然也包括你的亲朋好友,每人都送一张去,到那时,我看……”“老港姐”一阵狂笑。

在这个时候,赖志海如哑巴吃黄连,有苦说不出。他只好答应她。

一日,赖志海又如往常一样,站在进口车辆的检查通道上,等待着那位司机开车到来。可是已是上午10点半钟了,还差半个小时,下班顶班的关员就要来顶替了,但还不见那位熟悉的司机把大货柜车开来。他急了,不时地看葛玉珍送给他的那块高级石英纳格手表,不时地望香港那边公路,想在

车队里寻找那位又高又瘦的司机。

还有5分钟就下班了，顶替他的关员来了，就在这时，司机开着大货柜车装着两台崭新“的士”来了。

怎么办，如果在这个时候干这“勾当”，肯定要被这位要顶班的关员发现。不干，这两台走私“的士”就会被没收，这位司机就会扣留，自己所干之事就会暴露。

在进退两难时刻，他急中生智，对那位要顶班的关员说：“你顶班还差几分钟，你先到休息室喝杯茶再来吧！”那关员不知其中有鬼，见他这般关心，便到休息室里去休息了。

那位关员走后，赖志海三下五除二地为那位又高又瘦的司机办好手续。

然而，没有“不漏风的墙”。赖志海终于难逃法网。不过在罪行中还加了一条就是参与国际流氓团伙走私黄色录像带。

原来那位“老港姐”的“的士”里装满了来自世界各地的黄色录像带。案发后搜出来的就有100多盒。

运用女星，抢占市场

70年代，香港社会的市场背景发生了变化，人们在不愁温饱的富裕社会中，对商品质量的要求在不断提高，一些廉价质劣的商品逐渐被包装精美、牌子响亮的产品所取代。香港的卫生巾市场这时充斥着劣质的卫生巾，主要是香港本地制造和从大陆进口的。其特点是：体积大、吸水能力差、质地粗糙，给使用者造成极大不便。即使是部分品质较佳的卫生巾，也缺乏推广宣传，其知名度甚低。在当时，厂家派工作人员到一些中学向初中生灌输生理知识，并顺便推荐介绍卫生巾产品，已经算是比较直接的形式，加上当时的超级市场较少，开放式的药房仍未普及，卫生巾的主要销售渠道是小药房，所以消费者只能靠互相口传，获得新产品的信息。当时的小药房多是封闭式的而且店员又以男性为主，因此连推销员口头推销也很困难，这样就使女性卫生巾市场成为一个半封闭式的地下市场。

70年代后期，香港的经济已起飞了近十年，个人收入增加，女性劳动人口增多。这个现象为市场推销人员提供了重要的信息，如何替这些职业妇女解决每月生理周期带来的不便和困扰，便是一个极具潜力的市场，飘然卫生巾的生产商及时发现了这个潜力庞大的市场，便决定推出优质的卫生巾用品争取市场占有率。

飘然首先在产品品质方面下了一番功夫，做到了体积小，方便女性使用和携带；吸水性强，减少了更换次数，并将卫生巾表面也做得柔软轻顺，强调“贴身享受”；随后又推出了“自动粘”装，可以粘固在衣物上，非常安全可靠。各种改良正切合新时期职业女性的需要，飘然把目标市场定位在职业女性，被塑造成时代女性的宠物。

品质改良以后，宣传推广就成了飘然走向市场的关键。飘然一反传统，决定堂堂正正地宣传这种在当时被传统观念认为是禁忌的商品。飘然卫生巾的广告在选角时，经过一番沉思，最后选中了由香港无线电视台举办的第一届香港小姐选美的冠军得主孙泳恩，她活跃在商界，曾多次参与主办地产

展览而给人们留下时代女性和女强人的形象，由孙泳恩向她的职业姊妹们推荐介绍自然能收到事半功倍的效果。

在晚上的黄金时间，电视片的一集刚刚播映完毕，荧光屏上出现了一位香港人极为熟悉的面孔——第一届香港小姐冠军孙泳恩，她正快步走过斑马线，突然一辆汽车从旁驶来，孙小姐潇洒地伸出左手食指，正像古龙小说中的陆小凤使出平生绝技灵犀一点般指向驶来的汽车，汽车在孙小姐身旁戛然而止。这位漂亮迷人的小姐飘然走过斑马线。接着电视机里传来旁白介绍一种崭新的产品，一种可以令女性在“不方便”的日子里仍然如常活跃，神采飞扬的产品，这种新产品便是给女性的飘然卫生巾。

这则广告在当时的香港推出，使得飘然卫生巾和第一届香港小姐同时成为市民茶余饭后的话题。飘然敢于在当时仍受传统的中国世俗文化影响的香港社会打出旗号，隆重推出卫生巾的新产品，加上广告片的可观性和艺术性，令全香港市民都知道了飘然卫生巾这种新产品，飘然也就成了卫生巾的代名词。虽然播放飘然卫生巾广告令坐在电视机前的一家老小感到尴尬，有些女性可能被子女或弟妹追问飘然卫生巾是做什么用的，使其感到难为情，但重要的是，广告中所陈述的飘然卫生巾的优点，尤其是片中孙泳恩的飘然自在，深深印入她们脑海，在选购个人卫生巾时，试一试飘然便成为一种无可抗拒的冲动。

在成功地占有职业女性这个市场之后，飘然又加强了宣传攻势，攻入整个女性市场，市场占有率达到30%，独领风骚十多年，面对众多竞争对手的挑战，始终屹立不倒。直到美国的宝洁在香港推出护舒宝，飘然的大姐大地位才受到真正的威胁。

宝洁是美国一家非常成功的消费日用品制造公司，名列美国500家最大公司的前列。最初宝洁是以美国本土市场为主，但随着美国经济增长速度的放缓，世界市场对它变的日益重要。以生产个人卫生用品起家的宝洁，希望在香港占有一席之地。经粗略估算，香港要买卫生巾的适龄女性约150万人，以每人每月消费20元计算，这个市场的总生意额是3.6亿元。以纯利5%计算，一年获利可达400万元。如此丰厚的收益，宝洁便开始计划推出自己手上的一张皇牌护舒宝，要与飘然一决高低。

要想成功地推出护舒宝，对宝洁来说就要解决好两大问题。一是消费者对新产品的心理抗拒，尤其以食品和个人卫生用品为甚，卫生巾是最贴身的个人卫生用品，如何吸引消费者试用新产品便是一个大问题；二是进入一个牌子平均分散的市场较进入一个已有压倒优势牌子的市场容易，宝洁正是面对着一个已有压倒性优势牌子的市场。

针对这两个问题，宝洁实施三大战略：一是品质改革。护舒宝最重要的部分就是最底层的吸水垫，具有强力吸水功能，上面加两层干爽网，并把这三层物质厚度减至最小，做到了吸水力强、更替次数少，外面干爽柔软、体积小、使用和携带方便等。二是大规模分派免费赠品吸引试用。三是名人推荐介绍宣传。

护舒宝是以职业女性为首选对象，所以选择名人的身份和形象必须切合职业女性的标准。护舒宝的第一辑广告片由张艾嘉担任。她是影后，演技出众，形象有时代感，亦属事业型，这对飘然的目标市场有极大的影响。广告主题以轻快的调子衬托着现代生活的动感，张艾嘉在轻松洒脱的节奏中带出产品的优越性能。这则广告刚播映便引起了很大的反响，很多女性都跃跃欲试。

继张艾嘉之后，宝洁再请另一位巨星张天爱。她的父亲是华侨，活跃在香港商界，并先后出任香港市政局主席及立法局议员。张天爱在几年前香港小姐竞选中因表演芭蕾而一举成名，继而进军影视界为港人熟悉，后因故退出。但仍活跃于上流社会的社交场合。这次复出，以独白的形式为护舒宝推介，其名流的身份，更显措辞诚恳，护舒宝优良的品质得以信赖。

两位明星的推介，使护舒宝取得了骄人的，亦是惊人的成就，在短短的两年时间里，市场占有率直线上升到22%，直逼大姐大飘然的地位。飘然借助孙泳恩发家，十年辛苦经营所取得的成就，已被宝洁借助张艾嘉、张天爱推介的护舒宝撼得岌岌可危。

用丽人、佳媛为自己做广告、宣传，能达到可观的效果。从以上的两个例子中我们已看出，“飘然”用孙泳恩而成功的达到了女性卫生巾市场占有率的30%，且独领风骚十多年，面对众多竞争对手的挑战，始终屹然不动。“护舒宝”用张艾嘉与张天爱取得了骄人的成绩：两年间市场占有率上升到22%，而且严重动摇了“飘然”的地位。当然，并不是产品只要靠演美人计都能一炮打响，我们千万要走出这个误区。美人计是一种手段，长期占领市场，赢得消费者，产品质量是很重要的。“飘然”在仔细研究市场之后，首先在产品品质方面下了一番功夫，靠各种改良来方便消费者的使用需要；宝洁公司实施的第一大策略就是品质改革，做到了吸水性强、更替次数少、外面干爽柔软，体积小、使用和携带方便等。它是想消费者所想，所以才能成为旺销产品。

32计 空 城 计

成皋空城，计胜庞涓

韩国太子依照孙膑的嘱咐，撤回韩国境内后便安营扎寨，与国都的韩军形成犄角之势。

庞涓带领几个将军来到韩国太子的大营前察看虚实，太子大营营门紧闭。庞葱对庞涓道："叔父，孙膑多日来紧闭营门，他是不是想拖住我们？"

庞涓沉默了好一阵子，道："孙膑好像不在营内……"

庞葱不解，问道："叔父由何而知？"

庞涓道："孙膑作战，虚虚实实，他要是害怕我们，就会摆出不害怕的样子，不会紧闭营门而不出；他要是想拖住我们，就会摆出决战的样子，也不会紧闭营门不出的……"他突然想到什么，对庞葱："他一定是去了成皋……庞葱，我率大军立刻赶往成皋，你带一万人马留在这里，牵制韩国太子。"

孙膑夺取成皋后，知道庞涓不会善罢甘休，为了做好长期坚守成皋的准备，孙膑命令将军们留下少量军队，带大部士兵到城外征粮。他不放心太子，让钟离春骑快马前往国都方向，监视庞涓的大军。

钟离春很快就回来了，并给孙膑带来一个坏消息：庞涓的先头军队离成皋只有三十里路。

孙膑纵是谋略过人，也有些不知所措了，惊道："他们怎么来得这么快！"

钟离春道："看来，太子没能牵制住庞涓。"

孙膑非常后悔，道："真是一招不慎，满盘皆输……"

钟离春安慰他道："先生，鬼神还有失算的时候，何况人呢……还是赶快想个计策，对付庞涓吧。"

孙膑叹道："真没什么计策了……城里军队不多，而且大都是一些有伤病的士兵……"

钟离春道："速把征粮的军队叫回来。"

孙膑摇头道："来不及了……"

钟离春道:“那放弃成皋,我们到城外集结征粮的军队。”

孙膑道:“区区五千军队,再没有了城池,无法与庞涓的数万大军对抗。”

钟离春道:“我们不与庞涓对抗,回国都与太子的大军汇合,重新夺回成皋。”

孙膑道:“如果成皋第二次失陷,大王就不会再给我们夺取成皋的机会了。”

钟离春问:“那……你说怎么办,留在成皋,束手待擒?”

孙膑沉默不语,巧妇难为无米之炊,一个没有士兵的将军战又战不得,跑又跑不得,那这个将军还不如一个平民百姓!

钟离春有些沉不住气了,催道:“你说话呀,实在没办法,我们就走。”

钟离春这么一催,反而令孙膑平静下来了,他问道:“我方才忘问你了,魏国的先头军队是轻装还是重载?”

钟离春回答:“轻装。”

孙膑欣然道:“我有主意了……”

钟离春问:“什么主意?”

孙膑平静地道:“打开大门,让士兵们全部隐蔽起来,放魏军进来……”

钟离春急了,道:“打开大门,这叫什么计策?这跟束手待擒有什么区别?”

孙膑道:“这也许是最好的退敌之计……”

孙膑命冯将军速往城外,命城外征粮军队停止征粮,隐蔽待命,然后招集城内的将军,把自己的计策告诉他们,随后解释道:“……开城迎敌,并非我凭空想象,三百年前,楚国公子元率大军攻打郑国国都,郑国人在迫不得已的情况下,打开城门,诈退了楚军,而今我也是不得已而为之。庞涓的先头军队轻装直奔成皋,其意在打我们个措手不及,若用此计便会使他产生疑惑,不敢轻易进攻,我们再让城外征粮的军队装作伏兵,在埋伏中露出破绽,使其疑上加疑,他们退兵数十里。到那里,城外的军队立刻进城,立即做好守城准备。”

有将军道:“军师,如果庞涓的将军看破你的计谋,我们就危险了!”

孙膑道:“我向来用兵是虚中有实,庞涓是屡屡吃亏,这次我们虚中无实,他们还会以为是虚中有实。”

将军们认为孙膑说的确实有道理,便不再怀疑孙膑的计策。

不足一个时辰,魏国的先头军队就到成皋城外。领军的费将军见成皋城门大开,行人往来不断,好像一点防备的样子都没有,不由纳闷。随行的将军道:“费将军,既然敌人没有防备,我们就来个突然袭击吧。”

费将军道:“元帅说过,孙膑作战一向虚虚实实,城门大开,是装作毫无防备,诱我进攻,然后图之。”

费将军命令奸细马上混进城内,查明详情,同时派人到城外四周查探,看有没有伏兵。最后才命令军队,作好攻城准备。

随行将军不解,问:“费将军,你不是说孙膑有诈嘛,为何还要攻城呢?”

费将军道:“我也给他来个虚虚实实,真真假假。”

费将军的这一步棋确实令韩国的将军们惊恐不安，他们认为魏军已经看破了孙膑计策。

钟离春道："先生，现在把城门关上还来得及。"

将军们随声附和："若不关闭城门，庞涓的军队突然袭击，就麻烦了。"

孙膑沉思片刻，道："他们这是试探。"

将军们道："军师，还是小心为好。"

孙膑正色道："我从来不做没有把握的事……你告诉所有人，让他们按计策行事，违令者，斩。"

将军们虽心存疑惑，但还是按孙膑的命令而行。

人们都说孙膑有百战百胜之能，可他也是肉身凡人，是人就有人的弱点：脆弱。只不过孙膑善于掩饰人的弱点而已。当将军离开他的住处，他身边只有钟离春的时候，他再也无法掩饰了。

钟离春问他："先生，你是不是很有把握？"

孙膑道："没有。"

钟离春又问："那为什么要打开城门？"

孙膑道："没有退路了。"

钟离春再问："那庞涓的大军要是看出先生的计策，怎么办？"

孙膑道："只好认了。"

钟离春急了。道："先生，我现在带你悄悄离开。"

孙膑道："不行，一个军队的统帅就是死也不能抛弃自己的军队，抛弃了军队就再也没有资格做军队的统帅，我是一个兵家，没有了军队，在这个世上还能做什么？还不如死了好。"

钟离春不无伤感，只喊了一声："先生……"就说不出话来了。

孙膑忽然感到了从未有过的软弱与无奈，轻声道："钟离姑娘，你一个人先走吧。"

钟离春断然道："我不走。"

孙膑用命令的口气道："你走吧！"

钟离春眼里含着泪，道："我不走，我既然跟随先生，就要和先生在一起，生也在一起，死也在一起。"

也许每个人只有将要走完人生全部的历程时，才能领悟到爱情的可贵；也许每个人只有走到生命尽头的时候，才会说出心中最后的秘密。此时孙膑终于打开了关闭了很长时间的心扉，轻轻道："钟离姑娘，我曾经伤害过你，别记恨我，在齐国的时候，我不该回绝你……"

钟离春装作无所谓地："那已经是过去的事了，我们不再提它，好吗……"

孙膑道："我心里放不下……"

钟离春道："我知道你是为了我的自尊心……"

孙膑："不，不是……其实我心里早就有你，当时我身有残疾，庞涓又四处追杀我，我不想让你跟我过颠沛流离的生活，所以我才不得不推辞你。"

钟离春极力控制着自己，但泪水还是从她眼中流了出来，她一头扑到孙膑的怀里，抽泣着："孙先生，我……我早就盼着你……说喜欢我……"

孙膑抚摸着她的肩头,自语道:"但愿我们这一次能渡过危难……"

孙膑深情款款地抚摸着她,两人紧紧相拥,这真不知道这对孙膑意味着什么,是爱情的永恒,还是无可挽回的失败?也许上苍就是这样安排的吧……

费将军的士兵们做好了一切攻城的准备。费将军立在车上,望着前方,他在等待奸细的消息。

奸细的快马终于回来了,费将军迫不及待地:"怎么样?"

奸细道:"不出将军所料,孙膑早有所备,我混进城门,看到了隐蔽的韩军……"

费将军问:"有多少人?"

奸细道:"看上去不少,街两旁的院内,无处不有韩军的身影与旗帜。"

费将军的手下道:"将军,看来我们只有等待元帅的大军了。"

费将军没有表态,他还要等待成皋城外的消息。

一个将军骑马而来,他是方才受费将军之命派奸细到成皋周围查探伏兵的将军。那将军来到费将军面前,道:"费将军,在我们两侧,发现了孙膑的伏兵……"在场的将军们不由一惊。

有人问:"有多少人?"

那将军道:"奸细说很多,树林草丛中都是……而且正向我们这边移动……"

费将军冷冷一笑:"幸亏我多长了一个心眼……"

他命令军队后撤三十里。

费将军的撤军给孙膑赢得了宝贵的时间,孙膑命令城外军队速速回城,征集来的粮食能带回多少,就带回多少,带不回来的,一定要藏好,不能让庞涓得到。同时征集城里青壮年百姓,把他们编入军队,把百姓家的粮草集中起来,统一发放。当费将军知道自己中了孙膑的计谋时,庞涓大军已经到了。费将军向庞涓请罪道:"元帅,小人无能,请元帅处罚。"

庞涓大度地:"这不怪你,只能怪孙膑太狡诈了。"

他饶恕了费将军。费将军感激不已,请命率军攻打成皋。

庞涓道:"我没打算攻打成皋,我要围困成皋,兵不血刃,活捉孙膑。"

庞涓命疤脸奸细想办法在魏国大军包围成皋之前,混进城内,打探孙膑到底有多少粮食,嘱咐他探不清楚不要回来报告。

韩国太子得知成皋被困,正打算率大军增援成皋,韩王派人送来急信,命他立即率军回国都新郑。

太子自负地对韩王派来的将军道:"你告诉父王,将军在外,君命可以不受。"

将军劝道:"大将军,你这话是死罪。"

太子很不服气地道:"军师也说过这种话,父王并没处死他。"

将军道:"孙膑是外邦之人,大王是为了利用他,你不同,你是太子,必须听大王的。"

太子道:"如果因此成皋失陷,谁负责?"

将军道:"大王负责。"

太子不信："父王说过这种话？"

将军道："大王的信中有这个意思。"

韩国太子无话可说，只得回师国都。

孙膑盼来盼去，迟迟不见韩太子的援军，成皋城内所有粮食集中起来也不足三十天所用，孙膑只得派钟离春回国都找申大夫。他对钟离春道："今夜，你带上我的信，立刻回国都找申大夫，让他协助太子率兵解救成皋之围。信中有退敌的计策，请申大夫想方设法劝太子按计策行事。路上千万小心，成皋的安危，全在你手中了……"

钟离春让孙膑放心，她说办这种事，万无一失。

韩王召集朝中大夫商议成皋被围之事，左大夫自作聪明道："魏军军队兵强马壮，庞涓又善于诡计，开始微臣就反对与其交战，如今孙膑被困成皋，微臣认为，这只是庞涓的诡计的开端，他还有更大的阴谋……"

韩王问："什么阴谋？"

左大夫道："孙膑守卫成皋区区不足五千人，庞涓十万之众，本可轻而易举攻克成皋，但他却不攻……"左大夫看了众人一眼，"微臣认为，他这是以成皋为诱饵，引诱大王的军队前往成皋，一举消灭，然后挥师南犯，直取国都……"

韩王颔首道："庞涓的用心，非常险恶……"

申大夫："大王，左大夫所说毫无根据。庞涓所以围而不攻，一是怕孙膑，二是怕大王。成皋城池坚固，易守难攻，加之孙膑用兵如神，庞涓担心一旦攻城不克，魏军将元气大丧，若此时大王的军队兵临成皋，庞涓必败无疑。因此，大王应该立刻出兵解救成皋之围，才是上策。"

韩王沉思道："你说得也有道理……"他对司马大夫："司马大夫，说说你的看法……"

司马大夫道："庞涓围困成皋，大王理应派军队解救，可庞涓围困成皋，并非为难大王，而是为了孙膑，大王不如坐山观虎斗，若庞涓不能攻克成皋，待他疲惫之时，再发兵成皋，可稳操胜券；若庞涓攻克成皋，大王则顺手推舟，把敌视魏国的责任推到孙膑身上，庞涓围困成皋，本来就是为了私怨，他也可就此下台阶，与大王和好……"

申大夫道："此计不可取，成皋是大王的成皋，孙膑是大王的谋臣，大王

怎么可以于成皋而不顾，坐山观虎斗呢？"

司马大夫道："庞涓有十万之众，孙膑声东击西也没赚到半点便宜，谁有把握战胜庞涓？"

有人在王宫门口道："我……"

大家侧身看去。

风尘仆仆的太子站在宫门口。太子上前向韩王叩头施礼后，对韩王道："父王，庞涓并不可怕，若不是父王急时招儿臣返回国都，儿臣早已杀回成皋，与庞涓一比高低。请父王下命，儿臣即刻率军杀奔成皋。"

韩王道："太子别急，待寡人与大夫们权衡利弊，再作决断。"

太子急道："军师常道：兵贵神速……而你们议来议去的，贻误战机，何人负责？"

韩王很是不快，骂道："放肆！他们都是寡人的谋臣，是寡人请他们来议论成皋被围之事。"

太子道："父王，儿臣可对宗庙内的祖先起誓，定败庞涓成皋城外！请父王发兵。"

韩王挖苦道："上次也是你起誓，成皋还是丢在你的手里。"

太子不服，道："儿臣用计牵制庞涓，军师趁此夺回成皋，儿臣已经将功补过。"

韩王道："你们中了庞涓诡计，还蒙在鼓里……庞涓是以成皋作诱饵，引诱孙膑上钩……"

太子道："父王，庞涓没有这么高明，父王可能是被庞涓吓住了。"

韩王是真的发火了："胡说！天下没人能吓得住寡人！"

见韩王真的发火了，太子只好收敛了锋芒。

大夫们离开后，韩王对太子道："寡人并不打算放弃成皋，也不准备抛弃孙膑，寡人之所以让大夫议论一番，是借他们的脑子，权衡利弊……这就跟商人做买卖一样，如计算不好，就会赔本，所不同的是，商人这次赔了，下次还能赚回来，可你若赔了，可就没有下一次了……"

太子道："父王，你怎么知道儿臣会赔呢？"

韩王道："天下大国的将军，除了孙膑，还没有一个人战胜过庞涓，如今孙膑又被困在成皋……为父不能不为你担心。"

太子很是不服气，道："父王，没有孙膑，儿臣一样可以打败庞涓。"

韩王道："太子，寡人欣赏你的勇气，但只是凭勇气是不能战胜敌人的，要战胜敌人必须靠智慧。"

太子问："这么说，父王不打算出兵解救成皋之围了？"

韩王道："不，兵要出，但不能鲁莽行事。"

太子不明白，问："那父王的意思是……"

韩王道："你率大军在距庞涓三十里外安扎营地，见机行事……若庞涓攻克成皋，你便按兵不动，为父想办法向庞涓要城；若庞涓久攻不克，你可乘其疲惫，与孙膑里应外合，设法退敌……"

太子惊道："这样做，太对不起孙膑了吧……"

韩王道："国家之争，只有国家利益，没有个人的感情……你知道这句话

是何人所说吗？"韩王道："是你的母后……一个女人都尚能有如此见解，我们男人，尤其是执掌国家的男人，难道还不如一个女人吗？"

太子想了想，道："父王，儿臣明白了……"

太子是明白了，可是包括申大夫在内的所有的韩国的人都不明白为什么韩国的援军会在成皋三十里外按兵不动。成皋的将军们问孙膑，孙膑也不知道其中缘由。

窦宪逞威，帝诛外戚

东汉时期，外戚、宦官相互勾结，把持朝政，结党营私，弄权拥势，致使贿赂公行，政治日趋腐败。汉章帝建初二年（公元77年），窦皇后立，致使窦氏兄弟外戚势力得势。窦宪被任命为郎。和帝即位，窦太后临朝执政，窦宪更以侍中操纵朝政，任车骑将军。和帝永元元年（公元89年），窦宪又率军出塞三千里，击破北匈奴于稽落山。功成后任大将军，封武阳侯。

永元三年（公元91年）时，窦宪立下大功以后，威名越发显赫。他以耿夔、任尚等人为爪牙，邓叠、郭璜为心腹，用班固、傅毅之辈为他撰写文章。州刺史、郡太宗和诸县县令，大多由窦氏举荐任命，这些人搜刮官吏百姓，贪污贿赂。司徒袁安、司空任隗弹劾了一批二千石官员，连同受牵连者，被贬官或免职的达四十余人。窦家兄弟对此十分怨恨，但由于袁安、任隗二人一向行为高尚，声望甚重，因此也没有加害于他们。尚书仆射乐恢，临察检举无所忌讳，窦宪等人对他很是厌恶。乐恢上书说："陛下正年轻，继承了帝业，各位舅父不应控制中央大权，向天下显示私心。目前最好的办法是，在上位的人以大义自行割爱，在下位的人以谦让的态度主动引退。这样，四位国舅才可以长久保有封爵和国土的荣耀，皇太后才可以永远没有辜负宗庙的忧虑。这确实是最佳的良策。"奏书呈上，未被理睬。于是乐恢称病，上书请求退休，返回故乡长陵。窦宪暗中严令州郡官府，胁迫乐恢服毒而死。于是朝廷官员十分震恐，全都观望风色而逢迎窦宪的意思，无人胆敢违抗。袁安因和帝年幼单弱，外戚专权，每当朝会进见之际，以及与公卿谈论国家大事的时候，无不呜咽流泪。上自天子，下至大臣，全都依靠信赖袁安。

这年冬季十月，汉和帝下诏，命令窦宪到长安全面。窦宪到达时，尚书下面的官员中有人提出要向窦宪叩拜，伏身口称"万岁"。尚书韩棱正色说道："同上面的人交往，不可谄媚；同下面的人交往，不可轻慢。在礼仪上，没有对人臣称'万岁'的！"倡议者都感到惭愧，因而作罢。

到汉和帝永元四年（公元92年）六月时，窦氏父子兄弟更升官同为九卿、校尉，遍布于朝廷。穰侯邓叠，他的弟弟、步兵校尉邓磊，母亲元，窦宪的女婿、射声校尉郭举，郭举的父亲、长乐少府郭璜等人，相互勾结在一起。其中元、郭举都出入宫廷，而郭举又得到窦太后的宠幸，他们便共同策划杀害和帝。和帝暗中了解到他们的阴谋。当时，窦宪兄弟掌握大权，和帝与内外臣僚无法亲身接近，一同相处的只有宦官而已。和帝认为朝中大小官员无不依附窦宪，惟独宦官中常侍、钩盾令郑众谨慎机敏而有心计，不谄事窦氏集团，便同他密谋，决定杀掉窦宪。但由于窦宪出征在外，怕他兴兵作乱，所以暂且忍耐而未敢发动。恰在此刻，窦宪和邓叠全都回到了京城洛阳。当时清河王刘庆特别受到和帝的恩遇，经常进入宫廷，留下住宿。和帝即将采取行动，想得《汉书·外戚传》一阅。但他惧怕左右随从之人，不敢让他们去找，便命刘庆私下向千乘王刘伉借阅。夜里，和帝将刘庆单独接入内室。又命刘庆向郑众传话，让他搜集皇帝诛杀舅父的先例。六月二十三日，汉和帝临幸北宫，下诏命令执金吾和北军五校尉领兵备战，驻守南宫和北宫；关闭城门，逮捕郭璜、郭举、邓叠、邓磊，将他们全部送往监狱处死。并派谒者仆射收回窦宪的大将军印信绶带，将他改封为冠军侯，同窦笃、窦累、窦环一并前往各自的封国。和帝因窦太后的缘故，不愿正式处决窦宪，而为他选派严苛干练的封国宰相进行监督。窦宪、窦笃、窦景到达封国以后，全者强迫命令自杀。

当初，河南尹张酺曾屡次依法制裁过窦景。及至窦氏家族败亡。张酺上书说："当初窦宪等人受宠而身居显贵的时候，群臣阿谀附从他们惟恐不及，都说窦宪接受先帝临终顾命的嘱托，怀有辅佐商汤之伊尹、辅佐周武王之吕尚的忠诚，甚至还将邓叠的母亲元比作周武王的母亲文母。如今圣上的严厉诏命颁行以后，众人又都说窦宪等人该当处死，而不顾他们的前前后后，推究他们的真实思想。我看到夏阳侯窦环一贯忠诚善良，他曾与我交谈，经常表露出为国尽节之心。他约束管教宾客，从未违犯法律。我听说圣明君主之政，对于亲属的刑罚，原则上能够赦免三次，可以过于宽厚，而不过于刻薄。如今有人建议为窦环遭到迫害，必不以保全性命而免去一死。应只对窦环予以宽大，以增厚恩德。"和帝被他的言辞所感动，因此窦环独得保全。窦氏家族及其宾客，凡因窦宪的关系而当官的，一律遭到罢免，被遣回原郡。

窦宪一伙，在临朝听政的窦太后的支持纵容下，外拥重兵，内结朝臣，甚至策划加害于皇帝自身。而此时的汉和帝，虽年轻单弱，却颇为政治头脑与谋略，在运用空城之计的"暗迷"政敌手法时，他一是察敌情、度时势，将窦宪一伙的预谋，暗中侦知，以定行动方略；二是觅人选材，将正直、机敏、有心计的宦官郑众，引为政治心腹。又将刘庆作为密谋的政治伙伴，共商大事；三是向历史

寻谋找据，以为诛除外戚政敌的政治依据；四是亲临宫中，坐镇指挥；五是调兵遣将，一举处决同党郭璜等人；六是等待时机成熟，为防窦宪在外兴兵作乱，故待其回京师时，一起发动。在此之前，他都故作忍耐之状，无所举措。借此以麻痹政敌、迷惑窦氏集团，暗示其软弱无力之状。而实际上则暗中加紧做政治准备，待诛除同伙后，又对窦宪一伙，立即收印、降封、遣回、选监，然后强令自杀毙命；至于其他官僚同伙，则一律罢官遣籍，以消除政治祸根、清绝后患。这是古代政治上处于相对劣势、弱势的年轻帝王，巧用空城之计的谋略思想，施用政敌伙暗迷之策，而一举诛除强敌、转败为胜的成功范例。

刘备韬晦，终成大事

东汉末年，汉献帝建安元年（公元196年）时，刘备集合起一万余人的部队，吕布认为受到威胁，就亲自出兵攻打刘备。结果刘备在沛城被吕布打败，失去了栖身之地。刘备失败，只好投奔曹操。曹操知道刘备不是甘居人下的人，便把他带到许昌，目的是要控制他。刘备为了防备曹操加害自己，便实行韬晦之计，在屋后开了一大片菜园，终日种菜浇园，想让曹操以为他是个胸无大志的人。

建安四年（公元199年）夏季的一天，曹操请刘备喝酒，酒饮至半酣，忽然天色大变，乌云翻滚，暴风雨将至。于是，曹操由天外龙挂（闪电），而论说到当今的英雄之辈。曹操在酒席上，这时从容地对刘备说问谁可算得上是当世的英雄。刘备一一的述说了有袁术、袁绍、刘表等人，但曹操均一一否定。却用手先指刘备，后指自己说："如今天下的英雄，只有您和我罢了，袁绍之流，是算不上数的！"刘备听了，心头顿觉一惊，以为曹操看穿了自己的心思和政治图谋，于是正在吃东西的匙子和筷子，不觉跌落在地上。正巧这时遇到天上打了一声炸雷，骤雨将至。曹操便问他为什么掉了筷子和匙子，刘备便乘机加以急忙掩饰说："圣人说：'遇到迅雷和暴风，使人改变脸色。'真是这样啊！"以示自己胆小怯懦不堪，竟连雷声也会害怕。曹操一见此状，并听了回答后，对刘备冷笑了一声，以为刘备真是个无用之人，不堪重用，便从此逐渐放弃了对刘备在政治上东山再起的警惕性，任其自便。

事后，刘备眼看政治时机渐渐成熟，且对自己较为有利，于是决定尽快脱身。恰逢这时，曹操决定派遣刘备与朱灵去截击袁术，刘备不仅欣然领军受命，且一再表示要为曹操效劳，尽力完成此命，不负厚情款待之恩。但实际上，如蒙大赦一般，心中暗自高兴。而程昱、郭嘉、董昭等人，都劝阻曹操，说："不可派遣刘备率兵外出！"但军令一出，刘备恐夜长梦多，随时有变故，就连夜领军上路，带着曹操给他的军队开往徐州去了。曹操听了谋臣劝阻，也立即后悔起来，派人去追，却根本没有追上刘备和所率领的军队。此时，袁术向南退回寿春，而朱灵等则班师回朝。然刘备就杀死徐州刺史车胄，留关羽镇守下邳，代理下邳郡太守，自己则回到小沛。东海乱匪首领昌以及其他郡县多背叛曹操，归附刘备。使刘备很快便拥有部众数万人，派使者与袁绍联系会师。曹操则派遣司空长史、沛国人刘岱和中郎将、抚风人王忠率军

进攻刘备，刘岱等则失利。刘备对刘岱等人和曹军说："像你们这样的，来上一百个，也不能把我怎么样；如果曹公亲自来，胜负就难以预料了。"可见，刘备离开了曹操后，如鱼得水，立即趁机乘势发展了自己的势力，终于为造成汉末的魏蜀吴三国鼎立的局势，奠定了基石。

刘备与曹操，虽同为汉王朝的臣属同僚，然却是争雄天下的潜在政敌、对手。而失去地盘、投身曹操的刘备，更是寄人篱下，受制于人，故又有上下之间的关系。一方面，刘备不得不看曹操的脸色行事，以求自存；另一方面，却又胸怀大志宏图，随时伺机以待实现。为此，他使用政治韬晦之计、空城之谋，以脱身自立。为此，关键的一步是要向曹操展示自己的空疏无能与无害之处，使之不防和放心，方才有化险为夷、脱身他图的可能。

刘备施用"空城计"的政治谋略，对付曹操的监视、控制，主要有如下的特点：首先，是"示空"（无害），他种菜浇园，空度时日，消磨精神，以示向曹操表明他早已倦于官场争斗，是一个胸无大志、无所企求的人，以防曹操的戒心，而实际上则是在观风察势，等待时机窥测政治方向；其次，是"示疏"（无图），当曹操设宴与刘备对饮论当今英雄时，刘备深知曹的政治试探用意，又故意"疏忽"而泛指三袁之辈，既表自己的粗疏无能，更表无心问鼎称雄的政治野心。而实际是行政治的韬晦之计，暂时潜藏自己，以防过早暴露政治目标；再次，是"示怯"（无用），刘备乍一听曹操所论，指明自己与曹才堪称当世英杰时，既惊且暗喜，深怕曹操识破他的政治目的和各种用计的良苦用心，故惊得来匙筷失手堕地。恰闻惊雷，才故作掩饰强辩，向曹示以胆怯无能之状。致使给曹留下刘备胆怯、怕事、无用的印象，且放松警惕，实际这给了刘备脱身以可乘之机；最后，是"示服"（无争），曹操派军队给刘备，要他去截击袁术，企图一箭双雕，借袁术之手消灭刘备，又可试验其本领和对己的忠心如何。而刘备则表示坚决服从，且连夜领军上路出击，以示"耿耿忠心"。实际上这是将刘备放虎归山、给虎添翼，刘备深恐有变，故造成难追之势。果如所料，曹操听部属的劝阻后，立即追悔莫及，但领军的刘备确实是"驷马难追"了。领曹军出击的刘备，不仅攻城略地，杀官斩吏，且乘势进行招抚部众，扩大队伍地盘，反过来又击败曹军，终成称雄天下之奠基。

佯弱实强，代宋称帝

萧道成出身平民布衣，刘宋末年，任建邺（今南京）令、中领军将军。乘诸王相互残杀，独掌朝廷兵权。宋明帝泰豫元年（公元472年），在临终时任命他为右卫将军、兼卫尉，与袁粲等共同掌管朝廷大事，从而统领了中央禁卫军，成了朝中四位（萧道成、袁粲、褚渊、刘秉）显贵人物之一。尽管如此，他总是表现得故意小心谨慎、胸空无大志的样子，并说自己是个寻常之人，空无所求的普通人等等。

刘宋末年的后废帝、苍梧王刘昱，是个年仅十岁登基的小暴君。刘昱在当皇太子时，常常亲自动手，由漆帐竿，能爬到距地面一丈多的高处。他喜怒无常，侍从官员无法劝阻。明帝屡次让他的母亲陈太妃痛打他。刘昱即帝位后，对内害怕皇太后、皇太妃，对外害怕各位大臣，不敢放纵。可是，自从行过加冠礼后，宫内宫外对他逐渐失去控制，于是刘昱不断出宫游逛。最初出宫，还有整齐的仪仗卫队。不久，便丢下随从车马，只带身边几个人，或跑到荒郊野外，或出入于街头闹市。陈太妃每次乘坐青盖牛犊车，尾随其后，监视、约束他，他便换乘轻装快马，一气奔跑一二十里，让太妃追赶不止。仪仗工队也畏惧大祸临头，不敢追寻刘昱的去向，只好把部队驻扎在另外一个地方，远远眺望而已。

当初，明帝曾经把陈太妃赏赐给宠信的弄臣李道儿为妻，后来又把她迎接回去，生下苍梧王。所以，刘昱每次改穿便服外出，就自称刘统，或自称李将军。经常穿短裤、短衫，无论军营、官府、街巷、田野，到处出入。有时夜晚投宿旅店，有时白天就睡在大路旁边，在下等人中间挤来挤去，跟他们做买卖，有时遭到怠慢侮辱也欣然接受。任何低贱的事情，像裁制衣服、制作帽子。只要看过一遍，就能够学会。笙笛他从来没有吹过，拿起来一吹，声音便合曲调。等到京口事变平息，刘昱骄纵横暴尤为严重，没有一天不出宫，不是晚上出去，凌晨回来，就是凌晨出去，晚上回来。随从人员手持短刀长矛，路上的行人，不管是男是女，不管是狗、猪、牛、驴，只要碰上，立即诛杀，无一幸免。百姓忧愁恐惧，店铺及行商，全都停止经营，家家户户，白天闭门，路上行人几乎绝迹。钳、锤、凿、锯不离刘昱左右，只要稍稍不合意，便顺手抓起凶器，当场杀人剖腹。一天不杀人，就闷闷不乐。宫廷侍从和朝廷官员，担忧惶恐，饮食作息，都不能安稳。阮佃夫与直阁将军申伯宗等，密谋趁刘昱到江乘打野鸡之时，宣称奉皇太后命令，传唤仪仗卫队回京，关闭城门，派人逮捕刘昱，废黜，拥护安成王刘准。想不到密谋泄漏，宋顺帝升明元年（公元477年）五月二日时，刘昱逮捕了阮佃夫等，斩首。

皇太后经常教训刘昱，刘昱很不高兴。正逢端午节，太后赏赐给刘昱一把羽毛扇，刘昱嫌它不够豪华，下令御医配制毒药，打算毒死太后。左右劝阻他说："如果真的这样做，陛下便要当孝子，怎么还能出入宫门玩耍游戏？"刘昱说："你这话很有道理。"于是打消主意。

宋顺宗升明元年（公元477年）六月，二十二日，有人上告散骑常侍杜幼文、司徒左长史沈勃、游击将军孙超之，跟阮佃夫同谋。刘昱立即率领卫

士,亲自突击三家,全部诛杀,砍断肢体,把肉一块块割下,连婴儿也不能幸免。沈勃正在家中守丧,卫队还没有到,刘昱抽刀独自一人冲在前面,沈勃知道不能避免,赤手空拳搏斗,猛击刘昱耳朵,唾骂道:“你的罪恶,超过桀、纣,死在眼前。”于是被砍死。当天,下诏大赦。

一天,刘昱一直闯入领军府,当时天气炎热,萧道成正裸身躺在那里睡觉。刘昱把萧道成叫醒,让他站在室内,在他肚子上画一个箭靶,自己拉紧了弓,就要发射。萧道成收起手扳说:“老臣无罪。”左右侍卫王天恩说:“萧道成肚子大,是一个奇妙的箭靶,一箭射死,以后再也找不到这样的箭靶了。不如改用圆骨箭头,多射几次。”刘昱就改用圆骨箭头。一箭射去,正中萧道成的肚脐,他把弓扔在地上,得意地大笑,说:“这只手如何!”刘昱对萧道成的威名十分畏惧嫉恨,曾亲自砺短矛,说:“明天就杀萧道成。”陈太妃骂他说:“萧道成对国家有大功,如果杀了他,谁还为你尽力!”刘昱才住手。

萧道成忧愁恐惧,与尚书令袁粲、中书监褚渊密谋废黜刘昱,另立新君。袁粲说:“主上年纪还小,轻微的过失,容易改正。伊尹、霍光的往事,在这末世已难实行。即使成功,最后仍无安身之地。”褚渊沉默不语。领军功曹丹阳人纪僧真对萧道成说:“现在,皇上凶残疯狂,无人可以自保,天下百姓的盼望,不在袁粲、褚渊,明公怎么能坐待被剿灭?存亡的关键,请深思熟虑。”萧道成同意。

有人劝萧道成回广陵起兵。萧道成的大儿子萧赜正任晋熙王刘燮的长史,兼行郢州事,萧道成打算命萧熙率郢州军顺长江东下,在京口会师。萧道成派他的亲信刘僧副,秘密通告党兄、代理青、冀二州刺史刘善明,说:“很多人劝我北上据守广陵,恐怕不是长远的打算。现在秋风将起,你如果能跟垣荣祖联合,稍稍挑动胡虏,我的各种计划当可实施。”同时也告诉东海太守垣荣祖。刘善明说:“宋国将亡,无论愚蠢人和明智人,都看得一清二楚。北虏如果有什么行动,反而会成为你的祸患。你的智慧韬略和英勇武功高过当世,只有一个办法,那就是安静地等待时机,再趁机猛烈出击,大业自然告成,不可以远离根本之地,自找灾祸。”垣荣祖也说:“领府距离宫城,不过一百步,如果你全家出奔,别人怎么会不知道?如果单枪匹马,轻装前往,广陵官员万一关闭城门,拒绝接纳,下一步将逃向哪里?你只要举脚下床,马上就会有人敲宫城的城门,向朝廷告发,你的大事就糟糕了。”纪僧真说:“主上虽然凶暴丧失天道,可是刘家王朝几世建立的政权还算坚固。你百口之家,同时向北出奔,绝不可能。即使进入广陵,天子居住深宫之中,发号施令,指控你是叛逆,你有什么办法躲避!这不是万全之策。”萧道成的族弟、镇军长史萧顺之,以及黄道成的次子、骠骑从事中郎萧嶷,都认为:“皇上喜爱单独出来乱窜,在这方面下手,比较容易成功。外州起兵,很少能够成功,反而徒然比别人先受灾祸。”萧道成这才取消原意。

东中郎司马、代理会稽郡事李安民,打算拥护江夏王刘跻,在东方起兵,萧道成加以制止。

越骑校尉王敬则主动暗中结交萧道成,一到夜里,王敬则就换上平民衣服,匍匐路旁,替萧道成侦察刘昱的行踪。萧道成命令王敬则秘密结交刘昱

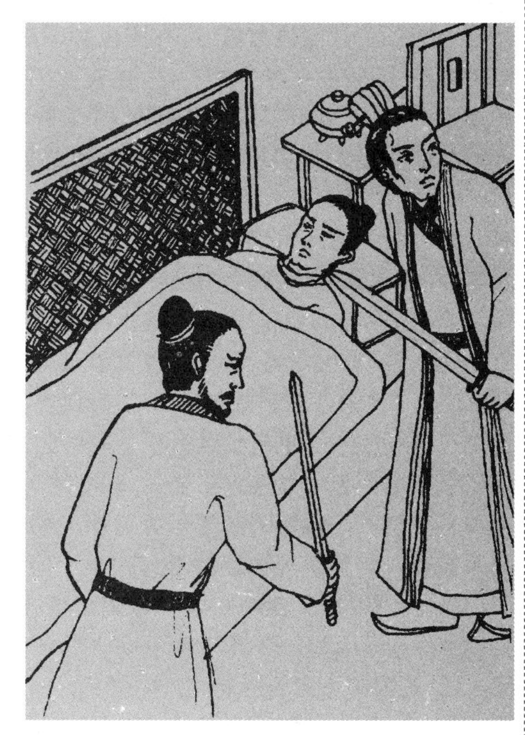

左右亲信杨玉夫、杨万年、陈奉伯等二十五人，他们都在宫城内殿中任职，窥探机会。

宋顺帝升明元年秋季，七月，初六日夜晚，刘昱身穿便装，走到领军府门口，左右侍从说："府里的人全都睡熟，我们为什么不跳墙进去？"刘昱说："今天晚上，我要到别的地方玩个痛快，明晚再来。"员外郎桓康等在领军府大门后全都听到。次日（初七日），刘昱乘坐露天无棚车，跟左右侍从前往台冈，比赌跳高。然后，前往青园尼姑庵。夜晚，来到新安寺偷狗，偷来狗找到昙度道人，煮吃狗肉。吃过狗肉，醉醺醺地回仁寿殿睡觉。弄臣杨玉夫一向得到刘昱的宠信，这时候，刘昱忽然对杨玉夫大为痛恨，一看见他就咬牙切齿，说："明天就杀了你这小子，挖出肝肺！"这天深夜，命杨玉夫观察织女渡河，说："看见织女渡河时，马上叫醒我；看不见，就杀了你。"当时，刘昱出宫进宫，没有一定时间，宫中各阁门，夜间都不敢关闭，负责宫廷保卫的官员，惧怕跟皇帝见面，都不敢出门。禁卫军士卒更是躲得远远的，内外一片混乱，互不相关，没有人管理。当天夜晚，王敬则出营等候消息，杨玉夫等到刘昱呼呼大睡时，与杨万年合伙取下刘昱的防身佩刀，抹了刘昱的脖子。然后假传圣旨，命外庭演奏音乐。陈奉伯把刘昱的人头，藏在袍袖里面，跟往常一样，神色自若，宣称奉皇帝派遣，打开承明门出宫，把人头交给王敬则。王敬则飞马奔向领军府，敲开大喊，萧道成恐怕是刘昱的诡计，不敢开门。王敬则把人头从墙上扔进去，萧道成令人洗净血迹辨识，果然不错，这才全副武装，骑马而出，王敬则、桓康等都随从其后，直往宫城，到了承明门，宣称皇帝御驾回宫。王敬则恐怕守门官兵从门洞往外察看，用刀柄堵住门洞，同时咆哮催促。门打开，进入宫城。从前，每逢夜晚，刘昱闯出闯进，都急躁凶暴，守门卫士震恐，从不敢抬头。所以，今晚之事，没有一人怀疑。萧道成进入仁寿殿，殿中官员惊慌恐怖。但紧接着听到刘昱已死的消息，都高呼万岁。

七月初八日早晨，萧道成全副武装，站在殿前庭院中槐树下，以皇太后的命令召集尚书令袁粲、中书监褚渊、中书令刘秉入殿举行会议。萧道成对刘秉说："这是你们刘家的事，应该如何决定？"刘秉还没有回答，萧道成顿时大怒，胡子翘起，双目发出凶光，如同闪电。刘秉说："尚书省的事，可以交付给我。军事措施，全依靠你。"萧道成依次让给袁粲，袁粲推

辞不敢当。王敬则拔出佩刀,在座位旁跳起来,厉声道:“天下大事,全都要萧公裁决,谁胆敢说半个不字,血染我刀!”说着亲手取出白纱帽,戴到萧道成头上,要求萧道成登基称帝,并威胁说:“今天谁敢乱动?大事要趁热一气呵成。”萧道成板起面孔,呵止说:“你什么也不明白!”袁粲打算开口说话,王敬则大声喝他闭嘴,他只好闭嘴。褚渊说:“非萧公不足以办理善后!”就把处理一切事务的权交给萧道成。萧道成说:“既然大家都不肯接受,我怎么可以推辞。”于是,提议:准备法驾,前往东府城,迎接安成王刘准继任皇帝。萧道成卫士抽出佩刀,筑成刀墙,命袁粲、刘秉起身,二人面无人色,离去。当天,萧道成又以皇太后的名义,发布命令,列举刘昱罪状,说:“我密令萧道成暗中运用智谋。安成王刘准,应君临万国。”追封刘昱为苍梧王。皇帝仪仗队抵达东府门前,刘准命守门的人不要开门,等待袁粲的到来。袁粲到了之后,刘准才动身到金銮殿。七月十一日,刘准即皇帝位,即宋顺宗,改年号为升明元年(公元477年),实行大赦。把刘昱安葬在南郊祭天神坛之西。

接着,萧道成又自封为司空、录尚书事、骠骑大将军,从而以侍中、司空、太尉独揽朝政大权。升明三年(公元479年),萧道成又自封为相国、齐王。不久,又旋即废掉宋顺帝刘准,自立为帝,改国号为齐。萧道成即南齐的开国之君齐高帝,且改年号为建元元年。

萧道成虽身为武将,然却有着颇具谋略的政治头脑,他在刘宋朝廷的后期,面临复杂多变的政治形势,在诛除残暴幼主、代宋称帝的政治斗争过程中,他巧用“空城计”的政治策略,与他的支持者一起,共同在君权与臣权对垒的政治斗争“棋盘”中,实现了关键性的三步棋,从而为臣权的胜局奠定了基础:

第一步“棋”——“佯空”、“佯弱”而暗实、暗强。面对刘昱小暴君的政治残暴行为,手握重兵、身为老臣的萧道成,却故作无动于衷、无所作为之状。表现出空无大志、弱不堪击的样子,既不救臣僚,更听任刘昱的恶作剧摆布,将大肚当作活箭靶以取乐,待刘昱要扬言杀他时,却又装作不能做乐靶,取悦于帝。实则在暗中积聚力量,等待时机。

第二步“棋”——“佯服”、“佯静”而暗结、暗动。为了消灭政敌刘昱,萧道成排除了用公开在广陵起兵反抗的办法,而是在表面上仍归服朝廷,装作一副无所动与举止的样子,以痹敌、懈敌。而在暗中却在与刘昱身边亲信、宫中主上左右的人,结成政治同盟,共同策划诛除政敌的周密计划。终于伺准机会,由杨玉夫、杨万年、王敬则等人一起,合伙将刘昱斩杀,并及时向萧道成报告,以准备下一步行动。

第三步“棋”——“佯谦”、“佯让”而暗控、暗夺。待萧道成与同伙将政敌刘昱诛杀以后,他立即以皇太后之命召集其他三位朝廷元老重臣,商议军国大事。此时,他既剑拔弩张、威势逼人,却又故作谦让之状,以试探他们的政治态度。倘谁稍有沉默,便立即遭到呵斥、训戒,逼令作出拱手让权的表态才善罢甘休。同伙王敬则更为横蛮与表演得淋漓尽致,一面威胁群臣,谁敢说萧道成半个不字,便要血染兵刀;另方面更取出白纱帽,戴到萧道成头上,要他立即登基称帝,但却遭到萧的假模假样的制止。最

后，大权集于萧道成一身后，他却又假谦、假让推辞说众命难违、众托难推。使之更加名正言顺地独揽朝廷大权，从而为代宋称帝作了最为重要的政治准备。

陈毅弈棋，黄桥退敌

1940年9月，国民党江苏省主席、第24集团军司令韩德勤奉蒋介石之命，放着日本鬼子不打，调集10万大军向以黄桥为中心的我新四军苏北抗日根据地进攻。驻守黄桥的新四军只有3个纵队，共7000人马，敌强我弱，情况十分危急。

当时，以李明扬、李长江为正副指挥的苏鲁皖游击总队，有11个纵队，3万人，驻在泰州一带。还有国民党财政部所属的税警总团，以陈泰运为首，有4个团3000多人驻在溱潼、曲塘一带，任务是护税。泰州"二李"的苏鲁皖游击总队和陈泰运的税警团，都属杂牌军，地方实力派，名义上受韩德勤指挥，实际上和韩德勤矛盾很深。他们并不坚决反共，还想借新四军的力量抵制韩德勤对他们的吞并。

陈毅洞察到局势的严重性，根据毛泽东"发展进步势力，争取中间势力，反对顽固势力"的策略，决定采取"联李、击敌、反韩"的方针。

因此，大军压境之际，陈毅给这次进攻黄桥的左、右两路司令长官分别写了信，大意是：半月前，韩德勤无理要求新四军撤出姜埝，作为他不打内战、参加抗日的条件。为顾全大局，我新四军作出了让步。可是，韩德勤背信弃义，我军刚撤出姜埝，他就重兵压境，攻打黄桥，妄图一举全歼我苏北新四军。如今各将军兵临城下，是出于上命难违。但望各位能以国难为重，不弃"友军"之谊，择取中立，静待我军与韩德勤交锋之变化。若我胜，则各位可率本部将士与我军一起打扫战场，一切所获各自留用；若我败，撤出黄桥之前，决不忘各位"中立"之情，一定电告各位，先占黄桥者，攻城头功仍能唾手可得。利弊得失，请各位权衡三思！信写得字字中肯，句句动心！这样，在各种力量犬牙交错的复杂形势下，使二李和陈部保持中立，在全局上转化了敌我力量对比。

韩德勤统率的10万大军分左、中、右3路包围了黄桥，中路为韩的嫡系主力，左、右路是"二李"和陈泰运部。中路3万主力在韩德勤亲自督促下，向黄桥发起了猖狂进攻。当时，新四军驻守黄桥有3个纵队。第三纵队在陶勇带领下，打退了敌33师的4次进攻。陈毅见第三纵队有力地牵制了敌人，命令一纵队出击，把敌人长蛇阵拦腰截断，分割包围，又命二纵队迂回到野屋基，向89军军部发起佯攻，使敌人首尾不顾，难以应付。

突然，前线传来东坟头失守的消息。东坟头失守，敌人就会像洪水般涌来，黄桥就会有丢失的危险。陈毅身边已没有部队可派。恰在这时，陶勇来到指挥部，报告敌33师炮团把被新四军的地雷和手榴弹炸坏的大炮零件拼凑起一门炮，加强了对黄桥的攻势的情况。黄桥没有城墙，以一些简陋的土围子作为工事，经不起炮轰。陶勇十分担心陈毅的安全，特地来请陈毅暂时离开黄桥。陈毅此刻十分冷静，说服了陶勇，自己决不离开黄桥，并布置陶勇去把那门拼凑的大炮夺过来，以解

黄桥之围，陶勇领命而去。

陶勇刚走，情报处送来报告：左右两路敌军从战斗一开始，就一直保持中立。但东坟头失守，他们就会分别进入严徐庄、官庄，缩小对黄桥新四军的包围圈。如果他们和中路一齐进攻，敌人的兵力将猛增到10万！如果不把左、右两路敌军稳住，“取炮解围”的计划将会落空。李参谋十分着急。

在这生死存亡的关键时刻，陈毅对李参谋说：“兵贵神速，两路人马到了黄桥附近而不马上进攻，这说明他们对我们的情况还不清楚，还在犹豫。来，你现在的任务是陪我下棋！”李参谋想，这火烧眉毛的关键时刻，陈总还有兴致下棋，一定是又有什么奥妙。于是坐下来与陈毅对弈。不一会儿，警卫员报告说：“朱履先要见陈总。”陈毅一听，心想，果然不出所料，两军对垒之际，他是来探听虚实的。正好可以将计就计。朱履先是国民党的元老，看不惯国民党官场的腐败，退职在黄桥老家。对共产党一心抗日救国的行动称颂不已，在黄桥一带有些名望。刚才，左、右两路司令官李长江派人来找朱履先，告诉他：“新四军东坟头失守，看来国军已胜利在望，攻城之前，请朱老暂时去他们那里避难。”朱履先嘴上叫他们不要轻举妄动，心里为新四军担忧，这才来指挥所一探虚实。陈毅见朱履先一进来，满面春风，忙拉他下棋。朱履先想，危在旦夕，哪有兴致下棋呢？便说：“恕老朽直言，刚才闻东坟头失守，黄桥两万生灵能否转危为安，全赖陈总英明决策。”陈毅见朱履先着急，笑着说：“朱老，围棋自春秋起，就为军事博戏的工具。历来将帅运筹帷幄，都视围棋为智囊。就目前形势而言，棋盘上也可告诉一二的呀！”朱履先不由得去看棋盘上的形势，棋盘上，陈总一大片黑子被包围了，但并不是死棋，只要利用几只死子送吃，马上就可以回吃他几个白子，局势立即会起变化。这在棋路上叫“倒脱鞋”。正在这时，电话铃响，李参谋去接电话，朱履先坐下来与陈毅下棋。

电话是李长江打来的。这次进攻，李长江一直保持了中立，但中路突破东坟头，韩德勤下令要他进攻，上命难违，把队伍开到严徐庄。李长江想，陈毅用兵变幻莫测，我须步步小心，他一怕陈毅有埋伏，二则刚才在朱履先处

没摸到什么情况，所以想打电话听听陈毅在干什么。

李参谋拿起电话，一听是李长江，就说："是李总指挥吗？你有什么话对我说吧，陈总此时正有事。"李长江正是要知道陈毅此刻在干什么，忙问："陈总在忙什么呀？"李参谋说："不瞒你说，陈总正与朱老下棋哪！"李长江大吃一惊：东坟头都丢了，还下棋？看来陈毅已经有了准备，是胸有成竹的。于是，说请朱老听电话。李长江想摸摸情况。陈毅笑嘻嘻地说："朱老，李总指挥找你有事，你请便。"朱履先拿起话筒，只听李长江拐弯抹角地说："听说朱老不愿来严徐庄，宁可在重围之中弈棋，真是雅兴不浅哪！"朱履先亲眼看到陈毅沉着冷静的态度，又想起那盘棋的形势，一语双关地对李长江说："李总指挥，棋局未终，胜负难料，尚不知你围他，还是他围你呢？"李长江听到这里，料定陈毅有备无患，心想，自己千万不能大意失荆州。连忙恭维朱履先几句，挂上电话，马上命令部队，不许乱动一步。

陈毅等朱履先回到棋盘边，笑呵呵地说："朱老，辛苦了。"朱履先心想，听个电话有什么辛苦？他哪里知道，自己刚才一番话，把李长江的部队牵制住了。李长江来电话，是陈毅意料中的事，对这个人，他是了如指掌；弈棋是陈毅智守黄桥计策的一部分。这正是：古有孔明空城弹琴退司马，今有陈毅黄桥弈棋退敌兵。

陈毅与朱履先一局棋未终，前方战事已有转机，陶勇部用计夺下了敌人的大炮，一纵队切断了33师退路，二纵队在野屋基打响了，新四军大反攻时机已到，经过一天一夜的激战，敌89军死伤惨重，五日下午，纷纷溃退。这一仗新四军以少胜多，歼灭韩德勤军11000多人，打击了国民党顽固势力，巩固和发展了华中抗日根据地，奠定了华中敌后长期抗战的基础。

虚虚实实，欺敌骗敌

二战前夕，德国进攻法国的计划，有相当一部分是依照第一次世界大战时进攻法国的"史里芬计划"制定的。但是德军于1939年底确信法国已获知德方的战略企图，便重新修改了作战计划。为了强化法军的错觉，德国除放风将继续以"史里芬计划"为蓝本进攻法国外，还反复运用故意泄密的手段，让法军形成思维定势。希特勒在侵入法国之前，曾经先后30次拟定和修改计划，并多次把进攻的计划通过各种途径让法获悉，使法国政府和军队始终处于恐惧和紧张的状态。久而久之，法国人逐渐习惯了这种做法，他们认为这不过是一种恐吓而已，紧张的心理终于慢慢松弛下来。当他们再度获得德军即将进攻的情报时，便没有当作一回事。而这次德军却真的突然入侵，把缺乏心理准备的法军打得一败涂地。

1940年1月10日，在比利时发生了一起著名的泄密事件——"卢瑟福事件"。纳粹德国便利用这个偶然出现的事件大做欺骗文章，不仅成功地迷惑了比利时和荷兰的军政首脑，而且也愚弄了成千上万名比、荷官兵，写下了欺骗心理战史上奇异的一页。

当年1月，德国空降部队的莱茵巴格少校根据上级指示，研究和制定了对比利时和荷兰进行空降作战的计划。1月9日，他接到命令前往科隆参

加军事会议,但由于铁路交通阻塞,火车不得不在中途停了下来。这天夜里,他在当地的军官俱乐部里住下,偶然遇见一位飞行员朋友。莱茵巴格少校谈了自己准备去科隆的事情,这位飞行员说他没有飞行任务,可以用飞机送莱茵巴格前去科隆。携带着秘密作战计划的莱茵巴格只想着要参加会议,于是便欣然应允。第二天早上即乘飞行员朋友驾驶的飞机飞往科隆。然而因天气不好,飞机迷失了方向,再加上操纵不当,发动机发生故障,最后不得不迫降。不幸的是,他们以为这里是莱茵河畔,但实际却是默兹河畔。他们很快被比利时军队逮捕。

惊恐之余,莱茵巴格想立即烧掉秘密文件,但因受到严格监视并且被比方将文件搜出,而未能达到目的。由于莱茵巴格坐卧不安地担心这份文件,引起比利时警察的注意,警察看后不禁大吃一惊。原来这是一份德国的入侵计划和空降作战计划。比利时情报部门立即将这一情报告诉了英国和法国,并且发出了警报。为了保密,该事件用隐语取名为"卢瑟福事件"。因为莱茵巴格试图烧毁秘密文件的火柴是"卢瑟福"牌的。

得知这一事件的希特勒大为恼火。他立即下令进行调查,并给莱茵巴格的上司以禁闭12天的处分。几天后,驻比利时的德国武官提供了一份调查报告说:"该文件已被烧掉。"但希特勒对来自比利时这一假情报并没有相信,他决定将计就计,对英、法、比等国玩一手"狼来了"的欺骗游戏。1月15日,德军统帅部下令将原定1月17日的"开战日",推迟到1月20日,接着,又推迟到"春天",最后,再次将预定的3月下旬改为5月10日。

一而再、再而三的推迟开战日期,给希特勒带来了极大的好处,它为这次作战的突然性创造了心理条件。在预定开战的1月17日这天,比利时上下一片紧张,但德军并没有发动攻击。春天很快地过去了,希特勒仍然按兵不动。当在对方头脑中造成了像是"放羊孩子"故事中的心理状态时,德军于5月10日闪电式地同时侵入了荷兰和比利时,并且出人意料地穿过阿登山区的森林进入法国腹地。不宣而战的德军迅速席卷了欧洲大陆,荷兰女王和政府于开战后的第三天即流亡到伦敦,第四天下午荷兰军队宣布投降。比利时国王及其军队则于开战后的第18天举起

了白旗。从5月26日到6月4日，包括11万法国军人在内的30万英法联军从敦刻尔克被赶下了大海。6月22日，法国军队正式向德军投降。同德国损失15.6万人相比，英法联军包括被俘人员在内共损失178.8万人（法国172万人，英国6.8万人），盟军遭到31:11的惨败。“卢瑟福事件”为德军的突然袭击获得成功立下了意想不到的功劳。

德国侵占了波兰、丹麦、挪威和西欧诸国后，便积极进行侵略苏联的准备。在苏联已感到来自德国的侵略威胁日益增加，并且加强了国防工业和武装力量建设的情况下，希特勒要想运用欺骗手段来麻痹对方，达到进攻的突然性，就只能在提高欺骗层次和质量上打主意。这一次，德国的欺骗计划更加精密，欺骗方法更加高明，几乎达到了无以复加的地步。

德国占领法国以后，曾制定过一个进攻英国的所谓“海狮计划”，后来由于要进攻苏联，实际上已放弃了这个计划。但是，德国却故意制造准备执行“海狮计划”的假象，以掩盖其侵苏战争准备。1940年秋冬，英吉利海峡战云密布，一列列满载德国“军用物资”的火车源源不断地开来，登陆器材和各种作战物资在海峡东岸堆积如山。德军的许多舰艇在海峡停泊待机，各种规模的登陆作战演习持续不断。频繁出动的德军机群在海峡和英国上空呼啸盘旋，对英国本土的许多重要目标投弹扫射。一张张英国地图发到德军官兵手中，成批的英语翻译配到了部队。德国广播电台日夜制造进攻英国的舆论，海峡东岸许多港湾的建筑物上，都张贴着“打倒英国，活捉丘吉尔！”的标语。整个英国都在为即将到来的战争灾难而提心吊胆。其实这完全是希特勒导演的旨在麻痹苏联的一大骗局，其目的在于使苏联相信，德军正准备同英国决战，暂时无暇东顾，从而放慢战争准备。正如希特勒自己所说的那样，“要把进攻俄国搞成历史上最大的欺骗”。

为了掩盖军队大规模东调的企图，德国故意放风说，德军东调是为了隐蔽进攻英国的企图而作的佯动，是进攻巴尔干计划的助攻，或者是为了到东部地区去休整。有些调动则以训练、演习的名义进行。希特勒担心德军的频繁调动会引起苏联的怀疑，因此他命令德国驻苏联的外交官主动向苏联解释这些调动的目的。如当希特勒向波兰大举增兵时，德国驻苏使馆武官奉命向苏军总参谋部解释说：“这一调动只是派年轻的士兵去替换将要退役的士兵。”当德国向芬兰增兵时，德驻苏大使奉命拜会苏联外长莫洛托夫，并“顺便”通知说：德国将取道芬兰向挪威北部派遣援军。而进兵罗马尼亚被解释为帮助罗马尼亚训练军队，等等。与此同时，德国停止了往常那种对苏联的攻击，通过多种形式反复向苏联表示“友好”，积极同苏联签订贸易协定，甚至让苏联军事代表团参观德国先进的航空技术器材展览，并同意卖给苏联最新式的战斗机。

除了利用一切机会对德军部队的调动加以解释和作出“东和西战”姿态外，德军最高统帅部的宣传处还直接策划指导了对德国公众及世界舆论的欺骗。在整个备战期间，宣传处努力转移公众视线，使其相信德国的首要作战目标是英国不是苏联。它同时使用无线电广播、新闻发布会、国事接待报道等多种手段进行欺骗性宣传，从而在多方面造成了一种真假难辨、以假

乱真的态势和氛围。

在对公众的无线电欺骗广播中，德军心战部门表现出了极大的狡诈性和想象力。当时德国电台开设的音乐点播节目中，有不少德军部队和士兵点播流行歌曲，宣传处就利用这一机会，有意让听众了解德军的精锐部队仍在西线，而东线则是素质较差的防御部队。例如，一个由宣传处直接塞进的点播单上这样写道："近卫军第 42 师特勤连的官兵给他们受伤的连长送上三瓶'亨尼西'酒和三首歌曲，祝他早日康复，重返战场。"近卫军是德军的精锐之师，"亨尼西"是法国的名牌白兰地，任何收听到这段广播的德国老百姓和外国军事机构都不难推断出，希特勒的主力部队目前正在西线的法国。宣传处还利用苏德互不侵犯条约和"海狮计划"，在德国平民、军人以及居住在德国的外国人中间散布精心编造的谣言。在柏林，无中生有的消息往往与确切真实的新闻掺合在一起，通过报刊零售点传向四面八方。像"斯大林即将到巴登进行为期 4 周的疗养"，"下周内柏林将没有向西的民用列车过站"等等，都曾在德国风传一时。前者表明："苏德关系正在友好顺利地发展，苏联对德国十分放心"；后者则暗示："军用物资正大量调往西线，进攻英国的行动已迫在眉睫"。

部署在东线的德军部队本身也被这场欺骗所愚弄。德军心战部门对这些部队给了许多特殊的"待遇"和"关照"，他们所收到的命令都是经过精心推敲的，其中相当一部分完全属于骗局。德军最高统帅部和宣传处极力想使东线部队的官兵们相信，他们在东线的使命并非打仗，而是与"盟友"苏联友好相处。尽管随着"巴巴罗萨计划"的实施和兵力集结阶段的正式展开，这种宣传越来越难以令人信服，但宣传处仍然在军事机关的配合下，向东线德军下发了许多闪烁其词的命令和情况通报。这些文件集中传达了这样一个信息，即进攻英国是当务之急，东线所做的一切都不过是一种掩护。许多德军官兵对这种说法信以为真，再加上从实际生活中亲眼看到当面苏军对他们并无戒备之心，于是便盲目认为苏德关系不会发生什么变化，并把这种情绪和看法间接地传送给了苏军和德国平民。甚至当德军统帅部命令东线部队频繁进行登陆训练以准备入苏作战的时候，东线德军中还在流传着这样的乐观谣言：德军将获准经苏联领土取道波斯，以便在中东和南亚打击英国。

在进攻发起前不久，德军宣传处组织了一次也许是最富戏剧性的欺骗行动。他们暗中传播消息，声称准备迎接来访的苏联政府贵宾。宣传处下令在柏林的德国政府宾馆内摆满鲜花，挂起红旗，同时还下令在晚间装饰柏林火车站，以便让苏联要人赏心悦目。尽管事实上所谓的苏联贵宾纯属子虚乌有，但这些秘密进行的准备工作也很快通过宾馆服务人员和铁路员工传了出去，成为众所周知的新闻。它进一步强化了人们头脑中的观念，那就是苏德"蜜月"远未结束，两家正在热热乎乎地互相走动。

德军心战部门在突袭苏联的前夕把整个欺骗活动推向了高潮。进攻时期本来定在 1941 年的 5 月 15 日，但由于 1940 年至 1941 年的冬季严寒期较长，春季相应地解冻较晚，加上 4 月份德军还要在巴尔干地区作战，所以希特勒决定把进攻时间推后到 6 月 22 日。为此，德国宣传部长戈培尔亲自为

国社党的党报撰写了一篇题为《克里特岛就是榜样》的文章，发表在1941年6月20日该报的头版上，戈氏在文章中放肆的大吹了一通，扬言入侵英国已是指日可待。为了加强欺骗效果，德军统帅部还下令在大街小巷没收这份报纸，然而许多普通订户还是按时从邮递员那里收到了报纸。虽然外国情报机构需要费点气力才能弄到这份报纸，但这不仅不会产生太大的困难，而且更加增加了欺骗的可信度。

总之，在进攻苏联的“巴巴罗萨”计划准备过程中，纳粹德国随机应变，利用西线对英战争这样一种历史环境，从总体上制造了一个将对方完全引入歧途的特大骗局。在这样一种环境中，每一个欺骗细节都经过了精心安排，每一个不需要知道真相的人都是被骗对象，利用这一欺骗，德国竟然在12个月内完成了为进攻世界上最大的国家所必需的陆空兵力集结，而苏联人却对此麻木不仁，这实在有点令人难以置信。两国的平民同样被蒙在鼓里，他们一直对苏德和谐的“友好关系”深信不疑，以至于当战火突起时，都被惊得目瞪口呆。实际上，除了极少数高级指挥官和参谋人员之外，就连集结在东线的300万德军也不知道他们未来的作战目标就是苏联。战后，盟国曾调查了一些前德军军官，他们几乎都谈到，当他们听到进攻苏联的消息后，第一个反应便是强烈的“吃惊”和“不可思议”。

苏联军民是这场欺骗心理战的直接受害者。尽管苏联政府估计到了战争的危险性，并做了一些必要的战备工作，但是，对德国的战略部署和进攻时间却始终若明若暗，尤其是对希特勒进行全线大规模突然袭击，更是严重估计不足。德国的欺骗性动作，使斯大林接连作出了错误的判断。1941年春天，一些西方报刊盛传苏联正在准备对付德国的入侵，德国舆论乘机大肆渲染，抱怨苏联如真的如此，将会使苏德关系受到严重损害。斯大林连忙出面加以解释，并在此后对德国的态度上更加小心谨慎、百般忍让。

就在德军大兵压境进攻在即之时，苏联境内还是一派和平景象。有的部队在广场上配着乐队的演奏进行教练；许多阵地、工事没有部队据守，德军开始袭击时有的部队还在进行野营训练；许多炮兵停留在射击场上；飞机也集中在少数机场上；不少军官还在休假或远离营地；一些部队旧装备上交了，新装备尚没有下发；有的部队甚至连行动地区的地图都没有。没有人意识到，一场大难即将从天而降。

1941年6月22日凌晨3点20分，纳粹德国撕下了伪装已久的假面孔，向苏联发动了突然袭击。德、芬、罗、匈、意等轴心国共出动190个师，3700辆坦克，4900架飞机，47000门大炮和193艘舰艇，在北起波罗的海南到黑海的1000多公里的战线上，展开了闪电式的全面进攻。战争一开始，苏军就陷入了一片混乱状态，各部队与上级的联络中断，66个机场和1200架飞机被击毁。当天，德军就突破苏军防线，进入苏联国境25—50多公里。一个星期后，苏军的人员和武器损失过半，大片国土落入敌手。希特勒的心理欺骗终于结出了罪恶的果实，而善良的人们则为此付出了沉重的代价，这不能不说是一个历史的悲剧。

纳粹德国的心理欺骗，并不局限于在战略领域实施。相反，它经常抓

住一切时机，在战役和战斗层次上设计各种狡诈多变的骗局。其中，1944年12月德军特工旅在阿登战役中进行的乔装大欺骗，就是一个典范之作。

1944年12月，希特勒为挽回败局，拼凑了几十万残兵和2000辆坦克，发动了阿登战役。由于在崎岖多山的法国阿登地区，美军的防守力量极为薄弱，希特勒打算孤注一掷，出动精锐装甲部队包围美军第1和第3军团，然后夺取安得卫普这个盟军最好的港口，这样将会使美国和英国军队长时间处于瘫痪状态。希特勒希望借此赢得时间，以便能造出大量的V型飞弹、喷气式飞机和新式潜艇，从而最终赢得战争。

可是在德军面前有一个巨大障碍，那就是如何夺取默兹河上的桥梁以便让装甲部队通过。为此，希特勒于10月22日，在秘密作战室里会见了一个名叫史考尔桑尼的德国党卫军中校，向他密授了一个大胆透顶的欺骗计谋。史考尔桑尼被授权从所有部队中挑选一批亡命之徒，组成一支3000人的特别部队，这支部队的人都能讲一口流利的英语，每个人都穿上从美国俘虏身上剥下来的美军制服。他们将去占领和控制默兹河上的桥梁以便让德国部队通过。领受任务之后，史考尔桑尼把他的部下集合在一起，让士兵们熟悉美国的装备和习俗。他教士兵怎样用美国人的方式打开一包香烟，还教他们学美国的骂人话和俚语。在每个士兵身上，都携带着美国身份证明卡、美钞，甚至从美国弄到的信件和快照。这次行动被起名为“格里夫”，意思是“掠夺”。

12月15日清晨，阿登森林附近崎岖的群山笼罩在一片浓雾之中，德军以17个师前导，向阿登地区发动了进攻。与此同时，史考尔桑尼的“美国兵”坐在美式坦克和吉普车里也开始了冒险行动。他们同德国其他部队用事先约好的种种信号联系，如高高举起钢盔或使用各种颜色的手电。他们进入或穿过美军阵地，注意哪里是简易机场和后勤仓库，并探明增援部队将从哪条路线赶来。他们还把树枝砍断，阻塞道路，切断电话线，弄乱道路标志使盟军的交通发生混乱。并且故意移动地雷的警告牌，毁坏盟军卡车。更有甚者，一些“掠夺”队员居然装作美国宪兵，站在十字路口处指挥交通，把一个团的美军和大批运输车辆引向了错误的道路。

起初，没有人发现在自己部队中间混杂了一些假扮的美国兵。直到12月18日，在比利时的阿维利，宪兵在例行盘查时发现有三个坐在吉普车里的美国兵答不出口令，不过他们都有文件证明他们是美军第5装甲师来的，并且还讲了一些令人信服的故事。但有一件事使人蹊跷，就是这几个美国兵“礼貌多得令人见怪”。于是人们把他们送到费列德里赫·华莱克中尉那里审查，这个中尉是美军第1军里纳粹战俘的专职审讯官。他对付这三个美国兵的战术就是羞辱他们穿着别人的制服，而偏偏不敢穿德国军队的制服，这种战术竟然奏了效，他们痛痛快快地招认了事实真相。

很快，在那辆吉普车上发现了一部德国的电台和密码本。与此同时，美国的无线电收发报员也监听到一些秘密电报，它们都是关于美军行动的具体报告。于是，美军部队紧急开始了一个规模庞大的猎获间谍的行

动。这时口令已不起作用,因为德国人可以弄到口令。那些铁板着脸的美国宪兵和反谍报部队的特工人员,拿着手枪顶着每一个坐在吉普车或其他车辆里的人的胸膛,只要发现他的美国味儿有点问题的话,他们就发问:“棕色轰炸机是什么?温边城在哪个地方?”“声之音指的是谁”?“台姆·勃姆斯是个什么人?”并且还要他们反复说:“Wreath”(因为几乎每个德国人都把“th”这个音念作t)。这些新的检查方式在前线和后方许多路口同时进行着,对那些坐在后座、英语说得蹩脚的人则盘查得格外细致。一些汽车司机对盘问感到十分惊慌,试图开车溜走,结果反而暴露了自己。

12月19日,美国部队特工人员发现一辆吉普车上坐着两名看上去是美国空军少尉的人,正在注视着美军增援部队行军。特工人员向他们问话,他们拿出了养狗证牌、预防接种记录,并且大谈在部队生活经历的种种细节。他们说,他们曾经在霍特营里受过训练。特工人员似乎已对回答感到满意,又随口问了一句:“在得克萨斯玩过吗?”其中一个人回答说:“没有,从来没有过。”这个特工人员猛地拔出手枪喝令:“举起手来!霍特营就在得克萨斯。”

之后,在默兹河的一个交叉口,一个吉普车队竟大胆地打听美军总部的所在地区。闻讯赶到的美国宪兵立即把这些人包围起来。华莱克中尉被请来对他们进行查询,他又一次用起“羞辱”战术。这群不速之客中一个脸上长着短髭、头发褐色的中尉立即供认了自己的名字,并且提供了史考尔桑尼的形状和更多的细节。他承认,史考尔桑尼率领的第150特工旅正乘坐着美国坦克,装扮成撤退的模样,伺机占领默兹河上的桥梁。

当他被带到美军第1军总部作进一步审讯时,这个中尉坚持说他已供认了他所知道的一切。总部的审讯官说:“那好,我们把你交给政委来处置。”原来这个中尉像大多数德国人一样最害怕苏联人。这时,一个穿着红军制服的高大身躯的人来到了他面前,用一种外国腔调的德文发问(这个人实际是来自密尔沃基的美国人)。德国中尉立刻吓得脸色发白,嘶哑着声音说:“我们还有艾森豪威尔这个暗杀目标。史考尔桑尼的另外一个小队将扮成美国官员押送一批被抓住的德国将军前往你们的总部,一旦闯进总部,

他们就动手绑架艾森豪威尔或者把他杀掉。”

这个情况也许可能是伪造的，但是盟军最高统帅部并不敢掉以轻心。它立即着手采取一系列严密的防范措施。所有盟军总部官员居住的建筑，外围都用铁丝网圈起来，附近停放着坦克，上千名全副武装的美国宪兵在外面的路口检查，任何接近这些房子的人都会受到严格盘问；有五个特工人员专门负责监督；访问艾森豪威尔的人必须由助手亲自检证认领才能放进去。艾森豪威尔被迫搬进了一幢有围墙的房子，这所房子的门、窗和屋顶都严布岗哨。将军几天几夜都不能走出屋子，因为怕他会遇到远距离的狙击手。

与此同时，在布尔吉地区，德军特工旅的50辆坦克出其不意，碰上了毫无准备的一个美国装甲营，并歼灭了其中的一部。结果警报马上传来“我们自己的坦克向自己开火了”。美国宪兵得到命令，要他们检查所有的坦克。默兹河上的一切航行完全断绝，两岸加强了武装巡逻，凡是企图越过交叉口的人都将受到逮捕和审讯。用这样的办法，总共抓住了54名穿着盟国军队制服和便服的德国人。

利用大量散布谣言和四处干扰，这个由德军特工旅假扮起来的“掠夺”队成员几乎长驱直入到默兹河前面的最后防线。在马尔梅迪美军的炮兵阵地内，一些德国人混到美炮兵中间，向他们了解他们有多少大炮，炮有哪些品种。但是早有警觉的炮手们立即把这些骗子们抓住了。大炮开始向敌人作出回答，那些偷来的坦克陆续被击毁，从这些坦克残骸里拖出来好多德国人，有死的也有活的，全部都穿着美军的制服。

美军第1军从12月22日开始在军事法庭上对俘虏的“掠夺”队员进行审判。所有的人都被宣判为：违反军事法律，在敌人后方利用敌军的制服去进行欺骗和间谍活动。被判处死刑的人立即由行刑队枪决。

没有人知道“掠夺”队成员在战斗中死了多少，只知道在审判后有130人被执行枪决。第1军的官员们后来在卢森堡广播电台中广播了他们的名字和“掠夺”行动的细节，尤其是对史考尔桑尼的通缉。这个大骗家由于太靠近前线，一颗弹片把他打伤了。他本来还希望能有机会带领特工旅的残余力量继续进行欺骗，现在听到广播，才明白这样的机会已经完全没有了。他不得不怀着愤懑的心情，命令那些失望的亡命之徒们扔掉美军制服，“掠夺”队的行动终于以失败而告结束。

这一事件给美军造成了惨重的损失，也给人们留下了一个极其深刻的教训。它表明，在战斗行动中，“虚者虚之，实者实之”往往能造成巨大的混乱，使人真假难辨，敌我难分，从而为己方造成有利战机。

以少胜多，大破敌军

墨索里尼建立非洲帝国的美梦破灭了。盟国的胜利来之不易。这归功于英联邦各国军队和非洲人民的英勇斗争，同时归功于智勇双全的英国中东总司令韦维尔将军。在敌我兵力极为悬殊的条件下，他凭着自己的智慧，用伪装和诡诈行动，扭转了战局，创造了第二次世界大战中以少胜多、以弱胜强的光辉战例。虽然后来他败于狡黠的对手隆

美尔，并因此被解除中东总司令职务，但是他所创造的那种“独特的战争”，却被英国将领们广为效仿。韦维尔的事迹至今还在英国、非洲和全世界广为传颂。

1940年至1941年冬季，暴风雨和浓雾保护了英格兰的城市。英国因此缓慢而稳步地恢复元气。当他们的力量恢复过来的时候，远在几千英里之外的利比亚沙漠中，精明强干、足智多谋的英国人，在韦维尔将军领导下，也取得了重大胜利。在遭到一连串失败之后，这样的胜利是鼓舞人心的。这一胜利也导致了伦敦监督处的诞生。这是英国第一个专门进行骗敌活动的国家机关。

独眼的韦维尔出生在温切斯特，体格强壮，是印度克莱夫式的人物。

丘吉尔领导英国军民进行不列颠战役之时，韦维尔成立对敌欺诈活动机构的计划酝酿成熟。兵不厌诈，作战时对敌人的欺诈活动是经常进行的。韦维尔总结了这种方法，同时指出，世界一切地方的一切行动，不管它们相距多么遥远，不管看来它们是如何互不相关，但彼此都会相互影响。如果在一个战场上对敌人进行欺骗活动并达到某一目的，那么，就要对其他战场的类似活动加以控制。要这样做，就有必要成立一个中央机构来监督、控制一切战区的欺敌行动。

韦维尔把他的建议写成《备忘录》，送交英国总参谋部。韦维尔在《备忘录》中说，“从人追捕人的时代以来，战争的一切计谋和策略，都是人在人身上用过的几种简单诡计的变种和发展。”他粗略地把这些诡计分为四类：伪情报或伪装，以退为进，鼓励判卖和削弱敌人的士气。

“每一个司令官，应当经常考虑如何使对手误入歧途，利用对手的恐惧且使他们心慌意乱。”他说，“一切欺骗的基本原则是把敌人的注意力引向你想要它注意的地方。高明的魔术师用的就是这些方法。”所有这一切“都是迫使敌人做些有利于我们行动的事。例如把他的后备队调到错误的地方，或者不肯调到应该调去的地方，或者诱使敌人浪费精力”。

韦维尔《备忘录》广泛地谈到欺敌的方法，即特殊手段，包括可以用于

转移敌人注意力的视觉、听觉，甚至嗅觉方面的计谋。《备忘录》还讨论了一个无比有效的策略——讯号欺骗。敌人能够从无线电通讯、电台的位置、不同环节所用的密码类型和通讯量来推断部队实力的大小、性质和目的。有时，为了欺骗敌人，须使敌人从它所截获的讯号、所得到的印象同敌人从其他欺骗来源得到的印象一致。

欺骗成功的另一基本因素是，"它必须看起来是可信的。除非透露给敌人的明显意图已经完全合情合理地包括在敌人的判断之内，否则诈骗是达不到目的的"。《备忘录》还强调了解敌人司令官的心理状态的重要性，情报工作人员应该时刻大力追索这一级的情报。知道对方一个将军非常容易激动，比知道他某年毕业于某参谋学院要有用得多。

《备忘录》最后着重说，使诈骗成功的辅助手段是保密。将诈骗掩藏起来不让敌人知道是绝对必要的。因为，倘若敌人看穿了虚构的事实，他就能够推断出真实情况。因此，知道诈骗计划的人愈少愈好。

韦维尔将军的意见和他所写的《备忘录》受到丘吉尔首相的高度重视，这和首相本人的想法完全一致。

韦维尔得到批准，把他的理论在北非战场进行了试验。试验为日后实施战略、战术和使用诈骗技术提供了有价值的经验。韦维尔率领的作战部队，面对着数十万人的意大利法西斯部队，比例是1:10。

对英国来说，控制地中海是重要的，它是大不列颠帝国的"生命线"。通往苏伊士以东的自治领和波斯湾油田的最短航线，都要穿过地中海。墨索里尼在1940年7月10日向英国宣战后，立即制定计划，企图从利比亚向东，从意属东非向西北，从两个方面大规模出击，切断这条生命线。墨索里尼深知，切断这条生命线，就等于卡住了英国在非洲的咽喉。为了攫取英国在非洲的殖民地，他在利比亚驻有完全处于战备状态的20万军队，在红海国家驻有10多万军队，加上阿比西尼亚，墨索里尼在非洲的总兵力约有40多万。同这支数目庞大的法西斯军队相对，韦维尔手下的军队仅有36000人，计有一个不完整的坦克师，以及在中东、波斯湾和东非担任卫戍任务的几支小股部队。这些部队中，很多人没有经过军事训练，或者是土著武装，或者是行政人员，几乎都没有完成作战准备，而且迅速得到增援的前景是渺茫的。英国本土在严阵以待，希特勒正对英伦三岛进行狂轰滥炸，各条战线都很吃紧。人们都指望韦维尔将军用这支力量去守卫、确保和防卫英联邦在下列地区：埃及、苏丹、巴勒斯坦、约旦、塞浦路斯、法属和英属索马里、伊拉克、亚丁、肯尼亚、乌干达、坦噶尼喀、叙利亚和黎巴嫩等。

对韦维尔说，墨索里尼不是英国人在近东的惟一威胁。韦维尔预料希特勒随时有可能进军巴尔干，以控制地中海北岸，甚至直接出兵非洲。如果出现这种情况，英国的处境就更加险恶了。当前只有一个因素对韦维尔是有利的，那就是，不论德国人或意大利人，都不知道英国在这地区的实力多大。为了虚张声势，欺骗敌人，英国曾经煞费苦心地大力渲染这个地区的巨大潜力。所以，墨索里尼和希特勒都认为这很可能是真的，这对当时和以后都产生了重大影响。然而，仅靠这些，还不足以对付墨索里

尼咄咄逼人的威胁。韦维尔记起，在1917年加沙第三次战役中，英国人曾用诡计摧毁了奥斯曼帝国。当时，韦维尔是埃得蒙·艾伦比爵士手下的一名军官。现在，面对强大的敌人，为了取得战斗的胜利，他不得不再次运用诡计，变得狡诈了。

面对墨索里尼即将开始的大规模进攻，伦敦统帅部在短期内还不能派出部队前来支援，丘吉尔只派来了一个杰出的军官参加了韦维尔的参谋部。他是达德利·兰格尔·克拉克准将。他当时41岁，和平时期是个律师和关于布尔人和爱尔兰人"叛乱战术"的研究者。在敦刻尔克海上大撤退之后，克拉克应丘吉尔之请，曾负责起草过一项《备忘录》，促成了突击队的建立。现在他要用他的机灵的头脑和律师的技巧，帮助韦维尔用狡计欺骗意大利人了。

墨索里尼对英法宣战后，即指令意大利参谋总部，从利比亚进攻英国军队，从而展开了他们的非洲战役。鲁道夫·格拉齐亚尼元帅的部队，于1940年9月13日，沿着海岸的狭窄前线进入埃及。英国人退却了，而且韦维尔似乎不大可能在英国海军基地亚历山大港以西的远处阻止格拉齐亚尼前进。在众寡悬殊的情况下，韦维尔认为，硬拼是不行的，只能靠智力取胜。

在韦维尔总司令的授意下，克拉克准将具体领导各个小分队的欺诈敌军的工作。他们假造了一支强大的军队：用数百个橡皮做的巡逻坦克，它们能够装进板球袋里，然后取出，像气球那样打进气去；"野炮"可装进饼干盒内；"两吨重"的载重卡车和发动机，放掉空气后还没有弹药箱大。在一次初级战术诈骗中，克拉克的工程兵修建了假公路和制造了坦克履带痕迹。公路一直修到西迪巴拉尼以南靠近格拉齐亚尼的军队驻地。然后，他们领来成群的带着骆驼和马的阿拉伯人，后面拖着耙形装置，掀起漫天云状灰尘，从空中观察像移动中的庞大的坦克纵队。

为了探听虚实，意大利的飞机飞来空中摄影。但高射炮使他们不能低飞，这样就阻止了他们侦察出地面上到底是怎么回事。当照片冲洗出来之后，格拉齐亚尼发现，在他的右翼像是有强大的坦克和大炮群，而且比他自己的坦克和大炮还要多得多。这位墨索里尼的元帅还获得情报说，来自伦敦、印度和澳大利亚的增援部队正在途中。格拉齐亚尼害怕了，他担心侧翼受敌并被坦克部队切断。于是，他随即命令他的部队，沿着亚历山大公路掘壕防守，停止进攻，静观局势。

对此，墨索里尼大发脾气，对前线指挥十分不满。尽管这位法西斯领袖一再催促尽早发动进攻，但是格拉齐亚尼仍不敢轻举妄动。从齐亚诺的日记里可以看到"领袖"与将帅之间的矛盾。

"1940年9月16日，在埃及前线，进展缓慢，墨索里尼焦急不安。他对前线司令行动迟缓感到恼怒，这样可能使我们得不到战利品。其实真正的战斗还未开始，只是一些后卫战而已。"

"1940年10月12日，领袖归来。他对格拉齐亚尼非常生气，因为这位元帅对领袖要他发动进攻的命令又一次答复得拖拖拉拉。领袖说要撤换他，并提名让梅塞将军和韦尔切利诺将军接替他。"

"1940年10月16日，收到格拉齐亚尼元帅的报告副本。他说，在埃及

重新开始进军至少需两个月。我立即将此件交给领袖。我可以想象得到他的愤怒心情。”

时间就是生命。韦维尔和克拉克持续采用这些战术，推迟了墨索里尼军队的进攻，使英国军队有足够的时间进行准备，并接受从英国来的增援部队。韦维尔极其秘密地调动部队，然后于1940年12月9日出击。这次进攻是二次大战中最大胆的战役之一。尽管格拉齐亚尼的军队处于绝对优势，结果全面退却了，而韦维尔的军队前进650英里进入了利比亚。到1941年2月7日，已俘获13万战俘、400辆坦克和1290门大炮，虽然韦维尔从来没有超过两个师的“沙漠耗子”——这是沙漠中英国军队的代号。韦维尔的胜利如此巨大，而损失却小得惊人。他手下只有500人死亡，1400人受伤，55人失踪或被认为当了战俘。

同时，在意属东非的英联邦小部队，仅以135人死亡、310人受伤和52人失踪的代价，在另一次大胆进攻中，俘获了阿奥斯塔公爵军队的50000名士兵。意大利的军队垮台了，在韦维尔前后发动的两次大战役中，共歼灭敌军20多万。墨索里尼建立非洲帝国的美梦也随之破灭了。英国的这些胜利产生了很大的影响，意大利军队从此一蹶不振，再也未能恢复元气。

此后，由韦维尔开创的欺诈战术，在非洲和地中海广泛使用。后来丘吉尔首相把它命名为“特种战争”。它在打击敌人、保护自己方面，发挥了重要作用。

1941年3月中旬，“超级机密”又提供了情报。使英国取得二次大战中第一次舰艇战斗的胜利：马塔潘角之战。侦讯电台破译了德国空军和意大利舰队的“哑谜”密码电讯。侦讯电台透露，德国人和意大利人计划对英国在地中海航行的支援韦维尔的船队进行大规模的袭击。它甚至透露了进攻的日期：1941年的3月27日。停泊在亚历山大港的地中海舰队总司令安德鲁·坎宁安将军得到“超级机密”的情报后，会同韦维尔商量决定，命令那里的英国分舰队——3艘战列舰、1艘航空母舰和9艘驱逐舰——生火待发。为了不让滨海的轴心国特务觉察舰队的意图，坎宁安身穿便服、带着他的高尔夫球棒上了岸。天一黑，他就秘密回到舰

上,然后他派一架森德兰水上飞机去侦察意大利舰队的维托里奥·纳内托旗舰,使意大利人相信,英国人是从空中侦察而不是靠破译密码觉察到它们从那不勒斯出港。

3 月 28 日,坎宁安率 4 艘巡洋舰和 4 艘驱逐舰同他们的分舰队会合。英国舰队在马塔潘角外同墨索里尼的舰队交战。德国空军还没有来得及帮助它的同盟者,大部分意大利舰只就已被击沉,或被严重击伤。“超级机密”再一次帮助英国人取得了重要的战略优势。正如丘吉尔所写的:“马塔潘角这一及时的和值得欢庆的胜利,在那严重时刻排除了墨索里尼在东地中海对英国海军制海权的挑战。”

就这样,在 1940 年至 1941 年英国孤军作战的困难日子里,中东总司令韦维尔正是运用“欺诈”手段打败了一心要在非洲称霸的墨索里尼,几乎使他全军覆灭。最后,这位专制魔王不得不屈尊向希特勒紧急呼救,请纳粹德国尽速派出军队帮他扭转战局。

用人之钱,赚我之钱

钱能直接生钱,这是不容否认的事实,在妥善的经营和一点点好运的照顾下,亦可以运用钱来赚钱。但是,却不一定非是自己的钱才行。下面我们就要谈到最善运用此一魔法的一位行家,大亨中的大亨,丹尼尔·洛维格。

最初,洛维格不过是一个普通的薪水阶级。最后,他的财产估计高达 30 亿美元之多!他能赚这么多钱,主要就是“利用别人的钱赚钱”。

我们不妨先用一个简单而熟悉的例子,来说明一下“利用别人的钱赚钱”的价值。设若你有一万美元用来投资于房地产。你在某一个拓展中的城市的边缘,找到了一块地,在这个地区,土地的增值率,比方说,是每两年为 25%。

好啦,你怎么运用你的资金呢?你可以采取“现金政策”:找一块正好值 1 万美元的地,用现金把它买下来。两年后,再把它卖掉,拿到 12500 美元。结果你用自己的资金赚了 25%。

这样也蛮不错。但是,如果你不用现金政策,而能利用别人的钱的话,你可以做得更好,这时你所买得不是一块价值 1 万美元的地,而是一幢价值 4 万美元的房子。你拿自己的 1 万美元作为预付金,然后以正常的抵押方式,向银行借贷其余的 3 万美元。

现在,我们来看看你这么做,结果有何不同。两年后你的房子,正如你的土地,也增值了 25%。这幢房子的价值成为 5 万美元。你将它卖掉,还了银行的借款,仍然落下 2 万美元。结果是你利用别人的钱,所赚的不是 25%,而是把你的资金增加了一倍。

当然,这个例子是过分简化了些。因为未把利息、税捐和掮客的佣金计算进去。但是,不论你怎么删减,显然的,用“利用别人的钱”的方法,比用现金的方法,所赚的钱要多得多。

“利用别人的钱”的缺点——这是难免的——是你要担更大的风险。如果你刚把地买下来,附近房地产的值就跌下来,这种办法就会把你弄得一身是债,骑虎难下。这时,你不是忍痛赔钱把它卖掉,就是背着债,一直到市

场好转，而采取现金式的办法，就不会有这种麻烦。但是，不冒风险，想成豪富是绝不可能的。

股票市场所谓的融资制度，是另外一种为人熟知的利用别人的钱赚钱的例子。在此制度下，你在购买上市股票时，可自你的经纪人，按交易金融借贷部分款项。股票市场的融资规定相当严格，几十年来，按法律规定，购买股票可以融资的百分比率，一直比购买房地产贷款之百分率为低。但是，仍有上百万的投资人经常利用融资购买股票。显然地，他们认为，即使是利用一点点别人的钱，也比不用好。

丹尼尔·洛维格一定会赞成他们的看法。现在，让我们看看他在事业上惊人的成就。

丹尼尔·洛维格是个极为神秘的人。他默默的住在纽约市曼哈顿区的一座五角建筑内，平常多半是从住所步行经过几个路口到办公室去上班。他已届75岁左右的高龄了，由于背部的旧伤，显得有些瘸，当他沿着人行道孤独而吃力地慢慢向前走的时候，人们很容易把他当成拿养老金过日子的孤老头子，出来呼吸新鲜空气的，平常在路上他很少和人讲话。有些记者不时地想借他步行的机会，跟他搭讪，但多半会碰一鼻子灰。他已多年来未和记者们说话了。

就算他和记者们搭腔，他也会习惯的将他自己的事讳莫如深。也许是有意的，不论事情重要与否，他都避而不谈。早在1957年，他破格接受了《财星》杂志记者桑德斯的正式访问，该杂志曾自诩那是洛维格第一次将他一生事业的真相向新闻界发布。即使在那一次访问里，他还是没有改变他不愿随便说话的习惯。例如，桑德斯报导说，曾两度结婚的洛维格，没有亲生的孩子。事实上，他的第一任夫人却曾为他生过一个女儿。这件事重要吗？很难说。但这个特殊的小误差，说明了洛维格的性情。正如桑德斯在1957年撰写的报道中所说的："洛维格最突出的个性……就是他终身奉行不渝的怪癖：三缄其口。"

而今，他依然是沉默如故，连他的员工也一样。记者若打电话到洛维格的纽约总公司，总机小姐会客气地告诉他，没有丹尼尔·洛维格其人。至少，在他的总机上没有这个人，若进一步加以追问，她会说，好像有一个人偶

然到公司来一下，大概就叫这个名字，但没有人确切知道他是谁，他是做什么的，我怎么样才能联络到他。

然而，事实上，确有洛维格其人，世界到处都能发现他的足迹。

他所拥有的商船，可能是全世界最大的船队——比尼阿卡斯和欧纳西斯的船队还大。这两位希腊航运大亨，比洛维格要喜欢出风头多了。因此，远比他显得多彩多姿；但若说财富的聚积，洛维格就要比他们强多了。他的船队约有500万吨，其中有五六艘是世界最大的油轮。

洛维格其他的事业——包括全部独资或拥有多数股权计有：一连串的筹蓄放款公司、许多旅馆、办公大楼和其他海内外的房地产投资；从澳洲到墨西哥各地的钢铁、煤矿及其他自然资源的开发经营；在巴拿马和佛罗里达州的石油和石油化学工业炼油厂等。

这些庞大的包罗万象的家业，都是他一声不响默默地聚积起来的。多年来，他和第二任夫人住在康涅狄克州的一个小镇德润的一所不显眼的住宅内。“我们几乎从未见过他们。”一位邻居说，“他们从未参加过镇上的鸡尾酒会或任何类似的社交活动。没有人能够确知他们到底是何许人。我还一直以为他们是银行职员一类的人——你晓得的，拿薪水过日子，可能手头有个四五万美元，绝不会是什么了不起的大人物。”

40年前，洛维格是个瘦高、粗野、英俊的汉子。他是1897年6月，出生于密歇根州的一个湖边的小地方——南海温。他父亲是一个房地产掮客，做投机生意的，生意还算顺手，但并不富有。年青的丹尼尔对大船小艇都非常着迷。9岁的时候，他发现一艘长26英尺的柴油机动船，沉没后就被弃置水底，因为售价连付打捞费都不够。他以25美元的代价把它买了下来，这些钱部分是他打工的积蓄，部分是向他父亲借来的。他设法把沉船捞了起来，又费了整整的一个冬天，把它给修好了。第二年春天，他把船包租给别人，赚了50美元。这是他做船生意的第一次经验，他对这一经验的每一分钟感到满怀的喜悦——特别是由营利所获的心得。

在他才10多岁的时候，他的父母分居了。他归父亲抚养。这时，他父亲发现在德克萨斯州一个以航业为主的小城——阿瑟港有些做房地产生意的机会。于是，他随父亲迁居到那儿。由于仍然对船极为着迷，他高中未毕业，就辍学到码头上找了个工作。就这样，他东漂西荡地混了好几年。最后，在一家航业工程公司定了下来，他的职务是到各国各港口为船舶安装各种引擎。他很喜欢这份工作，而且发现自己是此中好手。于是，他开始利用晚间，为自己找些安装和修理的兼差工作。19岁那年，他私人接的工作自己一个人已做不完了，于是就辞了公司工作。从此，他再没做过替别人打工的差事。

此后20来年间，也曾有过好多个月，他真希望自己能有份差事。与我们在本书中以见的其他大亨不同的是，洛维格并不是一个少年得志的人。他在航运业里碰来碰去，做些买船、卖船、修理和包租的生意，有时赚钱，有时赔钱，他手头的钱一直很紧，几乎一直有债务在身，有好几次都濒临破产的边缘。他最倒霉的是29岁那年，在一次运货途中，一只盛装汽油的老爷油箱在船舱里爆炸了，他受了伤。“他在船舱里，”

一位前任洛维格的公司职员说，"是因为舱中有两位船员被浓烟熏昏了，他跑进去把他们拖救了出来。这一次爆炸，使他的后半生一直受着背痛的折磨。但是，如你问他是怎么受的伤，他仅说，'噢，我碰到一次意外事件。'许多人都以为那是一次车祸呢。"丹尼尔就是这样的人——从来不爱多谈他自己。

一直到30年代的中期，发迹较迟的洛维格已快40岁了，他才终于为他不朽的事业开始打基础。这是当他发现"用别人的钱赚钱"的魔法以后的事。

当然，以前他也时常告贷举债，甚至可追溯到九岁时，买那条沉船时就已开始了。"但是，"正如美国纽约大通银行一位高级职员说的，"那不是创造性的借款。他这回学到的是如何利用别人的钱作为一支杠杆，来增加自己的经济能力。"

洛维格成功的方程式，有两个主要的阶段。第一个阶段开始于他想贷款买一条普通的旧货轮，打算把它改装为油轮(运油比运干货的收入好)。他找了好几家纽约的银行。他们瞪着他的磨破了的衣领，问他能提出什么担保物。他不得不承认他实在提不出什么常用的担保物。不过，他倒有一条可以航行的老油轮——就是那条使他的背受伤的船，他想，也许可以用这条船，做成这笔贷款交易。

"他到我们银行来，"大通银行那位职员说，"告诉我们那条油轮正包租给一家石油公司。每月的租金，差不多正好够用来抵偿他所贷款项的每月应摊还的本息。所以他想把这条船过到银行的名下。这样银行可以直接从石油公司收取包船租金，钱就用来抵付洛维格向银行借来的债款。"

很多银行家都会认为这简直是一个疯狂的想法。但是，实际上，对银行来说，这种贷款和一般小企业贷款，差不多一样安全。洛维格单独一个人，可能没有足够的信用，但石油公司的信用却极为良好。因此银行认为，除非碰到无法预见的经济大灾害，石油公司当会信守承诺规规矩矩地按月付出油轮租金。只要他那条老船不沉，石油公司不垮，银行还是照样可以按月收款。在效果上来说，洛维格这一招真是神来之笔，借石油公司的信用，大大地提高了自己原来极为脆弱的信用。

银行就按着这个条件，把钱借给了洛维格，他买下了那条想买的老货轮，把它改装为一条油轮，将它包租了出去，又用同样的办法，拿它做抵押，又贷了另一笔款，买下另一条干货船，又把它改装成油轮……

如此这般，他干了许多年，每还清一笔贷款，他就名正言顺的净赚一条船。包船租金不再流入银行，且开始落入洛维格的荷包。他资金的状况，他的银行信用，还有他的衣领，都迅速的有了很大的改进。

这时，他触发了一个更妙的构想。他既然可以用现成的船贷款。何以不能用一条还未造好的船贷款呢?

这是他学习利用别人的钱赚钱的第二阶段，因而为他开创了现有的伟业。

他的新事业的做法大概是这样的：他为某一特殊目的，设计一条油轮或

其他的船。甚至在安放龙骨以前,他就找好了一位顾客,愿意在船造好以后承租它。他就拿着这一纸包租契约,前往银行申请贷款,来建造这条船。贷款的方式是不常见的“延期偿还贷款”,在这种条件下,在船未下水以前,银行只能收回很少的还款,甚至一文钱也不收回。一旦等船下了水,租金就开始付给银行,其后贷款偿还的情况,就和前述的一样了。最后,经过好几年,贷款交易付清之后,洛维格就可以把船开走,他自己一毛钱未花就正式成为船主了。

当他提出这个做法时,那些银行的人又给他弄得一愣。但是在仔细的研究以后,他们终于又发现这做法也颇有道理。这时,洛维格自己的信用已经不错了——何况,再加上承租他的船的客户的信用。“这项贷款,”这位大通银行的人说,“我们称之为‘双名合同’——在效力上说,贷款的偿还,受到两个在经济上是独立的公司或个人的担保。这样,假如其中一人出了问题,能不履行契约,另一个人不一定会有同样的问题,假如两个人都没出事,契约当然更顺利地完成。你看,银行这样反可以额外为它的钱多得到一层保障。”

洛维格这时才真正的开始了他那庞大财富积集的长程冒险。最初,他向别人租借码头和造船厂。现在他已开始建造自己的设备——当然,又是利用别人的钱。第二次世界大战期间,美国政府便是胃口最大客户,洛维格的小造船厂生意兴隆,爆发式的快速成长,他所造出的每一条油轮,都为政府买去了。

战后,令人怀念的经济繁荣在40年代末期已渐露端倪。洛维格也在动脑筋多方谋求扩张,他已认定(正如其他的一些造船业者和航运业者的看法一致)美国已变成全世界最不利于他们这一行做生意的地方之一了。工资、物价和赋税都嫌太高,而整个的航海业纳税的问题和美国政府其他的限制弄得天昏地黑。洛维格觉得,已到了该到世界别的地方求发展的时候了。

50年代初期,他发现日本是一个吸引人的发展去处。那时,日本不但是战争中的失败者,而且也是经济上的失败者。吴港是日本主力舰、航空母

舰和其他巨型航舰的出产地，那儿有巨大的海军造船厂。战争结束后，这些造船厂就被关闭了，上千的工人被遣散失业，使这个地区陷于严重的，长期的，好像是永难翻身的萧条境地。日本政府殷切的期望能开始对这个地方有点作为，却又提心吊胆怕吴港被变成美国海军的造船厂和永久的军事基地。当洛维格带着大量的现钞和更多的信用贷款，以美国公民的私人身份来到日本时，日本人对他大表欢迎（据说，当地的一位官员在日后和他签订一些契约时，竟至高兴得泪流满面）。日本人很快的就和这个沉默寡言的老美做成了交易。为了回报他所做的让步——都是很容易做到的，例如，必须雇用日本劳工，使用日本的钢铁等，其实，于他来说，全都正中下怀——日本和他签订了长期的低廉的吴港造船厂的租约，外加令人欣羡的各种减免税赋的优待，以及其他优厚条件。从那时开始直至今日，洛维格一直在吴港制造油轮、运铁矿石的货轮和其他船只。他造的船越来越大，每一批的新船，与前相较，都能以更低廉的每吨运费率，运更多的货物。他把船卖掉一部分，自己留一部分。他的船队日益扩大，他在世界各地不断的增设新的轮船公司来经营这些船只——他的公司大多在利比利亚和巴拿马登记设立，因为，这两个国家给船主各种优待，包括赋税、劳工法和船只登记费等。他更及时地为他那世界性的企业王国开拓新的天地。他购买矿石和石油产业，其所需的运输工具，当有助于他的航运事业。他又创立储蓄借贷公司，以便调剂他的王国的财务。他聚积的财富，在人类一个人单独聚财的最高纪录中，无疑的，定能占一席之地。

一个人呢？这确是几乎和事实相去不远。有很多事业和财产是他一个人单独拥有的；而其他大多数的事业他也握有占多数的股权。与我们在本书所见的其他一些人不同（特别即将介绍的吉姆斯·林），他从未对邀股式财务的观念发生过兴趣，这种做法，是用出售一部分或大部分股权，以及将来的利润给别人，来筹措事业所需的资金。他不愿弄一群股东来干涉他的经营。他宁愿借别人的钱来求发展，而把事业的所有权保留给自己。除非是私下交易，你就别想买到洛维格任何事业的股票。

今天，洛维格早已超过一般人退休的年龄，也许终于会有一天，他会后悔自己独角戏唱得太久。看起来，真是似乎没有一个自然的继承人，来接替此庞大而复杂的王国，并使它能继续经营下去，他虽有几个可以依靠的友人和助手，但其中没有一个人，可以脱颖而出，成为明显的接班人。实际上，由于洛维格终生不改的固执守密的怪癖作风，使他大部分的职员对此一庞杂的企业所能有的了解，大受限制。“每一职员只能经营他自己那一小部门的业务。”公司里的一个人说，“每个人都受到晓谕，别管他自己部门以外的闲事。洛维格河能是公司里惟一真正了解全盘状况的人。”

不论洛维格的继承者是谁，到时候可能会说，但愿这位伟大的借贷者，当初是用别的方法掌管这个庞大的组织的。无论如何，当前的成就，强烈地说明了一点：丹尼尔·洛维格从无依无靠中白手起家，使自己成为世界上最有钱的富豪之一。他推翻了旧酒店里的陈腔滥调，证明了财神爷照样会照顾没有钱的人。

报业巨子，负债扩张

负债经营是“空城计”在商业竞争中的一个表现形式，目前，有不少大型企业都在采用这种做法，但像英国报业巨子麦克斯韦尔这样“胆大妄为”，负债额达40亿美元的经营者确为少见。

麦克斯韦尔是亿万富翁，约有产业20亿美元。他拥有报纸，杂志，出版公司，私人喷气式飞机，豪华游艇等，其中《每日镜报》、《伦敦每日新闻报》均为很有影响力的报刊，麦克斯韦尔通讯公司则是这个报业集团的“旗舰”。

麦克斯韦尔出生于捷克斯洛伐克山区的一个农村小镇，家境贫寒，父母均为犹太人。他自幼只上过3年学，15岁时，他从德军集中营出逃参加了抵抗运动，后受了枪伤辗转法国，他的父母姐妹皆没逃出法西斯的魔掌。

战后，麦克斯韦尔开始了企业家的生涯，他的一生波澜迭起，充满传奇，他的企业，他的财产，他的报业王国均充满谜一般的神奇色彩。

战争的日子很沉闷，麦克斯韦尔从事了许多职业，但都有头无终，他觉得几乎没有一种职业能够适合他。

当年战场上的辉煌也不再被人提起，那用生命换来的十字勋章也失去了光彩，他感到沉重的失落感。他经常酗酒，以此麻痹自己。

他偶然遇到一位战友，当年在曼诺底登陆时，两人同乘一艘舰船。如今，这位战友在做出版生意，虽没有大发，但手头已很有些积蓄。

麦克斯韦尔没有什么文化，又完全不懂印刷技术，但他是个绝顶聪明的人，和战友几番相聚后，他已深领出版业的奥妙。

他决心投身于出版业。

正巧这时有消息传来，一家出版社因经营不善，准备拍卖。

麦克斯韦尔欣喜若狂，立即前往洽谈。

这是家英德合资专门出版科技书籍的小型出版社。拍卖价为1.3万英镑。

麦克斯韦尔身无分文，他去请求岳父的帮助，岳父很慷慨地应允了。

从此，麦克斯韦尔有了自己的事业——佩尔加蒙出版社。他努力工作，仅1964年一年，便出版了60种书籍，70种杂志。后来，他又努力把经营范围扩宽到其他领域。战后，英国文

化事业飞速发展，使麦克斯韦尔如鱼得水，赢利丰厚。

麦克斯韦尔用岳父的资本获得了第一步成功后，忽然心中豁然开朗，其实许多事都可以这样作的。一般情况下，资本越雄厚，投资额越高，利润也越高，街头小贩无论怎样吃苦耐劳也无法走进大亨的行列。

那么这些巨额资本一定要先拥有再投资吗？假如把这个程序颠倒过来会怎么样呢？

麦克斯韦尔为自己这天方夜谭式的想法惊呆了，但这才是麦克斯韦尔，天才的冒险家。

从80年代开始，麦克斯韦尔的事业走向鼎盛期，利用各种途径融通巨额资金，然后开始一步步去实施他的计划。

1981年，他买下濒临倒闭的大不列颠印刷公司，推行现代化生产，麦克斯韦尔经营有方，很快使工厂扭亏为盈，更名为“英国印刷通讯公司”。

1984年，麦克斯韦尔买下英国镜报集团，在伦敦报纸市场的竞争中，他使镜报发行量从20万份上升到360万份，成为英国第二大报业集团。

1988年，麦克斯韦尔又买下了美国官方的《航空指南》。《航空指南》的买卖手续刚刚办妥三天，又以令人惊奇的高价买下麦克米伦出版公司。

1991年春，麦克斯韦尔又买下《纽约每日新闻报》，将其从困境中解脱出来，使日发行量从30万份回长到70万份。

麦克斯韦尔从此跨入世界出版巨子之列。

对于自己的这一作法，他没有高深的道理来解释，他只知道假如你把市场上这一类东西买光了，那么叫什么价就由你了。而且买的越彻底越好。

为了这些史无前例的收买活动，麦克斯韦尔大举借债，债务高达40亿美元。

麦克斯韦尔见惯不惊，负债经营负债扩张对于他已驾轻就熟，他甚至还想再借上一笔，只要有购买机会。他认为问题的关键是扭亏为盈。债务能增加压力，使人加倍努力工作，丝毫不敢松懈。

事实也正如他说，如果不是负债经营，麦克斯韦尔不可能在短短的二十年间摘取报王的桂冠。

他曾向妻子许诺要做“英国首相”，这个愿望最终没能实现，但作为世界报王，其荣耀一样非同寻常。

1991年11月5日，这位报业巨子猝死在他的豪华游艇上，死亡之谜久久轰动英伦三岛。

在他死后，公司清理他的巨额财产时，才发现这位报业巨子的种种经营内幕，人们只看见一个繁荣无比的巨大报业王国，根本不知道一切全是借债买来的。

40亿的巨款用什么偿还，稍有失误，便可能导致这个报业王国的破产。如今这个报业王国由他的两个儿子经营，其发展前景令人担忧。

人们不禁钦佩麦克斯韦尔的超人勇气，这个世界上，恐怕再没有第二个人能与之相比。假如他没有意外猝死，这40亿元的内幕将永远是个谜，直到完全偿还。

这个“空城计”似乎唱得有点太大，令人有些后怕，但他确实获得了成功，从一无所有的赤贫成为了亿万富翁。

他的那段军旅生涯难能可贵。

麦克斯韦尔是个非同寻常的人。

他一直与世界各国的政界要人保持着亲密友好的关系，他先后出访几十个国家，和许多元首和政府首脑合影留念，私交甚厚。

麦克斯韦尔把这诙谐地称为“先导性投资”，当然，也可能颗粒无收。不过，他从不这样想。

中印边境冲突事件后，麦克斯韦尔所掌握的报纸比较客观公正的报道了一消息，其立场态度在美国新闻界引人瞩目。

为此，周总理特意接见了他，在西华厅作了一番亲切的长谈。

中国改革开放后，麦克斯韦尔专程来华访问，达成了多项合作出版意向，出版了英文版《邓小平文集》。

麦克斯韦尔死后，许多国家领导人发出唁涵唁电，或派特使表示哀悼。英国首相梅杰发表电视讲话，称麦克斯韦尔为一代人杰。以色列总理沙米尔允许他安葬在耶路撒冷橄榄墓地，并亲临吊唁。

一个商界富豪死后，竟能获得这样的殊荣，牵动如此众多的政界要人，可见其生前与这个世界千丝万缕的联系。

麦克斯韦尔的去世太突然了，他的辛勤耕耘还未来得及收获，便踏入了另一个世界。这是报业王国无法估量的损失。

麦克斯韦尔谜一样地消失在大西洋之上。

他奇迹般的发家史，他空前绝后的负债经营，他的远见卓识，将成为商贸舞台上的宝贵财富，被无数的后来者仿效。

敢想敢干，终成气候

北京王府井大街。熙熙攘攘，车水马龙。

如果把北京比作一个倾国倾城的美人，故宫和王府井便当之无愧地可以被称为美人的一双明眸。到了北京，如果不去王府井，就好像进了“全聚德”却不知道吃烤鸭一样荒唐。

如果您有幸到过这条中国知名度最高的街道，那就一定不会忘记东安商场。它是北京市四大商场之一，商品琳琅满目，令您流连忘返。

就是这条街，就是这家商场，在 1992 年的时节，一下子成为一条爆炸新闻的焦点，令首都的市民大受震动——

香港某财团出资 2.25 亿美元，准备将东安市场商业区改建为世界一流的、集购物、旅游、服务、娱乐于一体的大型购物中心。

这家财团就是“新鸿基”。

“新鸿基”的开创者就是本文的主人公郭德胜。

郭德胜何许人也？内地人似乎知者寥寥，但在香港，他却家喻户晓。在著名的“东方之珠”，搞商务不知道郭德胜，就像看电影不知道周润发一样的可笑。

因为郭德胜和他的“新鸿基”在香港房地产这个炙手可热的行业里，是

同霍英东先生齐名的“大腕儿”。

90年代初，郭德胜在香港超级富豪龙虎榜上的排名，仅次于李嘉诚和罗兰士·嘉道理，位居“探花”。

他经营房地产、酒店、货仓、戏院、证券、公共交通等方面的业务。

他的家族持有44.7%的新鸿基地产，近30%的酒店，0.48%的骐利企业。在三藩市万金来街拥有价值近10亿的物业。在浑水湾道拥有独立洋房。

他的资产的保守估价为100亿港元。

很多人想了解：郭德胜是怎样发达起来的？他走过的是一条怎样的人生轨迹？这位“得胜将军”都打过哪些可值一书的大胜仗呢？

郭德胜的成功是一部传奇。

他的发达之路，是从“炒楼花”开始的——

1958年。

第二次世界大战的烽烟早已散尽，香港光复也已经十有数年。经历了十几个春秋和平建设，港岛也初步繁荣起来，高楼大厦像雨后蘑菇，把城市点缀得日渐摩登。但是，仍有不少街区，很多经受过炮火洗礼的破破旧旧的阁楼、矮房、仍参差不齐地同摩天大厦挤在一起，显得很不协调。

这可算得上什么风景吗？

因为有三个人，这些天一直在这里转悠，端详，打量，像在参观什么世界奇观，还悄悄地议论着什么。

这三个人就是后来鼎鼎有名的“三剑客”——郭德胜、冯景禧、李兆基。

“搞地产！”32岁的李兆基，在三个人当中是名副其实的“小兄弟”，话语中流露出一种“初生牛犊不畏虎”的气势，“我父亲是做银庄生意的，我从前也在银庄干过——钞票这种东西不保险！不管是法币也好，金元券也好，政治气候一变化，一夜之间就会成为一大堆废纸。我发现，还是持有实物才能最好地保值。”

“不错，无地不富。打从咱们老祖宗的时候起，房和地的价钱就从来没有动摇过。”35岁的冯景禧接过话来，“我看搞地产绝不会亏。这些年香港的人口一天比一天多，地皮一天比一天紧，房价往上涨是迟早的事——经营房地产，准‘划算’。”

“只是——”冯景禧沉吟了一下，“经营房地产是需要资金的，我们……”

一向善于言辞的李兆基也默然了。

钱！

的确“一文钱难倒英雄汉”，何况要买地，要盖楼。什么都少不了钱。而以三个人的力量，还差得远呢。

郭德胜一直没有插话。今年已经47岁的他，是三人当中不折不扣的老大哥。郭德胜早年是开杂货铺出身。这个身材颀长，两眼有神，当年被街坊称作“老实商人”的宽厚的中年人，从“鸿昌合记”的小老板，生意越做越大，开始向东南亚开拓市场。1952年，郭德胜“鸟枪换炮”，摇身一变，成为“鸿昌进出口有限公司”的总经理，专搞批发洋货。没两年，就成了小有名气的“洋杂大王”。不久，郭德胜又设法搞到日本YKK拉链的独家代理权。这时的香港，正以服装和其他轻工业为主，拉链自然是不可缺少的“抢手货”。郭德胜抓紧时机，扩大销售，步步得胜，摇身再变成为“拉链大王”。

今天，他是不是想摇身三变呢？

冯景禧和李兆基将目光同时集中在郭德胜身上：

“大哥，你有什么妙计吗？”

“钱的问题能够解决吗？”

郭德胜一笑，指指那些破破烂烂的旧房说：

“办法嘛，在它们身上。”

又指指街上匆匆的行人——

“钱嘛，在他们身上。”

见过那些耸入云端的摩天大楼吗？

见过那些或古朴、或现代、或异国情调、或中西合璧的豪华别墅吗？

郭德胜初入“地产”的年月，它们都是房地产业的象征。

没的钱盖不起摩天大楼，也盖不起豪华别墅。所以只有富豪才能经营地产，只有大亨才能购置物业。即便是“最平民化”的一栋楼房，你若想住进去——对不起，先准备几十万元现金，一手交钱一手拿钥匙。少一分也不行，差一时之刻也“没戏”。但一般的人

家，要攒多久能凑齐这几十万呢？

那时的房地产商，都不约而同把眼光盯在了腰包鼓鼓的富翁身上。房子出手，自然大赚一笔；若出不了手，只好望着豪华别墅干瞪眼。

"这个风险我们担不起。"郭德胜说："潜力在市民身上。他们需要房子，我们何不向他们要钱呢？想办法让他们付得起，不就行了吗？"

"分期付款？"李兆基一点即透。

"对。市民只要先付一笔定金，就可以购得一栋即将修建的楼房。楼房竣工，人就可以住进去。至于房价，十年、八年，分期付清就行了。我们把楼房规格平民化，成本不会太高，一定会吸引全港的人。"

擅长证券的冯景禧笑着说："这也给购屋者提供了一个发财的机会呢。你想，先付一小笔定金，等到房价看涨的时候，再转手倒卖，大把的票子不就到手了？"后来，香港流行的"炒楼花"就印证了这个道理，此是后话。

"靠山吃山，靠水吃水，我们就靠在香港市民身上，靠在别人瞧不上眼的旧房拆造上！"

"不错！同心协力，进军地产！"

"你发我发，大家都发！"

是年，以三人为主，联合其他五位股东的"永业企业有限公司"宣告诞生。

"三剑客"首先买入沙田酒店，开始了他们合作的第一步。

五年弹指一挥间。

这五年，事业发展得平稳。"永业"公司开办以来，便"盯上"了那些旧阁楼、旧楼房，"盯上"了那些无人问津而又富于潜力的土地。资金不足怎么办？就先收购那些小地盘。香港待拆的旧楼宇多如牛毛，生意挤破了门槛，价格也便宜。

新楼起来了，那些来港定居的老华侨，生活殷实的小职员，荷包涨满的小商小贩，如今好像从天上掉上了买房的机会——十年分期付款，谁不想搞一套来住住？

于是，现金从市民们的口袋"哗哗"流出来，又变成新的地盘，新的楼房。

1963年，积累了资金和经验的"三剑客"，毅然退出"永业企业"成立了"新鸿基企业有限公司"。

"新鸿基"，"新"字取自冯景禧的新禧公司，"鸿"字取自于郭德胜的旧字号"鸿昌合记"，"基"字呢，自然是源于李兆基的名字。

新鸿基的规模并不算大：注册资本不过500万元港币，实付资本300万元。职员也不过10余人。

但是，"新鸿基企业有限公司"这个金光闪闪的招牌，毕竟是完全属于他们自己的，他们又怎能不高兴呢？

围绕着这块招牌，三人还有过一场小争论：究竟是叫"地产公司"还是先称"企业公司"呢？按"小弟"李兆基的想法，既然是做地产生意，何妨开诚布公；稳健的"大哥"郭德胜则认为：我们当然要在地产界大显身手，但刚刚起步，不必如此招摇，先谦虚一下，踏踏实实地来嘛。

公司成立，年长而又深谋远虑的郭德胜被推为主席。

“新鸿基能够在激烈的竞争中立有一足之地吗？”

人们纷纷猜测。

倒是郭德胜三人自己挺乐观——公司虽小，但人的因素更重要。他们深信，三个朋友，个个有胆有识，聪明机智，只要肯下功夫，你们等着瞧。

“新鸿基”的职员们很快就为三位老板的“拼命三郎”的劲头惊呆了：三个人就好像上紧了发条的表一样，每天都不知疲倦地干上十五六个小时。别人去喝茶，去搓麻将，去在夜总会狂欢的时候，他们却像被钉在了办公室里……

“新鸿基”在发展，然而，一场危机正在不知不觉中向它袭来：

1965 年，香港发生了银行挤提风潮，英资利用危机，将“廖创兴”、“恒生”等华资银行的一半股份吞下，“广东信托银行”被迫宣布倒闭。

1966 年，中国大陆开始了史无前例的“文化大革命”，港人忧心忡忡，生怕“革命”烈火燃及香港，一时间流言四起，大有“山雨欲来风满楼”的味道。

1967 年，香港左派掀起了一场“五月风暴”引起了全岛恐慌，纷纷向外移民，房价狂跌！

初出茅庐的“新鸿基”能够在这一连串的危机之下幸存吗？

危险，既是危险，又是机遇。

“沧海横流，方显出英雄本色。”郭德胜和他的伙伴们，该如何迎接这场挑战呢？

这无疑是一场抉择。

摆在郭德胜面前的路有两条：一条是“走”。很多富豪都在打点细软准备离港出国，大量的资金被转入国外的银行，就连平头百姓也急着卖房卖屋，打算“外流”。谁都害怕香港变“红”，尤其是资本家，更怕资产被没收。“走”是一条安全的路。

另一条是“留”。这样做是冒险：万一中共采取行动，他郭德胜就会在一夜之间变成不折不扣的穷光蛋。

怎么办？

走还是留？

离开香港的人越来越多。街上售卖楼宇的广告贴得到处都是。地价继续狂跌。

郭德胜本在犹豫的心忽然坚定下来。

他心想：人员离港，地价暴跌，这不正是一个绝好的抢购土地的机会吗？

三个人坐在一起商量：

“敢不敢冒险？”

“这是一场赌博，但我们会赢，因为我们看清了局势。”

“不怕。”冯景禧只说了两个字。他在想自己 20 多岁起就贩鱼苗，贩香蕉，偷运武器，冒的险还少吗？不也一直到了现在。

“留！”郭德胜下了决心，“新鸿基的事业不能够半途而废。”

接下去是一个戏剧性的场面——

香港全岛都在叫嚷着离开，“三剑客”偏偏逆流而上，买下了大批廉价楼宇和地区。

此外，郭德胜还调整了“新鸿基”的经营方针，稳扎稳打，尽量减轻抵押和银行透支，从而减少利息支出。

“这还不够。”郭德胜对伙伴们说，“咱们新鸿基过去的努力方向一直以小型民用住宅为主；这几年的萧条之后，必定会有一个工商业的复苏，对厂房的需求肯定大大增加。

“香港的工业，山寨式工厂占了九成，他们迫切需要的不是大工业楼区，而是小型厂房。我们要迎合这种要求。”

这样，“新鸿基”在“三剑客”的奋斗之下，终于安然度过1965—1967年的大劫。1968年，局势趋稳，地价回升，工商业又开始繁荣。“新鸿基”不仅在地价上赚了一笔，而且凭借其分期付款的小型厂房，赢得了大批新主顾。

1965—1972年，“新鸿基”的售房总值达到了5.65亿港元，平均每年做7000万港元的生意。

我们不要忘记：“新鸿基”的实付资本只有300万！

商场，惟利是图，是少有人情味的。

所以，轻率地说香港商场有人结义，一定会被人笑为天真：

“现代人作考虑，名利都是放在第一，义气这种字眼不过是点缀而已。”

“社会很复杂，彼此间的竞争那样激烈，所以大家都变得十分功利主义了嘛！”

但是，从1958年郭德胜、冯景禧、李兆基“三剑联袂”之后，12年风雨如磐，三兄弟同舟共济，携手进军地产，奏出了一首绝妙的“交响”。

人们不得不重新思考从前的断语了：

“莫非这是新的桃园三结义？”

议论在别人嘴上，“新鸿基”在三人手中。1972年，香港股市进入白热化状态，恒生指数一日数涨。三剑客个个目光如炬，是极“敏感”的人物，面对这种千载难逢的发财良机当然不会做局外人，壁上观。

这一年，“新鸿基地产发展有限公司”的牌子隆重挂出，正式亮出“地

产”二字，意将股票公开发售，从股市筹集资金。“新地”的注册资本为3亿港元。

“新鸿基地产要上市啦，下面三剑客一定会使出更精彩的剑法！”

1972年，新鸿基地产股票正式上市。原先是准备集资1亿元，没想到股民却热情地抢购了10亿元。不过，也有股民们做梦都想不到的事——三剑客事业高涨之时，协议分手，各奔前程：冯景禧放弃地产，成立新鸿基证券有限公司，此后成了香港证券大王，人称：“股票市场大阿哥”，李兆基则开了一间“恒基兆业”地产公司，另开一枝。

三人的分手一时间又称为港人的话题，各种猜测纷纷而来。对这些闲言碎言，三人做了“冷处理”，不多解释。

以后，1976年冯景禧接受别人采访时才说，当年三位老友分手的原因是“集团渐具规模，大家的职务开始分工，我是负责财务及投资方面的业务，而另外两位则负责地产发展……我们发觉倘若业务过于集中，大家实难互相兼顾，……因此决定证券与地产分手，各谋发展，但精神上仍为一家，休戚与共……

言语之间，洋溢着对当年的怀念。

郭德胜一个人扛起了新鸿基地产的大旗。年过花甲的他，尽管“壮心不已”，但不能不隐隐感到担子的沉重，压力的巨大。

从此，他又拿出了初出道儿时那种“拼命三郎”的劲头，迸发出惊人的能量，鼓起无尽的热情，一分一秒也不肯浪费，全身心地投入了新鸿基地产的发展。

股市风云变幻莫测，运气并不总是跟着他郭德胜。老天似乎要给这位刚开始唱“独角戏”的老人一点考验。

1973年4月，股市狂泻。

连锁性的影响延及以后两年内的房地产市场，刚成立几个月的“新鸿基地产”自然也受到牵累，效益不很景气。这一点我们从1975年“新鸿基”的年报所发表的综合纯利便可以看得很清楚：

1975年新鸿基地产得纯利7004万元，比之1974年的得纯利8026万元，增长率为－12.7%。

郭德胜堪称“妙手回

春”。过了1975年的低谷，到了1976年，虽然房地产还没有全面复苏，但“新鸿基地产”的综合纯利已经飞快蹿升上9000万元！

紧随着山重水复，往往是柳暗花明。

1977年末，香港房地产界的投资开始做三级跳式的跃升。1978年、1979两年，凡是从事房地产买卖的商人，全都赚得脑满肠肥。

郭德胜自然不会例外。

他和别人的区别只在于，他比别人赚得更多。

我们不妨把1977年10月至1978年10月九龙尖沙嘴东部非工业用地的拍卖价格抄录在后，来看一看枯燥的数字能告诉我们一点什么——

1977年10月14日，成交价2471元/平方尺；

1977年11月25日，成交价3790元/平方尺；

1978年1月17日，成交价4796元/平方尺；

1978年3月3日，成交价4790元/平方尺；

1978年3月31日，成交价5543元/平方尺；

1978年9月13日，成交价7283元/平方尺；

1978年9月29日，成交价7561元/平方尺；

1978年10月30日，成交价8350元/平方尺。

一年之内，地价涨幅为238%。

更让人吃惊的是：1979年12月，这一地区的地价，已跃升至16000元/平方尺成交！

地产形势如此看好，郭德胜怎能不“步步得胜”呢？

1972年，新鸿基地产上市之时，注册资本不过3亿元，在众多的上市公司中默默无闻。但进入80年代，它已成为十大上市公司之一。至1990年，它的市值已超过220亿元，增长70多倍！

再看纯利收入——新鸿基地产在1974—1990年的16年内，增长了41倍，盈利已达24.65亿港元，平均每年复式增长超过26%。而同期内，郑裕彤“新世界”不过18%，“合和”与“恒隆”不过24%。当年“三剑客”中的“小弟”李兆基的“恒基地产”不同凡响，也才勉力达到25%。只有李嘉诚“长江实业”稍胜一筹，达到了29%。

人们不禁要问：

当年“三剑客”中的大哥的确本领高强。他有什么样的绝妙招数，使他赢得了“地产界巨无霸”的美称呢？

郭德胜不是武器贩子，也从没听他说过自己有什么“秘密武器”。

但在别人眼里，郭德胜不仅有“秘密武器”，而且似乎还不止一件哩！

第一件——

“郭先生把目光集中在平头百姓的荷包里，我看是他的成功之道”。

的确，郭德胜适应了香港山寨式工厂的需要，以小型工业楼宇起家，而且别出心裁，搞出了分期付款、分层出售的新花样，一举赢得了大批小主顾，迈出了成功的第一步。

而且郭德胜颇有中国传统的老式商人作风，他盖的楼宇，绝不偷工减料，让人买了放心，住了舒心，花了钱也顺心。

第二件——

“把地产和相关的配套项目配合起来，综合服务，是郭先生的发达诀窍”。

围绕地产，全面发展，是新鸿基地产在经营上的独到之处。一般的地产公司，往往只把建筑、财务及管理之类的附属业务当作自己的“分内”之事。而新鸿基却不然，它采取了一种垂直式的经营方式，购入土地之后，立刻有全套业务配合——自行设计楼房图纸，由自己的贸易部门购入建筑材料，并设有多家建筑公司。楼宇竣工后，又是自行卖楼，还提供售楼后的服务、保险及管理甚至清洁的服务。

这种优越性，其他的地产公司的确难以比拟。

第三件——

“郭先生不囿于旧区，率先向新界发展。这种灵活的投资策略，使‘新地’得以飞速发展。”

郭德胜是地产大王。此言得之，这不仅是指他能掌握火候、不失时机地增购发展地盘；而且是指他有独到的见解，敢于率先在新市镇发展商场。最明显的例证就是那个经过精心设计的沙田新城市广场：这里不仅有亚洲第一壮观的音乐喷泉，有全港最大的日资百货公司“八百伴”，还有戏院、饭店、茶楼以及各式的娱乐场所，吸引广大的沙田居民在此休闲、度假。这样的商场，已经发展到大埔、元朗以至屯门等新市镇。至于说在新区发展住宅楼宇，这是郭德胜的“老本行”，更是不在话下了。

第四件——

“依我看，郭德胜对香港地产市场和中国大陆发展的信心才是他取胜的‘资本’。”

经营了几十年地产的郭德胜，长期以来对香港的地产市场颇具信心。他深信：香港的繁荣会持续下去，地产的高涨势头也不会减弱。因而，“新地”不仅在差不多任何时候都保留着庞大的土地储备，而且经常出现在官地拍卖场，有时会出颇高的价格去争夺他们心目中潜力巨大的物业。即便是平日，也不停地吸购换地证，侍机向政府换取新界新市镇的土地来发展。

由于1997年香港回归中国，不少富豪心存恐惧，准备将资金迁往海外。郭德胜则对香港的前途表示了极大的乐观，认为中国继续推行其开放政策，香港处于有利地位及拥有各种资源，可以参与中国的现代化建设，为十数亿人口的中国市场服务。“无论从经济发展或历史的角度来看，1997年的香港都是一片光明。”他公开宣布：“除了在内地投资之外，新鸿基地产不会考虑将资金调往海外。我们的方针，依然是立足香港，在这里发展。”

生活中的郭德胜，视力不好，鼻梁上架一副厚厚的眼镜，不仅辨人不大准确，而且走路的时候，步履有些踉跄，有时像是要跌倒一样。

商场中的郭德胜，则眼光敏锐，视力超群，对地产循环看得很准。比如1980年，老郭曾一度参加了以置地、佳宁为首的财团，合作投资“白笔山”（即目前的红山半岛），后来经过仔细斟酌，又果断地放弃了。结果，他没有

在第二年加入战团，和置地、佳宁一起发展美丽华酒店的旧翼，避过了一次巨大的亏损。

胜败乃兵家常事。郭德胜不是神，所以“在大风浪中搏击过”的人，也会有“在小河沟里翻船”的时候。

那是在1987年。郭德胜本来持有“合和”的11%股份，这一年“合和”打算扩充酒店事业，而郭德胜对酒店的前景并不看好，就将自己的11%股份售予合和主席胡应湘。令郭氏大跌眼镜的是，中国出现了旅游热，南韩元和台币又发生升值，一下子，来港的游客拥挤而来，合和股份大幅度升值。老郭可不是“走了眼”吗？

在一次机会中失去的，又在另一次机会中“妙手偶得”。还是1987年，10月份香港股市出现低潮，郭德胜看准时机，大量吸入拥有帝苑酒店及50%新城市广场的股份，然后于1988年底以低价作出全面收购。真是“无巧不成书”，刚刚完成收购，地产走出低谷，物业价值大幅上升，旅游业继续攀上高峰。白花花银子到手，老郭眉开眼笑。

大亨们似乎都有些怪，但怪法不同。

“电影大王”邵逸夫，一掷30万金，只为买下一个标牌为“6”的车牌，挂在他的“劳斯莱斯”车上，随他四处奔走。

香港首富李嘉诚，拥有的财产不可计数，却仍旧戴着他创业时的那块旧手表，敝帚自珍之情不言而喻。

郭德胜怪就怪在：他爱上了新鸿基。

爱上新鸿基？对自己的产业感情深厚，倒也是人之常情。只是郭德胜对新鸿基的爱太深，他把新鸿基视为生命。

因为新鸿基在他眼中，已不再是一家公司，一项产业，而是一种事业。

郭德胜对工作的爱，早从他30多岁做“鸿昌合记”的小老板的时候就开始形成了。他自幼在乡下念书，小学毕业后就跟着父亲学做生意。小小年纪的他，在事业上就是个有心人，着了魔似的跑什么洋杂批发，跑遍了广东和上海。谁也想不到，这么一个满口乡音的郭老板，开起店来却驾轻就熟。

后来有了“永业”，有了“新鸿基”，这位“拼命三郎”，更是全身心地投

人，除去吃饭、睡觉，心里只有工作。正是这股拼劲儿，使他赢得了“地产界巨无霸”的称号，赢得了“新鸿基”职员的爱戴。爱迪生说过，“成功就是百分之一的灵感加上百分之九十九的汗水”。这话对于郭德胜再合适不过了。

直到逝世前，酷爱工作的郭德胜仍在儿子的搀扶下，亲自出席记者会和卖地场所，他虽然因患有帕金林氏病而手脚微颤，但却说话清晰，思路敏捷，一点也不像近80岁的老人。

直到逝世前，他仍然每天坚持上班，事必躬亲，甚至在病榻上也忘不了他的工作。虽然一年前他就宣布退休，将公司总经理的职位交给长子郭炳湘，但他无法离开他的工作，工作融为他的一部分。

正如他的女儿郭婉仪所形容的：“父亲的成功，得之于他一生中没有浪费一分钟的时间，他时刻不忘学习新事物，喜欢教导后辈，他精明能干，没有人可轻易对他隐瞒事实”。

1990年，郭德胜——“新鸿基地产”的创办人，心脏病发，与世长辞，享年79年。

新鸿基的“爱人”故去了，新鸿基今后会走向何方呢？

郭德胜的新鸿基还在，他的后人该怎样把它发扬光大？

奇思异想，风险决策

“空城计”只能偶尔使用，一经使用就天昏地暗，令对手脸色大变。这给我们一个有益的启示，就是在经营中时刻要有奇思异想，让这些奇思异想恰如一支冰箭，平时一般不用，只在关键时刻射出，一击就击中对方心窝，给对方以致命打击。

《孙子兵法》强调“奇正互变”、提出“以正合，以奇胜”的思想，认为“善出奇者，无穷如天地，不竭如江海。”

如果先发制人是“正”，那么迟人半步是“奇”；如果正面进攻是“正”，那么暗渡陈仓、声东击西是“奇”；如果弱小者虚张声势是“正”，那么实力空虚者以空虚的面目示人是“奇”。

可见，“空城计”之所以大获成功，完全是“守正出奇”的结果。在人们普遍接受某一观点和措施的时候，采用完全出人意料的观点和措施，就达到了“出奇”的效果。

战争中包含有深刻的奇正互变思想，在市场竞争中同样也融入了奇正互变的辩证法精髓。“开拓创新”这四个字，就是“奇正互变”在市场竞争中最深刻的体现。

日本松下公司不像世界上著名的大公司那样致力于产品开发，他们从来不打算做技术先驱，而只愿做技术追随者。他们很少发明新产品，而宁愿购买专利，或改进别人的产品变成自己的产品，以低价策略占领市场。

他们的这种举措与通行的做法背道而驰，可以算作是“奇”了。有一次他们一不小心做了一回技术先驱，生产出了“国民牌”R－31式收音机，老板松下幸之助马上命令下属把该产品视作竞争对手的产品，继续研制战胜它的新产品，于是，R48型、R10型、R11型等新产品相继诞生。这又是一

"奇"。

让自己的头脑时刻充满奇思异想,出乎世人意料地大胆创新,人无我有,人有我创,人赶我转,就能时刻抢占先机,在市场竞争中独占鳌头。

万通集团董事局主席冯仑强调:"在变应变,守正出奇",同样是这个意思。他希望"守正出奇"能成为万通集团的良好价值观,同时又石破天惊地提出:"万通真的要成功,就是要真正地'消灭'冯仑。这就需要我们创造一个制度,这个制度能够保证它做的事情能比我做得更好。"

不管他这种制度能否最终形成,但目前无可否认的事实是,他已通过"守正出奇"的策略,进行了一系列的收购和控股,到1997年6月底,万通集团已拥有数十亿人民币的总资产。

与"守正出奇"关系极其密切的,是"风险决策"。正因为"出奇",越出了常规,才意味着要承担更大的风险。诸葛亮在实施"空城计"的,不是冒着当俘虏的奇天大险吗?

东方通信股份有限公司董事长施继兴对风险投资情有独钟。在1990年该公司刚刚创立时,仅有资产2000万元,经过8年的大飞跃,把一个近乎作坊式的企业发展成中国通信产业的国企"大哥大",为中国人争了光。

该公司实施跳跃发展新战略,风险决策无时无刻不在发挥作用。

当公司上马移动通信项目时,当时中国市场还没有人看好它的前景,权威部门的估计也相当悲观,该公司预计3年后年产量达到8000台,竟为许多人所怀疑。然而到了现在,8000台仅是一周的产量,变化之大,当真令市场人士目瞪口呆。

与美国摩托罗拉公司合作,更是一件冒天下大不韪的风险之举。1989年的政治风波对中美贸易造成极大的冲击,引进摩托罗拉移动电话产品技术责任非同小可,一旦失败,谁能承担得了?该公司以非凡的胆魄实施了风险决策,经过一番波折,终于与摩托罗拉签订了合同。

首批手机投放市场,竟无人问津,潜在的市场风险步步逼近。该公司不仅置这种风险于不顾,反而再施风险决策,险上加险地引进了基站设备技术。

在世人怀疑的目光里,该公司迎来了中国移动通信发展的高潮期。风

险决策带来了丰厚的回报，仅1992年一年销售收入就突破四亿元大关，比1991年翻了三番，该公司首次跻身“中国500强”的行列。

自1990年至1993年，在这3年跳跃发展的历程中，该公司依靠风险决策，向银行大举借贷，仅两次引进项目就贷款8000万元。高负债虽意味着高风险，但新技术的引进却使公司如虎添翼，神速发展。

在随后的几年里，该公司更是大规模地实施风险决策，在激烈竞争的中国通信市场开拓前进。该公司制订了一个宏伟目标，决心在20世纪末使销售额超过100亿元，在2010年使企业进入世界通信制造业50强。目前，该公司正全力以赴，以“东信，中国人的自信”的响亮口号，力创自己的品牌，以改变以往使用摩托罗拉“借牌立足”的老路。

可以预计，在未来的征途上，风险决策仍将成为东方通信的指路明灯，把东方通信带入更加辉煌的未来。

从奇思异想到守正出奇，再到风险决策，都与空城计一脉相承，书写着“智者无敌”的奇迹，奏响了“无形无色”的新乐章。

33计 反间计

穆公利化，由余投秦

春秋时代，由余原来是晋国的一个谋士，他聪明敏锐，学识广博，才华过人。但在晋国时却长期怀才不遇，遭到奸人忌妒，于是他便只得离开晋国，后来辗转投奔到了秦国西边的西戎国，被委以重任，成为国中的权臣。

秦国在西戎国的东边，当时西戎国主赤班见近邻秦国日益强盛，便派遣权臣由余，以使臣与间谍的双重身份，到秦国去考察出访及打探政治军事实情。由余奉命到达秦国之后，便得到盛情款待与贵宾礼遇。秦穆公任好（公元前659—621年在位），为显示秦国的富强并以此相利诱，便亲自陪同由余参观御花园和富丽堂皇的宫殿，但由余却笑而不语。穆公对此疑惑不解，便问。他说：“先生对这些有何观感？”由余不作

回答，且反问说："请问大王，大王的花园是人工建造？还是鬼神代劳所修的呢？"由余的反问，颇有讽刺之意。秦穆公一听很不高兴，便不耐烦地说："你们戎夷人不懂得礼乐，又怎么能治理好国家呢？"由余则冷冷地回答说："什么礼乐，它恰是中国长期战乱的原因。古时圣人制礼作乐，原本是约束民人，使其行为有所遵循。但现在有权势的人，却将礼乐作为掩饰自己劣迹的幌子。而我国戎国，人们不受礼乐的拘束，上下真诚相待，君王无为而治，不重刑、不扰民。这样，反而达到圣人所言的境界。这样看来，礼乐有何用。"结果，秦穆公听了之后，竟无言可对。他回宫后便向大臣百里奚复述了这一切。百里奚则说："由余原本是晋国的大贤人，对此我早有所闻。"穆公又说："邻国若有大贤人将威胁秦国，像由余这样的贤人为西戎谋事划策，实在太可惜呀！"百里奚则乘机禀告："内史廖足智多谋，大王您可以请他商讨对策。"内史廖见了穆公后，果然出奇谋说："西戎王赤班，身居边陲之地，孤陋寡闻，从未听过中国之乐声，若给他送去一队女乐，必使其沉迷于声色之中，而荒废政事。另外，可将由余盛情厚待，挽留一年，使其逾期不归。这样，戎王必然要对他心怀疑虑，而加以疏远。到那时，由余将会留仕秦国。"秦穆公采纳了他的建议，于是便精选了六名擅长音乐歌舞的宫中美女，送给西戎国王。戎王赤班一见，万分高兴，从此便每日白天狂歌欢舞，夜里则由美女伴寝，神魂颠倒，渐渐将政事疏怠了。而由余被秦国盛情款待一年之后，才回到西戎国。西戎国主怨他迟迟不归，且心有疑忌。加之由余归国后劝赤班不要过于迷恋女色音乐，更激起他的反感，便渐渐与他疏远。由余预感到西戎国难逃灭亡的命运，便有去投奔秦国之意。

不久，秦穆公派出间谍到西戎国与由余秘密见面，由余便投奔到了秦国。由余到了秦国以后，受到了秦穆公的召见，并封他为亚卿。由余在西戎是权臣，又参政多年，对该国的山川地形、军政内幕、人文实情，了若指掌。为了报答秦穆公的厚遇之恩，于是献出了攻破夺取西戎国的奇谋妙计，并请穆公派兵征讨。而秦军到达西戎国境后，由于敌情熟、山川地形又加以先前掌握，于是用兵有奇效显胜，迅即将西戎的十二国加以消灭。从此之后，秦国成为称雄西方的强国。

由余既是西戎国主派遣使秦的政治间谍，同时又是一位颇有才能、深知敌之内情的大贤人。因此，这样的人物，若为敌则将成害，遗患无穷，但若能利诱为己则将化害为利。秦穆公对此深有认识。他为了"利化"由余，采用如下手段。其一，以礼相款、盛情以遇来显示国之盛强与礼乐之道，以"礼"利化之；其二，施计换得留秦一年，迟迟归国，使之与国主离间有隙，而为避覆，有去秦之念，此乃以计利化之；其三，奔秦后，穆公召见，封以高官显职，使之有报效知遇之恩之意，此为以富贵利化之；其四，由余献灭西戎奇计谋略，秦王用之，收取大胜之效，此为化害而收实利。

商鞅诈和，魏人中计

商鞅，卫国人，又称卫鞅，善用智谋韬略。起先在卫国谋事，因不能施展才华，便到魏国，遂委身相国公叔痤，公叔痤知道卫鞅才华出众，曾向魏惠王推荐，尚未被重用。后来，其友公子卬向魏惠王极为引见卫鞅，惠王仍然未

予任用。公叔痤病死之后，卫鞅听说秦孝公下令招贤，遂离开魏国到秦国，得到重用，实行变法，数年之间，使秦国大变，由弱变强，威震关东。

公元前353年，齐国与魏国交战，魏师大败。消息传到秦国，卫鞅知道这是削弱魏国的天赐良机，趁势向秦孝公说："秦魏比邻之国，势不两存，非魏并秦，即秦并魏，魏大败于齐，可以乘机伐魏，魏不能抵挡，必然东迁，这样秦国可据山河之固，向东争取各诸侯，到那时秦国自然成为中国的霸主。"孝公欣然听从他的建言，任命卫鞅为大将，公子少官为副手，调兵遣将讨伐魏国。

秦军从咸阳出发，浩浩荡荡向东挺进，魏国驻西河守臣得到警报，急速向魏惠王告急求援，魏惠王召集文武群臣商讨御秦卫国之策，公子卬自我介绍说："当年卫鞅在魏国时，与我友善，我曾向大王推荐卫鞅，大王不听，臣愿领兵前往，先与讲和，如若不许，然后固守城池，向韩、赵求救。"百官群臣都赞同他的意见。魏惠王当即拜任公子卬为大将，率兵五万，奔救西河。魏军行抵吴城安营扎寨，一切安排就绪，公子卬正要派人往秦营送信，请求卫鞅息兵罢战。守城将士前来禀报："见有秦国大将卫鞅差人送信，正在城外恭候。"公子卬急忙命缒城而上，拆书一看，原来是卫鞅的亲笔信，大意如下："我与公子相得甚欢，亲如手足。今虽各事其主，为两国之将，怎能忍心动武，互相残杀，我想与公子相约，双方撤兵，相会于玉泉山，乐饮而罢。使后人称我们两人之友情，如同管鲍。公子如肯俯从，幸示其期！"公子卬读罢信，喜形于色，非常感慨，说道："正合我意，英雄所见略同。"于是厚待使者，立即回信，约定三日内相会。

卫鞅接到复信，知道公子卬已经上钩，说道："我的计划就要实现。"再派信使入城确定会面日期，并告："秦兵前营已经后撤，所乘兵马已派到左近山岭打猎。只待与将军相会，便全部撤回秦国。"同时派人携带旱藕、麝香赠送公子卬，说这两种物品是秦国的特产，旱藕有益于健康，麝香可以辟邪，聊志昔日之情，以表永结友好。公子卬更加感激卫鞅的情义，回信致谢。

卫鞅得到回信，确信公子卬无疑，将大军埋伏在玉泉山下，只听山上放炮为号，便从四面八方杀出，擒获魏国来人，不许放走一人。

到了相会的日子，卫鞅首先派人入城向公子卬禀告，他只带三百卫士，已经赶到玉泉山恭候。公子卬信以为真，也仅带三百人携带酒食，乘车前往玉泉山与卫鞅相会。卫鞅在山下列队相迎，公子卬见卫鞅的随从人员很少，并且没有兵器，坦然不疑，以为不是圈套。相见之际，各叙昔日交情，并谈到今日两国和解休战的重要性与迫切性，好不欢喜。两边都备有酒席，公子卬是东道主，首先向卫鞅敬酒，卫鞅叫两个手下人回敬公子卬。这两个人都是秦国有名的勇士，一个叫乌获，一个叫任鄙。他们正互相敬酒沉浸在友善气氛中时，卫鞅以目视左右暗示，瞬时只听山顶一声炮响，山下亦炮声相应，声震山谷。公子卬大惊，问卫鞅："怎么会有炮声，你是否在欺骗我？"卫鞅笑着说："暂欺一次，尚容告罪！"公子卬发现受骗，于是想逃跑，被乌获紧紧按倒在地，动弹不得，任鄙指挥左右把魏国的随从人员全部捉拿。

卫鞅吩咐将士把公子卬押上囚车，送到秦国，然后把魏国随从释放，并赐酒压惊，仍用原来车仗，让他们跟随乌获和任鄙进入吴城，谎称主帅赴会回来，让他们打开城门。从命者有重赏，抗命者斩首。公子卬的随从，谁不怕死，个个俯首听命。一切安排妥当，乌获假扮公子卬坐于车中，任鄙作护送使臣，乘车随后，城上魏军认得是自家随从，即时开门，让“公子卬”进城，那两员勇将一混进城，便杀散了守城士兵。随后卫鞅率领大军赶来，杀进城去，顿时城内魏军大乱，各散逃命，卫鞅纵军乱箭射杀。魏军听说大将被俘，溃不成军，弃城逃遁，卫鞅于是占领吴城，长驱而入，直逼魏国都城安邑。魏王闻讯，大惊失色，匆忙派遣大夫龙贾往秦军求和，卫鞅说：“魏王不能用我，我才出任秦国。蒙秦王之厚爱，尊为卿相，并以兵权交我，若不灭魏，有负重托。”龙贾说：“人常言‘良鸟恋旧林，良臣怀故主’。魏王虽不能任用足下，然父母之邦，足下安得无情?”卫鞅沉思良久，言道：“若要我班师，除非将西河之地尽割于秦方可。”龙贾应诺向惠王报告。惠王只得屈从，当即令龙贾奉西河地图，献于秦军买和。卫鞅按图受地，凯旋而归。公子卬于是不得不降于秦。魏惠王感到安邑接近秦国，难以固守自安，于是迁都到大梁（河南开封市）。这是卫鞅利用他和魏国公子卬的旧交，玩弄因间计谋，诈和诱敌擒将，大败魏国，迫使魏惠王举国迁都的事例。

从计谋的实施过程看：公子卬听说秦军主帅是卫鞅，自告奋勇率军前来就有实施因间谋略的初衷，因为他的真实意图被诡计多端的卫鞅揣摸看穿，所以不但没有成功，反而被卫鞅所乘，因间而用，竟然没有察觉，结果以己身被擒而告失败。卫鞅反施因间之谋的高明之处在于：一是顺势利导，积极呼应，首先修书，以甜言蜜语，畅叙思念阔别之情，假示无意为敌，只想讲和休战，不断以所谓的友情为幌子，施放烟幕，麻痹对方，掩饰真正意图；二是派使馈赠礼物，奉上秦国所出特产，以示不忘昔日之情，以表永结友好，假示面晤之切，借势谎称秦军主力已经撤回，无意与其对阵鼓垒，进一步麻痹公子卬，使其信以为真；三是巧设“鸿门宴”，调虎离山，使公子卬落入精心策划的圈套，无法施展英雄用武之本色，犹如牢笼中的困兽，听人摆布，不得不束手就擒，坐以待毙。四是巧借“公子卬”，深入虎穴，里应外合，深谙诡道与

兵不厌诈之术的活用以及政敌对抗的真谛。

挑拨离间，破除“合纵”

战国时期，秦、楚、齐是当时七个国家中较为强大的三国。秦惠王任用苏秦的同学张仪为相国。这时，齐国和燕国发生了矛盾，齐湣王出兵打败燕国，杀了燕王哙和相国子之，一时威震天下。这样，在“合纵”国之间就产生了缝隙。

幸亏齐国和楚国的关系很密切，而楚怀王又是“纵约长”，因此，齐、楚两个强国成了“合纵”盟约的中坚。所以秦惠王想方设法离间齐、楚之间的关系。

一天，齐惠王把张仪召来，问他有什么良策。张仪答道：“我愿意到楚国去，一定能够说服楚王疏远齐国而亲近秦国。”

秦惠王同意后，张仪立刻辞去丞相的职务，南游楚国。张仪在出使楚国之前就知道，楚怀王有一个得宠大臣，名叫靳尚。于是，张仪用重礼贿赂了靳尚，作为敲门砖，然后通过靳尚求见楚怀王。

见面之后，楚怀王问张仪：“先生屈驾光临敝国，有何见教？”

张仪答道：“我这次是为了加强秦、楚两国之间的友好交往而来的！”

楚怀王说：“我难道不愿意和秦国保持友好的交往吗？但是秦国不断侵伐别国，使人不敢和它亲近！”

张仪不以为然地摇摇头说道：“如今天下七个国家之中，强大的只有楚国、齐国，加上秦国共三国。如果秦国向东和齐国相结合，那么楚国的压力就加重。然而，按照秦君的意思，看重的是楚国而不是齐国，为什么呢？原来，秦和齐本为联姻之国，而齐国却辜负秦国，经常和秦国闹摩擦。因此，秦王宁愿侍奉大王，就是我张仪也愿意为大王效劳。但是，现在大王却与齐国联合，这就犯了秦王的大忌。如果大王能与齐国断绝来往，秦王愿意把从前商君所夺取的楚国商于之地六百里，还给贵国，并派遣秦女来楚国，侍候大王。这样，秦、楚两国世世代代结为姻亲弟兄，共同抵御诸侯的侵犯。愿大王采纳。”

楚怀王连连点头说：“秦王肯还我楚国的故地，那我又何必去爱齐国呢？”

这时，忽然有一人挺身而出对楚王说：“大王，您以为张仪可以信赖吗？”

楚怀王反问道：“为什么不可以信赖呢？”

陈轸说：“秦国之所以看重楚国，是因为有楚、齐联盟。现在大王如果与齐国断交，那么楚国就孤立了。秦国怎么会重视一个孤立的、势单力薄的楚国，而要割六百里土地奉献给它呢？这是张仪所施的诡计。倘若我国与齐国断交后，张仪不守诺言，不将六百里商于之地还给楚国，而那时齐国又埋怨大王，反而依附于秦国，这样，齐、秦两国联合起来进攻楚国，则楚国的灭亡指日可待了！”

“那么，”楚王不耐烦地问：“依你之见，应该怎么办？”

陈珍说：“大王不如先派遣一位使臣随张仪往秦国接受土地，等土地收

回之后，再和齐国断交，为时不晚！”

靳尚一听，着急了，连忙插嘴道：“不和齐国断交，秦国怎么肯把土地还给楚国呢？”

楚怀王点点头，表示同意靳尚的话：“张仪不会辜负我的。”

楚怀王说完后，便封张仪为相国，赐给他黄金百镒，良马十驷。并命令守卫边隘的将士不准齐国使者来楚国。接着，又令逢侯丑跟随张仪到秦国去接受土地。

于是，张仪和逢侯丑便同去秦国。

当快到咸阳时，张仪假装酒醉故意失足掉到了车下，随从们急忙把他扶起来。张仪说：“我的脚受伤了，立刻要去医治。”于是，逢侯丑留在馆驿，张仪乘卧车进城，进城之后，张仪把情况向秦王作了详细的汇报。

张仪假装在家养伤，既不入朝，也不见逢侯丑。逢侯丑想见秦王，但是见不到。便去问张仪，张仪只推托脚伤未愈，一直不肯见。三个月过去了，没有任何结果。逢侯丑不得不上秦王，叙述张仪许诺归还土地之事。

不久，秦王复书说：“张仪如此许诺，我必然要践约。但是，楚国和齐国尚未决绝，我怕上了楚国的当，所以现在不能给楚国。只有等张仪病好之后，当面说明才可决定。”

逢侯丑无法，只得派人把秦王的话向楚怀王报告。

楚怀王问：“秦王的意思是嫌我国与齐国绝交尚不彻底吗？都好办！”于是，他派遣一个名叫宋遗的勇士抵达齐国边境，大声辱骂齐湣王。

齐湣王得知此事后十分愤怒派遣使臣西赴秦国，表示愿意联合秦国共同进攻楚国。

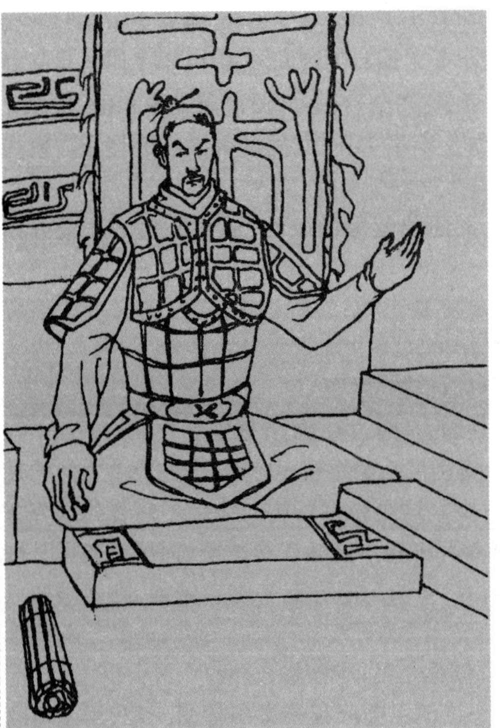

张仪听说齐国使臣已经到达秦国，知道自己挑拨齐、楚的关系的计谋已经成功，便宣告病愈。当他入朝时，在朝门前遇到了逢侯丑。张仪故意露出惊讶的神情问：“将军为何在秦国？难道还没有受地吗？”

逢侯丑回答说：“秦王要等相国病愈入朝，当面决定，就请您和我一同到秦王面前说说，早早划定地界，这样我就可以回国复命了。”

张仪说：“这件事何必去打扰秦王呢？我所说的是将我张仪的俸邑六里自愿献给楚王。”

逢侯丑一听急了,便说:"我国国君命我前来接受商于之地六百里,没有听说过是您自己的俸邑六里啊!"

张仪巧辩道:"是不是楚王听错了?秦国的土地都是经过浴血奋战而获得的,可谓来之不易,连一尺一寸都不肯轻易让给别人,何况是六百里啊!"

逢侯丑见张仪赖账,只好回到楚国,如实向楚怀王报告。楚怀王听后异常愤怒,咬牙切齿地说:"想不到张仪果真是个反复小人,我如果抓到他,必定要生吃他的肉!"

于是,楚怀王发兵十万,进攻秦国。秦王一面发兵十万抵抗,一面派人到齐国,请齐王出兵。于是,齐、秦两军夹攻楚国。楚军大败,损失八万将士,汉中六百里肥沃土地,尽为秦国所得。

苏代离间,白起丧命

战国后期,秦将武安君白起在长平一战,全歼赵军四十万,赵国国内一片恐慌。白起乘胜一连攻下赵国十七城,直逼赵国国都邯郸,赵国指日可破。

赵国情势危急,赵国问群臣谁敢退秦兵,没有一个人敢应。平原君回家后,门客苏代自告奋勇愿去秦国游说,阻止秦军的进攻。

苏代带着厚礼来到咸阳拜见应侯范雎。范雎问他:"你来我这儿是为什么事呢?是为赵国游说吧!"

苏代说:"不,我是为你而来。"

接着,苏代又说:"武安君用兵如神,身为秦将,夺了七十多个城池,杀敌军近百万。这次长平一战,尽显他的威风,现在又直逼邯郸,赵国就快要灭亡了,秦王就会成就霸业。秦王要是称帝,那武安君就是秦国统一天下的头号功臣。您现在的地位在他之上,可是将来您恐怕不得不居他之下了,您的日子可不好过了。"

范雎心中一震,连忙问道:"你说我该怎么办呢?

苏代说:"现在赵国已经很衰弱了,您不如劝秦王暂时同意赵国割地议和。这样您既有割地之功,又解除了武安君的兵权,那您的位置可就稳如泰山了。"

范雎大喜,第二天一早便去上奏秦王说:"秦兵在外很久了,已经十分劳累,需要修整一段时间。不如暂时答应赵国割地求和,这样我军也有休息时间,可以养精蓄锐,以备再战。"

秦果然同意了,结果赵国献出六城,两国便罢兵休战。

白起连战连胜,正要进兵围攻邯郸,忽然接到班师回朝的诏令,无奈只得回朝。回来才知道是应侯范雎的建议,便十分怨恨范雎,两人之间从此产生了仇怨。

白起回来后,对众人说:"长平之战后,邯郸城内已经人心惶惶,若乘胜追击,一个月就可以把邯郸拿下。可惜应侯不识时机,下令班师,失去机会了。"

秦王听了,十分后悔,说:"白起既知邯郸可以拿下,为什么不早奏

呢?”于是又命白起为将,讨伐赵国,白起那时正好有病,便改令王陵为大将。

这时,赵国已起用老将廉颇,设防甚严,王陵屡败,邯郸一直不能攻克。

秦王准备用病愈的白起代替王陵攻打邯郸。可白起却说:“赵国统帅廉颇可不是以前的赵括,他精通兵略,而邯郸又趁我们撤军之际,加强了防守,十分难攻。而且大王您又和赵国签订了和约,若反悔,岂不失信于诸侯,别的国家一定会联合起来攻打秦国。臣觉得这次出兵一定难以取胜。”

秦王见他不愿去,又派应侯范雎去劝他。白起由于范雎上次阻止他进兵,他仍旧怀恨在心,便称病不出。

秦王问范雎:“武安君真病了吗?”

范雎说:“不知是不是真病,但他不愿带军的想法却十分坚决。”

秦王大怒,说:“除了白起,难道我国就没有别人了吗?当初长平之战时,开始是王龁带的兵,难道王龁也不如他吗?”于是派王龁代替王陵继续攻打邯郸。

可王龁攻了五个月都没有攻下来。秦王又去请白起为大将出征,可白起仍然称病不受。秦王大怒,立即削去他的官职,贬为平民,并赶出咸阳。

范雎又对秦王说:“白起走的时候,口出怨言,愤愤不平,如果让他跑到别国去,那就是秦国的祸害了。”

于是,秦王便立即派人赐剑白起,令他自刎。可惜为秦国立下汗马功劳的白起落得个“走狗烹”的下场。

苏代就是采用的“离间计”挑起范雎与白起窝里斗,使赵国赢得了宝贵的时间,暂缓了亡国之灾。

范雎反间,赵败长平

秦国准备了半年,最后秦昭王和应侯范雎终于下定了决心,一定要将到手的鸭子——上党从赵国的嘴里夺回来。

秦国的士兵一听说要去打上党,全军欢声雷动。秦军还从来没有受过像上党这样的恶气,对于赵国,秦兵已经恨之入骨。

秦王派王陵为将,大军又一次开始了对上党的攻击。

上党在秦兵强大的压力之下告急了。

冯亭率领着上党的军民和秦军血战了三个多月,但是在这三个多月的时间里,他们没有从赵国那里得到一兵一卒的支援。

赵王和平原君有自己的打算,冯亭投向赵国,是不是真心,在和秦国的作战中可以看出来,而且只有上党和秦兵消耗得差不多了,赵国再出兵才最为有力。

冯亭顶不住了,尽管上党人对于秦兵是那么的仇恨,但是仇恨代替不了战斗力,秦兵优良的战斗力和将领高超的指挥才能,冯亭自叹不如。

他下令总退却,没有别的路可走,他只有向赵国的长平一带后撤,已经归顺赵国的上党人,没有脸再回到自己的祖国,更重要的一点是回韩国的野

王城被秦兵牢牢地掌握在他们手里。

在长平，冯亭见到了他盼望了三个月的赵国的大军，一共是二十万人，在赵国的大将廉颇的率领下来到了长平，连营三十多里。

廉颇将冯亭迎进了帐中，两人商量了一下对付秦兵的办法。

“只能死守！”冯亭说。

廉颇看了看冯亭，他相信他的话，对于韩军的战斗力他是深深地了解的，没有他们，小小的韩国十年前就让秦国吞没了。

“那好吧！我们就死守！”廉颇说话了，他下令赵国的军队在长平一带修建了大量的野战工事。

同时，廉颇下令：“有敢言出战者斩！”

赵国的士兵对于防守十分精通，他们在马服君这一大批将领的调教下，早就对野战的防守有着十分独特的办法。

秦兵的进攻被遏制了，每天，如潮而来的秦兵在赵军的工事面前被打得似落潮一样退了回去。

王陵对此一点办法也没有，秦兵再勇敢，可是找不到对手，赵军躲在深沟高垒之后，只用强弓硬弩对付秦兵，秦兵还没有接近过赵军的营垒，而伤亡却在天天增加。

王陵将这一情况向秦王作了报告。

秦王将范雎找了过来，两人开始商量对付赵军的办法。

“怎么办？”秦王将长平的一些情况向范雎说了一遍。

而范雎早就胸有成竹了，他说：“大王！我有一计，可以让赵兵出战！”

“什么计？”秦王问。

“反间计！”

范雎看着秦王说：“大王！赵国的廉颇是列国中有名的战将，而又有上党的冯亭在一边出主意，对于战事和秦兵特别了解的这两个人，是不会让赵军从深沟高垒后边出来和秦兵决战的，他们知道，我们军队的补给线拉得很长，向前方送粮草要耗费巨大的人力和物力，只要他们耗下去我们就不得不撤退。”

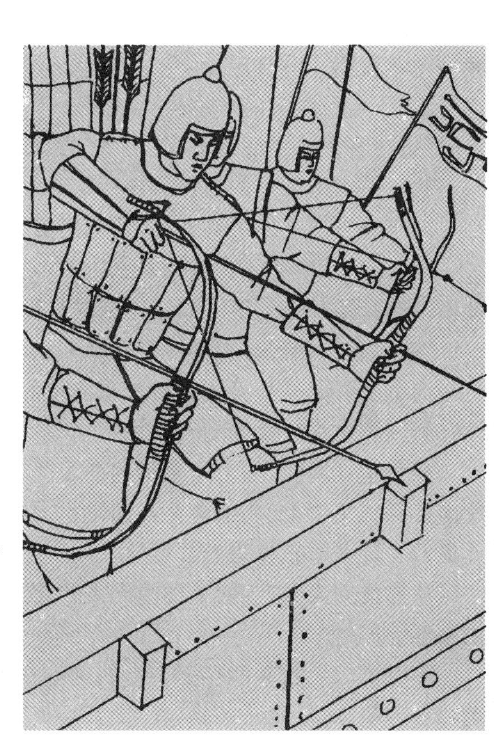

“是啊！”对此秦王十分同意。“廉颇是个老将，精于打仗，他知道，只要我们退了回来，等再一次打到赵国的边境，不定又是哪一年的事了，他一定会死守的！”

“要是有个年轻人当赵将

就好了,年青人心高气盛,只要赵军出来和我们打,我们就有办法!”秦王又加上一句。

“大王真是英明,您和我想到一起去了!”范雎眼里放光。

“是嘛!”听到范雎的话,秦王还是十分高兴。

“不知道大王知道不知道赵国的名将马服君赵奢?”范雎问。

“当然知道,那一年也是和韩国打仗,在阏与他打败了我们,……”过了一会儿,秦王又说,“我在渑池见过他,一个十分勇武的将军。”

“他已经死了!”范雎说。

“是嘛?”秦王吃了一惊,但又十分高兴。

“谁也没有想到赵奢一国之将,竟然得了点小病就病死了,真可惜。”范雎感叹了一句。

“死了好！对于我们来说少了一个麻烦!”秦王倒是直截了当。

“就是因为他死了,我们才有了机会。”范雎并不是真心地同情赵奢的死,而是说秦国有了机会。

“什么机会?”对于范雎,秦王总觉得这个人有着人们无法企及的才能。

“大王不知道赵奢有个儿子叫赵括吧!”范雎问秦王。

“怎么能不知道呢！那可是一个有名的战争理论家,听说他父亲都辩论不过他,这个人从小深知兵法,将来可是我们的一大害!”秦王忧心忡忡地说。

“将来是一大害,现在可是一大利!”范雎的话让秦王抬起头来了。

“赵括是一个列国有名的深知兵法的人,可是大王您可别忘了,您知道他指挥过那一次战斗?”范雎又一次问秦王。

“他还年青,根本就没有打过仗!”秦王回答。

“假如在您年青的时候,让您指挥几十万人的大军去作战,您会死守嘛!”范雎说得十分肯定。

秦王一下子就反应过来了,是啊,一个没有任何经验而又年轻气盛的人,那里会真正地了解战争啊!

战争是实事求是的,只要目的,不择手段。

而年轻人却不能做到这一点,他们有虚荣心!

“大王！我准备派人到赵国去,想办法让赵王将赵括换成主将,到那时就不怕赵军还躲在工事后面当老鼠了！他们肯定会杀出来!”

“这就是反间计!”范雎大声说。

而秦王好像已经看到了秦军在上党的胜利!

赵国再也没有祥和的气氛了。

战争迫在眉睫,一时间赵国的都城邯郸谣言四起,一会儿人们说秦国的军队已经打下了上党,一会儿人们说赵国的军队打败了秦国的军队,不一会儿人们又说两军正打得难解难分。

从前线回来的使者,从秦国回来的商人,一切从西边来的人都成了消息的来源。

不时可以看到人们在街头上因为一个什么消息而争论起来,邯郸真可谓一日三惊。

而对前线的消息掌握得最为完全的莫过于赵王和平原君了，两个人对于前方的主帅廉颇都感到不满意。

廉颇已经在前线坚守了半年了，赵国从来没有经历过这么长久的战争，天天没有结果的战争使赵王食不甘味，三千粉黛无颜色。

整天处于战争状态下的赵王对于往日的和平，对于过去的莺歌燕舞是那样的留恋起来，什么事总得有一个结果啊！

而胸有大志的平原君却认为廉颇已经老了，太保守了，已经没有什么斗志，而战争却是最需要斗志的，没有斗志，就没有胜利。

不久，赵国人也都觉得廉颇太没有本事了，过去的廉颇已经死了，而今天的廉颇已经是一个什么都怕的老头子。

人们想起了大败秦国的马服君，哪个敢在阏与和秦兵死斗的赵奢。慢慢地整个邯郸城里的人都知道，尽管马服君去世了，但是他还有儿子，而且秦国一听到马服君儿子的名字就浑身发抖。

赵括，那个年轻的，威风凛凛的小伙子一时间成了众望所归的人物。

平原君也想到了赵括，他也和赵国人一样，先是想到赵奢，然后才想到了他的儿子。人们常说，将门出虎子，龙生龙，而赵括，人们都知道，就是在赵奢活着的时候，他的父亲在兵法上也说不过这个生龙活虎的小伙子。

平原君想再一次给赵王推荐一个人才，这就是赵奢的儿子赵括。

赵王一听说赵奢还有这么一个有本事的儿子，高兴得了不得，他和赵胜说起了他原来推荐过的赵奢。

“就让他去，年轻人正是斗志十足的时候，我想，他一定会和他的父亲一样，打败秦兵。”赵王说。

平原君没有再说什么，本来，上党归顺这事现在一提起来，就让赵胜觉得脸上发红，当时就是廉颇反对要上党的，平原君心想，廉颇是不是对这事还心怀芥蒂，故意不出兵，让他赵胜好看。

赵王下定了决心，让赵括代替廉颇，出任赵军的主将。

赵国举国欢庆，人们觉得这是最佳的选择。可是赵国人不知道，秦昭王和范雎正在为这个消息而举杯痛饮，这正是他们想要的，这是范雎派出去的人在邯郸使的反间计。

陈平摆计，间除范增

楚霸王项羽率兵十万，围攻荥阳，汉王刘邦急召张良、陈平等谋士商议，说：“项羽乘我兵力分散，城内空虚、率兵围虚，有什么办法拒敌？”

陈平说：“项羽的得力干将，不外范增、钟离昧、龙沮、周殷这几个人，如果能够离间他们，使项羽起疑心组织，就可以解散项羽的核心，削弱他的进攻力量了。”

因此，刘邦把四万金子交陈平去做间谍活动的经费，派人混入楚营，散布谣言，说钟离昧等因功不得赏，想与刘邦同谋，灭楚分地称王。

项羽一向多疑，听到这个消息，便信以为真，遂不与钟离昧等议事，挥军把荥阳围得水泄不通，一连攻打三日，见城中防卫森严，毫不动摇，也不能越

雷池一步，项羽十分躁急。

张良等谋士又向刘邦献计，说："项羽攻城不下，正好派人去向他诈降，他必应允，遣人来讨条件，到时使用陈平之计，彻底离间他的君臣情感，就可以解围了。"

"他不接受和谈又怎么办？"刘邦怀疑地问。

张良说："项羽脾气暴躁，沉不住气，刚而无忍，连日攻城不下，心正焦急，若汉使一到，必然接受。"

刘邦依计，派萧何往楚营游说。见了项羽，厚礼甘言说了一通，说刘邦得封为汉王，已自满足，不敢与项王分庭抗礼，今愿讲和，各守封疆，共保富贵，割荥阳以东为楚界，荥阳以西为汉界！

项羽想到刘邦势力日大，韩信又善于用兵，继续打下去，亦未知鹿死谁手，不如趁早讲和，休养生息，等候机会。便召范增等商量，范增却反对这样做，他说："这是刘邦的缓兵之计，和谈不是本意，把战局拖住，专等韩信的救兵，今日正可猛攻快打，把刘邦消灭了，再去对付韩信。"

项羽犹豫起来，又召见萧何，说："你暂且回城去，待我再考虑一下就通知你！"

萧何吃惊了，心知必定是范增从中唆使，破坏和谈。乃对项羽说："在这个紧急关头，陛下自愿圣裁，左右的话，怕有私弊，因为战胜也好，战败也好，别人一样可以不当楚官当汉官，但陛下将怎样处理自己？况且汉王尚未势穷力尽，韩信的几十万大兵很快就会到来，内外夹攻，陛下师久粮尽，那时欲退不得，不是后悔莫及吗？依臣鄙见，倒不如及时讲和，化干戈为玉帛，这样，不独汉王感恩戴德，老百姓也会讴颂陛下仁义呢！臣虽身在汉，旧实楚臣，这些都是肺腑之言，望陛下三思，不要被左右暗中出卖了！"

项羽听了这番话，很是喜欢，说："你说得透彻有理，就这样决定，你且先回去，我随后派人入城去讲和？"

萧何回去把情况告诉刘邦，刘邦转告陈平："楚使不日就要来和谈，你用何计对付！"

陈平附耳说如此如此，刘邦大喜，密令陈平去进行。

项羽不听范增的劝谏，派虞子期为和谈大使，指示他：要刘邦于三天之

内出城当面谈判，再趁机会探听汉营虚实。

虞子期奉命带了几名能干的密探进入荥阳城，闻说刘邦夜饮大醉未起，便暂时到旅馆安歇，打发左右暗里去刺探情报，表面装出是去通报，那位负责通报的密探依命入了汉营。只有张良和陈平两人出来，见他们身穿的是楚服，便殷勤地把他邀进一间公馆里，用好酒好肉招待，那人说："我是项王的差使，不是亚父差来的。"张良，陈平两人一听，假装吃惊，说："我们以为你是亚父秘密差来的！"便叫一名小卒过来，把那人带到另外一间小馆里，改以淡菜粗饭招待，张良和陈平已不知转到哪里去了。

那人得了刘邦接见的消息，回来向虞子期报告，特别提出张良、陈平的话和态度，虞子期认为可疑，把这话藏在心里，乃整衣去见刘邦。可是刘邦还未梳洗，着萧何带他到一间密室休息，等候接见。密室里布置得很幽雅，设备齐全，萧何奉陪一会，托辞起身，说："虞大使请多坐一会，待我去看汉王梳洗好否？"

萧何出去了，虞子期转身看看书桌，见有许多秘密文件，他即走过去翻，见有一封首尾不写名的信，内云："项王彭城失守，提兵远来，人心不附，天下离叛，大兵不过二十万，势渐孤弱，大王切不可出降，急当唤韩信回荥阳，老臣与钟离昧等为内应，指日破楚必矣。黄金不敢拜领，破楚后愿裂土封于故国，子孙绵延百世，臣之愿也，名不敢具。"

虞子期大惊，暗思这信必是范增的了，最近听到亚父与刘邦私通的话，我尚不相信，今见此信，相信不会假的了。遂将该信藏在身边，准备回去亲呈项王邀功。

萧何进来了，说汉王召见，遂把他带到汉王那里。刘邦开口又把过去萧何在项羽面前说过的话重复一遍，愿与项王分土而治。虞子期说："我项王已依尊命，只想欲与大王见面详谈，别无他意！"

"既然这样，"刘邦说："先生请先回，我商议好日期后再约项王见面就是了！"

虞子期回见项羽，传达了刘邦意见。更悄悄地密报在城内所听到的情况，张良、陈平的态度，及在密室里偷回的匿名信呈给项羽。

项羽看罢密信，大怒起来，说："老匹夫居然想出卖我？务要查出实情，决不饶恕！"

范增知道了，在项羽面前力辩并无其事，且说这是陈平的反间计，离间君臣。

无论怎样，项羽已听不进去，立即炒他鱿鱼，贬范增回乡。范增走到半途，忽然背生毒瘤，就这样冷清清死去。

巧借蒋干，行间除敌

东汉末年，北方的曹操为了消灭东吴，率领大军和船队，于公元208年(即汉献帝建安十三年)，占领了荆州。但由于曹军士兵均为北方人，不习惯于水战，便及时起用了荆州的降将蔡瑁、张允二人，他俩不仅懂得水战的诀窍和战术，而且积极为曹军操练水军，以便为攻灭吴军做准备。这样，蔡、张两人不仅使曹军如虎添翼，而且也成为东吴实行政治军事方略的巨大障

碍，必须予以消除此患，才能使政敌曹操陷于孤立无援的境地。面对曹军进行抗衡是东吴的都督周瑜，此人年青有为，足智多谋，精通战技战法，且颇有政治眼光和头脑。曹操懂得，周瑜这位青年政治家兼吴军统帅，是他灭吴取胜的难以逾越的阻碍、难以对付的政治对手，必须先用计加以制服才行。这时，曹操发现自己的军中，有一位名叫蒋干的人，不仅与周瑜过去就有许多旧的交情和友谊，而且此人也跃跃欲试，见曹操一筹莫展时，多次向曹操请求亲自到东吴军中去说降周瑜。曹操于是大喜过望，便立即同意并令他火速启程到吴军中去。待蒋干奉曹之命，到了吴军中，见到了都督周瑜。二人一见面，周瑜很快就明白了蒋干的政治间谍身份，便对蒋说："子翼（蒋干的名号）不辞辛苦，远道而来，是为曹操当说客的吧？"蒋干心里一惊，好半天才定神后，慌忙回答说："我们俩是老朋友，今日难得有幸相逢，怎么能这么说呢？倘过样，我就告辞。"周瑜却笑着说："既然不是为曹操当说客而来的，那又何必马上就起身告辞呢？"接着，便命人召集吴军的将士部众，举行盛大宴会，款待老朋友蒋干。宴席间，蒋干几次想劝说周瑜投降曹操，但见周瑜态度严正不苟，且不卑不亢，迫于威势，便很难启齿开口。过了一会儿，周瑜却主动热情地拉着蒋干的手说："大丈夫生于世上，倘若遇到知己之主时，更需要竭尽忠心，外托君臣之义，内结骨肉之恩，言必听，计必从，祸福与共，纵使有像苏秦、张仪、陆贾、郦生那样的人再生出来，口若悬河，舌如利剑，无论多么动听的话语，也不能动摇我的心啊！"说完之后，又立即拔出剑来，在宴席上边舞边唱。接着，又与蒋干痛饮起来，一醉方休，直到众人都酩酊大醉之后，酒席才散。晚上，蒋干与周瑜同榻而寝卧，他翻来覆去睡不着，于是干脆坐起身来，想着下一步该如何办。突然，他借着灯光，发现案几上放着一封信。再看四周无人，而周瑜正鼾声如雷，睡得十分香甜，于是便拿起信来一看，却是蔡瑁、张允与周瑜联系投降的事情的一封信。蒋干一见，心中不觉大吃一惊，四下张望后，赶紧连忙把这封信揣到怀里，连夜跑出吴军营帐，回到荆州，把信亲手交给了曹操。曹操一向多疑诡诈，最容不得部下叛他而去。他一见此信，便信以为真，以为蔡瑁、张允二人竟然敢准备降吴，且有此信为凭据，便在一怒之下，不辨真伪，将蔡瑁、张允二将斩杀，以除心腹之患。但是，过了不久，曹操才逐渐

地醒悟过来了,他说:“我中了周郎的计了。”由于周瑜反间计的成功,致使曹操杀了谙习水军的蔡瑁、张允二员大将,如同在关键时刻,斩了自己的左右二膀。终于遭到了火烧赤壁,几乎全军覆没的惩罚。而周瑜通过蒋干的“巧示”而行反间计,赢得大胜。

这是古代政治斗争中,在使用反间计而赢得政治军事大胜利的著名事例。

张鲁养奸,蜀魏为用

俗话说:“养兵千日,用兵一时。蓄奸一时,悔恨终身。”汉中张鲁在群雄争霸中,所以很容易被曹操吞并,其主要原因不仅仅是由于其本人的昏庸,还在于其豢养了致其于败亡之地的内奸。

在刘备兵伐西川的争战中,孔明用计一举攻克了咽喉要地雒城,兵取成都指日可待。

正在这时,西川刘璋却遣使去汉中求救于张鲁。汉中张鲁听说西川将以割地二十州的代价求他帮助退荆州兵,便派马超率兵进攻刘备的葭萌关,拖住荆州兵向成都进军的后腿。

孔明闻讯后,马上派大将张飞率兵去葭萌关抵御马超的进攻,刘备和孔明也相继亲自来到关上。日间刘备看见张飞与马超斗了二百多个回合未分胜负,接着又安排夜战,仍未分上下。双方收兵后,刘备赞叹说:“马超真是一员虎将呵!”孔明也对刘备说:“两虎相争,必有一伤。我们应当设谋,让马超归降。”刘备一听正中下怀,对孔明说:“我看到马超这么英勇,特别喜爱,况且又是马腾的儿子,丞相有什么计谋可以使他归降?”孔明说:“我听说张鲁手下有个谋士名叫杨松,这个人极爱贪图贿赂,我们可以派人从小路去汉中,暗中收买杨松,为我们所用。另外,张鲁早就要自立为‘汉中王’,我们可以写书对张鲁说:‘我们与刘璋争西川,是为你张鲁报世仇,不要听信刘璋的离间之语,事成之后,保你做汉中王。’如果张鲁下令撤回马超,我们再通过杨松用计,这样就可以招降马超了。”刘备一听,此计极妙,马上派孙乾去汉中行计。

孙乾带上金珠,从小路到了汉中,见到杨松后,送上金珠等礼物,并且说了如何迫害马超的打算。杨松一见金珠,十分高兴,欣然应允。

第二天,杨松亲自带着孙乾去见张鲁,递上了书信。张鲁见信后,对孙乾说:“刘备不过只是个左将军,他怎么能保奏我当汉中王呢?”杨松马上出面周旋说:“刘备是大汉皇叔,他保奏更为有利。”张鲁一听,很高兴,便下令让马超即刻罢兵。

这时马超在葭萌关前正准备和张飞决胜负,听说张鲁下令罢兵,便对使者说:“吾出战还未立功,不能退兵。‘将在外君命有所不受。’此时,退兵会贻误战机。”张鲁听使者如此回报,也有些拿不准主意了。

杨松见马超不回军,心想,正是我陷害马超的好时机。于是对张鲁说:“马超这个人,刚归降不久,内心也难测度,说话无信义,他现在不从君命,必有谋反意图。”张鲁听了此话后未表态。

杨松见张鲁的态度不明朗,于是又在下面散布流言说:“马超不回军,想

乘机夺西川，自立蜀中王，为父报仇，攻打曹操是真，投降汉中是临时的权变。”张鲁听到这些流言之后，主动向杨松求计。杨松说：“主公应当防止马超兵变，要派强将守住关隘。同时可派人告诉马超三件事：第一要攻取西川全境。第二要杀了刘璋。第三要打退荆州兵。并以一个月为限，否则提头来见。马超恃勇，必然要疯狂争斗。他若与刘备、刘璋硬拼，则必被刘备、刘璋所灭，这样可以剿除你心中的一大祸患。他如果要反攻我们，我们有关隘可以拒守，使他无法攻入。”张鲁听罢，觉得也只好如此了。

马超在军前听到张鲁吩咐的这三件事，心中直纳闷。心想，情势怎么会变成这样呢？便对马岱说：“办事不由东，战死也无功呵！看来我们还是回兵吧。”

杨松听说马超要回兵，又在朝中散布说：“马超回兵，扬言要兵取汉中。”张鲁听后，立即派弟弟张卫，分兵七路，坚守关隘，不许马超入汉中。

马超见回汉中的路已被堵死，攻打西川又无后援，心急如焚，无计可施。孔明见时机已成熟，便派人说降马超。马超在进退无路的情势下，只好率兵投降。

当孙乾从汉中回来，见到刘备和孔明，回报了杨松如何施离间计的经过时，孔明说：“这都是金珠在说话啊！汉中张鲁昏庸，且又有杨松可以为我所用，待取了西川后，再取汉中。”

未等刘备向汉中扩张，曹操却先向张鲁开战了。

建安二十年，曹操率大军进攻汉中，一路所向披靡，大军直抵汉中都城一南郑。汉中张鲁见曹军已兵临城下，只好打出最后一张牌，令庞德出战抵御曹军。

曹操素闻庞德英勇，安排众将用车轮战术轮番与庞德交战。庞德一口气力战四将，一点也没有示弱惧敌的意思。曹操及众将都夸赞庞德武艺高强。曹操说：“能用什么办法使庞德归降于我呢？”

谋士贾诩对曹操说：“我听说张鲁手下有个谋士叫杨松，这个人特别爱贪贿赂。我们可以暗中送给他金帛，使他谮言庞德，造成庞德与张鲁的不和，那时候我们再设法擒获庞德。庞德见张鲁不仁不义，必然不留恋他而降我们。”曹操说：“怎么进城去贿赂杨松呢？”贾诩说：“明天再和庞德交战时，我们诈败而退，暂让庞德占我营寨，然后再夜袭夺回，乘庞德退兵回城之际，可以派人混入城去贿赂杨松。”曹操一听，马上选一名能言善辩的军校，重加赏赐，并递给他一副金掩心甲，让他贴身穿好，再穿上庞德军兵的衣服，准备行事。

第二天，庞德顺利地夺了曹操营寨后，夜晚却又被曹军夺了回去。庞德兵败只好回城。

杨松收到曹操赠的金掩心甲，受宠若惊，很痛快地答应使者说：“你回去告诉魏公，我一定把事情办好。”

杨松把曹操使者打发走后，连夜对张鲁说：“庞德昨天赢了一阵，很快又败下来，是受了曹操贿赂才故意卖阵的。”张鲁听后，第二天，不分青红皂白骂了庞德一顿，并且口口声声要杀他。下令说：“你明日出战必须获胜，否则一定杀了你。”庞德怀恨而退朝。

第二天，庞德又来挑战。曹操派许褚去迎战庞德，并嘱咐他只许败不许胜，把他引到山坡处。庞德追击许褚到山坡前，见曹操在山上喊他投降。庞德一想，我如果捉住曹操，不但可以免去一死，并且还可以为我昔日主公马超一家报仇。于是带马冲上山坡，不料连人带马一起跌入陷阱之中，被曹操擒获。

曹操在帐中，亲自为庞德解了缚绳，设酒款待，招他投降。庞德心想，张鲁不仁不义，为他卖命有什么好处，于是便降了曹操。张鲁见势不妙，弃城逃往巴中。

曹军进驻南郑之后，曹操见张鲁把所有粮仓及库藏都封存未动。才听说张鲁在退军时，张卫曾主张烧库而去，而张鲁制止说："我一向要归命于国家，而国中未肯纳我为王。现在不得已出奔，仓粟府库都是国家所有，宜严加封存不可废掉。"曹操听后，已知张鲁有投降之意，便派人去巴中招降。

正在这时，有人送密书到来。曹操一看，竟是杨松写来的，书中说："巴中张鲁欲降，其弟张卫不肯，公可出兵来巴郡，我设法使张卫出战，除掉张卫可得巴中。我愿做内应。"曹操读罢大笑说："我给杨松一副金掩心甲，本来只是为了招降庞德用的，想不到杨松如此多情，我何不再利用一下这个内间呢?"于是下令向巴中进军。

曹操兵临城下时，杨松极力劝张鲁派张卫出战。张卫说："我们所以弃南郑而守巴郡，是见巴郡易守难攻之故，为何要出兵迎敌呢?"杨松对张鲁说："曹军有南郑丰足粮草，可以长期拒守南郑，围困巴郡，如不以攻为守是坐以待毙。"张鲁听后，便下令张卫出战。张卫刚冲出城外，便被魏将许褚杀死。

接着杨松又劝张鲁亲自出城决战。张鲁见战也不是，守也不是，正在犹豫时，当初曾向他保举庞德出战迎敌的阎圃也劝他坚守勿出。张鲁斥之说："当初你力保庞德出战退敌，结果他反投魏军，你说勿战，我偏要去决一死战。"说着便带兵出城。还未来得及交战，他身后的军兵都逃光了。张鲁只好退兵回城。

这时城上杨松闭门不放他入城。张鲁无路可走，只好下马投降。曹操见他有爱国之心，封他为镇南将军。其余众将都封侯受爵。独斩了贪贿卖主的杨松。

孔明定计，间服姜维

孔明率兵伐魏，直逼天水郡，不料驻营当晚即遭魏兵劫营。

孔明急上马，有关兴、张苞二将保护，杀出重围。回头看时，正东上军马，一带火光，势若长蛇。孔明令关兴探视，回报曰："此姜维兵也。"孔明叹曰："兵不在多，在人之调遣耳。此人真将才也！"收兵归寨，思之良久，乃唤安定人问曰："姜维之母，现在何处？"答曰："维母今居冀县。"孔明唤魏延分付曰："汝可引一军，虚张声势，诈取冀县。若姜维到，可放入城。"又问："此地何处紧要？"安定人曰："天水钱粮，皆在上邽；若打破上邽，则粮道自绝矣。"孔明大喜，教赵云引一军去攻上邽。孔明离城三十里下寨。早有人报入天水郡，说蜀兵分为三路：一军守此郡，一军取上邽，一军取冀城。姜维闻之，哀告马遵曰："维母现在冀城，恐母有失。维乞一军往救此城，兼保老母。"马遵从之，遂令姜维引三千军去保冀城；梁虔引三千军去保上邽。

却说姜维引兵至冀城，前面一彪军摆开，为首蜀将，乃是魏延。二将交锋数合，延诈败奔走。维入城闭门。率兵守护，拜见老母，并不出战。赵云亦放过梁虔入上邽城去了。孔明乃令人去南安郡，取夏侯楙至帐下。孔明曰："汝惧死乎？"楙慌拜伏乞命。孔明曰："目今天水姜维现守冀城，使人持书来说：'但得驸马在，我愿归降。'吾今饶汝性命，汝肯招安姜维否？"楙曰："情愿招安。"孔明乃与衣服鞍马，不令人跟随，放之自去。楙得脱出寨，欲寻路而走，奈不知路径。正行之间，逢数人奔走。楙问之，答曰："我等是冀县百姓，今被姜维献了城池，归降诸葛亮，蜀将魏延纵火劫财，我等因此弃家奔走，投上邽去也。"楙又问曰："今守天水城是谁？"土人曰："天水城中乃马太守也。"楙闻之，纵马望天水而行。又见百姓携男抱女远来，所说皆同。楙至天水城下叫门，城上人认得是夏侯楙，慌忙开门迎接。马遵惊拜问之。楙细言姜维之事；又将百姓所言说了。尊叹曰："不想姜维反投蜀矣！"梁绪曰："彼意欲救都督，故以此言虚降。"楙曰："今维已降，何为虚也？"正踌躇间，时已初更，蜀兵又来攻城。火光中见姜维在城上挺枪勒马，大叫曰："请夏侯都督答话！"夏侯楙与马遵等皆到城上，见姜维耀武扬威大叫曰："我为都督而降，都督何背前言？"楙曰："汝受魏恩，何故降蜀？有何前言耶？"维应曰："汝写书教我降蜀，何出此言？汝要脱身，却将我陷了！我今降蜀，加为上将，安有还魏之理？"言讫，驱兵打城，至晓方退。——原来夜间妆姜维者，乃孔明之计，令部卒形貌相似者，假扮姜维攻城，因火光之中，不辨真伪。

孔明却引兵来攻冀城。城中粮少，军食不敷。姜维在城上，见蜀军大车小辆，搬运粮草，入魏延寨中去了。维引三千兵出城，径来劫粮。蜀兵尽弃了粮车，寻路而走。姜维夺得粮车，欲要入城，忽然一彪军拦住，为首蜀将张翼也。二将交锋，战不数合，王平引一军又到，两下夹攻。维力穷，抵敌不住，夺路归城，城上早插蜀兵旗号。原来已被魏延袭了。维杀条路奔天水城，手下尚有十余骑；又遇张苞杀了一阵，维止剩得匹马单枪，来到天水城下叫门。城上军见是姜维，慌报马遵。遵曰："此是姜维来赚我城门也。"令城

上乱箭射下。姜维回顾蜀兵至近，遂飞奔上邽城来。城上梁虔见了姜维，大骂曰："反国之贼，安敢来赚我城池！吾已知汝降蜀矣！"遂乱箭射下。姜维不能分说，仰天长叹，两眼泪流，拨马望长安而走。行不数里，前至一派大树茂林之处，一声喊声，数千兵拥出，为首蜀将关兴，截住去路。维人困马乏，不能抵当，勒回马便走。忽然一辆小车从山坡中转出，其人头戴纶巾，身披鹤氅，手摇羽扇，乃孔明也。孔明唤姜维曰："伯约此时何尚不降？"维寻思良久，前有孔明，后有关兴，又无去路，只得下马投降。孔明慌忙下车而迎，执维手曰："吾自出茅庐以来，遍求贤者，欲传授平生之学，恨未得其人。今遇伯约，吾愿足矣。"维大喜拜谢。

孔明一生中，能够破他计谋的人不多，尽管司马懿多次与孔明对阵。用司马懿的话讲："我不如孔明。"在天水郡战役中，孔明虽败，但他发现了姜维，后来他曾说："得十个天水郡不如得姜维一人。"孔明想收降姜维，主要有两点，一是姜维本人的才学和武学，堪称一位难得人才，二是孔明一直为自己死后，找不到一位能继承自己大业的人物而发愁。孔明收姜维使的是离间计。在离间过程中，起核心作用的人物是夏侯楙、孔明用调虎离山调开姜维，再用诈、谣言、假扮姜维攻城等手段离间姜维和魏军，再遣将领置姜维于绝地，使姜维在走投无路的情况下，真心降服了孔明。孔明收姜维，可以说费尽了心思。事后，孔明让人把姜母接入蜀中，使得姜维更加一心一意为蜀国卖命。从姜维本身来讲，愿忠于魏国，忠于驸马夏侯楙，但让姜维难以生存下来的却是夏侯楙，如此情况使他不得不另投明主，作为一员名将，他的天生公理是良鸟择木而栖，当魏国这棵大树不能遮风雨时，为了生存，降蜀是明智之举。作为后人，我们应从姜维识时务中学些东西。

厚赂内间，计除名将

韦叔裕字孝宽，京光杜陵人。韦家是三辅的大姓，世代为大官僚。韦孝宽从小涉猎经史、博学多闻。刚至成年时，正逢萧宝夤举行叛乱，韦孝宽挺身而出，请求充任军队的前锋，因此受到西魏朝廷的奖赏，随即被任命为统军。从此，韦孝宽开始了军旅生涯。在与东魏进行的多次对抗较量中，韦孝宽都屡建功勋，迄西魏文帝时，他以大将军行宜阳都事，不久又出任南兖州刺史。之后，韦孝宽就一直率军处在与东魏（即后来的北齐）斗争的最前

列。韦孝宽所进行的几次较为著名的收买内间的活动，也就发生在这一段时间内。

例如韦孝宽使用反间手法，并用重金收买东魏官员充当内间，除掉北齐著名将领，左丞相斛律光，就是南北朝时期最成功而又著名的一次政治间谍活动。

公元565年，北齐任命斛律光为大将军。斛律光是东魏镇南大将军斛律金之子，他从小精于骑射，以武艺知名，在对北周交战中，屡战屡胜，特别是汾北一仗，挫败韦孝宽，给北周造成巨大威胁。韦孝宽痛定思痛，朝思暮想，认为凭借军力战胜斛律光，已不可能，于是筹谋利用间谍，离间朝廷和斛律光的关系，借助朝廷之手将斛律光铲除。

当时北齐后主昏庸、政治腐败，朝政大权由宦官、奸臣祖珽、穆提婆等人把把持独揽，朝野内外莫不侧目，但个个敬而远之，惟有太傅咸阳王斛律光，一向鄙视他们，只要看到他们在皇帝身旁窃窃私语，便怒火中烧，时常按捺不住，斥骂他们是"阴谋奸诈小人，不知今日又出何诡计?"他曾对诸将说道："边境消息，指挥兵马，过去赵令常与我们商议，而今盲人（祖珽因兔青子烛熏烤而失明）掌握机密后，完全不与我们商议，什么事无论巨细都独断专行，根本不把我们放在眼里，恐怕国家大事要被他贻误。"这话传到祖珽耳中，祖珽知道斛律光怨恨自己，于是贿赂奴仆，密探斛律光的一言一行，奴仆禀报："相王（斛律光）每天晚上都抱膝闷坐，常常自叹'盲人入朝，国必危亡'。"祖珽听到这话，自然将斛律光视为眼中钉，怀恨在心。后来穆提婆曾要求斛律光把女儿嫁给他，斛律光没有同意，接着又反对齐主，将作为军备之用的晋阳良田，赏赐给穆提婆，自然又与穆提婆结下仇恨。于是祖珽和穆提婆联合起来，狼狈为奸，每天寻找斛律光的差错，待机而动，准备将他铲除。

北齐统治集团内部的这些矛盾，均被密切注视其动向的韦孝宽所侦知，本来韦孝宽就对斛律光的英勇善战、足智多谋深为不安，现在又得知斛律光与后主权奸的矛盾斗争，认为有机可乘，于是决定派间谍进行离间活动，假后主之手除掉北周的心腹大患斛律光，削弱其力量，为灭亡北齐做准备。

韦孝宽针对斛律光与北齐后主及权奸们的关系，编造了两句歌谣，即："百升飞上天，明月照长安。高山不推自崩，槲木不扶自竖。"编好之后，韦孝宽派间谍将这两句歌谣散布到北齐的京城中。祖珽听到后，谙悉歌谣的寓意，正中下怀，索性又加了两句："盲老翁背受大斧，饶舌老母不得语。"并让儿童们在大街小巷传唱。穆提婆听到后，就告诉其母陆令萱，陆令萱不明白歌谣是什么意思，便召祖珽作解释，祖珽故作深思之状，笑道："对了，百升是一'斛'字，明月是斛律光丞相表字，盲老翁是指我，饶舌老母是指尊严。"陆令萱一听面带怒色道："如此说来，这首歌谣不但辱骂你我，而且危及国家。"于是便与祖珽密谋，将歌谣之事告诉后主，后主迟疑，说道："斛律光丞相是否真有此不良意图，还得观察，不能轻信谣传！"祖珽向后主进言说："斛律光一家历代掌握兵权，明月声震关西，斛律丰乐威行突厥，女为皇后，男尚公主。斛律氏位尊势重，这首歌谣中的话确实令人生畏忧虑。"齐后主

听后一言不发，待祖珽走后，召问大臣韩长鸾，韩长鸾回答："此事宁可信其无，不可信其有，斛律光对朝廷忠心耿耿，不会怀有二心。"后主便将此事搁置起来。

几天之后，祖珽见宫中毫无动静，再次求见后主，说有机密事情禀报，后主令众人回避，只留何洪珍在旁。后主对祖珽说："前几天得到你的报告，本想马上除掉斛律光，韩长鸾说此事不可能是真的，所以中止行动。"何洪珍未等祖珽开口，抢先回答说；"如果本来就没有除掉他的想法，也就算了，而现在有了这个想法又不果断地实施，万一泄漏出去，后果不堪设想。"后主认为何洪珍讲得很有道理，说道："分析的合情合理，我知道了！"祖珽知道后主已有决心才离去。

但是后主仍然犹豫不决，正在此时丞相府佐封士让上书密奏说："斛律明月前次西征而还，陛下命他解散军队，他却率军临逼京师，实为图谋不轨，只是事未成功而罢休。但是现在听说他家私藏兵器，奴仆上千，还经常派人到其弟、其子那儿搞阴谋活动，其反叛已见端倪。应乘其不备，及早动手将他除掉，否则后患无穷。请陛下速决！"密奏中的"军逼京师"与后主从前的怀疑正好吻合。后主阅毕，对何洪珍说："我以前怀疑他要谋反，现在看来果然如此。"于是让何洪珍将祖珽召来密议对策，祖珽认为如果无故将斛律光召来，他必然会产生怀疑而不肯前来。为消除其疑虑，可由陛下赐给他一匹骏马，让他明日乘骑此马陪同陛下幸游东山，他必然前来向陛下谢恩，只需埋伏二三壮士，便可捕杀此贼。后主依计而行。翌日，斛律光不知其中奸谋，果然单骑入谢，行至凉风亭，下马步行，蓦然有人从背后猛扑，斛律光险些倒地，回头一看，原来是大力士刘桃枝，他怒斥刘桃枝："我对陛下忠心不二，你为何要如此行事？"刘桃枝不语，喝令几个壮士将斛律光按倒在地，用弓弦紧勒脖颈，活活扼死。后主下诏宣称"斛律光谋反，现已伏法"。

不久，后主又下诏夷灭其族。这样，经过韦孝宽的间谍内间活动，再加上后主的昏庸猜忌和佞臣的谗言，北齐一位曾"深为邻敌所慑惮"的大将斛律光被除掉了。这就大大削弱了北齐的力量。周武帝听到斛律光被杀的消息后，异常高兴，大赦境内，并积极准备进攻北齐。公元577年，周武帝率军攻入邺城。入邺后，周武帝还特追赠斛律光为上柱国、崇国公。他指着诏书说："此人若在，朕岂能至邺。"周武帝的这番话，可以看作是对韦孝宽用间除掉斛律光的高度评价。

这是北周良将韦孝宽平时注意收集了解掌握敌方的情报，厚待间谍，收买贿赂北齐内间，巧借政敌内部矛盾不合之机，有的放矢，以谣间和反间并用，借敌之手除敌，削弱敌势的成功事例之一。其用计技巧与成功奥妙在于：一是死死盯住主攻目标（斛律光），收买内间，侦窥政敌可乘可陷可害之处，将强争明斗化为暗斗暗制之术，不择手段，不遗余力使强敌陷入内讧自制之中，不能自拔，进而将其优势耗疲于自相牵制与搏斗，无法全力对外。二是借题发挥（谣间）、混水摸鱼、无中生有害人技艺高超，使政敌完全落入圈套，竟置国难、江山社稷于不顾，彼此厮杀，两败俱伤，大有螳螂捕蝉，不知黄雀在后之势，中人奸计，被人所利所乘。三是等待时机，诱化矛盾斗争，借刀除敌有术。

将错就错，离间擒贼

南宋时，抗金名将岳飞，是一位优秀的军事指挥家，也是一位杰出的政治家和善用政治计谋者。他曾巧施反间之计和明示之策，使金国国主废黜伪政权头目刘豫（先前被金人封为“大齐皇帝”）；也曾实施政治反间之计，擒灭叛乱土匪贼王。

刘豫在北宋末年时，曾历任河北提刑等官职，金兵南侵时曾弃职潜逃，后来投降金国。金国为了以汉制汉，在南宋高宋建炎四年（公元1130年，即金太宗天会八年）时，将刘豫册封为所谓的“大齐皇帝”，都大名（今河北大名），利用他来控制中原和陕西地区。公元1136年（南宋高宗绍兴六年），岳飞奉命率领宋军向刘豫发动进攻，结果刘豫之军大败，不仅失去所控制的地盘，而且大量军粮被焚烧。由于战事节节失利，金国对这位对金太宗自称“儿皇帝”的人，大失所望。特别是由于金国统治者内部发生内讧，原来支持刘豫的官员，有的被杀，有的被罢黜。金国大将军兀术也开始厌恶刘豫政权。岳飞探知这一重要的敌情和政治动向后，便想借金大将兀术之手除掉刘豫这个汉奸。恰在这时，宋军捕获一名由金军主帅兀术派来的政治间谍，岳飞便决定利用这名间谍，进行反间，进行政治离间活动。于是，布置停当以后，岳飞下令将抓获的政治间谍押来，他假装认错人的样子，故意面带怒气地指责间谍说：“你不是我们宋军军营中的张斌吗？我派你到齐国（按即刘豫伪政权统治地区）密约诱骗兀术前来，你为何就一去不回呢？我只好另外派人前去询问，才知道刘豫已经答应了，今年冬天一定将兀术骗到清河来。派你去送信，你把信送到哪里去了？你真是胆大包天，竟敢违背我的命令！”这个金军的政治间谍为了活命起见，于是只好将错就错，承认了违命之罪，并答应了今后一定遵命行事。于是岳飞命人制造了一封蜡丸书，然后正声厉色地对金国间谍说：“这次我就饶了你，再派你去见刘豫，询问举事的详细时间地点。你若是再误事，那就一定要斩首问罪。”说完后，便用刀划开金间谍的腿肚子，把蜡丸书藏到腿中，并警告他，这事要绝对保密，不准向任何人泄漏。金国政治间谍得到蜡书以后，如获至宝，便急忙回去当面禀告兀术事情的原委经过和岳飞的吩咐。金国大将兀术拆书一看大惊失色，马上报告金国皇帝金熙宗。恰巧在此时，刘豫派遣的使者到达金国，请求金国出兵向宋军发动进攻。金熙宗和大将兀术秘密商定后，便诡称出兵协助刘豫伐

宋，后来金国大军开到开封以后，便猝不及防地将刘豫捕获。并当即宣布将刘豫伪政权废黜掉。从而借金人之手，将南宋这个政治大敌清除掉了。

此外，在南宋高宗绍兴二年（公元 1132 年）湖东一带土匪叛乱，其中又以叛匪曹成的势力最为强大，号称部众有十万人。南宋朝廷命令岳飞率领官军到潭州担任知州，并兼荆湖东路安抚都总管。宋高宗与朝廷还特赐给他金字牌、黄旗，用以招抚叛匪曹成。曹成听说岳飞将到来，便惊呼："岳家军来了。"部众均分路逃散。岳飞率官军来到茶陵，进行招抚，但叛匪头目曹成却自恃势力强大而拒不受招抚。对此，岳飞便上奏朝廷，认为连年招安，不见成效的主要原因，是因为叛匪头目自恃人多势众，拒不招安。因此，只有用官军加紧军事围剿，削弱其势，才能接受招安。否则只能是今日招安，明日又叛变。南宋朝廷接受并采纳了他的建议。于是岳飞来到贺川境内，捕获到叛匪头目曹成派来的一名政治间谍。岳飞便想通过对此间谍采用"明示"之法，实施政治反间之计，以诱击曹成。于是下令将此敌间捆绑起来，押送到他的营帐前听候发落处置。这一切安排停当以后，岳飞走出营帐，先是假意装作询问调拨部队粮食的供应情况。主管送粮的官吏则向他报告说："军粮已尽，怎么办？"岳飞则故意说："那就先到茶陵去，再作进一步打算后再说！"说完此话后，一看曹成的政治间谍却在此。于是，表现出一种失言难悔而又担心与后怕的样子，且顿足气急进入军帐之中。这之后，岳飞暗中命令看守间谍的士兵，故作疏忽之状，使此间谍能乘隙逃跑。敌间回到曹成叛匪总部后，便把岳飞率官军将返回茶陵筹措军粮一事报告曹成。曹成一听不禁大喜过望，便渐渐放松了对岳家军的戒备，并准备在岳家军撤退到茶陵时进行追击。岳飞在将敌间放走后，便密令全军饱餐，乘夜奔袭曹军。由于官军发起猛烈攻击，岳飞仅以八千之众，便一举击溃曹成的叛匪近十万之众。叛匪首领曹成仅率领少数残部，落荒逃走。岳飞又率岳家军乘胜追击，连连获胜。最后，曹成眼见大势已去，自己也走投无路，于是只得接受了朝廷的招安，从而使危害地方多年的匪患，终于被平息下来。

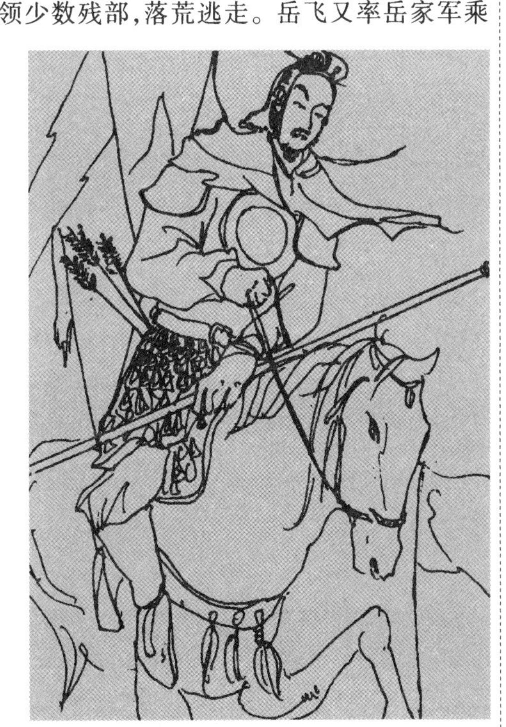

在岳飞使用政治反间之计，用以对付内外不同的政敌过程中，均采用"明示"之法，巧借敌间之手，递送假情报，终于使政敌对手上当中计，最后获胜。其明示的具体特点是：其一，"明示"其人，所示的人恰是敌方派来的政治间谍，由于他在敌我之间均有联系，且深受政敌的信任和赏识，故利用他来实行"反间"，将假情报义务传递给敌人，既

可靠，又可行，且能将计就计，顺利达到其政治目的，此为计成的“人”为保障；其二，“明示”其物，如岳飞故将金人的间谍误为己军派遣的张斌，又授其蜡丸“信物”，一示深信不疑，二示此情报的特殊价值，三示此举的成败事关重大，四示能否送到身系生命攸关。这样，便加大了用反间之计的分量和强化了假情报的真实催化效应，使敌人到手才真如获至宝，为行计创造可靠条件和保障，此为计成的“物”的保障；其三，“明示”其密，除示物之外，还须用一系列故意向敌间泄密的办法，来骗取政治间谍。如岳飞将宋军与刘豫预约共同起事反金叛降的事，此重大机密，故意泄漏给敌间。将官军缺粮，回茶陵撤军筹粮之重大“军事机密”，泄给曹成间谍等，目的使敌间在主子面前一可邀功，二可不疑而中计，此为计成的“机（遇）”的保障；其四，“明示”其错，故意向政治间谍泄露自己的“误失”、“失措”，如岳飞故意认错人，故意不分场合的泄透军情，且又故意“失言后悔”之状等等，甚至错将敌间派回、放归等，目的均是示隙，让敌人信以为真，然后迷惑政敌对手、麻痹他们，诱导政敌犯错误，按计行动，进入政治陷阱之后，再一举克敌制胜，此为计成的“诱（化）”的保障。

震惊全球的埃姆斯案

1994 年 2 月 23 日，美国联邦调查局特工闪电般地包围了阿灵顿市郊的一座豪华别墅。

门被撞开了，只见埃姆斯和他的妻子正提着皮箱要远走高飞。

“埃姆斯先生，我们想请你去谈谈。”一位特工说。

埃姆斯看了他一眼，这些人平日里都在他的手下干些跑腿的活。

“我没有时间了，等我从欧洲回来再说吧。”

“那我们可等不及了，这可是上头的命令。”特工们边说着边给他带上了手铐。

这时埃姆斯全明白了，他不再说话，老老实实地上了汽车。

现年 52 岁的埃姆斯是从 1962 年开始为中央情报局工作的，在 1983 年到 1991 年间出任美国中央情报局苏联东欧反间谍处处长。

从 1985 年开始，埃姆斯被苏联克格勃收买，从此成为双料间谍。

1985 年以来，至少有 10 名美国中央情报局的工作人员，在海外执行特别任务时，不明不白地消失了。还有一些在苏联的工作人员突然被苏联当局秘密处决了。对此，中央情报局已经

感到内部出了问题，但是一直也没有发现线索。

1985年秋天，苏联高级谍报人员尤尔琴科叛逃到了美国。他开始向美国提供苏联的情报。可是有一天，埃姆斯来到关押尤尔琴科的地方，和他进行了一次秘密谈话。这一次谈话之后，尤尔琴科便有些神色恍惚，一看便知埃姆斯向他施加了很大的压力。从此，他便闭口不谈了。

过了不久，尤尔琴科又神秘地失踪了。几个月之后，他又出现在莫斯科。这一连串的变化，使中央情报局目瞪口呆，而且没有从内部找到一点蛛丝马迹。这也是埃姆斯的杰作之一。

另一个苏联间谍是霍华德，他长期潜伏在中央情报局内，为苏联提供情报。当中央情报局发现他行踪可疑时，便秘密展开了对霍华德的调查，调查刚刚开始的时候，霍华德却在一天夜里突然出走，下落不明，最后也是出现在莫斯科。

众所周知，美国中央情报局有一套相当严格的保密制度，可谓是滴水不漏。其工作人员外出有一套严格的请假规定，还要定期受到测谎检查。而这一切好像对埃姆斯都没有发生作用。

1985年，埃姆斯在墨西哥城与罗萨里奥结婚。当时他大宴宾客，出入高级宾馆，场面之大，规格之高，完全是一副巨商的派头。当时他的顶头上司就对此有所怀疑，他是从哪里来的这么多钱？

事后，埃姆斯说，大办婚礼的花费是他的妻子从娘家带来的，就这样一下子蒙混过去了。现已查明，他大办婚礼的开支，全部是由苏联克格勃提供的。

霍华德出逃之后，对中央情报局来说震动不小，而且已经确认，在中央情报局的内部还有苏联间谍，但是查来查去，一点线索也没有。

埃姆斯是在1991年露出了马脚的。那是在一次每年例行的测谎检查中，检查人员发现他的波纹十分反常。他的上司这时候才发现，他有几次到拉美国家去旅行，并没有向上级报告。于是，马上采取了措施，把他从东欧反间处处长的位子上换了下来，调任黑海地区的缉毒工作。

这一次中央情报局已经顾不上自己的脸面了，与联邦调查局联手，对埃姆斯一案进行了侦察。

调查人员这一回使出了浑身的解数。在埃姆斯的房间里安装了窃听器，在其电脑中装上了监视装置，在他家的过道里安上了微型摄像机，通过无线电窃听他的所有的电话。这还远远不够，特工人员还悄悄潜入他家，检查其打印机的色带和打字机印迹。另外，特工人员每天有专人检查他的垃圾，从这里面寻找证据。

接着便是对埃姆斯的经济收入进行调查。凡是间谍，总要获得情报收入，没有高额的收入，是无法收买他的。而埃姆斯长期以来支出大大高于他的收入，这是一个他无法解释的问题。

他的年薪是6.9万美元，从1985年4月到1993年11月，他的总收入不过是34万多美元，可是他同期支出的费用高达130多万美元。他买了一套54万美元的高级住宅，同时装修和购买家具又花了10万多美元。接着他又为妻女买了一辆“本田”汽车，花了1.9万元。1992年又买了一辆2.5万元的“美洲虎”轿车。他还购进了16万元的股票，为妻子支付学费2.5万

元。这还不够,他还使用信用卡支付了各种费用45万元。他平日里的生活可以说是一掷千金,挥金如土。从1985年以来,光从瑞士银行就转到他的账下100多万美元。

更重要的证据还在后头。1993年6月23日,调查人员进入了他在中央情报局的新总部"G"楼的办公室,一下子查出了144份机密和绝密文件。这些文件全部与苏联反间谍活动有关。埃姆斯是干缉毒工作的,他要这些文件干什么呢?这一下子问题就清楚了。

联邦调查局对此还不是特别满足,他们还想放长线钓大鱼,至少引出更多的"洞中人"。可是,这时在安排上出了一点小小的漏洞,根据早就安排好的日程,埃姆斯将出国公干,前往莫斯科,这无疑给了他一个出逃的机会,而且他也流露出了出逃的迹象。这样联邦调查局只好提前行动了。

中央情报局这一特大丑闻曝光之后,美国朝野大惊。克林顿总统要求马上调查这件事给美国带来的损失。

美国国务院还照会了俄罗斯外交部,要求召回与此案有关的俄罗斯外交官。但是,俄罗斯方面却没有什么过分的反应。看来主要是赚到了便宜。美国中央情报局可以说是专门算计别人的,可这一回让人家给涮了。不管美国对俄罗斯采取何种报复行动,有一条是众所周知了,那就是在当今激烈的反间谍战中,美国在这一个回合中扎扎实实地输给了俄罗斯。

埃姆斯这一超级双料间谍到底给美国的情报工作带来了多大的危害,怕是一年两年也说不清楚。这其中的哑巴亏,也只有美国中央情报局自己知道了。

"考察""进修",巧得情报

20世纪60年代,日本与原联邦德国围绕汽车转子发动机技术展开了一场科技情报战,日本人以高超的情报术赢得了胜利。

本来日本在汽车发动机技术方面远远落后于原联邦德国,但当日本汽车行业得知西德在研制转子发动机的消息后,紧紧跟踪西德的转子技术,无孔不入地猎取西德的转子技术情报,终于抢在西德的前面,于1964年试制成功第一台转子发动机,1967年批量生产。日本转子发动机的成功,成为推动日本汽车工业腾飞的里程碑,到1972年,日本生产转子汽车24万辆,是西德的24倍,占世界总产量的8.9%,连汽车王国美国也成为日本转子汽车的主要买主。

事情的经过还需要从东洋汽车公司经理松田恒次收到的信说起。1960年1月1日松田恒次收到一封战前曾在日本工作过的一位德国朋友伏尔斯塔的信,信中写有这么两句话:"你对一种划时代的发动机感兴趣吗?希望我们共同技术协作。"虽然这看起来是很随便、很平常的话,但敏感的松田先生立刻意识到德国同行在发动机技术方面可能有新的进展,并且可能对汽车工业的发展具有重要的战略意义,但他又苦于无法知道这种划时代的发动机究竟指的是什么。

为弄清这一问题,松田先生当即组织了一批工程技术人员翻阅当时近些年西德出版的报纸杂志,他们相信,再秘密的东西,总可以在公开的刊物

中找到蛛丝马迹，结果，他们很快在1959年12月出版的一家西德报纸上发现了“内克苏姆汽车公司研制成功转子发动机”的消息。经过推测分析，认证这种划时代的发动机就是早在1953年西德工程师汪克尔发明的转子发动机。经过进一步分析研究得知，这种转子发动机与普通的发动机相比，虽然原理相同，但结构不同，它具有许多一般发动机所不能比拟的优点：结构简单，体积小，重量轻，成本低，消耗少；振动小，噪音低，启动行驶平稳，能适应高速行驶的需要。

很明显，转子发动机的上述优点，代表了未来汽车发动机发展的方向，敏锐的日本人意识到，这一发动机技术若能尽早在日本安家，将对整个国家的汽车工业的发展起很大的促进作用。于是，日本下定决心，要把这一技术情报弄到手。

首先，日本人认真分析研究了1959年12月9日的报纸和1960年1月伏尔斯塔的信，断定西德人在转子发动机上已经有很大进展，但在技术上遇到了难以克服的难题。接着日本人通过“技术摸底”，弄到了西德转子发动机基本结构的情报，开始了转子发动机的初步设计。为了能够从西德方面搞到更详细的技术情报，1960年5月，松田拜访了即将离任回国的西德住日本大使哈斯先生，请求他代问内克苏姆公司的转子发动机“有何长处，以便协作”。过了一段时间，西德给日本方面回信表示：希望来人面谈。“曙光”出现了，聪明的日本人按照西德方面的要求，着手技术考察的准备工作。为了保证这次“技术考察”能够有所收获，日本企业与日本政府通力合作，连当时的首相池田勇人和前首相吉田茂都参与了筹划，池田首相还亲自指示日本驻德使馆做好充分准备，为日本的“技术考察”提供最方便的条件，并予以必要的协作。出国前，考察团还收到吉田茂和日德协会会长高桥龟太郎的亲笔信，这一系列的准备工作为“技术考察”的成功奠定了良好的基础。

1960年9月，日本组成了以汽车公司经理、设计处长、情报调查室主任为首的5人赴西德考察团。在西德，他们参观了转子发动机试验室，并试乘了由转子发动机装配的小汽车，在乘坐这种小汽车时发现汽车启动加速都十分平稳舒服，这使日本人震惊，并为之倾倒，这就更坚定了他们引进这项尚在试验中的新技术。但在技术协作座谈会上，西德提出日本转子发动机汽车不能进入欧洲市场的先决条件，而日本则认为，亚洲多为发展中国家，轿车市场十分狭小，日本坚持要面向“世界市场”。双方互不让步，争执不下，最后使“技术协作”告吹。但日本最终还是高价购买到一台不足200马

力的转子发动机样机,以取得了实物情报的胜利达到了预期的目的。

日本人取得样机后,并未就此罢休,他们为了弄清楚西德已经研制出的转子发动机为什么迟迟不投入批量生产的原因,又以"进修"为名,派出了第二个考察团。在"进修"期间,考察团进行多次探询,西德方面都以"还有些问题,但很快能得到解决"来搪塞。日本人见状,知道其中必有奥秘,经过多方刺探、访问,终于弄清了"问题"的症结,就是在发动机启动后不久,由于外壳里发生震痕(波状磨耗),使效率急剧下降,而不能使用,正是这一致命弱点阻碍了西德投产。这一情报的获得,使日本人欣喜若狂,这为他们抢在西德前面试制、投产提供了契机。

于是,日本在出色地完成了两次考察之后,立即组织精兵强将开始了紧张的研制工作。经过将近一个月的艰苦工作,日本自制出了第一台转子发动机,经过200小时的运转试验,西德的"难题"重新在日本人这里出现,在机会与困难面前,孤注一掷,这正是日本人的特点,他们把全部研制人员集中起来,针对"难题",夜以继日攻关,总共进行了500多次设计,5万多小时的实验,毁坏了5000台转子发动机,仍没渡过外壳震痕的难关。正在此时,一直密切注视着国内外技术动态的情报部门传来一条消息说,日本石墨公司试制成一种比石墨强度高10倍的焦性石墨新产品,而且有润滑、溶点高和不出震痕的长处。这一消息使转子发动机的研制者们如获至宝,他们受此启发,迅速研制成功一种新型的密封片,经每分钟5000转的672小时的高速试验,运转正常,性能良好。

就这样,日本人的转子发动机突破了最后一道技术难关,把10年前就占据转子发动机王位的西德抛在了后面。

1968年8月,在由11国共59辆名牌汽车参加的马拉松汽车拉力赛中,大半汽车发生故障而中途抛锚,而日本的转子汽车在坎坷不平的山路上急行84小时安然无恙,顺利到达终点,名列第四。这一成绩标志着日本汽车工业已经跻身世界先进行列。

用敌间谍,传假情报

在错综复杂的间谍战中,如何才能巧用反间计战胜对方,对企业的决策者来说,的确是个严峻的考验。这是"智者无敌"的最高体现,也是修炼到"无形无色"的厚黑最高境界后迸发出的智慧光芒。

在美国铁路争霸战的激烈争夺中,铁路巨头古尔德巧用反间计,战胜了老对手范德比尔特,为反间计谱写了辉煌的一页。

萨斯克哈拉铁路是煤炭、钢铁、石油的黄金通道,华尔街的后起之秀古尔德和脾气暴烈的风云人物范德比尔特都虎视眈眈,企图将这条铁路据为己有。

范德比尔特为增加自己竞争的实力,特地把古尔德的大仇人第尔拉了来,结成了联盟,一致对付古尔德。古尔德前景不妙,明显处于不利地位。

第尔与古尔德曾有很深的渊源,在争夺伊利铁路的收购战中,第尔施展诡计,让古尔德顺利得手,不料古尔德忘恩负义,等到大功告成,就将第尔一脚踢开,因此第尔对古尔德恨之入骨,发誓要报昔日的一箭之仇。

古尔德面对不利局面,决定使用反间计,反败为胜。他对第尔的为人有

深刻的了解，知道此人惟利是图，为了金钱连父母都可以出卖，因此决定用重金策反第尔，让第尔为自己所用。

果不出古尔德所料，一大沓花花绿绿的钞票顿时让第尔双眼放光，把双方昔日的仇恨都忘到了九霄云外，满口答应了与古尔德合作的要求，充当了间谍的角色。

第尔向范德比尔特献计，收购古尔德的伊利铁路股票，可以让古尔德顾此失彼，阵脚大乱。范德比尔特信以为真，掏出巨资大量购买该股票。古尔德为此专门设立了一个小型印刷厂，大量印刷这种假股票，在很短的时间里，就以一堆废纸骗取了范德比尔特700万美元。等范德比尔特察觉，古尔德一伙人已将这笔巨款换成金块，连夜偷渡越境。

范德比尔特暴跳如雷，可也无计可施。古尔德的重金策反的方式，把第尔收买过来，反间计大获成功。

这是反间计的第一种方法。

美国环球航空公司以"优质服务"的举措吸引乘客，引起了老对手太平洋航空公司的深深不安，于是太平洋航空公司派出间谍帕克前去刺探。

环球航空公司得知情况，不动声色，暗中掌握了帕克的一举一动，发现帕克常常以乘客的身份，在候机大厅里观察公司公布的周内旅客搭乘人员数字。于是环球航空公司故意公布一些假数字，让周内旅客人数在1万上下波动，显示出了极其平稳的状态。而事实上，"优质服务"已显示出了神奇的效果，周内旅客人数已接近3万，且以迅猛的态势增加不已。

帕克却信以为真，得出了"优质服务"不值得过虑的结论，太平洋航空公司因此放松了戒备。环球航空公司抓住这一良机，养精蓄锐，壮大了实力。当环球航空公司已有足够的实力战胜对方时，才猛然石破天惊地公布了"3万"的数字，令太平洋航空公司大为震动。于是，惊心动魄的降价竞争开始了，太平洋航空公司终因实力不济，以破产倒闭的下场宣告了失败。

帕克是太平洋航空公司派出的间谍，环球航空公司虽然知道得清清楚楚，却故意不加惊动，反而向他传递假情报，迷惑了太平洋航空公司，从而不动声色地壮大了自己，战胜了对手。

这是反间计的第二种方法。

反间计的这两种方法，各有千秋，都是巧用对方间谍，向对方传递假情报，造成对方的错觉，从而使对方作出错误的决策，我方就可以神鬼莫测地达到成功。

市场竞争说到底也是智慧的较量，谁能技高一筹地使用反间计，谁就能在市场中力克群雄，拔得头筹。

派出我方间谍猎取对方情报本就相当困难，利用对方间谍达到我方目的更是难上加难。市场竞争波诡云谲，没有过人的眼光，没有辨别真伪的深刻洞察力，没有驾驭复杂局面的高超技能，是万万不可的。

巧行反间，计胜东方

清晨，亚太大酒店的总经理尹升照例像往常一样提前来到办公室，沏上一杯茶，然后拿起一份当天的《中原工商时报》翻看。突然，报上登载的一

条消息使他松弛的神经一下子紧张起来。

“本报记者报道，本市某著名的东方大酒店将从今日起推出住宿——游乐一体化服务，来酒店投宿的顾客只需交少量的费用，即可参加酒店为其提供的旅行项目，游览项目包括：深圳——珠海——汕头——厦门特区游；桂林——漓江山水游；昆明——西双版纳热带雨林游；宜昌——三峡游；泰缅边境、俄罗斯边境游；世界公园——八达岭；承德避暑山庄——黄金海岸、张家界、九寨沟、黄果树瀑布风景名胜游，还可以游览市区和近郊的所有景点。该店总经理称，这项服务在本市旅店业中尚属首次推出，定会受到广大顾客的欢迎，目前他们已同旅游部门达成有关协定，一切准备工作已经就绪……”

尹升为什么会紧张？原来，《中原工商时报》上所报道的住宿——游乐一体化服务正是亚太大酒店准备推出的一个新项目。由于本市地处中原腹地，距首都北京仅一天的路程，单从旅游资源来说，在全国并不占优势，加之近年来市内又建起了东方、和平、银都等几家大酒店，使本来客源就少的旅店业竞争更加激烈，除每年春、秋的全国性商品订货会能使床位达到饱和外，其他时间有多半床位空闲，酒店的效益连年滑坡。正是在这种情况下，尹升才组成筹备小组，根据从5月1日起施行双休日，工薪阶层有更多的休闲时间这一特点，决定开办这一新的项目，筹备小组已经制出了详细的计划，只是因为最近一段时间，酒店因承办了春季商品订货会，接着又接待了几个大型旅游社团，放慢了计划的实施步伐，不想却被东方大酒店抢先推出。

为什么东方大酒店的做法与我们的构想完全相同，且旅游线路和服务项目等一些细节都很相似，时间上又不相上下，难道真的是巧合？酒店的住宿——游乐一体化服务的计划是在秘密状态下制定的，东方大酒店怎么会知道？难道酒店内会有东方大酒店的人在做间谍？尹升疑虑重重，越想越不对劲儿。

上班时间到了，尹升不动声色地通知住宿——游乐一体化服务筹备小组的成员中止一切筹备活动，此项计划取消。暗地里却派自己的助手了解东方大酒店的情况，并开始清查酒店内的间谍。两天后，东方大酒店传来消息，住宿——游乐一体化服务组织混乱，漏洞百出，这更证实了尹升的怀疑，说明东方大酒店的住宿——游乐一体化服务是在窃取了亚太大酒店的计划

后仓促推出的。又过了几天，秘密清查工作也有了结果，筹备小组高级职员刘某被列为重点怀疑对象。

一周之后，尹升找来刘某和另一位筹备小组成员，吩咐道："虽然东方大酒店先我们一步推出了住宿——游乐一体化服务，但通过我们的调查，他们的收费依然很高，依我看，至少可以再下调15%。所以，我同董事会商量决定恢复这项服务的筹备工作，用较低的收费来战胜对手。请你们二位来，是想请你们制定一个周密的计划。"

布置完任务后，尹升派人日夜监视刘某的行踪，终于获得了确凿的证据。两天之后，东方大酒店宣布把住宿——游乐一体化的收费标准下调20%。这样低的标准几乎使这一服务项目无利可图。

尹升总经理又把刘某叫来，通知他由于东方大酒店调低了收费标准，所以酒店再终止住宿——游乐一体化服务的准备活动，以后也不打算再搞了，请他另辟新路，设计其他服务项目。消息传到东方大酒店，酒店总经理乐不可支，通知下属恢复原来的收费标准，刘某自然得到了丰厚的奖赏。

第二天，东方大酒店就恢复了原来的收费标准。第三天清晨，亚太大酒店举行记者招待会，宣布从即日起推出多路线，多形式，低收费的住宿——游乐一体化服务，可以根据顾客的不同需要，提供不同形式、不同价格的服务，也可以提供其中的食宿、购票等单一单项的服务。这一项目一推出，马上就受到欢迎，加上已施行双休日，工薪阶层有了更多的休息时间，亚太大酒店周密的组织工作和优质的服务，使这服务项目很快获得成功。而东方大酒店的住宿——游乐一体化服务项目因价格一降一升引起了顾客的反感，而且服务形式单调，收费又比亚太大酒店高，参加的人越来越少，没过多久便不得不宣布放弃这一服务项目。

在这个案例中，亚太大酒店总经理尹升为了弄清真相，首先采用了"佯为不觉，示假为用"的策略，把降低收费标准的决定通过重点怀疑对象刘某传递给东方大酒店，从而既证实了自己的怀疑，又使东方大酒店即使开办这些项目也无利可图。其次，又采用了反渗透的方法，把自己的助手派到东方大酒店了解情况，并清查自己酒店内潜伏的间谍。

间谍渗透，侦破巨案

国际信用商业银行是一个被国际黑社会及其某些国家的达官要人严重渗透和控制的银行，主要罪行是参与诈骗活动及走私武器、贩卖毒品、为黑社会洗钱等，是寄居在西方国家经济肌体上的一个巨大毒瘤。该行创建于1972年，创业时注册资本为1000万美元，在短短的19年时间里，资本迅速膨胀到200多亿美元，被国际经济学家誉为世界金融界的一颗"超级新星"，而外界却很少有人知道，其绝大部分资本是靠非法活动所得。对此英美情报机关通过渗透到黑社会和金融界的间谍早有察觉，只是抓不到有力的把柄。

为加快侦察步伐，1986年MI—5派出两名高级反间谍人员打入该行总部（总部设在伦敦），通过上下结合的方法，取得了银行决策层的信任，坐上了两个重要部门经理的宝座。随着秘密调查的深入，他们发现存在的问题远比他们想的要严重得多，涉及的犯罪团伙也不仅仅是国际黑社会犯罪团伙，一些国家的政府要员，尤其是中东一些国家的政府要员、皇亲贵族如沙特阿拉伯、伊拉克、科威特及巴基斯坦、巴拿马等则陷得更深，他们通过自己的代理人，实际上是产业间谍，对银行业务包括信息进行控制，从而为他们走私军火、毒品以及洗钱大开方便之门。一些阿拉伯国家上层人物利用外交邮袋走私黄金、贵重首饰和工艺品，逃避海关检查，几乎是公开的秘密。如法国情报部门反间谍官员在对外交邮袋做手脚时，就曾不止一次地发现，外交邮袋中并非装着外交函件、资料或物交物品，而是贵重走私品。对于他们参与走私武器和洗钱则知之不多。早在1988年2月美国迈阿密州和联邦大陪审团就发现巴拿马总统诺列加多次参与走私军火、贩毒、勒索、洗黑钱，与黑社会相勾结等严重罪行，并一再提出惩治警告。1989年12月，布什总统下令，将其抓到美国受审。在其诸多犯罪事实中，其中之一就是利用国际信用商业银行洗钱。这些情况，美英反间谍人员及时进行了沟通。MI—5投鼠忌器，一方面深感问题惊人，另一方面又怕揭露真相后伤害一些国家的军政要人，甚至引起微妙的外交关系危机。

CIA对MI—5的工作进度不满，1988年将自己的几名反间谍人员渗入进该银行。为首的间谍罗伯特·马佐尔，原是CIA派驻美国海关总部的高级间谍。马佐尔等人在确实掌握证据之后，秘密建议CIA对该银行的5名基层负责人实行秘密逮捕并起诉，CIA接纳建议起诉成功，进一步打开了侦破的缺口，加快了侦破速度。

经过美英反间谍人员通力合作，前后达5年之久，克服了来自于官方和黑社会势力以及其他国家的种种阻力，终于查明了该银行资本高速积累的底细和来龙去脉，并拟订计划，准备对其采取行动。1991年7月5日下午1时，伦敦警方十多辆警车呼啸来到伦敦国际信息商用银行大楼前，从车上跳下一群荷枪实弹的警察，迅速将大楼围住，另一群警察则冲进银行的门厅，走廊和机要室、计算机室、会计室、金库等要害部门，命令所有工作人员立即放下手中工作，起立、离位、听候命令、顾客退出，银行官员、职员面面相觑，不知所措。这时，一位文职官员用广播高声宣布：“女士们、先生们，请不必惊慌！我代表英国国家银行清盘委员会，奉命前来查封国际信用商业银行，请各位配合我们，全部库存资金一律冻结，全部文书档案查封。交结

完毕之后各位尽可回家，但必须随时听候传唤。至于原因，对不起，无可奉告，有关方面会正式宣布。”

银行官员、职员听完宣告如晴空霹雷，炸作一团，一些人痛哭失声，一些人当场晕了过去。因为他们知道所谓“清盘”是怎么一回事，这意味着不仅可能丢掉饭碗，而且在该银行里的毕生积蓄、股票，此刻被冻结，将来还可能化为乌有。与此同时，国际信用商业银行在英国本土上的 25 家分行，也都上演了与刚才相同的一幕。然而，以上这些仅仅是这次席卷全球金融大风暴的一场小小的序幕。7 月 6 日，卢森堡金融管理局采取行动，查封了该银行集团设在卢森堡的总部，紧接其后的是美国、法国、西班牙、瑞士相继采取行动，冻结资产总额 200 亿美元。再接着，日本、香港、泰国、新加坡……69 个国家和地区的 200 多家分行被停止营业活动。这样，这颗国际金融市场上的“超级新星”被打翻在地了。

34计 苦肉计

程婴杵臼，计救赵武

晋景公宠用佞臣司寇屠岸贾，整天游猎饮酒，不理朝政。这时梁山突然无故崩塌，屠岸贾乘机诬陷相国赵朔，晋景公就派屠岸贾率兵前去诛杀赵朔。赵朔的妻子庄姬是晋景公的妹妹，她身怀有孕，即将临产，赵朔自知难于幸免，就让庄姬到宫中母亲处避难，临别时，赵朔与庄姬约定，将来生下男孩，就取名为赵武，并委托家臣程婴养育。庄姬刚走，屠岸贾就领兵到来，将赵朔及其家人一百多口全部杀死。屠岸贾见单单少了庄姬，又听说庄姬有孕，就向晋景公要求搜宫。景公考虑到自己的母亲很喜欢庄姬，不便搜宫，但答应如果庄姬生下男孩，就将男孩处死。过不多久，庄姬在密室中生下了一个男孩即赵武。屠岸贾在宫廷内外密布明哨暗探，严密搜查，但每次庄姬都机智地将赵武藏过。屠岸贾找不到赵武，就悬赏千金捉拿赵武。

程婴见赵武在宫中处境十分危险，就同赵朔的另一个家臣公孙杵臼商量，定下了调虎离山之计，用牺牲他们的生命和荣誉来救赵武出宫。

一天，程婴跑去对屠岸贾说：“庄姬生下赵武后，找了个老太婆暗中抱出宫来，托我和公孙杵臼两个养育。我和公孙杵臼都是赵朔的家臣，我想万一公孙杵臼出面告发，那他就会得到千金的赏赐，而我却白白地断送了自己和家人的性命。因此我就来告发了。”他悄悄地告诉屠岸贾，公孙杵臼把赵武藏在首阳山深处，不久就要逃到秦国去。只有屠岸贾亲自出马立即前往，才能抓到。屠岸贾就让程婴领路率领大批人马直扑首阳山。经过迂回曲折的漫长道路，才在首阳山深处一条小溪旁边找到一座茅屋。程婴指着茅屋对屠岸贾说；“公孙杵臼和赵武就躲在这里。”程婴先上前敲门，杵臼开门出来，看见有这么多士兵，转身就想逃跑。程婴叫道：“你走不了啦，司寇已经知道赵氏孤儿藏在这里，现在亲自来捉拿，你还是赶快将赵武交出来吧！”兵士们一拥而上，把杵臼捆绑起来。屠岸贾问杵臼：“赵武在哪里？”杵臼说：

"这儿没有赵武。"屠岸贾命令士兵搜查，在壁室中找到了一个婴儿，抱出一看，这婴儿的穿戴完全与权贵人家的婴儿一样。公孙杵臼一见婴儿被找到，就奋力来夺，但被士兵们死命抓住不能脱身。杵臼大骂道："程婴，你这个卑鄙的小人！赵朔全家被杀时，我要你一同去与赵朔死在一起，你说为了养育赵氏孤儿应该活下去，现在主母把赵武托付我二人，你又贪图千金之赏，出卖了赵氏后代。我死算不了什么，看你死后有何面目去见赵朔。"公孙杵臼千小人、万小人地骂程婴，程婴羞愧得无地自容，就请求屠岸贾杀死杵臼。屠岸贾命令士兵砍下了杵臼的头颅，接着屠岸贾接过婴儿，使劲掷在地上，只听得一声啼哭，这婴儿就变成了一块肉饼。这时，程婴表面上显得若无其事，但内心深处却像刀绞一般痛苦。朋友的死难，世人的唾骂，更兼着被摔死的，正是程婴的亲生儿子，为了让赵武能出晋宫，程婴将自己的一个与赵武同月出生的儿子交给杵臼，冒充赵武，将屠岸贾引出都城。

屠岸贾离开都城后，对晋宫的监视就放松了，加上又找到了赵氏的孤儿，就更松懈了对出入宫廷人员的盘查。一向与赵朔很要好的大夫韩厥乘机派心腹人员，假扮医生进宫给庄姬治病，把赵武藏在药箱里带出晋宫，藏在韩厥家中。程婴随同屠岸贾回到都城后，不愿领取千金之赏，也不愿做屠岸贾给他的官，悄悄地抱着赵武逃到盂山深处养育。程婴抛弃家庭，背负着千百万人的误解、唾骂，亲自耕作，教赵武学习文化知识，历尽了千辛万苦。经过十五年的艰苦历程，好不容易把赵武养育成人。晋悼公执政后为赵氏平了反，诛杀了屠岸贾等人，任命十五岁的赵武为司寇，嘉奖了程婴、杵臼的忠贞。

要离博信，刺杀庆忌

春秋时期，吴王阖闾刺杀了吴王僚登上王位以后，吴王僚的儿子庆忌，逃奔在国外，招募勇士，伺机复仇。阖闾深知庆忌胆量与武艺高强过人，故对他经常活动极为忧虑，为除政治隐患与强敌，决定派勇士行刺庆忌。对此，伍子胥向他推荐身材矮小、腰大貌丑的勇士要离。要离为"博信"庆忌，便采用了苦肉计。故意智激吴王以残己。

有一天，伍子胥与要离一起，入朝拜见吴王，并要举荐要离为将军，统率吴军去进攻楚国。吴王一听，便怒斥伍子胥："此人身矮力弱，杀鸡无胆，骑马无威，怎能带兵打仗？"要离则呈奏说："大王可谓忘恩到极点了，伍子胥为大王安定了江山，大王却不肯替他报楚王的杀父之仇。"吴王听后，便勃然大怒，说："这是国家大事，非你所知，居然还敢当面责辱寡人，真是岂有此理。"当即命人将要离的右臂砍了，且下狱治罪，并拘留了他的妻子。

过了不久，伍子胥暗叫狱官放松对要离的监视，要离趁机越狱跑了，吴王则趁机下令将要离的妻子斩首示众，以示惩戒。而当要离逃出吴国后，探知庆忌在卫国，便投奔而去，且沿途逢人便诉说自己的冤情。到了卫国见到庆忌后，庆忌先是怀疑诡诈，不肯收容，直到亲见他被吴王致残的右臂，方才相信，且问他投奔自己的意图何在。要离则说："臣闻阖闾杀了公子的父亲，夺了王位，现在公子联合诸侯，想复仇雪恨，所以特跑来投靠您，虽不能替公子冲锋陷阵，但做向导还可以，因为我对吴国的山川地形还是十分熟悉的。

只要能为公子报仇，我亦雪了吴王杀妻之恨，也就算是心满意足了。”但庆忌仍未敢对他深信，直至心腹报告了，要离之妻确被吴王斩首示众了，这时，庆忌才对要离逐渐深信不疑。接着，庆忌便要要离献如何才能复仇之计。庆忌说：“阖闾用伍子胥和伯嚭为谋士，选将练兵，国内大治，我兵微力寡，怎能与他抗衡?”要离则回答说：“伯嚭不过是个无谋之辈，只有伍子胥算个智勇皆备的人才，但却与阖闾貌合神离。”庆忌则追问其原因。要离答道：“伍子胥之所以尽力帮助阖闾，目的在于想借吴兵以伐楚，为其父兄报仇雪耻。但现在楚平王已死，仇人费无极也亡故了。阖闾则要安于王位，天天只顾沉湎于酒色之中，不想替伍子胥复仇了。前不久，伍子胥曾保荐我率兵去伐楚，吴王便曾当面斥责他，且加罪加害于我。由此伍子胥便对阖闾积怨颇深。这次越狱逃跑，也是伍子胥买通狱官才成功的。他曾当面叮嘱我：‘你此去先面见公子，察看动静。若肯为我伍子胥报仇，愿做内应，以赎过去杀君之罪。’公子如果现时还不肯发兵入吴，更待何时呀?”说完便在地上撞头，且俯地大哭。庆忌听罢，则表示愿听他的话，答应在短期内伐吴起兵。接着，又将要离带回自己的根据地艾城，将他作为心腹，且委派他去负责训练军士，修治兵船。三个月之后，庆忌果然兴兵伐吴，分水陆两路向吴国进军。进军中，庆忌与要离同坐在一条兵船上，船到中流，但后面的船却忽然跟不上来。于是，要离趁机对庆忌说：“公子可在船头坐镇，这样，船工们便不敢不卖力了。”只见庆忌坐在船头，要离则用一只手持戟侍侧于一旁。突然水上起了一阵怪风，而要离则转过身去，猛然一戟插在庆忌的心窝之上，直穿出后背。庆忌见自己遇刺，便拼命反抗，将要离两脚倒提在水中沉溺三次，再苦笑说：“你可算是个勇士，连我都敢行刺。”左右兵士要将要离刺死，但庆忌则说：“此乃勇士也，放他走好了。”说完，自己也因流血过多，伤势过重，倒地而死。而要离见自己所施苦肉计，已获成功，任务已经完成，便也夺剑自刎身死了。

要离为了完成自己身肩的政治使命和任务，首先是必须接近吴王的政敌庆忌；其次则是要取得他的信任；最后，则是为其出谋划策，牵着他的鼻子走，且乘其不防，攻其不备，置之于死地。为“博信”于庆忌，要离使用了颇为高妙，且具极大迷惑性的“苦肉计”政治手段：一是佯激吴王，使之激怒，然后为其断右臂，以示惩戒；二是使吴王狱系要离，使之成为阶下囚；三是吴王斩杀要离之妻以示众，使之更欠政治血债。这三部曲中，导演是伍子胥(伍员)，引荐者、放囚者、诡称“离德者”(与吴王)均是他。此三部曲实施后，果然庆忌对要离深信不疑，并将他视为政治“知己”，引为心腹；接着，便按要离所设“伐吴”政治圈套行事。在“伐吴”途中的船上，要离则乘庆忌不防不备，将其刺死。而自己在实施此计中，也付出了断臂、妻斩、杀身的沉重代价。

周瑜黄盖，一打一挨

赤壁大战前夕，东吴兵马总督周瑜召集众将说：“曹操率百万之众，连营三百余里，与我们隔江对峙已近月余，看来这不是一时可以决胜的战役。诸将可领三个月的粮草，做长期御敌的准备。”老将黄盖说：“别说三个月，就是三十个月的粮草，东吴也支付得起。不过，当初都督在我主面前夸下海口说，不日即可破曹。如今却要迁延三个月之久。我看一个月内能破便破，不能破敌，不如依张昭之言，弃甲倒戈，北面降曹算了。我跟随吴主三世，纵横南北，还从未打过这样的窝囊仗呢！”

周瑜见黄盖在众将面前如此抢白他，怒发冲冠，厉声说：“吾奉主公之命，督军破曹，主公有言在先，军中敢有人言降者必斩，你今天在两军交战之际，动摇军心，不杀你难以服众。”当即喝令左右将黄盖推出帐外斩首。黄盖见周瑜要杀他，便大声怒斥说：“黄口孺子，我打江东祖业之时，哪有你来？你今天却在我面前逞威，主公在我面前还要让三分。”

大将甘宁劝周瑜说：“黄将军是东吴老将，请都督宽恕他吧。”周瑜转而斥责甘宁说：“你怎么敢在军政大事上多言多语，乱我军法度？”说着下令让军士把甘宁打出帐外。

此刻在座所有众将都跪地求周瑜说：“黄盖违令乱法固然该杀，但大敌当前，先杀大将恐于军不利，请都督先记下这桩罪过，待破了曹操之后，再杀他也不晚。”周瑜转而指着黄盖说：“如果不是众官求情，今天就斩了你，待破了曹操，定斩无疑。”说罢，命左右军士先打黄盖一百杀威棒。打了五十之后，众官又求情，周瑜对黄盖说：“你还敢小看我吗？暂且先寄下五十军棍，如有怠慢，二罪并罚。”说罢，带着怒气进了寝帐。

众将扶起黄盖，见被打得皮开肉绽，心中无不惨然。在扶其回寨的途中，竟昏厥了几次。黄盖醒来时，只是长吁短叹，只字不语。

军机参谋阚泽来看黄盖时，黄盖令左右侍从统统退出，阚泽问黄盖说：“你过去与都督有仇吗？”黄盖说：“没有。”接着又恳切地对阚泽说：“你我二人情同手足，别人不是我的心腹，我这有降书，求你替我转送给曹操。”阚泽说：“我愿为你效力。”黄盖一听他答应得如此痛快，激动得从榻上滚下来，向阚泽拜谢。黄盖被打的消息，在周瑜营中做内间的曹将蔡中、蔡和早已用密书报告了曹操。阚泽向曹操献书，也得到了曹操纳降的应允，并遣阚泽回江东，为黄盖归降传递信息。

阚泽回来后，与黄盖商议一番，马上写密书告诉曹操说：“黄将军欲来，只因难得方便，寻到机会后，再告知丞相。”

几日之后，黄盖又遣人给曹操捎信说："周瑜这几天守关严谨，因此一直不能脱身，今有鄱阳湖运粮军到，周瑜差遣我巡哨，我因此得便，今夜三更左右，我乘机杀掉运粮吴将，劫粮去降丞相，船上插青龙牙旗的便是所劫的粮船。曹操接信息后十分高兴，于是专候黄盖船到。

当晚，东南风初起，有人报告曹操说："江南有一簇帆幔，顺风而来，船上插的都是青龙牙旗，其中一面大旗上写着先锋黄盖的名字。"曹操笑着说："黄盖投降，真是天助我呵！"

这时，在一旁观望良久的谋士程昱对曹操说："丞相，来船必有诈，不能让他靠近我寨。"曹操问："你怎么知道？"程昱说："粮在船中，必定是稳而重，我看这船却是轻而浮，再加上今夜是东南风，如果敌人用火来攻，怎么抵挡？"曹操说："粮船是稳而重，草船也是浮而轻的，黄盖所劫之船粮草皆有，草船快，必然行在前，这有何可疑？"程昱说："周瑜既然痛打了黄盖，怎么又能用其为先锋呢？他打先锋旗号而来，必定是率军来火烧我水寨的！"曹操听罢，方有所悟，于是派大将文聘率水军去阻击。

文聘刚出水寨阻击，就被来船射倒在船中，船上一阵大乱。这时只见来船直冲入曹营水寨，各船一齐发火，船上军兵都纷纷跃入水中。顿时曹军水寨燃起了大火。

此时此刻，曹操才知道自己中了黄盖的苦肉计。

原来，周瑜本欲往曹营派内间，以控制和把握曹操发起总攻的时机。但用谁为间，一直想不出办法。这时，黄盖来营中议事，周瑜便把自己的苦衷说了出来。黄盖慷慨地说："我愿为都督行此计。"周瑜说："你是东吴旧将，无故降曹，他怎肯信呢？"黄盖说："依都督的意思应当怎么办？"周瑜说："看来只有用苦肉计了。"黄盖说："我受孙氏恩赐多年，今天即使是肝脑涂地我也无悔。"周瑜激动地说："将军肯行苦肉计，是我江东的造化，也是孙氏的大德呵。"黄盖说："都督不必多言，只管吩咐如何行计就行了。"周瑜说："我江东也少不了有曹操的奸细在此，你在这里受苦，曹操也一定会知道，你自己设法用计就行了。"二人如此商议好后，才有了上面的那段精彩表演。

这是中国古代政治斗争中，周瑜所施的典型的苦肉计及成功的范例。此计在实施中，有如下特点：一"苦"则苦在黄盖苦劝周瑜率部降曹遭拒；二"苦"则苦在枉遭重杖，直打得老将军血肉模糊，皮开肉绽，苦委其刑；三"苦"则在黄盖多次给曹操的投降信表的良苦用心和实施计谋，终使曹操不仅不疑，且任听黄盖的摆布，最后在不防不御中间，上当受骗，在苦肉计中深陷计中，全军覆没。

牺牲幼女，陷害皇后

唐朝的铁血皇后武则天，手段十分残忍。

武则天从寺院回到唐高宗身边时，只是一般的妃子，她用尽手段，很快获得了高宗的宠爱。此时，武则天有两个情敌，一个是王皇后，一个是萧皇妃。

武则天一心想夺得皇后的位子。

入宫以后，高宗与武则天男欢女爱，十分快活。武则天经承帝恩，身怀

六甲，生下一个女孩。

一日，王皇后来看武则天，武则天心生一计，她躲入内室。王皇后来到西宫，众宫女出来迎接，王皇后问武氏可在，宫女说是往花园采花去了，一会儿就会回来。王皇后在宫中坐下，听到床上婴儿哭声，就走到床前，抱起武氏的女儿，抚弄一会儿，女孩一经怀抱，就不哭了，一会儿慢慢睡去，王皇后仍将女孩放下，用被盖好，见武氏仍不回来，也不再等，就出宫回去了。

王皇后一走，武则天就从侧室出来，悄悄地到了床前，掀开被子，女孩正熟睡，她狠下心肠，扼住女孩喉咙，将女孩扼死。然后仍用被子盖好，专等高宗下朝。

时间不长，高宗就来到西宫，武则天拈着花朵，迎高宗入宫，二人闲聊几句，高宗问："女儿还在睡吗"？

武则天说："已睡了一大会儿，想必该醒了。"即令侍女去抱女孩。

侍女上前掀开被子一看，吓得说不出话来。武则天问："还睡着吗？为何不把她抱来？"侍女口中才说了个"不"字。武则天佯作不解，亲自到床前去抱女孩，手未及婴儿尸体，就哭了起来，高宗连忙向前，仔细一看，婴儿已经死了。

武则天问侍女："我往御园看花，不过隔了片刻，好好的一个婴儿，怎么会闷死呢？你们快讲个明白。难道是你们与我有仇，害死我女儿吗？"

众侍女赶紧跪下，连说："不敢"。

武则天又道："你们都是好人，难道有鬼吗？"

众侍女道："只有正宫娘娘到此，曾见她坐床抚摩，过一会儿便去了。"

武则天顿足大哭，说是王皇后害了她女儿，高宗初不相信，经不住武则天煽动，最后竟发怒，要废去王皇后。但王皇后并没有过失，害死婴儿的事又无证据，大臣们反对废后，此事只得作罢。

又过了一段时间，武则天又生下一个男孩。争当皇后的资本又多了一些。为了早日夺得皇后的位子，就买通王皇后身边的宫女，将一木偶写上高宗姓名，及生年月日，钉上铁钉，埋入王皇后床下。然后密告高宗，高宗令内侍去挖，挖出木偶。

高宗终于以王皇后无子、嫉妒、行巫术为由废去王皇后，武则天被立为皇后。

武则天在这场斗争中成了胜利者，但她对失败者毫不手软。王皇后和萧淑妃被关在冷宫中，用一把大锁锁着门，只留一个小洞，从小洞中传送食物。

一日，高宗独自一人路过冷宫，看到这一切，心中怀念旧情，对着里面喊道："皇后、淑妃安在。"王皇后、萧淑妃听到是皇帝的声音，悲喜交加。二人哭着说："妾等有罪被废，怎得尚有尊称。"高宗道："你等虽已被废，朕却尚是忆着。"王皇后说："陛下若有情，令妾等死而复生，重见日月，望改此院为迴心院，方见圣恩。"高宗说："朕自有处置。"说完返回。

这件事很快被武则天的耳目报告给武则天，武则天当面诘问高宗，高宗抵赖不敢说实话。武则天竟下一道矫诏，令杖二人百下，又把手足截去，投入酒瓮之中。二人宛转哀号，历数日方才毙命。

萧淑妃临死前恨骂武则天："愿后世我生为猫，阿武为鼠，时时扼阿武喉，方泄我恨。"

武则天得到手下的报告后，就禁止宫中养猫，改王皇后姓为蟒，萧淑妃姓为枭。王皇后和萧淑妃的家人还被充军到边疆。

害死王皇后和萧淑妃后，武则天常常梦到王皇后、萧淑妃披头散发，浑身是血，向她索命，为此她改居蓬莱宫，后来干脆不住长安，而改住洛阳。

武则天所用是"苦肉计"，"人不自害，自害必真。"谁不爱自己的女儿，哪一个母亲肯害死自己的女儿，因此，皇帝相信是王皇后害死了武则天的女儿。

王佐断臂，伪降金军

南宋时期，宋金对峙，互为敌国，两军交战，各有胜负。高宗时，金军主帅兀术率金兵南下，与岳飞率领的宋军在朱仙镇对阵交锋。其中，金军中有一年轻小将，名陆文龙，是兀术收养的宋潞安州节度使陆登的儿子以做义子。文龙不知自己的身世背景，但在金军中却以骁勇善战而闻名。此次朱仙镇战斗中，他曾多次斩杀宋军的重要将领，致使宋军一时颇为失利。

恰在此时，原为杨幺的部属、后投归宋军的部将王佐，见岳飞因失利而愁闷时，便欲援引苦肉计策，以破敌营。但为博得金军的信赖，必须作为受迫害的样子，方能释疑消惑。于是，便用"自伤""自残"之法，他取剑狠心咬牙，将自己的右臂砍下，又将药敷于伤口之上以止血。之后连夜去见主帅岳飞，说明施计的全部意图。岳飞见此，不禁潸然泪下，说："事已如此，你只管去好了，所有亲眷及家事，我自会好好照应。"于是，王佐连夜赶至金营，见到守卫金兵，说明来意，并求见兀术。当见了兀术之后，王佐哭诉说："小臣王佐原是洞庭湖杨幺的部臣，曾受封为侯。只因杨幺事败，小臣无路可走，才不得不归顺了宋营。现今大军到此，大败宋军，又连斩数将。岳飞无计可施，只得挂起免战牌。昨夜他聚集诸将领商议军务，小臣进言说，如今金兵二百万南下，如同泰山压顶，如若再战，犹如以卵击石，实难对敌。不如差人讲和，庶可保全，方为上策。不断岳飞一听，竟勃然大怒，反说臣怀有二心，命人将臣砍去一臂。且要小臣前来降顺报信，说他即日就要来擒捉狼主，杀到黄龙府，踏平金国。臣若不来，他则要再断另一臂，因此特来哀告恳求狼

主。”说完故意放声哭泣，且从袖中取出断臂呈上给兀术验看。兀术听了，心中大为哀怜，就对王佐说：“为你吾家断了此臂，受此大难。现封你为苦人儿之职，在此养活你一生。”又传命军中：“今后苦人儿到处居行，任他行走，违令者斩！”从此之后，王佐每日得以在金军中，随意穿营入寨，行动自由自在，毫无阻拦与顾忌。

有一天，王佐来到陆文龙营中，见有一老妇坐着，便向老人问候。又询及老人何处人士，老妇说是河间府人。王佐又问：“既是中原人，又为何来到此处？”老人则叹息道：“听你口音，也像是中原人士。现今是他乡遇故人了，现说与你听其中原委，想不碍事，只是不可泄露与外人知晓。这陆文龙小殿下可是吃我的奶长大的。他原是潞安州陆登老爷的公子，被狼主抢到此间，做了义子，已经有十三年了。”王佐听罢，心中暗喜，但却安慰老人一番，起身告辞。又过数日，王佐有意随陆文龙的坐骑后行走，文龙一见，便招呼道：“苦人儿，你进来吾家营中吃饭。”王佐便随之进营帐，文龙问：“你既是中原人，那么中原人有什么故事，快讲两个说与我听听。”王佐连声答应，且绘声绘色地给陆文龙讲了西施随“越鸟南归”返回故国，以及“骅骝向北”等怀念故土旧主的故事，使文龙听罢感叹唏嘘不已。从此，便要王佐经常给他讲故事以消闲。有一日，王佐又到陆文龙营帐之中，且声称要讲一个最为精彩的故事给他听，然只能殿下一人听讲，外人不能听闻。于是，陆文龙立即斥退左右侍者，恭候听讲。接着，王佐从衣内取出一幅图画给陆文龙看。画中大堂上地下死着一个将军，一位妇人，且又有一小孩在那妇人身边啼哭，周围则站着许多金兵。陆文龙看完画，不解其意，但见画中为首的一位金军主帅，颇像自己的父王兀术。于是，便要王佐详加解释。王佐则说：“这画中故事所在，正是中原潞安州。画上死的老爷，乃潞安节度使陆登。这死去的妇人，则是老爷的谢氏夫人，这个公子，则叫陆文龙。”陆文龙一听此言，不觉大惊，便问：“此人怎么也叫陆文龙？”王佐则说：“殿下听着，那年金军攻破潞安州，老爷尽了忠，夫人殉了节。兀术见公子幼小，便叫乳母带着，认做义子，现今已十三年了。可叹这陆文龙不但现在不给自己的父母报仇雪恨，反倒认仇做父，好不令人痛心呀！”陆文龙追问道：“难道你说的是我吗？！”王佐道：“对，说的认仇做父的正是你。你若不信，请问奶娘便可知晓实情。”话犹未尽，只见那奶娘走了进来，哭啼说：“将军之话，句句是真，老爷夫人死得好惨哟！”陆文龙听

罢，于是哭着下拜说："不孝之子，那知有这般实情。今日知晓，怎不与父母报仇？"说完便拔剑要去杀兀术，王佐却立即阻止说："公子千万不可莽撞，且再容几时，等待时机成熟，再报仇之后，归返宋营，方是上策。"陆文龙便答应一切听候王佐的调遣和安排。恰在此时，金军中新增"铁浮陀"的轰天大炮，金军统帅兀术大喜之余，传令在天黑时，将此炮调运至宋军营地周围，备好火药，待夜半时进行轰击，妄图将岳家军一举消灭。陆文龙获悉此重要军事情报后，便立即禀告王佐。王佐与陆文龙商定后，决定设法通知岳飞加以防范，其具体办法则是用"箭书"加以通报。于是，当晚陆文龙便将载有金军情报的"箭书"射进宋军营垒之中。岳飞接报后，便立即命令各部人马，撤往凤凰山躲避。待到三更时分时，金营中果然射出轰天大炮，火光冲天，地动山摇。岳飞站立在凤凰山头，见此烟火腾空的情状，不禁叹惜说："多亏陆文龙的一封箭书，及时相告。也更惜王佐的一条断臂，方才挽救了宋军六七十万人马的性命。"不仅如此，待次日天将明时，陆文龙、王佐与奶娘，也趁天色未明，金军营中混乱之际，逃出金营，投归宋军岳飞营地而来。

王佐断臂诈降金，是中国古代政治斗争中，使用自伤、自残之术，以"博赏"政敌，实施"苦肉计"而获大胜的典型事例。在此计的实施过程中，施计者为王佐，行计的对象则是金军主帅兀术与战将陆文龙。其行计中，真真假假，假假真真，目的则在于离间兀术与陆文龙的关系，策划陆文龙反正而归宋，同时又兼做内应获取军事情报，进而获得在战场上难以取得的胜利。究其施计的具体特点，则是如下几点：其一，王佐断臂诈降金，断臂是真，但诡称为岳飞加害则是假；其二，到达金营后，见到兀术，呈其断臂是真，然诈称为此遇害，不得不避祸降金则是真中有假、假中有真；其三，兀术因王佐断臂而"博赏"于他，封为"苦人儿"之职，准其在军营中自由行动，这一切是真。而王佐因其真"苦"之血"肉"，诈称之因由收到了奇计之妙用；其四，兀术与陆文龙的义父义子关系，既是真来又是假，即真中有假、虚中有实。而王佐揭其陆文龙的本来身世，呈其实情，则是真。又以其真，戳穿其假，从而达到策反陆文龙的政治目的。进而为宋军获取与传递重要军事情报，避免了重大的损失与伤亡。同时，王佐在完成自己的政治使命和任务后，则得以与陆文龙、奶娘一起，胜利返归宋营。可见，在施用"苦肉计"策略时，王佐先是以真伤假情，"博赏"于金军主帅兀术。次则真情真事，呈示给陆文龙，以揭其假义父、假义子的"伪情"。在"博"的手法上，前者是以假"博"真(信赖)，后者则是用真(情)揭假(义)"博"真(反正)，足见其政治手法技巧之多样化与艺术化。

雪地长跪，忍辱待机

在古代社会，人们往往把代表最高权力的皇帝和国王比作太阳，但在中世纪的欧洲，人们却说皇帝、国王只不过是月亮，在他们之上还有一个更高的权威，那就是教皇，只有教皇才配称为太阳。教皇是基督教会的首脑。教会本来只是管理宗教事务的团体，但在中世纪的欧洲，由于各个王国内封建主割据林立，连年混战，造成王权衰弱，局势混乱，这时只有罗马教皇可以统一指挥各国、各区的教会，加上各民族又都信仰基督教，因此教会在群众中

影响很大，这就使得罗马教廷成了凌驾于各国之上的政治实体，教皇成了各国国王的共同的太上皇；国王登位、加冕要由教皇来主持；和国王同行时，教皇骑马，国王只能步行；接见的时候，教皇坐着，国王要屈膝敬礼。国王的权力来自教皇，神权高于王权。不仅如此，教会还在各个国家拥有1/3的土地，并且向各国居民收取“什一税”（即每人收入的1/10交教会）。文学、艺术、哲学、法律等都必须为教会和神学服务。一个人从出生、成年、结婚一直到老死，处处都要受教会的管理和控制，教会拥有自己的监狱和刑法，还有“开除出教”的办法来对付一切反抗者，一个人如果被开除了教籍，他的一切社会地位和社会关系也就失掉了。这是一种最令人害怕的惩罚、连国王、皇帝也不例外。

1076年，德意志神圣罗马帝国皇帝亨利与教皇格里高利争权夺利，双方之争日益激烈，发展到了势不两立的地步：亨利想摆脱罗马教廷的控制，获得更多的独立性；教皇则想加强控制，把亨利所有的自主权都剥夺殆尽。在矛盾激化的关头，亨利首先发难，召集德国境内各教区的主教召开了一个宗教会议，宣布废除格里高利的教皇职位；而格里高利则针锋相对，在罗马的拉特兰诺宫召开了一个全基督教会的会议，宣布驱逐亨利出教，不仅要德国人反对亨利，也在其他国家掀起了反亨利的浪潮。教皇的号召力非常之大，一时间德国内外反亨利力量声势震天，特别是德国境内的大大小小的封建主都兴兵造反，向亨利的王位发起了挑战。

亨利面对危局，被迫妥协，于1077年1月身穿破衣，只带着两个随从，骑着毛驴，冒着严寒翻山越岭，千里迢迢前往罗马，向教皇请罪忏悔。但格里高利故意不予理睬，在亨利到达之前躲到了远离罗马的卡诺莎行宫。亨利没有办法，只好又前往卡诺莎去拜见亨利。到了卡诺莎后，教皇紧闭城堡大门，不让亨利进入。为了保住皇帝宝座，亨利忍辱跪在城堡前求饶。当时大雪纷纷，天寒地冻，身为帝王之尊的亨利屈膝脱帽，一直在雪地上跪了三天三夜，教皇才开门相迎，饶恕了他。这就是历史上著名的“卡诺莎之行”。亨利恢复了教籍，保住帝位返回德国后，集中精力整治内部，然后派兵把一个个封建主各个击破，并剥夺了他们的爵位和封号。曾一度危及他王位的内部反抗势力逐一告灭。在阵脚稳固之后，他立即发兵进攻罗马，以报跪求之辱。在亨利的强兵面前，格里高利弃城逃跑，最后客死他乡。

显然，亨利的“卡诺莎之行”是别有用心的。在他与教皇对峙，国内外反对声一片，特别是内部群雄并起，王位岌岌可危的情况下，他想利用苦肉计取得和解，赢得喘息时间，以便重整旗鼓，东山再起，再和教皇较量。结果，他成功了。

制造口实，挑起战争

为了制造进攻波兰的借口，希特勒于1939年8月31日晚，在长时间预谋的基础上，导演了一出十分卑劣的“罐头货”闹剧。

1939年8月下旬，德国继吞并了奥地利和捷克斯洛伐克后，进一步加紧准备实施消灭波兰的“白色方案”。其中，极为重要的一环就是要“巧妙”地制造战争借口。

早在进攻奥地利和捷克斯洛伐克时，希特勒曾打算炮制谋杀德国公使之类的"事件"，作为讨伐对方的口实。但是，按照"白色方案"的要求，进攻波兰需在9月1日开始。预定时间正在迫近，希特勒别无良策，只好实施"苦肉计"。

经过周密策划，希特勒下令党卫队加紧准备实行"希姆莱计划"，即利用集中营里的死囚身着波兰陆军的制服，向靠近波（兰）德（国）边境格莱维茨处的德国广播电台发动假进攻，以便德国可以在指责波兰首先发动进攻的同时，向波兰实施大举入侵。为此，8月初，希特勒曾令最高统帅部谍报局局长卡纳里斯海军上将，向党卫队的秘密警察希姆莱和海德里希发放150套波兰陆军制服及若干波军的轻型武器。希姆莱和海德里希遵照希特勒的指令，立即从集中营里物色了10多名死囚，并给这些死囚冠以"罐头货"的代号，作为制造侵略波兰借口的必备工具。

1939年8月22日，或许主要是因为斯大林在8月21日已复电希特勒，保证苏联将成为一个友好的中立国，使得希特勒兴奋异常。他在上萨尔斯堡召开的德军高级将领会议上，从上午至下午，发表了长达数个小时的演说。他近乎声嘶力竭地高叫，"打垮波兰是第一件要做到的事。目标是消灭有生力量，而不是为了到达指定的界线。""由于季节的理由，必须速战速决。"因此，"我将提出发动战争的宣传上的理由——不必管它讲得通，讲不通。胜利者在事后是没有人问他当初说的是不是实话的。在发动战争和进行战争时，是非问题是无关紧要的，紧要的是胜利。"希特勒要求他的将领"心要狠！手要辣！谁强就是对，心要硬，不要发慈悲！要心如铁石，不要有怜悯！谁若是仔细想过这个世界的道理的话，谁就懂得它的意义就在于优胜劣败，弱肉强食"。随后，德国的报界正如疯狂的纳粹世界一样，是非、黑白被统统地颠倒了。《柏林日报》出现了"当心波兰"的通栏标题。有的报纸称，波兰正是"肆无忌惮地蹂躏欧洲和平与人权"；"华沙扬言将轰炸但泽——极端疯狂的波兰人发动了令人难以置信的挑衅"。8月26日开始，希特勒的报纸转向了集中煽动德国民众反对波兰的狂潮。有的称，"波兰完全陷于骚乱之中——日耳曼人家庭在逃亡——波兰军队推进到德国国境边缘"。有的载，"这样的玩火行为太过分了——三架德国客机受到波兰人射击——走廊地带许多日耳

曼人农舍成为一片火海”。就在德国报界无中生有，宣布波兰已经发动进攻的同时，党卫队的瑙约克斯已经将其领取的“罐头货”运抵靠近波兰边境的格莱维茨，以随时准备制造能够“证明”是波兰首先向德国发起进攻的“事实”。

1939年8月31日中午12时30分，希特勒下达了“第一号作战指令”。下令“对波兰的进攻将按照白色方案所规定的准备工作进行”，进攻时间是拂晓4时45分。“希姆莱计划”作为“白色方案”重要的有机组成部分，预定行动步骤是，以12或13名集中营的死囚，让他们身着波兰陆军制服，由党卫队保安处处长海德里希部下的医生先给“罐头货”注射毒药，再对他们开枪，以便造成枪杀伤痕。然后将这些死尸移至广播电台附近，以此表明这些“波兰陆军”是在进攻德国广播电台时被射杀的。同时，在伪装的“波军”攻占广播电台以后，要由一名能说波兰语的德国人广播一篇波兰语的演说，从而构成波兰士兵进攻德国军队的逼真的现场。最后，要把报界及其他有关人士带往现场，确保外国报界和德国宣传机器获得波兰人首先进攻的“真凭实据”。

但是，到了8月31日，预定的“希姆莱计划”行动方案又作了进一步修改。其实际经过是：当天中午，海德里希向瑙约克斯下达了在当晚8时“攻击”格莱维茨德国广播电台的命令。瑙约克斯迅即向缪勒领取了“罐头货”。该“罐头货”是事先麻醉过去的集中营的死囚。虽然没有枪伤，也没有死，但其脸上抹满了血污，穿着广播电台工作人员的便服，人们很难从他的眼睛等外观判断他是否还活着。“攻击”发起时，先由穿戴波兰陆军军服的德国党卫队人员开枪射击，再将“罐头货”放在广播电台门边的地面上，伪装成被打得奄奄一息的“电台伤亡人员”。党卫队人员“攻占”了广播电台之后，立即由一名能讲波兰话的人，通过一个紧急备用发射台广播发表了约4分钟的波兰语演说。演说完毕，朝天放了几枪，就迅速隐蔽地离去了。

随着“希姆莱计划”的完成，德国军队于1939年9月1日拂晓，大举侵入波兰国境，从北、南、西分三路进逼华沙。与此同时，希特勒在国会的演说中极为“愤怒”地指责着波军进攻格莱维茨。在演说中希特勒摇身变成了波兰的受害者，他声称，“在我同波兰政治家们的会谈中……我指出了德国方面的建议”，而且“没有比这个建议更起码更诚恳的建议了。我愿意在此告诉全世界的人，只有我才有条件能够作出这样的建议，因为我清楚地知道，这样做是要受到千百万德国人民反对的。但是，这些建议却遭到了拒绝”。“整整两天，我和我的政府在等待着，看看波兰政府是否方便，能够派遣一位全权代表前来，但是……我们再也看不到波兰政府有任何诚意同我们进行认真的谈判了”。尤其欺人太甚的是，“昨天夜间，波兰正规军已经向我们的领土发起了第一次进攻”。因此，“我们已于清晨5点45分起开始还击。从现在起，我们将以炸弹回敬炸弹”。

为了激励军心士气，希特勒甚至不顾有的士兵曾亲眼目睹“波兰进攻”实情，在9月1日告德国军队书中撒下了弥天大谎：“波兰已经拒绝了我所期望的两国关系的和平解决，而且诉诸了武力”，波兰进行的“为一个大国所不能容忍的一系列侵犯边境的事件，证明波兰已经不愿尊重德国的边

界”。“为了制止这种疯狂行为，我别无他策，此后只有以武力对付武力”。

尤其值得注意的是，希特勒在卑劣地使用了他的“罐头货”之后，内心深处仍是十分空虚和后怕的。据德国谍报局的拉豪森将军战后在纽伦堡受审时供称，根据希特勒的密令，在实施“希姆莱计划”时，所有穿着波兰陆军制服，参加8月31日晚假冒袭击的党卫队人员，后来“全部被干掉了”。

希特勒对“罐头货”的使用和处置，近似于战争历史上的“苦肉计”。其基本动因和特征，就在于“吃小亏，占大便宜”。一般说来，“苦肉计”的施计方式一是针对直接作战对象的特点，设法将敌诱入预先设定的圈套；二是欺骗外界舆论。“苦肉计”相对容易获得成功的主要原因则在“苦肉”本身所独具的感应力量。因为，按照人之常情，战之常规，一方面任何军队和个人都不大可能自苦其肉，及至无端地自相残杀；另一方面，无论是直接作战对象还是“旁观者”之类的外界舆论，大多不易怀疑那些“血淋淋”的事实和场面。

丢卒保车，牺牲考文垂

1940年11月12日上午，英国情报机关利用已掌握的“超级机密”，破译了德国空军一份极为重要的作战计划，即“月光奏鸣曲”计划：1940年11月14日至15日，德国空军将对英国内陆的中心城市考文垂进行猛烈的空袭。实施这次空袭的目的，是报复英国皇家空军前不久对德国慕尼黑进行的空袭。1940年11月8日，当英国皇家空军得知希特勒将前往慕尼黑的勒文鲍恩啤酒馆，参加“啤酒馆暴动”17周年的纪念活动时，对慕尼黑进行了一场小规模的空袭。这次空袭，虽然因希特勒提前离开了勒文鲍恩啤酒馆而未能将其炸死，但却将在希特勒心目中具有纪念意义的啤酒馆炸毁了。因此，希特勒决定“以牙还牙”，“要对英国进行特别报复”，这就是“月光奏鸣曲”计划。

考文垂，距伦敦90英里，拥有约25万人口，是一个具有悠久历史的、重要的文化、工业城市。在考文垂，有很多著名的古建筑：14世纪建造的圣迈克尔大教堂是英格兰特垂直式建筑最美观的式样，16世纪初期建造的半木材建筑福特医院，14世纪圣玛利商会修建的市民活动中心、圣玛利大厅以及散落在全市的众多狭小、古老的街道，街道两旁砖木结构的房屋和商店等等，都充满着浓郁的英国古典城市建筑的风格，是英国古代建筑的杰作。在工业上，考文垂更是具有极大的重要性：这里，有制造轰炸机的阿姆斯特朗——惠特沃斯工厂，有制造飞机引擎的阿尔维斯厂，有制造装甲车、载重汽车和小轿车的戴姆勒、希尔曼和标准汽车厂，有世界上产量最大的机床厂，还有生产精密仪器、电子和通讯装备的英国活塞环公司、压力机公司等。可以说，考文垂，是英国的最主要的军火库。这个城市对于处于战争中的英国来讲，实在是太重要了！

正因为如此，情报机关破译了“月光奏鸣曲”计划后，火速将情报送到英国的最高指挥机关。如何应付德军的这次空中打击，成了英国首相丘吉尔及其顾问们急需解决的最重要的问题。根据已破译的情报，德军对考文垂的空袭，将由著名的战斗机第100大队作前导。战斗机100大队将

在无线电导航器的制导下飞往考文垂,然后投下燃烧弹引起大火,作为主要轰炸机群寻找目标的标记。大批的轰炸机将从法国的奥利、夏尔特尔和埃夫勒以及比利时、荷兰等国的数个机场起飞,按规定的航线和时间,采取波浪式轰炸战术,实施袭击。战斗机100大队的轰炸所引起的大火,不仅可以作为轰炸机群寻找目标的标记,而且还可以破坏救火队要使用的总水管,从而使救火队无法及时扑灭大火,使火灾扩大。然后轰炸机将交替使用燃烧弹和高爆炸弹,加大对城市的打击程度。计划规定,这次空袭,将投下约15万枚燃烧弹,1400枚高爆炸弹和数百枚降落伞地雷。看到这个计划,丘吉尔及其顾问们不由得倒吸一口冷气:1940年5月14日,德国空袭鹿特丹,只用了57枚高爆炸弹,就将这个古老的城市夷为平地,并炸死了900平民。如果听任希特勒肆意轰炸考文垂而不采取必要的防范,考文垂的命运也就可想而知了!

丘吉尔的高级顾问们随后向丘吉尔提供了几个可供选择的保护考文垂的措施:

第一,调动一切可以调动的作战飞机,采取代号为"冷冲"的行动计划,挫败德国的袭击。英国空军利用"超级机密"和皇家空军的无线电技术情报,已经准确、详尽地了解驻扎在西欧的德国空军各部队的位置和实力。因此,英国皇家空军可以在德国轰炸机最易受攻击的时机——如装弹、集合和起飞时,对其发动攻击;然后,在德军轰炸机群飞向考文垂的途中,对其进行袭扰,迫使他们把炸弹丢在海里或旷野,或打乱他们的战斗队形,使其无法按计划飞往考文垂。

第二,加强考文垂的空防:将英国的400余门可以机动的高射炮火速运到考文垂,集中使用高射炮火,探照灯和烟幕防御,以迫使德国空军只能在高空飞行,不能接近目标。

第三,向考文垂发出秘密警告,提前采取必要的疏散和防护。撤离城内的居民,特别是老人、儿童和医院中的病人。对重要的工业设施采取紧急防护措施。

毫无疑问,不管采取上述哪一条措施,都将减轻考文垂的损失,但是,无论采取哪一条措施,也都得面临着同一个问题,那就是危及"超级机密"的安全:一旦德国人得知英国已经采用了特殊的措施来保卫考文垂,就必会怀疑英国已经得到了空袭考文垂的计划,并对其可能的泄密渠道进行检查,最终将会发现他们的通信密码已经被英国破译。而一旦德国人得出他们的通信密码已经被突破的结论,甚至一旦他们对密码的安全性产生怀疑,都势必会更换新的密码系统,英国手中的王牌"超级机密"也将因此而失去。"超级机密"的安全与一个重要的工业、文化名城的存亡,哪个更重要呢?这个问题,只有丘吉尔本人能够回答。

面对这一两难选择,丘吉尔不得不作出一项悲剧性的决定,即为了保护"超级机密"的安全,任何人都不得泄露考文垂将遭德军袭击这一情报,也不采取任何特别的措施来保卫考文垂,"对这次空袭的一切反应都必须合乎常情"。

1940年11月14日夜,考文垂城沐浴在明亮的银白色的月光之中。一

切都像平常一样。晚7时，一阵急促的空袭警报，惊动了刚刚工作了一天，正在休息的人们，警报发出后几分钟之内，一批批德国飞机开始飞临上空，燃烧弹像雨点般地落遍全城，接着就是高爆炸弹的沉重的爆炸声。“月光奏鸣曲”计划，正像丘吉尔等人事先了解的那样按计划实施着。圣迈克尔大教堂——考文垂最负盛名的建筑物燃起了熊熊大火。到第二天早晨空袭结束后，除了教堂的尖顶和四壁外，一切都荡然无存，与这个古老的建筑物的命运一样，16世纪用半木半砖建造的福特医院只剩下一堆烧焦的木头。全市被摧毁的房屋总计达5万余所。标准汽车厂与散热器和压力机公司，以及大约12个与飞机生产有关的工厂遭到致命破坏。约500家商店遭到破坏。将近200个煤气总管道破裂，遭到破坏的输电线、自来水总管道、污水处理系统和电讯设施不计其数。所有铁路都被阻塞。所有的公园都堆满了碎石瓦块。一个星期之后，几处着火的地方仍在徐徐燃烧。考文垂像是一个遭地震破坏的城市，变成了一片废墟。“月光奏鸣曲”计划完成了它的使命。

一个原本能够采取措施避免更大损失的城市，却因为要保守“超级机密”而眼看着毁灭了。也许人们要问，用一个重要的工业、文化名城的毁灭和数以千计的市民的鲜血来换取“超级机密”的安全值得吗？回答是肯定的：值。在此之前的几个月中，英、德两国之间的空战结果，已经证明了“超级机密”具有的巨大的军事价值。保住这个机密，将有助于英国在今后的长期对德作战中取得优势。考文垂是重要的，考文垂人的生命和鲜血是宝贵的，然而，如果不付出这昂贵的代价，就无法保住“超级机密”，继而失去这一事关对德作战全局的“王牌”武器。没有考文垂的损失，没有考文垂人的生命与鲜血的付出，就将会有更大的损失，更多的人付出生命和鲜血。相比之下，考文垂是“卒”，“超级机密”是“车”，为了全局的利益，必须“丢卒保车”。在此之后的一系列作战中，“超级机密”所发挥的重大作用表明，丘吉尔当时的“丢卒保车”的决策是正确而英明的。

施苦肉计，唤醒民众

众所周知的日本偷袭珍珠港事件，对日本而言，是其不宣而战、突然袭

击的成果;就美国来说,其海军太平洋舰队蒙受了惨重损失,但却使举国上下对日美关系上的和平幻想迅速破灭,从而万众一心,团结奋战。近50年来,世界各国军事家、历史学家对日本偷袭珍珠港曾发表过各种各样的评论,其中一种说法甚为流传:促使日本突然袭击珍珠港获得成功的是美国总统罗斯福的计谋,是罗斯福的苦肉计。

当时,德、意、日法西斯开始在欧洲、亚洲等地正挥舞着战争的大棒,到处侵略,气焰十分嚣张,但他们却有意避开美国这个强大的工业国家,企图使它处于战争的中立状态,留待最后聚而歼之。美国总统罗斯福识破了这一阴谋,为了避免出现这种情况,他希望美国早日同英国、苏联等反法西斯国家站在一起,联合打败未来的敌人。因此,对美国参战抱着积极的态度。但是,美国国内却存在着强烈的反战情绪,维护狭隘民族利益的孤立主义势力影响较大,他们对形势的严重性远没有像美国总统那样深刻的认识,甚至连一些军人也有一种盲目的安全感。怎样才能扭转这一局面呢?

其实,以罗斯福为首的美国最高决策集团,在日美开战前,一直非常清楚地掌握着日本的外交和军事动向。因为美军情报机关凭借先进技术工具破译了日本外务省与驻美大使馆之间从1941年7月1日开战期间的电报达273份之多;日本驻檀香山总领事馆发出的有关珍珠港美军情报的电报,也一份不漏地全被截获和破译。但美军并未相应地采取必要的防范措施。这是罗斯福总统故意留给日军进攻机会的一个苦肉计。

珍珠港(位于太平洋中部夏威夷群岛的瓦胡岛南部,是美国在太平洋上的主要军事基地)偷袭战,是第二次世界大战期间日本和美国之间发生的一场战争。

苏德战争爆发后,第二次世界大战的形势发生急剧变化。日本军国主义认为,苏德开战正是日本进一步向外扩张的大好时机。1941年11月5日,日本军国主义者在御前会议上通过了对美、英、荷开战的决定,以便独霸太平洋地区。

空袭珍珠港,是日本联合舰队司令山本五十六大将主持拟定的,是日本发动太平洋战争的战略计划中一个重要组成部分。日军企图是:以突然袭击的方式发动战争,在开战的第一天消灭美太平洋舰队的大型舰只和航空兵,使其在短期内难以恢复参战,从而改变日美双方在战争初期的海上兵力对比,夺取制海权和制空权,为日本南进夺取诸战略要地解除海、空威胁,以实现其"大东亚"的迷梦。袭击的主要目标是航空母舰,其次是战列舰、港口设备和几个主要基地上的飞机。参加突袭的兵力共有各型舰艇60艘,组成两个编队:突击编队33艘,其中航空母舰6艘、战列舰2艘、巡洋舰3艘、驱逐舰11艘、潜艇3艘和油船8艘,舰载飞机360架,司令是海军中将南云忠一;先遣编队由第6舰队的27艘潜艇组成,担任对夏威夷及其附近的侦察、监视任务。

为了确保偷袭成功,日本大本营采取了大量的欺骗和伪装措施,并进行了周密的组织准备:一、日本在加紧备战的同时,大耍和谈骗局。直到突袭珍珠港前夕,日本的谈判代表还去会见美国务卿,照会美国政府,表示日本不拒绝和谈机会。二、在战略战役上,采取了保密、伪装和欺骗措施。偷袭

珍珠港的计划长时间内只有山本和一、二个军官知道。为隐蔽战略意图，日本大本营在东山举行大规模演习，制造准备进攻苏联的假象。在航线选择上，选定了虽然距离较远、气象不好、补给困难，然而便于隐蔽以达成突然性的北航线，并规定在航行中保持无线电静默。突击时间选在星期日早晨美舰周末返港停泊疏于戒备的时刻。部队的演练、集结都是在严格保密条件下进行的。三、进行反复演练，着重解决偷袭的战术和技术问题。担任突袭的部队除了多次进行图上作业和沙盘演习以外，还于1941年8月中旬起，选择和珍珠港地形相似的日航空基地樱岛进行战术技术训练。11月中旬，各编队又在佐伯湾进行了综合性攻击演习。四、日军为了确切掌握情况，对珍珠港进行了不间断的侦察。日本驻夏威夷领事馆积极搜集目标区情况，及时进行汇报。日本还派出大批间谍，并以潜艇进行侦察和监视，使突击部队及时掌握美军动向。

1941年11月18日，日海军先遣编队驶离日本，向夏威夷出发，执行侦察监视任务。突击编队于11月22日在千岛群岛的单冠湾秘密集结完毕，26日由单冠湾出航，经过12天的航行，完成了3200海里的航程，于12月7日黎明到达珍珠港以北230海里海域，开始组织进攻。从6时起，日本舰载机354架分两个突击波先后起飞，对珍珠港实施突击。

12月7日清晨，珍珠港风和日晴，海波不兴。当日，美太平洋舰队泊港舰只共86艘，其中战列舰8舰、巡洋舰7艘、驱逐舰20艘、潜艇5艘。瓦胡岛上各机场共停放飞机387架。舰上的水兵有的刚刚起床，有的在用早餐或在甲板上散步。7时30分，一个水兵发现有20架飞机向珍珠港飞来，他认为可能是进行演习的飞机而没有在意。稍后，有人看见一架飞机从北低空飞过福特岛，并听到一声爆炸，人们仍认为是一次什么事故。直至日本飞机对美军机场和舰只实施集中突击时，珍珠港的美军才如梦初醒，看清了飞机的标志，发出了警报。福特岛美军司令部广播："飞机袭击珍珠港，这不是演习！"

日军第一突击波飞机183架，于7时55分开始攻击，首先轰炸和压制了希卡姆、惠勒机场和福特航空站，同时对福特岛东西两侧停泊舰只进行攻击。日机还对瓦胡岛上其他机场进行扫射和轰炸。珍珠港霎时间浓烟滚滚，烈火熊熊，爆炸声、警报声响成一片。

第一突击波历时45分钟。8时45分，日军第二突击波171架飞机开始攻击，以扩大第一突击波的战果，持续时间约1个小时。驻岛美军由于毫无准备，因而在日机开始攻击时惊慌失措，难以进行有组织的抗击。空袭5分钟后，高炮才零星射击，岛上32个高炮连，仅有4个连开火。8时15分，才有4架战斗机起飞迎战。此后陆续起飞了25架，但由于仓促应战，协同不好，因而不是被日机击落就是被自己的高炮击毁，整个基地陷于被动挨打的境地。

日军经过约2小时的作战，炸沉炸伤美各类舰艇40余艘，其中炸沉战列舰5艘、巡洋舰1艘、驱逐舰2艘，炸伤战列舰3艘、巡洋舰3艘、驱逐舰1艘、辅助舰5艘；击毁飞机260余架，毙伤美军4500多人。日军损失飞机29架、潜艇6艘，死伤约200人。

日军这次作战组织严密，行动果敢，代价小，战果大，是战争史上成功的突袭战例之一。但这次突袭并未完全达到预定的目的，突袭的主要目标——美国太平洋舰队的3艘航母当天不在港内。其次，日机忽视了对修船厂和油库的破坏，这些设施对美国太平洋般队尔后的恢复和作战活动都起了很大作用。南云在两次攻击得手以后，已是大喜过望，他拒绝了实施第三波轰炸的建议，匆忙收兵溜回日本。

美军失利的重要原因是麻痹大意和判断失误。早在1941年1月，美驻日大使就向本国政府报告，一旦美、日关系处于困难状态，日本将突然袭击珍珠港。11月下旬，美国务卿赫尔提醒内阁，情势已非外交所能控制，日本会以偷袭的方式来开始战争，他建议太平洋守军要注意防卫。12月6日晚，美国截获并破译了日本外相发给驻美大使的《对美通牒》，这通牒意味着战争。美总统罗斯福看后找海军作战部长商谈，作战部长正在看戏，罗斯福就把这份重要情报搁在一边。美军统帅机构在敌情判断上轻敌思想严重。他们低估日本海军的能力，认为日本的主要目标是进攻南洋诸岛，日本舰队的主要任务是为南方作战提供海上支援。由于上层麻痹轻敌，致使珍珠港驻军丧失警惕，毫无戒备。在日美谈判破裂、战争即将爆发的前夕，太平洋舰队所属舰只仍于周末密集停泊在港口，舰上人员照常休假，没有防潜和防空袭的准备。基地飞机也是密集停放，高炮连缺少常备弹药。侦察巡逻计划没有付诸实施，警戒报知系统麻痹松懈。

美军当日没有派出巡逻机，多数雷达没有开机，对发现的敌情误判、漏报、延误极为严重。7日凌晨3时，美艇发现并追踪1艘袖珍潜艇，但直至击沉前未作通报。有一台雷达两次发现飞机接近，值班军官却断定是自己的飞机，未作及时的处置，竟开玩笑似的对雷达兵说："把这件事儿给忘了吧！"因此，在日机猛烈突袭下，珍珠港的美军慌作一团，飞机不能起飞，舰艇不能开动，高炮只有少数开火射击，通讯失灵，指挥瘫痪。美太平洋舰队遭此沉重打击，半年多未能恢复元气。

日军这次作战在夺取制海权的斗争中取得了很大胜利，对战争初期的进程产生了重大影响。但这次偷袭也暴露了日军在战略上的冒险和短见。太平洋战争爆发了。从此时起，美国开始了空前规模的人力、物力动员，决心把反法西斯的战争进行到底。

1941 年 12 月 8 日，日军对美国珍珠港的海军基地狂轰滥炸，惊醒了美国国民的和平梦想。日本法西斯挑起的太平洋战争，几乎一夜之间就激怒了美国各阶层人民，他们对日本法西斯的仇恨陡然增长，甚至较之对德意法西斯的仇恨有过之而无不及，他们强烈地要求政府集中力量打败日本人。当时的一次民意测验表明，主张先打败日本的占 62%。珍珠港事件发生后不到 24 小时，罗斯福就在美国国会发表演说，把这一天称为“一个将永远负着耻辱的日子”，动员向日本法西斯开战。这篇讲话仅几分钟，却数次被掌声所打断，博得空前一致的支持和响应。至此，美国人民同仇敌忾，投入战争，罗斯福总统的苦肉计达到了预期的目的。

“快乐”计划，双方“快乐”

1942 年 8 月 17 日，在夜幕即将降临的时候，一队队加拿大、英国及美国士兵，登上了停泊在英国数个小港口的战舰。登舰完毕，各战舰悄无声息地收起锚缆，驶向了夜色渐浓的大海。当半圆月亮高高地挂在天空的时候，大约 200 余艘战舰，在茫茫的大海上集合起来了。这是一支由加拿大第 2 师的两个旅、英军的两个坦克营及美国海军陆战队一个营组成的总兵力为 6000 人的突击部队。这支部队即将执行的任务是：从海上对法国海岸迪埃普地区的德军发起正面攻击，占领港口，摧毁岸上的德军防御设施，然后从海上原路撤回。也就是说，这支部队的任务，是袭击迪埃普地区的德军，而不是占领迪埃普地区。为保证这次袭击作战，英军出动了约 200 艘舰只，56 个皇家空军战斗机中队。整个作战行动的代号为“快乐计划”。

对绝大多数士兵来讲，他们并不知道自己即将执行的是什么任务，更不知道这次作战会有个什么结果。为了确保这次军事行动的秘密，只有极少数人知道整个作战计划。就连这支部队的总指挥官在登上战舰之前，也以为这次行动是一次演习。当舰队从许多个小的港口零零星星地出发，在远离岸边的指定海域集合后，总指挥官才知道了自己将要执行的任务。看来，保密工作确实做到家了。

然而，英军的这次行动虽然成功地欺骗了自己的人，却没有欺骗住他们的对手——德国人。德军驻守迪埃普地区的部队，早就枕戈以待，等着英军的“光临”了。早在 7 月 9 日，在东普鲁士森林中指挥着苏

德前线德军夏季攻势的希特勒,就发布了一项关于法国沿岸作战的新命令:“由于我们如此迅速地取得了我们的胜利,英国也许面临着这样的抉择,或者是立即举行开辟第二战场的大规模登陆,或者是丢掉作为政治和军事因素的俄国。所以,敌人非常可能于近期内在西线司令部辖区内的地区登陆……登陆地点,首先是海峡沿岸,迪埃普和勒阿弗尔之间的地区和诺曼底。因为敌人的战斗机能够飞到这些地区,还因为,它们处在大部分入侵舰艇的射程之内。”为了欺骗英军,使其不知道防守迪埃普地区的德军实力,西线德军总司令格德·冯·伦斯德元帅精心制定了“波尔多”计划。其核心就是,有意识地让英国的特工人员知道,迪埃普地区和德军,只有作战能力较差的第110步兵师的1400多士兵。这个师在苏联战场上受到削弱。正在海峡沿岸休整。这一计划果然获得了成功。英军情报局根据特工人员提供的情报,向首相丘吉尔报告说:“迪埃普地区仅仅被相当于1个营的德军低级部队和支援部队防守着,总数不超过1400人。”但实际上,防守迪埃普地区的是战斗力非常强的德军第302步兵师,其前沿地区有大约5000余人的一个步兵团,250多名炮兵;可以立即投入作战的预备队有三个步兵营、一个炮兵营、一个坦克营;在其后方,还有一个精锐的装甲师。德军的兵力比英国人知道的要多十几倍!

为抗击英军可能发动的登陆作战,德军从8月1日起,就进入了高度戒备状态。在第一线防御阵地前沿,布下了大约2万枚地雷;阻碍火炮射击的建筑物都已被夷为平地。所有的电话总机和通讯站都由军官操作以确保迅速传递消息和命令。所有的前线部队均是和衣而眠,日夜不离阵地,一切都已准备停当,只待英军来袭。

英国舰只在渡过了漫长的海上航程之后,执行“快乐”计划的部队终于在黎明到达了迪埃普。在袭人的寒气中,一只只登陆舰放下了坐满士兵的小船。一会儿,数以百计的小型舰只接近了岸边。在指挥官的指挥下,一批批士兵跳进两尺深的海水中,开始向岸边发起冲击。一场生与死的搏斗开始了。就在英军的大部分登陆舰靠上岸边,坦克也一辆接一辆地隆隆驶出坦克登陆舰、冲上岸边的关键时刻,德军的猛烈的抗击展开了。顷刻间,机枪声、炮声、飞机的轰鸣声,响彻迪埃普地区。德军猛烈的火力直射正在登陆的盟军部队。一个又一个的士兵还来不及放一枪就被打倒在海水里。战斗力极强的英军丘吉尔式坦克,此时也毫无还手之力,刚刚登上岸,就被猛烈的反坦克火炮打个正着。几十分钟之内,20余辆丘吉尔式坦克被击毁。6000余士兵大部分还没有踏上陆地,就死伤在海水中。在德军炮火和飞机的火力打击下,担任护航和运输任务的英国海军军舰也一艘接着一艘地不断被击沉。很快,盟军登陆部队就溃不成军了。万般无奈,英军“快乐”计划部队的总指挥官只好下令撤退。

当日下午,西线德军总司令伦斯德向希特勒报告了战果:“欧洲大陆上不存在武装的英国人了”。在这次作战中,盟军参战的地面部队人数为6080人,伤亡约3600余人;100多架英国皇家空军的飞机被击落、击伤;30多艘舰只被击沉。而德军只伤亡了500余人。伦斯德高兴地报告希特勒:“他们将不会再这样干了!”

德军西线战场的这次胜利，令希特勒极为兴奋。德国广播电台在向美国广播中以嘲讽的口气挖苦着英国人："在伦敦，他们似乎认为，德国对于自北角到比斯开湾沿欧洲大陆的一切海岸都是攻不克的防线的声明是在吓唬人。英国人当时是多么残酷无情地自我欺骗啊！他们进攻的悲惨结果证明了这一点。"

那么，英国人真的像德国人所说的那样，是在"残酷无情地自我欺骗"吗？英军为什么要冒这么大的风险，以这样沉重的代价，去进行这场规模不大不小，目的仅仅是袭击的行动呢？其实，丘吉尔并不傻，也并不是没有预见到这次行动的危险性，"快乐"计划，只不过是他为了全局利益而牺牲的又一个"卒子"。

若问丘吉尔为什么非要牺牲这么大的一个"卒子"，还得从美、英两国对开辟第二战场的构想谈起。

1942年，德军在对苏作战中连连获胜，攻势凌厉。美国认为，苏联红军已经处于全面崩溃的边缘。而保证苏联能够继续对德作战，对美、英两国的利益来讲，都是至关重要的。因此，必须设法减轻德军对苏联红军的压力。为此，美国提出了一个代号为"铁锤"的作战计划。这项计划的核心是：1942年7月前后，英、美军在法国西北部实施一次大规模的登陆作战，夺取海岸的滩头阵地。然后，从这个滩头阵地出发，在1943年发起代号为"围捕"的全面作战行动，消灭西线德军，迫使德军从东线，即苏德战场上撤回一部分兵力。美国认为，只有这样，才能彻底击败德国。然而，对于美国的这个设想，英国却不敢苟同。英国认为，虽然横渡英吉利海峡在欧洲大陆登陆是不可避免的，但是，由于德国强大的军事力量还没有被削弱，在发起这样的进攻之前，还必须进行长期的、艰苦的和流血的斗争，以分散德国的兵力，消耗德国的力量。因此，英国主张采用一种不声不响的、耐心的和间接的战略。英国领导人甚至认为，如果德国的军事、经济力量被削弱到某种程度后，德军可能在某种压力下被迫从法国撤退，而如果出现这样的局面，英、美就可以不必冒登陆作战的危险而重返欧洲大陆了。基于这种认识，英国提出，发动一个大规模进攻的谣言攻势，诱使希特勒相信英、美将在1942年进攻法国沿岸，以此达到使希特勒从东线撤回部分兵力的目的，而不是实施美军提出的有近百万人、数十个师参加的"铁锤"行动。为了使这些谣言更加可信，可以进行一场小规模的实际进攻作战，这就是后来的"快乐"计划。

英、美两国军方高层人士几次协商，均因战略构想不同而不欢而散。到1942年6月，苏联战场上又传来了坏消息：在苏德进行的克里米亚大战中，苏联红军又损失25万人。这一消息，更加深了美国的忧虑。迅速在法国开辟第二战场的呼声更高了。苏联政府为减轻德军造成的压力，派外长莫洛托夫先后到英国、美国，提出了英美应迅速开辟第二战场的要求。美国总统罗斯福也正式向莫洛托夫做出了在1942年内开辟第二战场的承诺。这样一来，反对在1942年内开辟第二战场的英国首相丘吉尔坐不住了。为劝说美国放弃这一计划，6月2日，丘吉尔亲自飞到美国，同美方领导人进行了多次会谈。7月8日，丘吉尔作出最后决定，英国不支持"铁锤"计划。他在给美国总统的电文中写道："没有任何一个有责任心的英国陆军将军、海军

或空军将领准备推荐‘铁锤’计划作为1942年的切实可行的作战方案……使‘铁锤’计划成为妥善的、切实可行方案的条件是极不可能具备的。”

丘吉尔的这个决定，激怒了美国军方。7月15日，美军参谋长联席会议主席马歇尔给丘吉尔去了一封措辞极为强硬的回电，告诉丘吉尔说，他本人及海军上将欧内斯特·金、哈里·霍普金斯马上就要来到伦敦，“除非你能使马歇尔相信，你对‘铁锤’计划是决不动摇的，一切迹象表明，我们现在已经达成协议的战备要被全部推翻，美国要撤退到大西洋上单独作战，而使英国在美国的有限援助下尽最大努力设法对付德国”。这封冷冰冰的回电，实际上是向丘吉尔传递了一个极为危险的信息：英、美两国的军事同盟，很可能因对“铁锤”计划的不同看法而破裂。英、美两国的军事同盟，对于处于战火之中的英国来讲，是重于一切的。可以说离开了实力强大的美国，英国是无法战胜德国的。然而，如果为了使同盟关系维持下去而放弃自己的主张，同意“铁锤”计划，那么，在目前的情况下，同样将招致严重的失败。按英军的估计，实施“铁锤”计划，将会使英、美军损失50万兵力，大量的军用物资，大部分海军和空军力量，最后的结局就是输掉这场战争。丘吉尔为难了。

要既不使英、美两国的军事同盟关系破裂，又能够避免因实施“铁锤”计划而可能遭受的失败，办法只有一个，让美国人自己亲眼看一看登陆作战的危险，让他们自己放弃这一主张。为了这个战略上的重要，丘吉尔决心再来一次丢卒保车了。7月15日，丘吉尔下令，立即着手进行“快乐”计划的准备，向迪埃普地区的德军发动一次海上登陆作战。这次作战虽然注定要失败，但它对于全局有利：可以使美国人从中知道现在进行大规模登陆作战的条件还不具备，从而自己放弃“铁锤”计划；可以对陆海空联合作战新理论进行实战试验，为以后的大规模登陆战换取宝贵的经验；可以迷惑希特勒，使其注意力转移到西线来，从而减轻东线战场苏军的压力。就这样，从一开始就注定要失败的“快乐”计划实施，并最终以英军的惨败而结束了。

“快乐”计划，这个在战术上毫无可取之处的行动，却在战略上，为英国赢得了高分。8月21日，就在德国人为迪埃普抗英军登陆作战的胜利而欢庆的同时，丘吉尔也发表了自己对“快乐”计划的看法：“我对于‘快乐’计划

的总的印象是，结果充分证明重大代价是值得的。”在第二次世界大战结束后，丘吉尔再次谈到了迪埃普作战的重要意义：“迪埃普在这次战争的历史中占有它自己的地位，可怕的伤亡数字不应该把它列为一次失败。它是代价高昂，然而不是没有收获的武装侦察。战术上，它是经验的宝库。它使我们的看法上的许多缺点，明明白白地显示出来。它教导我们及时地建造各型的船只和装备以备后用。我们再一次认识到，在一次遭到抵抗的登陆战中，猛烈的海军炮火具有强大支援的价值。因此，我们的海上炮击和空中轰炸技术自此以后得到了改进。最重要的是，它表明，只凭个人技术和勇敢，用无严密的组织和联合训练是不会成功的，而配合作战是胜利的秘诀。这只有训练有素的、组织完善的两栖作战队伍才能做到。所有这一切教训我们都铭记在心了。在战略上，这次袭击使德国人更加意识到，被占领的法国的整个沿岸地区存在着危险。这有助于把德国人的兵力和物资牵制在西方，在减轻俄国人的压力方面起到一些作用。光荣归于勇敢牺牲的人们。他们的牺牲不是徒劳的。”

的确，正如丘吉尔所说的那样，“快乐”计划的失败，给英、美同盟国带来了巨大的战略上的收益。迪埃普登陆战后，希特勒对同盟军进攻法国的恐惧再度复活了。他相信，虽然英军在迪埃普遭到惨败，但还会卷土重来。因此，希特勒下令，抽调大量的人力物力，加速修建大西洋墙，特别是加莱走廊的塞纳河和斯凯尔特河之间的地区，必须构筑最坚固、最多的新防御哨所。同时，德军统帅部还将其最精锐的15军集结在这一地区，以防范英、美军的进攻。“快乐”计划还使希特勒相信，盟军在进攻法国沿岸时，将取道大港口，因此，在兵力部署上，希特勒和他的最高统帅部将主要兵力和工事都集中在海峡港口及其附近，在港口之间的沿岸只留下牵制兵力。但是，盟军的指挥官们却从“快乐”计划的失败认识到，对严加防守的港口进行正面攻击是行不通的，因此决定以后将不再进行这样的登陆行动。盟军包括那些曾坚持认为可以取得大规模登陆战胜利的美国高级将领们，还认识到了这样一个事实：即德军在西线驻扎着强大的兵力。只有在希特勒被迫将他的军队分散在整个“欧洲堡垒”的情况下，进攻才能获得成功。而要达到分散德军兵力的目的，必须进行大规模的战略欺骗。总之，“快乐”计划的失败，使英、美同盟关系得以保持，使英、美同盟军获得了宝贵的经验教训，同时，还给希特勒及其统帅部造成了许多错误的信念。在迪埃普登陆战中勇敢牺牲的人们的鲜血没有白流。

残盗情报，歪打正着

60年代初，日本的汽车工业远远落在美国的后面。为了振兴汽车工业，日本想了很多办法，都没有起到很大的作用。为此日本一家汽车公司想出了一个办法，从公司的高级职员中选出一批人才送到美国去学习。学习是假，实为借此获取情报。

木村到了美国一家汽车公司，学习了一年多，但是，这家汽车公司对他十分注意，从来不让他接近关键的设备。眼看着就要回国了，还没有得到要害的东西，为此木村的心里十分着急。

这一天，木村接到了日本国内来的电报，打开一看是公司来的。电报内容如下：木村先生，如果你拿不到我们需要的东西，就不要再回日本来了，本公司也将不再录用你。

这对木村是个很大的压力，因为当时到美国来，公司要出很大的一笔钱。木村现在一无所获，公司没有向他要债，已经相当不错了。

到了这天晚上，木村一个人到酒店去喝酒，由于心情沉闷，不知不觉就喝醉了。昏昏沉沉之中想来想去，也没有想出什么好办法。

等他走到街上的时候，他突然想到了自杀，在美国这个地方结束自己的生命，也是一个很有意思的事情，反正不成功便成仁，这也没有什么不好。正当他想着的时候，一辆高级轿车迎面开了过来，木村借着酒劲，一头撞了过去。汽车立刻刹车，可是已经来不及了，车轮从木村的一条腿上压了过去。木村疼得一下子昏了过去，等他醒过来的时候，发现自己躺在医院的病床上。

这时候，有一个美国人走了过来："先生，你好些了吗？"

木村对那个美国人看了一眼，就再也不理他了。这个美国人告诉他，他是美国一家汽车公司总经理的秘书，是总经理的车撞了他，问他有什么要求。

木村说："我没有什么要求，我只想快一点死在美国！"

秘书连连说："木村先生，请你不要这样，你有什么要求可以尽管提，我们总经理说了，只要有可能我们会尽量满足你的。"

木村这时候想到了苦肉计，这不是机会来了吗？如果不是一头撞到总经理的车上，能有这个好机会吗？想到这里，他便对秘书说："我的一条腿已经没有了，到别处怕是连工作也不好找了，能不能给我在公司里找一个终身的工作，我可以一直干到退休。"

过了几天，秘书来告诉他："总经理说可以为你养老，不必来公司工作。"

木村一听急了，说："我不想让别人养活，我可以到公司里干清洁工，如果不同意我的意见，那我只有死路一条！"

总经理看到木村态度很是坚决，只好同意了他的请求。

从此，木村到公司里当了清洁工，他工作十分卖力，常常加班加点，全厂每一个角落都被他打扫得干干净净。一些重要设备车间他也常常去打扫。开始有的人对他不放心，后来一想，这是他的终身工作，像他这样一个残疾人，离开了公司也是无法生活的。

一年之后，木村提出了回国探亲的要求，公司为他买了飞机票。临走时，又派人秘密检查了他的行李，没有发现可疑之处。

回到日本，木村从假腿中取出了微型胶卷。两年之后，大量的日本汽车拥入美国，压得美国人喘不过气来，直到有一天，当美国汽车公司的总经理，在谈判桌上看到日本公司首席代表——一条腿的木村先生时，这才恍然大悟，可是已经晚了。

自我攻击，力挫群雄

在计算机市场上，IBM 是一支实力雄厚强大的计算机集团，它一直占据着这一行业的领先地位，其成就令人瞩目。

IBM 不断将它挑战的竞争对手打倒在地，并踩上一只脚，令对手永世不得翻身。这一竞争态势咄咄逼人，大有弱肉强食的残忍和刀光剑影的血腥。

战场上是不能讲慈悲仁爱的，商业竞争也是如此。

IBM 计算机集团从诞生至今已经历过好几次计算机市场的生死搏斗，在这些关键时刻，假如它没有奋起抗争，甚至不惜采用自己攻击自己的苦肉计的话，那么现在濒于失败和破产的早已是它自己了。

IBM 在战胜兰德公司后，很快又遭到陆续强大起来的竞争对手的联合攻击。

这次围攻前所未有，所有的竞争对手都将目标直接指向 IBM。不顾一切大作广告。

锹蒙森公司的广告这样说：只需花与 IBM 个人计算机不相上下的钱，便可买到锹蒙森——最有价值的个人计算机。

另一家广告这样说：只花×××美元无法买到 IBM 个人用计算机，请选用变色龙系列。

著名的王安电脑公司也以不示弱：我们正全力追赶 IBM，我们渴望着与 IBM 一决雌雄，我们已经为此做好了准备。

一家先锋公司大言不惭：1983 年秋日的某个星期一，人们发现先锋个人计算机在技术上超过了 IBM 产品，价格却只有 IBM 的一半。

门罗公司则宣扬“IBM 产品过时”的理论。

这场围攻 IBM 广告大战，仅广告支出就高达三十亿美元。面对众多的竞争对手，IBM 该怎么办？四面出击，八方迎敌吗？

IBM 采取了最优秀的防御策略，调转枪口，攻击自己！这种策略曾使吉列刀片风靡全球，也使通用汽车雄跨汽车之冠。它也能使 IBM 转危为安，保持领先地位。

所谓的攻击自己，是指不断推陈出新，用更新型更优良的产品取代自己的旧产品。IBM 提出一个流传甚广的广告词：比 IBM 更便宜，更好。不断移动的新目标加大了攻击者攻击的难度，而且在顾客中的声誉也进一步提高。

新产品向顾客传达着这样的证明，IBM 的产品始终占据着计算机行业的最高峰。

首先推出的新产品是 XT 型个人计算机，它具有硬盘装置，能够储存 5000 页资料。

不久，装备有全新微处理机的 AT 型个人计算机又问世了。有关专家认为这项新产品的功能已远远超过现有的计算机，而且价格又非常便宜，预料其销量将超过原有产品的总和。

在计算机新产品展示会上，十万观众目瞪口呆，IBM 推出的 AT 型个人计算机大放异彩，没有一家计算机公司能与之抗衡。

个人计算机制造业陷入危机之中，导致这次危机的是 IBM 公司，无数的计算机公司被迫倒闭或严重亏损。

IBM 用攻击自己的策略取得巨大胜利。

伤害自己，蒙骗对方

以自伤的方式来蒙骗对方，从而达到自己的目的，这就是让人触目惊心的“苦肉计”。历史上最早的记载当属战国时期要离断臂刺庆忌，而黄盖的“苦肉计”更为著名。

“苦肉计”是原 36 计中的第 34 计，是一种极“厚”又极“硬”的计谋。按照人之常情，自己伤害自己的事情只有疯子才会做，因此一旦谁这么做了，就会使所有的人误以为他受到了真实的伤害，从而给予他极大地同情，对他不加丝毫防范，而他恰恰利用了人们的这种心理，暗中行动，为战胜对手不择手段。

“苦肉计”一旦实施成功，就会使对手在毫无防范的情况下突然出现全面败退的局面，从而使自己获得巨大的收益，这种收益常常要比“苦肉计”中自己所受的损失大出数倍、数十倍、数百倍。等到对手识破自己“黑而亮”的面目时，已为时太晚。

“厚而硬，黑而亮”，虽然在“苦肉计”中自己首先要有所损失，但最终会把自己炼成金刚不败之身，再也不会让对手捞到任何便宜。

在市场竞争中，自伤的方式比比皆是，手段各显其妙，看似伤害了自己，其实利在长远。

有一个日本人到丹麦旅游，非常“碰巧”的是，他出了车祸，被丹麦大名鼎鼎、实力雄厚的啤酒厂的总裁的汽车压断了一条腿。啤酒厂总裁急忙把他送入医院治疗，他只提出了惟一的一个要求，希望伤好后到啤酒厂看大门。这个要求低得出乎意料，啤酒厂总裁异常高兴地同意了。

伤好后，他果然到这家啤酒厂当上了门卫。由于他工作异常勤快，善于和厂里职工搞好关系，因此厂里许多人，甚至包括高层职员都常常来到门卫室，和他闲聊厂里的情况。

3 年后，他已经把这家啤酒厂极其保密的生产过程掌握得一清二楚，于是果断辞职，回到日本，开设了一座极有规模的啤酒厂，发了大财。

他施展“苦肉计”，不惜牺牲自己的一条腿，从而掌握了一套完整的啤酒酿造技术，获得了事业的成功。他的“苦肉计”与黄盖如出一辙，都以残

忍地伤害自己的身体以博取对方的同情。

另外一些企业家使用"苦肉计"伤害的是自己的产品,他们对自己的产品当众进行破坏性实验,以证明产品的质量过硬。

江苏射阳县沙发床垫厂研制了"苏鹤牌"席梦思床垫,投放市场,反应冷淡。该厂毅然把这种床垫运到马鞍山市,铺在人来人往的大街上,用一辆十吨重的卡车来回碾压,结果床垫完好无损,顿时轰动全市,并进而传遍了全国。这种床垫由于有如此过硬的质量,很快就走俏全国,供不应求。

当然,进行破坏性试验,是要有过硬的产品质量作基础的,否则只能适得其反,自取其辱,把好端端的宣传活动搞成一场闹剧。

德国一家汽车公司更加别出心裁地制造"苦肉计"的效果,在墙上挖出一个大洞,把一辆汽车恰如其分地嵌进去,为的是向世人显示汽车碰撞能出类拔萃,吸引了过往行人的围观,收到了出奇良好的效果。

独具慧眼的企业家会巧妙利用社会公众对自己形象的攻击,上演一出"苦肉计"的好戏,看似贬低了自己的形象,实际上却别有用心,无意中使自己的形象大放光芒。

英国麦克斯亚州法庭接到一位妇女的离婚申请,原因很简单,她丈夫过于迷恋足球,常常把她晾在一边,使她孤独难忍,才提出了离婚的要求,并进一步控告英国年产足球最多的宇宙足球公司。

她对宇宙足球公司的指责毫无道理,按说也不可能取胜。但出乎所有人的预料,她居然不费吹灰之力,大获全胜,宇宙足球公司异常爽快地承认是自己的过错,导致了这位妇女夫妻不和,因此给予了她十万英镑的巨额精神赔偿,以弥补她的孤独。

宇宙足球公司在法庭上自认失败,并甘愿赔偿,表面看来付出了巨大的代价,损害了自己的形象,极大地伤害了自己,其实,在这"苦肉计"背后,该公司却另有所图。这场官司证明了他们足球无可比拟的巨大魔力,使球迷们对他们的足球趋之若鹜,常年销量大增,名声大振。

这个"苦肉计",以表面上的自认失败,达到了宣传产品过硬的目的。虽说完全是一个偶然事件,却被该企业不失时机地抓住,扩大了产品的影响力。

在企业管理中,一些企业领导为激励士气,严明纪律,首先向自己开刀,

“从我罚起”。一旦出现了失误，企业领导责无旁贷地承担责任，并率先接受处罚。

这种“苦肉计”，以身作则，为企业职工树立了良好的榜样，使企业上下团结一致，万众一心，开创企业经营的新局面。

“苦肉计”以自己伤害自己的方式，达到蒙骗竞争对手、吸引消费者的目的，因为它带有极其明显的残忍，因此在使用时一定要慎重，只有在确认采取这一计谋的收获远远大于所受过的伤害时，才能使用。

自我揭短，家丑外扬

人常说：“家丑不外扬。”“苦肉计”却反其道而行之，有意把自己的短处、丑闻开诚布公地宣讲出来，表面看来损害了自己的形象，在公众心目中造成了不好的影响。其实结果往往出人意料，由于开诚布公，却反而使公众相信了我方的真诚，从而对我方的形象及产品又重新树立了信心。

有一家经销香烟的英国老板，特意在自己商店门口书写了大幅广告：“请不要购买本店的卷烟，因为本店经营的卷烟中尼古丁、焦油含量都比其他店的产品高出千分之一。”这还不够，还接着写道，某某人由于吸了他的卷烟而死亡了。

这够耸人听闻的了吧，按说看了这幅广告，消费者应该对他退避三舍才对。谁知恰恰相反，消费者恰恰因为这幅广告极其诚恳，而纷纷到他的店里购买卷烟。尼古丁、焦油高出千分之一算什么，难道真能抽死人？于是，他的生意日益兴隆，令附近几家烟店大惊失色。

不是消费者不怕死，而是这个老板的“苦肉计”抓住了消费者的心。看似自我揭短家丑外扬，其实这种以诚为本的态度，深深打动了消费者，远比那些哗众取宠、夸夸其谈的广告更能博得人们的信任。

无独有偶，美国一家饭店也在自己的店门外书写了大幅广告：“本饭店经营最差的食品，由差劲的厨师烹调。”还同时在饭店的招牌旁边，用硕大的字体写着：“最糟糕的食品”。

自称是“最糟糕的食品”却没有使消费者敬而远之，反而纷纷前来品尝。

真是“不尝不知道，一尝忘不掉”。饭菜可口，让人食欲大开，“最糟糕的食品”尚且如此吸引顾客，那么美味佳肴不知道会美到什么程度了。

“最糟糕的食品”一传十，十传百，不胫而走。顾客纷至沓来，生意好上加好。

这个饭店以“苦肉计”的方式，在一片自吹自擂的虚假广告中博得了消费者的信任，赢来了好评，取得了成功。

与此相类似的是，有许多厂家一旦发现自己的产品中出现不合格的现象，就马上把不合格产品集中起来，在大庭广众之中大张旗鼓地销毁。

这同样是一招高明的“苦肉计”，现在已被越来越多富有远见的厂家所采用。

本来的目的是消除不合格产品，如果仅仅达到这个目的，悄无声息地自行处理了也就是了。如此大张旗鼓，不怕当众出丑，完全是为了用这个方式

博取消费者的信任，在社会公众面前树立真诚维护消费者利益的美好形象，从而使消费者乐于购买自己的产品，扩大销路，创造财富。

有一个食品厂就曾刊出了这么一个“致歉广告”：由于本厂产品脱销严重，致使到本厂提货的百余辆汽车排成长蛇阵，阻塞了交通，给广大人民带来了不便，本厂特表示深深的歉意。本厂决定更新生产线，扩大生产，以满足消费者的需要。鉴于本厂销售科科长擅自将50吨紧俏食品批发给个体商贩，进一步加重了脱销的局面，特给予该同志撤职处分。

这则“致歉广告”以诚恳认错的态度，暗示了该厂产品走俏市场、供不应求的盛况，使消费者无形中产生了极强的购买欲望。本来该厂尚有一部分产品积压，由于这则广告的作用，这些积压产品也被抢购一空。

诚恳道歉再加上对销售科科长撤职查办，都是“家丑”，却不惜广而告之，原因很简单，就是要用这种“苦肉计”博取消费者的好感，达到推销自己产品的目的。

并不是在任何时候企业的运转都处于正常的状态中，事实上，一个企业的经营每时每刻都会出现一些问题。这些问题积少成多，会在某一天爆发成一场危机。有的企业怕而又怕，只怕家丑外扬会损害企业的形象，极力加以掩盖，谁知越捂越盖，问题越多。

必要的时候实施“苦肉计”恰如其分地自我揭短，使家丑外扬，反而能使企业很快脱胎换骨，更快走上健康发展的道路。

35计　连　环　计

一箭五雕，计行连环

子贡是孔子的学生，在常人眼里不过是一介书生，但却因心中有纵横之计而名扬天下。

这一天，孔子正在讲学，一个弟子慌慌张张地跑了进来：“先生，不好了，不好了！齐国的田常要出兵打鲁国了！”

孔子一听顿时出了一身冷汗：“这个，这个，我的祖坟全在鲁国，你们可

要出来管一管呀!”

这时,子路站了起来:“先生,让我去吧,我会让他们收兵的。”

“你,你不行啊!”

子石说:“先生,那就让我去吧。”

“你也不行,我看还是子贡去吧。”孔子点了子贡的将。

于是,子贡坐着马车前往齐国,见到了田常便说:“将军要打鲁国,那绝对是错误的。”

“你说错在什么地方?”田常问。

“你看它的城墙又破又低,它的土地又小又穷,它的国君又蠢又笨还不仁义,它那一帮大臣也都是没用的东西,它的士兵和老百姓也都不乐意打仗,就凭这些你也不能和他们打呀!”

田常看着子贡,越听越不明白,只好耐着性子听他说下去。

“你不如去打吴国,吴国的城墙又高又厚,土地宽广肥沃,兵甲坚固,士兵都是经过专门训练的,这些都是吴国容易被攻克的原因。”

田常听了大怒:“你这是什么混帐道理,这就是你想告诉我的吗?”

子贡说“你不要生气,你听我说,打鲁国是好取胜,可是取胜之后,必然要使国君骄傲起来,君臣也就会更加放肆,这样一来齐国就危险了。如果去打吴国不能取胜,士兵和将官死在外边,国内没有强臣做你的对手了,下边也没有人指责你的过错,治理齐国也就只有你了!”

田常一听连连点头:“可是我已经把兵派到鲁国去了,再叫他们去吴国已经来不及了。”

“这个好办啊,我去见吴王,叫他们出兵救鲁伐齐,你那时再出兵战吴国。”

子贡又匆匆跑到了吴国,一见到吴王,他就振振有词地说道:“我听说,做国君的不能没有后代,称霸业不能有强大的对手,如今齐国要占领鲁国与吴国争霸了,我私下里为大王担心啊! 如果解救了鲁国,就等于困住了齐国。”

吴国想了想说:“这样好是好,可是我正准备打越国,还是等我打完了越国再说吧!”

“这就是大王的不对了,越国的强大不如齐国,大王进攻小小的越国,而不敢进攻齐国,这可不算勇敢啊! 再说了,如果解救了鲁国,别的国家都知道大王的实力,便会竞相归顺,大王的霸业也就成了,如果大王不愿放过越国,我可以去劝越王随大王一块儿出兵。”

吴王一听十分高兴,就叫子贡去越国当说客。

子贡到了越国,越王勾践听说子贡来了,大老远的修了一条路,并跑到郊外来迎接他,亲自驾车接到了宫中。子贡说:“吴国现在正要和齐国打仗,如果它战胜了齐国,必然要进攻晋国,这时大王就可以趁机进攻吴国了。”

越王听了子贡的话,连连称是,并送了许多黄金给子贡,子贡全都谢绝了。

子贡回到吴国,向吴王说:“我已经把大王的话告诉了越国,越王十分恐惧,他说吴王的功德,他到死也不敢忘记,哪里还敢图谋不轨啊!”

吴王听了子贡的话，哈哈大笑起来。

于是，吴王率领九郡的兵力去进攻齐国。

这时子贡又赶到了晋国，对晋国国君说："如今吴国就要与齐国打仗了，如果吴国打败了齐国，吴国必将兵临晋国。"

晋国国君大惊：问道："那我们应当怎么办呢？"

子贡说："没有别的办法，修造武器，休养兵士，做好与吴国打仗的准备！"

吴国的军队在艾陵与齐国军队展开了大战，齐军大败，吴军一连活捉了齐军七员大将，并一鼓作气攻到了晋国。

吴晋两国军队在黄池相遇了，吴王因打了胜仗并不把晋军放在眼里。而晋军因听从了子贡的劝告，早已作好了战斗准备。两军一阵厮杀，晋军越战越勇，吴军吃了败仗。

越王听到吴军被打败的消息，马上带领部队渡江进攻吴国。

吴王听说越王进攻到了吴国，破口大骂起来："勾践这个无耻小人，看我这次非杀了他不可！"吴王率残部急急返回吴国。在五湖正遇上进犯的越军，一连三战，吴军越打越无力，而越军越战越强，一直杀进了王宫，吴王夫差被杀死在宫中。

灭亡吴国之后，越国开始在东方称霸。

子贡一次出使，本意在保全鲁国，却由此引起一串连锁的反应。鲁国平安无事，齐国却遭战乱之苦，吴国彻底灭亡了，晋国成了战胜国，日益强大起来，越国从亡国中再次崛起，成为霸主。子贡一番连环计，可谓前无古人；一番巧舌如簧，十年之中，五个国家各有千秋，出现了命运大回转。

田单连环，计复城失

即墨保卫战，发生在公元前 279 年，齐将田单以火牛阵大败燕军，收复被燕军占领的七十余城。

公元前 284 年，燕国大将乐毅挂帅，统率燕、秦、韩、赵、魏五国之兵大举伐齐，所向披靡，连克七十余城。齐国只剩下莒（今山东莒县）、即墨（今山东平度东南）两城，未被攻下，危在旦夕。时齐湣王被杀，齐臣王孙贾等立其子法章（即齐襄王）为王，号召民众起来抵抗。乐毅攻莒和即墨一年未克，改用攻心战，命燕军撤到距两城九里处设营筑垒，并下令"对出城的居民不

予拘捕,允许恢复旧业得以安民,对有困难的居民,还加以赈济"等。由此形成了相持局面。

即墨为齐国较大的城邑,地处富庶的胶东,近山靠海,物资丰富,有坚固的城池和一定的人力用于防守。即墨的军民在守将战死之后,共推田单为将。田单是齐王室的支系亲族,早先在国都临淄(今山东临淄市东)的市场管理机构中任一般官吏,有卓越的军事才能,但并不为人所知。田单为将后,为了挽救危机,即着手将城中军民重新组编,将所带的新兵及收容的七千余人加以整顿和扩充,加强了防守力量。将自己的妻妾和家人也都编入部队参加守城;田单自己与守城军民共甘苦,同生活,同战斗,并经常针对士卒重视祖先,热爱乡里的心理特点,鼓舞士气,动员群众,他说:"如即墨失守,齐国灭亡,宗庙被毁,祖宗的灵魂将无处安身,自己的灵魂也将无处可归"(《战国策·齐策大》)。以此来激励士卒的战斗情绪,而深得人心。就这样即墨与莒两城硬是在燕军的包围圈中,熬过了三个年头。

燕军统帅乐毅采用政治攻心战,田单深为忧虑,害怕发展下去,必将动摇人心。公元前279年,十分信任乐毅的燕昭王去世,其子立,即燕惠王继位,惠王还是太子的时候,就对乐毅有成见,田单了解这一情况,认为有隙可乘,遂针对燕惠王对乐毅不满和不信任的心理,派间谍去燕都散布谣言说:"齐王已死,燕军不能攻占齐国的最后两座城堡,是什么原因呢?就是因乐毅与燕国的新王有矛盾,他怕自己遭诛而不敢回燕国,以攻齐为名,控制住军队想当齐王。现在齐国的百姓还没有都归顺他,所以乐毅故意慢慢地攻打即墨,以待时机称王。齐国人现在已经不怕乐毅;最害怕是燕国又换其他将领来。"燕王本就与乐毅有隙,又见乐毅三年没有攻下即墨和莒,早就怀疑乐毅另有图谋,一听到人们传来的这些流言,便信以为真,派骑劫为帅去代替乐毅。并召乐毅回国。乐毅明白燕王的用心,自知回国难免有杀身之祸,便投奔了赵国。燕军不但失去了一位多谋善战,富有将才的统帅,重要的是全军将士都为乐毅气愤不平,造成了燕军的军心涣散。这就为即墨保卫战的胜利提供了有利的条件。

骑劫上任,不管三七二十一就指挥燕军强攻莒和即墨,仍然不能得手。田单知道骑劫有勇无谋,但即墨被围年久,城内军民人心未定,还不具备反攻条件,于是采取了一系列措施,来激发齐国军民的斗志。

(1)假以"神命"号召军民。田单为了团结内部,统一行动,进一步针对士卒迷信思想浓厚,敬畏鬼神的心理,他利用城中人祭祀先祖时,飞鸟都飞来取食,散布说这是神来教导传授神的旨意。暗令一名机敏士卒假冒"神师",每次下达命令都宣称出自"天神之命",使全城军民都统一在"神师"号召之下。

(2)假手燕军来激发齐军民的斗志。田单针对燕军统帅骑劫粗暴无知,而又急于求胜的心理,他派人扬言:"我们别的都不怕,只怕燕军俘虏我们的士卒割去他们的鼻子,把他们放在队伍前面,来和我们作战,即墨人看了就害怕,即墨就再也不能守了。"骑劫强攻即墨与莒不下,正想采用恐怖手段来打击齐军的士气,苦于没有什么好的办法,他一听到齐人散布的这个消息,便非常高兴,立即命令部下将投降过来的齐军士卒的鼻子全部割掉,又

将这些降卒排列在阵前让即墨守军观看。即墨城中的军民看到燕军如此残酷地对待俘虏，人人愤怒不已，坚定了固守城池的决心。

(3)怂恿燕军挖坟，进一步激发军民的仇恨。田单又令间谍散布说："我们别的不怕，就担心燕军挖我们祖先的坟墓，毁坏我们祖先的尸首，这样即墨城里人就会很寒心，很悲恸地，无心守城。"骑劫闻讯，觉得这办法妙不可言，更可以震撼齐人，动摇他们的信心，便又令"燕军尽掘齐人的祖坟，焚尸烧骨"。城中齐人从城头上远远望见燕军这种丧尽天良的暴行，无不痛心疾首，号啕大哭，全体军民愤怒万分，人人义愤填膺，一致要求要与燕军决一死战。

(4)示弱佯降，进一步麻痹燕军。田单认为这时齐军民的心理状态，正是用以杀敌的最佳时机。遂一方面积极进行一系列反击战的准备工作；一方面为了更好地麻痹敌人，隐蔽自己的企图，出其不意，攻其不备，以收最佳效果。田单命令强壮士卒隐蔽城内，而由老弱、妇女轮流登城守备，使燕军以为城中齐军已损伤殆尽了，不得不用老弱妇女来守城。又派使者见骑劫，表明齐军食尽再无力量守城，将于某日投降；并派人从民间收集黄金千镒，令即墨富豪悄悄地赠送给燕军将领，"嘱以城下之时，求保全家小"。燕将大喜，受其金，"各付小旗使插于门上，以为记认"。(《东周列国志》第95回)这样使骑劫认为自己的威慑手段生效，更加骄傲轻敌，完全放弃了警惕，坐待齐军投降。

就在骑劫洋洋得意，燕军翘首等待齐军出降之际，齐军正在加紧进行临战前的一切准备，田单命令部队尽收全城黄牛共千余头，披上绘有五彩龙纹的外衣，在牛角上绑上锋利的尖刀，尾部上扎着浸透油脂的芦苇，拖后如巨帚，预约降前一日，安排停当。众人皆不解其意。出战之日田单椎牛具酒，候至日落黄昏，召集已选拔的五千余名精壮士卒，在城根部挖好几十个洞穴，将牛伏于穴内待机出击；士卒饱食，以五色涂面，各执利器，跟随牛后。在统一号令下，点烧牛尾芦苇，火势渐迫牛尾，牛疼痛不已，从洞穴中狂奔而出，直扑燕军营垒，形成一个有一定正面和纵深的火牛阵，以排山倒海之势冲向燕军；五千余名精壮勇士紧追牛后冲杀；全城的军民都敲打着铜器呐喊助威，声势震天动地。燕军正高兴来日受降入城，皆安寝。正在熟睡中，突然被震耳欲聋的声响惊醒，看到一团团帚炬千余，光明照耀，如同白日，望之皆龙文五彩的怪物突奔前来，角刃所触，无不死伤，军中大乱。那一伙壮卒似天神，不言不语，大刀阔斧，逢人便杀，遇敌即砍，虽只五千人，慌乱之中，恰像数万。向来燕军听说有"神师"下凡，今日神头鬼脸，更信以为真，不禁张惶失措，纷纷夺路逃跑。慌乱中的燕军，互相践踏，燕军彻底溃败，兵死将亡，遍地皆尸，骑劫也在混乱中被田单杀死。田单见奇袭得手，便纵军乘胜追击，燕军兵败如山倒，一发而不可收拾，原所占齐国七十余城，悉被齐军收复。

张仪连横，间破合纵

战国时期，文人说客纵横天下，纷纷穿梭于秦楚燕韩赵魏齐这战国七雄之间，凭三寸不烂之舌，或合纵，或连衡，把七个诸侯国玩弄于股掌之间。提议连衡的著名人物张仪做了秦国的宰相。为了破坏六国的合纵联盟，秦王要离间合纵国中的两个主要成员——齐国和楚国，他便问计于张仪。张仪

回答："我凭三寸不烂之舌去楚国游说，借机进言，一定使楚王与齐国绝交而亲近秦国"。（当时楚王是合纵国的"纵约长"）。秦惠文王同意了张仪的计划，张仪便辞去相国职位前往楚国。他知道怀王有个宠幸的大臣叫靳尚，时刻在怀王左右，怀王对其言无不从，就先给靳尚送了重礼。然后去见怀王。怀王看重张仪的名望，到郊外亲自迎接他。楚怀王问他："先生屈尊光临敝国，能教导我什么吗？"张仪回答："我这次前来，要使秦、楚两国和好！"楚怀王说："我难道不愿意同秦国结交吗？但秦国侵略征战从不停止，所以不敢亲近。"张仪回答："现在天下的诸侯国虽然有七个，但没有比楚国和齐国更大的，再加上秦国，可以说三国鼎立，秦国与东面齐国合作，齐国就势大力强；与南面的楚国合好，楚国的势力就强大。我们国君私下的意思，是欲和楚国友好而不是齐国。为什么呢？因为齐国本来是与秦国有婚姻关系的国家，却有负秦国太多了。我们国家想与大王结纳，就是我也愿意做大王手下的仆从。大王与齐国友好，触犯了我们国君的忌讳。大王真能与齐国断绝往来，我们国君愿意归还楚国商于的六百里土地，并使秦女做大王的妾妃侍奉大王。秦国与楚国结为兄弟，世代通婚，共同解救诸侯国的危难，希望大王能够接受！"楚怀王十分高兴地说："秦国若肯还回楚国的故地，我对齐国还有什么偏爱的呢？"群臣都认为楚国又得到故地，纷纷称颂庆贺。只有客卿陈轸挺身而出，说道："不能答应！依我看来，这件事应该吊唁而不应当庆贺！"楚怀王不解地问："我不费一兵一卒，坐在朝中得到六百里土地，群臣都称贺，你反而说吊唁，这是什么原因？"陈轸回答："大王认为张仪的话能相信吗？"楚怀王笑着说："为什么不相信？"陈轸说："秦国所以重视楚国，是因为有齐国的原因。现在如果与齐国断交，那么楚国就孤立了。秦国为什么重视一个孤立的国家，却割舍六百里土地奉送吗？这是张仪的诡计。倘若与齐断交而张仪又有负大王，不给土地，齐国又怨恨大王，反而依附秦国，齐、秦两国合兵进攻，楚国的灭亡就指日可待了！我所说的应该吊唁的话就是为这个原因。大王不如先派一个使臣随张仪去秦国接受土地，等土地归入楚国后再与齐断交也不晚。"大夫屈平也进言说："陈轸的话很对。张仪是个反复无常的小人，决不能相信。"宠臣靳尚说："不与齐绝交，秦国怎么能给我们土地呢？"楚怀王点头说："张仪很明显不会辜负我，陈先生不要再说了，请看我收回土地吧。"楚怀王把相印授给张仪，又赐给他黄金两千两，好马四十匹，同时命令北关守将不要再与齐国往来，并派逢侯丑随张仪去秦国接受土地。

张仪与逢侯丑一同赶往秦国，一路之上，张仪与逢侯丑饮酒谈心，相处得情同骨肉一般。快到咸阳时，张仪假装酒醉失足，掉下马车。左右的人慌忙扶起来，张仪说："我脚骨受伤，要快点找医生"。便先躺在车上入城，并悄悄上书秦王，汇报了此次楚国之行的情况。而逢侯丑却被留在宾馆之中。张仪每天闭门养病，根本不上朝。逢侯丑要求见秦王不得，去探问张仪，又被张仪以养病推拖。这样一直等了三个月，逢侯丑万般无奈，只好给秦王写信，述说张仪答应还地的事。惠文王回信说："如果张仪真的答应了，我一定兑现。但听说楚国与齐国还没绝交，我怕楚国欺骗我，非得等张仪病好以后，才能断定。"逢侯丑再去张仪家，张仪仍然不见。逢侯丑不得不派人回去

把秦王信上的话报告楚王，楚怀王说："秦国还认为楚国与齐国仍有来往吗？"便派勇士宋遗假道宋国，借宋国的关符到齐国境内，辱骂齐湣王。湣王十分愤怒，便派使者到秦国，表示愿意与秦国一同攻打楚国。张仪听说齐国使者已经到了，自己的计策开始见效，便声称病好上朝。在朝门口遇见逢侯丑，他故意惊讶地问："将军为什么不去接受土地，还停留在我们国中？"逢侯丑说："秦王专等相国当面决定，现在多亏相国玉体无恙，请进去和秦王说明，早些定好地界，我也好回去向我们国君交代。"张仪说："这件事何必需要向秦王说呢？我所说的是我的俸邑六里，自愿献给楚王"。逢侯丑说："我们国君给我说的是商闳的土地六百里，没有听说是六里"。张仪说："楚王大概听错了吧？秦国的土地都是用无数战斗得来的，怎么可以把一寸的土地让给别人？何况六百里呢？"逢侯丑目瞪口呆，只好回去报告楚怀王。楚怀王怒发冲冠，骂道："张仪果然是反复无常的小人，我抓住他，一定要生吃他的肉！"随即下令派兵攻打秦国。陈轸进言说："我今天可以开口说话了吗？"怀王说："我不听先生的话，所以被狡诈小人欺骗，您现在有什么妙计？"陈轸说："大王已经失去齐国的帮助，现在要攻打秦国，没有什么好处。不如割舍两座城贿赂秦国，与它合兵进攻齐国，这样虽然给了秦国土地，还可以从齐国得到补偿。"怀王说："欺骗楚国的本是秦国，齐国又有什么罪！与秦国联合进攻齐国，人们都会笑话我。"当天就拜屈匄为大将，逢侯丑为副将，带兵十万，从天柱山西北进军，袭击蓝田。秦王一面命令魏章为大将，甘茂为副将，起兵十万迎敌，一面派人到齐国借兵。齐将匡章率兵助战。屈匄虽然勇猛，即抵挡不住两国夹攻，连战连败。秦、齐两国的兵马一直追到丹阳，屈匄聚集残兵败将再战，被甘茂斩首。楚兵前后共被斩首级八万多，被杀名将包括逢侯丑等共七十多人，汉中一带土地六百里也被占领，楚国举国震惊。韩国、魏国听说楚国失败，也打算袭击楚国。楚怀王十分害怕，便派屈平到齐国请罪。派陈轸到秦军中，献上二座城求和。

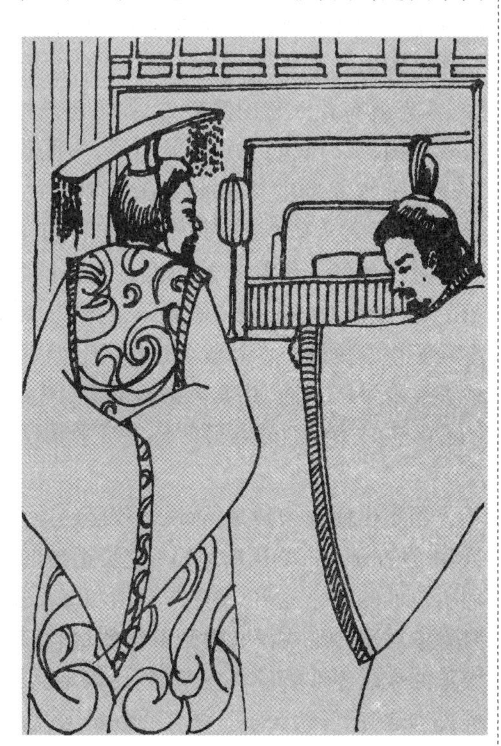

秦将魏章派人向秦王请求指示，如何回复陈轸。惠文王说："我要得到黔中的土地，请用商闳的土地交换，如果答应了，就可以撤兵"。魏章让陈轸把这些话转告楚王。楚怀王说："我不愿要土地，愿意得到张仪！如果贵国肯把张仪给楚国，我情愿献出黔中的土地作为谢意"。秦惠王左右嫉恨张仪的人都说："用一个人换几百里土地，太合算了！"秦王说："张仪如我的股肱一

般，我宁可不要土地，也不忍心放弃他。”谁知张仪自己却向秦王请求：“我愿意去！”秦王说：“楚王对先生恨之入骨，只等您一去就要杀您，所以我才不让您去。我一个人被杀，秦国却得到黔中的土地，我虽死犹荣！何况还不一定死呢！”

秦王见张仪执意要去，就问：“您有什么计策脱身吗？请说给我听一听。”张仪说：“楚王的夫人郑袖，相貌美丽，为人机智，为楚王所宠爱。我从前在楚国的时候，听说楚王又新宠幸一个美人，郑袖对美人说：‘大王讨厌人鼻孔中的气吹着他，你见到大王时一定要捂住鼻子。’这个美人相信了他的话。楚王不解地问郑袖：‘美人一见我就捂住鼻子，这是为什么？’郑袖回答：‘她嫌大王身上有臭味，所以不愿意闻。’楚王一听，大发雷霆之怒，下令割掉美人的鼻子。从此郑袖又得到专宠。楚王还宠爱一个臣子叫靳尚，他常常向郑袖献媚，他们二人一里一外，相互勾结，而我和靳尚关系很好，估计能借他们的力量保护自己，免掉一死。大王只要下令让魏章等仍留在汉中，作出要进攻的样子，楚王一定不敢杀我。”秦王见张仪满有把握，就派他去了。

张仪一到楚国，就被抓了起来，楚王要选定一个好日子祭告祖庙，然后再杀死他。张仪派人打通了靳尚的关节。靳尚进后宫对郑袖说：“大王对夫人的宠爱不会长久了，该怎么办呢？”郑袖忙问为何，靳尚说：“秦王不知道大王恨张仪，所以让他前来。现在听说大王要杀张仪，秦王就会归还楚国的土地，还要让自己的女儿嫁给楚王，让一些能歌善舞的美女作陪嫁，用来为张仪赎罪。秦女一到，楚王一定会对他毕恭毕敬，夫人还想得到大王的宠爱吗？”郑袖大吃一惊，问道：“你有什么妙计，能制止这件事？”靳尚说：“夫人假装不知道这件事，把得罪秦国的利害对大王说清楚，让张仪回秦国，问题就解决了。”于是郑袖就在半夜里哭泣着对怀王说：“大王要用地换张仪，秦国还没有得到土地，张仪已经先来了，这是秦王对大王的尊重。秦兵席卷汉中，本来就有吞灭楚国的势头，如果再杀掉张仪触怒他们，一定会增兵添将进攻楚国，那时我们夫妇不能团聚，为此我心如刀绞，好几天也吃不好。而且做臣子的各为其主，张仪是天下有名的智士，他在秦国为相国的时间最长，向着秦国又有什么值得责怪的？大王如果厚待张仪，他就会像对待秦国一样对待楚国。”楚怀王虽然没有立即同意郑袖的看法，但内心已经动摇。第二天，靳尚对怀王说：“杀死一个张仪，对秦国没有什么损害，却失掉了黔中几百里的土地。不如留下张仪，把他作为和秦国讲和的资本。”怀王自己也心痛黔中的土地，并不舍得给秦国，因此放出张仪，热情款待。张仪借机劝说怀王与秦国重新和好。怀王听了张仪的话，把他放回秦国，并与秦国建交。

屈平出使齐国归来，听说张仪已经走了，便劝怀王说：“从前大王被张仪欺骗，这次他来，我以为大王一定会把他的肉煮熟了吃掉，现在不但放了他，还听信他的胡言乱语，率先与秦国和好。普通百姓都不忘自己的仇恨，何况堂堂的君王？现在没有得到秦国的欢心，却先触怒了天下人的公愤，我认为大王的作法不明智。”怀王听后，后悔不已，派人驾轻车去追。可是张仪已经连夜逃走，离开两天了。张仪回到秦国，魏章也班师回国。有史臣写诗道：

张仪反复为嬴秦，朝作俘囚暮上宾。

堪笑怀王如木偶，不从忠计听谗人。

张仪回到秦国后，对秦王说："我九死一生，才能够见着大王。现在楚王对秦国很害怕，但这样也不要让我对楚国失信。大王分割汉中土地的一半给楚国，再与楚王通婚，我借楚国为由游说六国，让他们一同听命秦国。"秦王便把汉中的五个县让给楚国，派人与楚和好。求怀王把女儿嫁给太子荡为妃，还答应把自己的女儿嫁给怀王的小儿子子兰。楚怀王大喜，认为张仪果然没有欺骗他。

至此，张仪连施妙计，终于把合纵联盟打开了缺口，而且把"合纵长"征服得心服口服。总结这一连环计的妙用，关键在于"使其自累"四字。张仪买通靳尚，在楚国内部安下了一枚向着自己说话的关键棋子。随后通过诈称献地六百里，诱使楚王与齐国断交，从而使楚王自断一臂，失去了盟友的支持。楚军大败后，张仪不但不怕楚王迁怒于己，而且敢于再次深入虎穴，盖因他已非常清楚敌已"自累"，楚国内部已有两位相当有分量的人可以为自己说话，所以他才能毫不迟疑地再入楚国。当然，作为一名政治家，张仪不忘要秦王陈兵汉中，这才是他有恃无恐的坚强后盾！

更为让人称叹的是，张仪全身而回后并不到此为止而是建议秦王对楚施以小惠，并互相通婚，给了楚王很大的面子，使楚王得以向国人证明自己并未受张仪欺骗，从而使楚王不但不对此前一系列的上当受挫怀恨在心，而且还要继续坚持自己的政策，与秦国和好。这样做既抓住了楚王不愿认错又好面子的心理，又通过一系列的又打又拉给列国诸侯上了一课，从而为他下一步实施"连横"战略制造了一个良好的开端。

妙用连环，不韦居相

吕不韦是战国末年的政治家，大约生于公元前 290 年至公元前 280 年之间，他是卫国人，后经商至韩国，成为阳翟(今河南禹县)"家累千金"的大商人。他以商人的头脑和政治家的魄力，把赌注下在一个尚为人质的秦国王孙身上，通过一连串处心积虑的计谋的实施，不但当上了强秦的丞相，而且使自己成为事实上的国父。通过商人的投机而窃得一个国家，吕不韦的生意可以说做得亘古未有，空前绝后！

吕不韦是如何做到这一切的呢？

公元前 265 年，吕不韦经商来到赵国都城邯郸。他在街谈巷议中得知，秦国安国君的儿子、秦昭王的孙子异人正在赵国做人质。异人的父亲是秦国太子安国君。安国君有二十多个儿子，都是诸姬妾所生。异人既不是长子，他的生母夏姬又不受宠爱，而且已早死，所以异人做人质后，秦国没有人关心询问他。当王翦讨伐赵国时，赵王迁怒于人质，想杀掉异人。平原君劝告说："异人并不受宠爱，杀他又有什么用？只会白白让秦国找到借口，断绝了以后和好之路。"赵王的怒气还是不能平息，于是就把异人安置在丛台，派大夫公孙乾陪伴他，出入都加以监视，又削减了他的廪禄，异人出门没有车马，日用没有余财，终日郁郁寡欢。然而吕不韦了解到，秦昭王已经年老，安国君是太子，秦昭王死后，王位定会传给安国君，而安国君最宠爱的华阳夫人却又没有亲生儿子，将来势必会在安国君的二十多个儿子中挑选一个华阳夫人最喜欢的人来当继承人。吕不韦了解到这些，他的头脑变得异常睿智、异常活跃——俗话说："奇货可居"，这异人不正是一块"奇货"吗？别忘了，"人弃我取"是做生意的诀窍！

吕不韦于是用一百两黄金结交了公孙乾。两人相互往来，渐渐熟悉，有时见到异人，吕不韦假装不认识他，却向公孙乾询问他的来历，公孙乾如实相告。一天，公孙乾置酒宴请吕不韦，吕不韦说："酒席上又没有其他客人，既然秦国的王孙在此，何不请来同坐？"公孙乾听从了他的话，当即请来异人与他相见，同席饮酒。酒至半酣，公孙乾起身如厕。吕不韦乘机低声对异人说："秦王如今老了。太子所爱的是华阳夫人，而夫人又无子。殿下的二十几个兄弟，也没有爱到专宠的，殿下何不在此时回归秦国，侍奉华阳夫人，请求做他的儿子，以后还有被立为太子的希望。"异人含泪回答说："我也期望能这样！每次提起故国，我便心如刀绞，只恨没有脱身之计罢了。"吕不韦说："我家虽贫，但也愿意用千两黄金为殿下去一次秦国，去劝说太子和夫人，救殿下回国，你看如何？"异人说："倘若得到富贵，一定与你共同享有。"话刚说完，公孙乾就回来了，问道："吕君刚才说什么？"吕不韦说："我问王孙秦国珠玉的价钱，王孙回答我说，他也不知道。"公孙乾不再怀疑，三人继续把盏饮酒，尽欢而散。这以后吕不韦与异人便时常相见，暗地里吕不韦又将五百两黄金送给异人，让他买通左右，结交宾客。公孙乾经常接受异人赠送的黄金丝帛，就像自己家人一样，也不再怀疑监视他了。吕不韦又用五百两黄金买了许多珍奇礼品，告别公孙乾和异人，独自去了咸阳。在咸阳他探听到华阳夫人有个姐姐，也嫁在秦国，就先买通了她的家人，通话给她说："王孙异人在赵国，思念太子和夫人，有孝顺的礼物，托我转交，另外还有一些小礼物，也是王孙异人奉献姨娘的。"吕不韦将一盒金银珠宝献上，夫人的姐姐大喜，自己走出了后堂，在帘内见客，她对吕不韦说："这些虽是王孙的一片心意，但也有劳你远道送来。如今王孙在赵国，不知他是否还思念故土？"吕不韦说："我就住在王孙公馆的对面，有什么事王孙都对我说，我完全了解他的心思，他日夜思念太子和

夫人，曾说自己从小没有母亲，夫人就如同他的母亲，愿意回来奉养夫人，以尽孝道。”夫人的姐姐问：“王孙一向还好？”吕不韦说：“因为秦兵屡次讨伐赵国，赵王好几次都想杀他，幸亏臣民们都奏请保他，才保住性命，所以他思归之情越来越急迫。”夫人的姐姐又问道：“臣民们为什么要保他？”吕不韦说：“王孙贤孝无比，每次秦王、太子和夫人的奉诞，每到新年和初一、十五，必定清斋淋浴，焚香向西跪拜遥祝，赵国人对他没有不知道的。而且又好学重贤，交结诸侯宾客，遍于天下，天下人都称赞他的贤德孝顺，所以才为他保奏。”吕不韦说完，又将价值五百两黄金的金玉珠宝献上说：“王孙不能归来亲自侍奉太子和夫人，献上这些薄礼聊表孝顺之心，请您转交。”夫人的姐姐嘱咐自己的门客款待吕不韦酒食，自己便进宫去告诉华阳夫人。夫人见到了这些珍奇贵重的礼物，以为王孙真的在思念自己，心中十分高兴。夫人的姐姐回复吕不韦，吕不韦故意问道：“夫人有几个儿子？”夫人的姐姐说：“没有儿子。”吕不韦说：“我听过这样一句话：‘以姿色侍奉别人的人，姿色衰退，爱也会随着衰弛。’如今夫人侍奉太子很得宠爱，却又无子，到了现在她应该在诸子中挑选一个贤孝的为子，待到太子百年之后，所立的儿子为王，最终也不会失势。要不然的话，一旦色衰爱弛，后悔就来不及了！如今异人贤孝无比，又故意依附夫人，夫人如果诚意立他为自己的嫡子，在秦国不就世世有宠爱了吗？”夫人的姐姐又将这些话告诉了华阳夫人，夫人说：“这个客人说得对。”一天夜里，夫人与安国君对饮正欢，忽然涕泣起来，太子感到很奇怪，就问他为什么哭泣。夫人说：“我有幸在你的后宫为姬，不幸的是没有自己的儿子，您的儿子中只有异人最贤孝，诸侯宾客往来，对他都赞不绝口。我请求你，让他作为我的嫡子，我也能有个后嗣。”太子答应了。夫人又说：“您今日答应了我，明日一听其他姬妃的话，又该忘了。”太子说：“夫人若不相信，愿刻符为誓！”拿过玉符，就在上面刻了“嫡嗣异人”四字，又将玉符从中间剖开，与夫人各留一半，以为信物。随后，华阳夫人又恳求太子想办法让异人回国。当时秦昭襄王正在怨怒赵国。太子请求让异人回国的事没有得到秦王的支持。

吕不韦打听到王后的弟弟杨泉君此时正得到秦王的重要信任，就用黄金贿赂他的家人，要求拜见他。见到杨泉君，吕不韦便对他说：“您已经犯了死罪，您自己知道吗？”杨泉君大惊失色道：“我有什么罪！”吕不韦说：“您的门下，无不居高官，享厚禄，骏马满厩，美女满屋；而太子的门下，没有一个富贵得势的人。大王年事已高，一旦去世，太子继位，他的门下必然非常怨恨您，您的危亡指日可待了！”杨泉君说：“该想个什么计策呢？”吕不韦说：“我倒有个计策，能使您享寿百岁，地位稳如泰山，您愿意听吗？”杨泉君跪地请教吕不韦。吕不韦说：“大王年事高了，而太子又没有嫡生的儿子，如今王孙异人贤孝闻名于各地诸侯，而又被丢弃在赵国，日夜思归，您可以请王后劝说秦王，让异人归来，使太子立异人为嫡子，这样的话，异人无国却已经拥有了国家，华阳夫人无子却已经有了儿子，太子和王孙对王后恩德的感念，世世无穷，您的爵位自然也能够长久地保住了。”杨泉君对吕不韦的话言听计从，当天就把这番话转告了王后，王后又告诉了秦王。秦王说：“等到赵国来求和，我自会迎异人回国的。”太子只好召吕不韦问计，吕不韦叩道说：“太子如果真的立王孙为后嗣，小人我不惜千金家业，去贿赂赵国的当权者，必定能将王孙救回来。”太子与夫人都非常高兴，交给吕不韦六千多两黄金，让他转交异人作为结交宾客的费用。王后也拿出自己的四千多两黄金，一起交给吕不韦。夫人又为异人做了一箱衣服，赠送给吕不韦二百两黄金。太子拜吕不韦为异人的师父，让吕不韦转告异人，回国相见，只是早晚问题，不必忧虑。吕不韦回到邯郸，先准备礼物拜访了公孙乾，然后又见了王孙异人，将王后、太子和夫人的话一一评述，又将黄金和衣服献上，异人惊喜万分，对吕不韦说：“衣服我留下，黄金麻烦先生拿去，如果有什么花费，只管拿去用，只要能救我回国，我就感激不尽了。”

吕不韦以前娶了一个邯郸美女，号为赵姬，能歌善舞，此时已有两个月的身孕。吕不韦心生一计，他盘算王孙异人回国，必有继立为王的名分，如果把赵姬献给他，再生一男孩，就是我的嫡子，这个男孩如果承嗣为王，那么嬴氏的天下，便由吕氏的后代来掌握，这个买卖可就做大了！于是吕不韦挑选了一个日子，把异人和公孙乾请到家中喝酒，酒到半酣，吕不韦说：“我新纳了一个小姬，能歌善舞，想让他来奉劝一杯，你们不要嫌唐突。”说完就让两个青衣丫鬟唤赵姬出来。赵姬轻移莲步，与两位贵客见了礼，吕不韦让她手捧金杯，向异人敬酒。异人久居客地，原来忧郁不得志，现在前途有望，又看到赵姬确实漂亮，不禁目乱心迷，神摇体荡。赵姬劝完酒后，就回内室去了。宾主又相互劝酒，公孙乾不觉大醉，就在坐席上睡着了。异人心念赵姬，借着酒兴，就请求吕不韦说：“我孤身一人在此做人质，独处客馆寂寞无聊，想跟你求得赵姬作为妻子，满足我平生的愿望。不知赵姬的身价多少，我理当奉纳”。吕不韦假装发怒说：“我好意请你喝酒，还唤出自己的爱妻出来劝酒，以表敬意，殿下却要夺我所爱，这是什么道理？”异人羞惭得无地自容，立即跪下说：“我妄想用客中孤苦来要先生割爱，实在是醉后狂言，请先生千万不要怪罪！”吕不韦急忙扶他起来说：“我为了让殿下能回归秦国，千金家产尚且可以用尽，毫不吝惜，如今又何必吝惜一女子。但这女子年青害羞，恐怕她不同意，如果她愿意，即当奉送殿下，让她给殿下尽铺床抹席之务。”异人又一次下拜称谢。

这天夜里，吕不韦对赵姬说：“秦王孙十分爱你，求你为妻，你觉得怎么样？”赵

姬说："我既然已经以身侍奉你，而且又有身孕，你为什么要抛弃我，让我去侍奉别人？"吕不韦悄声告诉她说："你跟随我终身，也不过是个商人的妻子而已，王孙将来有立为秦王的名分，你得到他的宠爱，必然会成为王后。如果上天保佑生个男孩，这个孩子就成了天子，我和你以后就会是秦王的父母，富贵都会无穷的。你就念在我们夫妻之间的情意上，委屈听从我的计策吧！不过，千万不要向外人泄露。"赵姬说："你所谋划的是大事，我怎敢不从命！但我们夫妻之间的恩爱，又怎么忍心割绝呢？"吕不韦安慰她说："你若是不忘我们的情意，以后得到秦家天下，我们还是夫妻，永不分离，这不是很好吗？"二人于是对天起誓。第二天，吕不韦对异人说："承蒙殿下不嫌小妾丑陋，愿意娶为妻子。我再三劝说，她现在已勉强从命。今日良辰，即送到殿下的寓所陪伴。"异人说："先生的高尚义节，我粉身碎骨也难以报答！"公孙乾说："既然有这样的良姻，我应当为媒。"便命令左右备下喜筵。当晚，吕不韦用车将赵姬送给异人成亲。后人有诗云：

新欢旧爱一朝移，花烛穷途得意时。
尽道王孙能夺国，谁知暗赠吕家儿！

十月满怀，赵姬生一男婴，因生于正月，故取名正，这就是日后的秦始皇嬴政。

当嬴政长到三岁时，秦兵围攻邯郸，情况危急。吕不韦对异人说："赵王如果再次迁怒于你怎么办？不如赶紧逃回秦国去。异人说："这件事全仗先生筹划了。"吕不韦于是拿出自家的六百斤黄金，用三百折贿赂南门守城的所有将军，骗他们说："我举家从阳翟来，在这里经商，没有想到秦兵来攻打，包围邯郸城这么长时间，我的思乡之情越来越迫切，现在将所存的家财，全部分散给各位，只要你们做个方便人情，放我一家出城，回阳翟去，我将感激不尽！"守将答应。接着又拿一百斤黄金送给公孙乾，述说自己想回阳翟的心意，反过来又故意央求公孙乾去与南门守将说个方便。守将和军座都受了贿赂，乐得做个顺水人情。吕不韦预先让异人将赵姬母子悄悄送到她母亲家。这一天，吕不韦置办了酒席宴请公孙乾，说："我就在这三天内出城，特备一杯薄酒与你话别。"席间将公孙乾灌得烂醉，连公孙乾身边的人也都吃饱喝足各自睡去。到了半夜，异人穿着便服混在吕家仆人中间，跟着吕不韦走到南门，守将不知就里，私自开城门，放他们出去了。

秦军的大营本设在邯郸西门外，而南门是通往阳翟的，吕不韦只能从南门出去。他们连夜奔走，拐了一个大弯后往西而去，投奔到秦军的大营。秦军又把他们送到秦王的行宫，秦王见了异人，欢喜之极，他说："太子日夜都在想你，今日你总算逃脱虎口了。现在你先回咸阳去，以安慰父母的思念之情。"异人告别了秦王，与吕不韦直奔咸阳而去。

他们一行一来到咸阳，就有人报告了太子安国君。安国君对华阳夫人说道："我们的儿子回来了！"两人并坐在中堂等待异人。吕不韦对异人说："华阳夫人是楚国人，殿下既然已是她的儿子，就该穿楚服进去相见，用以表示依恋之情。"异人听从了他的话，当时改换了衣装，来到东宫，先拜了安国君，又拜了夫人，哭泣着说道："不孝儿与父母亲分离多年，不能在你们跟前侍养尽孝，望父母亲恕儿不孝之罪！"夫人见异人一身楚国人的装束，惊奇地

问道："你在邯郸，怎么会一身楚国人的装束？"异人跪拜禀告说："不孝儿日夜思念母亲，所以特别做了楚服，以表思念之情。"夫人感动地说："我是楚国人，你真是我的儿子！"安国君说："我儿可改名子楚。"异人拜谢。安国君问子楚："你是怎么回来的？"子楚便把吕不韦破家行贿之事，细述一遍。安国君当即召来吕不韦，非常感激地对他说："要不是先生的话，我险些失掉这个贤孝的儿子。现在我将东宫俸田二百顷，以及宅第一所，黄金一百两送给你，权且作为安家的费用。待大王回国，再给你加官赠禄。"吕不韦谢恩而去。子楚就在华阳夫人的宫中居住。而那个醉酒酣睡的公孙乾一觉醒来，发现异人与吕不韦早已远去，惭悔交加，遂拔剑自刎了。

秦昭襄王在位五十六年，后患病去世。太子安国君接位，是为孝文王。孝文王即位后，把一位赵国女子策立为王后，立子楚为太子。孝文王即位三天，就忽然神秘地死去。秦国上下都怀疑客卿吕不韦为使子楚早日登上王位而用重金收买秦王周围的人，将毒药偷偷放入酒中，使孝文王中毒而死，但由于大家心中都惧怕他，所以并没有人敢发这样的议论。于是吕不韦同群臣一起奉子楚继位，这就是庄襄王。庄襄王即位后，把华阳夫人奉为太后，立赵姬为王后，立其子政为太子。当时的丞相蔡译知道庄襄王非常赏识吕不韦，有让他做丞相的意思，就借口身体不适，将相位让给了吕不韦。吕不韦做了秦国丞相，被封为文信侯。至此，吕不政治经商的连环大计圆满完成。

连环计的妙用就在于"百计迭出"、"灵活机动"。吕不韦把异人立为秦王继承人，本已达到了最初的目标，但他并没有就此止步，而是进一步明送美人，暗"赠吕儿"，使吕氏的后裔成为秦王位的继承人，这才是他最厉害的一计！只可惜他没有想到"运巧必防损"，到头来把自己的性命最终葬送在了自己亲生骨肉的手里。

周瑜用计，火烧赤壁

东吴兵马都督周瑜，自从率军与曹操百万大军隔江对峙以来，接连得计、三江口水上作战逞威，遏住了曹操的锋锐；暗窥曹操水寨，了解了敌方虚实；用反间计行借刀杀人之谋，除掉了曹操的水军都督蔡瑁和张允；其间，孔明还用计骗得了曹操十余万枝箭；最后，又用反间计，助使黄盖诈降成功，把握了决战的主动权。至此，周瑜觉得应着手策划如何讲攻曹军了。

一天，周瑜把孔明请来商议说："我主孙权来信催我进兵，与曹操尽早决战。现在我还没想出什么妙计，请先生赐教。"孔明说："我是一个碌碌无为的庸才，哪有什么妙计？"周瑜说："我侦察了曹操水寨，见他用兵有法，不是平庸之辈，我想了一计，不知可否，说出来请先生斟酌。"孔明笑了笑说："请都督先不要说出，我们各自写在手上，看我们的想法能不能一致。"周瑜听了，也很感兴趣，于是两个人各自写好，出示给对方看，两个看罢不禁欣然大笑。原来他们手上都写着一个"火"字。

当时，襄阳贤士庞统也在江东寓居，平时与鲁肃交往颇厚。鲁肃知道他才学非凡，常向周瑜推荐他。当鲁肃又提起庞统时，周瑜对他说："眼下，我正要与曹军决战，你可先问问他，要破曹兵，宜用何谋？"鲁肃见过庞统，回报

周瑜说："庞统说：欲破曹兵，须用火攻。但大江之上，一船着火，余船皆散，恐怕不能取大姓，欲彻底打败曹军，除非用连环计，一计以火攻敌，一计使敌自累。这累敌之计，就是要设法让曹操把他们的战船连在一起，遇火不能解脱。"周瑜一听、对鲁肃说："庞先生真贤人也。看来欲用连环计，必须设法遣庞统过江，让他向曹操献连船计，使之把船连在一起。"

周瑜正在为无机会遣庞统过江而发愁时，忽听蒋干又来江东为曹操打探消息。于是再行反间计，用蒋干把庞统带到了江北，引见给曹操。庞统在曹操面前，以北方军士不习水战为由，向曹操献了"连船计"。曹操十分感激地采纳了庞统的这个计谋。当有谋士提醒曹操应防火攻时，曹操胸有成竹的说："现在是隆冬季节，只有西北风，哪有东南风？他若用火攻，岂不是自己烧自己吗？"就这样，曹操无所顾忌地把战船都用铁环连在一起。

周瑜见庞统"献计"成功，以为万事俱备，只待进兵了。一日，他突然发现，现在是隆冬季节，刮的都是西北风。心想，我做了这么长时间的准备，怎么把如此大的事情忽略了呢？既然没有东南风，这火攻计划就要落空。一着急，口吐鲜血，当时就昏了过去。醒来后，也是食不思，茶不饮。

孔明得知周瑜病后，对鲁肃说："看来都督的病只有我来医了。"鲁肃把孔明请到周瑜床前，并斥退左右从人。孔明问周瑜说："几日不见，都督怎么病成如此模样？"周瑜见孔明亲自来问病，支撑起来回答说："人有旦夕祸福，谁能自料其病？"孔明接着说："天有不测风云，岂是人皆知？"周瑜觉得孔明话里有话，便激孔明说："我怕是不行了，请先生亲自为攻曹军谋划吧，不然只好回军。"孔明未理周瑜的话茬，却说："都督的病源我已诊出。"周瑜说："请先生明言。"孔明拿过纸笔写了十六个字给周瑜看。只见上面写着："欲破曹兵，宜用火攻，万事俱备，只欠东风。"周瑜说："先生既知病因，可有良药来医吗？请先生赐教。"孔明乘机骗周瑜说："我有呼风唤雨之术，你要用东南风，可令军士在南屏山筑一座台，名曰'七星坛'。我可借三天三夜的东南风给你用。十一月二十日甲子时，开始祭风，至二十三日丙寅时风息，你看如何？"周瑜听罢大喜，即刻从床榻上起身，召集众将开帐议事。

周瑜一面派兵去南屏山筑坛，供孔明祭风，一面调兵遣将，准备发起总攻，并特别吩咐黄盖说："你可先写一封密书给曹操，告诉他次日黄昏后，劫了粮草船只去降他。总攻时，你率先乘舟前往。曹操以为你是去归降，可乘

其不备，直冲曹操水寨，纵火船烧敌寨，我率大军随后接应。"

曹操得到黄盖书信后，十分得意地在船上迎候。当他发现黄盖所乘之舟浮而轻，不似粮船，顺风而来时，再欲遣水军阻击，已经来不及了。只见黄盖所率之舟及近水寨时，突然发火。此时，东南风越刮越紧，霎时间，曹操水寨燃起大火，欲乘舟躲闪，船已被铁环锁住。这时，曹操方知道自己采用庞统的"连船计"，是中了周瑜"连环计"了。只好率军溃逃。及至在华容道向关羽乞求生路时，百万大军已只剩三百余骑了。

就这样，周瑜用"连环计"，赢得了赤壁大战总攻的胜利，创造了历史上以少胜多的战例。

大智若愚，计取南安

孔明首次出师伐魏时，轻易地打败了魏军左都督夏侯楙，并顺势把他困在南安城中。接着又用"调虎离山"计，智取了安定郡，俘获了安定郡太守崔谅。

孔明说降崔谅后，把他捧为座上宾，以厚礼相待。一天，孔明问他说："安定郡和南安毗邻，你与南安郡太守交情怎样？"崔谅说："南安郡太守杨陵及其兄长都与我特别要好。"孔明说："先生既已归降，我想派你去南安城劝说杨陵也降我，并乘势捉夏侯楙。"崔谅说：'丞相既然这么信任我，我怎能不效力？但丞相宜退军二十里，我进城后也有个巧说，不然会引起夏侯楙的怀疑。"孔明说："当然可以。"于是令军退二十里下寨。崔谅便单人匹马人南安城去了。

崔谅入城见到杨陵之后，详细叙说了自己的遭遇和孔明遣他入城的打算。杨陵说："既然孔明信任你，并且欲行内间计，我们可'将计就计'而行。你再去孔明营中一趟，设法骗孔明入城。我们乘其无备，设伏兵杀了他。"

崔谅又来到蜀寨对孔明说："杨陵已经同意归降，本来要自己动手捉夏侯楙见丞相，只因夏侯楙有亲信随身护卫，未敢轻举妄动，欲献城门，放大军入城去捉夏侯楙。"孔明说："这当然可以。我这里有你们安定郡的降兵，再派些蜀军与你同住，先把他们带到城中，就说是你带他们来救应南安郡的。让他们伏在夏侯楙府中。当杨陵打开城门后，里应外合，擒住夏侯楙，你看如何？"崔谅暗想，孔明如此用计，看来是没怀疑我。可又担心若把这些军兵带入内，一旦在城中作乱，也不好收拾。若不同意带他们入城，孔明一定会产生疑心。不如先把他们带入城去，杀了这些蜀军，再开门骗孔明入城。想到这，很痛快地答应了孔明。

孔明暗中嘱咐关兴、张苞说："崔谅投降是假，杨陵献城也是诈。你们今夜扮作安定军兵入城时，可乘敌无备，杀入城内，我随后率大军入城，将计就计攻取南安。"

当晚，崔谅带兵来到南安城下。张苞、关兴各执兵器，夹杂在安定郡的降兵之中。城上杨陵问："是何处军马？"崔谅说："是我手下的军兵。"说罢，向城内射去一封密书。杨陵打开书信一看，上面写道："孔明让我带这些军兵入城，欲行'内应外合'之大计。"杨陵看罢，带兵开门迎接，准备顺势把这些蜀兵监护起来。

关兴、张苞见城门打开，便一前一后地夹着崔谅入城。当接近杨陵时，关兴手起一刀，把杨陵杀死在马下。崔谅见势不妙，则欲逃走，被张苞一枪刺死。随后，关兴在城上放火号，孔明率军一齐杀入城内，夺取了南安郡，活捉了夏侯楙。

事后，关兴等将问孔明说："丞相怎么知道崔谅是诈降的？"孔明说："崔谅是不得已而降的。他与南安郡杨陵交情甚厚，而且南安、天水郡势力还很大，他怎么能甘心归降。另外，他回我寨中说杨陵欲降，但无计擒夏侯楙，这显然是谎话，是企图骗我入城，中他埋伏的。我见此情形，佯做信其降，诱他用计来谋我，而我再将计就计取城，这样岂不便当？"众将闻言，无不倾服。

这是一则敌我双方都行将计就计的战例。杨陵所设的"将计就计"，是将孔明的内间计，就其反间计，欲达到其诱敌人瓮之目的。而孔明的"将计就计"，是将杨陵的诱兵之计，就其攻其无备之计。

杨陵的"将计就计"所以失败，是因为他设此计所依据的"内间计"，是孔明的虚计，结果反中了孔明的圈套。而孔明所用的将计就计，是在全面把握敌方情况基础上，设谋施计的，因此才成功。

孔明装愚，佯中敌计之举，也是其行计成功的重要环节。

张飞用计，智取巴郡

在刘备大举进攻西川的战争中，张飞得令与诸葛亮同日在荆州出发，率一万五千军马，从山路向西川进兵，准备在雒城同从水路进兵的孔明以及正据守涪城的刘备会师。

张飞统帅大军西下，沿途经过许多郡县。守城将士一听说是张飞来了，纷纷献城投降。行军到巴郡时，探路的军兵报告说："巴郡太守严颜，是蜀地的名将，年纪虽然很高，精力却十分旺盛，善于拉硬弓，使大刀，有万夫不挡之勇，拒守巴郡不投降。"张飞一听，大发雷霆，亲自到城下挑战。可是一连几天，无论张飞如何骂战，城内就是不出兵迎战。

张飞心想，这样下去，严颜也不会出来，但是又无计可施，急得在寨内团团转，生怕延误了在雒城会师的日期。这天，他突然想出一计，对军兵下令说："你们分头以打柴为名，寻找有没有其他的路径可以过巴郡。"军兵得

令，四散而去寻路。

严颜在城内，见张飞几天不来骂战，军兵都四处打柴，不知这里搞的是什么名堂。于是派出数十名军兵，化妆成荆州兵，也悄悄出城打柴，刺探消息。

张飞听说城内也有兵出城打柴，心想这一定是严颜要打探我军消息的。于是，经过一番策划，待众军回寨时，大骂严颜说："这个老家伙，气死我了，这样下去，我什么时候才能到雒城？"这时有三四个军兵说："将军不要着急，我们这几天打柴探到一条小路可以过巴郡西去。"张飞说："既然有路，为什么不早来报告？"军士说："我们也是今天才探到的。"张飞重赏了这几名军兵，下令说："事不宜迟，我们今夜二更造饭，三更乘月明，拔寨西去，战马要去铃勒口，军中不许讲话，我在前面开路，谁要弄出声响，惊动严颜，就地斩首。"

到张飞营中刺探消息的军兵，回城把张飞夜行的计划回报严颜。严颜说："我知道张飞抗不过我了。他暗过小路，粮草必然在后军，劫了他的粮草，看他怎么西去。"马上传令军兵说："今夜二更造饭，三更埋伏在林间，听到鼓响一齐杀出，劫张飞粮草回城。"

三更左右，严颜及其伏军在树丛中，果然看见张飞一马当先，横矛在前面率军悄悄行进。后军粮车到后，严颜一声令下，战鼓齐鸣，树林中伏兵一齐杀出，乘势惊夺粮车马匹，严颜乘机杀出，荆州兵四散而逃。这时严颜忽听背后一声大喊："严颜老匹夫，我等你好久了。"严颜回头一看，见这人豹头环眼，燕颔虎须，手持丈八长矛，骑着深黑色的战马，不由吃了一惊。心想，怎么又出来一个张飞，急挥刀迎战。由于严颜中计心虚，不敢恋战，精神一不集中，被张飞活捉了过去。张飞就这样兵不血刃地占领了巴郡城。

人们都说张飞鲁莽，而鲁莽者用计却不至于引起对方怀疑。在这则战例中，张飞见攻城不下，便用反常的举动来诱敌生疑。敌人为解其疑，便用遣间的方法来探听消息，张飞知道城内有间细来，便将计就计，用他们的奸细给严颜传递错误信息，使之中计。当严颜用出奇匿伏的计谋要伏击张飞时，张飞又行将计就计，出乎敌人意料地出奇制胜，弄出"两个张飞"来。原来前面的张飞是叫军兵假扮的。

巧解连环，麻城破案

清朝雍正年间，湖北麻城知县汤应求为人怯懦，但居官却也清正。一天，有人击鼓鸣冤，他立即命衙役将喊冤人带上堂来。鸣冤人为郎舅二人，一个叫杨五荣，声称自己姐姐嫁涂家后，屡遭虐待，一月前被打失踪，定是被其丈夫暗害了；另一个叫涂如松，其妻杨氏入门后，常回娘家，一月前出走不归，定是杨家设下圈套，陷害于他。汤应求听了两人陈述，决断不下，就命两人各自回去，听候处置。退堂后，他与刑房书吏李献宗商议如何破案，李献宗略作思索，回答说："生要见人，死要见尸，若知真伪，先找女子。"汤连连点头，即发下签票，命他查找杨氏三姑的下落。

显然，无论谁是谁非，汤应求面前必然存在着一个圈套。若涂如松说的是实话，那么杨五荣设下的是"瞒天过海"计；若杨五荣说的是实话，那么涂如松施用的就是"指鹿为马"计。这两种计谋都属于欺骗术，都是制造骗局，以假象掩盖事物的真相。李献宗的破译方法完全正确，只要找到杨三姑，不管是死是活，都能揭除假象，明辨是非，这是用的"去伪存真"之计。

经过几天查防，李献宗已掌握下列实情：涂如松是个老实农民，杨三姑却是个水性杨花的"小狐狸"。她在嫁到涂家之前，就与同村人杨同范有勾搭，后又与富户王祖儿的外侄冯大发生了奸情。杨氏嫁到涂家不久，就寻衅吵闹，以回娘家为借口，实际上是去会姘夫的。眼下，追踪的线索很快集中到王家庄的冯大身上，但因没有找到杨三姑，一时也难以破译。对于破译者来说，发现不等于解除，更何况关键人物杨三姑尚未查获，此"谜"仍无法解出。

那杨三姑确实躲在冯家，与冯大整天鬼混。冯大只有一个老母，怕此事张扬出去，儿子要吃官司，因此守口如瓶。但冯大做贼心虚，见李献宗经常在村里转悠，怕丑事泄露，便决定破点财，将三姑送回杨家。然而杨五荣是个无赖，从冯大处诈得二十两银子，仍不去官府销案，怕白白挨一顿杖责。他忽然想起三姑与杨同范早有勾搭，便采取"移花接木"之计，将三姑送到杨同范家。杨同范虽有三房妻妾，但对这"小狐狸"始终不能忘怀，眼下白白送上门来，不禁喜出望外，急忙将三姑藏在后宅夹墙房中，成天寻欢作乐。他怕涂家得到风声，决计寻找机会，非将涂如松置于死地不可。

机会终于来了。一天，杨同范听说村外有一具无主尸体，被野狗扒出，面目已经全非。于是与杨五荣密谋一番，以"偷梁换柱"之计，冒认为杨氏尸，让杨五荣去县衙报案；与此同时，杨同范又想以金钱买通仵作李荣。被李荣一口回绝。当李献宗按知县吩咐去现场验尸时，心中明知有诈，却将计就计，依然装作深信不疑的样子，带领李荣去村外坟地验尸。尸体虽已腐烂，但从骨骼、毛发上辨认，分明是个尚未成年的男子。这次验勘，由于对方毫无防备，使李献宗完全掌握实据：杨五荣系假尸冒领，嫁祸于人；杨同范公然行贿，则要仵作以假说道，开脱罪责。当下，李献宗吩咐将尸体埋了，并在坟上暗暗立杆标记。

至此，杨五荣等人计谋已全部识破，只要将真相公诸于世，谁是谁非，昭

然如揭。但由于客观事物的复杂性，以及当事人的非分之欲，社会之不公正，造成该破的不破，该解除的却无法解除。于是出现新的矛盾，一个新的计谋又形成了，而且是以前一个计谋为基础；这样，破译工作依然存在，只不过主体与对象的地位发生了转化。

那杨同范仗着腰缠万贯，当地一霸，见此计不成，又生一计。他找到当时的湖广总督迈柱的门生高仁杰，并贿以重金，到总督府走了后门。拿着总督府的公文，高仁杰便匆匆赶到麻城县任主审官。上任伊始，未作任何审理，就把涂如松、汤应求先行羁押，而后派遣另一名已受杨同范贿赂的仵作，重新挖坟验尸，并一口咬定这是具女尸。接着又用重刑将李荣活活打死，将涂如松屈打成招，供认自己杀了妻子，然后将李献宗杖责一百，逐出衙门。李献宗怎能咽下这口冤气，私下来到冯大家，用计赚知杨三姑藏在杨同范家的确切消息后，又一次将计就计，取得实证后，准备拼死越级上告。

这天，李献宗来到杨府附近。恰逢杨同范的妻子将要临娩。李献宗就与住在杨府隔壁的老隐婆商议停当，趁此机会，来个“引蛇出洞”计，查明三姑究竟藏于杨府何处。不一会，杨家丫鬟匆匆赶来，说是她家大娘子难产，大爷唤她速请老隐婆帮忙接生。老婆子跟随丫鬟进了产房，见产妇“哇哇”直喊，便拉开嗓门喊叫：“快去唤人帮忙！你家大娘子没命啦！”丫鬟急昏了头，忙朝墙壁大叫三姑出来救大娘的命。只听“啪嗒”一声响，墙上一墙暗门开了，蹿出一个浓妆艳抹的女子。老隐婆认出她就是杨三姑，只装不知，而杨三姑却不认识她。

李献宗得知此事，向老隐婆行过大礼，感谢她深明大义。接着又匆匆起程直奔黄安县，等到钦差巡抚吴应棻奉旨前来时，他拦轿喊冤，呈上状子。

那吴应棻见了状子，一心想从这冤案中捞点好处，扳倒总督迈柱，图个加官晋爵，于是派人前去捉拿三姑。李献宗急忙劝阻，他怕打草惊蛇，一旦杀人灭口，此案永无昭雪之日。吴听了觉得有理，连忙讨教对策。李献宗劝吴暂不去麻城，以免惊动高仁杰，自己则随同黄安县令陈鼎去麻城见机行事，非要搞个水落石出不可。

再说李献宗等人回到麻城时，只见麻城百姓街谈巷议，对此冤案愤愤不平。杨同范听到风声，终日心神不安，寻求对策，后来居然被他想出一条毒计：欲将三

姑杀了,毁尸灭迹,便可死无对证了。但因一时找不到合适女子供他淫乐,于是派人四处张罗。李献宗得知此事,便将计就计,诱他上钩。这天一早,杨同范正在漱洗,忽听说有个年轻女子找上门来,急忙来到客厅,果见那女子貌似天仙,便笑嘻嘻地问:“娇客何来?”那女子泪流满面地说:“小女子本是良家女,后被人拐卖至青楼之中。因不愿沦于烟花,偷偷逃出,恳请杨老爷救救奴家。”杨同范听了,真是喜出望外,当即将她留下。那女子跪倒在地,娇滴滴道:“杨大爷大恩大德,奴家愿以身相报。”杨同范哪里按捺得住,正想将她搂入怀里,忽听仆人来报:“外面来了一个官员,带头几个公差,已闯进后宅,要追查一名逃跑了的暗娼。”杨同范听说是官员带人追查,情急之中,忙把那女子推入夹墙暗室里,赶快迎了出去。就在这里,陈鼎带领捕快已到面前,喝令:“搜!”忽听到夹墙里传出喊声:“我是逃犯,别难为了杨老爷!”众人寻声纷拥而至,一举毁了夹墙,杨三姑也就乖乖被擒。杨同范这时才知中计,但为时已晚,立即被套上铁链带走了。原来这是李献宗用的“抛砖引玉”计,才能将人犯一举擒获,经开堂复审,这桩千古奇冤总算得到了昭雪。

至此,一桩层层施计、处处设防的“连环计”才全部破译了。

计中连环,双决报捷

辽沈战役以后,敌军总兵力已由战争开始时的430万人,下降到365万人,其中能用于第一线作战的正规军,仅有174万余人,且已基本上没有了战略后备力量,被迫改分区防御的战略方针为重点防御的战略方针。敌在战略指导上,视中原战场为其全战局之枢纽,分别以徐州刘峙集团、武汉白崇禧集团、西安胡宗南集团控制各有关战略要点,互相呼应,以稳定其中原地区的防御体系。

解放战争第三年伊始,我各野战军发动了强大的秋季攻势,根据中共中央政治局提出的在大约五年内(从1946年7月算起)从根本上打倒国民党反动派的总任务,和中央军委确定的解放战争第三年的作战计划,仅经过四个月作战,就取得了辽沈、济南等战役的重大胜利,歼敌100万。至11月初,敌我双方力量对比发生了根本变化,国民党军队下降到290万人,而人民解放军上升到300余万人,这就使我军获得了优势。

济南战役后,蒋介石为保住其南线,曾打算收缩徐州刘峙集团兵力,或集中兵力守徐州,或撤守淮河,并以白崇禧统一指挥徐州、武汉两个集团,以便集中主力伺机与我会战。但白崇禧为保存实力,不肯接受这个烂摊子,刘峙等又不愿交出指挥权,因而,使蒋介石举棋不定。

以徐州为中心的广大地区,地形开阔,村庄稠密,津浦、陇海两铁路纵横其间,便于大兵团机动作战。惟沿韩庄、台儿庄、运河车站、宿迁、淮阴线,为一条由西北向东南的运河,不能徒涉;泗县以东、淮阴以西为湖沼地区,固镇、蚌埠间有数条东西向河流,影响部队机动。敌后方补给有二:一为自浦口沿津浦路达徐州;一为由上海海运至连云港,转陀海路达徐州。时届冬季,干旱少雨,气温较低,如遇寒潮则异常寒冷。

济南战役后,蒋介石为确保徐州,确定了如下部署:第7兵团在新安镇

（现新沂）地区；第 13 兵团在徐州以东地区；第 2 兵团在黄口、砀山地区；第 16 兵团主力由郑州撤往蒙城地区，其第 99 军车运蚌埠；第 9 绥靖区位海州地区；第 3 绥靖区位临城、枣庄、台儿庄、贾汪地区；第 4 绥靖区自开封、兰封（现兰考）地区东移商丘地区；第 1 绥靖区位淮阴地区。以上共 4 个兵团，4 个绥靖区、25 个军，59 个师，60 万人，以徐州为中心，沿津浦和陇海两条铁路线成所谓“一点两线”部署。蒋介石在进行此一部署的同时，又令华中“剿总”所属之第 12 兵团向确山、驻马店集中。

蒋介石害怕刘峙集团重蹈卫立煌集团全军被歼的覆辙，于 11 月 5 日在徐州召开军事会议，决定以津浦路徐蚌段为轴线，将刘峙集团主力收缩至铁路沿线两侧，以各机动兵团的攻势防御，阻止我军南下，确保徐州，巩固江淮，屏障南京；必要时撤至江南，确保南京。部署调整如下：邱清泉兵团集中在砀山、永城地区；冯治安第 3 绥靖区退守韩庄、台儿庄线；李弥兵团向灵璧、泗县转移；黄伯韬兵团退守运河以西、徐州以东地区；刘汝明第 4 绥靖区由内丘撤至蚌埠，守备徐蚌段交通；李延年第 9 绥靖区由海上撤退；黄维兵团由确山、驻马店地区进至太和、阜阳地区，相机东援。

中央军委和毛泽东于 9 月 25 日批准华东野战军进行淮海战役。10 月 11 日，毛泽东提出了由华野单独进行的关于淮海战役的作战方针：第一阶段，集中兵力歼灭黄伯韬兵团，完成中间突破；第二阶段，攻歼海州、连云港地区之敌；第三阶段，在两淮方向作战。歼灭黄伯韬兵团作战最关键的问题，是阻击徐州敌主力东援。因此，毛泽东指示华野要用一半以上的兵力担任阻击、钳制任务，从南、北两面及西面直逼徐州，使敌开始不能确切判断我之主攻目标，待其判明我真实企图后，又必须先解除对徐州的南、北威胁才能东援。这就可为我攻歼黄伯韬兵团争取较多的时间。同时，为配合华野进行淮海战役，中央军委和毛泽东又部署由陈毅、邓小平率中原野战军主力进行郑州战役；刘伯承中原野战军一部向江汉、宛（南阳）西行动，吸引白崇禧主力第 3 兵团和黄维兵团向南、向西行动。

当我中野主力向郑州发起战役，敌孙元良兵团已向东撤走，守敌万余人迅速被歼，郑州、开封获得解放。于是，中野主力可机动使用东线，中央军委和毛泽东决定在原淮海战役计划的基础上扩大战役规模。

我华野、中野最初确定的战役部署如下：

华野：第 4、第 8 纵队由向城地区南下，第 11 纵队及江淮军区两个独立旅自宿迁沿运河两岸北上，协力歼灭邳县、官湖、炮车、运河车站地区之敌，切断运河铁路桥，控制阻援阵地和断敌退路，保障主力围歼黄伯韬兵团的作战；第 1、第 6、第 9 纵和鲁中南纵队主力经郯城东西地区南下，向新安镇、瓦窑地区之敌突击，苏北兵团（指挥第 2、第 12 纵队和中野第 11 纵队）自夏庄、赣榆线南越陇海路，向阿湖、高滩沟地区之敌攻击，协力围歼黄伯韬兵团，鲁中南纵队一部围歼郯城守敌；山东兵团（指挥第 7、第 10、第 13 纵队）由临城、枣庄之线南下，歼灭敌第 3 绥靖区或促其起义，尔后直出陇海路，阻击可能由徐州东援之敌。

中野：第 1、第 3、第 4、第 9 纵队由睢县、柘城地区东进，直插宿县，切断津浦路，由南面进迫徐州；华野第 3 纵队、两广纵队和冀鲁豫军区两个独立

旅,战役初期由中野指挥,自单县地区出动,向砀山、肖县方向突击,从西北面进迫徐州,钳制邱清泉兵团;第2、第6纵队和陕南第12旅,分别由江汉、桐柏地区取捷径于11月20日前进至亳县以南地区,迟滞黄维兵团东进。

战役从1948年11月6日发起,至1949年1月10日结束,分三个阶段进行,主要经过如下:

第一阶段:歼灭黄伯韬兵团,切断徐蚌线,孤立徐州。

第一,争取敌第3绥靖区起义,追击包围黄伯韬兵团。

11月6日,我华野主力由滕县、临沂、夏庄、赣榆之线出动,原定对新安镇地区之敌黄伯韬兵团的合围在8日完成。但敌人这时也按预定的部署开始收缩兵力。惟有黄伯韬兵团因等待第9绥靖区之第44军,改为七日开始西撤。撤退部署为:兵团部率主力四个军沿陇海路由运河车站渡河西撤;第63军向西南转经窟湾流运河西撤。我发现敌撤退情况后,立即展开追击和堵截行动。

8日,敌第3绥靖区在我军事压力与政治争取之下,副司令张克侠、何基沣率所部三个半师起义。加上我军多路向徐州逼近,对敌震动很大。刘峙判断我将东西夹击徐州,十分恐慌,决定将主力集中徐州,令邱靖泉兵团、李弥兵团、孙元良兵团星夜向徐州集中。改变了原定将各机动兵团撤至徐蚌线两侧的计划。同时,蒋介石令刚由北平回到南京的杜聿明返徐州仍任副总司令;李延年之第9绥靖区机关在蚌埠组建第6兵团;刘汝明第4绥靖区改编为第8兵团。

中央军委和毛泽东根据战场形势的变化,于9日指示中野主力"直出宿县,截断宿蚌路"。要求华野、中野"应极力争取在徐州附近歼灭敌人主力,勿使南窜"。这是对原战役方针的重大发展。

在我猛追之下,黄伯韬兵团主力于9日才狼狈退到运河西岸,时李弥兵团已西开。黄伯韬认为暂无被包围的危险,且有李弥兵团遗留的工事可利用,于10日在碾庄圩附近地区整顿。而此时我各路追堵大军已以神速行动赶到:山东兵团在敌第3绥靖区起义后,迅速通过该部驻地,越过不老河南下,进逼东贺家,占领了大许家、曹八集,歼灭了黄伯韬兵团先头第100军之第44师,封闭了黄伯韬兵团退路,并继续扩大突破地段,于11日在徐州东郊

大庙附近占领阻援阵地。第4、第8、第6、第9纵队，于歼灭敌掩护部队后，渡过运河，向敌展开猛攻，第11纵队和江淮军区两个独立旅也由南向北协力攻击，至11日，将黄伯韬兵团主力四个军共七个师，合围于碾庄圩为中心的狭小地区。第1纵队在窟弯追上敌第63军，至12日将其全歼。苏北兵团经宿迁向徐州东南方向前进，14日在大王集追击睢宁西迩之敌第107军，主力于13日被迫放下武器，14日被我全部歼灭。

华野包围黄伯韬兵团后，对部署作了如下调整：山东兵团指挥第4、第6、第8、第9、第13纵队攻歼黄伯韬兵团；苏北兵团指挥第1、第2、第12、鲁中南纵队和中野第11纵队，由东南方向进逼徐州，钳制徐州敌人；第7、第0、第11纵队，由第10纵队首长指挥，跨陇海路设阵，由正面阻击徐州之敌东援。

第二，切断徐蚌线，孤立徐州，阻击黄维兵团。

敌第4绥靖区刘汝明部于11月6日开始由商丘向蚌埠收缩。我中野以第1纵队及第3纵队一部于7日在张公店围歼该敌后尾第181师，主力继续向东追击，至12日开始在徐蚌线作战，以第4纵队和华野第3、两广纵队，攻击徐州、宿县间之敌，先在夹沟歼灭了北撤之孙元良兵团的第41军军部及其第122师各一部；14日又在三堡歼灭了原属第3绥靖区之第37师残部，从南面逼近了徐州，并于15日与华野苏北兵团取得衔接。第3纵队于12日包围并攻击敌重要交通，补给基地宿县，在第9纵队一部兵力配合下，于15日攻克该城，歼敌第25军第148师等部1.2万余人，缴获大量军需物资。豫皖苏独立旅等部向蚌埠进逼，一度攻占固镇，破袭铁路近百公里。为阻击蚌埠之敌北援，15日第9纵队在豫皖苏军区部队配合下，于任桥一线布防。至此，我已控制了宿县南北一大段铁路，切断了敌惟一的一条陆上补给线，孤立了徐州，为歼灭刘峙集团主力徐州附近奠定了基础。

11月16日，中央军委对淮海战役的作战行动进行统一指挥，由刘伯承、陈毅、邓小平、粟裕、谭震林组成总前委，刘、陈、邓为常委，邓小平为书记。

11月6日，黄维兵团由确山东援，15日到阜阳，18日抵涡河，继续向徐州方向前进。沿途受到我豫皖苏军区武装的阻止，又不断受我第2、第6纵队和陕南第12旅的侧击、尾击，前进很迟缓。进抵涡河时，又遭我第1纵队袭击，我第2、第6纵队和陕南第12旅，已于15日赶过敌人，在涡阳、蒙城地区阻敌前进，将该敌阻于南平集以西地区。

第三，阻击徐州敌人东援，全歼黄伯韬兵团。

黄伯韬兵团被围后，刘峙、杜聿明以邱清泉兵团三个军、李弥兵团两个军共12个师，从12日开始东援。敌虽在支援下向我猛攻，但遭我阻援各纵队的顽强抗击后，前进缓慢。我为了割断援敌与徐州的联系，以便歼灭黄伯韬兵团后再歼援敌，阻援部队有计划地退至大许家以西南北一线。因援敌与徐州连接甚密，未能割断。但援敌在黄伯韬兵团被歼之前不能越过大许家一线。

从12月开始，我担任攻歼黄伯韬兵团的各纵队，从四面八方对敌展开猛攻。由于敌逐村顽抗，开始进展不大。后我军及时改变战术，采取“先打

弱敌,后打强敌,攻其首脑,乱其部署"的战法,保持持续攻击能力。首先集中力量歼灭较弱之敌第44、第100军。各攻击部队集中优势兵力,采取对壕作业,逐点分割攻取,逐个歼灭。到18日,敌第44、第100军被歼灭,第25、第64军惨遭严重袭击,黄伯韬兵团部所在地碾庄圩已暴露于我攻击矛头之下。我于19日晚对碾庄圩实施总攻,到20日拂晓,我军攻占了碾庄圩敌全部阵地,黄伯韬逃至大院,第25、第64军残部继续顽抗。我军乘胜追击,到22日黄昏,黄伯韬兵团全部歼灭,黄伯韬被击毙。

第二阶段:粉碎敌人"打通徐蚌,三路会师"计划,包围杜聿明集团,歼灭黄维兵团。

首先,粉碎敌人"打通徐蚌、三路会师"计划,包围黄维兵团。

黄伯韬兵团被歼后,蒋介石于11月24日召刘峙、杜聿明到南京开会,决定三路会攻宿县,打通徐蚌联系。部署为:李延年、刘汝明兵团由固镇地区沿津浦路向北进攻;杜聿明回徐州指挥徐州"剿总"的主力向南进攻;黄维兵团继续向宿县方向进攻。

我华野为粉碎敌人三路会师计划,分为南、北两个集团,分别对沿津浦路南北对进之敌作战;中野全力以赴对黄维兵团作战。

我华野山东兵团,指挥第1、第3、第4、第8、第9、第12、鲁中南、两广纵队和冀鲁豫军区两个独立旅,在双沟、曹村车站、肖县之线以北地区约30公里纵深,组成三道防御阵地,阻击由徐州南进之敌。以济南南下之渤海纵队进至徐州以东之宿羊山,以钳制敌人。11月26日,邱清泉兵团5个军10个师另一个骑兵旅,沿津浦路及其以东,孙元良兵团在津浦路以西,全线向我发动总攻。我顽强阻击,敌进展缓慢,到30日,仅前进10至15公里。

李延年、刘汝明兵团于11月24日进至花庄集地域。我苏北兵团指挥第2、第6、第10、第11、第13纵队担任阻击该敌北进并相机歼灭之任务。我军南下途中,第13纵队和江淮军区两个独立旅于25日攻克灵璧,歼敌第12军之第238师。敌发现我军华野强大部队南下,于26日晚仓皇南逃。我军因距敌尚远,又有河流阻隔,未能断敌退路,仅歼其后尾两个团,该敌退至曹老集、蚌埠地区。我苏北兵团遂以第6纵队位曹老集以北地区监视该敌,第13纵队配合中原野战军参加对黄淮兵团作战,主力集中于固镇、宿县地区。

11月13日,黄维兵团自按原定援徐计划,猛攻南平集。我军为诱其主力第18军渡过浍河,于当夜主动后撤。敌第19军于24日渡过浍河后,发现两侧有强大部队,当日下午就急忙向浍河以南收缩。我军中野乘势全线出击,经一夜战斗,至25日晨,第6、第11纵队在罗集会合,将黄维兵团合围于双堆集地区。敌第18军之第49师,在撤退中被我追歼。26日,该敌向蚌埠方向突围,未成;27日集中四个主力师再次突围,因第85军第110师举行战场起义,又告失败,又转为固守待援。

其次,追击、合围杜聿明集团。

黄维兵团被围,杜聿明集团进攻受阻,李延年、刘汝明兵团逃回蚌埠地区,"打通徐蚌,三路会师"的计划破产,蒋介石于11月28日再召杜聿明去南京商讨对策。由杜聿明率邱清泉、李弥、孙元良等放弃徐州,绕道永城南下,击我中野背侧,解黄维兵团之围,然后共同南撤。决定将徐州"剿总"迁

至蚌埠，令刘峙前往蚌埠指挥李延年、刘汝明兵团再次北援。

根据战役发展情况，加强对徐州敌情的侦察，进行了必要的追击准备。

11月30日，杜聿明率邱清泉、李弥、孙元良3个兵团10个军25个师和一个骑兵旅，加特种部队、后方机关、地方党政人员及被裹胁的部分青年学生共约30万人，撤离徐州，以多路纵队蜂拥而下，交替掩护，向肖县、永城方向前进。

12月1日，我军华野查明敌撤逃情况，当即以11个纵队又两个独立旅，采取多路、多层的尾追、平行追击和迂回拦击相结合的战法，昼夜连续猛追。同时，以渤海纵队进占徐州。经江滩军区两个独立旅前出淮南，破袭蚌埠以南津浦路。

2日，我军已在肖县、永城间的孟村、大回村等地追上并堵住敌人，随即发起猛攻，杜聿明集团由于在我猛追之下异常混乱，被迫于2日晚停止整顿。3日上午，蒋介石命令杜聿明集团改向濉溪口方向前进，以取捷径解黄维兵团之围，又命令退回蚌埠的李延年兵团再次北援，向双堆集方向前进。杜聿明集团采取三面掩护，一面攻击，逐次前进的战法，向南突进。此时，我追击大军已四面云集，采取三面攻击，一面阻击的战法，向敌压缩。到4日，将敌包围于陈官庄、李石林、青龙集的狭小地区内。6日，孙元良兵团在包围中被我歼灭，孙元良等少数人化装逃跑。

杜聿明集团被围后，敌第1绥靖区于12月9日由两淮地区南逃，我地方部队进占淮阴、淮安等城。

第三，歼灭黄维兵团。

根据战役情况，我军决定首先歼灭黄维兵团，然后再歼灭杜聿明集团。对黄维兵团的作战原由中野单独担任，后考虑到单独歼灭黄维兵团有一定困难，就向中央军委建议抽调华野部分兵力参加对黄维的作战。经中央军委批准，仍以华野主力继续围住杜聿明集团；以华野等6纵队、中野第2纵队及部分军区武装阻击李延年兵团；以中野为主力，在华野第3、第7、第13纵队配合下歼灭黄维兵团，华野特种兵纵队也大部分用于支援攻歼黄维兵团。攻歼黄维兵团的部署是：第4、第9、第11纵队和豫皖苏独立旅为东集团，由第4纵队首长指挥，从东北面向双堆集方向突击；第1、第3纵队和华野第13纵队为西集团，由第3纵队首长指挥，从西北面向双堆集方向突击，第6纵队、华野第7纵队和陕南第12旅为南集团，由第6纵队首长指挥，从南面向双堆集方向突击；华野第3纵队为预备队。

12月6日16时30分，以东集团为重点，全线发起总攻。经连续猛烈攻击，到13日，我军已歼灭了第14军全部，第10、第85军大部，第18军一部，敌已被压缩于狭小地域内。然后将预备队华野第3纵队和原西集团的第13纵队加入南集团，以华野中南纵队为预备队，改为由华野参谋长陈士榘负责南集团的指挥，14日夜，以南集团为主，直接攻击敌指挥中心双堆集核心阵地。激战至15日，残敌在突围中被全歼，其兵团司令黄维、副司令吴绍周被俘。

黄维集团被歼后，李延年兵团窜回蚌埠，沿淮河布防。

第三阶段：全歼杜聿明集团。

首先,对杜聿明集团暂时围而不打,我军进行战场休整,开展政治攻势。

黄维兵团被歼,李延年兵团退至淮河南岸,杜聿明集团已成孤军。此时,平津战役开始,为了不使蒋介石迅速海运平津诸敌南下,并给被围之敌造成更大困难以利于歼灭,和使我军得到充分的休息整顿,中央军委和毛泽东决定对杜聿明集团暂时围而不打,令淮海前线全军进行战场休整。华野以八个纵队采取纵深配置,边围困敌人,边轮番休整;以七个纵队部署于夏邑、永城、濉溪口一线进行战备休整,随时准备击退与歼灭可能突围的敌人。中野全军位于宿县、蒙城、涡阳地区进行战备休整,准备截击可能突围之敌或可能来自南面的援敌。豫皖苏五个团位于北淝河沿岸,向蚌埠方向侦察、警戒。

从12月16日开始的20天休整中,我军恢复、整顿战斗组织,补充兵员;进行任务教育,提高士气;开展敌前练兵,进行总攻准备。发出《敦促杜聿明等投降书》,开展强大、广泛的政治攻势,瓦解敌军,敌陆续投降来归者达1.4万多人。由于连日大雪,气温降低,空投减少,增援无望,被围之敌陷入困境,大批士兵冻饿而死,战斗力急剧下降。

其次,我军发起总攻,全歼顽抗之敌。

敌人商策利用天气转晴加速空投补充,待补足粮弹,以空军和施放毒气掩护向西突围。突围时间定于1949年1月8日,我军根据战役发展情况,决定于1949年1月6日发起总攻。部署为:华野第3、第4、第10、渤海纵队和冀鲁豫军区两个独立旅为东集团,由第10纵队首长指挥;第1、第9、第12纵队为北集团,由山东兵团指挥;第2、第8、第11纵队为南集团,由苏北兵团指挥,采取各个歼灭与割裂突击相结合的战法,以东集团的第3纵队和北集团的第1纵队南北对进,割裂李弥兵团与邱清泉兵团的联系,首先歼灭较弱的李弥兵团,再歼邱清泉兵团。华野第6、第7、第13、鲁中南两个纵队及第35军为外围拦截部队,准备捕歼可能突围之敌。

1月6日16时30分,我军在炮火支援下发起总攻,当夜攻克敌村落据点13点,歼敌万余人,李弥兵团7日向邱清泉兵团防区撤逃,我军乘机进攻,又克李弥兵团司令部驻地青龙集等23处村落据点,李弥兵团大部被歼,

残部逃入邱清泉兵团防区。敌整个防御体系被打破。8 日,我军发现敌有向西突围可能,将渤海纵队调至包围圈西部第 8、第 9 纵队接合处,各纵队调整部署后,攻克敌村落据点五处。9 月,杜聿明集团被粉碎。黄昏时全线向敌猛攻,敌在我猛烈攻击下混乱不堪,到 10 日 10 时,全部被歼,杜聿明被俘,邱清泉被击毙,仅李弥等少数人化装逃跑。至此,伟大的淮海战役胜利结束。

当淮海战役正顺利进行时,国民党华北"剿总"傅作义集团面临华北、东北军联合打击的威胁,已十分惧怕。但由于美、蒋、傅之间存在矛盾,华北敌军是撤是守,是南逃还是西窜,还举棋不定。傅作义错误地估计了形势,认为我东北野战军至少需三个月才能入关作战,所以没下立即逃跑的决心,采取暂时固定平津,保持海口,以观时局变化的方针,将其所辖的蒋、傅两系军队共四个兵团十二个军收缩在以北平、天津为中心,东起山海关,西至张家口,长达 500 多公里的铁路沿线,将其嫡系部队配置在北平及其以东地区。党中央和毛泽东认为我军如能将傅作义集团歼灭于华北地区,对整个战局的发展非常有利。于是决定采取以下的布置:①撤围归绥,缓攻太原,并同意与傅作义进行谈判;②命令东北野战军主力于 11 月下旬秘密入关,在华北野战军协同下,首先对敌采取抓住西线,稳住东线,对西线之敌"围而不打",对东线之敌"隔而不围"的方针;③在西线一带歼灭傅军主力后,再集中力量发起平津战役。以上三个方面的部署的统一,用的是"连环计",三个方面的用计环环相扣。

首先,我军撤围归绥、缓攻太原,以及宣传愿意与傅作义谈判。收到了暂时稳住傅作义南逃西窜之心的预期效果。

接着,我军华北第 3 兵团遵照中央军委的部署,于 11 月 29 日开始包围张家口之敌,对傅作义震动很大。傅作义急令其主力郭景云的 35 军派出 3 个师增援张家口,以怀来地区的第 310 师增援宣化,将昌平地区的第 269 师西调怀来。我军华北第二兵团根据中央军委指示,于 12 月 2 日向下花园急进;东北先遣兵团则向南口、怀来前进,以切断平绥路,并分割包围沿线之敌。为了保住北平总部,傅作义慌忙地命令增援张家口第 35 军迅速返回北平,南口的第 104 军、第 16 军向西前往接应;调驻天津附近第 62、92、94 军共 8 个师到北平布防;将原驻怀柔、顺义的第 13 军撤到通县;将第 101 军由涿县撤到丰台、门头沟。傅作义的这一系列收缩兵力、加强北平地区防卫的行动,恰恰中了我方将敌留在北平地区、然后加以分割围歼的计策。

12 月 6 日,敌第 35 军在张家口突围后东窜,8 日被我华北第二兵团包围在新保安。10 日、11 日,我军东北野战军第 4 纵队在 11 纵队的协同配合下,先后将敌第 16 军主力和第 104 军主力歼灭,使傅作义的精锐主力部队分别被我包围在张家口和新保安,敌人西逃之路已被我军完全切断。这时,我军东北野战军主力已越过长城,进入冀东。毛泽东根据战况下达指示:令西线各军对张家口、新保安之敌在两周内"围而不打",令我东北野战军主力要不怕疲劳,不怕减员,以最快的速度切断津塘和平津之间敌军的联系,指示淮海和平津之间敌军的联系,指示淮海前线我军对杜聿明集团"两周内不作最后歼灭部署";还令我山东解放军严密控制济南以北一段黄河,在

胶济路作好截击准备。12 月 21 日，我东北野战军第 1、2、7、8、9、12 纵队包围了天津、塘沽地区之敌；第 3、5、6、10 纵队在第 11 纵及冀中军区第 7 纵队配合下，包围了北平之敌，封闭了平津之敌由海上南逃的退路。12 月 22 日，我军围攻新保安，全歼敌第 35 军，军长郭景云自杀；12 月 24 日，张家口守敌孙兰峰部突围逃跑，被我华北军第 1 兵团及东野第 4 纵队全歼于张家口以北地区。

1948 年 1 月 17 日，我军打下了天津，北平从此陷入完全孤立状态，这时，毛泽东在对傅作义实行军事包围的同时又加强了政治攻势，于 1 月 14 日发表《关于时局的声明》，提出和平谈判八项条件。16 日向傅作义发出最后通牒。傅作义经过激烈的思想斗争，终于接受了我军的和平改编。1 月 31 日，我国进驻北平，正式宣布北平和平解放。

在举世闻名的淮海、平津两大战役中，以毛泽东为首的共产党人充分运用了“连环计”的妙用，在淮海战役中，对于黄维兵团、杜聿明兵团和解围的刘汝明、李延年兵团，采取了“吃一个、夹一个、看一个”的战略，首先拖住敌人，然后逐个消灭。在消灭敌人时，先消灭比较弱小的黄伯韬兵团，再消灭相对较弱的黄维兵团，然后把杜聿明集团层层包围，却又围而不打，使蒋介石不忍放弃杜聿明集团，从而不能作出立即从平津、塘沽把近 50 万大军南撤的决定。

这时，共产党又使用缓兵计，撤围归绥、缓攻太原，稳住了傅作义西窜、南逃之心，接着，又用对西线之敌围而不攻，对东线之敌隔而不围的诱兵计，诱使傅作义时而将其主力 35 军调去支援西线，进而又将其调回北平，形成了东西线兵力的自我钳制，从而使我军既切断了敌军从陆上西逃之路，又切断了从海上南逃之路，夺取天津，从而使北平傅作义主力陷于重重包围之中，而后兵不血刃解放了北京。在傅作义军已被我军稳稳地掌握在股掌之中的同时，刘邓大军对杜聿明集团发动了最后的攻击，干净利落地结束了淮海战役。

这两大战役的实施，可以说是计中有计，计中套计，充分发挥了连环计中“使敌自累”使其互相钳制的原则，从而构建成了一个举世无比的连环计体系，可以说是连环计在战争中最成功、最有效的运用。

“肉馅行动”，技高一筹

1943 年 4 月 30 日清晨，在西班牙加的斯湾的小渔镇韦尔瓦附近，一位正在海上捕鱼的渔民，发现水面上漂来了一具尸体。他将尸体拴在自己的小船上拖到了港口，将尸体及系在尸体上的一只公文包一并交给了西班牙舰队。稍后，英国驻韦尔瓦副领事接到了镇上西班牙海军办事处的通知，要他前往认领一名英国军官的尸体。副领事急忙用电话向英国驻西班牙大使馆的海军武官希尔加斯报告了此事。希尔加斯立即指示，一定要把尸体上的公文包原封不动地要回来。然而，当这位副领事向西班牙海军索要这只公文包时，得到的回答却是：由于法律上的原因，公文包已经被扣下来了。副领事并不知道，驻在韦尔瓦的德国情报人员，早已得知了这个消息，当他们确认死者是个在飞机失事后淹死在海里的英军军官后，立即利用他们与

西班牙舰队的特殊关系，搞到了公文包，此时，正在紧张地翻拍着公文包内的所有文件。

在西班牙首都马德里，英国海军武官希尔加斯不断地通过外交途径，向西班牙人施加越来越大的压力，要求西班牙尽快归还公文包。在伦敦，英国海军部公证局伤亡处及《泰晤士报》也分别公布了死亡者名单，其中，就包括这位在海上丧生的少校军官威廉·马丁。与此同时，马丁少校的葬礼也在韦尔瓦举行了：马丁的未婚妻送来了花圈，并附了一张悲痛欲绝的纪念明信片。英国副领事为他立了一块简朴的白色大理石墓碑。而那个神秘的公文包，也终于通过西班牙外交部还给了英国人。"马丁少校"在异国他乡安葬了，公文包也已物归原主。然而，事情却远未结束：英国情报机关的特工人员，正怀着高兴而急切的心情，密切关注着德国情报机关对公文包内文件的处理。令他们高兴的是，经过精心的策划，公文包终于"落入"了德国情报人员手中。现在他们急于知道，德国最高当局会相信这些文件吗？而德国情报人员则早已将翻拍下来的文件送到柏林，此时，正由西线德军情报分析科对文件的真实性进行鉴定。

其实，这个"马丁少校因飞机失事遇难"的事件，是英国情报机关精心设置的一个骗局。

事情还得从头说起。1943 年 1 月，英、美两国就在卡萨布兰卡举行了联合军事会议，研究同盟国军队的下一步作战行动。会议决定，英、美两国将把进攻欧洲的攻击目标选择在意大利的西西里岛。并以西西里岛为跳板，重返欧洲大陆，形成对德国的战略合围。而实施这个计划，最重要的一点，就是隐蔽盟军的战略企图，使希特勒不能正确地判断盟军的进攻方向。因为此时，德军尚有强大的陆军力量，一旦将这些力量调到西欧，加强防御，就将给盟军的大规模登陆作战造成极大的威胁。然而，要隐蔽盟军的意图，并非易事。正如丘吉尔所说的那样："除了傻瓜，谁都会明白下一个目标是西西里。"那么，怎样才能迷惑希特勒呢？盟军统帅部经过仔细研究，认为，既然西西里已经成为一个过于明显的目标，那么，希特勒很可能作出一个相反的判断，即：盟军的真实意图是在南欧沿海其他地区大规模登陆，而西西里只不过是盟军的助攻方向，或者是为了迷惑德

军而有意选择一个假目标。为此，盟军统帅部决定，由情报机关拟定一个欺骗计划，其目的是要使希特勒相信，盟军将入侵两个地方：一是入侵希腊以便向巴尔干地区推进；二是入侵撒丁岛以作为进攻法国南部的跳板。于是，盟军情报机关便依令开始了这场代号为“肉馅”行动的欺骗行动。“肉馅”行动的设想是英国海军部负责与各诈骗机构保持联络的情报部门17F科的海军少校埃文·蒙塔古最先提出来的，其要点是：找一个替身，并将他装扮成一名高级司令部里的参谋军官，让他随身携带高级文件，然后设法让他落入德国人手中，以使德国人“知道”盟军将在西西里以外的地方发动进攻。这一设想，立即被报到了丘吉尔、艾森豪威尔及英、美联合参谋总部及英国三军参谋长等处。经过一系列研究，这一设想得到了进一步细化。把一个装有文件的公文包系在一具尸体上，然后，在西班牙韦尔瓦镇附近的海上，用潜艇将尸体抛出，任其随海漂流。因为在韦尔瓦地区，德国情报人员很多，且与西班牙当局有着密切的关系。当这具尸体被西班牙人发现时，德国情报人员也一定会设法搞到公文包内的文件，从而得知盟军企图进攻撒丁岛和希腊，而不是西西里。然而，这一行动并非没有危险，因为在这以前，法国军官克拉摩根因飞机失事而淹死海里，其身上携带的重要文件都落到了德国人手中。令人难以置信的是，虽然克拉摩根的死亡和文件都是真的，但德国人却只是对其真实性做了草草调查，将这些重要文件都当成了假造的东西，便将其视为盟军的骗局。因而，不管这次设置的骗局多么巧妙，德国人也都可能和以前一样，照样不相信。而一旦他们认为这只是盟军的骗局，那他们就可能从反面去理解文件，从而悟出真相。然后，集中现有的全部兵力，挫败对西西里进攻。诈骗是一种有诱惑力的武器，但却像剑一样，能两面伤人。尽管存在着这样的风险，然而，盟军最高统帅部最后还是决定冒一次风险，批准了这项风险性极大的欺骗计划。

情报机关随即展开了紧张的工作。他们首先找到了一具尸体：死者是死于肺炎，胸中有积水的男青年。这样的尸体，如果被解剖，就会让人觉得这是一个在海上溺死的人。在征得了死者父母同意后，尸体被送到了冷冻室保存了起来。然后，开始为死者编造身份：联合作战司令部参谋，皇家海军上尉（代理少校）威廉·马丁；09560号。马丁有一张银行的透支单，有从劳埃德银行写来的一封措辞文雅的催款信；马丁刚刚订婚，带着一张向邦德街的国际珠宝商菲利普斯赊购订婚戒指的账单。为了证明马丁的未婚妻的存在，海军部情报部门的一名女秘书给马丁写了两封充满柔情的“情书”。此外，公文包还有马丁的父亲和家庭律师的信件，而且每封信件都证实了其他信中提到的细节。马丁的尸体要到4月19日启运出海，并应在4月29日到30日丢到韦尔瓦附近的海面上。为了掩盖尸体腐烂的程度，必须让德国人认为尸体已在海上漂流了4—5天，所以，马丁随身携带的收据单和存根上的日期表明，他是在4月24日以后才离开伦敦的。

上述这些小骗局，都是为了证明马丁的身份。而真正的核心的骗局，还是马丁身上携带的文件。马丁携带的文件透露，盟军的确在准备进攻西西里，但只是作为进攻撒丁岛和希腊的掩护。在文件中，有一封伪造的英国总参谋部副参谋长阿切巴尔德·奈将军致负责实施“爱斯基摩人”计划的哈

罗德·亚历山大将军的信件。这封信和其他意在证实这一虚构故事的信件和文件都装进了马丁的公文包。最后,情报专家们为避免德国人对一个少校能携带如此重要的文件感到怀疑,又在马丁的公文包内装进了另一封重要的信,这封信是蒙巴顿勋爵给海军元帅、地中海舰队司令安德鲁·卡宁汉的。信中说,马丁是个应用登陆艇专家,“他起初总是沉默腼腆,但他确实有两下子。他在迪埃普对事态的可能趋势比我们当中一些人预料得更为准确,而且对在英格兰搞的新式大船和设备做试验时,他也一直表现很好。恳请一俟攻击结束,就立即把他还给我。”在信的末尾,蒙巴顿稍微暗示了一下那个假目标撒丁岛:“他可以带些撒丁鱼来……”当所有的信件、单据、文件都装人马丁的公文包,并按计划将马丁的尸体抛出后,肉馅行动的第一阶段工作圆满地完成了:德国人拿到了英军希望他们拿到的东西。

接下来的工作,就是密切的关注德军情报机关对“肉馅”行动的反应。通过“超级机密”,英国情报机关破译了柏林与德国驻韦尔瓦情报站之间的来往电,得知,德国情报机关十分重视这些文件,并且已经领悟到了马丁身上的收据及注明日期的信件中所含的信息。随后破译到的电文表明,德国情报机关鉴定了这些文件后,已经确认了文件的真实性:盟军的主攻方向在撒丁岛和伯罗奔尼撒,同时对西西里采取佯攻。同时,在德军内部,开始有人担心盟军丢了文件之后,会更改计划。种种证据表明,“肉馅”行动成功了。

当马丁身上的假文件及其情报部门的分析判断结论送到希特勒处后,希特勒对此也深信不疑,并开始考虑对巴尔干地区的防御问题。就在此时,又发生了一件“尸体事件”:在撒丁岛的主要城市卡利亚里附近的海岸上,海水又冲来了一具尸体。死者身穿英国突击队制服。在他身上发现的文件表明,他属于一支正在侦察撒丁岛海岸的小部队。原来这具尸体是英国情报机关安排的又一个“肉馅”,其目的,是加强马丁少校的信件中所暗示的对撒丁岛的威胁。此外,西班牙外交部长霍尔达纳也在源源不断地将他的驻英大使从英国人那“得到”的情报,定期交给德国驻西班牙大使。而德国人知道,霍尔达纳是坚定的亲德人士。因此,从霍尔达纳处得到的情报完全可靠。在这一环扣一环的巧妙的欺骗之下,希特勒及其情报机关终于上当了。

1943年5月12日,希特勒下达了作战指示:“在即将结束的突尼斯战斗之后,可以预料,英美联军将试图继续在地中海迅速行动。可以认为,为此而进行的准备工作已经就绪。最危险的地区有下列各地:在西地中海,有撒丁岛,科西嘉和西西里;在东地中海,有伯罗奔尼撒和多德卡尼斯群岛。我要求所有与地中海防御有关的德国指挥机关迅速地密切合作,利用全部兵力和装备,在所余不多的时间内,尽可能加强这些特别危机的地区。对撒丁岛和伯罗奔尼撒采取的措施要先于一切。”依照这个指标,陆军元帅隆美尔被派到希腊去组织一个集团军。“国家元首党卫旅”被调到撒丁岛,又从驻法德军中抽出了一个精锐装甲师,装了160列火车,用7天时间开到了希腊。

正在希特勒忙于加强希腊,特别是撒丁岛的防御时,1943年7月9日,盟军开始在意大利的西西里岛登陆了。蒙哥马利和乔治·巴顿的数十万大军,以迅雷不及掩耳之势,迅速攻占了西西里。美、英联军重返欧洲的第一步行动,取得了圆满的成功。

两军相对,为了能够"攻其不备、出其不意",从而以较小的代价取得较大的胜利,必须隐蔽己方的行动和企图。然而,隐蔽小部队的行动和企图以实现出其不意较易做到,隐蔽大部队,特别是隐蔽数十万大军的行动和企图却难上加难。英、美联军为实施西西里登陆战役,战前,抓住了"西西里是个明显的,连傻子都知道的目标这一特点,推断出德军有因为西西里过于明显而做出相反结论的可能,因势利导,连施巧计:先以伪造得天衣无缝的转移德军视线的假文件通过尸体送到德军手中,继之以对撒丁岛"侦察"的士兵尸体对此加以辅证,再次则利用亲德的西班牙外长通过外交渠道向德国输送更进一步的情报。这些骗局,环环相扣,不由得德军不相信。终于成功地隐蔽了数十万大军的行动和企图,像这样成功的战例,在战争史上实不多见,其成功的经验,值得借鉴。

"半球"广告,连环造势

广东半球实业集团公司是一家大型家电企业,公司生产经营制冷器具、电热器具、降温器具、照明器具、清洁美容器具、电工电料7大系列100多个品种、规格的产品。在浙江市场,公司集中精力推出的是厨房家电产品。

近几年来,同是来自广东的"爱德牌"、"万家乐牌"厨房家电产品源源打入浙江市场,生产这些产品的企业广告投放量大,市场上的指名购买率及销量都比较高。而半球公司由于近几年放松了在浙江市场的广告宣传,故而企业以及半球产品的知名度都比较低,半球厨房家电要在浙江市场东山再起并扩大市场占有率,首先必须迅速提升企业及其产品在浙江消费者心目中的知名度。为此,半球集团聘请了"阳光广告创意组合"(公司)为半球产品进行广告宣传,使半球产品重返浙江市场。"阳光广告创意组合"特为半球集团成立了"半球专户小组",专户小组以提高"半球"企业和产品知名度为突破口,设计了整套行销企划。

半球广告专户小组制定的行销策略是利用杭州作为全省政治、经济、文化中心的优势,重点在杭州展开市场攻势,以求重新获得杭州市场,进而再以杭州在浙江省内的领导消费作用,拓展、巩固外地市场。在杭州展开市场攻势的广告策略是"梯度推进",广告活动由3个部分铺陈而成,每个部分互为基础,层层递进。

第一步,五六月间以大量的、有效的广告活动,迅速提高"半球"在浙江消费者心目中的知名度,为以后的广告活动打好基础。

第二步,根据浙江自7月起天气越来越热,人们不愿呆在厨房里的实际情况,在七八月间推出以电饭煲为重点的广告迅速占领杭州市场,为半球众多的产品打开市场突破口。

第三步,利用"十·一"前后的结婚高峰期和消费热潮,借助前两步广告活动在消费者心中形成的印象积累,推出"半球新系列",推出半球公司

以前未在浙江露面的产品，扩大市场占领。

半球公司1992年在浙江的广告宣传是按此3步做的，效果颇佳，其中，第一步广告活动所花的精力最多，效果也最显著。

第一步广告活动由3个内容组成，自5月25日开始至6月21日结束，持续将近1个月。

第一个内容是以报纸广告刊出“半球标志填色游戏”。这个内容的报纸广告分三期，第一期以“久别胜新知”为题，正文中指出半球公司与浙江消费者阔别多日之后又重返浙江，半球公司将给浙江消费者献上一份特殊的礼物。这期广告主要是为了勾起消费者对“半球”的回忆，同时设置悬念——特殊礼物，以吸引读者留意近期半球广告。

第二期以“半球生日的礼物——邀请您参加电视现场直播”为题，推出“半球标志填色游戏”，即请读者在广告中半球标志的小半圆中填上它的标准色，同时告诉读者，将有100名填色正确者作为“半球嘉宾”被邀请出席杭州电视台现场直播的“半球夏之风”商标广告文艺晚会。

第三期以“节目预告”为题，将广告中心的大电视画面为视觉核心，综艺晚会几部分内容的简介、半球填色游戏的正确答案、晚会现场问答的“大哥大”号码、现场问答答对有奖的信息以及主办协办单位等都围绕着它进行“爆炸式”的编排。这期广告信息量极大，但又都简洁明了，编排又比较巧妙，所以引起了人们的关注，评价也较高。

第二个内容是“半球夏之风”商标广告综艺晚会。晚会由杭州工商局、杭州广告协会、杭州保护注册商标协会、杭州电视台主办，半球公司协办，于6月20日晚8时，在杭州新落成的东坡大剧院举行，覆盖杭州地区一市七县的杭州电视台现场转播，一周后，又重播了录像。

由于晚会前专户小组专门印制一批有半球标志的广告衫，对100名填色准确并抽奖得中的幸运儿每人赠送一件，要求他们穿着这件广告衫出家门参加晚会。晚会进行到知识竞赛内容时，舞台上“半球电器队”穿的就是这种广告衫，舞台下，观众席中座位比较好的一块区域坐着100名幸运儿，穿的也是这种广告衫，电视转播时，他们频频抢答，半球广告衫频频出现于画面，起到了预期的宣传效果。

这场晚会《杭州日

报》、《钱江晚报》都配照片发了消息。晚会进行过程中，专户小组通过电话查询的方法调查了收视率有将近60%，考虑到杭州电话的普及率，最低的估计收视率将有40%（不计重播），这对于至少有5个频道可供选择的杭州电视观众而言，是相当可观的收视率了。

第三个内容是"半球夏之风"商品广告知识宣传周。从6月15日开始到6月21日结束，与第一、第二内容平行。宣传周由半球公司与杭州工商行政管理局等单位联合举办。在这7天中，《杭州日报》、《钱江晚报》每天都在显著版面刊登一篇有关商品广告知识的文章。每篇文章都刊出报花，注明"半球电器特约刊登"，与此同时，"半球夏之风"商标广告知识宣传周的招贴画也布满了杭州的大街小巷。

总之，第一步的广告活动，在杭州掀起了一股"半球"风，效果是很理想的，也为下两步广告活动奠定了基础。

连环广告，"野狼"热销

1973年底，台湾市场中销售的摩托车，共有12家厂商的产品。其中有一家厂商不论在生产规模、机器设备、员工技术、售后服务方面均不输于任何一个同业，基本条件良好。但其销售情况，却始终落后，难以取得胜过别人的市场地位。为突破这种困境，这家厂商决定在1974年推出一种新型摩托车。为求新产品上市能一举成功，该厂决定借助广告公司的力量。于是，他们选中了一家颇具规模的广告公司作为1974年至1975年度的广告代理。

经过这家广告公司的精心策划，以大胆创新的广告手法，果然使得这家摩托车制造厂商声名大振，使同行业与消费者均刮目相看，亦使得其新产品创造了销售奇迹，争取到超前的市场地位，留下了令人难以忘怀的印象。

这家摩托车制造厂商，是台湾三阳工业公司。这家广告代理，是台广公司。这一对广告主与广告代理的成功合作，确实为台湾广告史添上了一段佳话。

双方会谈的第一次，即获得了一点共识——1974年度的台湾摩托车市场，将是"125CC"的天下。"三阳"接着就说明了他们在1974年准备推出的一种新产品，就是125CC新型摩托车，并提出了新产品上市后的销售目标。

"台广"在接受委托后，先从市场调查研究做起，调查摩托车市场各种同类商品的销售状况，及调查消费者对摩托车工业各厂商的印象。所选择的样本，半数是已拥有了摩托车的骑士车主，半数是未来的可能购买者。根据调查的结果，发现了下列各种问题：

（1）自1964年起，重型摩托车（90CC以上者）的市场占有率即不断提高。至1970年度，已提高到占摩托车总经销量的77%，增进的速度颇快。预计在1974年度，125CC摩托车的销售总额可达7万至8万辆。广告主所提出的销售目标，虽较高，但仍有希望可以达到。

（2）和市场中其他牌子的同类商品比较，广告主的商品售价偏低，甚至低达二成至三成。由于广告主采取低价格的销售政策，反而造成消费者对其产品的品质颇多怀疑。

(3)当时市场中，已有5种牌子的125CC的摩托车，每一家均有相当的市场占有率。所以广告主的新产品，只能够列为市场中的“后发”厂牌，要设法争取后来居上。

(4)广告主的新产品，具有四冲程的优点。在当时的市场中，能生产四冲程摩托车者，只有两家厂商。凭这几点，可胜过其他多家厂商的产品。

(5)当时的消费者，对广告主有不少误会的看法。根据调查统计的结果，认为“三阳”在6家主要的同类厂商中，规模与另一家同居第2位，设备、员工技术均低居第4位，购买的人数，虽被列居第2位，但是只及得上第1位的1/3；品质及售后服务居第4位；研究改进的表现，也被列居为第4位。综合这些看法，广告主在当时6家主要厂商中的地位，只低居第4位或第3位，颇受委屈。

(6)广告主在各县市所分布的销售网嫌少。给经销商的利润偏低，经销商不热心推销其产品。

(7)市场上的假机油颇多，广告主在这方面未注意防范。而四冲程摩托车，如果消费者不小心购用了假机油，就会影响到车的功能与寿命。广告主商品的市场地位落后和这点有密切关系。

(8)其他在消费者的需用趋向方面、市场的重点方面等，均取得了所需的答案。同时，又作了知名度调查。统计在当时的二种厂牌中，只居第5位，平均的知名度只有50%；而列居第1位及第2位的厂牌，知名度高达80%；列居第3位的知名度也有73%。相比之下，广告主的知名度显然偏低。

再研究比较1972年及1973年情况，12种厂牌在大众传播媒介报纸与电视两方面的广告量，亦可看出广告主的数字偏低，在1972年中，列居第4位，基本上是第1位、第2位的半数；与第5位至第9位比较，则相差不多。在1973年中，更低居第11位，与第1位至第3位比较，广告量只及他们的1/15。这足以说明广告主对于广告的运用，不及其他厂商，缺少正常的策略。

针对上述种种问题，“台广”为广告主拟订了广告战略：

(1)教育消费者，应以正确方法使用摩托车，延长摩托车的使用寿命。

(2)参照市场中同类商品的售价，制定广告主新产品的合理售价，并将所得的收益，与经销商分享，提高经销商的推销兴趣。

(3)重整经销网，鼓励原有的经销商扩充范围，增设经销分处，争取各地良好的摩托车修理店为经销分处，使经销商由原来的140个单位扩充为500个单位左右。再在台北国宾大饭店，举办大规模的新产品发布会，招待全体经销商，说明革新的决心，以增进大家的信赖。

(4)以强而有力的广告创新战术，促使新产品上市能一鸣惊人。

(5)以企业广告改变消费者过去的误会看法，说明广告主是拥有制造直升飞机及汽车设备的大规模工厂，不但规模最大，品质、技术、服务等均属一流。

(6)在嘉云地区，拟定地方广告战术，展开反攻。

广告战略经广告主同意后，即逐步安排战术，执行广告计划中战略与战

术的各项细节。

首先为新产品进行命名。经过数次会商,广告代理业的企划与设计专案小组,想出了近700种名称,然后进行淘汰,淘汰成15个时,再进行投票,投票时,还邀请了多位消费者参加。结果,“野狼”这一个名称,胜过了其他科学性、动物性名称。

接着编印摩托车正确使用方法手册,供消费者索阅及做适当的分发,并编印四冲程摩托车挂图,悬挂在各地经销店。通过经销店的推销人员,与受过广告主方面技术训练的修理人员,告知消费者在这方面的许多常识,并特别强调,不能购用假机油,以免损伤车子。

他们同时编印大型海报一套,共3张(均为全开),分送各地经销店张贴。这3张海报,足以布满每一家经销店的墙壁,且具有POP作用。一时形成这500家左右的经销店均变为三阳摩托车的专卖,声势甚强。海报上那位美丽的外国模特儿,是通过台北的美国学校邀请来的。拍摄结果,她表现出很诱人的欣赏效果(有若干的消费者怀疑,海报上的这位模特儿是从国外的印刷品上翻印而成的。这种看法是错误的。当时台湾的广告事业,对于广告画面的设计制作,凡是有规模的广告公司,出于声誉考虑,均耻于翻印国外的作品,多数愿意为广告主做“新”的制作)。

最重要的广告战术,是在新产品正式上市前,造成全省消费者停止购买6天。这着棋下得颇为轰动、惊人。

1974年3月26日,台湾两家主要的日报上,刊出一则没有注明厂牌的摩托车广告,面积是8栏50行,四周是宽阔的网线边,中间保留成一块空白。空白上端有一则漫画式的摩托车插图。图的下面有6行字,内容是“今天不要买摩托车,请您稍候6天。买摩托车您必须慎重地考虑。有一部意想不到的好车,就要来了。”

次日继续刊出这则广告,内容只换了一个字:“请您稍候5天。”这天的广告引起了反应。同业们听明了是三阳的广告,纷纷向三阳发牢骚,询问“为什么这两天叫消费者不要买摩托车?”因为第一家摩托车店的营业额都减少了。

第3天,继续刊出这则广告,内容重点仍只换了一个字,改为“请您再稍

候 4 天”。这天的广告又引起了反应,连广告主本身的各地经销店都抱怨销售减少了。

第 4 天,内容取消了“今天不要买摩托车”一词,改为“请再稍候 3 天。要买摩托车,您必须考虑到外型、耗油量、马力、耐用度等。有一部与众不同的好车就要来了。”这天的广告又引起了反应。广告主所属的推销员们大叫“受不了”。这几天的广告影响了他们的推销量。这 3 天中,里里外外的反应,使得广告主自己也有顶不住的感觉,几乎想中止这套预告性广告。广告代理业方面的专案小组负责人,则苦苦劝告广告主:要忍耐,要坚持。

第 5 天的广告,内容稍改为“让您久候的这部无论外型、冲力、耐用度、省油等都能令您心满意足的野狼 125 摩托车,就要来了。烦您再稍候两天。”

第 6 天的广告内容又稍改为“对不起,让您久候的三阳野狼 125 摩托车,明天就要来了。”第 7 天,这种新产品正式上市刊出全页面积的大幅广告,果然造成大轰动。广告主发送各地的第一批货几百辆新车,立即全部卖完。以后,接连不断的畅销,若干地区的经销商自己派人到工厂去争着取车,以应付买的需要。“野狼”成为市场中的热门货,经销商的销售信心大增。广告主的市场的声誉,亦随之大大改观。广告主以往所出产的其他型号摩托车,销路亦连带地趋好。

五计连环,生意成功

鲜伯良是 30 年代的“面粉大王”。他早年从家乡西充出来闯天下,只带了十几元路费。他起初在川康督办署经管财务,有了一定的积蓄后,便与人合伙经办企业。后来,他开设银行并经营复兴面粉厂,历经几度风雨,终于垄断了当时重庆的面粉市场。他的成功,取决于他的灵活多变的计谋。

远交近攻击败同行。复兴面粉厂是在 1934 年 7 月承接面临困境的新丰面粉厂改组而成立的。新丰面粉厂是 1925 年由天津人单松年在重庆创办的第一家机制面粉厂。鲜伯良于 1927 年以 3000 元入股,任常务监察、协理等职。1929 年,由于资本主义世界爆发周期性经济危机,日本生丝大量倾销中国,致使中国民族资本的生丝工业纷纷停产。当时的淑和渝丝厂见新丰厂生产面粉供不应求,随改建为先农面粉厂。岁丰面粉厂也在同一时期建成。重庆的面粉业成三足鼎立之势。由于机制面粉供大于求,加之土制面粉较机制面粉售价低,导致机制面粉销路不畅,三个厂连年亏损。为了改变这一不利局面,三厂于 1930 年组成重庆三益面粉公司,以求共渡难关。但因管理不善,使机制面粉质次价高,经营更趋恶化,联营共救遂告失败。1934 年,新丰厂因贷款抵押品不实,被中国银行查封。鲜伯良集资承顶,改名复兴面粉厂,并解决了生产中的关键性技术问题,提高了面粉质量和产量,采取薄利多销的营销策略,使工厂渡过难关,开始显露生机。但重庆还有先农和岁丰两个同行与复兴竞争,为了击败他们,鲜伯良在市中心专门建立了 20 多个特约承销店,又利用顺水轮船运输之便,在长寿、涪陵、万县等地设庄推销。完整的行销网络的建立,使复兴面粉厂的销量占整个机制面粉市场的一半以上,盈利大增。与复兴厂相反,先农厂历年亏损,虽增资亦

不能扭转其劣势。到1935年上半年,已陷入濒于倒闭的边缘。鲜伯良考虑先农与复兴仅一江之隔,倘若有人助其复活,定会多一个竞争对手,遂决定乘机将先农置于自己控制下。为达到兼并该厂的目的,鲜伯良以关心同行的名义,与该厂主管邹烈三经过协商,达成协议,由复兴厂拨给先农资金,供应原料,保证其产品的销售,而复兴厂派两人分管先农的业务和会计;同时,在利益分配上,先农不负亏损责任,如有盈余,按复兴六、先农四的比例分成。这种扶危救难的义举,使先农深为感激,而复兴由于控制了面粉市场的两大企业,三分天下已有其二,已在同行竞争中居于领先地位。而且,这种"义举"看似帮助了先农厂,实质上是控制了该厂的命运。该厂有盈余,则复兴占大头,先农得小利;该厂不赚钱,则正好给复兴让出了市场。同时复兴却又在世人面前树起了良好的形象。这种一箭三雕的策略,最终击垮了先农厂。1937年,因抗日战争爆发,重庆人口巨增,面粉需求量加大,先农遂中止了复兴的合作,开始独立经营。而复兴厂施展竞销策略,在先农和岁丰厂附近分设分销店,夺取了两厂在郊区的部分销售市场。同时,在原料收购上,以压倒优势之价排挤两厂。1938年,先农厂终因无力经营而被复兴厂以4万元承接,改名为复兴二厂。鲜伯良在该厂增加设备,提高产量,开始与一贯和平相处的岁丰厂竞争。

树上开花抢占土制面粉市场。在复兴厂和先农厂合并时,机制面粉只占全市面粉市场的1/4。鲜伯良决定从批发和零售两个方面扩大机制面粉的市场。在零售方面采取三项措施:其一,在交通要道售馍。用上好的机制面粉制成白糖蒸馍零售,并兼以免费供应茶水,结果顾客盈门;其二,用次等面粉制成切面,贱卖给沿江码头上的劳动人民;其三,做成各种等级的干面,委托各糖果食品店代销,零售价格一律按批发计算,做到薄利多销。当时,从零售推销出去的面粉就占了复兴总产量的1/5。

釜底抽薪降服切面店主。当时重庆市区共有切面店60多家,每月需用面粉达40万斤以上。机制面粉做的面条,只供应特殊顾客,获利虽高,但数量少,绝大多数切面以土制面粉为原料。为了扩大机制面粉在切面店的销量,鲜伯良特邀了各切面店的老板到复兴厂参观,宣传机制面粉的好处和良好的销售前景,希望他们使用复兴的机制面粉。但事后大多数切面店持观望态度。针对这种情况,复兴厂在市区自设10家切面店,切面按土制面粉出售。同时大量散发传单,大力宣传这10家切面店的与众不同。此外,鲜伯良还停止供应公司职工的晚餐,改为每人发2角钱,让他们上街吃面食,以顾客身份指责土制面粉的缺点,夸赞机制面粉的优点。继而声称,如果切面店改用复兴面粉,复兴厂所设的切面店立即撤销;否则,继续增开切面店,(直到把售土制面粉的切面店挤垮为止,)切面店主们眼看无力抗衡,再加上抗战后小麦价格波动,手工劳动力缺乏,只好使用机制面粉为原料。

对症下药搞推销。南方人饮食以大米为主,这成了复兴推销面粉传统上的障碍。为了改革这一习惯,复兴做了大幅广告,宣传面粉所含营养较大米丰富,并以外国人、北方人身体健壮在于以面粉为主食为例进行宣传。当时的中医见到病人常说:"面粉烧心,要忌食面。"这又成了推销面粉的一个障碍。复兴为此开展了公关业务,备下盛宴诚请医师,向他们介绍面粉的营

养价值,希望他们改变“忌面食”的偏见。由于宣传得力,在很大程度上起到了促销作用。

反间计争夺原料,垄断面粉市场。1936年,四川干旱,粮商囤积居奇,重庆粮价高涨,影响了复兴的原料收购。而此时汉口粮价仍显平稳,如果从汉口购小麦到重庆,可稳获利。为保证这一措施的实施,鲜伯良先施放烟幕声东击西:一面派人从汉口购买面粉3000包,赶运重庆出售;一面假造与汉口福新厂订购10万包面粉的合同由汉口寄回重庆。他将假合同当成保密文件保存,但同时又让与粮商有关系的人栗玉泉有窃见的机会。粮商们果然中了鲜伯良的“蒋干盗书”之计。他们见面粉从汉口源源不断地运来,又不见复兴在市场上购麦,谁也不敢再囤积小麦,竞相脱手。而复兴购料,又采用逢贵不进,遇贱多购的方针,很快掌握了足够的原料。为了进一步控制原料市场,以满足复兴厂对原料不断增长的需求,鲜伯良把收购点进一步扩大到产区,并聘请有一定社会地位的人帮助收购原料,同时聘请有相当经济实力的人代理业务,使小麦收购工作进行得十分顺利。很快,全四川主要小麦产区的原料市场,全被鲜伯良控制在手中。由于原料充足,价格低廉,复兴厂的生产蒸蒸日上,很快又建成了南充面粉厂,这样,复兴三个厂的面粉日产量达2800包,稳稳地垄断了重庆的面粉市场。

36计 走为上

重耳避祸,游历诸国

春秋时,晋献公得到新宠骊姬姐妹,姐妹各生一子,这样就涉及到继承人为谁的问题。晋献公有八个儿子,其所谓贵生者有五个,即长子申生,次子重耳,三子夷吾,以及骊姬姐妹生的奚齐、悼子。

献公在未得到骊姬时,就将长子申生立为太子,成为法定的继承人。在母以子贵、妻以夫荣的古代,妇女所依托的就是子与夫。现在献公年老,在世时间无多,而骊姬正年轻,所寄希望的当然是在已生之子奚齐身上。然

而，奚齐为公子，终不能继承公位，一旦献公撒手而去，奚齐所得甚少，骊姬也难得显贵，其害太子而谋己子继承，也自然就付诸行动。

在骊姬姐妹的怂恿下，献公有了废太子之心。在当时太子为国之本，无故废太子是要受到多方面的责难和制约的，献公也不能马上决定，故此采用如下步骤：

首先，献公建立上下二军，自己将上军，让申生将下军，明为重用，实欲寻找申生的过失，以便废之有名。这一点为大夫芳看出，对别人说："太子不得立矣。君主改其制，而不让太子公患难；轻视太子所任，而不考虑太子的危险。君主有疑心，太子怎能久在其位？"于是他为申生出了一计，"与其勤而不入，不如逃之。"就是走为上。申生对父亲抱定愚忠，不肯离去，结果"谗言弥兴"，处境危险。

其次，献公让太子帅师，赐予他自己所穿的衣服，佩以金印，按照君主的待遇出征。这样做看是推崇，实是欲加罪于他。当时大夫狐突认为："君有心矣。"梁余子养认为："死而不孝，不如逃之。"当然，申生是不能接受这种建议，而是采取"修己而不责人，则免于难"的对策，暂时渡过这次危机。

再次，献公命太子去曲沃，重耳去薄城，夷吾去屈邑，奚齐去绛地，分别驻守在外，在表面上看是一视同仁，实际上是在疏远太子，以便寻找其过失。当时仆人赞说："太子殆哉！君赐之奇，奇生怪，怪生无常，无常不立。"更何况君主"恶其心，必内险之；害其身，必外危之。危自中起，难哉！"

经过如上步骤，献公认为可以废掉太子，另立骊姬之奚齐，并将此想法告诉骊姬，希望骊姬高兴。不想骊姬听而泣下说："太子之立，诸侯皆已知之，而数将兵，百姓附之，奈何以贱妾之故废嫡立庶？君必行之，妾自杀也。"献公讨个没趣，却因此对骊姬更加信任。

其实骊姬何尝不想让自己的儿子当继承人？只不过她的手法比献公更高明一些，采用的是"佯誉太子，而阴令人谮恶太子"的策略。

公元前656年，骊姬对太子申生说："君梦见齐姜（申生生母），太子速祭曲沃，归厘（祭品）于君。"申生怎敢违背后母之命，便赶到曲沃祭祀，将所祭的肉类贡献给父亲。是时献公出猎未归，祭品放了两日，使骊姬得以从容下毒。献公回来，看见儿子送来的祭品，便欲食之，骊姬急忙拦

阻说："胙所从来远，宜试之。"便将酒泼于地上，地上马上隆起；将肉喂犬，犬即刻便死；与在旁的小臣食，小臣也死。这时骊姬便哭泣道："太子何忍也！其父而欲弑代之，况他人乎？且君老矣，但暮之人，曾不能待而欲弑之！太子所以然者，不过以妾及奚齐之故。妾愿子母辟之他国，若早自杀，毋使母子为太子所鱼肉也。"凄凄切切，早使献公心疼不已，杀太子之意也就由此而生。

骊姬所言，有人告之申生，申生登时不知所措，急忙逃回自己驻守的曲沃城。急来一走，实不是上计，故当时有人对申生说："为此药者乃骊姬也，太子何不自辞明之。"申生辩白说是不想招父怒，故而出走。人劝说道："既然要走，可奔他国。"申生想了一阵，实在难有出路，便说："被此晋名以出，人谁内我？我自杀耳。"竟自杀以报生父。

正在此时，重耳和夷吾来朝。这二人现在是奚齐继位的竞争对手，骊姬当然不能放过，便在献公面前谮害二人。二人听到风声，连父亲也不见，急忙出走，各回自己的驻守地，严兵自守。

以一封地之力对抗一国之力，当然是难以抵挡，不得不自谋生路。当献公之兵临薄地之时，重耳逾垣而走，逃往翟国，而后游历各国，在秦国的支持下回国嗣位，是为晋文公。献公之兵压向屈邑时，夷吾凭借坚城，顽强抵抗，坚持一年而溃，最后逃往梁国；献公死后，国内大乱，奚齐、悼子先后被杀，夷吾在秦穆公发兵护送下回国即位，是为晋惠公。

审时度势，激流勇退

身怀匡扶社稷的才智，具有极高的军事、政治才干的人，自古并不多见。吴国的杰出军事家孙武就是这样的。但他更为人称道的不是他的赫赫功业，而是他知道忍受权利的引诱，善忍苟禄之心，激流勇退的品质。

孙武不仅是位杰出的军事家，还是位伟大的思想家。他面对风起云涌、危机四伏的政坛能够审时度势，在功成名就之时，激流勇退，善始善终，留得一世清名。

孙武，原是齐国人，田姓。其祖父是齐国的大夫，在战争中立过大功，孙姓是齐景公为表彰他的战功而赐予的。后来，由于田氏家庭与其他家庭之间发生争斗，结下仇怨，孙武为了避难，来到了吴国。

孙武少年时代就勤奋好学，特别喜欢听别人讲故事，故事的内容大多是关于战争的。孙武所处的年代，正是中国古代社会最动乱的时候，战事频仍，难得有太平盛世，所以，很多事情都与战争有关联。孙武听故事，不是为了满足好奇心，每次听故事都要寻根问底，得知究竟，然后还要细心品味。从故事中找出失败和胜利的原因。久而久之，他发觉故事里有许多精妙之处，在许多战例中，胜利和失败都有其共同点。于是他将这些体会用刀子刻到木板上记录下来，然后再根据故事中描述的情节，在兽皮上绘制成图，并做上标记。

孙武少年时代勤奋好学，刻苦钻研，为以后成为杰出的军事家奠定了基础。

孙武来到吴国以后，一面带领人垦荒种田，发展农业生产，一面继续潜

心研究军事战争。

在刀光剑影、危机四伏的政治斗争中，孙武能够在成就一番事业后，做到激流勇退，明哲保身，与他看透官场黑暗和不求功禄是分不开的。孙武几十年如一日，不辞艰辛劳苦地苦心钻研军事，完全是因为对此产生了浓厚的兴趣，欲罢不能，并非为了高官厚禄，耀祖光宗。孙武最大的愿望，就是能够在田园中安静地度过一生。

公元前522年，楚国大臣伍子胥，迫于楚平王的追杀逃亡到吴国，投奔了吴王僚，后来被吴王僚的堂兄公子光，收为心腹。公子光因为属于他的王位被吴王僚所得，早已怨恨在心，一直预谋伺机夺回王位。伍子胥投奔吴王僚后，公子光发现伍子胥有过人的才智，大喜过望。但是，要想完成夺取王位这样的大事，仅有伍子胥是不够的，于是，公子光派伍子胥四处访贤，寻找人才。

伍子胥受命后，不辞辛苦地到处奔波，几乎走遍了吴国的大城小镇。刺杀吴王僚的勇士专诸，就是伍子胥在吴国的边境地区，一个叫做堂邑的小镇发现的。

孙武隐居在吴国，伍子胥对此已有耳闻，早就有去拜见的想法，又觉得像孙武这样的奇才大略之人，绝不是轻而易举就可以结交的，草率前去拜访，未免有些唐突，反而坏事，所以一直在寻找适当的机会。现在，自己的地位巩固了，而且有一定的声望，于是伍子胥决定前去拜见孙武。

伍子胥和孙武见面后，以十分诚恳的态度和孙武交谈。伍子胥一向富于心计，所以在谈话中，尽量避开一些敏感的问题，只是以仰慕的口吻，向孙武讨教一些问题。

伍子胥说："我早已听过先生大名，十分敬慕，先生的才华和出身的高贵，更是我所不及的。以先生的学问和过人的韬略，用来治国必然能使小国变大，弱国变强。而先生隐居在这荒野田园，实在是埋没了盖世奇才啊！"孙武听到伍子胥的赞誉后说："您的说法真是过奖了，实在担当不起，想我一个山野农夫，能有什么奇才呢？不过是会开荒种田而已。"

过了一段时间，伍子胥再次拜访了孙武。因为有了前次的基础，谈话有了新的内容，彼此也消除了顾忌，所以越谈越投机。孙武起身将伍子胥让到了内室，谈话继续进行。伍子胥说："我听说先生研究兵法，已经很久了，能

否给予指教呢?”孙武谦逊地说:“我不过为了减少些田野生活的寂寞,看一看先人打仗的故事,哪里能谈得上研究呢? 你过奖了。”伍子胥见孙武有意推辞,并不着急,继续以更诚恳的态度说:“我身怀大仇,亡命吴国,不知道未来是什么样呢。只是生就愿意结交天下豪杰,愿意听从贤士指教,先生能否满足我呢?”孙武见伍子胥确是以诚相待,如果再推辞,就过意不去了,于是和伍子胥谈了自己多年来研究军事战争的心得体会,并列举了许多战例,严密细致地剖析了成败原因。

通过这次交谈,伍子胥越发感到,要想使吴国强盛起来,父兄之仇得以雪恨,非孙武不能。

在伍子胥的精诚感动下,孙武这位有着盖世奇才的军事家,终于走出山野田园,步入政坛,到吴国做了吴王的军师。

经过几年的精心治理,吴国在各方面,都有了很大改观。吴王阖闾看到吴国现在兵多将广,人才济济,部队军纪严明,士气高昂,百姓丰衣足食,国库储备丰厚,认为已经具备了伐楚的条件,于是便召集群臣,说了自己的想法,征求大臣们的意见。伍子胥和其他大臣都认为,以现在吴国的军力、物力的强盛,兴兵伐楚,必能一举成功,大获全胜。

群情激昂,摩拳擦掌,仿佛胜利在望。只有孙武沉思不语,静坐一旁。

阖闾见状问道:“将军以为如何呢?”孙武起身答道:“大王和诸位所谈,固然不错,以吴国现在的实力看,是可以伐楚,但要取得战争的胜利,还要做到知己知彼。吴国虽然具备一定的实力,但还不足以攻必克,战必胜。楚国自从杀了奸臣费无忌以后,民心安定,又连年粮食丰收,储备也一定很充足。楚国的军队也有着很强的战斗力。”孙武精透地分析了吴楚双方的国情、民情、军情,最后说:“要想做到出师必胜,绝不能仅靠士气和勇猛,以及实战时的运气,必须在战术上有必胜把握。”

孙武以吴楚彼此的实际情况为出发点的精辟透彻的分析,使阖闾和众臣都深感佩服。

孙武说:“我以为现在最重要的是设计使楚国的群臣之间发生矛盾,相互猜疑。坚固的堡垒,在内部容易攻破,进而使楚国发生内乱。另外,也可以派一部分军队,到楚国的边境地区,打一些小的战役。这样做一是使楚国受到骚扰,同时也可以向其他诸侯显示吴国的力量。”

公元前506年,吴楚两国爆发了一场大的战争,在这场战争中,孙武非凡的军事才能,得到了充分发挥。孙武针对楚国的情况,以及吴国的实力,制定出一套切实可行的作战计划。在粮草的准备和调兵遣将上,都做了精心的安排。

楚国得知消息后,也做了充分的准备。楚王命沈尹戌全面分析了吴楚两国军队的情况,并预测开战后,可能出现的各种局面,在全面分析预测的基础上,拟定了克敌制胜的策略。

沈尹戌命手下大将囊瓦,率兵守汉水南面,主要控制战船,防止吴军偷袭。自己率精兵两万,绕道吴军的后方,烧毁吴军战船,然后乘乱袭击吴军。战斗开始后,囊瓦迅速过江从正面向吴军发起进攻,这样一来,吴军就处于左右受乱,背水一战的不利境地。

沈尹戌根据己方所处的地势，所采用的这种战术。可以说是制胜良策，如能实施，必能大败吴军。然而，孙武早已料定沈尹戌会这样做，就将计就计，等囊瓦发现已太晚了。在吴军的两面严击下，楚军实在难以抵挡，死伤无数。楚军大败，吴军获得全胜。

十几年的戎马生涯，孙武为吴国的兴旺强盛，作出了重大贡献，尤其在伐楚的战争中，更是功高盖世，战争结束后，吴王阖闾大宴君臣，论功行赏，封官晋爵。阖闾征求众臣意见，谁的功劳最大，众臣一致认为首功非孙武莫属。众臣们推举，正合吴王心愿，所有受赏的将臣中，孙武的赏赐最丰厚的。

然而，出乎吴王阖闾的预料，孙武对吴王给自己的封赏坚决不受，而后又提出辞呈要告老还乡，解甲归田。对此，众人都大惑不解。

功成名就，厚禄高官，不但能够耀祖光宗，还有享不尽的荣华富贵。这是许许多多人的毕生追求，孙武却将这些看得十分淡漠。那么，孙武所追求的是什么呢？在给吴王阖闾的辞呈中，他说道："臣本是乡野之人，承蒙大王厚爱，深感荣幸。吴国的强盛，征战的业绩，我只是尽了一点作为臣子应尽的义务，高官厚禄，实在不敢领受，这些战功、政绩的取得，都是大王的功德！如今，我年事已高，要做的事情往往心有余而力不足，继续留在大王身边，恐怕误了大事。请求大王恩准，让我回归田园，过清静平淡的生活。"

经过十几年的朝夕相处，孙武的为人和不贪功不争名的高贵品质，使阖闾十分敬佩。现在江山坐定，万象升平，阖闾实在不愿孙武此时离开，于是，派伍子胥前去劝说挽留。怎奈孙武去意坚决，任凭伍子胥劝言说尽，终不能使孙武回心转意。孙武说："你知道我对功名官禄看得很淡，当初是您的诚意和友情感动了我，才来协助大王成就业绩，如今，这些都已经实现了，我又年老体衰，请替我在大王面前请罪，我将永远记住你的恩情。"

一代英豪，能够在功成名就后，不为官禄所动心，真是难能可贵。孙武除了对功名毫无追求外，还有其他原因。十几年的官场生涯，使他看清了黑暗之处，政治斗争的阴险狡诈，血腥暴虐，明争暗斗，尔虞我诈；为了权欲，采用的手段，无所不用其极，手段的残忍，心肠的狠毒，更是骇人听闻；军事战争的大肆屠杀，连年战乱给天下百姓造成的灾难，这些无不使孙武思之难寐，想之痛心。

忍住权利的诱惑，激流勇退，留得一世清名，可以说是孙武的又一过人之处。

逃宴鸿门，"走"出天下

秦朝末年，全国各地出现了许多支起义军，经过几年的战争，最后形成刘邦、项羽两支大军。事先他们曾经约定：首先攻入关中，打下秦都咸阳的为王。公元206年阴历十月(实为年初)，刘邦首先攻入咸阳。按理说他可以称王，统一全国。但他惧怕项羽的四十万大军，却把自己的十万军队从咸阳撤出，退回到霸上(今陕西西安市东)。

刘邦进关不久，项羽大军也随后来到。项羽听说刘邦已定关中，十分恼怒，立即命令将军黥布等攻打函谷关(今河南灵宝东北)，不到一天就攻进关中，进驻离霸上只有几十里远的新丰鸿门(今陕西临潼东北)。这时，项

羽忽闻有人求见,说是沛公(刘邦的尊称)的左司马曹无伤派人来,报告机密事项。项羽见了来人,这人说:“沛公想做关中王,用子婴为相,秦宫府中的一切珍宝,都想据为己有。”项羽一听暴跳如雷,立即决定第二天清晨向刘邦发动进攻。

项羽的叔父项伯和刘邦的谋士张良是好友,怕张良出危险,就连夜乘马急驰到霸上,把项羽决定进攻刘邦的消息告诉了张良,要张良跟他一起逃走。张良说“当年我奉韩王成的命公护送过沛公,跟他有深厚的友情。现在沛公面临危险,我不辞而别,这太不够朋友了,我要去跟他说一声。”

张良找到刘邦把情况说了一遍。刘邦大吃一惊,问张良有什么办法。张良说:“我可以对项伯说说,请他转达您的意思,说您不敢有违项羽将军。”刘邦又向张良问了项伯的情况,提出要亲自见见项伯。张良就去邀请项伯,项伯进来拜见刘邦,刘邦立即设宴款待项伯,并在酒席间结为儿女亲家,刘邦对项伯说:“我进函谷关,一丝一毫的东西也不敢私自拿走,只是登记了官吏和百姓户口,查封了仓库,等待项羽将军来处置。我派将领把守函谷关,是为了防备其他势力打进来,或发生意外事变。我日夜盼望项羽将军到来,哪里敢反抗他呢?请您把我的话转告项羽将军,说我不敢背叛他的恩德。”项伯答应了刘邦的请求,并嘱咐刘邦第二天早晨到鸿门,当面向项羽去赔罪。

项伯连夜回到鸿门,把刘邦的话全部转告项羽,并替刘邦给项羽做工作,说:“沛公首先攻入关中立下了大功,你现在反要去打人家,这就输了理,也得不到诸侯王的拥护。我看不如跟他搞好关系,让他为我们出力。”项羽听了项伯的意见,就同意了。

第二天早晨,刘邦偕同张良带领樊哙、夏侯婴等一百多人马来到鸿门,拜见项羽,说:“我和将军合力攻秦,将军战斗在河北,我战斗在河南。我自己也没料到先进入函谷关,并在这里同将军再次相会。现在有坏人从中挑拨,使将军对我产生了误解。”项羽说:“我是听了你的左司马曹无伤的话,不然怎么会出现这种情况?”说完,就决定设宴招待刘邦。宴席开始前,项羽的谋士范增劝项羽在席间杀掉刘邦。

宴席开始,项伯、范增、张良都来陪同。饮酒中间,范增几次向项羽示

意，要他下令动手，项羽都默不作声。范增又离席，找来项庄，让他在席间舞剑，寻机杀死刘邦。项伯见项庄舞剑，意在沛公，就起身拔剑与项庄对舞，使项庄无法下手。这时，气氛十分紧张。张良急忙到帐外，把情况告诉了樊哙，樊哙手持宝剑，身带盾牌，冲入宴席，当面指责项羽，对劳苦功高的刘邦未加封赏，还要谋杀。说这是秦朝腐败做法的继续，希望项羽将军不要效法。项羽无话可说，就请樊哙坐下饮酒。过一会，刘邦借口说去上厕所，就急忙骑马不辞而逃回。他让樊哙等四将和随从人员跟在后面步行。让张良留下，并约定，待刘走出二十里，估计快回到宫中的时候，再由张良出面对项羽表示感谢。

张良估计时间差不多了，就回到了席上，拿出白璧一双献给项羽，又拿出玉斗一对送给范增，代表刘邦表示辞行，说："沛公怕大王责怪，已经回营去了，让我把这两样东西顺便献上，以表示心意。"项羽收下玉璧，范增一听刘邦已逃，他的计划破灭了，气得把玉斗摔在地上，击得粉碎。

刘邦回到霸上，立刻杀死了曹无伤，并做了应变准备。由于张良在项羽这边处置得当，使矛盾得到了缓和。

在敌我斗争中，己方处于劣势，在无计破敌的情况下，"走"是上策。所谓"走"就是主动退却，保存实力，以待后图。刘邦赴鸿门宴就是这样，正确估计了双方力量对比，在项羽的强大压力下，一退再退，终于达到缓兵目的，成为后来建立帝业的重要转机。

玄德三走，寻机举事

东汉末年，经过董卓之乱，军阀争战，天下大乱，形成了群雄割据的局面。在此混乱之时，以"贩履织席为业"的刘备，因得到大商人张世平、苏双等的资助，也聚集徒众，参预角逐。然刘备势单力孤，只好辗转依附他人。

刘备先是依附公孙瓒，后改依徐州牧陶谦，适得陶谦病死，刘备得领徐州牧，步入诸强行列。虽然刘备稍有势力，但是还不具备争雄的条件。既然没有争雄的条件，又拥有一定的实力，自然成为别人觊觎的对象，其迫不得已的一而再，再而三地使用走为上计。

第一走，失实地转投曹操，恨国贼计走徐州。

刘备领徐州牧之后，袁术以徐州四达之地，又邻近自己的地盘，便派兵来争。双方交战经月，互有胜负。再急切难取的情况下，袁术联结吕布，"许助以军粮"，让他袭击刘备。

吕布本来从长安逃出，无容身之地，便前来投奔刘备，刘备收留他，让他屯兵下邳之西。吕布得到袁术的资助和支持，遂率兵袭击刘备的后方。刘备腹背受敌，连败而兵溃，"饥饿困蹙，吏士相食"，只好向吕布请降。吕布因袁术答应给的军粮不到，与袁术发生纠纷，乃以刘备为豫州刺史，让他屯兵小沛，共拒袁术。

刘备屈居小沛，不断招兵买马，不久就扩充为万余人。吕布感觉到刘备的威胁，便率兵攻打刘备。刘备不支，率残兵出走，转投曹操。曹操当时欲邀买人心，也为能除掉吕布，便增益刘备之兵，给以粮草，便之收拾散兵，共

图吕布。

建安三年（公元 198 年），曹操亲自率军，与刘备共同攻灭吕布。在平定吕布之后，曹操挟持刘备回许都。曹操虽对刘备恩宠有加，表之为左将军，而且“礼之愈重，出则同舆，坐则同席”，但实际上是将刘备控制起来。

曹操深知刘备是不甘久居人下之人，故曾对刘备说：“今天下英雄，惟使君与操耳，本初（袁绍）之徒，不足数也！”刘备听而大惊，将勺箸掉在地上，幸而当时迅雷突起，刘备得以遮掩过去。正在此时，汉献帝授予外戚车骑将军董承以衣带密诏，让他谋诛曹操。董承势单力孤，便找到刘备相谋。刘备考虑自己势单力孤，没有马上答应。不久，董承等所谋败露，所有参预者均遭屠戮，刘备幸免于难，但心不自安，恐祸将及己。

正在刘备进退两难之际，袁术欲经徐州与袁绍联合，如果二袁联合，势力将大增，于曹操甚为不利。在这时，刘备说服曹操，让他督率军队去邀击袁术。曹操本是爱才的，很想让刘备为己用，也就派遣刘备督朱灵、路招等军前往。

曹操派刘备出战之事为曹操的谋臣程昱、郭嘉、董昭等得知，即向曹操进言，讲到刘备“终不为人下”，不能将其派遣出京。曹操恍然大悟，急派人追赶，刘备已经兼程出走，攻下徐州，杀徐州刺史车胄，再次成为一方割据势力。这次出走，刘备不但逃出曹操的控制，避免被屠戮的危险，而且再度攻占徐州，取得在群雄割据中自立的资本，也体现走为上计的败中取胜的特点。

第二走，失妻丢将又穷途，无地少兵再胜走。

刘备叛离，这使曹操甚为恼火，便亲自率军前往征讨。刘备此时刚得地盘，尚没有安顿下来，大军赶到，自然难与相争。在危机之时，刘备求助于袁绍，但袁绍观望待变，迟迟不动，失去战胜的机会。以新起之师迎战久战之军，刘备如何能胜？结果，刘备只带数十人投奔袁绍，而妻子及猛将关羽，都落入曹操手中，刘备又过起寄人篱下的生活。

袁绍对刘备还算是热情，曾经前往二百里去迎接，但毕竟只是礼遇，得不到什么实际的好处。刘备也深知没有实力，寄人篱下的生活不好过，便招所亡士卒，渐渐也有一些兵马。正在此时，曹操再度进兵，袁绍起兵相迎，袁

曹在官渡相持。

关羽虽被曹操所擒，但不肯久留曹操之处，只图立功报曹操知遇之恩，然后出寻刘备。这次关羽随曹操军与袁绍相争，关羽是欲立大功的，故杀敌奋勇，“策马刺（颜）良于万众之中，斩其首而还，绍军莫能当者。”关羽的奋勇，对于寄人篱下的刘备来说，处境更加不妙，其思走之心也就日甚一日。

正在曹操与袁绍在官渡相持之时，汝南的黄巾军残部在刘辟的率领下，背叛曹操以响应袁绍。刘备借此机会，向袁绍请战，经袁绍同意，刘备率本部兵马脱离袁绍的控制，来到汝南地区经营。刘备在曹操后方攻城略地，曹操甚感不安，但又不能脱身。后经部下大将曹仁所请，曹操派曹仁率军攻打刘备。刘备此时所率多是袁绍的军队，“未能得其用”，挡不住曹军的虎狼之师，结果大败。刘备在无可奈何的情况下，只好重回袁绍那里，此次出走没有获得预期的结果。

长久在袁绍之处也不是长计，于是，刘备便说服袁绍，联合荆州刘表，共击曹操。袁绍觉得有理，就让刘备带领本部兵马南去经略。这一回可是脱离虎口，所以刘备兼行重回汝南，沿途收罗人马，不久便达数千人，并且把曹操所派的蔡阳之军消灭，在汝南经营起来。

汝南地处中原，处在群雄包围之中：北有曹操，东南有孙权、黄祖，西南有刘表。在此地发展本不是长久之计。不久曹操在官渡战胜袁绍，得以专心来对付其他的割据势力，刘备当然是首当其冲。公元201年，曹操往讨刘备，刘备不敌，只好南去依恃刘表。

刘表在曹操与袁绍相争无力南顾之时，在南方经营，竟有“地方数千里，带甲十余万，”成为引人注目的割据势力。此时南方战事较少，北方战争不断，再加上刘表颇有好贤之名，北方有许多人纷纷来到荆州避乱，中间不乏杰出人士，如司马徽、崔州平、王桀、徐庶、诸葛亮等著名人物。

刘备穷途来依，刘表亲自郊迎，待以上宾之礼，但毕竟是权力所在，刘表也不可能重用刘备，只是给他增益一些士兵，使之屯兵新野，以抵御北方曹操。刘备本人是不甘居人下的，此时有比较安定的生活环境，开始搜罗人才，发展自己的势力。一时间，“荆州豪杰归先生（刘备）者日益多，（刘）表疑其心，阴御之。”刘备又被猜疑，其在新野立足也就困难。

第三走，内外交困赖贤才，拥众而走得人心。

刘备驻屯新野时，结识了徐庶，经过徐庶的推荐，刘备得知号称“伏龙”的诸葛亮；又经司马徽介绍，得知号称“凤雏”的庞统。刘备在中原时就注意延揽人才，罗致到关羽、张飞、赵云等战将，但缺少善于出谋划策智囊人物，如今听说有此杰出人才，岂能放过，不惜三顾，将诸葛亮请到自己身边。自此，刘备有了出谋划策的人，其问鼎于天下的理想才开始得到实施。

诸葛亮，字孔明，琅邪（今山东临沂北）人，父亲早死，随从父亲葛玄到豫章（今南昌市）为官，后流寓襄阳，诸葛玄死后，诸葛亮躬耕于隆中，过着自耕农的生活。诸葛亮虽居乡间，心怀大志，“每自此于管仲、乐毅，时人莫之许也。”很少有人能看出他的才能，只是崔州平、徐庶等数人认为其才过古人。现在经刘备三顾，诸葛亮决定出山。在出山前，诸葛亮回答刘备提出的兴汉室、争天下的问题，这就是历史上有名的《隆中对》，或称为《草庐对》，

据《三国志·诸葛亮传》所记载这答词云：

“自董卓已来，豪杰并起，跨州连郡者不可胜数。曹操比于袁绍，则名微而众寡，然操遂能克绍，以弱为强者，非惟天时，抑亦人谋也。今操已拥百万之众，挟天子而令诸侯，此诚不可与争锋。孙权据有江东，已历三世，国险而民附，贤能为之用，此可以为援而不可图也。荆州北据汉、沔，利尽南海，东连吴会，西通巴、蜀，此用武之国，而其主不能守，此殆天所以资将军，将军岂有意乎？益州险塞，沃野千里，天府之土，高祖（刘邦）因之以成帝业。刘璋黯弱，张鲁在北，民殷富而不知存恤，智能之士思得明君。将军既帝室之胄，信义著于四海，总揽英雄，思贤如渴，若跨有荆、益，保其岩阻，西和诸戎，南抚夷越，外结好孙权，内修政理；天下有变，则命一上将将荆州之军以向宛、洛，将军调率益州之众出于秦川，百姓孰敢不箪食壶浆以迎将军者乎？诚如是，则霸业可成，汉室可兴矣。”

诸葛亮这个估计基本符合以后历史发展，也是三国鼎立的基础。但对于诸葛亮和刘备来说，给他们的时间太少，因为图谋两州之地的行动尚未实施，曹操的大军就以泰山压顶之势攻打过来。

公元208年，刘表病死，曹操趁机向荆州进攻。这时，刘表幼子刘琮继位，畏惧曹操势力，便举州投降。是时刘备正驻樊城，很久才知刘琮投降，曹军已至，迫不得已，乃率众向荆州首府襄阳进军，面见刘琮，责以背父，又去刘表墓前哭泣拜辞。这种行动感动荆州人士，他们纷纷投向刘备，一时间跟从者竟有“十余万人，辎重数千辆，日行十余里”。曹操大军在后追赶，随从人众多而兵少，有人劝刘备弃众而走，刘备说：“夫济大事必以人为本，今人归吾，吾何忍弃去！”结果被曹军追到当阳长坂坡，血战之后，刘备“弃妻子，与诸葛亮、张飞、赵云等数十骑走，操大获其人众辎重。”刘备丢失人众，赶往夏口，会合关羽和刘琦的水军，得以暂时转危为安。后经过诸葛亮的努力，促成孙刘联合，赤壁一战，破曹军，鼎足之势基本形成。

刘备此次出走，内有刘琮降曹，外有曹军紧追不舍，可称得上是内外交困，幸亏有诸葛亮从中谋划，张飞、赵云等人的死战，才从危难中走出。虽然刘备受此一惊，但他的所作所为，深得人心，而这种人心则是刘备的立足之本。所以说刘备此走似愚而实智！

一谋，刘玄德困守公安图江陵，庞士元谋走西川定蜀汉。

赤壁之战后，刘备当上了荆州牧，驻守在公安。此时孙刘两家和好，但矛盾仍是重重。本来孙权将妹妹许配给刘备，想以控制刘备。但是刘备也不甘示弱，向孙权借江陵为荆州驻所，因此西控巴蜀，东通吴会，南接衡湘，北指襄樊，为四达之地。这样一块要地借出，孙吴自是不愿意，只是孙吴看到曹操仍占据荆州北部，不想再开辟新战场，想借刘备之力以分曹操之势。于是提出，刘备取得西川，当归还荆州与吴。刘备此时，“北畏曹公之强，东惮孙权之逼，近则惧孙夫人生变于肘腋之下。”对于孙权的条件，当然是满口应允。

刘备以很大的代价谋得江陵，有了比较稳定的据点，但荆州经过赤壁大战，残破不堪。刘备迫切需要一块安身立命之地，那就是益州。“益州有户口百万，土沃财富，诚得以为资，大业可成也！”正在刘备垂涎益州之地时，益

州牧刘璋派法正前来请援。

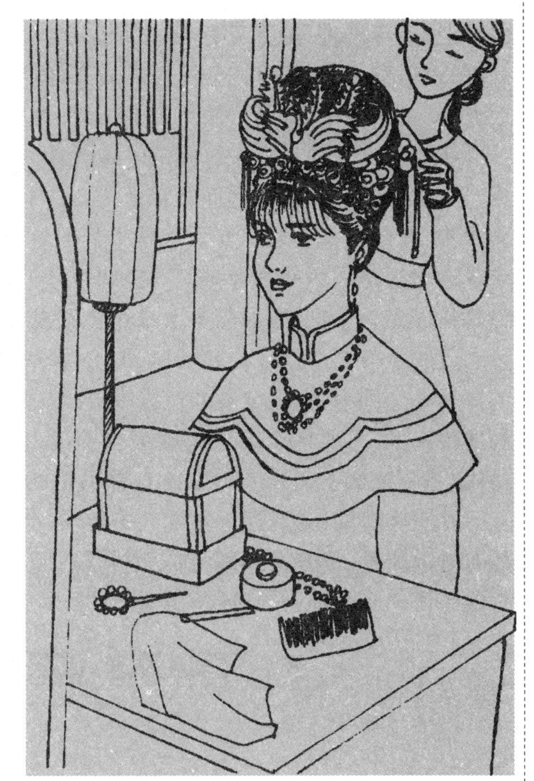

原来刘璋在蜀中的统治不稳定，内有当地大吏赵韪起兵叛乱，外有张鲁在汉中窥测，这时又逢曹操率兵攻打张鲁，曹兵又有进攻蜀地的迹象。刘璋自感不能应付，便派法正前往江陵，请刘备入川相助。

法正原本是扶风（今陕西）人，建议刘璋去请刘备的是蜀人张松。本来蜀人与外来人之间存在尖锐的矛盾，赵韪起兵，就是这种矛盾激化的反映。现在他们联合起来，招引刘备，共同反对刘璋，可见刘璋在蜀是不得人心的。

法正见到刘备，当时献策说："以明将军之英才，乘刘牧之懦弱；张松，州之股肱，响应于内；以取益州，犹反掌也。"这本是天赐良机，刘备反倒犹豫不决。庞统从旁劝说，刘备又搬出他的信义，怕"以小利而失信义于天下"。庞统进言道："乱离之时，固非一道所能定也。且兼弱攻昧，逆取顺守，顾人所贵。若事定之后，封以大国，何负于信！今日不取终为人利耳。"刘备也深知其中利害，多年奔走于群雄之间，至今尚未得一块真正的安身立命之地，进西川当是最佳选择，于是也就应允。当即留诸葛亮、关羽、赵云等分守荆州，自己和庞统率步卒数万奔向益州。

到了涪陵，刘璋曾前来迎接，张松、法正、庞统都认为此时擒住刘璋，可以"无用兵之劳而坐定一州也。"刘备以恩信未著，不可轻动，不同意这种方案，而接受刘璋的任命，率军前往葭萌去征讨张鲁。

刘备在葭萌"厚树恩德以收众心"，而刘璋集团对留刘备还是去刘备发生争执，曹操又率军攻打孙权，孙权请刘备援助。当此之时，进有张鲁为敌，退又有曹军虎视，驻则难免招刘璋之猜疑，处境相当不妙。目睹此状，庞统再进计说："今阴选精兵，昼夜兼道，径袭成都，刘璋既不武，又素无预备，大军卒至，一举便定，此上计也。杨怀、高沛，璋之名将，各仗强兵，据守关头，闻数有笺谏璋，使发遣将军还荆州。将军遣与相闻，说荆州有急，欲还救之，并使装束，外作归形，此二子既服将军威名，又喜将军之去，计必乘轻骑来见将军，因此执之，进取其兵，乃向成都，此中计也。退还白帝，连引荆州，徐还图之，此下计也。若渗吟不去，将致大困，不可久矣。"

从庞统的上计来看，孤军深入，似有些冒险，但也不无成功的可能；后来邓艾便采取此种方法攻打成都，一举灭掉蜀汉的。以中策来看，先歼刘璋强

将，然后逐步推进，虽不免有伤亡争战之苦，但毕竟保险系数较大。以下策来看，退兵荆州，固然有比较稳定的后方，但再次进川的机遇不知何时才有。因此，刘备采纳中计，经过两年多的征战，才攻下成都，平定益州。

我们从庞统的上、中、下计中，都可看到走的内容 。其上计是积极的走，采用的是避实就虚，亦即是兵行诡道。其中计是虚假的走，采用的是虚张声势，亦即出其不意。其下计是平稳的走，采用的是扬长避短，亦即固本求进。无论是采用那种计谋，都是以取西川为根本目的。由此可见，走为上计虽是以走为本，但在如何走上是存在着很大的差异。

走为上计之所以成为政治家、野心家、阴谋家们首选的计谋，在于本计的要旨是全师为上，在全师的过程中，还注意到寻机战胜对手。也就是在不利的情况下，采取什么方法来改变当前的处境。本计以“走”为中心，而不是用“逃”来表述，其重点就在于走并不是逃，而是寻机之胜。

处于劣势的一方，在力不如人的时候，会将“走”表现成“逃”的样子，造成对方的错觉，使其在判断上产生失误。然后，使用者寻找时机，以出其不意的手段向其发动进攻，便争得实际的优势，进而掌握克敌制胜的主动权。

以退为进，谋取天下

东海王司马越字元超，是高密王司马泰的长子。贾后发动消灭杨骏的政变时，司马越有功，封五千户侯。后来受封东海王。成都王颖攻长沙王乂时，洛阳城内殿中诸将和三部司马疲于战守，推司马越为主，拘禁司马乂，向外求和。惠帝征司马颖时，司马越被任命为大都督。六军败于荡阴，司马越逃回封国。当时司马颖下令召他，不追究他率军攻邺之罪，但他不应命。后来又用他为太傅，他也辞让不接受。

司马越回到东海国后，东海国中尉刘洽劝他征发军队以防备司马颖。司马越听了这个建议。徐州都督、东平王司马楙听说司马越起兵后，因害怕而让出了徐州。司马越有两个弟弟是占据一方的宗室王：司马略为都督青州诸军事、兼青州刺史，司马腾为都督并州诸军事、并州刺史。所以他的潜在势力很大，司马颖不治其罪而要延揽他、司马楙肯让出徐州，原因当出于此。后来成为司马越重要谋士的孙惠，听说司马越起兵下邳，便诡称自己是南岳逸士秦秘之，写信给司马越，为他划策说：

“……孟明三退，终于致果；勾践丧众，期于擒吴。今明公名著天下，声振九域，公族归美，万国宗贤。加以四王齐圣，仁明笃友，急难之感，同奖王室，股肱爪牙，足相维持。……以明公达存亡之符，察成败之变，审所履之运，思天人之功，武视东夏之藩，龙躍海嵎之野。西谘河间，南结征镇，东命劲吴锐率之富，北有幽并率义之旅，宣喻青徐，启示群王，旁收雄俊，广延秀杰，纠合携贰，明其赏信。……目想不世之佐，耳听非常之辅，举而任之，则元勋建矣。”（《晋书·孙惠传》）

司马越看了孙惠的信，在路过张榜寻求他，孙惠便脱去隐士外衣，投靠了司马越。孙惠是吴国富阳人，是孙贲的曾孙。他原来在司马颖的手下，和陆机是同乡，当他看到陆机兄弟被杀，很悲伤遗憾，又擅自杀掉了司马颖的牙门将梁俊，害怕被治罪，所以隐姓埋名躲藏起来。孙惠的信一方面为司马

越分析以退为进的好处，用孟明、勾践来比喻目前司马越的处境；再说明司马越兄弟四人都很英明，如果联起手来同奖王室，是肯定可以成事的。他出谋划策要司马越在东海国和东方各地活动。收兵下邳以后，西面联合河间王司马颙，南边联合管豫州的征南将军司马颙，管荆州的镇南将军刘弘；东边命令扬州刺史刘准率领劲吴锐卒赴义；北边有司马越的弟弟司马腾和党徒幽州刺史王浚；告诉负责青州的司马越的弟弟司马略和晓谕徐州都督司马楙，再告知各宗室王，收罗英雄俊杰，纠合反对司马颙的所有力量，一定可以报荡阴之耻，建立功勋。因为这封信所说的正中司马越下怀，所以司马越才会那么急于找到他，一旦找到，又委以重任。

孙惠的计策还没来得及实行，司马颖便被王俊和司马腾的军队打败，逃离邺城。他挟惠帝逃到洛阳，洛阳当时已被司马颙的大将张方占领，司马颖无军队便无权，被张方挟持与惠帝一起去了长安。这既给司马越扩大势力制造了一个很好的机会，又给他拥兵讨伐司马颙、奉迎天子制造了口实。司马越及其兄弟在关东的势力，使许多朝士投奔到他的门下，这大大壮大了他的力量。司马越倡议奉迎大驾，还复旧都，立即得到关东地区的多方响应。他率军三万，西行到萧县，被党于司马颙的豫州刺史刘乔阻拦；范阳王司马虓派兵响应司马越，击溃刘乔军队，与司马越一起到达阳武。山东军队阵容强大，司马颙感到很害怕，便将其挟持惠帝到长安的大将张方斩首，向司马越求和。司马越率各路诸侯和鲜卑兵迎惠帝返回洛阳。很自然，他成了掌握朝权的人。司马越想直接夺取皇位，所以他在惠帝所吃饼中下毒，将惠帝毒死。但继位者是张方所立的皇太弟司马炽，即晋怀帝。司马炽是武帝最小的儿子，于名分上继承皇位理所当然。司马越想控制朝权进而称帝，遇到很大的阻力。当时吏部郎周穆，是清河王司马覃的舅舅，又是司马越的表兄弟，他和其妹夫诸葛玫劝司马越立司马覃为太子，触动了司马越的隐衷，被司马越下令斩首。晋怀帝亲政后，留心庶事，司马越很不高兴，他又采取以退为进的策略，请求离开京城，到外面藩卫京城。怀帝不答应。但他仍自作主张，出镇许昌。他从许昌出兵，打败了汲桑。怀帝下诏让司马越做丞相，督辖兖、豫、司、冀、幽、并六州。司马越辞让丞相，不接受。因为一旦为相，

做皇太子就难了。他怕清河王司马覃最终做了储君，便假传诏令，将其抓到金墉城，不久又将其杀害。

司马越外出，意即以退为进。所以当他看到朝中没有立他为继承人的迹象后，便又返回洛阳。他诬蔑怀帝的舅舅王延等作乱，派王景率甲士三千入宫逮捕王延等，将其杀害。将殿中的宿卫之士全部罢遣，代之以东海国兵，将怀帝牢牢控制起来。他杀掉王延等人后，大失众望，怕在京城发生不测，又启请外出，说讨伐石勒，镇集兖、豫以援助京师。怀帝说："今逆虏侵逼郊畿，王室蠢蠢，莫有固心。朝廷社稷，倚赖于公，岂可远出以孤根本！司马越回答说："臣今率众邀贼，势必灭之。贼灭则不逞消殄，已东诸州职贡流通。此所以宣畅国威，藩屏之宜也。若端坐京辇以失机会，则衅弊日滋，所忧逾重。"（《晋书·东海王越传》）司马越这次外出，上表以行台随军，带领四万甲士屯驻项城。他本意肯定想消灭石勒，建功立业，以成霸业。若事情不顺利，退回东海封国，也可割据一方，东山再起。但面对眼前公私罄乏，到处寇乱，州郡离心，上下神离的局面，他难以应付，因而忧惧成疾，于永嘉五年（311）病死项城。

司马越是西晋最后一位权臣，是"八王之乱"最后一位宗室王，也是内乱恶果的吞食者。他至死未变初衷——夺取帝位，因而执政中的举措非以国家民族大局为重，屡用以退为进计策要挟朝廷。无国便无家，他最后想保自己，却家国俱亡，警示千古！

二走三谋，终成大事

朱元璋（1328—1398年），濠州（安徽凤阳）人，是我历史上惟一出身贫苦农民家庭的开国皇帝，自然有其独特的经历。

朱元璋幼年为人放牛，苦熬至十七岁，其家乡发生旱蝗大灾及时疫，父母兄相继病死，家贫无依的朱元璋只好到皇觉寺当了和尚，以期得到温饱。不料只五十多天，寺中因灾荒而断炊，朱元璋不得不出走他乡。

第一走，侣影相将走四方，饱尝白眼志勤学。

朱元璋在无可奈何的情况下，离开家乡，到外地托钵化缘，实际上是沿街乞讨。三年多时间，他"突朝烟而急进，暮投古寺以趋跄。仰穷崖崔嵬而倚碧，听猿啼夜月而凄凉。魂悠悠而觅父母无有，志落魄而倘徉。西风鹤唳，俄淅沥以飞霜。身如蓬逐风而不止，心滚滚乎沸汤。"身历庐州（今安徽合肥）、固始、信阳、汝宁（今河南汝南）、陈州（今河南淮阳）、鹿邑、亳州（今安徽亳县）、颍州（今安徽阜阳），历尽艰辛，饱尝人间冷暖，最终又回到皇觉寺。

此次乞讨式的生活经历，使朱元璋开阔了眼界，熟悉了淮西一带的地理人情，丰富了社会知识，结交一些朋友，为以后在这一带发展打下坚实的基础。一个托钵乞讨的小和尚，每走一处，自然少不了领略别人的白眼，乃至冷嘲热讽的挖苦或辱骂。这种心灵上的创伤，一方面促成他的发愤图强，因此，朱元璋回到皇觉寺以后才开始"立志勤学"。一方面刺伤他个人的自尊，培养起他猜疑残忍的性格。正是这些，对朱元璋今后发展有至关重要的影响。

第二走，卜金钱北去南投还是留，走濠州东征西进原为强。

朱元璋回到家乡，原想安心生活，不期元末农民大起义爆发，其家乡也被义军首领郭子兴所占领。元朝政府当然不能容忍义军攻城掠镇，当即派彻里不花率三千铁骑前来镇压。刀兵之下，玉石俱焚，朱元璋所在的皇觉寺被元军焚毁，朱元璋失去寄食之地。

无处安身，去向何方？在义军方面有其小时的伙伴汤和相请，然受传统思想影响很深的朱元璋，认为这是反叛，大逆不道之事，犹豫不决。再次托起鱼钵出走乞食，三年艰辛足以使之却步。留下不走，寺毁人逃，衣食不继，实在难以为生。思前想后，朱元璋决定听天由命。按心理学家的研究，人在困境和顺境时，最容易产生幻觉，相信有某种力量决定着自己的命运。朱元璋此时便相信了天命，采用中国古老的占卜方式——卜金钱。

在皇觉寺被焚烧后的残垣之内，朱元璋面对钱缺不全的佛像，摸出身边仅有的两枚铜钱，暗暗祈祷：如果两枚铜钱正面朝上，那么他便托钵北上谋生；如果两枚铜钱一正一反，那么他便在寺中驻守待死；如果两枚铜钱反面朝上，那么他就去投“贼”，参加义军，以谋衣食。祈祷完毕，朱元璋闭上双眼，将两枚铜钱放在两手中间，上下摇动，然后向上一掷。待铜钱落地，他急忙睁眼来看，只见两枚铜钱在地上团团转了许久，两枚都是反面朝上。这样，朱元璋就要去投义军，以时人的观念就是“从贼”。这样的结果，朱元璋实难接受，于是便又拾起铜钱，重新在手中摇了起来，再次向上掷去。这一次，朱元璋不敢马上睁开眼，直等到没有声息，才睁眼来看。事有巧合，这次依然是两枚铜钱反面朝上，朱元璋相信这是天命了，便束装前往濠州，投到郭子兴部下充当一名步卒，时年25岁。

朱元璋有幸在郭子兴部下充当亲兵，在战斗中的表现很容易为首领看见，所以才两个月，朱元璋便提升为九夫长，调到郭子兴帐下做事。不久，在一次战斗上，郭子兴负伤，朱元璋不顾个人安危，将郭子兴背出危险之地，这就更加引起郭子兴的好感，而把养女马氏（即是马皇后）许配给他。从此，朱元璋有了靠山，军中号称为“朱公子”。直到这时，朱元璋才有这个官名，字国瑞。

朱元璋虽有郭子兴为靠山，但在濠州尚有孙德崖等人，名位还在郭子兴

之上，彼此之间矛盾丛生，朱元璋处在中间虽百般调护，也难免于火并。在难展大志的情况下，朱元璋征得郭子兴的同意，回家乡去召募士兵。去时穷困和尚，归时威风凛凛一将军，其影响力非常可观。一时间，朱元璋少时的伙伴和乡邻，如徐达、周德兴、郭兴、郭英、吴良、费聚等纷纷前来投效，不久便得兵七百余人。郭子兴大喜，便任命朱元璋为镇抚，让他率领这些人马。自此，朱元璋才真正成为带兵的将领。

数支起义军驻在一起，相互之间经常发生冲突，郭子兴名望又不如人，朱元璋虽百般调护，也难免受人冷眼。于是，朱元璋放弃自己召来的七百余人，只带领徐达、汤和、吴良、吴祯、花云、陈德、顾时、费聚、耿再成、耿炳文、唐胜宗、陆仲亨、华云龙、郑遇春、郭兴、郭英、胡海、张龙、陈桓、谢成、李新材、张赫、周铨、周德兴等二十四人，脱离队伍，前往定远。

朱元璋虽势单力孤，脱离队伍，却在实际上采用了走为上计。以当时形势来看，朱元璋在郭子兴部下很难施展抱负；而各地在大乱之时，纷纷起兵自保，很少有心怀大志的，如果登高一呼，响应者自然众多。果然，朱元璋在定远张家堡驴牌寨，招编民兵三千人，不久又收编横涧山义兵二万余人。正是此走，“不逾月而众集，赤帜蔽野而盈冈”。朱元璋有了自己的力量，走上建功立业的征途。

第一谋，冯国用析大势首倡所依，朱元璋图根本进据金陵。

朱元璋得到这支军队之后，加紧训练几天，便整军向滁阳进发，谋求扩大势力范围。在路上，朱元璋得到一位谋士，那就是冯国用。

定远人冯国用和冯国胜兄弟，“俱喜读书，通兵法”，因当时战乱，而结寨自保。朱元璋路过他们的寨子，二人前来投效，深得朱元璋信任。有一次，朱元璋与冯国用讨论天下大事，冯国用曾讲到：“金陵龙蟠虎踞，帝王之都，先拔之以为根本。然后四出征伐，倡仁义，收人心，勿贪子女玉帛，天下不足定也。”在此之前，朱元璋虽胸有大志，还没有想到夺取天下的问题，现如今冯国用已经讲到这个问题，并将希望寄托在朱元璋身上，而且还为之勾画了一幅成功的蓝图，不由使朱元璋深感欣慰，当即委任冯国用为幕府参谋。

事态正如冯国用所料，朱元璋在淮南发展一段时间之后，挥兵直指金陵，占据这个四达之地，并且以此为根本，走上他的夺取全国政权的道路。

第二谋，朱元璋困于人事，李善长巧解疑难。

朱元璋在前往滁州的路上，一位怀才不遇而渴望富贵的儒生投奔于他，这就是明朝开国第一名臣李善长。

李善长(1314—1390 年)，字百室，安徽定元人，幼年读书，想以科举入仕做官；及长，目睹当时重吏轻文，便改学文案书牍；求官不就，又改为经商，并且因此发了财；元末农民起义，打破其继续发财之梦，但却勾起他谋求大贵之心。

在元末群雄竞起之时，李善长以他独到的眼光，看中朱元璋这位青年将领，便弃家出走，投向朱元璋。

李善长以其老谋深算，先给朱元璋勾画出一幅布衣天子的蓝图，后给朱元璋提出一个效法的榜样——汉高祖刘邦。一夕长谈，使朱元璋雄心勃勃，

也使朱元璋对李善长倾心推重，并委以重任。

一个放牛娃、小和尚、小步卒，在两年多的时间内，居然能够"将兵三万余，号令严明，军容整肃"，本来就使当时起义的老将们深怀嫉妒，尤其是朱元璋占领滁州之后，郭子兴率所部前来依靠，这种嫉妒便更加明显。

以郭子兴来说，朱元璋是其女婿，本来有渊源，但毕竟是养女婿，别的将领离间的话，自然很容易传到他耳中。老资格的将领要郭子兴除掉朱元璋，至少要削弱朱元璋的实力。郭子兴虽不至于采用前者，但对后者还是接受了。面对郭子兴的不断侵削，朱元璋敢怒不敢言。就在这时郭子兴征调李善长到其帐下办事的命令下来，朱元璋只好忍痛割爱。

李善长经过权衡利弊之后，决定不去郭子兴帐下，他找到朱元璋，将自己所拟定的消除郭子兴猜疑的办法，告诉朱元璋，这就是走为上计。

李善长的走为上计分为两部分。其一是走门路。李善长讲消除郭子兴猜疑和众将领的嫉妒，可以走此三线：外线，就是让朱元璋尽可能地对郭子兴表示恭顺；内线，就是让朱元璋的夫人马氏经常向岳母张氏送金银财宝，使张氏为自己进美言；下线，就是让李善长去联络疏通郭子兴的旧将，使他们放弃前嫌而不再进谗言。李善长的计谋可称老谋深算，滴水不漏。此计一行，不但避免一次可能发生的火并，而且使朱元璋声名日增，并得到节制诸将的大权，巩固了地位。其二是离开郭子兴的身边。所谓在内而危，居外而安。李善长让朱元璋以滁州粮少人众，粮饷难继为名，向郭子兴请命攻打歙州（今安徽歙县）。一可以远离是非之地，二可以挺进江南，实施占领金陵的宏图大业。果然，此计一行，朱元璋摆脱羁縻，建立自己的根据地，走上夺取天下的道路。

第三谋，老儒生智献九字诀，朱元璋威震群雄胆。

至正十五年（公元1355年）三月，郭子兴死，朱元璋代领其众，并接受小明王韩林儿宋政权的任命，成为名正言顺的重要将领。翌年，朱元璋攻占了江南重镇集庆路（今南京市，朱元璋改名应天府），实现其第一个战略目标。这时的朱元璋虽名义上尊奉以韩林儿为首的大宋龙凤政权，实际上已经成为独立的军事政治实体。

本来朱元璋对宋政权的任命就不满意，曾经说过"大丈夫宁能受制于人耶！"只是在众谋士的劝说下，"念林儿势盛可倚藉，因奉宋龙凤年号以令军中。"现在朱元璋占据东南最为富庶的地区为根据地，而且拥有雄兵数十万，有了称王称霸的本钱。朱元璋本人有称王称霸的欲望，依附的众将谋士有攀龙附凤以图富贵的意念，此时自立为王是完全可能的。

称王还是不称王，朱元璋本人还有一些顾虑。为此，他曾经向一位老儒生朱升征求过意见。朱升当时向朱元璋讲了九字名言，即："高筑墙，广积粮，缓称王"。这九字后来成为这段时间朱元璋所奉行的方针。

高筑墙，是要朱元璋巩固现有的根据地；广积粮，是要朱元璋发展生产，准备长期战争的物质基础；缓称王，是要朱元璋讲求实效，为长远考虑，且莫因称王而树大招风，成为众矢之的。

这一计谋中内涵走为上计的基本道理。首先，本计要求全师避敌，九字诀完全是站在全师的立场之上，要求避虚名而求实惠；其次，本计要求全师

寻机而战，九字诀又是站在自己发展的立场上，攻城略地而不招众怒，其功效必大；再次，本计要求不失胜战之道，九字诀则又是站在胜战的立场上提出的。基于此，朱元璋欣然采纳，而且脚踏实地的认真实行，逐渐走向称王称帝的道路，缔建了大明王朝。

周密布置，彭城突围

炮击又开始了。没人知道这是敌人的多少次进攻。但是，他们清楚，前线我爱国官兵在死力征杀，鲜血染红了每一寸土地，每一寸壮丽的山河，可炮声终究一天比一天临近了。远远望去，那雄踞两条铁路大动脉交汇点上的苏北重镇——古彭城徐州，已越来越为浓烈的硝烟战火所包围，使得身在其中的人们日益焦虑不安和恐慌。突然，一颗炮弹划破长空，呼啸着落入长官司令部院内，随着一声剧烈的轰鸣，传令兵惨然倒地。当司令长官李宗仁将军用颤抖的双手扶起这个血肉模糊的战士时，泪水盈满了他的双眼。

他清醒地感到，战局已无法挽回，彭城罹难在即。他也知道，造成我军目前被动的境地，除了由于日军在战略上处于绝对优势外，最主要的还是我军被局部的胜利冲昏了头脑，而放松了警惕以至于没能根据战局的变化相应改变战略战术，致使我军在极利于敌军机械化大兵团运动的平坦开阔而少天然屏障的战场上，与敌死拼消耗，纵然付出沉重代价，也未能阻止日军南北夹击、分路合围我徐州数十万大军的行动计划。而在这种十分不利的形势下，最高统帅部却还在盲目增兵，使本来就不善打运动战和游击战的国民党军队在徐州兵力猛增至60余万，这无疑增强了我军的力量，但却也给败局已定的我军有计划突出重围带来了意想不到的困难。一想到失败的厄运即将到来，这位身径百战的李将军顿感惆怅万分，再也没有开战之初那样乐观了。

那时，他被正式任命为第5战区最高司令长官，率领他由广西带来的部队、中央正规部队以及后来陆续调到战场上的原西北军、东北军、川军、滇军等杂牌部队，浩浩荡荡数十万，开赴以徐州为中心的鲁南苏北战场，以窳劣的装备与敌精锐相抗衡。尽管危机四起，前线吃紧，然而大小捷报却也纷至沓来，频仍不断。那一幕幕惊天动地的感人场面，曾给国人以无比的力量；那一首首悲壮的诗篇，曾鼓舞着无数我中华热血儿女奔赴疆场，从事民族解

放的伟业。他记得,滕县保卫战是1938年3月中旬开始的。那是一支曾被人瞧不起的部队,在军阀长年混战中给四川人民造成沉重灾难的队伍,阵容不整,装备五花八门,可就是它却一鸣惊人。当敌军扫清外围战场,主力集中攻城时,我守城官兵面对数倍于己的强敌毫无惧色。他们抱定与城池共存亡的决心,打退了敌人一次又一次凶猛攻势。当城关被攻破的一刹那,只见我疆场健儿勇敢地冲了上去,以血肉之躯压退了敌人,而他们也几无一人生还。战斗最激烈、最残酷的还是街巷肉搏战。几天强攻不下,日军便集中所有炮火,在数十架飞机的配合下,进行了长达2个多小时的不间断连番轰击,使这座小县城变成火海;然后,步兵跟随坦克、装甲车之后,开始向城内猛攻,从各突破口冲入城区,于是便是惊心动魄的巷战和肉搏战。我军将士勇猛异常,视死如归,直至城毁人亡,全部壮烈殉国,在抗战史上竖起了一座不朽的丰碑。

他也忘不了临沂保卫战中的西北军官兵。一个是以善于保存实力而著称的庞将军(名炳勋),另一个是曾以"投敌汉奸"遭国人唾骂乃至群言当诛,而以戴罪立功之名奔赴沙场的张将军(名自忠)。二人曾结宿怨,是在他的说和下,捐弃前嫌,同心协力,携手并肩,使日军精锐第5师团主力长时间陷于阵地之上而不能前行,为保证我军集中兵力痛歼敌右翼突进部队,立下了汗马功劳。

而最使他难以平静的还是大获全胜的台儿庄歼灭战。当他听到敌攻城主力部队已被我军歼灭万余、残敌狼狈逃出城外时,简直欣喜若狂、夜难成寐。他和全体前线官兵一样,终于在惨败阴云笼罩中寻到了享受自己胜利果实的幸福,进而也备感自豪和骄傲。

然而,今非昔比,过分的骄傲终至于今天危难而不可救药的局面。一想到这些,李宗仁将军悔恨之情顿生。他想,要是在台战之后,我军采纳参谋部某些人提出的在第一线投入适当兵力,而以大兵团作为机动以运河为天险,采取灵活的运动战,逐次消耗敌人有生力量;或者以一线力阻敌军攻势,而集中绝对优势兵力,牵动敌军主力,攻点打援,首先击破另一线进攻的日军,从而彻底打破敌南北合围的阴谋。要是山东我军没有不战而退,要是……他无法再想下去了。隆隆的炮声把他从回忆中惊醒。他明白他必须冷静地面对现实,准确无误地分析形势,作出正确的判断,否则,淞沪和南京战场我军的大溃逃就是前车之辙。

前线我军阵地失守的消息仍不断传来。首先在津浦路徐州以北线段战场上,从3月底4月初开始,敌华北方面军之第10、第111、第114、第14和第16师团等部,分别连下数座重镇,到4月中旬已全线出击南下,前锋再逼台儿庄。临沂方面,在我军成功地牵制敌军第5师团主力南下后,敌人不断增援,由第9旅团长国崎登亲自指挥,三攻临沂。尽管我军守城官兵奋力拼杀,伤亡惨重,但两天之后,敌终由城破之缺口长驱直入,从西北向城内逐次展开,最后占领了这座徐、台东北之重要据点。然后,敌人又于4月下旬扩大战果,对我军凶猛追击,前锋部队不断延伸,直驱腹地。台儿庄方面,敌第10师团及第5师团坂本部首先与汤恩伯集团接触,迫其后撤,而后又遭到滇军卢汉第60军的顽强抵抗,双方在台儿庄东部战场上成胶着状。

第60军原为云南地方部队，抗战爆发后，奉调东下，步行逾月，沿途留下了由冼星海创作的《十六军军歌》那雄壮有力的旋律。到1938年4月正式开来徐州，归第5战区指挥。几乎在60军刚刚进入连地的同时，日军锋线部队在击退汤部及其他守军后，也大踏步前进，首先与60军先遣部队不期而遇。那是台儿庄以东一个不大的小村庄叫陈瓦房，正当我183师一营官兵迅速行进时，突然发现村内有敌小股部队向我尖兵射击。面对突如其来的敌情，营长尹国华一面组织尖兵连迅速肃清敌搜索部队，一面把部队立即组成战斗队列，沿村展开，准备迎敌。日军正在追击作战，未想到我军突然还会有进攻部队，慌忙之中也迅即摆开阵式，向我军阵地发起了猛烈的攻击。战斗很快便进入白热化。日军在坦克掩护下，集中优势兵力从四面发起进攻，由于我军未及修筑工事，在敌猛烈炮火面前几乎没什么屏障可以依靠，所以，阵地数度被敌军冲破，又被我守军的刺刀夺了回来，战况十分激烈。最后，敌人全力冲锋，在白刃战中我守军一营官兵全部壮烈牺牲。在陈瓦房激战时，附近的邢家楼、五圣堂等村庄敌我双方也展开争夺，我60军一部有效地阻击了敌人的攻势，使战场形势稍事稳定。此后，在敌军发动大规模进攻的同时，我60军由汤恩伯部、于学忠部等配合，也采取主动出击的态势，与敌互有攻守。这样，双方便在邢家楼、五圣堂、蒲汪、东庄、火石埠、新庄、前后堡等村庄，形成了犬牙交错的对峙阵地，展开了长时间的对峙消耗战。4月底至5月初开始，敌军又转攻我禹王山阵地，60军守卫部队予以有力还击，双方争夺更加惨烈。战斗至5月中旬，我60军已伤之万余人，付出沉重代价，却也歼敌5000余人，并有力地阻击了敌人的攻势，为我军主力撤退赢得了极其宝贵的时间。

北线吃紧，南线也告急，我军败退的消息雪片似的飞向长官司令部。敌华中方面军第9、第11、第13、第101、第102和第107师团等部，按计划沿津浦路徐州以南线北进，过滁县、凤阳、蚌埠等市镇，然后撇开铁路，主力西北挺进，直逼蒙城，以图永城断我军西南退路。蒙城为皖北重镇，周围河网密集，又有林木浓密的村庄作外围依托，有利于防守；但城墙薄弱，城内窄狭，不宜屯兵，也不禁敌炮火轰击，可谓一座危城。5月上中旬，我守城部队稍稍加强了工事，便传来了敌人进攻的号角，而投入到艰苦的守城战中。飞机轰炸和重炮轰击后，蒙城立成火海，浓烟灰尘几乎令人窒息，震天动地的爆炸声使许多未参加过战斗的新兵顿时失去了战斗力，而敌军的攻势却一次比一次猛烈，一步步逼近了城区，开始向城墙进攻。这时我军仅有的四门炮，已没有弹药，其他武器的子弹也告罄，敌人更加猖狂，把所有重武器依次排列，用炮弹密结成浓幕，把我守城部队分割开来，然后又用攻坚部队入城施以包围聚歼。在这种情况下，我军坚守城池四昼夜，与敌血战三昼夜，使敌付出千余尸体，而后，才突出重围。蒙城一陷，徐州西南顿时紧张，随着豫东永城沦入日军之后，华北日军主力土肥原贤二第14师团占鲁西南各点，切断第1与第5战区之间的联络，到5月中旬，日军完成了对国民党60万大军施以战略包围的任务，开始收紧网口。徐州危在旦夕！

初夏时节，徐州早已绿树成阴，繁花似锦，景色宜人。往年，此时正是人们郊游、野猎的季节，在秀美的山川里体味大自然纯正的温馨。然而，现在

不同，日寇的铁蹄践踏了壮丽的河山，炮火硝烟肆虐着异草奇葩，自然的美景被横流的人欲吞噬了。在这时，求生的人们要么拿起武器为恢复家园而战斗，要么携眷迁徙，四处奔逃。李宗仁将军目睹了这副惨象，更感悲愤。他已数日未眠了。他愈加意识到现在需要他冷静果敢地做出大胆的突围的计划，以尽可能地保存我军的实力，为日后抗敌斗争提供力量。已经多次与蒋介石派来的督战大员白崇禧副参谋总长、军令部次长林蔚以及刘斐厅长（军令部作战厅长）等讨论徐州撤退计划问题，并也数次向蒋介石请示，但直到日本军队的包围圈日益缩小，我前线作战部队已被牵制在各战场而且节节败退，最高指挥部才勉强同意施行战略转移。这样，根据蒋介石的指示，李宗仁便把部队划成五大块：由孙连仲、于学忠指挥鲁南兵团，在陇海路失控时，向豫东、皖北突围；以汤恩伯、刘汝明指挥陇海兵团，掩护鲁南部队；以韩德勤为苏北兵团总指挥，廖磊为淮北兵团指挥官，李品仙为淮南兵团总指挥，相机动作，策应主战场兵团的战略转移。由于日军的主要作战目标是围歼中国徐州守军，因而便把切断陇海路以绝我军西撤作为首要任务，其他战场则主要牵制住我军主力，进行稳步推进，于是在苏北方面便形成一个相对薄弱的包围链，在敌人未及加强此链之前，就为我军全面突围提供了良好的机缘。同时，敌人在比较广阔的地域内尽灭我60万大军，形同蟒蛇吞象，一口是吃不掉的，必须先围而后蚕食，由于我军将士的奋勇抵抗，使其迟迟难成合围，这样在敌人缝隙中又为我军提供了突破口。

正是基于对形势的这种分析，李宗仁将军才在我军沿陇海路西撤的道路被阻、与后方联系断绝的危急时刻，毅然命令主力部队除一部以运河为天险掩护外，其余全部以迅猛的速度脱离战场，先向南而后西向，冲出重重包围，突破层层封锁，进行有计划撤退。1938年5月16日，当撤退命令下达到各作战部队后，我军悄然离开激战数月有余的战场，向豫鄂皖地区突围。行动之突然使敌人愕然，以至于在我军退出阵地数小时后他们仍不敢贸然行进，但是，当敌人确信我这已全线撤退后，便又以惊人的速度加以穷追不舍，白天用飞机跟踪轰炸、扫射，指挥地面部队行动，使我军伤亡惨重，只得在夜间摸索前进。长时间的不间断战斗，早已使我军人困马乏，此时又是疲于奔

命地大撤退,更使部队疲惫不堪。行军途中因睡着而坠于马下的人司空见惯。一支队伍因劳累过度稍事休息便全部昏睡过去,结果被敌追击部队包围,全军覆没。此类惨剧也时有发生。不过,有了淞沪、南京的前辙,我战区指挥官能及早决断,实行有计划、有步骤突围,终于成功地摆脱了敌人围而聚歼的战略计划,保存了我军一部生力军,也避免了历史的惨剧在彭城重演。

19 日,当日军进占徐州城时,李宗仁将军亲率长官部及少数部队千余人,先乘火车,而后步行,已脱离古城数百余里。前后历时三个多月的徐州会战便以中国军队的失败而告终,尽管我军予敌以重大杀伤,并为大武汉保卫战准备了较充足的时间。

猛走巧走,中原突围

中原地区的战略地位很重要,北接华北,东连华东,南通湖广,西抵川陕,扼长江中游,控南北交通大动脉北平至广州铁路中段。我新四军第 5 师,在长期艰苦卓绝的抗日战争中,于东起皖西之太湖、宿松,南抵鄂南之通山、通城,西到鄂西之当阳、荆门,北至豫中之叶县,舞阳的广阔地区内,开展广泛的游击活动,建立了以鄂为中心的鄂豫皖解放区。日本投降后,国民党反动派为抢夺胜利果实,不断向我中原之鄂豫皖、豫西、永西等解放区进攻。中共中央为集中和加强中原地区的对敌斗争力量和实行统一领导,确定王树声率河南军区部队南下,王震率八路军南下支队由湘粤边北返,同李先念所率新四军第 5 师会合,并改鄂豫皖中央局为中原局,成立中原军区。1945 年 10 月下旬,中原军区正式组成,下辖三个二级军区;以黄陂、红安、大悟山为中心的鄂东军区;以京山、锺祥、大洪山为中心的江汉军区;以桐柏、四望山为中心的河南军区。部队整编为第 1、2 纵队和独立第 1、2、3 旅。第 1、2 纵队共 7 个旅,3 万余人,为中原军区直辖野战部队;独立第 1、2、3 旅,分别属于江汉、鄂东、河南军区。

我八路军南下支队,河南军区部队与我新四军第 5 师在桐柏山会合后,敌人企图"肃清"桐柏地区我军,重新调整部署,加紧对我军的进攻。我中原野战军正处于鄂豫边狭小地区内,而平汉路东敌人较少,我军于 12 月下旬向平汉路东转进,以摆脱被动,并寻机歼敌,配合华北军作战。1946 年 1 月 8 日,进至宣化店地区,10 日,停战令公布,我军以宣化店为中心集结。

国民党反动派下达停战令后,在东北继续对我军实施进攻;在关内,不断对我各解放区进行偷袭,并违约调动军队,加紧进行发动全面内战的准备,特别是加紧对中原我军的包围和大举进攻的准备,毫无和平的诚意。至全面内战爆发时,国民党反动派在美帝国主义的帮助下,已将正规军的 80%,即 193 个旅,158 万人的兵力,运到了内战前线。北平军事调处执行部派第九执行小组前往调处,于 1 月 23 日和 3 月 28 日签订了"罗山协议"和"应山协议"。但敌人并未停止大举进攻的准备,并计划于 5 月 4 日至 9 日大举进攻我中原解放区,企图首先消灭我中原野战军,然后集中兵力进攻其他解放区,发动全面内战。中共中央、中共驻重庆代表周恩来、中原军区先后发表声明,揭露国民党反动派的这一阴谋,并严正指出:中原内战的爆发,

必将成为全国内战的起点;国民党如不力谋制止,而敢于向我军发起进攻,挑起全国规模的内战,其一切严重后果,必须由国民党当局全部负责。周恩来、徐永昌(国民党代表)、白鲁德(美方代表)于5月5日从南京飞汉口,赴宣化店调处,于10日签订了“汉口协议”。北平军事调处执行部向中原增派第三十二执行小组,加强中原地区的军事调处工作。敌人从13日又开始了局部进攻,未遵守“汉口协议”。敌人除在军事上对中原我军实行包围和进攻外,还进行严密的经济封锁。我军为克服财政经济困难,就地复员老弱1万余人;一部分干部先后化装转往其他解放区;将800多名伤病员和女同志送往晋冀鲁豫解放区;同时厉行节俭,自己种菜、打柴、挖野菜等,渡过了困难。

在整个停战期间,敌对我中原解放区进攻千余次,占我县城两座,村镇1100多个。我中原野战军被围困在纵横不足百里的狭小地区内。敌在完成了进攻准备之后,定于6月26日开始进行行动,30日发起总攻,限令在总攻发起后48小时内歼灭我军。具体部署是:第41军位于许昌、确山、明港一线;第47军位于罗山、光山地区;第48军位于商城南北地区;第72军位于新县、红安及其以南地区;第18军位于黄冈、孝感、汉种地区;第66军位于信阳、广水、花园、应山地区;第75军位于安陆、京山地区;第76军位于钟祥南北地区;第10军位于南阳、襄阳、谷城地区;第69军位于桐柏、枣阳地区;第15军位于泌阳南北地区。为防备我军突围,又在纵深部署堵击,重点防我向东面、北面突围,对我向东南和西北突围也作了堵截安排。以上共计约30万的兵力由郑州绥署主任刘峙统一指挥。

我军根据敌人的部署,决心在敌开始进行行动的同时,以少数兵力向东行动,迷惑与钳制敌人,主力向西突围。具体部署是:中原局和中原军区机关率第2纵队为北路突围部队,向西北方向突围,越平汉路,经桐柏山区,直下陕南,再视情由王震率359旅和干部旅突向陕甘宁边区,其中第15旅先掩护南路突围部队越过平汉路,待进至唐河县南祁仪镇再归还建制;第1纵队为南路突围队,向西突围,越过平汉路,转向豫西;第1旅于主力突围前向东行动,吸引敌人,主力突围后再行突围,突围方向是苏皖解放区;鄂东军区和河南军区部队,在掩护主力突围后分散坚持原地斗争;江汉军区部队,除留少数坚持原地斗争外,其余进至汉水以西地区活动。

6月26日,我军开始进攻行动,第三次国内革命战争正式爆发。在敌进攻前,我军第1旅就在白雀园地区繁忙地加修工事,积极地调动部队,以示形于敌。敌进攻白雀园阵地后,第1旅和鄂东军区部队在东线积极展开活动;河南军区部队和江汉军区部队分别在随县南、北地区展开活动,以吸引敌人注意,掩护主力行动。

27日晚,我军北路突围部队以换防为掩护,离开宣化店地区,向平汉路前进。29日晚,第13旅第37团以强袭手段一举攻占了信阳与广水间的柳林车站和何家店。打开了突破口,掩护主力部队迅速越过平汉路,向西北方向急进。7月3日,敌第41军主力和第10军一部,分别从信阳西南地区和枣阳向天河口对进,企图于随县以北的厉山、高城、天河口一线堵击北路我军。但当北路我军于6日进至枣阳东北鹿头镇时,东面追击的敌军才到达

信阳以南的双河一带，使追堵计划破产。7月7日，敌又重新部署对我北路突围部队的追堵：以第14、第41军于9日进抵苍台，然后协同第10军夹击我军。我军以一昼夜急行军90公里，先敌通过苍台，在敌机封锁下，于7、8两日抢渡唐河和白河。敌又以第10、第15、第41、第47军分布于南阳、镇平、内乡、邓县地区和丹江沿岸的淅川、马蹬铺、李官桥一线，以阻我军继续前进。

我北路突围部队渡过白河后，因敌军追堵很急，为加快行进速度，决定分为两支：李先念率第13旅、第15旅、第45旅掩护中原局和中原军区机关为一支；王震率第359旅、干部旅为一支，并肩向淅川方向前进。12日，李先念所率部队进至内乡以南师家岗地区，击溃土顽别庭芳四个民团，乘势于13日以第38团包围马蹬铺，以警卫团包围淅川城，掩护主力于14日全部渡过丹江，进抵梅家铺一带。此时，王震所率部队已进抵荆紫关附近地区。荆紫关位于豫陕交界，地势险要，是入陕的门户，具有重要军事价值。胡宗南集体第1军一部，于11月进到此地区布防，14日王震所率部队抵达荆紫关、鲍鱼岭地区时，遭到敌军强有力的堵击，我军以两个团钳制正面敌人，其余部队由荆紫关南向西突进。经过两天一夜的激战，粉碎了敌人的追堵夹击，突出重围，向山阳、柞水方向前进。

15日，敌第41、第47军各一个师尾追李先念所率部队，以第41军一个师堵我北上；以第10军主力、第15军主力、第15军一部从郧县西北地区防我西进；以第10军、第15军各一部从白桑关、李官桥一线防我南渡，企图将我合围于白桑关附近地区。我军以神速的行动，在敌合围形成之前从白桑关附近插了出去。17日，李先念所率部队到达南化塘时，遭到敌第1军的强有力堵击。敌妄图配合尾追的两个师和由其他方向将要赶到的数个师。围歼我军于南北塘一带。我军果断决定以正面突破，杀开血路。以第37团担任主攻，第38、第39团担任助攻和掩护翼侧，第45团断后。经过数个小时的反复拼杀，终于突破了敌人的堵击，继续前进。

20日，李先念所率部队在赵家川附近再次遭敌袭击，我军前卫立即抢占并坚守赵家川东北的前岭坡，经过16个小时的激战，击退敌22个营的17次攻击，掩护主力通过。到达漫川关附近时，又遭到胡宗南部一个师的攻击，我军以第37团向敌右翼突击，经过两个小时的激战，将敌人击溃，掩护主力向北前进。28日，与陕南游击队会合，在豫鄂陕地区开展游击活动。王震所率部队到达镇安、柞水地区后，略作整顿，继续向北行动，沿途冲击敌多次堵击，于8月31日到达陕北。

南路突围部队由泼皮河地区出发，隐蔽着向西前进，抵达大悟以南杨平口时，遭敌第66军第185师堵击，后绕至王家店附近通过平汉路，又遭敌第75军第6师及第185师堵击，第18军一部也由武汉地区赶来助战。我军第2、第3旅各一部向敌攻击，掩护主力过路。经过一昼夜的激战，于7月1日全部通过平汉路，向西挺进。7月3日，敌对我北路突围部队追堵的同时，以第69军为主力，第18、第75军各一部，向枣阳以南的吴家店、大洪山地区追堵南路我军。但当南路我军已进至大洪山时，追击之敌才到达广水、应山和涓水沿岸。南路突围部队在进到寿山附近时，因敌情变化，奉命西渡汉

水。7 月 11 日,我南路突围部队进至汉水东岸,由流水沟地区抢渡汉水。当先头部队渡守汉水进至倒口附近时,遭敌第 75 军第 16 师的堵击,立即展开战斗。东岸部队继续组织强有力的掩护抢渡,当尾追的敌第 75 军第 6 师赶到时,我主力已大部分渡到汉水西岸。未来得及渡河的第 3 旅第 8 团、第 8 团大部、警卫团一部共 3000 余人,由闵学胜率领转道北上,经刺阳、新野等地进入伏牛山。南路突围部队主力渡过汉水后,在孔家湾地区突破敌第 16 师的堵击,经李家窟、报信坡等地继续向前前进,7 月中旬,奉命在鄂西北地区开展游击活动。

我军第 1 旅在完成了吸引东线和阻击敌人的任务后,首先向西南方向行进约 30 里,然后迅速调头秘密入白雀园东南十多里的刘家冲荫蔽下来。6 月 29 日,突然从敌间隙插出去,绕小界岭越过潢麻公路,沿大别山脊向东南方向疾进,甩掉了追击的敌人,在松子关击破土顽的阻击,夺路进入皖西。4 日,抵达大别山中心区的吴家店,略作休整后继续前进。10 日,我军第 1 旅到达霍山县西南的大化坪,先在青枫岭击破敌安徽省挺进纵队一个团的阻击,在磨子潭粉碎敌第 48 军一个团,得知第 48 军主力在舒城,立即转头北上,进至大别山出品毛坦厂。

第 1 旅在行军部署上将全旅编成三个纵队,并肩前进,各级主管干部在先头行进,及时掌握处理情况;组织了一支精干的便衣侦察队,在各行军纵队之前作为触角。13 日夜走出大别山,向北飞速前进。由于出敌不意,15 日拂晓,未经战斗即由官城过六合公路;17 日拂晓在下塘集附近顺利通过淮南路。18 日黄昏到达池河镇地区,进行突过津浦路的准备。得知敌军由明光出动,准备中途堵击我军,我军立即向南,由张八岭附近过路。在我大部越过铁路时,敌赶来,在激烈战斗中,我予敌重大杀伤,并全部通过了津浦路,胜利进入苏皖解放区。

河南军区部队在掩护北路突围部队越过平汉路后,奉命尾主力跟进。7 月下旬进抵内乡北桑坪一带,后转至芦化、灵宝、洛南地区分散活动。江汉军区部队于 7 月 1 日从桑树店出发,7 月 7 日由流水沟渡过汉水,乘敌守备空虚,相继解放宜城、南漳、保康、竹山县城,对主力的突围行动起了配合作用,后与南路突围队会合。鄂东军区部队,为配合主力突围,在东线积极展开活动,主力突围后,由于敌重兵"清剿",就分散突围。到 7 月 20 日左右,先后到达皖西太湖县的玉珠畈地区会合,尔后又转回鄂东分散活动。

这次中原突围,面临五倍以上敌军的包围,在这种情况下,自然走为上策。但是如何才能走得脱,却是一个棘手的难题。在李先念的直接领导下,我军正确选定突围方向,隐蔽行动企图,出其不意地实施突围,以快速灵活的机动和坚决勇猛的攻击,粉碎敌人的追击和堵截,创造了猛走、巧走的成功战例。

主动退却,反攻得胜

1708 年,瑞典皇帝查理打败了奥古斯都二世。随即,瑞典投入更大规模的兵力进行对俄国的战争。秋天,两支瑞典军队在俄国登陆。一支有 13000 人,另一支 43000 人的部队,由查理亲自统率,查理率领的军队迅速越

过维斯杜拉河，向莫斯科推进。彼得一世带领俄军在斯摩棱斯克迎击查理，双方一场激战，彼得被打得惨败。

击败彼得一世后，查理十二的军队既不向莫斯科继续推进，也没有去占领波罗的海诸省，却挥戈南下，进军乌克兰。就在不久以前，俄国刚发生了两次大叛乱。查理进军乌克兰目的就是与在那里的由马泽帕率领的30000哥萨克和波兰、鞑靼人叛军会合。

彼得在斯摩棱斯克战败后，把兵力退入俄国腹地，避免与瑞典军队再次接触，任由查理长驱南下乌克兰。彼得知道，这个时候自己没有力量与瑞典军队直接交锋，必须避其锐气，等待时机。与此同时，彼得一世派大臣门希科夫奔赴乌克兰，说服乌克兰人效忠沙皇。门希科夫巧妙地将绝大部分乌克兰人再度拉回到彼得大帝一边。当查理十二世与马泽帕会合时，只有4000名哥萨克支持他，连波兰人和鞑靼人都拒绝给予他们任何帮助。这时，彼得开始了在瑞典军队占领区附近的清野工作，并派出小股游击部队不断骚扰、袭击瑞典军队。瑞典人天天紧张不安，心惊肉跳。查理沉不住气了，他命令瑞典国内迅速派兵赶来增援。

1708年10月，瑞典增援部队14000人到达俄国境内的列斯那雅。已在这里等候多时的俄军乘瑞军立足未稳之机，展开了猛烈的还击。瑞典军队吃了败仗，所有军需供应均被俄军掳获。查理绝望无奈，只好在乌克兰过冬。天也不助，那年的冬天是100年以来最寒冷的一个冬天。严寒、疾病、饥饿、不间断地袭击，使瑞典军队狼狈不堪、惨不忍睹、死伤大半。瑞典军队的武器弹药大部分也失去效力。瑞典部队此时已混乱到失去了战斗力的地步。此刻，彼得大帝看到反攻时机已到，毫不迟疑地展开了猛烈的攻击。1709年，彼得的40000名大军在波尔塔瓦围歼瑞典军队。查理残余的兵马大部投降，他自己仅和几个随从逃到土耳其。

在形势有利于敌，不利于我的情况下，采取主退却，避开敌军锋芒，创造条件，相机再战，夺取胜利，这是战争中常有的事。在俄军与瑞军作战中，俄军统帅彼得一世采取了这种谋略，获得了成功 。

打弱避强，保存实力

为了争夺土耳其海峡和君士坦丁堡，1853年10

月，沙皇尼古拉统治下的俄国同土耳其之间爆发了长达3年的克里木战争。战争同时在陆地和海上打响。战争爆发后，英国、法国坚决支持土耳其，并与土耳其结成同盟国。不久，同盟国海军与俄国海军先后在黑海、波罗的海、太平洋进行激战。

当时，同盟国在太平洋的海军力量远远优于俄国。俄国海军只有四五艘像样子的战舰和一些民用船只。俄军能投入战斗的陆上部队，这里也不过1000人。但是，统率这支军队的俄国东西伯利亚总督穆拉维约夫伯爵是一个优秀的领导者，他手下的各级军官素质也很好。穆拉维约夫判断了双方的战略状况，他认为现在敌我实力相差悬殊，以自己微弱的军力防守广阔的地区是不可能的，必须缩短战线，把有限的兵力集中守卫最重要的战略要地，同时用巧计击退敌军。他计定将全部力量投入固守堪察加半岛、阿穆尔河口和萨哈林岛（库页岛）。

1854年8月29日，英、法海军组成的国际特遣舰队到达堪察加半岛，并开进海湾，准备寻找俄国舰队决战。穆拉维约夫看到敌人来势汹汹、气势夺人，又了解到英、法海军远道而来，补给困难，争取速战速决，于是下令俄海军全部撤入海港，不主动迎战，同时从远处运来大炮，加强军港的防御，以等待敌人时间一长不战而退。

同盟国海军找不到俄国军舰，又急于作战，只好决定强攻俄国海军基地彼得罗巴甫洛夫斯克港。8月30日，英、法猛烈炮击该港，俄国防御该基地的大炮大多被炸。但俄军彻夜修复大炮，以最快速度重新布置好了炮火。

英国和法国军队没能从海上攻占彼得罗巴甫洛夫斯克。这时，三个自称从一艘捕鲸船上逃出的美国人来到英国军队指挥部，告诉他们说，从陆上进攻彼得罗巴甫洛夫斯克更容易。英法军如获至宝，迅速派出700人登陆，突袭俄军基地。但是他们逐渐发现，美国人指给他们的那条路崎岖陡峭，极难行走，而且道路两边裸露无遮，毫无掩蔽可恃。再往前走，他们就陷入了埋伏圈。330个严密隐蔽的俄国士兵突然开火，枪弹密集。英法军队突遭袭击，顿时溃不成军，狼狈逃窜。撤到船上后，发现已死伤过半。英法海军无可奈何，只好退回北美的温哥华和旧金山，整顿待命。

击退英法军队后，穆拉维约夫清醒地知道，同盟国

军还会派更强大的兵力来进攻。于是他决定主动把部队撤离彼得罗巴甫洛夫斯克，转移到更隐蔽的地方。为了保证俄国据有阿穆尔河口，他把能够吃苦耐劳、惯于作战的哥萨克边疆居民迁移到那里。

不出所料，1853 年 4 月，一支更雄厚的英法舰队驰抵堪察加外，就在它们还没来得及部署的时候，俄国人已将全部人员和设备装载上船，乘着大雾弥漫，躲过盟军巡洋舰，悄然溜走。

英法联军开始猛烈炮击彼得罗巴甫洛夫斯克，好久之后他们才发现，他们耗费大量炮弹轰击的只是一个空港。他们进入这个港口后，破坏了几处建筑，因为没有任何价值又退回船上。随后，整个夏天，一连几个月，英法军队都在空旷浩大的海洋上漫无目标地搜索俄国舰队。直到 10 月份，他们才终于发现俄国船只在阿穆尔河口集中了很多。但是在这里，他们的登陆部队又遭到哥萨克移民的痛击。这样，整整一年里，庞大雄厚的英法舰队面对弱小的俄国海军毫无作为，反而几次奔波于北美补给基地和堪察加半岛之间，疲于奔命，迭次受挫，始终未达预期目的。

穆拉维约夫能够以弱小的俄国舰队战胜强大的英法联军，其关键之处就在于穆拉维约夫懂得“先为不可胜，以待敌之可胜”的道理。他想方设法避开英法联军强大的舰队，不与之进行决战，根本目的就在于保存自己，同时，他还能及时发现敌方的弱点，乘隙攻击，取得意想不到的胜利。最终迫使英法联军不得不无功而返。

杀回马枪，以逸待劳

1860 年，意大利的西西里岛爆发了人民起义，起义的烽火迅速燃遍全岛。但在那不勒斯王国军的镇压下，起义遭受严重挫折。罗马人民革命成功以后，建立了稳固的共和国政权，原起义军领袖加里波第被西西里人民的爱国精神所感染，决定支援西西里人民起义军。在他的倡导下，几千人报名参加了志愿军，从而组建了远征西西里的威武的“红衫军”（因志愿军统一着红衬衫而得名）。这支红衫军从组建开始就有高昂的斗志。加里波第清楚，面对强大的，拥有相当规模海军的那不勒斯军队，红衫军大摇大摆过海登岛是难以实现的，况且西西里岛的主要港口都在那不勒斯军队的控制之下。要想顺利登陆，必须更巧施计谋迷惑敌人。

加里波第认为，那不勒斯军队虽然强大，但他已多次败在罗马人的手下，红衫军的行动必将引起他们的严密关注。如果我把红衫军的去向定在非洲大陆，就可以调虎离山，调出西西里各港口的敌人，然后红衫军突然杀个回马枪，在西西里的海岸港口登陆。等敌人再来时，红衫军即可在岛上等候他们了。

根据这个回马枪计划，红衫军于 1860 年 5 月 5 日夜间从热那亚起航，经西西里北部海面直向非洲的突尼斯驶去。那不勒斯军在西西里海岸远远望着红衫军的去向，认为红衫军必定另有他图，那军的几艘巡洋舰如果仍停在港湾将会失去战机。于是几艘巡洋舰随即驶出马尔萨拉港，到公海上去追逐红衫军的舰船。可加里波第得知敌人出港后，不顾刚到突尼斯的疲劳，马不停蹄，突然调转头回枪西西里岛。很快，加里波第便在马尔萨拉港上

岸。由于该港现在是个空港，加里波第长驱直入马尔萨拉城。当那不勒斯的军舰赶回时，加里波第已起义军会合，从岸上对敌人进行还击。那军登陆不成，只得撤离海港逃往别处。

红衫军初战告捷，并与起义军胜利会师，开始了解放西西里岛的辉煌历程。

前所未有，撤退杰作

在土耳其西南有一条多山的狭长地带，吃力地从欧洲大陆向爱琴海中延伸出85公里，这便是加利波利半岛。加利波利半岛多山脊、陡坡和悬崖峭壁，岸边间或出现小块的沙滩。1915年只有一条泥土公路纵贯全岛，举目眺望，一片荒芜景象。不过，在半岛的山脊上能够俯瞰海滨，军事家视之为优良的天然防御阵地，凭借它可以万无一失地保卫着达达尼尔海峡欧洲的一边。

第一次世界大战爆发后，英国海军大臣温斯顿·丘吉尔曾敦促攻占达达尼尔海峡。他是理解夺取达达尼尔重要性的惟一重要的英国人，他认为，这是个有限的军事目标，但却是通向俄国黑海海港口的惟一通道；此外，还便于英国同其他东方盟国的交通。

1915年1月初，英国基切纳勋爵收到俄国尼古拉大公的一封信。信中说俄国现在同时在东西两线作战，力量不济，希望英国给予援助。勋爵看完信，心中十分清楚这是尼古拉大公在向他请求报答5个月以前俄国曾对英国给予过的支援。是的，那是英法在西线的压力非常大，俄国不顾一切地答应了协约国的要求，在东线向德国发起进攻，从而减轻了西线的强大压力。此恩非小，理应报答，现在是时候了。

1915年2月中旬，英国陆军部决定对达达尼尔海峡采取行动。2月19日，达达尼尔上空笼罩着乌云狂风大作，海水翻腾。突然，达达尼尔海峡入口处一艘艘军舰鱼贯而入，共有20多艘。前18艘悬挂着英国国旗，其余舰只则悬挂着法国国旗。这些舰只进入海峡后立即把炮口对准了岸边，不知是哪艘战舰先开的火，海上顿时一阵轰鸣，岸上土耳其的岸炮刚刚打出一两发炮弹，爆炸声和火海就吞没了它们。此时，海上的风越刮越猛，浪越来越高，似乎有意在与英法军舰作对，军舰无法靠近岸边，这种天气持续了5天。2月25号天气转好，协约国舰只恢复行动继续轰击入海口处的其余炮台，土耳其军被迫向后撤退，英军和法军开始上岸。可是，一阵枪炮声从悬崖后面传来，子弹像雨点般洒落在英法士兵身上，这是英法军没有料到的。英国空军的飞机不断飞来，向土耳其军的悬崖阵地扫射。然而，飞机一过，土耳其军炮火依然如故，英法士兵举步维艰，损失很大。3月3日，英法士兵面对敌人的强大火力，终于后退，第一次登陆失败了。

3月1日，英法联军再次从海上进攻。进攻之前，他们派出扫雷艇在达达尼尔海峡扫雷，这是重型舰只进入海峡之前必做之事。

3月18日，舰队指挥官德罗贝克深信海峡经过了反复扫荡后已没有水雷了，便率领舰队安全驶过危险区，在水上飞机定位射击的掩护支援下，向岸连开炮轰击。午后不久，岸炮大部分成了哑巴。德罗贝克完成任务，心中

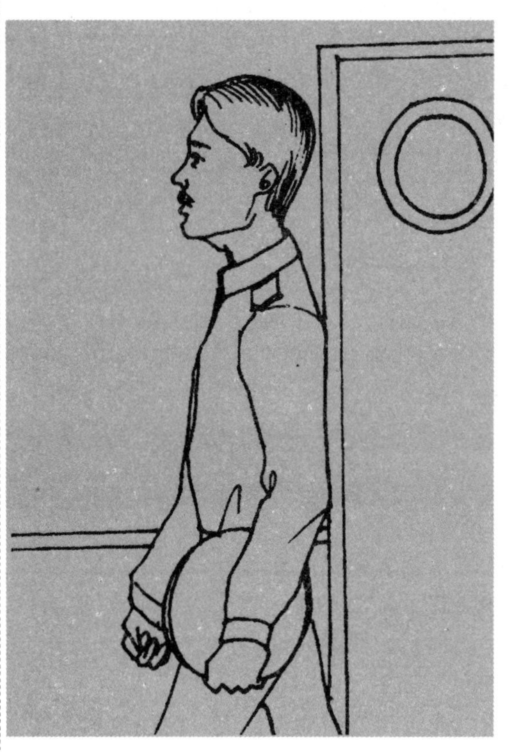

十分满意，他命令舰队撤退。法军舰队首先向后撤去，这时扫雷艇还在已知的危险区域继续扫雷。

突然，战列舰“布韦号”抖了一下，便裂开了，烟柱和火焰从甲板上向高空喷去。附近舰上的人们都愣住了，不知这究竟是怎么回事。有的说它撞上了水雷，有的说它是被土耳其炮弹击中的，一时间议论不休。这时“布韦号”已缓缓地向下沉去，不久便消失在海面上。它的舰长和639名水手沉入海底，只有少数浮起来的幸存者被救了上来。德罗贝克马上命令舰队向着有炮火闪光的土耳其阵地猛烈轰击，以此为沉没的“布韦号”报仇。下午4时，土耳其的全部炮群都摧毁了，德罗贝克松了口气。他转过身来，看了看硝烟弥漫的战场，唉！美中不足的是损失了一艘战舰。

就在他沉思的当口，又有两艘军舰突然倾斜和沉没了，他们是英国战列舰“不可抗号”和“不屈号”。德罗贝克的心一下子提到了嗓子眼儿。还没等他采取紧急措施。“大洋号”又同样神奇地从他眼前消失了。

德罗贝克再也不敢逗留了，急忙下令所有幸存的舰只返航。可是返航也未能免除厄运，当舰队越过达达尼尔时，又有3艘战列舰触雷，舰身被炸开很大的裂缝，蹒跚着驶回了爱琴海。

这些为土耳其立功的水雷，是由一只土耳其小船放在主要布雷区外的一排新水雷。直到大战结束后，协约国才知道，此次进攻之后，他们就已经胜利在握了。因为土耳其人的弹药已消耗过半，水雷全部用光。然而，协约国当时却对此一无所知。海军遭受巨大损失后，伦敦陆军部决定从加利波利登陆，并挑选了伊恩·汉密尔顿爵士将军来指挥。

汉密尔顿爵士曾经参加过1899—1902年的南非战争(即布尔战争)，战争期间曾任基切纳勋爵的参谋长，现在又得到上级的重用。但是汉密尔顿接到了指示，感到它非常粗略，他只能从中确定地知道他要去指挥一支远征军入侵加利波利和消灭敌人而已。现在，他看着眼前1912年的土耳其陆军操典和一张不完善的作战区域图，心中一片茫然。在离开伦敦的最后一刻钟，他不得不急忙冲进一家书店，买来一本君士坦丁堡旅游指南，权作对进攻目标的临时参考。

东地中海到了，情况依然如故，他不知道加利波利是否有水，因而不得

不命令士兵到亚历山大和开罗的市场去搜罗空油筒、汽油听、皮囊和任何其他容器,以预防万一。考虑到堑壕战的武器和工具的缺乏,便让临时军用工厂生产着迫击炮、手榴弹、掘壕工具和潜望镜。为了加强交通运输,又强行征用当地的驴夫及其牲畜。

这一切全是匆忙中临时凑合的,汉密尔顿十分不满,但是看到手下集结起来的勇猛部队,心中多少是有了点底。这支部队由澳大利亚军、新西兰军、法国师和印度人部队(廓尔喀人)组成,共约7.8万人。德国将军赞德尔斯指挥的土耳其第5集团军共有8400人,在协约国舰队撤退后的48天时间里,得以充分的喘息。他把几个土耳其师驻守在预料的登陆地点,组织好自己的防御。其间,他还得到另一支土耳其军队的支援。

4月23日,协约国舰队离开希腊利姆诺斯岛的穆兹罗斯港。汉密尔顿按照基切纳的意见,把登陆限于半岛两边的35公里,由现场指挥官来选择滩头阵地。两天后,协约国在希腊角的4块不相连接的海滩登陆,并打算由此向土耳其可以俯瞰英国舰队的阿希瓦高原进发。澳大利亚和新西兰军的两个师在加韦泰佩岬的西海岸也建立起一个滩头阵地。

澳新军指挥官是将军威廉·伯德伍德爵士,他深信夜间登陆将使所冒敌人炮火的风险降到最低限度。当他的士兵乘坐一艘由挖煤船改装的登陆艇,靠近岸边时,被土耳其的炮火击中,一头栽到沙里。由于水太深,士兵无法上岸,或是被击中,或是跳到水中淹死。伯德伍德的夜间登陆并没有奏效。原来料想占领一公里海滩,到第二天上午仅占据了不到3/4公里,宽有35米左右。而且两端尽是悬崖峭壁,部队、牲畜 大炮和补给品都拥挤在狭小区域里,秩序十分混乱。

土耳其方面穆斯塔法·基马尔,也就是“现代土耳其之父”,在得知澳新军登陆的消息后,从几公里之外统率着8个营和3个炮兵中队及时赶到可以俯瞰滩头阵地的崖岸,恰好击退了第一批攀斜坡的澳新军。协约国部队士兵没有丝毫战斗经验,实在抵御不住猛烈的炮火。他们只好拼命地在陡峭的丘陵地寻找岩洞般的洞穴以掩蔽自己。时至黄昏,双方死伤人数均达2000人以上,基马尔依然高地在握。

4月26日,又有1.6万多名澳新军登陆,但被压在较低的斜坡和山脊上。将军们和列兵们都在比邻的地下掩体里,分享着同样紧张的口粮。

一直到4月底,赞德尔斯将军都没有主动进攻,他一直用心观察着协约国的军事部署。他发现协约国的兵力杂乱,完全是一种任意策划的状态。5月1日,他决定进行反攻,选择了南面滩头阵地为主攻的目标。可是,运气不佳,两个新来的旅恰在此时赶来支援澳大利亚军,结果土耳其军被迅速击溃。

5月6日,亨特-韦斯顿为摆脱被阻塞的滩头阵地,决定进行突破。双方一场血战,可是土耳其军的抵抗太顽强了,加上其有利的防御地形,突破没有进展。汉密尔顿将军在这种情况下,万分焦急,甚至亲自指挥突击,然而情况并未好转多少。就这样激战3天,反复的白刃战,致使协约国死伤1/3的部队,代价极大,结果是土耳其军依然控制着高地。

进入5月份,炎热笼罩着加利波利。士兵们每天口干舌燥,疟疾和痢疾

也侵扰着他们,死亡向着他们一步步地逼近。5月的下旬,双方又打响了最激烈的战斗。小小的战场上布满了8000名双方死者的坟墓,空气中充满了恶臭,令人窒息作呕。双方同时面临着共同的敌人—时疫,伯德伍德将军在医务人员的敦促下,要求土耳其军与之实行安葬休战。

5月24日,双方各自升起一面白旗,宣布暂时停战9小时,双方派出教士、医生和安葬队一起来消除时疫的威胁。一个超现实主义的停战就这样开始了。所有参加安葬的人都戴上白臂章,禁带望远镜和武器,同时不准窥视堑壕。安全停火线以外,所有在堑壕里的部队,都不能把头伸到胸墙之上。人们听不到枪炮声和叫骂声,两军在默默无言地挖掘深沟和公墓。

下午3时左右,最后一个死者被慢慢放进安葬的堑壕里。突然,"砰!"的一声枪响,划破战场的寂静。安葬队每一个人都戛然停止了动作,似乎呼吸都凝住了,每颗心都提到了嗓子眼。是的,双方几千支步枪在对着他们,即便微弱的声响也充满了足够的恐惧,那响声无异于一声断喝:该轮到你们了!

然而,没有人倒下去,也没有第二声枪响,片刻之后,人们才回过神来,开始迅速地完成手中的活儿,匆忙道别后回到各自的堑壕里。此时已是傍晚时分,几分钟过后,土耳其防线的一支步枪开火了,战场上又再次喧闹起来。

当协约国集中力量进行陆战的时候,一艘土耳其轻型战舰在夜色的掩护下,悄悄地溜进达达尼尔海峡,用鱼雷击中了"哥利亚号"。两周之后,一艘德国潜艇击沉了"胜利号"。又过了一天,"威严号"也遭到了同样的厄运。英国连失3艘战列舰,顿时惊慌起来,为了以牙还牙,英国开来了不怕水雷的浅水重炮舰,其大炮口径达14英寸。这样,英国在达达尼尔的处境改善了。为了进一步报复土耳其,英国又把潜艇开进海峡,驶进马尔马拉海和君士坦丁堡港。很快地,一艘装有6000名士兵的土耳其运输舰,在港口被鱼雷击中。最后,土耳其损失惨重,共损失1艘战列舰、1艘驱逐舰、5艘炮艇、44艘轮船、11艘运输舰和185只帆船。当然,英国为此付出的代价也不小,派来的13艘潜艇,只返回去5艘。

刚进入8月份,协约国用两个师在加利波利西北的苏弗拉湾发动了一

次新的大登陆。这次,登陆成功了。协约国的两个师没有遇到土军,但是否向前推进,英国的指挥官们谁也拿不定主意。每天,他们只是在反复地讨论着战略问题,时间就这样溜走了。赞德尔斯却趁机从博拉伊尔抽调了两个师,来到萨里巴伊尔山脊。当协约国决定进攻时,以为此地仍是他们登陆时击退的薄弱的土军防守,没想到,情况发生重大变化,此时的优势已不在自己手里。高地的狙击手和炮手很快削弱了协约国的队伍,双方战斗持续了5天之久,最后停了下来,因为海滩上的生活是难以忍受的。

整个8月份,协约国的日子不好过。伤亡人数竟4万多。汉密尔顿也因此被召回了。9月,两个英国师和一个法国师调到萨洛尼卡。11月,基切纳勋爵巡视了加利波利。在短暂的停留期间,他看到了部队遇到的一系列困难,他们忍受了炎热、蚊蝇和缺水等严重困难。11月天气似乎发疯了,24个小时的倾盆大雨,接着便是雨夹雪,继之而来的又是令人目眩的暴风雪,地上积雪足有半米深。住在洞穴和地下坑道里的澳新军总算是侥幸地得到一点点舒适,而驻守在苏弗拉湾的露天部队却吃尽了苦头。倾盆大雨把每个人都浇成了彻头彻尾的落汤鸡,沟壑和溪谷成了咆哮的奔流,这奔流冲下了以吨计的泥浆,里面夹杂着死去的土耳其人和驮畜,一切都被无情地洗劫一空,双方各有500多人淹死在堑壕里。接踵而至的暴风又吸走了每个人体内仅有微余热量,冻死冻伤者不计其数。没有人预料到会有这样的暴风雪,人们全然没有准备。

汉密尔顿将军的继任者查尔斯·门罗将军只恨运气不佳,他无言地接受着大自然的惩罚同时,也聪明地听从了大自然的警告。他开始行动了。

12月19日,夜幕降临了,协约国的阵地同往常一样,哨兵在站岗,注视着敌人的动静。然而每个旅均已按照他们同4个船码头的远近,排定了撤退时间。他们6~12人一个小组,列成纵队越过几十条小沟渠,每组殿后的大都是军官,他负责留下定时导火线,引爆坑道的地雷。士兵们迈着坚定的步伐,以每小时5公里的速度赶路,行进中没有灯火,也不准吸烟,不停顿地向指定码头进发,脚下是用沙袋铺的路,脚步声被消除了,一点儿也不会因此暴露情况。

每条驳船乘坐400人,将军们和列兵们都挤在一起,但秩序井然,认真仔细地点数保证了不使一个人掉队。宁静的黑夜中,惟有驳船发出阵阵颤动的声响,既单调又凄凉,带着难以言状的战败的忧伤。这种行动,每天黑夜里都在进行着。土耳其军被蒙在鼓里,他们还在不停地向空空如也的堑壕发射榴霰弹。

1916年1月9日,门罗将军终于如释重负地向上司报告,他的撤退完成了,无一人伤亡!

这个撤退,除丘吉尔以外,在伦敦或加利波利没有一个人后悔,有的只是敌人对这一计谋的懊恼。

当时不在加利波利半岛的穆斯塔法·基马尔听到这一消息后气恼地说:"要是我在那里,要是英国人真的那样溜走而没有损失,我将把我的脑袋打得开花!"而他的德国盟友却欣赏这次军事行动的技巧。《福斯报》的军事记者在所发的通讯中这样写道:"只要战争不息,苏弗拉湾和澳新军的撤

退，将在所有战略家眼中，成为前所未有的杰作。”

加利波利战役中，协约国共投入50万士兵，其中有41万英国部队和7.9万法国部队。英国伤亡人数为21.4万，法国伤亡人数为4.7万。协约国伤亡人数达50%以上。土耳其参战部队约有50万人，据其官方统计，伤亡人数为25.1万，而其他估计的数字还要高得多，但不论这一数字多少，有一点是肯定的，就是土耳其陆军的精华被摧毁了。

门罗将军在这一战役中取得了撤退上的巨大成功，但是，他却难以消除整个战役对英国名誉的玷污。基切纳勋爵也不再拥有政府大臣对其毫无疑问的信任。丘吉尔被调离内阁，穿上军服，去法国服役直到1917年他才重新受宠，被任命为英国军械大臣。

保存实力，胜利逃亡

1940年5月10日，晨雾从法兰西的江河上向着葱郁的草地和茂密的葡萄园弥漫开来，预示着一个欢乐明媚的春日即将来临；就在这时，一场可怕的暴风雨猛烈袭来。经过了8个月的只宣不战的“静坐战争”，德国对西方发动了闪电进攻。

发动这场进攻的德军共有136个训练有素的师，担任前锋的是10个装甲师，另外，还有一批又一批的重型轰炸机、俯冲轰炸机、战斗机、伞兵运输机以及满载突击队的滑翔机。纳粹德国依仗这支庞大的钢铁洪流，开始了对荷兰、比利时、卢森堡和法国的入侵。

德国人毫无顾忌地将中立的荷、比、卢三国置于总体战狂涛之中。鲍克和伦斯德将军手下的70个师，以伞兵部队、袭扰部队、俯冲轰炸机和装甲师为先导，潮水般地席卷而来。与此同时，克莱斯特将军的集团军长驱直入，一群群坦克、装甲车、火炮、装甲运兵车以及卡车运载的步兵部队横冲直撞，以迅猛的速度向前推进。喷吐着火舌的装甲车汇成一股骇人的洪流冲向防守部队。装甲车队前面，一批批弯翼的施图卡俯冲轰炸机用高爆炸弹对守军猛烈轰炸。样子丑陋的黑色施图卡飞机，咆哮着俯冲，进行低空投弹——这种垂直俯冲起到了咄咄逼人的恐怖效果。毫无经验的法国部队开始瓦解了。德国装甲部队几乎不费吹灰之力就闯过了马斯河防线。

德国装甲部队的矛头已威胁到英国远征军的后方。很明显，他们的目标并不是巴黎，而是英吉利海峡各港口。他们企图将英军压向海边迫使英军背水一战，然后聚而歼之。

随着战局日益严重，盟军处境岌岌可危，除了从海上撤退，已别无选择。于是，盟军统帅部决定从5月20日起，开始执行“发电机”行动计划，要在德军的眼皮底下，实施规模空前的“海上大逃亡”。

当时谁也不知道会有多少英国远征军撤到敦刻尔克海边。但要把他们接回英国，必须动员所有的船只，而且必须在短短的几天内完成。最后决定用驱逐舰执行这个任务，因为它速度快，一天可以往返好几次，而且装有高射炮，可以抵挡德军的俯冲轰炸机。但是，当时英国能够运用的驱逐舰，仅有41艘，于是，客运船、拖网渔轮、消防艇都出动了，甚至老式的明轮船和泰晤士河上的带帆驳船，也加入了运输船队的行列，此外，法国、荷兰和比利时

的船只，也都应召赶来，共同组成了一支五花八门、奇形怪状的舰队，云集在英国东海岸的多佛尔和朴次茅斯一带。

这些船要横渡海峡，绝非易事，德国潜艇像一群海狼，在海峡一带出没无常，整个海峡都已布满水雷。晚间，海面上一片漆黑，所有的浮标和船灯全都熄灭了。此外，德军已在加来海岸一带架设了大炮，威胁着海峡的大片水域。因此，船只渡越海峡异常艰难危险。

此时在陆在上，德军已经逼近敦刻尔克。德军装甲部队，在摧毁了布伦与加来守军的防线以后，于5月24日推进到敦刻尔克附近。那里有一条约30码宽的运河，暂时挡住了坦克的前进。5月25日早晨，德军工兵在运河上架起了浮桥，一部分坦克渡过了运河，然而就在这时，希特勒突然命令装甲部队停止前进。

这道命令使第二次世界大战的进程发生了戏剧性变化。英国远征军本来前有大海，后有追兵，已经到了山穷水尽、全军覆没的地步，而希特勒却给他们留下通向海边的道路，使他们得以绝处逢生。

究竟什么原因，使希特勒突发奇想，作出这一令人费解的决定，恐怕只有希特勒本人知道。历史学家的种种猜测，更增添了这一插曲的神秘性。

英军充分利用这一千载难逢的良机，抓紧在敦刻尔克外围部署了强大的反坦克火力，建立了比较稳固的桥头阵地；从加来至敦刻尔克，尤其是在格拉夫林一线，建立了重要的洪水防线，将敦刻尔克和加来之间沿海一带的水闸打开，让大水淹没周围的低地。这样，当希特勒下令恢复进攻时，沿着海岸迅速北上向海峡港口推进的装甲部队，就被洪水挡住了去路。当有些地域的洪水逐渐退却之后，只剩下一些不太深的积水，德军的集群坦克便呼啸着向积水冲来。突然，炮声隆隆，积水中溅起无数高大的水柱。刹那间，一片汪洋似的积水变成了一片火海。原来，这里是盟军的“水困火攻”的防御阵地。他们在积水中倒进了大量的汽油和酒精。炮弹和燃烧弹一打进水中，便熊熊燃烧起来了。烈焰吞没了德军的坦克群。有的驾驶员惊慌失措，在烈焰中乱冲乱窜；有的驾驶员被烧昏了。坦克停在烈焰中任其焚烧，成了活棺材；有的坦克在烈焰中吸不进空气，发动机停止了转动。一支德军装甲部队的攻击就这样在烈焰中瓦解了。

与此同时，德军的轰炸机仍在空中肆虐，敦刻尔克全城都燃起熊熊大火，海港设备已大部被破坏，只剩下一条防波堤，可供较大的运输船停靠。等候撤退的士兵行列，从这条堤上一直排到海滩，形成弯弯曲曲的长蛇阵。士兵们已筋疲力尽，有些人要靠旁人搀扶，才能勉强站稳。

当德军飞机来到敦刻尔克上空时，防波堤上的人群无处躲藏，只得躺在地上，听天由命。飞机投下的炸弹，震撼海港，炸碎船只。一枚炸弹击中了明轮汽船“费纳拉”号。该船刚刚装满600名士兵，许多人当场牺牲。然而，任凭轰炸机在头上咆哮嘶吼，一条条船还是在海峡上穿梭来往，日夜不停，在几天时间里，就将英国远征军主力运过了英吉利海峡。

这时德军的包围圈已越来越紧，德军先头部队已遥遥在望，甚至可以用肉眼看见飘扬的德国军旗。几名英国将领匆匆来到和他们并肩战斗、浴血奋战的法军第一集团军指挥部，劝法军将领们赶快随英军撤退。但这些将

领们斩钉截铁地说:“撤退就是逃跑,就是怕死鬼,我们宁愿将最后一滴血洒在法国的土地上,也决不撤退!”两天后,法国第一集团军一部被德军围歼,5万多人被俘,数以万计的将士在法国的国土上,洒尽了最后一滴血。其中有几名将官,带领四五万名法军士兵拼死苦战,踏着尸体和热血杀出重围,在敦刻尔克登船,同英国远征部队一起撤退了。

到6月4日下午5点23分,盟军总共从敦刻尔克港和海滩上,撤走了33.8万人。历史上最大规模的“海上大逃亡”行动顺利完成,从而为日后埋葬“第三帝国”保存了实力,留下了掘墓人。难怪英国著名历史学家亨利·莫尔要说:“德国的失败和欧洲的光复始于敦刻尔克。”

护航战斗,以进求退

1941年底,英国第8集团军在蒙哥马利元帅的指挥下,在北非地区以迅雷之势向德军发起了反击,德国隆美尔元帅的非洲军团已是强弩之末,陷入了困境,急待物资补给,企图挽回颓势。

意大利人在柏林方面的一再催促下,准备组织力量跨越地中海,为隆美尔军团输血。意大利海军总部分析了有利的海战区形势,决心在派遣潜艇、驱逐舰等轻重兵力进行隐蔽穿梭补给的同时,组织规模较大的护航运输队,运送这些德军急需的燃油、弹药,以扭转不利的北非战局。

1941年12月16日,一支由4艘大型运输船及8艘驱逐舰组成的护航运输队从那不勒斯起航了,目的地是利比亚的班加西和的黎波里。为保障其安全,意海军组成了2个海上掩护舰队。第一个舰队由战列舰“多里奥”号、巡洋舰“阿奥斯塔公爵”号、“蒙特丘科利”号、“阿坦多洛”号及4艘驱逐舰组成,同日从墨西拿出发,在墨西拿海峡以南海域展开,进行近海掩护任务。第二个舰队由战列舰“利托里奥”号、“杜伊里奥”号、“恺撒”号,巡洋舰“戈里多亚”号、“特兰托”号及10艘驱逐舰组成,16日晚从塔兰托出发,进行远海掩护任务。这两只舰队统一由亚基诺海军上将指挥。对此次海上的

运输活动，德、意都非常重视，除意大利海军的舰队几乎倾巢出动外，驻该地区的德、意空军部队也协同作战，派航空兵实施空中掩护。

17日上午9时，亚基诺接到情报参谋送来的一份报告：一架德军侦察机发现，在亚历山大港附近海区有一支英国海军编队，包括战列舰1艘，巡洋舰3艘，驱逐舰10余艘，正在向西航进。不久又有报告：马耳他岛的巡洋舰也出动了，正在向东前进。

亚基诺判断英舰编队一东一西相向而行，意图将是对其护航运输队形成夹击之势。于是命令各舰："准备投入战斗！"

其实英舰编队也是个护航运输队，其核心是一艘满载燃油的"布雷坎郡"号油轮（德军侦察机误认为是战列舰），在维安海军少将率领的驱逐舰群的护航下，由亚历山大港驶向马耳他岛。而马耳他岛的巡洋舰则是准备在中途接替护航任务，护送油船安全到达目的地。

对于意舰群已出海的消息，英国海军地中海舰队司令坎宁安海军上将早已得到了一艘在塔兰托港附近潜伏侦察的英国潜艇的报告。坎宁安将军因为没有足够的驱逐舰为其保驾，不便亲自出征，只好坐镇亚历山大港指挥。他虽然对意舰大批出动的真正意图不摸底细，但为保证船队安全，他指令护航舰队司令维安海军少将，尽可能避免与敌遭遇，待完成护航任务后，利用暗夜条件再伺机对意舰队实施攻击。

在两只舰队相距250海里时，一架侦察机向亚基诺报告了英国海军编队位置，同英舰编队的避战态度相反，这位意大利将军则积极求战，亚基诺大声命令："掩护舰群各舰注意！航向东南，航速24节，注意接敌！"

维安的侦察机也很快通报了意大利舰队的动向，根据坎宁安的指示，他立即指挥各舰转向，规避意舰。17日17时许，亚基诺派出的侦察机又一次报告了英舰队的位置，距离意舰队尚远，亚基诺思忖：日落前看样子是难以追上敌舰了，马塔潘角一战的教训不可不记，英国人的军舰装有雷达，暗夜中难免不遭其暗算，还是小心为妙。于是要参谋长发出命令："给各舰发出信号，减速向英舰开进，准备转入夜间防御部署。"

17时30分，"利托里奥"号的瞭望哨突然观察到，有防空炮火的闪光在东方隐约出现，立即向亚基诺做了报告，亚基诺大喜，无疑德国人的飞机已经和英国舰队交上火了，德国人这次还算是守了信用。这是难得的海空协同作战的机会，火花就是命令。亚基诺命令："各舰注意！左舵80，航向170，全速向英舰攻击前进！""利托里奥"号战列舰率先转向，向英舰队猛冲过去，17时35分，当两舰队相距32000米时，"利托里奥"号的380毫米主炮就首先喷出火焰，其余舰只的炮口也相继发出了恐怖的闪光。

维安只顾对付德国飞机的空袭，并未太留心海上的情况，突如其来的炮击，简直打得他措手不及，一时之间手忙脚乱，难以组织有效的抗击。维安海军少将只好下令各舰边施放烟幕，边机动规避，尽快脱离接触。同时命令索尔克海军中校率领两艘驱逐舰"坎得逊"号和"比开亚"号前出执行钳制任务，阻止意舰向船队靠近。接到命令后，两艘驱逐舰在索尔克海军中校的指挥下，面对意大利战舰的猛烈炮火，虽然接连受伤，却利用速度快的特点，像两条凶猛的鲨鱼，忽东忽西，忽南忽北，坚持完成了掩护任务，随后施放烟

幕并高速撤出了战斗。

18时04分,英舰在暗夜中全部消失了,亚基诺上将虽然觉得有些遗憾,但在暮色中,还得顾及己方运输船只的安全,他也不敢贸然地下令追击。

离开了敌舰的火力范围后,维安少将心里稍觉踏实,好在终于保证了油船的安全,经过两小时的航行后,终于遇到了马耳他岛前来接应的巡洋舰和驱逐舰编队,移交船队后,在向亚历山大港返回时,维安少将方才觉得一身轻松。

维安虽未利用夜暗发起攻击,但前来接应的马耳他英国海军舰队在完成护航任务后,在班克鲁兹少将的指挥下却杀了回来,企图对继续开往的黎波里的意大利船队实施奔袭。但不幸的是,当舰队距离的黎波里港15海里时,却闯入了意大利人早已布好的陷阱——海上雷区,“海王星”号巡洋舰、“坎达哈尔”号驱逐舰触雷后相继沉没,巡洋舰“日光女神”号、“贞妇”号也遭到了重创,英国人冒失致祸,吃了大亏,这也是战争期间意大利人不厌其烦地布设了5万余枚水雷后,获得的一次重大回报。

英、意经过了首次锡尔特湾的海上遭遇战后,双方虽然都完成了各自的护航任务。意大利舰队的损失无疑要小得多,因而士气大振。而英舰队则毁伤严重,使整个地中海的形势更趋不利,对马耳他岛的支援也更加困难了。

此后两个多月,德、意海空军对马耳他岛的封锁更加严密,小岛陷入弹尽粮绝的境地,打破封锁提供补给,已成了燃眉之急,尽管困难重重,坎宁安将军还是决定组织有力的护航运输队开赴马耳他。

1942年3月20日早晨7时,由4艘运输船、1艘防空巡洋舰及6艘驱逐舰组成的一支护航运输编队,在晨雾中驶离了亚历山大港。

为支援这只护航运输编队,维安海军少将率领另一只海上舰队,于当日晚间出港,在护航船队后跟进。这只舰队由巡洋舰“埃及女王”号、“尤里亚汤斯”号、“狄多”号及4艘驱逐舰组成,此外,还有6艘驱逐舰已提前出发,在海上执行反潜警戒任务。

21日拂晓,各编队前出到此次航程的第一道关口——克里特岛与昔兰尼加突出部之间的海域。这是个多事的海区。原预料护航舰队经过这里时会受到德、意海空兵力的袭击,可此次却平安无事。不过,维安海军少将紧绷的神经未敢放松,他走出了指挥舱,登上舰桥,想亲自观察一下海空情况。登上主桅瞭望台,只见海天一色,并无异常情况。他暗想:“这要多亏了坎宁安的调虎离山之计。”原来,坎宁安已向英中东司令部提出申请,为保障缺少空中掩护的护航运输队的安全,必须采取广泛的佯动措施。因此,21日中午时分,英国第8集团军在北非发起虚张声势的出击,把德国前线航空兵都吸引到了陆战场。北非地区的皇家空军和舰队航空兵也从3月18日频繁出动,袭击昔兰尼加地区和克里特岛的德、意机场,直布罗陀的萨默维尔海军中将的舰队也前出到了巴利阿里群岛海域,以积极的行动牵制了意舰队。

可是好景不长,维安编队的行动仍然很快被意方察觉了。派赴东地中海执行游猎任务的潜艇“普拉诺”号和“昂尼切”号,于21日午后发现了以“埃及女王”号为核心的英舰群,随即向意海军总部作了报告。

作战指导思想一贯保守的意海军总部在收到潜艇报告后，在地中海有利战况的鼓舞下，这次迅即下达了舰队出击的命令，首先指令驻墨西拿的第3分舰队，（编有巡洋舰“戈里齐亚”号、“拜德尼尔”号、“特兰托”号及4艘驱逐舰）尽快出航；随后指令驻塔兰托的战列舰“利托里奥”号带领4艘驱逐舰截击英舰群。出海的两只舰群在海上会合，统由亚基诺海军上将指挥，第3分舰队司令帕龙纳海军少将担任副总指挥，并率巡洋舰编队在战列舰前方60海里搜索前进。

亚基诺根据潜艇的报告，命令巡洋舰高速向锡尔特湾方向开进。其任务是发现、拖住敌舰队，诱使其向主力舰队靠近。作为意大利舰队的司令官，亚基诺同英国地中海舰队曾交手多次，但输多赢少，脸上无光。这一次，他是多想打个漂亮的海上歼灭战啊！他在指挥室中，一边凝视着大幅的海图，一边思考着：手中已有了制空权，不必顾虑马耳他岛的侦察机；老对手坎宁安正囊中羞涩，既无航母，又缺少战列舰；再说此次行动快速隐蔽，不致被英方发现等等。想到此，亚基诺不再狐疑多虑，简直觉得胜券在握了。不过，逐渐强劲起来的东南风卷带着海浪，猛击着舰舷，冲上甲板，打得舷窗啪啪作响，又使亚基诺多少有些不安的感觉。

出乎亚基诺将军的预料，3月22日5时许，在塔兰托的南海区执行巡逻侦察任务的英潜艇P—36号发现了“利托里奥”号战列舰和其他几艘意舰，并向英护航编队作了通报。这一情报意味什么呢？维安少将十分清楚，其编队远离基地，已得不到岸基航空兵的掩护，随时都可能受到敌方空袭。因此，他立即下达了防空袭的战斗部署。果然不出所料。9时30分，几架意大利空军的轰炸机飞临了编队上空，由于预先有所准备，英护航舰艇组织了严密的对空火网，迫使这几架飞机不敢向船队接近，只在远处役射鱼雷后，便很快溜走了，对护航编队未造成任何损伤。

维安少将判断，空袭开始后，意水面舰艇决不会袖手旁观，肯定会很快包抄上来的。因此，他立即决定按作战预案调整部署：4艘运输船在6艘反潜驱逐舰和马耳他的巡洋舰的警戒下继续向马耳他挺进，其他战斗舰艇组成6个战斗分队，第1—5分队作为打击力量，昼间与意舰队进行周旋，缠住意舰队，使意舰不得对船队使用火力，待夜晚伺机发起反击，第6分队则负

责施放烟幕，掩护舰船的活动。

22日14时稍过，前出的帕龙纳海军少将的巡洋舰编队发现了英国巡洋舰。几乎同时，担任前卫的“哈沃克”号驱逐舰的瞭望哨也发现了东北方的意军舰艇。维安得讯后立即发出指令：“各战斗分队航向西北，迎击意军舰队；驱逐舰护送编队航向西南，掩护4艘运输船转向同敌舰拉开距离；第6分队施放烟幕，利用东南风来遮蔽我舰队机动，尽力阻碍敌舰队的靠近。”

14时35分，英舰刚一施放烟幕，帕龙纳少将的巡洋舰队即开始了第一波齐射，英舰的各战斗分队也不示弱，立即予以回敬。大海之上，炮声隆隆，硝烟四起，意舰机动规避，保持着不即不离的攻击态势。此时，德国空军的十几架容克—88式轰炸机也飞来助兴，而且专门选择运输船进行攻击。波峰浪谷之中，运输船拼命逃避，幸好机动得当，加之警戒舰艇的对空火力密集，才使运输船未受到太大损伤。见此情况，维安立即命令：“第1分队的4艘驱逐舰去加强船队的直接护航兵力，务必保证船队安全！”

16时18分，亚基诺的战列舰也赶了上来，但风急浪大，烟雾弥漫，战列舰上的瞄准手难以捕捉住目标。此时英舰高速穿行在浓烟之中，驰骋于己方运输船与意方主力舰之间，死死地拖住了意舰，成功地屏蔽住了运输船。洋面上刮来的东南风以每小时20海里的速度把烟雾吹向西北，很快弥漫到大片海域，这帮了英国人的大忙。意大利军舰害怕受到鱼雷攻击，不敢进入烟区，只好在下风处对时隐时现的英舰开火，却很难命中。

直到16时40分时，烟雾渐渐散开，“利托里奥”号战列舰和“戈里齐亚”号、“特兰托”号两艘巡洋舰终于在烟幕的空隙处抓住了英舰，连续进行三波猛烈的齐射，把英国巡洋舰“埃及女王”号、“尤利阿里斯”号的上层建筑打得七零八落，“埃及女王”号舰长哈曼中校刚喊了句：“注意，左舵……”就被炸得无影无踪，只剩一顶军帽全是破洞还冒着烟火，挂在一根已弯曲的钢管上荡来荡去。甲板上，血水和尸体狼藉一片。驱逐舰“哈沃克”号、“金斯顿”号也同样遭到了重创，好在动力系统尚未受到致命的损害，经过高速机动，退出了战斗海区。这样一来，意战列舰“利托里奥”号更加靠前，英国的几艘运输船已处在其大口径火炮的射程之内。在这千钧一发之际，维安果断命令：“各舰注意，成楔形队形，冲出烟幕，全速迎向敌舰，准备实施鱼雷攻击！”

在6000米的距离上，十几艘英国军舰像发狂的野牛，直向意舰冲杀过来，双方离得越来越近了，这种拼死一搏的气势，一下了把意舰给镇住了。亚基诺见势不妙，慌忙对“利托里奥”号舰长内多罗尼命令道：“转向，退进烟幕，通知各舰注意规避。”

这样一来，一下子就使意舰与英国运输船脱离了接触，维安的目的达到了，意大利人失去了一次突击英运输船的绝好机会，为此亚基诺事后也曾自责不已。

18时50分，夜幕渐渐垂下。这时意海军总部命令亚基诺率部返回。一年前马塔潘角海战中，意舰队因夜战吃了亏。真是一朝被蛇咬，十年怕井绳！8分钟后，无雷达装备的意大利军舰全部开始北返，退出了战斗。

意舰队于23日分别回到塔兰托和墨西拿军港。返港后，亚基诺向海军

总部作了报告："此战贯彻了既定作战意图，发现目标，迅速西行接敌，虽未能拦截住敌船队，但迟滞了其行动，破坏了英运输船拂晓前到达马耳他的企图，为航空兵的尔后攻击创造了条件。另外，重创敌战斗舰艇5艘，己方只有战列舰受轻微损伤。但是非战斗损失严重，数艘驱逐舰在返航途中被狂涛恶浪毁伤，有的沉没。"

维安率领的护航掩护舰群于24日返回亚历山大港。返航途中，不少舰艇也因风浪损伤严重。英方认为，在敌强我弱，无制空权的条件下能保障船队的安全，损失虽较重，但仍不失为一次成功的护航战斗。

以退为进，实现目标

1952年日本松下电器公司与荷兰菲利浦公司就有关技术合作问题进行商务谈判。菲利浦公司提出技术转让使用费的提成率为销售额的7%。松下幸之助先生经艰苦的努力，把提成率压价到4.5%。但菲利浦公司又提出了新的要求作为提成率优惠的条件：专利转让费定为55万美元，并且必须以总付形式一次付清。

当时的松下公司资本总额不过5亿日元，55万美元相当于2亿日元！这笔专利转让费对松下公司来说的确是一个相当沉重的负担。对方的要求、条件能否接受呢？

妥协和退让值不值得做呢？松下幸之助感到极度的犹豫，合同文本是由菲利浦公司拟就的，其中的违约和处罚条款的订立也都有利于菲利浦公司。松下幸之助在形势对己不利的情况下考虑到：如果做些妥协、退让，接受对方的条件和要求，付出这笔钱，对松下公司的发展，对日本电子工业的发展都是有益的。

松下先生为保证技术合作项目的效益稳定，又对菲利浦公司做了深入细致的调查研究。在调查中，他发现菲利浦公司拥有一个3000名研究人员的研究所。他们设备先进，人员精良，每天都在进行着世界最新技术和最新产品的开发研究。松下幸之助暗自思忖，如果创造一个同样规模、同等水平的研究所，要花上几十亿日元和几年的时候，而现在，以2亿日元为代价，便可以充分利用菲利浦公司研究所的人员和设备，这事何乐而不为呢？于是，松下先生毅然同菲利

浦公司签订了合作合同。从此，松下电器公司创立并发展，菲利浦公司派出了技术骨干前去赴任，他们把技术、知识和管理经验传授给了松下公司。在双方的合作期间，松下公司便利、迅速地获得了菲利浦公司最新的技术发展。双方的合作，为松下公司发展成为驰名全日本乃至全世界的公司打下了坚实的基础。

松下电气公司与菲利浦公司的这场谈判，松下幸之助先生运用了以退为进的技巧，做出了妥协和让步，接受了菲利浦公司的巨额专利转让费和不公正的违约和处罚条款。但松下先生的让步，换回的是公司发展的强大的助推力——菲利浦公司世界称雄的技术实力，松下公司最终发展成了世界著名的电子工业公司。

此案例也说明，如果谈判者在商务谈判中能够灵活巧妙地运用，“以退为进”技巧，将会较顺利地实现谈判目标。运用这种技巧，就是谈判者要放弃一些眼前的、微小的利益，以换取长远的、宏大的利益，妥协和退让的目的是进和取；如果将这种技巧运用在谈判陷入僵持局面时，效果会更显著，它是打破僵局，使谈判重现生机的良策之一。

大生意走，小生意守

此法对做买卖而言，做大的生意应该走出店外、市外，甚至省外、海外；而做小生意则要守住摊位、守好柜台、守住时间，特别是黄金时间。

做生意“走”与“守”都应根据业务需要，从实际出发，灵活运用。首先，想到的是其必要性，即是否有经济价值与社会效益。那种“满天飞”、“盲目走”不能做成大买卖，而“死守”、“白守”这种小生意，也不能做。大生意的“走”，应该主动掌握市场信息，寻找、结成贸易伙伴，开拓新的市场。小生意的“守”，要给顾客带来方便，用时间吸引顾客，积小为大，在与大店竞争中取胜。

大生意要走，一些商家的做法很好。

一是走出店外。某市百货公司、糖烟酒公司等企业，在公园旁联合举办迎春展销活动周。酒类特设了品尝专柜，聘请公关小姐作宣传、咨询。同样丰富多彩的商品，同样的优惠价格，摆在店内只有少数顾客看到，而摆这里却反响热烈，购销十分活跃。还把许多生意引进了店内。

二是走出市外。有的市商贸公司和县百货、纺织品等公司，联袂来到农村、山区集镇设点摆摊，近千个花色品种的各式服装，针纺织品及日用工业品，深受农民欢迎。

三是走出省外。南方大厦远征宁波，与宁波市华联商厦联合举办广货展销，较好地刺激了当地的消费。

四是走出海外。某个供销社坚持贸工农一体化，积极发展农副产品深加工，扩大出口。先办了果品、副食、茶、羽绒等 36 个大类的加工企业 100 多个，产品达 300 多种。有的食品厂充分利用当地水果资源，眼睛瞄准国际市场，把水果打进美国、西欧、东南亚、香港等地。

“小生意要守”也有许多可借鉴的绝招：

一是设日夜商店、饭店、旅店。方便顾客，扩大生意。有家餐馆根据地

处闹市，附近车队多、旅客多、上下夜班工人多的特点，实行24小时营业，并安排技术高、态度好的服务员值夜班，为顾客提供方便。虽然夜间赚钱不如白天多，但饭店的信誉提高了，白天顾客和“回头客”大大增加了。

二是利用招牌，揽住顾客。有家专做呢绒生意的商店，因人手少，星期天不能营业，可前来买货的顾客又很多。因此，他们特在店门前立了一块招牌，写道：“谨告星期天休息的顾客，劳您空跑，不过不要紧，请您到隔壁门卫室登记簿上留下您的姓名、地址，您在下个星期的六天中任何一天来我店购物，可享受优惠，以表示对您的歉意和略补您的损失。”一块招牌给顾客以温暖，这实在是个好主意。

谈判中的走为上策

1984年7月，我国与突尼斯SIAP公司的商务代表、技术代表就在我国兴办化肥厂的关事项进行谈判。中突双方都非常重视这个建设项目。双方动员10多名专家，历时3个多月，耗资20多万美元，完成了可行性研究报告。经有关人员的反复论证，选择了具有优越港口条件的秦皇岛市作为建厂地点。可行性研究报告刚刚结束，科威特石油化学公司得此消息，便立即表态，愿参与此项目，与中方合资办厂。

此后，谈判由双边变成了三边。形势变得极其复杂化。科威特方面在第一次谈判中就派出了公司董事长做主谈。该公司董事长声威显赫，是国际化肥组织的主席，在科威特的地位仅次于石油大臣。他的公司在突尼斯的不少企业中拥有大笔的股票。

董事长富有谈判经验，聪明干练。我方代表刚介绍完中突双方进行的项目前期工作，他就断然表示：“厂址选在秦皇岛不合适，你们所做的一切工作都是毫无用处的，要从头开始！”

董事长的话无异于晴空一声霹雳，中突双方的谈判代表都感到愕然。此项目的前期工作已耗费了相当的人力、物力、财力啊！可是，面对这位赫赫有名的董事长，中突代表又难以提出反驳意见，谈判陷入了僵局。气氛十分紧张、沉闷。此时，我方的一位秦皇岛市的政府代表猛地起身发言：“我代表地方政府声明：为了建设这个化肥厂，我们安置了一处挨近港口、地理位

置优越的厂地。也为了增进我们的友谊，在许多合资企业希望得到这块土地的使用权时，我们都拒绝了。如果按董事长今天的提议，事项要无限地拖延下去了，那我们也只好把这块地让出去！对不起，我还有别的事情需要料理，我宣布退出谈判，今天下午我等候你们最后的决定！"中方这位地方政府代表说完这番话，就拎起了皮包走出了谈判室。中方的一位化工厂长担心谈判破裂，急忙追了出来，希望我们这位代表快回去。地方政府代表胸有成竹地笑着说道："我不是真的要走，我去别的房间躲一会，我保证下面的戏准好唱。"

30 分钟之后，我方人员兴冲冲地跑来向秦皇岛市政府代表报告消息：你这一招真管用、真灵！这一炮放出去，形势急转直下，那位董事长已表态，快请市长先生回来，我们强烈要求快速征用秦皇岛的厂地！以后的谈判进展顺利，在厂址选择问题上，中突双方的要求得到了满足，避免了中突双方的大量的努力工作付诸东流。

当科威特石油化学公司的董事长全盘否定了中突双方的历时三个多月、耗资巨大的前期工作之后，中突双方代表慑于董事长的权威，不能直接反驳他的意见，使得谈判进入僵局。此刻，我方地方政府代表分析了谈判形势，权衡了利害关系，毅然采取了"走为上"的谈判技巧，退出了谈判。此举扭转了谈判局面，改变了董事长的主张，形成了有利于中突两方的谈判结果。

在谈判中，如果谈判者能掌握火候，要在对己方不利的条件下，避免同对方直接冲突，"走"在各种谋略之中确属上乘计谋。实践证明，"走为上"谈判策略，确实能为使用者带来利益。

此策略在运用过程中也应注意一些问题：如在双方合作态度较坦诚的情况下，不宜使用此策略；另外，"走"是实现谈判目的的手段，因此，在采用此策略之前，一定要筹划好下一步的措施，以使谈判能够继续进行。

第五编

《三十六计》现代新编

第一章　现代处世三十六计

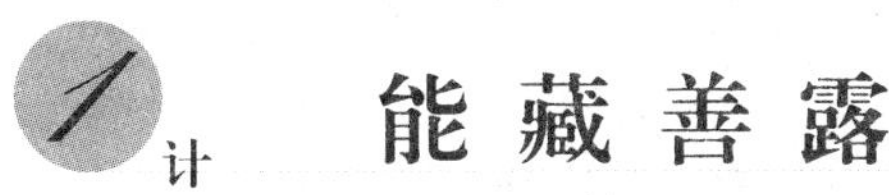

第1计　能藏善露

处世三十六计之第一计“能藏善露”，是由原三十六计之“瞒天过海”演变而来。瞒天过海，实际上是利用人们对待社会现象的习惯定式，对于熟视无睹的现象经常是信而不疑的心理，利用人的错觉，以假象骗人，进而达成自己的目标。能露善藏，便是尽可能地掩饰自己的意图，虚虚实实，真真假假，施放烟幕弹，而把假象暴露给对方，用以吸引对方的注意力，为我方所用。

时时刻刻展现自己的聪明和睿智并不一定就是好事。不当出手、不宜显露的时候就要藏起自己的锋芒。特别是实力较弱、时机尚不成熟的时候，掩饰伪装，隐藏自己的实力意图是一种常用不衰的实用招数。为人处世要懂得或藏或露，在事情未发之前，“静不露机，云雷屯也”，冷静沉着，不露机锋，好像云雷蓄而不发，在让对方放松警惕的时候，自己却在暗中观察、谋划、积蓄力量，静待最佳时机的到来。大量事实证明：毫无顾忌地卖弄聪明、张狂自傲，必然招致祸害；与之相对应的是，能藏善露，大智若愚反而大多能够成事，而在做人防身方面，却更值得称道。

当然，隐藏自己也要有个时间、有个限度。一旦时机成熟，该显露自己的时候要勇于显露，当出手时就出手，不要犹豫，也不要含糊；出手要及时，要又快又准又狠，以迅雷之势直扑目标，让对手防不胜防，无有还手之力。

深藏不露

常言道：难得糊涂，糊涂难得。深藏不露，

大智若愚，装疯卖傻装糊涂，一可防权势显赫者害贤之心；二可防同道之人的嫉妒之心；三可防小人的忌恨之心。

唐朝郭子仪在平定安史之乱、讨伐军阀割据势力、抵御外族侵略中发挥了巨大作用，从皇帝到百姓都十分尊重这位名将，其名字当时妇孺皆知。但很少有人知道，就是这位功极一时的战场统帅，为人处世却极为小心谨慎，与他在千军万马中叱咤风云的风格全然不同。

历史上，官高爵显都很容易引起他人的妒忌、诽谤，引起皇帝的猜疑，甚至会无端招致杀身之祸。正因为如此，历史上是难得有忠良之臣三朝、四代在朝为官而不受猜疑、诽谤的。而郭子仪在玄宗、肃宗、代宗、德宗四朝都身居高位，是名副其实的“四朝元老”。那么，郭子仪又是如何避免这一点的呢？

其实也简单，郭子仪之所以能四朝为官，除了因为刚强果敢、屡立赫赫战功以外，还在于这位熟读兵书的大将军很懂得能藏善露的立身处世之道，而博得上下一致的信任。

唐肃宗上元二年（761 年），郭子仪进封汾阳郡王，住进了位于长安亲仁里金碧辉煌的王府。令人不解的是，堂堂汾阳王府每天总是门户大开，任人出入，不闻不问，与别处官宅门第森严的情况判然有别。客人来访，郭子仪无所忌讳地请他们进入内室，并且命姬妾前来侍候。有一次，某将军离京赴任，前来王府辞行时，竟然还看见郭子仪的夫人和女儿正在梳妆，叫郭子仪递这递那的，竟同使唤仆人一般。为此，郭子仪的儿子们觉得父亲身为王爷，像这个样子成何体统，一齐来劝谏父亲以后分个内外，以免让世人耻笑。

郭子仪笑着说：“你们不晓得内中的道理啊！我们府中的马吃公家草料的有五百匹，我的部属、仆人吃公家粮食的就有一千人。现在我可以说是位极人臣，受尽恩宠了。但是，谁能保证没人正在暗中算计我们呢？如果我一向修筑高墙，关闭门户，高墙深院，内外不通，假如有人与我结下怨仇，诬陷我怀有二心，我就百口莫辩了。现在我洞门大开，无所隐私，不使流言飞语有滋生的余地，即使有人欲进谗言，又从何说起呢？”

儿子们听了这一席话，都拜倒在地，对父亲的深谋远虑深感佩服。

一般来说，身居高位的大功臣最容易得意忘形，惹人猜疑与诽谤，而郭子仪的高明就在于他为将时叱咤风云，敢打敢拼，而在生活中也是能藏善露，深谙处世之道。历史上，郭子仪是许多人的理想，“出将入相，既富贵亦寿考，七子八婿，皆为朝廷显官”。后人评价其一生道：“天下以其身为安危殆三十年。功盖天下而主不疑，位极人臣而众不疾，穷奢极欲而人不非之，年八十五而终。其将佐致大官、为名臣者甚众。”这几句评语突出地描绘了一个深谙处世之道，善于与各种各样的人打交道的重臣的形象。

真人不露相

宋代宰相韩琦以品性端庄著称，每每遵循着“能饶人处且饶人”的生活准则，从来不曾因为有胆量而被人称许过。可是韩琦在下面两件事上

的神通广大，不由人不对其刮目相看。

当宋英宗刚死的时候，朝臣急忙召太子进宫。太子还没到，英宗的手又动了一下，宰相曾公亮吓了一跳，急忙告诉宰相韩琦，想停下来不再去召太子进宫。韩琦果断地阻止了他，镇定地说："先帝要是再活过来，就是一位太上皇。"韩琦越发催促人们速召太子进宫，从而避免了因皇位不定而展开的皇室权力之争。

再看有关韩琦的另一件事。任守忠这个人很奸邪，每每在皇帝和太后间进行离间。有一天韩琦出了一道空头敕书，参政欧阳修已经签了字，参政赵概感到很为难，不知怎么办才好。欧阳修说："只要写出来，韩公一定有自己的说法。"赵概听欧阳修这么说，便也在敕书上签了字。

此后，韩琦坐在政事堂，用未经中书省而直接下达的文书把任守忠传唤过来，指责他说："你的罪过应当判死刑，现在贬官为蕲州团练副使，由蕲州安置。"韩琦拿出了空头敕书填写上，派使臣当天就把任守忠押走了。

要是换上另外一个没那么诚实的有心眼的人，诡计多端的任守忠会轻易就范吗？显然不会。因为就是惯于耍弄阴谋的任守忠也相信一贯诚实的韩琦的说法，而毫无防范其中竟然也有"诈"。这样，韩琦轻轻松松就除去了蠹虫。

韩琦在上面两件事上的神通，实在是再也找不出第二个人来，这才是"真人不露相"的注脚。

瞒天过海

三国时期，周瑜借曹操之手除掉共手下深谙水战的水军都督蔡瑁、张允的故事，可谓妇孺皆知。

赤壁之战中，当孙权下决心要与曹操开战以后，周瑜开始运筹帷幄了。周瑜因为忧心熟谙水战的蔡瑁、张允增强曹军巨大的水战实力，于是连续制造虚假信息，运用反间计，借曹操之手杀掉二位水军都督。

曹操与周瑜隔江对阵。蒋干在曹操面前自夸，说自己自幼与周郎同窗，交情甚契，愿凭三寸不烂之舌，往江东说此人归降。曹操自是同意，蒋干遂来到江东。

周瑜知其来意，为其把酒接风，尔后佯作大醉之状，强邀蒋干同寝。周瑜呕吐得满屋狼藉，不久鼻息如雷；蒋干心中有"鬼"，哪里睡得着，趁着灯光尚明，偷翻桌上文书，得了蔡瑁、张允的"投降书"，如获至宝，急藏于衣内，正欲翻看他书时，却见床上周瑜翻身，蒋干急忙灭灯就寝。

将及四更，只听得有人入账唤说："都督醒了没有?"周瑜梦中做忽觉之状，惊问那人说："床上睡着何人?"

答说："都督请子翼同寝，何故忘却?"

周瑜懊悔说："我平生未曾喝醉，昨日醉后失事，不知可曾说甚言语?"

那人却说："江北有人到此。"

周瑜悄声喝道："低声!"连叫了几声："子翼。"蒋干只装睡着。

瑜潜出帐，蒋干悄悄在屋壁窃听，只闻有人在外说："张、蔡二都督道：急切不得下手……"后面言语颇低，听不真实。

一会，周瑜入账，又轻故意叫唤："子翼!"蒋干只是不应，蒙头假睡。周瑜也解衣就寝。

蒋干寻思："周瑜是个精细的人，到天明寻书不见了文件，必然害我。"睡至五更，蒋干起床轻唤周瑜，周瑜却只是不醒。

蒋干带上文书，悄悄步出帐外，唤了小童，直接走出辕门，可喜无人阻挡。蒋干慌忙下船回营。

曹操见蒋干回来，问他："劝降的事怎么样了?"

蒋干说，"劝降倒没成功，不过我却救了丞相一命。"于是叙说昨夜周瑜与人秘密商议的情形，并献上书信。

曹操得书，大怒，便下令斩了水军督都蔡瑁、张允。待他醒悟时，后悔已晚。

这样一来，周瑜借蒋干骗取曹操除了自己的心腹大患，使得北方的军队再次陷入不谙水战的处境，为下一步的赤壁之战火烧曹军的连营战船，大败曹操埋下了伏笔。赤壁之战后，三国鼎立的局面形成。

周瑜瞒天过海，骗取蒋干之妙，正如毛宗岗所评点："周瑜诈睡，是骗蒋干；蒋干诈睡，以骗周瑜。周瑜假呼蒋干，是明知其诈睡；蒋干不应周瑜，是不知其诈呼。周瑜之醉，醉却是醒；蒋干之醒，醒却是梦……周瑜假做极真，却步步是密；蒋干自道极乖，却步步是呆。"

瞒天过海计名出自一个传说。相传唐贞观十七年（公元 643 年），太宗李世民御驾亲征，率领三十万大军远征高丽国。一天，大军浩浩荡荡来到海边，唐太宗见眼前大浪滔天，茫茫无穷，对怎样才能渡过大海发起愁来，忙向众将询问过海之计。众将面面相觑，无计可施。

几天后，部将张士贵领着薛仁贵一道拜见唐太宗，奏道："今有一位老人，精通干海之术，能将海水变干，可帮助我军渡海东征。"太宗听说有此一位神奇老人，龙颜大喜，即命前去会见老人。于是君臣三人，在薛仁贵的引领下，穿过一条用帷幕遮蔽的通道，来到一个处所。只见这里绣幔锦彩，茵褥铺地，百官迎候。太宗召见了老人，夸奖他的法术，并且大

张筵席，召集群臣与老人一道，宴饮作乐。

过了许久，忽闻风声四声，涛声如雷，杯盏倾侧，人身动摇，良久不止。太宗大惊，忙令近臣揭开彩幕察看，不看则已，一看愕然，眼前一片苍茫海水，横无涯际，大军竟然已航行于大海之上了！太宗惊问之下，张士贵、薛仁贵赶忙从实奏道："这是为臣用的"瞒天过海"之计，目的是哄瞒着天子在不担惊受怕的情况下，平安地渡过大海。

瞒天过海，实际上是利用人们对待社会现象的习惯定式，对于熟视无睹的现象经常是信而不疑的心理，利用人的错觉，以假象骗人，进而达成自己的目标。

在古往今来的战争和政治权术中，瞒天过海乃是使用率极高的一种手段。譬如日军在偷袭珍珠港之前与美国人假戏真做地频频谈判，就是在偷袭珍珠港之时还在与美国人针锋相对地谈判，终于让美国人在一个星期天的早上发觉太平洋舰队成了珍珠港海底的一堆废铁。

韬光养晦

袁世凯窃取革命果实，成了首届民国总统后，想拉态度暧昧的蔡锷将军入伙，便以组阁为由，召其进京。蔡明知是调虎离山之计，但因时机未至，便毅然离开云南北上。

到了北京城，面对袁世凯的笼络，蔡锷抱着弃世无为的态度，整天饮酒狎妓，在八大胡同流连忘返。尽管如此，袁世凯仍不放心，每天都要派密探监视蔡锷的行踪。

不久，袁世凯称帝，蔡锷内心作痛却不动声色，他晓谕部下拥戴帝制。不但如此，蔡锷还整天与袁氏帮凶六君子、五财神、八大金刚等人周旋，甚至帮助筹备登基大典。袁世凯疑虑稍减，而拿出巨款收买蔡锷。蔡锷接过了这笔巨款，存了下来以作日后事业的经费，表面上更是沉溺于酒色，还经常留宿名妓小凤仙之处，甚至为口角闹到法庭要与夫人离婚。这样一来，袁世凯完全放心，把密探全部撤掉了。对此，蔡锷仍没有什么反应，反而整日忙于广置田产，修造房屋，收集古玩，连公府召见也难得一见他的身影。

一天傍晚，蔡锷停在小凤仙的住所举行宴会，遍请六君子、五财神等"高朋好友"。席间，蔡锷兴致欲狂，大饮大醉，呕吐狼藉；来宾们也都醉醺醺的，各各兴尽而返。

次日天未破晓，小凤凤推醒蔡锷说："时间到了。"蔡锷听后，迅速起床，悄然离去，然后赴天津，去日本，转道海上至云南。待得云南独立，其他各省纷纷响应，人们方才领悟蔡锷行的是韬光养晦之计。

蔡锷将军之所以纵情声色、购置田产、与妻子离婚等等，都不过是故意掩饰自己的真实面目，麻痹老奸巨猾的袁世凯，以为日后脱身做掩护。对此，老奸巨猾的袁世凯毫无察觉，等达到目的后，袁氏梦醒无奈，徒然懈悔。

一般来说，置身波光诡谲的斗争场合，当自己的力量处于弱势，时机尚未成熟等情况下，必须韬光养晦，做到深藏不露，掩饰自己真实面目，

隐藏自己的实力和意图，这样才能让对方放松警惕疑虑，不以你为敌而为友，至少也不要视你为大敌。如此，自己才能够赢得时间和机会，暗中奋发，积蓄力量，或者出其不意地克敌制胜。

当露则露

一个年轻人对自己久不被重用感到很不解，就慕名去拜访一位颇有名气的经理，请他指点迷津。经理问年轻人道："你在工作上对自己是如何定位的?"

"我父亲告诉我，做人不能太露锋芒。我认为很有道理。所以在公司里我处处忍让。"年轻人说。

听了他的话，经理没有言语，领着年轻人坐上快艇，然后发动小油门慢慢前行。和他们同时启动的一艘快艇加大马力，似流星般划到他们前面；晚于他们启动的大游船也很快超过了他们，就连一叶双人小扁舟也走在了他们的前面……

又一艘大游船赶了上来。船主对着坐在身边这艘快艇上的两人大笑："你们的快艇连个小木舟都不如，快要报废了吧?"

经理不语，回头笑问年轻人："你说我们的快艇究竟如何?"

"因为他们不知你没开足马力。"年轻人答道。

"是啊，其实人又何尝不是这样呢? 你再有才华，但你不显露，别人不知道，怎么会看重你呢? 即使你的能力有人知道，但见你行事畏畏缩缩的样子，人家又怎敢重用你呢? 如此，你又怎能快速到达理想的彼岸呢?"说完，经理加足油门，快艇如离弦之箭，穿过刚才超越自己的那些舟船。

年轻人顿然醒悟，高声欢呼，意气风发。此后，他开始在工作中积极表现自己，很快他就被提升为了部门经理。

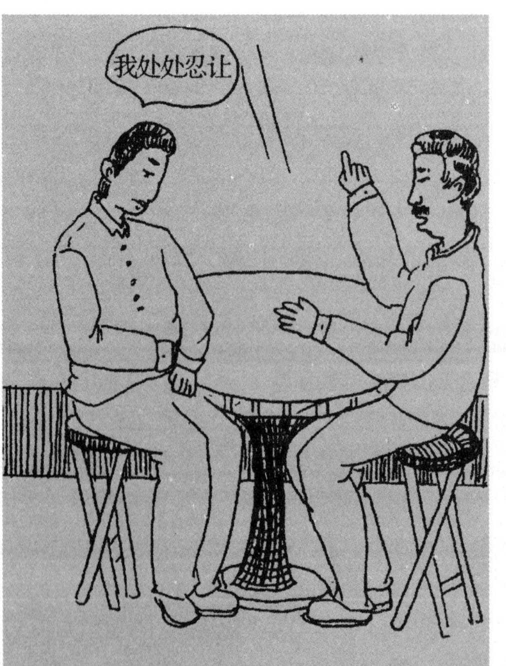

快艇的优势就在于它的速度，如果连速度都掩饰起来，那意义又何在呢? 所以说，要能藏善露，藏露有时。当藏则藏，当露则露。一旦时机成熟，该出手时就出手。

正如古人所言："当断不断，自取其乱。"该出手时不出手，利益只能拱手相送他人；一次不出手，人家当你糊涂瓜；三番五次不出手，人家会当你是懦夫；而一生都不出手，龙种出身也是虫相。

出手惊人

某公司有一段时间的业务一直平平淡淡，于是调来了一位专门整顿业务的新主管。大多数的员工都很兴奋，据说这位主管是一个能人，一旦公司业绩上来了，何愁没有自己吃香的喝辣的?

没想到新来的主管来了跟没来一样，让人大失所望。日子一天天过去，新来的主管却毫无作为，每天彬彬有礼地进办公室，便躲在里面难得出门。那些原本紧张得要死的懒员工，现在反而更猖獗了，随时可见无所事事的闲散人员。一些做事不力，却又好推责揽功的老油条也开始冒头而出。公司上下办事效率也更加低下。“他哪里是个能人，根本就是个老好人，比以前的主管更容易唬。”大家几乎都这么认为。

三个月过去了，新来的主管却发威了，工作效率低下、纪律涣散、不合格的员工一律开除，办事效率高、有管理才能者获得了提升，有技术才能者也得到更合适的职位。下手之快、断事之准，与三个月中表现保守的他，简直像换了一个人。

年终聚餐时，新来的主管在酒后致辞：“相信大家对我新上任后的表现和后来的大刀阔斧一定感到不解，现在听我说个故事，各位就明白了。”

原来他的一位朋友，买了栋带着大院的房子。他一搬进去，就对大院子全面整顿，杂草杂树一律清除，改种自己新买的花卉。看着自己辛辛苦苦弄平的大院中长出了整齐的花苗，他的这位朋友颇感欣慰。没想到有一天，原先的房主回访，进门大吃一惊地问：“咦，那些名贵的牡丹哪里去了?”这位朋友这时才明白，他居然把牡丹当成野草给割了。他很后悔，觉得自己不该这么急躁，还没有分清它们是什么以前，就不分良莠一起除掉了。

说到这儿，主管举起杯来：“让我敬在座的各位！如果这个办公室是个花园，你们就是其间的珍木，只有经过长期的观察才认得出啊。”

这位新来的主管是真正懂得做大事的人。他之所以能在新来的三个月中就充分地摸清公司员工的为人品性、能力大小，然后再在合适的时机，采取重大的人事措施，乃是因为他一进入公司时藏起了自己的实力，而伪装成平庸软弱的老好人。在“平庸软弱”的上司面前，职员的本性很快就会暴露出来。

这是现代版的楚庄王“一鸣惊人”的故事。历史上，楚庄王不顾晋国的日益强大，对自己构成严重的威胁，登基三年后只知寻欢作乐，不问国事，最终在忠臣死谏之下发出了此鸟“三年不飞，一飞冲天；三年不鸣，一鸣惊人”的豪言，该出手时就出手；他表面上寻欢作乐，实质上却是无时无刻不在观察大臣的忠奸，寻找智勇之士，忠良之臣，最终大力整顿，亲君子远小人，励精图治，一举成为春秋霸主之一。

这样的历史故事告诫我们一个常理：不管是工作还是生活中，若是与他人竞争，时机不利，要能忍善藏；一旦时机成熟，不要拖延，也不要含糊，该出手时就出手。而且，出手时要又快又准还要狠，以迅雷之势直扑目标，让对手防不胜防，无有还手之力。

2计 先发制人

先发制人，也就是人们常说的“先来后到”；“先发制人，后发制于人”；“先下手为强，后下手遭殃”。先发制人重在一个“先”字，贵在一个“制”字。先发制人的特点是遵循“兵贵神速”的战法理论，抢在对方前面，以达到“出其所不趋，趋其所不意”，打对方一个措手不及。

“先”是抢先一步，在争斗或是竞争场合，许多时候，胜败之间往往是抢先一步或落后一步之差而已。许多时候，资源并不是可以无限制地按需行事，而是有限且紧缺得很，这就需要我们快人一步，抢先出手去拥有这有限的资源。这也就是先出手为强的道理。

兵贵神速

先发制人的特点是遵循“兵贵神速”的兵法理论，以迅如风云之势，抢在对方前面，以达到“出其所不趋，趋其所不意”，打对方一个措手不及。

诸葛亮领命北伐，二出祁山时，攻击目标直指陈仓。但因陈仓有魏军大将郝昭把守，诸葛亮多次攻打也攻不下来，而魏国的援军到来了，于是只好撤回汉中。后来得知孙权同意出兵讨伐魏国，诸葛亮觉得这是一个攻取陈仓的好机会，于是再度出兵陈仓。

这一次，他不着急攻城，先派人去打探消息。探子回来报告说：“陈仓城中的守将郝昭得了病，病情严重。”诸葛亮一听大喜，说：“攻城大计这一次成功在望了。”于是命令大将魏延、姜维领兵五千，限期三日之内，带领军队攻打陈仓；命令下达完毕，诸葛亮又把关兴、张苞两员大将叫过来，附在他们耳边悄悄地低声地交代了一番。

再说魏延、姜维两人带领军队来到陈仓城下，只见四处静悄悄的，既不见一面旗号，也不见打更之人。二人觉得情况异常，不禁又惊又疑，不敢轻易

攻城。正犹豫之时，忽然听到城墙上一声炮响，霎时城墙四面旗帜一齐竖了起来。只见一个人，头戴纶巾，摇着一把羽毛扇，鹤氅道袍，大声叫着说："你们两人来得迟了！"两人抬头一看，没想到正是诸葛亮。

原来，诸葛亮打听到郝昭病重，便命令魏延、姜维在三日之内带领军队攻取城池，这样做是为了稳定军心。与此同时，诸葛亮却命令关兴、张苞，带领军队在天刚黑下来时悄悄地出城，星夜火速赶来陈仓城，加强火力猛烈进攻，打魏军一个措手不及。同时，蜀军的内应在城内放火呐喊，里应外合，令魏兵惊疑不定。

而当蜀军兵临城下时，正值郝昭病情加剧，听得蜀军突然攻城的消息，急忙命人上城把守，没想到城里各处放火呐喊，城中大乱，郝昭惊慌无计，竟自惊吓而死了。魏军兵无主将，便如一盘散沙，即时一片混乱。蜀军一拥入城，不费吹灰之力得了陈仓城。

当接替郝昭的魏军大将张郃带兵到来时，诸葛亮已破了城池，做好了防守的准备。张郃无奈，只得引兵回去复命。

这是典型的"先发制人"战略。诸葛亮这次攻城行动，为了瞒过敌人耳目，采用外缓内急的办法，让魏延、姜维带兵虚攻，以迷惑敌人；自己和关兴、张苞偷袭陈仓城，一是密，二是速，迅速攻取城池。因为他要抢在敌军大将张郃赶到陈仓的前面，攻下城池。不然，一旦张郃抢先一步进入城中做好防守准备，再要攻取城池，其困难何止百倍！

"先发制人"战略，也可通俗地简称为"抢先一步"战略。在争斗或是竞争场合，许多时候，胜败之间往往是抢先一步或落后一步之差而已。

先出手为强

一架飞机在山谷里失事了！

大批的记者冲向深山，希望能抢先报道这件事情。但是，当大部分记者面对没有电话机的现场束手无策的时候，一位广播电台的记者却做了连续十几分钟的独家现场报道。

山谷离市镇很远，只有一部电话能与外界联系。这位记者一来到这里，大略"巡视"了当地情势，了解到这一关键信息之后，在尚未到现场之前，就先请司机占据了附近唯一的电话。当他做好现场报道的录音，跑到电话旁边，虽然已经有好几位记者等着通过电话发出报道，但因为他的司机占着电话线，所以其他的记者空有信息却发不出去。而他就马上将录音机交给司机，通过电话对全国听众做了报道。

这位记者用独特的眼光掌握了报道整个事件的最重要最紧缺的资源，凭着这部唯一的电话机以便与外界联系，所以在做报道的时候能够领先一步，获得了成功。其他的记者却因这有限的资源被人占据，束手无策，受制于人，只能报道那新闻之后的新闻了。

许多时候，资源并不是可以无限制地按需行事，而是有限且紧缺得很，这就需要我们快人一步，抢先出手去拥有这有限的资源。这也就是先出手为强的道理。排队时排在前者优先，天经地义，买火车票提前买票者可以坐在座位上舒舒服服，可临时买票者会同样的价钱却只能站在过道

上，站得两腿发麻，还要被挤来挤去的。正所谓先发制人，后发制于人。

出语封喉

“先发制人”的战略，不仅是最有效的进攻，也是最有效的防御。先发制人重在一个“先”字，贵在一个“制”字。

我们来看看蒋干意欲说降周瑜却被周瑜出语封喉的精彩场面。

曹操与周瑜隔江对阵。一日，蒋干在曹操面前自夸说：“我自幼与周郎同窗，交情甚契，愿凭三寸不烂之舌，往江东说此人归降。”曹操大喜。

周瑜在帐中正与众将议事，闻蒋干来访，当即命众将依计行事。只见蒋干打扮得像个世外高人，“引一青衣小童，昂然而来”。一见面，蒋干问道：“公瑾别来无恙！”这一句既是问候，又在唤起彼此曾经的故人旧情。没料周瑜直截了当，一见面便点破他的来意说：“子翼（蒋干字）用心良苦，远涉江河湖泊，为曹操作说客吗?”

蒋干听了愕然，忙争辩说：“我久别足下，特来叙旧，怎么怀疑我会作曹操的说客呢?”

周瑜笑着说：“我虽然比不上师旷那么聪慧，但闻弦歌而知雅意啊。”

蒋干心说，老同学了你还跟我来这一套，脸上装作很恼怒的样子，说：“阁下待故人若此，我当告退！”转身就要走，被周瑜拦住。

周瑜正要他否认是说客，便顺水推船，为老朋友摆酒接风。席间，周瑜把蒋干介绍给江东诸人说：“此人是我同窗好友。虽然是从江北来到江南，却不是曹家的说客——你们不用怀疑。”说完，解下佩剑给太史慈，大声说道：“你可佩我剑作监酒，今日宴饮，但叙朋友交情，如有谁提起曹操与东吴军旅有关之事，即可斩了！”

太史慈应诺，按剑坐于席。此举吓得蒋干噤若寒蝉，不敢吱声。

周瑜道：“吾自领军以来，滴酒不饮；今日见了故人，又无疑忌，当饮一醉。”说罢，大笑畅饮。座上觥筹交错。接着周瑜领蒋干参观了东吴军营的精兵强将。尔后，周瑜装醉大笑道：“想周瑜与子翼同学业时，不曾望有今日。”

蒋干说：“以老兄高才，实不为过。”

周瑜拉着蒋干的手说："大丈夫处世，遇知己之主，外托君臣之义，内结骨肉之恩，言必行，计必从，祸福与共。假使苏秦、张仪、陆贾、郦生复出，口似悬河，舌如利刃，安能动我心哉！"言罢大笑。蒋干面如土色。

饮至天晚，点上灯烛，周瑜舞剑作歌："丈夫处世兮立功名，立功名兮慰平生。慰平生兮吾将醉，吾将醉兮发狂吟！"歌舞下来，满座欢笑。

可怜这位说客，从过江到此，连哼一声都不敢，哪里谈到说周瑜归降呢？席间，周瑜开怀畅饮，又歌又舞，蒋干只是呆坐着喝闷酒。就这样，蒋干被折腾到深夜，于是哀求说："不胜酒力，要休息。"

周瑜乘着醉意，强拉蒋干同床共寝。休息之后，两人同床异梦，又演出了一出历史上有名的蒋干盗书一幕。最后，不单不曾开口说降周瑜，反而偷了一封假书信回曹营，害曹操白白斩了二位熟谙水性的水军都督的头颅。

蒋干带着三寸不烂之舌而来，却被周瑜开门见山，一语点破，承认是说客却是初来来乍到，时机未熟：只得否认，却又被周瑜先发制人，一剑封喉，弄得有舌不能吐，有话不能说，有如哑巴吃黄连，欢叙宴饮之酒却浇入了苦口愁肠。

在人际交往中，当你了解别人将要说一些对你不利的话或让你办一些你不想办的事时，你可抢先开口，采取或封堵、或施压、或围拦、或明劝、或暗示、或截断、或踢回对方种种防御招数，牢牢掌握主动权，达到拒绝的目的。

一旦人们说出了自己的考虑，他就会在潜意识中坚持这一立场，并对反驳其立场和主张的人很难抱有好感。换句话说，如果对方已经向我们提出了要求，我们再拒绝就会很麻烦，弄不好还会伤害别人的感情，令对方很不舒服。这就需要我们先发制人，抢先开口，或明言，或暗示，提前表达自己的意思，把对方的要求堵在嘴里，不让他说出来。

有些时候，自己有心拒绝，但碍于交情或面子，拒绝的意思不好正面说出口，这时如果趁早装作自言自语地说出心中的想法或苦楚，对方一般便会识趣，知难而退。下面的故事在生活中很是常见。

一天，开店铺的卢老板看见镇长的儿子正朝自己店铺走过来，心知他此来不为别事，必为钱事而来，因其劣迹早已名声在外。怎么办？这钱若是借了给他，就不可能收回来，但得罪了镇长，以后的生意就不好做了。

镇长的儿子正一步步靠近，情急智生，卢老板立刻背转身子，待他走近时，一边叹气一边自言自语："唉，这一批货款，人家非要求货款一次付清。我如何才能凑齐这笔钱呢？朋友里面，自己知道的几个也都手头紧张得很，这一回到底该向谁去借钱呢？唉……"

镇长的儿子一听，知道黄鼠狼碰上了偷鸡的，分明是找错了人，只好绝口不提借钱的事。

还有些时候，对方见你有拒绝之意，但还是不容分说，把自己的要求抢先一股脑说了出来，而我们又确实无法办到时，我们就要尽快打住对方的话头，表示自己毫无办法，不再继续讨论下去，向对方表示不是自己不

愿意答应，实在是心有余而力不足，给对方施加压力，让其主动降低要求，或者知难而退，另寻高明。

捕捉先机

在现代经营中，要想抢先一步，获取最大的利润，就必须不断捕捉信息，利用信息做出预测，做好谋划。机会人人都有，就看你能不能发现，能不能抓住。

在市场上，每一种产品都有一个兴衰的过程，消费者的需求和趣味在发生着悄悄的不为人瞩目的变化，作为企业的决策者，要细心观察这些微妙变化，在替代新技术问世的时候，或者在政府法规以及市场游戏规则即将改变之时，洞察先机，率先进入市场，占据市场的制高点，就可在众人领悟之前大量攫取超额利润。

1934 年，美国总统罗斯福为挽救美国历史上最严重的经济危机而采取新政。实业家哈默密切地注视着形势的发展，他觉得自己事业大发展的时候可能到了，因为新政一旦实施，那么禁酒令就会被废除。

早在 1922 年的时候，美国议会通过的《沃尔斯台德法案》规定不许酿造和销售酒精含量超过5‰的饮料。而到30 年代，由于经济危机，罗斯福总统不得不推行一系列改革的新政策。随着新政策一个接一个地出台，哈默凭自己多年经商的眼光判断，认为罗斯福总统会取消已经不合时宜的禁酒令。而一旦禁酒令被解除，全美国对啤酒和威士忌酒的需求将会出现一个高潮。

然而市场上却没有酒桶，于是哈默把眼光盯住了白橡木酒桶。

事不宜迟，哈默很快就从俄国订购了几船的桶板。当货物运到美国时，却发现俄国人搞错了，他们运来的不是成型的桶板，而是一块块晾干的白橡木板。等不及追究谁的责任，哈默马上就近租用了纽约船坞公司的一个码头，修建起一座临时的桶板加工厂，日夜不停地加工这些白橡木板。

哈默的眼光是正确的。如他所料，很快，禁酒令被解除了。当禁酒令解除时，哈默的酒桶也正从生产线上滚滚地下线，这些酒桶很快被各大酒厂抢购一空，因为供不应求，哈默又在新泽西州建立了一个现代化的加工酒桶的工厂。如此一来，钞票便源源不断地流入了哈默的

口袋。

预谋制胜

20世纪80年代初，美国大地卷起了一股可怕的“黑旋风”——艾滋病，任何药物都抵挡不了它的恐怖侵袭。既想保持开放的性观念，又怕见上帝的美国人后来发现，有一种小玩意能够有效地抵挡艾滋病的进袭，那就是避孕套。

当时，由于现在市场需求突然猛增，美国国内数量有限的避孕套一时无法满足市场需求。远在东半球的另一边，嗅觉敏锐的两位日本商人立即发现了那座“金山”，立即在最短的时间内，生产了一大批避孕套，火速运往美国。一时之间，美国众多的代销店门庭若市；两亿多只避孕套很快销售一空。

要想先发制人，事先做好谋划，我们就要学会培养自己的前瞻眼光和敏锐的洞察力。所谓前瞻眼光和敏锐的洞察力，体现在三个方面：一是在动态中准确地预见事物的发展趋势；二是在静态中，及时地预见事物产生的变化；三是在平常的工作、生活、学习以及友好往来中善于发现不显眼的机会，并预见到它蕴含的价值和意义，从而牢牢地抓住它，充分地发展自己。

后发制人

当然，先发制人，后发制于人，也是相对的，是有一定条件的 在有些条件下，先发未必制人，后发也未必制于人，其中种种不同，都是要看具体环境、条件，以及双方实力消长对比而言。在企业经营上，欧洲休勒特·派克德公司就有一套自己独特的“后发制人”策略。

当业内别的公司新产品问世的时候，休勒特·派克德公司的工程师在用户那里检查本公司装备时，就会向用户探询对方那种新产品的优缺点，用户用后有什么意见和建议，等等。依据用户的这些意见和建议，休勒特·派克德公司便会紧急组织强有力的人力，开发出完全符合顾客要求的“新产品”，然后迅速推向市场。

由于休勒特·派克德公司的新产品在借鉴其他公司优点的同时克服了其中的缺点，因此深受广大用户的喜爱。用不了多久，他们的推销员就登门来推销完全符合用户要求的自己公司的新产品了。结果，用户非常满意，公司收益自然随之大增。

在商业竞争中，一些创业者退人半步，甘居第二位，再实施后发制人术运用较多。退人半步，并不是因为他们的技术能力差，而恰恰是在这迟迈的半步上作好文章。退人半步，后发制人，一方面可以减轻经营的风险；另一方面可以对对方的商业实力有着充分的了解，“知己知彼，百战不殆”；最后可以考虑周全，抓住对方的弱点，利用时间差采取优于对方的销售战略。因此，后发制人术虽然行动慢，但却稳定可靠，有必胜之把握。

3计 假物借力

古人云："圣者，非能也，善假于物也。"他山之石，可以攻玉，人与动物的区别之一，便是善于制造并使用工具，假物借力。人若赤手空拳，力量十分有限，但人能借棍打蛇，借刀屠蛟，借火驱狼，借斧剖虎，在大自然中扩张自己的地盘，遂成万物之主宰；如今，人借车奔驰，借船出海，借钻探地，借飞船上天"揽月"，乃至于欲在太空中扩张，与"神仙"一般腾云驾雾，飞来飞去。

每个人都有自己的生活和追求，有自己的事业目标，然而每一个人的时间、精力、财力十分有限，不可能全部提供实现自己理想壮志所需的资源。不能做到万事俱备，而我们的理想、事业却在等待着我们去完成，这就需要我们获取他人的帮助，并借用外界的资源。"好风凭借力，送我上青云。"凡是善于运用借字的，均可事半功倍，更容易更快捷地达成自己的目的。

假物借力

善借者，世上所有的资源他都可以借用，在某种程度上，"物尽其用"是他们的一大目标。有大志者常常以借用天下力量的多寡来判断自己的事业有多大的作为。曹操挟天子以令诸侯，天下归心；刘备借荆州，安顿自己的军队百姓，经营自己的地盘和基业，徐图发展，至有三分天下。

公元前200年，汉高祖刘邦率领大军与匈奴交战。刘邦求胜心切，带领小股骑兵追击匈奴人，不料中了敌人的埋伏，被困在白登山。这时，汉军的后续部队已被匈奴人阻挡在各要关路口，无法前去解围，形势万分危急。

到了第四天，被困汉军的粮草越来越少，刘邦君臣急得就像热锅上的蚂蚁，坐立不安。谋士陈平灵机一动，想出了一条借匈奴单于夫人阏氏脱身之计。刘邦大喜，遂派一名

使者带着一批珍宝和一幅美女画秘密会见了阏氏。使者奉上珍宝，对阏氏说："这些珍宝是大汉皇帝送给您的。大汉皇帝欲与匈奴和好，特送上这些珍宝，请您务必收下，望您在单于面前美言几句。"使者又献上一画，说道："大汉皇帝怕单于不答应讲和的要求，准备把中原的头号美人献给他。这是她的画像，请您先过目。"

阏氏接过来一看，真是一个貌似天仙的美女：眉似初春柳叶，脸如三月桃花；玉纤纤葱枝手，一捻捻杨柳腰；满头珠翠，引得蜂狂蝶浪；双目含情，令人魂飞魄舞。阏氏心想：如果丈夫得到她，还有心思宠爱自己吗？于是，阏氏说："珍宝留下吧，美女就用不着了，我请单于退兵就是了。"

打发走了汉军使者后，阏氏立即去见单于，她说："听说汉朝的援军就要到了，到那时我们就被动了。不如现在接受汉朝皇帝的讲和要求，乘机向他们多索要一些财物。"单于经过反复考虑，觉得夫人的话很有道理。于是答应汉军的求和。

双方使者经过多次谈判，终于达成了协议。单于得到了一大批珍宝和财物，遂心满意足，遂放走了刘邦君臣。

一批珍宝和财物，并不能买下血战中强敌大汉国包括天子大臣在内的一拨人马。但借上一幅美女图，就可用上绝色美女的力量，带动单于夫人的力量，再带动援军的力量，加上这一批珍宝和财物，其势能之强大，有如一重磅炸弹，自然能"炸"开单于的一张口。

这就是善借的力量效用。当今世上，资源无处不是，无处不有。资源包括时间、空间、金钱、财物、技术、信息，还有人力、知识、智慧、情谊，还有能量、时势等等。这世间所有的资源你都可以利用，关键看你怎么去利用而已。

当然，我们不是英雄，但只要我们有心，有自己远大的目标，我们就也可以借用自身环境的优势，借用他人的智慧、力量、名声、信用、金钱财物等等，以成就自己的事业。

今日世情，有人借钱借物，借人借力；有人借鸡生蛋，借蛋孵鸡；有人借壳上市，借市聚钱，如此等等，举不胜举。总之，凡有人活动之处，必有借事发生。不过，借虽多有利益，但有时也不无害处，像有人就因借得不当而为人做牛做马做奴，或翻脸成仇，其中曲折，全在做事者是否善借了。

借钱办事

"借"字当中，资源最多，也最常用的就是财富了。"借钱"二字自古相连，天经地义，人人会用；但善于借用他人的钱财做自己的事，赚自己的钱，却是一项高层次的资源，需要你灵活运用。借用他人的资金来达到自己的目标，这是一条比较顺畅的成功之路。

如今立志创业，做一番事业的人士，无不善于借他人钱财办自己的事情。他们创办企业，修建好自己的码头，然后就可以此为资本，获取金融机构和风险投资商的投资，向银行贷款，向民间借贷，还有上市聚集股民

散钱，等等，以求得创业企业更大的发展壮大。

一些有心机的人，还善于利用种种比较巧妙的借人钱财做自己的事的妙法。我们看一下世界上私人船只吨位第一的船王丹尼尔·路维格的白手发家的故事。

路维格最初创业发展自己的事业，靠的是巧妙地向银行借钱。一次，路维格发现用轮船载油比载货更有利可图，可是由于资金有限，路维格不可能买到一艘油轮，于是他打算买下一艘货船，再改装成油轮。可是钱从哪儿来呢？路维格想到了银行贷款，于是他开始跑银行借钱。

他接连到纽约的几家银行谈借钱的事情，可是人家一看到衣衫破旧的他，便不屑一顾地问“你有抵押吗?”路维格力争说服银行：“我把货轮买下来之后，立即改装成油轮，我已经把这艘还没有买下来的船租给了一家石油公司，他们每月付给我的租金，正好可以每月分期还我要借的这笔款，我可以把租契交给银行，你们可以直接去那家石油公司收租金，这样就等于分期还款了。”尽管路维格认为自己的计划很合理，可是他所到的银行无一不认为他的这种做法荒唐可笑，而且根本没有信用可言。

然而，路维格并不灰心。这一次他来到大通银行，找到了大通银行的总裁。大通银行的总裁听了路维格上面这番奇怪的言论后，心想：路维格一文不名，也许没有什么信用可言，但是那家石油公司的信用却是可靠的。拿着他的租契去石油公司按月收钱，这自然会十分稳妥，这不就等于收回了分期付款？除非有预料不到的重大经济灾难发生。但退一步而言，假如路维格把货轮改装成油轮的做法结果失败了，但只要这艘船和石油公司存在，银行就不怕收不到钱。

于是，大通银行同意把钱借给了路维格。路维格买下了他所要的旧货船，改成油轮，租了出去。然后又利用这艘船作抵押来借另一笔款子，从而再买一艘船。路维格的精明之处在于利用那家石油公司的信用来增强自己的信用。

这种情形继续了几年，每当一笔债付清之后，路维格就成了这条船的主人。租金不再被银行拿走，而是由他放入自己的口袋。

后来路维格又准备着手筹建造船公司。他设计一艘油轮或其他用途的船只，在还没有开工建造的时候，他就与人签约，愿意在船完工的时候把它租出去。路维格拿着船租契约，跑到一家银行去借钱建船。这种借款是延期分期摊还的方式，银行要在船下水之后才能开始收钱。船一下水，租费就可转让给银行，于是这笔贷款就像他最初的方式一样付清了。等到一切手续办妥，路维格就成了当然的船主，可是他当初一毛钱也没花。

当路维格“发明”的这种贷款方式畅通之后，他先后租借别人的码头和船坞，继而借银行的钱建造自己的船。就这样，路维格有了自己的造船公司。故二次世界大战期间，美国政府购买了路维格所建造的每一艘船，他的造船公司就这样迅速地发展起来。

后来有人问大通银行的总裁，当初为什么银行会把钱借给这位一文不名的路维格的，总裁解释说：“路维格的这种借钱想法提出后，开始我们感到惊愕，但仔细研究之后，都觉得他的话很有道理。对于这一类的贷

款，我们叫做‘双重文件’。意思是说，这笔贷款是由两个公司，或者两个人分别保证偿还，而他们之间的经济又互相独立。因此，即使中间有一方偿还不了，另一方也会把债务解决。银行于是有了双重保障。”

路维格“双重文件”式的奇思妙想，就在于借第三者（个人或企业）增强自己的信用，凭此信用资本借足自己开展事业所需资金；接下来再一次借他人的租金分期偿还银行的贷款。这是借他人钱财成自己事业，赚自己的钱的绝妙方式。这种方式之所以行得通，因为他在市场上拓开了进钱的渠道，给了银行双重的保障，满足了金钱资本对最大利益追逐的需求。

像现在普遍推行的银行按揭买房，分期付款购买大宗物件，其实都是一样的操作模式。只不过路维格是创新思维，玩得最早，玩得更加大胆，规模更大，也玩得更加巧妙而已。

借人之力

犹太人不论是商界或科技界的成功者众多，普遍都具有善于借助别人的精力和智慧的本领。

人们忙时请帮工，家庭请保姆，都是借用他人的力气干自己的事情。做管理的常把大量烦琐的事情交给助手或下属去做，自己只做那些非常有用的，必须自己亲自动手的事情。

古人说：“下君之策尽己之力，中君之策尽人之力，上君之策尽人之智。”在管理上有一条奥格尔维法则：如果我们每个人都雇用比我们自己都更强的人，我们就能成为巨人公司。这是美国奥格尔维·马瑟公司总裁奥格尔维提出的。

前国务卿基辛格，且不说其在外交上的政治手腕，单从他处理白宫内的事务工作来看，就是一位典型的巧于借用别人力量和智能的能手。基辛格有一个惯例，凡是下级呈报来的工作方案或议案，他先不看，压它几天后，再把提出方案或议案的人叫来，问道：“这是你最成熟的方案（议案）吗?”对方思考一下，一般不敢过于肯定，只好答说：“也许还有不足之处。”基辛格便会叫他拿回去再思考和修改得更完善些。

过了一段时间后，提案者再次送来修改过的方案（议案），基辛格阅后，又问对方：“这是你最好的方案吗？还有没有别的比这方案更好的办法?”这又使提案者陷入更深层次的思考，把方案拿回去再研究。基辛格就是这样反复让别人深入思考研究，用尽最佳的人力资源，达到自己所需要的目的。

赖兹说：“很少人能单凭一己之力，迅速名利双收；真正成功的骑师，通常都是因为他骑的是最好的马，才能成为常胜将军。”

一家大公司的主管说得很坦率：“我的成功得益于那些聪明人。我总是把那些聪明人挑选出来。我使用他们，促进他们，当我们有所成就时，和他们共同分享荣誉。”

一位公司女主管说：“善于与他人合作是关键。我手下的人都比我聪明，我喜欢这种局面，我调解他们之间的纠纷，敦促他们，使他们各尽其能。”

委托第三方出面

在某些事情上，缘于身份干系，自己出面不便时，便可以委托第三方出面，代为说事。这样，便可以更委婉、更方便有时还更有把握地完成自己的目标，即便在遭到拒绝时也不至太过尴尬而下不来台。

蒋介石去世那年，蒋纬国的军衔是中将，这已是他当上中将的第十四个年头。根据国民党的规定，当了十四年中将若还未晋升为上将，则应强制退役，军衔也随之取消：而上将则是终身制。时任总统的兄长蒋经国看来也并不打算给蒋纬国晋衔，为此蒋纬国打开了算盘。

其时蒋介石的丧事已经结束，宋美龄准备赴美国安居。临动身那天，蒋氏兄弟前往送行。蒋纬国特地提早赶到官邸，他一改往日穿西装的习惯，穿了一套军服，还配戴了全套勋章勋标，一进门就向宋美龄行了个军礼。以前，蒋府每年逢蒋介石、宋美龄的生日，除夕吃团圆饭，端午节和中秋节，都要聚会，所有的人都穿便服。因此，宋美龄对蒋纬国的举动觉得奇怪，自然便随口问他为什么在这种家人聚会上穿军装。

蒋纬国一本正经地回答道："因为再过不久，我就没有资格再穿军装了，所以今天给妈送行，特地让妈看看我穿军装的模样。"

宋美龄追问道："为什么?"

蒋纬国就简单地说了一下，军中强制限龄退役的制度。

宋美龄在大陆时，就不问军中之事，到了台湾更是不闻不问，限龄退役这种事，她还是第一次听说，于是问道："那何敬之（何应钦）为什么可以继续穿?"

蒋纬国说："那是上将，终身制。"宋美龄终于明白了。

这时，蒋经国也到了。蒋纬国一见他，也站起来行了个军礼。蒋经国皱皱眉头道："在家里干什么来这一套?"

蒋纬国还未回答，宋美龄已经开腔了："纬国做军人还可以吧?"

蒋经国不知前面已有文章，随口说："他本来就是军人，干得很出色呀!"

宋美龄问道："既然他干军人很出色，为什么要办报请退役手续?"

蒋经国这才知道是为这门子事，只好说："纬国中将期龄到了，不过我马上准备交代给他办升上将的事体。"

就这样，蒋纬国总算从中将升为上将。

如果蒋纬国不是趁机请母亲宋美龄出面，代为说事，让兄长迫于情面不得不答应，而是自己直接出面说事的话，一来自己出面不便启齿，二来蒋经国也未必答应。这等事情一看中国历史故事就会明了几分。

委托第三方出面，在我们办事时也是比较有用的一招。譬如在签订协议或合同时，要请第三方也就是公证人在场，这样更有助于协议或合同的执行。在商场上，当双方最终达成协议的时候，也就是说在价格问题上双方取得了一致以后，在实际交易中也还会出现出尔反尔、给对方出难题的现象，试图以此来迫使对方再作让步。在商业交易中这种行为是很不道德的。为防止出现这种情况，除了事先签订好合同，标明违约条例，还有就

是委托第三方出面，请有一定身份地位的第三方为你主持公道，要求对方提供一笔押金或提供保证人。

巧借声名

天下熙熙攘攘，皆为名来利往。名利二字，从来就和人紧密纠缠，牵扯不尽。古往今来，有大智慧的人都善于经营“名利”二字。自古军队出师要有名，如果无名而出师，虽劳师动众，也必定无功而返。老子云：“得道者多助，失道者寡助”；而要得道，必先得“名”，就是要有个好名义，好名头。

因此，要做一番事情，有心机的人都善于在“名”字上下工夫。已有“名”者大张旗鼓；本无“名”者想尽办法也要借一个“名”头来，然后便可名正言顺地向事业挺进。

我们来看一个现代营销中巧借总统大名的故事。

一位出版商有一批滞销很久的书卖不出去。一日，他忽地异想天开，想出了一个绝妙的主意。于是便想法给总统送去一本书，并多次向他征询意见。忙于国家大事的总统实在不愿意被他纠缠，便回了一句：“这本书不错。”

这位出版商如获至宝，于是大做广告：“现有总统喜欢的书出销。”于是这些书很快就被抢购一空。

没过多久，这个出版商又有书卖不出去，和上次一样，他又送了一本给总统。总统上过一回当，想奚落他，就说：“这本书真是太糟糕了。”出版商脑瓜子一转，又做广告：“现有总统讨厌的书出销。”这一下激起了人们的好奇心，很快这些书又被抢购一空。

第三次，出版商再次将书送给总统。总统接受了前两次的教训，便不再答复他。这并没有难倒出版商，他又继续大作广告：“现有一批令总统难以下结论的书，欲购从速。”和前两次一样，又被抢购一空。

总统为之哭笑不得。

我们都知道光环效应。我们日常生活中对他人他物的知觉大多数都受着这种效应的影响。由于它使得人们仅仅根据人的某一突出特点去评价、认识和对待人，如某人一次表现好，就认为他一切皆优：某人是个大名人，则与他相关的其他事物都会不错。这位出版商人便利用了总统的光环，大借其光，眩人眼目，趁机大发其财。当然，虽然名人的光环效应谁都知道，但很少有人有如此智慧和胆量，在太岁头上动土，在总统头顶摆弄其光环，竟让总统也拿他没办法，哭笑不得。

借势成事

清代官商胡雪岩，在身无分文时还要筹办自己的钱庄，并且说筹办就筹办，还办得红红火火的，他凭的是什么呢？

筹办钱庄自然是需要不少的钱财，这一点谁都知道，胡雪岩自是心中雪亮。在他心中，他已经筹划好了资金的来源。自己曾因资助王有龄升迁而被钱庄扫地出门，如今王有龄混迹官场，自己便可以他为靠山，借他的

势能来承办代为打理道库、县库的过往银两。代理道库、县库，就可以用公库的银子来做钱庄的流动资本，而且公家银子不用付利息，这等于是白借本钱。

当然，这样做有一个前提条件，那就是王有龄必须得署理一个州、县的实缺。当时王有龄刚刚仕途起步，还只是浙江海运局"坐办"，一来他还不具备给胡雪岩提供代理公款的条件，二来他自己也确实需要胡雪岩的全力相助。因此，他不同意胡雪岩立即着手开办钱庄。依王有龄的想法，等他真正在官场立足之后再着手筹办胡雪岩的钱庄也不迟。

有着精明生意头脑的胡雪岩可不这么看。他认为正因为已经有了代理道库、县库的筹划，所以更应该先立起一个门户来。王有龄此时刚刚官场得意，外面还不大有人知道，因而也正是一个机会。这时把钱庄办起来，等于是修建好自己的码头，只等船只来泊；即使内里只是一个空架子，外面也要弄得热热闹闹。这样一旦王有龄做了州县，由自己的钱庄代理公库，公款源源而来，空架子的自然变成充实的钱库；如果一定等到王有龄做了州县得了实缺再搭台子，那时浙江官、商两界都知道有个王有龄，也都知道王、胡之间的交情，虽然生意方面与现在差不了多少，但这样一来，人们就会说胡雪岩办钱庄是借了王有龄的官场靠山，还可能会说王有龄是动用公款给胡雪岩办钱庄而营商自肥，如此岂不是惹火烧身？

就这样，胡雪岩一上手就要开自己的阜康钱庄，对外号称拥有本钱二十万两。一个钱庄，要想开办得有点样子，至少需要五万两银子。而这时，胡雪岩自己真正是身无分文，而王有龄在银钱方面也无能为力，但胡雪岩仍然想要把自己的钱庄开起来，也就是眼前只要弄来几千两银子，先把场面撑起来就行。

此时，胡雪岩想到的一条筹钱渠道是信和钱庄垫支给浙江海运局支付漕米的二十万两银子。王有龄一上任，就遇到了解运漕米的麻烦，要顺利完成这一桩公事，需要二十万银子。胡雪岩和王有龄商议，建议让信和钱庄先垫交这二十万两银子，由自己去和信和钱庄商议。这在信和钱庄自然也是求之不得，一来王有龄回杭州，为胡雪岩洗刷了名声，信和大伙张胖子正对胡雪岩不计前嫌，正无以为报，现遇上此事，焉有不办之理；二来由于胡雪岩的影响，信和钱庄也正希望与海运局接上关系，因为海运局是

个大主顾，更重要的，海运局是官方机构，能够代理海运局公款汇划，在上海的同行中必然会被刮目相看。声誉信用就是票号钱庄的资本，能不能赚钱倒在其次了。有这两条，这笔借款自然一谈就成。

本来海运局借支这二十万两银子只是短期应急，但胡雪岩却要办成长期的，他早就谋划好了，借信和的本钱，开自己的阜康钱庄。

官商胡雪岩，在身无分文时还要筹办自己的钱庄，凭的自然是借王有龄浙江海运局“坐办”之势。借诚然，胡雪岩创办钱庄这里面不外乎商人常有的“移花接木，巧取豪夺”之成分，但他却是只将借字发挥得淋漓尽致，异常巧妙而已——借势成事，借米下锅，而不是心术不正地蒙人。

当然，胡雪岩不只是简单地借官场靠山之势，更重要也更巧妙的，是他善于及时修建自己的码头——阜康钱庄，这样一来，他便可以再借官场靠山以及自己这个暂时空空的钱庄两方面之势，腾挪闪移，左右逢源，红红火火地大赚其钱。

善借善谋

有一次，米纳里向一个牧主借了一百只肥绵羊，把它们赶到国王苏丹·瑟尤的首都，赶到市场上。人们围住了肥羊，纷纷打听羊价。

米纳里回答大家说：“我可以赊给每个顾客一个只羊，等你们的国王死了之后，我才收钱。”

人们听说可以欠账买羊，顿时把羊买光了。

市场管理人来到王宫里，对苏丹·瑟尤说：“陛下，今天有人赶了一群羊来到市场上，他把羊赊给人，并且声明，等你死了以后，他才收钱。”

苏丹·瑟尤命令立刻把这个商人带来。米纳里被带进了王宫，国王问他说：“坏商人，你为什么欠账卖羊，直到我死了才收钱？现在你就要祷告上帝，愿我快点儿死啦！我对你做过什么坏事呢？”

米纳里回答他说：“陛下，你听到的话很对。我是卖了一百只羊，等你死了才收钱。但是，如果我一个人恳求上帝，愿你早死的话，那么一百个买了羊的人，他们会恳求上帝，保佑你活得更长些。现在你自己去决定吧，上帝会考虑谁的请求呢！一个人

的呢？还是100个人的？”

苏丹·瑟尤很满意米纳里的回答，当时就任命米纳里做他的谋士。

大智还大勇的人，善于借他人力量，为自己制造声势，创造成功的机会。米纳里可谓空手套白狼，他一借牧主的一百只肥绵羊，二借国王脚下的宝地，三借一百市民的心愿，四借奇人奇事的轰动效果，终于为自己制造了国王亲自召见的机会，从一个两手空空、默默无闻的草民一下子做上了国王的谋士。正所谓谋事在人，成事在天也在人。

借鉴他人的经验

一位企业家经常打探和挖掘人家的技术、人才和门路来扩张自己的事业，他在透露他的成功秘诀时说：

“不知出于什么原因，我们经常听到人们提倡创新有多么好，却从来没有人提起模仿其实也是一样的重要。事实上，我们日常生活中的百分之九十五以上，成功者处事行为的百分之九十五以上，都是模仿别人得来的。我们民族重视了几千年的学习，其实就是一种模仿。没有模仿，根本不可能创新。模仿是一条安全而高效的捷径，这是鼓励模仿的最大理由！”

走一条从来没有人走过的新路，总是比走别人已经走过的旧路要慢。因为，走新的路，通常要遇到更多的障碍，要面对更大的风险。看清楚眼前要走的路，特别是留意别人怎样走同样的路，一定有让你受益的地方，它让你避免重复别人已经走过的弯路；另外有一些路，很值得你跟着别人一起走，这会让你成功的机会更大，就像大雁互相依靠着飞行一样。

尽量从那些成功人物身上挖掘使自己也能成功的线索。那些成功人士之所以成功，一定有其方法，也一定有其原因。我们可以在一边研究成功者为什么成功？如何成功？他有什么想法跟别人不一样，他有什么伟大的目标，他到底如何做计划，他成功的策略又是什么？等等。

当你不会时，迷惑时，失败时，不妨转换忧伤的心思，抬头看看或想想那些成功人士，他们如在似你这般际遇时，又会如何行动？

荀子云：“吾尝终日而思矣，不如须臾之所学矣。”

“如果看到一个优秀的人，就要挖掘他的优秀品质，根植到你自己身上。”乔·吉拉德，世界上最伟大的推销员这样说。

比尔·盖茨，世界公认的首富，你知道他是怎么取得如此骄人的成就吗？除了他的天才的智慧以及一些客观因素之外，还有很重要的一条：他模仿洛克菲勒、摩根和其他金融巨子。他留意那些人的一举一动，研究他们的信念，模仿他们的做法，就有了今天。

借人力量要付出代价，借人钱财要连本带利归还，借人声名也还要有所交代，唯有借人的成功经验，既可直接复制或转化为自己的经验智慧或成功，又不用付出或归还什么。

当然，学习借鉴、复制成功并不是全部一路沿袭、照搬。我们一定要在运用成功经验的同时，结合自己的实际情况，有所保留地学习借鉴。不少时候，只要差了一点点，就有可能有截然不同的结果，所谓差之毫厘，谬以千里，画虎不成反类犬是也。何况世事不一定十分显明，有成功也有

假象，有些人今日是成功了，但他成功的背后说不定还隐伏着失败的线索，如果我们对此没有很好的洞察，而是不加鉴别地去学习，去借鉴，就有可能给自己也带来隐患，甚至使自己陷身于莫测之地。

借助外界的压力

古希腊著名演说家戴摩西尼年轻的时候为了提高自己的演说能力，躲在一个地下室练习口才。由于耐不住寂寞，他时不时就想出去遛达遛达，心也总是难以静下来，因此练习的效果很差。无奈之下，他横下心，挥动剪刀把自己的头发剪去一半，变成了一个怪模怪样的“阴阳头”。

如此一来，因为头上顶了个阴阳头，难以见人，年轻的戴摩西尼只得彻底打消了出去游玩娱乐的念头，一心一意地练习自己的口才。不一段时间，戴摩西尼的演讲水平便突飞猛进。正是凭着这种靠外界压力逼出来专心执著的精神，戴摩西尼最终成为了世界闻名的大演说家。

1830 年，法国作家雨果同出版商签订合约，半年内交出一部作品。为了确保能把全部精力放在写作上，雨果把除了身上所穿毛衣以外的其他衣物全部锁在柜子里，把钥匙丢进了小湖。就这样，由于根本拿不到外出要穿的衣服，他彻底断了外出会友和游玩的念头，一头钻进小说里，除了吃饭与睡觉，从不离开书桌，结果作品提前两周脱稿。而这部仅用 5 个月时间就完成的作品，就是后来闻名于世的文学巨著《巴黎圣母院》。

同样的事理在战国时期苏秦身上表现得最为精彩。苏秦第一次出游列国落魄潦倒，饥肠辘辘回到家里，母亲骂他是好高骛远，自不量力的败家子；妻子正在织布，见到他一脸冰霜，连织布机也不肯下来；苏秦转求嫂嫂给他一点饭吃，嫂嫂也板起面孔告诉他，没有柴火替他烧饭。

苏秦大受刺激后，重新发愤读书，攻读有关兵法、法令、经济和医学等方面的书籍，对当时各国的具体形势做出各种各样的研究与揣摩。这期间，为了避免打瞌睡，苏秦就把头发用绳子捆起来，挂在梁上，身旁放一把锥子，等到夜晚读书打瞌睡时，头一低，头发一扯，就又醒了；再不醒来的话就用锥子刺自己的皮肉，以此鞭策自己专心用功。

一年多以后，苏秦经过刻苦的学习与精心的揣摩，初步形成了一个促成六国结盟以共同对抗秦国的“合纵”战略思想。于是，他再次离开家乡，到各国游说。这一去，终于大有所成，前途无限。在苏秦的游说下，赵、齐、楚、魏、韩、燕六国国君相约于洹水，歃血为盟，并一致通过，封苏秦为“从约长”，兼佩六国相印，金牌宝剑，总辖六国臣民，与强秦抗衡。

人非圣贤，谁不玩乐；人非草木，孰能无情。之所以能清心寡欲地全身心投入于自己的目标，那是因为有着外界压力，或者有意借助外界压力的结果。到处是闲散游玩的人群，随处是棋牌喧闹声，生活轻松舒适，此种情境下，又有几人能够静心于自己的目标追求，苦行僧式地苦苦工作？人在紧张的压力下工作效率会大大提高，人的潜能也会得到更大的发挥。

以上这些人都是有意创造一个带压力的环境，借助外界的压力来逼迫自己静心专注于自己的目标，尽最大可能地发挥自己的潜能，所以他们都

能在最短的时间内实现了自己的目标，做出最大的成就来。

对手可借

海湾战争之后，美军提出一个全新的理念：战争状态下士兵的“生存能力”比“作战能力”更为重要。于是，研制世界上最坚固的MIA2坦克防护装甲，被列为改进美军装备的当务之急。

乔治·巴顿中校，是美国陆军中最优秀的坦克防护装甲专家之一。他接受研制MIA2型坦克装甲的任务后，立即请来一位“天敌”做搭档，毕业于麻省理工学院的著名破坏力专家迈克·马茨工程师。两人各带一个研究小组开始工作，所不同的是，巴顿带的研究小组，负责研制防护装甲；迈克·马茨带的则是破坏小组，专门负责摧毁巴顿研制的新型防护装甲。

刚开始的时候，马茨总能轻而易举地将巴顿研制的新型防护装甲炸个稀巴烂。随着时间的推移，巴顿一次次地更换材料，修改设计方案，终于有一天，马茨使尽浑身解数也没能奏效。这样，一种世界上最坚固的坦克防护装甲，在这种近乎疯狂的“破坏”与“反破坏”反复试验、反复较量中诞生了。

这种被称之为“艾布拉姆”式的MIA2型坦克，其防护装甲可以承受时速超过4500公里、单位破坏力超过1．35万公斤的打击力量。因此，巴顿与马茨这两个技术上的“冤家”对手，同时荣获了紫心勋章。

事后，巴顿深有感触地说：“事实上，有问题并不可怕，可怕的是不知道问题在那里。我们请马茨做‘天敌’就是请他做我们的冤家对手，就是请他帮我们找到问题，从而更加好地解决问题。这方面他做得真是很好，帮了我们大忙。一句话，我们之所以成功，是因为请到了一个好的‘天敌’做搭档。”

在你的成长、你的事业之路上，你的竞争对手始终是存在的。对手的存在不单证明你本人存在的价值，同时也是互相竞争互相刺激发展的一支重要力量。

一个真正相配的对手，是一种非常难得的资源。对手会给我们带来挑战，数不尽的挑战，也许你会厌恶这些挑战；但事实上，放开胸襟，正面较量，才是自信的表现，而善于处世者，更是善于化对手的攻势、竞争等压力为动力，有时候，他们还善于直接和间接借用对手的力量，来为自己的事业效力。

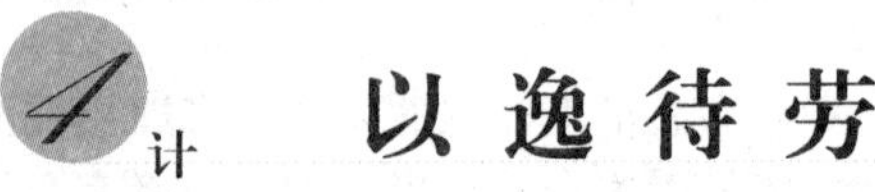

4计 以逸待劳

以逸待劳，即兵法所云：“困敌之势，不以战；损刚益柔。”在兵法上指的是要使敌人处于困难的境地，不是直接出兵攻打，而是采取“损刚益柔”的办法，令敌由盛转衰，由强变弱。其语出于《孙子·军争篇》：“故三军可夺气，将军可夺心，是故朝气锐，昼气惰，暮气归。故

善用兵者，避其锐气，击其惰归，此治气者也；以治待乱，以静待哗，此治心者也；以近待远，以佚待劳，以饱待饥，此治力者也。无邀正正之旗，无击堂堂之阵，此治变者也。”大意如下：

所以，对敌军可以挫伤它的士气，对敌将可以动摇他的决心。因此，早晨时军队士气旺盛，到了中午士气就疲怠，到了黄昏士气就衰竭。所以善于用兵的人，避开敌军的锐气，等到敌军士气疲怠、衰竭时再攻打，这是掌控士气的方法。以我严整待敌混乱，以我镇静待敌喧哗，这是掌握军心的方法。以我近于战地，待敌远道来攻，以我安逸待敌疲劳，以我饱食待敌饥饿，这是掌握战斗力的方法。不要迎击旗帜整齐的敌军，不要攻打阵容强大的部队，这是掌握虚实变化的方法。

以逸待劳，并非一味避敌不出，消极地防御，而是蓄势待发，静待最佳时机。其主旨主要不在于选择有利地形以待机歼敌，而是强调以简单驭繁杂，以不变应万变，以小变应大变，以静制动，以小的动作应付大的动作，以抓住关键应付周围各种环境和事变的各个环节。这样一来，便可用我方的养精蓄锐去对付对方的身心疲累，即便我方实力稍弱，也可有取胜的把握。

养精蓄锐

战国末期，秦国的少年将军李信率领二十万军队攻打楚国。一开始时，秦军接连攻克楚国数城，锐不可当。不久，李信中了楚将项燕伏兵之计，丢盔弃甲，狼狈而逃，秦军损失数万人。

后来，秦王又起用已告老还乡赋闲在家的老将王翦。王翦率领六十万军队，陈兵于楚国边境。楚军立即发重兵抗敌，走到那里才发现人家根本就不出来打仗。原来，王翦在军中鼓励将士养精蓄锐，吃饱喝足，操练休养，平日里只是专心修筑城池，巩固城防，摆出一派坚壁固守的姿态。

两军对垒，战争一触即发。楚军急于击退秦军，相持年余。楚军也就在那里等着，精神高度的警惕，天天出去巡逻打探，将士睡觉都穿着衣服拿着兵器，还有士兵晚上睡觉翻身的时候割伤自己的事情发生，人人吃不好睡不好，头发凌乱眼睛红肿，个个无精打采。

就这样两军相持一年有余。秦军将士人人身强力壮，精力充沛，平时操

练，技艺精进，王翦心中十分高兴。一年后，楚军绷紧的弦早已松懈，将士全无斗志，认为秦军的确防守自保，于是决定东撤。王翦见时机已到，下令追击正在撤退的楚军。秦军将士人人如猛虎下山，势不可挡，楚军全无斗志，即时溃不成军。秦军乘胜追击，大肆攻城略地。终于在公元前223年，秦国灭了楚国。

两军对垒，逸者胜，劳者败。对强大之敌，可避其锐气，不与其正面作对，使其屡屡出击却总无所获，也可积极地骚扰敌人，使之最终筋疲力尽，实力大减，而己方则以强劲之师，以锐不可当之势横空出世，定能一举战胜敌人。

避其锐气

宋代沈括《梦溪笔谈·权智》中，讲了这样一个故事。

北宋名将曹玮有一次率军与吐蕃军队作战，初战告胜，敌军溃逃。曹玮故意命令士兵驱赶着缴获的一大群牛羊往回走。牛羊走得很慢，落在了大部队后面。有人向曹玮提出建议："牛羊用处不大，又会影响行军速度，不如将它们扔下，我们能安全、迅速赶回营地。"曹玮不接受这一建议，也不作任何解释，只是不断派人去侦察吐蕃军队的动静。

吐蕃军队狼狈逃窜了几十里，听探子报告说，曹玮舍不得扔下牛羊，致使部队乱哄哄地不成队形，便掉头赶回来，准备袭击曹玮的部队。

曹玮得到这一情报，便让队伍走得更慢，到达一个有利地形时，便整顿人马，列阵迎敌。当吐蕃军队赶到时，曹玮派人传话给对方统帅："你们远道赶来，一定很累吧 我们不想趁别人劳累时占便宜，请你让兵马好好休息，过一会儿再决战。"

吐蕃将士正苦于跑得太累，很乐意地接受了曹玮的建议。等吐蕃军队歇了一会儿，曹玮又派人对其统帅说："现在你们休息得差不多了吧？可以上阵打一仗啦！"于是双方列队开战，只一个回合，就把吐蕃军队打得大败。

这时，曹玮才告诉部下："我军如果扔下牛羊，吐蕃军队就不会杀回马枪而消耗体力，这一去一来的，毕竟有百里之遥啊！我如下令与远道杀来的吐蕃军队立刻交战，他们会挟奔袭而来的一股锐气拼死一战，双方胜负难定；

只有让他们在长途行军疲劳后稍微休息，腿脚麻痹、锐气尽失后再开战，才能一举将其消灭。”

曹玮所用的招数，正符合《孙子·军事篇》“三军可夺气”之说，避其锐气，击其惰归；以治待乱，以静待哗；以近待远，以逸待劳，以饱待饥，如此，在士气、军心、战斗力三方面都占取很大的优势，敌军自然是不堪一击了。

坐享其利

乾隆五十一年七月，台湾天地会与雷公会发生纠纷，群体械斗。台湾总兵柴大纪带兵镇压，捉拿了天地会会员张烈。天地会首领林爽文率众会员劫走张烈，与官兵交战。激战中，还射死了官兵的一个把总。柴大纪追剿天地会，林爽文即时举旗起义，连夜进攻清军营地，大败清军。林爽文乘胜追击，一鼓作气攻下了彰化县城，杀死了城中的大小官员，在彰化以“顺天盟主”的称号发布告示。清军此后多次攻打，又全部被起义军杀退，处于严重被动挨打的局面。

军机处向乾隆转呈了闽浙总督常青的急报，乾隆看罢，大为恼火，和珅立刻推荐自己的门生常青前去镇压，希望能够一举平定台湾，常青得以立功。谁知，常青也是酒囊饭袋，按兵不动，不敢出击，使乾隆迁怒于和珅。

和珅思来想去，想到了福康安。福康安是乾隆的协办大学士、郡王忠勇公傅恒之子，现任陕甘总督，深得乾隆信任，是朝廷之中少数几个能与和珅抗衡的劲敌。和珅屡次想要排挤打击福康安，却终未成功，他们之间也因此交恶。和珅自然明白乾隆对福康安的器重，在这样的危急时刻，乾隆也一定想到了福康安，自己何不就保荐他去台湾镇压叛乱。于是，和珅就向乾隆进言：“常青年老无能，当务之急是派一位真正能征善战的将军，陕甘总督福康安足智多谋，身经百战，相信是当此重任最适合的人选。”

此言果然说中了乾隆的心思，当即准和珅所奏。和珅进而又向乾隆进言，派去增援的军人在精而不在多，台湾现有近十万大军，林爽文之徒不过是乌合之众，况且，大军过多，所需粮饷势必也会猛增，更加会滋扰地方，造成民众不满之情。

乾隆对和珅的建议一一采纳，下诏命福康安前往台湾替代常青，督办军务，增援台湾。

福康安接到这一命令，不免大为不安。台湾与大陆隔海相望，贼匪众多，地势不熟，实是一场恶仗，再加上增援的大军统共不过六千人，怎能指望平定叛乱。然而，君命难违，只好率军一战。福康安在台湾征战一年有余，终于在乾隆五十三年正月捕获了林爽文，将他押解京师。林爽文被处以极刑，枭首示众。

因平定台湾有功，乾隆赐福康安黄腰带、紫缰、金黄辫、珊瑚朝珠。虽然和珅并未亲临战阵，但乾隆还是感到和珅功不可没，因大军军饷全赖他一人筹划，于是赐和珅紫缰，并封为“三等忠襄伯”。

福康安此次大功得来不易，他在台湾多次遇险，出生入死，征战一年有余才得此嘉奖。而和珅安居朝中，坐享征台之利，就被封为“三等忠襄伯”，实在是得来全不费工夫。这正是和珅当初举荐福康安时所设想到的：如果福康安能够得胜回朝，自己可坐享举荐之功；即使他福康安失败了，也可利用这一机会挫一挫他的锋芒。况且，乾隆知道他与福康安平日不和，如果这一次他能不计前嫌举荐福康安是有百利而无一害的。在乾隆眼中看到的，是和珅毕竟不同于一般的大臣，他能不计前嫌，心胸宽广，也是难能可贵。

消磨精力

一家美国公司为了推广业务，与三位来自日本的商人展开了一场不算激烈的谈判。

谈判从早上八点开始。美国公司的业务代表开始介绍他们的产品，他们关掉电灯，利用三个幻灯机把所需的图表、图案、报表打在屏幕上。配合这些图表、图案、报表，业务代表进行着热情洋溢的产品介绍，自认为非常吸引人。他们自认为非常高明的手段表明自己的产品品质优良，价格合情合理。鉴于产品的复杂和合约的详细，这个介绍持续了两个钟头。在这个过程中，三位日本商人一直坐在谈判桌旁安静地听着。

电灯开了，产品介绍终于结束了。美国公司代表用充满期待和自负的目光看着日本商人：“你们觉得如何?”

有一位日本商人笑了笑，然后摇了摇头说：“我没听懂。”

顿时，那位美国公司代表的脸上的表情很不自然：“什么？您不明白？那您呢?”他转身了另一位日本商人。

这位日本商人也笑了笑，跟着也摇摇头。

美国公司代表的脸色苍白，他接着问最后一位日本商人：“您总该听懂了吧?”

这最后一位日本人耸了耸肩，摊开了双手。

美国公司的代表差点要崩溃。他无奈地靠着墙，松了松领带，有气无力地说：“那么，你们说怎么办?”

三位日本商人异口同声说：“您能再讲一次吗?”

无奈，美国公司的业务代表将产品介绍从头再来。这一次再没了热情，而是有些不情不愿的，简单地甚至有些草草地再次演述了一遍。

第二次介绍完毕后，三位日本商人又反反复复地问了不少有关问题。美国公司的代表身心有些疲累，斗志全无，只是勉强支持应付而已。谈判结果，美国公司的产品成交的报价被压到了最低点。

在第一次产品介绍时，美国公司的业务代表只是按照自己认为合理的表达方式去做介绍，因此日本商人或许尚有不懂之处，这其实也在情理之中，但日本商人却抓住这个机会，故意装作全没听懂或不大懂，不单让美国人重来一遍无多大意义的产品介绍，耗费其精力，同时也让美国人信心全失，意志消磨，其结果只能是以惨败收场。

在商务谈判方面，一些日本公司还喜欢采用人们常说的“车轮战”，

消磨对方的精力和意志，这也是比较常见的以逸待劳之计。

如在谈判前，估计会遇到一些比较艰难的谈判情况时，日本公司方面便可能先以一个职权较低的谈判者为先锋，在细节问题上和对方反复纠缠，有时候也可以让一二次步，但每一次让步都要让对方付出巨大精力。到最后双方把协议已勾画出了大体轮廓时，只剩下一两个关键问题谈不拢。双方就这样进入了僵持阶段，到这个过程时，对方的精力、斗志往往被拖得所剩无几了。

没想到的是，真正的谈判此时才正式开始。日本公司方面，权威人物出场，先跟你礼节性地寒暄一番，再漫无边际地闲聊一会，接下来便说一些诸如“再拖下去太不值得，我们再让一点，就这么成交吧！”之类的话语。到此时，对方身体已经相当疲倦，意志也消磨无几，身心均已透支，斗志全无。在这种情况下，日本公司方面提出的这个方案只要在可以承受的范围内，对方往往就容易答应。

选择有利环境

与人约会，有意识地选择自己最方便最熟悉的环境场所，最佳的位置，最理想的温度，都有利于自己精神状态的发挥，有利于展露自己最美好的形象。当男儿满是疲倦与汗水，风尘仆仆来到你所在校园外的酒吧间，你只是凉肌生香，一身闲静，为其递上手帕和冰水，同时露出一个开心温柔的笑容。相信，男儿会为你畅饮，为你欢醉。

如果是与对手相约，则可以选择有利自己而不利对方的时间场所，譬如对方焦头烂额、心神不定的时候，譬如对方不适的高温让其燥热不安，对方不耐的风雨让其心生寒意，如此等等，数不胜数。像是有事相商或者上门讨债，瞅住人家有事行将出门时现身，你急我不急地拖住他，不给你有所交代就不让他出门，如此一来，对方一般会尽快给你一个答复。

而在面试的时候，主考官背靠一面墙，稳坐办公桌后，而前来面试的考生，一个人或站，或坐在房间中央的小凳上，承受来自四面八方的压力，在此高压下临场发挥，以显露其真正的本色。

牢狱里，审讯官随时随地地提审犯人，让其疲劳、饥饿、伤痛、内急，坐在房间中央，强光聚焦下，无依无靠，无所遁形。如此，意志不是特别坚强的犯人，一般都会受不住这种种的疲劳与压力，最终意志消磨殆尽，只得老老实实地坦白招供。

以逸待劳，也就是以简单驭繁杂，以不变应万变，以小变应大变，以静制动，以小的动作应付大的动作，以抓住关键应付周围各种环境和事变的各个环节，这样便可以我方的养精蓄锐去对付对方的身心疲累，获取对自己最有利的结果。

当然，对付他人的以逸待劳这一招，其实也很简单。你只要事先有所防备，便可以轻易化解其优势的。譬如，你可以预留处理意外事件的时间，不让自己忙乱一团，保持足够的休息时间，保持心胸的平和，必要时身边准备充足的干粮，都是防止自己过于饥饿劳累，以免被对手有机可乘的有效防范措施。

5计 见机行事

见机行事，指的是审时度势，待时而动，临机应变，适时变通。

关于见机行事，我们可以看看一个简短的采访对话。有位记者曾经问老演员查尔斯·科伯恩这样一个问题："一个人如果要想在生活中做成大事，最需要的是什么？大脑？精力？还是教育？"查尔斯·科伯恩摇摇头："这些东西都可以帮助你成大事。但是我觉得有一件事甚至更为重要，那就是：看准时机。"

"这个时机，"他接着说，"就是行动——或者按兵不动，说话——或是缄默不语的时机。在舞台上，每个演员都知道，把握时间是最重要的因素。我相信在生活中它也是个关键。如果你掌握了审时度势的艺术，在你的婚姻、你的工作以及你与他人的关系上，就不必去追求幸福和成大事，它们会自动找上门来！"

如果一个人能在时机来临时识别它，并在时机溜走之前迅速果断地采取行动，那么，其事必定会变得顺利、易于成功。

审时度势

南北朝时，掌握魏国军事大权的尔朱荣在其鼎盛时期有一次忽然问左右："哪天我死了，谁能够做军中统帅呢？"左右人都回答："尔朱兆（尔朱荣族弟）"。尔朱荣不以为然，他说："尔朱兆虽然勇猛善斗，但能统领的人马不过是三千左右，军马多些他就乱了阵法。能代我统军的，只有高欢。"

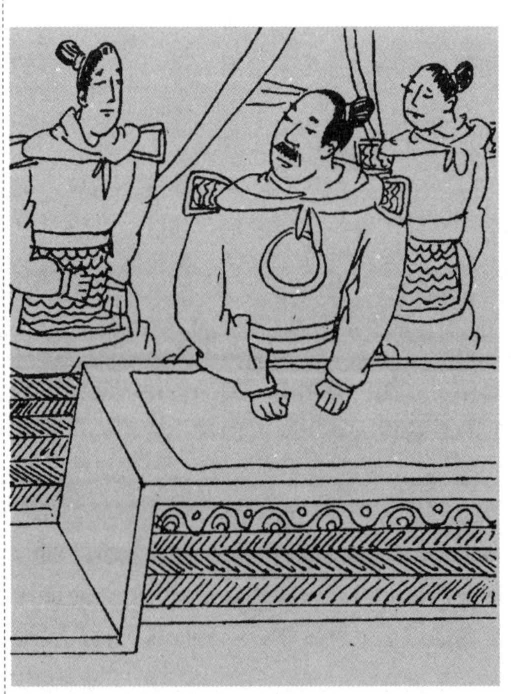

虽然奸雄识奸雄，但毕竟惺惺相惜又相戒。对高欢产生戒心后，他一方面提醒尔朱兆要暗加提防，一方面把高欢远调为晋州刺史。不久，尔朱荣为魏庄帝诛杀，尔朱家族纷纷起兵反叛朝廷，身为一方之将的高欢审时度势，又打上了尔朱氏领下降兵的主意。

六镇造反的降兵大多是鲜卑人，还有不少汉人、

匈奴人、高车人、氐人、羌人。他们被迁置于河北后，不断受到尔朱氏及契胡兵士的凌辱，屡屡造反，大小二十余次，被杀过半，仍造反不已。尔朱兆刚刚缢死魏庄帝，掌握魏国朝政，正对此感到头痛，一次在酒席上向高欢咨询意见。高欢回答："六镇降兵反叛不休，又不能全部杀掉，大王您应选心腹之人去统领他们。再有反叛，就归罪其将领，不能每次都杀掉大批的兵士。"

尔朱兆觉得建议很好，就问说，该派谁去统领为好？一席饮酒的贺拔允接口说："让高欢去统领六镇降兵吧。"高欢佯装大怒，起身一拳打得贺拔允满嘴冒血，门牙落地，骂道："太原王（尔朱荣）活着的时候，说怎么样就怎么样，现在太原王死了，天下事都听尔朱兆王爷的。你是什么东西，王爷没发话就轮到你说三道四!"

尔朱兆看见这种情形，大为感动，觉得高欢忠心耿耿，趁着酒劲当即宣布高欢为六镇降兵的统军。高欢心中大喜过望。一直以来在尔朱氏手下混事，缺的就是自己能直接指挥的军队，天赐好运，出了贺拔允这个大傻帽给自己提名，尔朱兆又喝酒过量，发出这么一个命令。高欢怕尔朱兆酒醒后反悔，出大营后立马宣令："我受命统管镇兵，都到汾东受我号令。"说罢立刻驰奔阳曲川，建立统军大营。六镇降兵一向厌恶尔朱氏和他手下的契胡兵士，这时见来了个新的统军高欢，一个个都迅速奔赴高欢大营处集合。

高欢的第一支军队就这样建成了。尔后他凭借着这支军队，南征北战，打出了一方自己的天地。到儿子高洋手里，更是开国建立了北齐政权。

高欢之所以投奔尔朱氏，且一呆多年，就是看中了尔朱氏手中的军权。他之所以一直忍耐，也是为了有自己出掌军队的一天，一旦亲手掌握了军队，凭借自己的统兵打仗的本事，不愁干不成大事。

尔朱兆对六镇造反感到头痛而询问高欢时，高欢便知道机会已经降临。高欢回答的那一句话，其实是早就留在心里，只须等待时机吐出来而已。当然，他是希望最好能够让自己前去统管，但这毕竟不能自己说，这样会引起人家的戒备之心：他之所以说"再有反叛，就归罪其将领"，也是想到这样一来，其他人或者不敢前去，或者前去统管不好还是会更换将领，自己统军还是有机会的。他只是没想到机会竟然这么眷顾他。

是英雄是人才，当总有出头之日，关键在于须耐心等待，审时度势，能在等待中抓住那难得易逝的机会。

适时变通

曾经协助丰臣秀吉统一全日本的大将军黑田孝高，善于用水作战，曾经用水攻陷了久攻不下的高松城，因此，在日本历史上有"如水"的别号。他曾经写过"水五则"，现抄录如下：

自己活动，并能推动别人的，是水。

经常探求自己方向的，并随物赋形的，是水。

遇到障碍物时，能发挥百倍力量的，是水。

以自己的清洁洗净他人的污浊，有容清纳浊宽大度量的，是水。

汪洋大海，能蒸发为云，变成雨、雪，或化雨为雾，又或凝结成一面如晶莹明镜的冰，不论其变化如何，仍不失其本性的，也是水。

一个人，若有如水一般的智慧，便是一种很高超的智慧。老子云："上善若水，水善利万物而不争。"水总是往低处流，不与万物争高低，故而能水深成海。当然，如水的智慧体现在各个方面，但其被最受人称道的一点是：随物赋形，灵活变化。我们要学会的，也就是这种水一般随物赋形，适时变通的智慧。

水自己没有形状，然而它能方能圆，在圆形容器中成圆形，在方形容器中成方形。在地底，在深山峡谷中，都有它无孔不入的身影。同时，这至柔之水又有着至刚的力量，水滴石穿，水溶洞开，而一旦化为洪波巨浪，又能摧枯拉朽，扫荡一切。

这个世界随处可见岩石、旱土，但只要流水一过，一切就都变得圆滑、柔软起来。这个世界并非没有障碍，没有阻力，但只要善于适时变通，事情也就会变得明朗、顺利起来。在现实生活中，我们可以看到，做事灵活，懂得适时变通的人，总是能够取得比别人更大的成就。

适时变通不是与生俱来的天赋，它是人们处事时的一种随机应变的思维智慧，并不像人们所想象的那样难以掌握。通过不断地学习借鉴他人的经验，平时做事时有意识地培养，我们也会逐渐的拥有这如水的智慧。

在一些竞争激烈的环境下，我们不单要善于适时变通，随外界变化而变化，我们还要不时地改变自己做人做事的方式方法，以保护自己。关于这一点，西方大智者葛拉西安这样提醒我们："不断地改变你的方式方法。这会迷惑人们，尤其是迷惑你的敌手，激起他们的好奇心，分散他们的注意力。如果你总是按你的第一个念头行事，久之别人就会预知你的行动方式，从而加以挫败。"

总之，不管在怎样的环境下，适时变通，善于变化，都可以提高我们做事的效率，顺利完成自己的工作事业，实现自己的目标，同时，还能够更好的防护自己。

变通规则

在做事时，单是努力奋斗不行，我们还要尽量了解我们所处的环境，我们得知道自己能有多大的权力，在多大的范围内自由运作。只有这样，我们才能掌握好做事的分寸，既不超出游戏规则范围，又能最大限度地以最轻松的方式获取最大的成就。而要想做到这一步，在很多时候，需要我们尽可能地灵活运用游戏规则。

一般来说，想创立一番事业的人更喜欢灵活地运用游戏规则。哈佛商学院沃尔特·屈默勒副教授曾总结出这样一条经验：成功的创业人士大多能够灵活地运用规则。一般来说，经理人有时也会耍一些小聪明，但一般都不会越雷池一步；而创业人士则不同，他们不但愿意变通规则，可以说，他们简直是乐此不疲。实际上，在大多数成功的创业故事中，总有那么一幕：大胆的创业人士如何运用一些惊世骇俗的策略，做成一笔关键的

生意或者找到重要资源使其创意成为现实。关于这一点，他提到了两个年轻的事业创立者创办邮购公司的故事。

这是上世纪九十年代后期，当两位年轻人从一家风险投资公司那里获得了种子资金后，他们需要迅速招募一支由二十多人组成的经验丰富的营销团队，以编制首份邮购产品目录。这两位事业创立者当时还没有租赁办公室，他们的办公场所就在卧室外面，仅有的办公设备也就是每人一部手机和一台电脑。当时的劳动力紧缺，他们很清楚，除非能让外界认为他们是一家成熟的公司，否则优秀的人才是懒得费心劳神来参加面试的。为了公司的成长壮大，他们必须招募到优秀的营销人才，这两位魄力十足的创业者灵机一动，决定编造两个无恶意的谎言。

首先，他们在本国一份主要的商业报纸上登了一个引人注目的广告，将自己的公司描述成一家“迅速成长的跨国企业”。这一描述并非完全真实，但也不算完全虚假。因为这两位创业者解释说，他们确实有将公司业务扩展到该地区另外两个国家的计划。这则广告没有白做，一下子就吸引了一千多人前来应聘。

接下来是面议。总不能让这一大批面试者就在自己的卧室外面面试吧。于是，揣着应聘者的个人简历，两位创业者又在当地的四季酒店租了一天的豪华套房，对经过初选的应聘者进行了面试。两位事业创立者当天的“假戏真做”进一步增强了公司的吸引力，由此吸引了优秀的人才，使得公司向成功又迈进了一步。到2001年，该公司的正式员工已经有五百名，并且真的成为一家成长迅速的跨国企业。

事业初期，每一个创业人士都会遇到各种各样的困境，这一点可以借用陈毅《梅岭三章》中的一行诗句：“创业艰难百战多”。几乎创业生活的各方面都会有这样那样的问题出现。如果我们在着手创立自己的事业时，一味地墨守成规，照章办事，那只能是此路不通，死路一条。这时候就需要创业人士大胆地突破成规，灵活地运用一些巧妙的规则，说不定会柳暗花明又一村，于绝路中冲出一条生路。所谓天无绝人之路，只要能灵活地运用规则，想方设法寻求突破，许多创业人士都能借此突破事业的瓶颈，打通创业之路。

要知道，所谓的游戏规则，不是固定的、僵死的，永远的一成不变；而是前人所制订的，并且也是可以随时随地因人而改变的。

穷则思变

现在争夺奥运会主办权几乎是一场“世界战争”，2008年北京赢得其主办权牵动着全国十多亿人的心。因为奥运会的举办，不仅会为主办国带来一定的声望，同时也会带来巨大的利润。但大多数人们不知道的是，长期以来，举办奥运会一直是巨额亏损的。1976年加拿大蒙特利尔第21届奥运会亏损10亿美元；1980年，前苏联莫斯科第22届奥运会亏损9亿美元。1984年美国洛杉矶第23届奥运会面临巨额亏损局面时，洛杉矶甚至提出拒绝主办，要把这个烫手的“山芋”扔出去。如此巨大的亏损事业，世界各国谁敢接手？

是变通游戏规则的时候了。紧急关头，国际奥委会召开紧急会议决定：放弃政府投资，改为商业运作。在第一旅游公司的老板尤伯罗斯的策划运作下，同时奥运会做出了以下几个主要动作。

第一招，将奥运会电视转播权从无偿播放变成有偿转播，作为专利拍卖。这一招为主办方带来巨资2．8亿美元。

第二招是采取“饥饿法”，征集广告赞助单位。规定每个行业只选一家，共接受30家正式赞助单位，以400万美元起价拍卖，出售奥运会指定商品专卖权，引起激烈竞争，集资3．85亿美元。

第三招是圣火商业化传递。从希腊奥林匹亚村采集的圣火到洛杉矶全长1万5千公里，规定圣火接力者每跑一公里收费3000美元，集资3000万美元。

第四招是发行“赞助计划票”。制作各种纪念品出售，又集资数千万美元。结果，这届奥运会闭幕盘点，竟盈利1．5亿美元。

奥运会的转折在于成功的商业运作，在于大胆地变通其游戏规则。本来是亏得连美国政府都不惜拒绝的巨大投资，只要改变其商业运作方式，创新几招游戏招数，就形成了一个世人争抢的巨大无比的蛋糕。

这正是“穷则变，变则通，通则达。”如此巨大的商业运作，只要改变一下运作方式，做出几个大的动作，便能够化巨额亏损为巨额赢利，那么作为个人，或作为一个单位，又怎么不能在困境穷途中寻求变通，做出几个动作来，勇敢地闯出困境，来个大翻身，以获得光明和自由呢?

勇进敞开的门

马嵘乔，也曾像其他很多人一样，经历过很多的挫折，却怎么也找不到成功的入口。一次，她到美国旅游，在旧金山市政厅参观的时候，信步游走到市长办公室门口，她不由自主地敲了一下门。

没想到，就轻轻的敲这一个门后，一个壮实威严的保镖竟应声打开了大门，走了出来，惊问道：“小姐，我能帮你什么吗?”

马嵘乔愣住了，不知该怎么回答。像是有些不敢让人相信，这门就这么在自己面前打开了。尴尬过后，静下心来，她想，既然敲了门，那就进去看看吧，于是她沉静地对保镖说：“我能进去看看市长吗?”

保镖仔细打量了她一番，说道：“可以啊，不

过，你得稍等片刻。”说罢，他用监视器和市长通话，联系见面的时间和地点。

不一会儿，马嵘乔就见市长满面笑容地走了出来，很高兴地和她拍照、聊天，像一对神交已久的老友。那一次，她特别开心，就像童话里的小姑娘见到天使降临一般。

美国之行后，她悟出了一个理：敲门就进去。再后来，她终于找到成功的入口，成为了中央电视台《说名牌》双胞胎美女主持人之一。

许多事情没有自己设想的那么容易，许多事情也没有自己设想的那么困难，既然如此，当面前有着封闭的大门时，何妨举手一敲？而当面前的大门忽然敞开时，又何妨大胆地走进去看看。只要给自己信心和勇气，相信不管见到的是什么，都能临机应变，那么，生活中许多的大门都会为你敞开。

以不变应万变

这是一种很是有用的应变方式。所谓万变不离其宗，不管外界环境多么复杂，不管对方怎样变化，你只要抓住对方的主要目标、中心或者要害所在，你就能以不变应万变，立于不败之地。宋代沈括《梦溪笔谈·权智》讲述了北宋曹玮为渭州知州时的一个细节。

曹玮为人稳健，遇事从容。有一天，他在各位将官的陪同下大宴宾客，吃完饭，正想与宾客下棋娱乐时，一名士兵慌慌张张跑进来大声报告说：“大事不好，有好多士兵叛逃到西夏那边去了。”

听到这一消息，众将官和宾客面面相觑，一片惊惶。曹玮一向以治军严明著称，怎么会发生这种事呢？情势还会怎样呢？

曹玮自己也暗吃一惊，但他深知自己身为主帅，如果此时举止惊慌失措，不但会危及自己的治军威望，而且有可能动摇军心，后果不堪设想。眼下之计，只有先稳住众人之心，过后再作处理。于是，他急忙止住士兵的话，故意压低声音说：“不要声张，那些人都是我暗中派过去的。”

宴席散后，人多嘴杂，曹玮的话很快就传到西夏人那里。他们如获至宝，果然相信凡逃亡去的宋营士兵都是奸细，立即一个不留全给杀了，并把这些人的头颅抛到了宋朝的边境内。

曹玮的一句话，既安抚了军心，又杀掉了叛逆，还制止了宋兵的叛逃，真可谓

一箭三雕。

遇到突发事故，与其紧张惊慌，不知所措，不如保持内心镇定，让自己头脑和情绪冷静下来，以不变应万变。其实，不少时候，有些突发事情只是过渡性质，不需要做出行动上的反应。虽然一时让人虚惊一场，过后却是一去无痕。不少时候，还可能是人为制造的突发事件，意在搅乱你的心神或计划，妄图混水摸鱼。如果你仓促应对，或心神不宁，自乱阵脚，做出错误的决策或反应，正好中了对方的圈套。

见机行事

1921 年 6 月 2 日，电报诞生整整 25 周年。对于这一历史性的发明，美国《纽约时报》发表了一篇简短的社论，其中传达的一个重要信息是：现在人们每年接受的信息量是 25 年前的 50 倍。

对这一消息，当时在美国至少有十六人发现了其中的机遇，并作出了反应——创办一份文摘性刊物，让人们能在浩如烟海的信息中，尽快获得自己需要的东西。这十六人中，有律师、作家、编辑、记者，甚至还有一位名叫瑟·麦卡锡的国会议员，他们都认为这类刊物必定有广阔的市场。在不到三个月的时间里，他们都到银行存了 500 美元的法定资本金，并领取了执照。然而，当他们到邮电部门办理有关发行手续时，却被告知，该类刊物的征订和发行暂时不能代理，如需代理至少要等到明年中期选举过后。

得到这一答复，其中的十五人为了免交执业税，向管理部门递交了暂缓执业的申请。只有一位叫德威特·华莱士的年轻人没有理睬这一套，他回到他的暂住地——纽约格林威治村的一个储藏室，和他的未婚妻一起糊了两千个信封，装上征订单运到邮局寄了出去。

从此世界出版史上的一个奇迹就诞生了。到 2002 年 6 月 30 日，他们创办的这份文摘类刊物——《读者文摘》已拥有 19 种文字，48 个版本，发行范围达 127 个国家及地区，订户上亿人，年收入 5 亿美元。

明明察觉是一个大好的机会，明明已经动手可以从此一“发”不可收拾，为什么在包括律师、作家、编辑、记者，甚至国会议员在内的至少十五位人士，虽然也感觉到了机遇在望，但竟不知道机遇就在他们身边呢？这个事例告诉我们什么呢？

关于这一点，拿破仑·希尔曾这样说过：“你可以立刻去询问你所遇见的任何十个人，问他们为什么不能在他们所从事的行业中获得更大的成就，这十个人当中，至少有九个人将会告诉你，他们并未获得好机会。你可以对他们的行为作一整天的观察，以便对这个人作更进一步的正确分析。我敢保证，你将会发现，他们在这一天的每个小时当中，正不知不觉地把自动来到他们面前的良好机会推掉。”

见机行事，即便是纯按字面意思来理解，那也是看见了机遇，或看见时机来了，就去行事。而如果看见了机遇，或时机来临，却不去行事，又怎么期望幸运、成功会来到自己身边呢？

6计 迂回委婉

人们常说“近路不快，快路不近”，很多时候，迂回委婉的说话、办事方式更容易达成自己的目标。有意识地迂回一番，可以给对方一个出其不意的进攻，以最有效地达成自己的目标；也可以改变对方的进攻方向，让对方摸不清你的意图目标，从而最有效地保护自己。特别是在与强劲的对手交锋时，迂回委婉的手段高明、精到与否，往往是能否变被动为主动的关键。

在生活中，一些带有批评性建议、一些强制性或约束性的规定，以及一些比较特别的要求，直接说出来往往让人听了不大舒服；而如果说话委婉含蓄，或是来一番迂回，换一个角度，用另一种表达方法，变为一种善意的规劝、提醒和关照，使自己的语言变得柔和而又充满人情味，道理变得形象而生动，从而易于被他人接受和执行。

值得注意的是，实行“迂回委婉”之术，一定要把握好事物变化的规律，掌握好切入的时机。迂回委婉，跟人兜圈子，在防范方面，自然是圈子兜得越大越深越好；但在与人交流、说服对方方面，还是要掌握一定的分寸，它不是猜谜语、说隐语，它是曲径通幽，最终要让对方理解自己的意思，如果兜来兜去，到头来对方还是没弄清楚你的意图，结果适得其反，事与愿违，那就真正是枉费心机了。

迂回规劝

《晏子春秋》记载了这样一则故事。

齐景公奢侈豪华，贪图逸乐享受，常常通宵达旦地饮酒放纵。晏婴作齐景公的相国时，则用俭朴节约的生活约束自己，以劝谏齐景公。

齐景公很尊重晏子，不忍心他过平民一样艰苦清贫的生活。有一回，齐景公趁晏子出使晋国不在家的机会，给他建了所新房子，谁知晏子一回来，就把新房子拆了，给邻居们建房，把因给他建房而迁走了的邻居们请回来。

齐景公知道了，很是生气，又说要替晏子在宫内建一所住房，以便朝夕相处。晏子一听急了，更不同意。齐景公无法强求，只好退一步说：“你的房子靠近闹市，低湿狭窄，整天吵吵闹闹，尘土飞扬，不能居住。给你换一个干燥高爽、安静一点的地方总可以吧？”

晏子也不接受，他辞谢说：“我的祖先就是世世代代住在这里的，我能继承这份遗产，就已经很满足了，而且这地方靠近街市，早晚出去都能买到我所要的东西，倒也方便。实在不敢再烦扰乡邻而另外再建房子。”

齐景公听了，笑着问：“靠近街市，那你一定知道东西的贵贱，生意的行情！”

晏子说，“当然知道。百姓的喜怒哀怨，街市货物的走俏滞销，我都很熟悉。”

齐景公觉得有趣，随口问道：“你知道现在市场上什么东西贵？什么东西贱？”

那时，齐景公喜怒无常，滥施刑罚，常常把犯人的脚砍下来，因而市场上有专门卖假脚的。晏子便想趁机劝谏齐景公说：“据我所知，目前市场上价格最贵的是假脚，价格最贱的是鞋子！”

“真有意思，这是为什么呢？”齐景公对晏子的回答感到意外，便不解地问道。

“嗨——”晏子长吁了一口气，凄楚地说，“只因为现在刑罚太重，被砍去脚的人太多了，所以鞋子没人买，假脚却不够卖！”

“噢——”齐景公半天说不出话来，脸上露出哀怜的神色，自言自语地说，“我太残忍了，我对老百姓太狠心了。”

第二天，齐景公就向全国发出了减轻刑罚的命令。

另外还有一次，齐景公让养马人给他养一匹他最喜爱的马，不料这匹马突然死了，齐景公大怒，让人拿刀把养马人肢解掉。这时，晏子正好在齐景公面前，见左右拿刀进来，便阻止了他们，自己请问齐景公：“尧、舜肢解人体，从身上哪一部分入手呢？”

一听这话，齐景公明白了晏子的意思，尧和舜都是古代明主，他们从来不用酷刑。便下令不肢解，把养马人交给狱官处理。晏子又说道：“他还不知道自己的罪过，就要死了，请让我数数他的罪状。好让他明白犯了什么罪，然后再交给狱官。”

得到了景公的同意后，晏子就开始数落养马人：“你知道你有三大罪状，应判死刑。君王让你养马，你却把马养死，这是死罪之一；你把君王最爱的马养死，这是死罪之二；你让君王为一匹马的缘故而杀人，百姓知道了肯定会怨恨国君残暴，诸侯们听到这样重马轻人，肯定会轻视我们的国家，甚至以此为由发兵进犯。你让君王的马死掉，使百姓积下怨恨，让我国的国势被邻国削弱，这是死罪之三。你有这三条应判死罪的原因，就把你交给狱官吧。”

景公听了晏子的这些话，猛然醒悟。赶紧说，“放了他吧！不要为此而坏了我的仁义名声。”

人们常说忠言逆耳，但迂回委婉过后的忠言便不会逆耳了。身为臣子，晏子劝谏之所以这般轻易地取得了成功，是因为他隐藏了自己的真实意图，来了一番大迂回。比如他不直接劝景公减轻刑罚，而是说市场上价格最贵的是假脚，价格最贱的是鞋子，解释之后引起景公的深切同情心，让其真正认识到严刑给老百姓带来的痛苦和不幸；不直接阻止景公肢解养马人，而是提及古代的明君尧、舜不用酷刑；不直接阻止景公杀养马人，而是故意数落养马人之罪，责怪他害得景公因一匹马而杀人，背上不仁不义的恶名，这样一来，喜好仁义名声、想做贤明君主的齐景公自然会认识到自己的错误，而主动改正了。

在威严的君王面前，聪明的臣子劝谏时都懂得迂回委婉，话语在舌头上拐个弯儿才出口，委婉地表达自己的意思，而不拂逆君王的面子。如果晏子直接规劝景公减免刑罚，或者阻止景公杀养马人，其效果便会大打折扣，结果便难以料定，不但达不到目的，还可能惹祸上身。

迂回委婉的说话方式，不单是一些贤人辩士常常采用，在日常工作生活中，人们也往往乐此不疲。下面一则现代故事，便与晏子数落养马人之罪有异曲同工之效。

有位教师发现有些学生偷着学抽烟，就在班会上说："今天我不想讲抽烟的坏处，想讲讲抽烟的好处。吸烟有三大好处：第一可防小偷。吸烟会引起吸烟者深夜咳嗽，小偷听得这咳嗽声，哪里还敢上门？第二大好处，是可以去演包公。一个人从小吸烟，嫩肺熏枯了，长大后烟尘满面，黄中带黑，演包公不用化妆了。第三大好处呢，就是吸烟者永远年轻。据医学统计表明，一个人吸烟历史越长，他的寿命越短，当然他的人寿档案上的年龄是永远年轻啰。"

这位老师在劝诫学生抽烟时来了一个大迂回，表面上讲的是"三大好处"，吸引学生们的好奇心，让其用心记取，而实际上分析抽烟的每一大好处都是一大害处。学生们听起来觉得挺新鲜，自然乐于接受这种善意的批评，并在日后警醒在心。

一般来说，在规劝他人时，采用迂回委婉的方式，更容易让对方接受自己的建议。因为这样一来，一是更容易形象生动地分析其中的利害关系；二来不拂逆对方的尊严和面子，就像刮胡子之前先涂抹一层肥皂水一样，可以减少对方的痛苦和逆反心理；三来即便是对方不接受你的规劝，自己也不会太过尴尬，容易下台。

曲谏除奸

明朝"土木堡之变"后，石亨为明英宗重登皇位立下了巨大的功劳，因此恃宠而骄，大树其党，颐指气使，欺压朝臣。朝臣敢怒不敢言。

一天，恭顺侯吴瑾陪同英宗登临凤翔楼。不远处，一幢新建的宏伟华丽的宅第扑入二人的视野。英宗便指着那幢宅第问道："那是谁家新盖的楼房？"

吴瑾故意说："这一定是王府。"其实他何尝不知道，那就是石亨家的宅第。

英宗笑着说："不对!"

吴瑾说："这不是王府，谁敢斗胆这般狂妄地修建此片豪华住宅?"

英宗从此对石亨起了疑心，不久便将他罢官并下狱处死。

面对在皇帝前得宠的权臣，吴瑾若直接数说石亨的不是，不但不奏效，说不定还可能被定个离间君臣之罪。但是，吴瑾装呆扮傻，来了个迂回之计，故意言说石亨新建的超出其身份规格的宅第应是王府，含蓄地提醒、暗示石亨具有不臣之心。无论是谁，只要沾上这一点，便犯了皇帝的大忌，那么他离大祸来临也就为期不远了。

吴瑾这般迂回的劝谏方式也叫"曲谏"，虽是旁敲侧击，却有"绵里藏针"之妙。因此，只随意的一句话，就使英宗杀了居功自傲的石亨。

迂回询问

迂回询问法，是指一方采取间接、迂回的方法提出问题，使对方松懈，然后逐步引导对方，乘其不备，巧妙地获得自己想要的答案。

意大利知名女记者奥里亚娜·法拉奇，便深谙此道。迂回曲折的提问方式，是她取胜的法宝之一。法拉奇以其对采访对象挑战性的提问和尖锐、泼辣的言辞而著称于新闻界，有人将她这种风格独特、富有进攻性的采访方式称为"海盗式"的采访。

在一次采访南越总理阮文绍时，法拉奇想获取阮文绍对外界评论他"是南越最腐败的人"的意见。如果是直接提问，从阮文绍的性格看来，他肯定会矢口否认。出发前，法拉奇便想好了对策。

采访开始时，法拉奇首先问道："听说您出身十分贫穷，对吗?"

阮文绍听后，动情地描述小时候他家庭的艰难处境。得到关于上面问题的肯定回答后，法拉奇接着问："今天，您富裕至极，在瑞士、伦敦、巴黎和澳大利亚有银行存款和住房，对吗?"

当然，这个提问被阮文绍否认了。但阮文绍为了洗清这一"传言"，他不得不详细地道出他的"少许家产"。阮文绍是如世人所言那般富裕、腐败，还是如他自己所言并不奢华，情形已昭然若揭，读者自然可以从他所罗列的财产"清单"中得出自己的判断。

法拉奇将一个问题分解为两个有内在联系的小问题向阮文绍提出来。其中第一个问题迂回开去，让人不知道自己的真实意图，从而不知不觉地进入自己预设下的“套子”，迂回曲折地达到了自己采访的目的。

此外，在商务谈判上，迂回询问法也可帮助谈判的一方探得对方的底牌。

如在主客场谈判中，东道主往往利用自己在主场的优势，实施这种技巧。东道方为了探得对方的时限，就极力表现出自己的热情好客，除了将对方的生活做周到的安排外，还盛情地邀请客人参观本地的山水风光，领略风土人情、民俗文化，往往会在客人感到十分惬意之时，就会有人好意地提出帮你订购返程机票或车船票。

这时客方往往会随口就将自己的返程日期告诉对方，在不知不觉中落入了对方的圈套里。此外，在此过程中，客方还可能暴露出自己的一些弱点，或者留下些把柄被对方抓住。至于对方的时限，或其他底细，他却一无所知，这样，在正式的谈判中，自己受制于他人也就不足为怪了。

迂回委婉

一天，某县城一位青年工程师早早回家做好饭，并炖了一锅笋干瘦肉汤。年轻的妻子下班回来，似是有些疲累，便迅速洗手吃饭。端起碗尝了一口汤，高兴地问：“这汤真香啊，这笋干这么嫩滑，从哪买来的？”

丈夫回答说：“这笋干全是两寸多长的笋尖晒干的，当然又嫩又滑啦。这么好的笋干城里哪有卖的？是乡下姨妈捎来的，捎了满满的一袋呢。”

妻子不无感慨地说：“姨妈想得可真周到啊，年年托人捎笋干来！”

丈夫说：“那还用说，我从小父母就不在身边，都是姨妈把我抚养大的嘛！”

妻子说：“她老人家这一生也真够辛苦的。”

这时，丈夫忽然叹了口气，说：“听捎笋干的人说，姨妈的老胃病又犯了，我想——”

“那就接来呗，到医院好好治治。”不等丈夫把话说完，妻子说出了丈夫想同妻子商议但还没说出来的话。

这位青年工程师想接姨妈来城里治病，但又担心城里长大的娇妻嫌麻烦

而不大愿意，于是迂回一番，通过喝笋干瘦肉汤，忆旧情，制造一种温馨的氛围，然后再说姨妈生病。这种氛围下，妻子即便不主动接过话题，也不会拒绝丈夫的要求。

在人际交往中，这种以迂回委婉的方式与人沟通交流经常可见。有时候人们也把这种方式叫做“兜圈子”。人们在言语交流时，用迂回委婉的方式，主要有如下几种情况：

一、顾及情面，有些话不便直说，可以采用迂回婉转的说话方式。

比如婆媳之间、恋人之间、两亲家之间等，均系刚刚建立起来的情感宝塔，基础欠牢固，交往中双方都比较谨慎、敏感，言语中稍有差错，都会带来不快或产生误解、造成矛盾。

二、对方一时难以接受的情况下，人们常常采用迂回委婉的说话方式。

某个意思，若是直接挑明，估计对方一时难以接受。而根据人们交往的心理，一旦对方明确表示不同意，再要改变其态度，就困难得多了。在这种情况下，为了说服对方，获得对方的同意，就可把自己的意图、结论性的话语先藏在一边，而是迂回开去，从相关的事物、道理、情感等开始兜圈子。待到事理通畅、明白，再稍加点拨，有若水到渠成，对方自然易于接受你的见解了。

三、出于交往礼仪，有些话不便直说，便采用迂回委婉的说话方式。

私人场合、知己朋友，说话可以直来直去，即使说错了，也无伤大雅。但在公共场合，对一般关系的人，特别是异性交往、晚辈对长辈、下级对上级、对待外宾，说话就要特别讲究方式、分寸，自然也就较多地采取迂回委婉的方式。

委婉拒绝

罗斯福在当选美国总统之前，曾在海军里担任过要职。一天，一位朋友向他打听海军在加勒比海一个小岛上建立潜艇基地的计划。

罗斯福向四周看了看，压低声音问：“你能保密吗?”

朋友答道：“当然能。”

“那么，”罗斯福微笑着说，“我也能。”

不管朋友怎么回答，他所得到的都只能是一样的结果，因为他所提出的是非分的要求；同时，这样委婉含蓄的拒绝，轻松幽默的情趣，对待朋友情面上一点也不为过。这样一来，相信自己的不便之处，朋友也能谅解。但如果罗斯福不是这么迂回委婉一下，而是按原则行事，直接拒绝朋友的要求，这样便有可能拂逆朋友的面子，使双方陷入尴尬的境地。

在人际交往中，我们会时常碰到一些朋友、上司的种种要求。当你力不能及而不得不表示拒绝时，不妨以迂回委婉的方式，来表示你的立场，这样便可给双方以回旋缓冲的空间。你可以先谢谢他对你的信任和看重，并表示很乐意为他效劳，再含蓄地说明自己爱莫能助的困难。这样，彼此都可以接受，不至于把事情弄得很不愉快。

譬如，当上司因为不了解详情而做出了不妥的安排时，你如果贸然闯

进上司办公室，对上司直接表示你的拒绝之意，甚至指手画脚，那么上司自然会认为你有意推诿，甚至认为你故意和他对着干。最好的办法，当然是采取迂回委婉的方式。不妨先就上司对自己的器重表示一番感谢，稳住上司的心，然后再慢慢道出你的苦衷，这样才能显示出你对上司的敬重，上司才可能听得进你的诉说，并接受你的立场。

通常情况下，人们对自己提出的要求，总是念念不忘，但如果长时间得不到回音，就会认为对方不重视自己的问题，反感、不满由此而生。但现在却不同，尽管事情最后不了了之，没能满足上司的要求，但你已经尽力而为了，上司就不会抱怨、怪罪你了。甚至会对你心存感激，主动撤回让你为难的要求。

7计 无中生有

无中生有之计，兵书云："诳也，非诳也，实其所诳也。少阴，太阴，太阳。"这句意为，虚假之事，又非虚假之事，而是将真实的东西充实到假象之中。即用假象去欺骗敌人，但并非是一假到底，而是利用对方已经产生的错觉，以假象掩护真相，从而巧妙地由虚变实。"少阴，太阴，太阳"，按照《易经》中兑卦的原理，就是开始时用小的假象，继而用大的假象，最后突然变成真相。

本计的特点是，制造一种假象，有意让对方识破，使之失去警惕，然后又化无为有，化假为真，化虚为实，使对方造成判断失误，从而为我方有机可乘。运用此计，真假要有变化，虚实必须结合，先假后真，先虚后实，"无"中必须生"有"。如是真真假假，虚虚实实，似有似无，亦有亦无：虚实互变，扰乱对方，使对方造成判断失误，从而为我方有机可乘；倘若一假到底，易被对方发觉，自然防范严密，便不易为我方所乘。

"草人"破敌

公元755年冬，节度使安禄山以诛杨国忠为名，在范阳（今北京城西南）起兵叛乱，击败唐军，攻下洛阳。次年攻取唐都长安，并称帝。郭子仪、李光弼听到长安失守，不得已放弃河北。李光弼退守太原，郭子仪回到灵武。许多地方官吏纷纷投靠安禄山、史思明。

叛军进军潼关之前，安禄山派唐朝的降将令狐潮进攻雍丘（今河南省杞县）。令狐潮本来是雍丘县令，安禄山占领洛阳的时候，令狐潮就已经投降。与雍丘相邻的真源县（今河南省鹿邑县东），县令张巡仅有军队千余人，不但不投降，反而又招募了一千多壮士，占领了雍丘。如今，两军相峙雍丘城。

第一回合，令狐潮带领四万叛军领命前来进攻，张巡和雍丘将士坚守六十多天，打退了叛军三百多次进攻，杀伤叛军一大半，使令狐潮不得已

退兵。

第二次，令狐潮又集合人马攻城。这时候，长安失守的消息已传到雍丘。令狐潮十分高兴，送信劝张巡投降。

长安失守的消息在唐军将士中传开的时候，雍丘城里有六名将官，认为形势不妙，都动摇了，一起向张巡说："现在双方力量相差太大，同时，皇上死活也不知道，还不如投降吧。"张巡一听，内心虽然气愤，但表面上仍装作若无其事，答应明天跟大伙一起商量。第二天，他召集了全县将士到厅堂，把六位将官喊到跟前，郑重地宣布他们犯了背叛国家、动摇军心的罪，当场把他们斩了。此举彻底打消了左右摇摆、心存降敌将士的思想，稳定了军心。

叛军不断攻城，张巡组织兵士在城头上用乱箭把叛军逼了回去。可是，防守时间一长，城里的箭用完了。为此，张巡坐卧不安，万分焦虑，苦思对敌良策。

一天深夜，雍丘城头上黑压压一片，隐隐约约好像有成百上千个穿着黑衣服的士兵，沿着绳索爬下墙来。这件事被围城的叛军士兵发现了。令狐潮得知后，断定是张巡派兵偷袭，就命令士兵向城头放箭。一直到天色发白，叛军才看清楚城墙上所挂的全是草人。

这时，雍丘城头张巡的士兵却正高高兴兴地拉起草人。在成千个草人上，密密麻麻插满了箭。粗略计算，竟有十余万支。这么一来，城里用箭就不发愁啦！

又过了几天，还是像前次夜里一样，城墙上又出现了"草人"。令狐潮的兵士见了感到又气愤，却又好笑，认为张巡又来骗他们的箭支了，大家谁也不理睬。

这一回城上吊下来的并不是草人，而是张巡派出的一百名敢死兵士，这些兵士乘叛军不防备，突然向令狐潮的大营发起袭击，城内士兵同时配合出击。令狐潮在仓皇中，要想组织抵抗已经来不及了。于是，几万军队失去指挥，士兵们犹如一群无头苍蝇，立刻向四面八方奔跑，一直逃到十几里外，才喘了口气，逐渐地定下心神来。

令狐潮接二连三中计，处境十分狼狈，气得咬牙切齿。又增加了兵力返回攻城。张巡的部将雷万春在城头上指挥守城。叛军突然向他放起箭来，雷万春未及防备，脸上中了六箭。可是他为了安定军心，忍住疼痛，仍旧一动不动地站立着。叛军将士认为张巡诡计多端，这一次一定又弄了个什么木头人来欺骗他们。

后来，令狐潮从间谍那里得知，那个屹立不动的"木人"就是雷万春将军，不禁大吃一惊。令狐潮在城下喊话，叫张巡见面。张巡上了城头，令狐潮对他说："我看到雷将军的勇敢，知道你的军纪确实严明。只是可惜你不识天命啊！"

张巡冷笑一声："你们这些人连做人的道理都不懂，还谈什么天命！"说着，就命令将士出城猛冲过去，令狐潮吓得拨转马头没命地逃跑。这一回，他手下的十四个叛将，都被张巡将士活捉了。

叛军经常有几万人，张巡的兵士不过二千多人，但是张巡忠贞为国，

英勇不屈，以少对多，瞅准机会运用“无中生有”之计出击。先是以稻草假人骗得对方十余万支箭支，后来又化无为有，化假为真，化虚为实，派出一百名敢死兵士，在对方不及防备的情况下发动袭击，挫败敌人的进攻，从而在守卫雍丘的战斗中取得了多次胜利。同时，拖住了叛军的几万人马，延缓了他们的步伐，为唐军集结兵士，收复失地，最后击败叛军立下了汗马功劳。

空手淘金

1991年，冯仑和王功权南下海南创业的时候，两人总共才有3万块钱资金。3万块钱要做房地产，即使是在海南也是天方夜谭。但是冯仑想了一个办法。他就找到一个信托公司的老板，一边喝酒，一边给对方讲了一通自己的经历。冯仑的经历很耀眼，这一点让对方不敢轻视。接下来，他便跟对方提及自己手头有一单好生意，包赚不赔，并大略地分析了一通眼前的商机，说得对方怦然心动。见对方心动，冯仑趁热打铁，说道：“不如这样，这单生意咱们一起做，我出1300万元，你出500万元，你看如何?”

这样赚钱的生意，对方又是这样一个又有实力、又有本事的人物，还有什么可顾虑的？好吧！于是该老板慷慨地甩出了500万元。冯仑就拿着这500万元，让王功权到银行做现金抵押，又贷出了1300万元。他们就用这1800万元，买了八幢别墅，略作包装一转手，赚了300万元，这就是冯仑和王功权在海南淘到的第一桶金。

这一点，冯仑自有其独特的观点，他说：“做大生意必须先有钱，第一次做大生意又谁都没有钱。在这个时候，自己可以知道自己没钱，但不能让别人知道。当大家都以为你有钱的时候，都愿意和你合作做生意的时候，你就真的有钱了。”冯仑初到海南，尽管没钱，也一定要将自己和公司上下都收拾得整整齐齐，言谈举止让人一眼看上去就是很有实力的样子。

原本只有3万元，冯仑却能说自己出资1300万，结果还真出了1300万。无钱装作有钱，再以有钱人的身份去融资赚钱，如此转手赚钱之后就真的有钱了，这是市场上典型的无中生有。有人说冯仑他们这是“空手套白狼”，其实不然：第一，冯仑不过是利用了资本对利润的渴求，也就是利用了资本的势利眼而已；第二，他们也不过是灵活地利用了当时中国银行制度上的缺陷。事业创立者能够灵活地利用游戏规则，无中生有，突破创业之初资金短缺的瓶颈，这自然也是他们大智大勇的表现。

“女儿”落水

一次，上海一家极有名的外资宾馆招聘部门经理。待遇自不必言，竞争异常激烈。凭着良好的资历和优秀的考试成绩，王小伟荣幸地成为十名复试者中的一员。

复试由总裁面试而定。很快，轮到他了。他忐忑不安地走进考场，还未坐定，一位四十多岁的男子一脸惊喜地奔来拥抱他：“我可找到你了!”

一看周围众人的反应，就知道这位男子就是总裁了。只见总裁转身对他人说："就是这位年轻人！多亏他上周在东湖里救了我女儿！当时他不留姓名就走了，真巧！在这碰到了！"

小王顿时浑身发热，他仿佛已经看到命运女神在向他微笑，但是心底却有另一种声音在不断地提醒他。他平静下来，诚实比起录取与否对他更为重要。

"不，先生，您认错人了。"

"认错了？不，不，上周礼拜二，四月五日，东湖公园的东湖，我还记得那年轻人脸上有一颗痣的。"

小王更坦然起来："您确实认错了，先生。上周我并未去过东湖公园。"

两天后小王到宾馆任了职，十人中被录用的只有三人。有一次，小王和秘书小姐闲聊时，顺便问道："总裁女儿的救命恩人找到了吧？"

"总裁的女儿？"秘书小姐一时没反应过来，接着她大笑起来："什么呀，总裁根本没有女儿。有七个人因为他女儿被淘汰了。"

招聘选拔人才，就要辨识其素质、才能，而一个人的素质、才能，往往在一些重要关头才能显现出来，因而也是在这种情况下更易辨识。而考官与应聘者，原本都是陌路之人，何来故事？这不，就有人"无中生有"编造故事来了。

巧问偷马人

有一天，罗伯特的一匹马被人偷走了。罗伯特同一位警察一起到偷马人的农场里去索讨，但那人拒绝归还，一口咬定："这是我自己的马。"

罗伯特见此情形，迅速上前用双手蒙住马的两眼，对那个偷马人说："如果这马真是你的，那么，请告诉我们，马的哪只眼睛是瞎的？"

偷马人犹豫地说："右眼。"罗伯特放下蒙着马的右眼的手，马的右眼并不瞎。

"我说错了，马的左眼才是瞎的。"偷马人急着争辩说。

罗伯特又放下蒙马左眼的手，马的左眼也不瞎。

"我又说错了……"偷马人还想狡辩。

"是的，你是错了。"警官说，"这些足以证明马不是你的，你必须把

马还给罗伯特先生。”

罗伯特之所以如此无中生有地发问，而令对方因此上当，暴露其偷马的行为，一方面是利用了人们的心理定势，习惯思维，让对方在其限定的范围内做出选择；另一方面，也是利用了偷马人只顾着牵马回家，而顾不上其他这种做贼心虚的心理吧。

无名变有名

毕加索刚出道的时候非常穷困潦倒，画出来的画好不容易托人代售，却被闲置在画廊一角，无人问津。

画商凭着自己独特的鉴赏眼光，发现了毕加索潜力雄厚后，亲自跑遍巴黎的画廊，故意装作很急的样子，对画廊展售人员说：“我有好几位顾客在找名家毕加索的画，你这里有没有?”画商一而再，再而三地用这种手法为毕加索的画造势。于是，毕加索的画渐渐地由滞销品变得奇货可居起来。

这是典型的“无中生有”。当然，毕加索之所以能在画商的造势之下，从无名而变得有名、盛名，是因为他虽然籍籍无名，但他潜力雄厚，已具有名画家的才华和功底。

同样的故事，在现代经营中也不乏其例。日本东京的矢田一郎在推广自己的产品时所用的手段就与这名画商如出一辙。

矢田一郎发现有的残疾人，尤其是四肢瘫痪的残疾人，大小便十分不便，于是就开始研究设计残疾人专用的便器，经过一段时间的努力，矢田的发明终于取得了成功。

矢田一郎把他的发明命名为“安便器”，并申请了专利，然后他投入了一大笔资金，制造了一批安便器，然后到商店去推销，但矢田的成果没有得到商店的认可，谁也不愿卖这既不雅观又无知名度的产品。

矢田一郎碰壁后，认真地思考推销失败的原因，他感到，安便器不是没人买，而是以前没有这种商品，安便器还没有知名度。经过一番冥思苦想，终于想出了一条妙策，他请许多朋友每天向各家百货商店打这样的电话：“请问，贵店有供残疾人专用的一种叫做‘安便器’的便器吗?”

十多天后，东京的百货商店对“安便器”有了初步印象，既然有人求购，不妨进几件试试，就这样，矢田一郎的“安便器”出现在百货商店，谁知第一批货很快就卖光，矢田一郎又加大制造数量，卖“安便器”的百货商店在几个月后已经有很多家了。这时，人们又发现，“安便器”不仅适合于残疾者，还适合于痔瘘患者，而且轻便耐用，于是逐渐畅销起来，成为全国性商品，矢田一郎也因此成为腰缠万贯的老板。

矢田一郎在初次碰壁以后，没有灰心，花一番心血，终于以巧取胜，靠自己的创新能力，富了起来。

能过一番电话的轰炸，传播自己的声名和热卖之势，虚张声势，让商场从没见过的新产品变得“如雷贯耳”，无名而有名，通过商场迅速进入广大的千家万户。之所以能够如此，乃是因为这种产品实在是方便实用，满足了一些特殊人群的特别需求。

8计　暗渡陈仓

暗渡陈仓，即“明修栈道，暗渡陈仓”，它是一种迂回袭击，即用正面佯攻、佯动的手段来迷惑对方，用以掩盖己方另外的攻击路线和突破点的策略，其中的“明”和“暗”，反映了用兵的“奇正”关系。古代军事家认为：出奇制胜的兵法，来自正常用兵的原则，必须引诱对方用正常用兵的原则来判断我方的行动企图，方能收到出奇制胜之效。“奇”源于“正”，“明修栈道”者，掩对方耳目之用也，只有“栈道”修的成功，“陈仓”才可能安全“渡”过；否则，只能受制于对方，反受其害。

暗渡陈仓与声东击西，两计有异曲同工之妙，都有迷惑对方，攻其不备的作用，但暗渡陈仓之计的使用更为复杂。它指在双方对立的时候，故意另树假目标，明示自己的某种意图，吸引对方的注意力，掩盖自己的真实意图，从而为自己暗地里却积极进行另一个进攻计划创造最有利的条件。

明修栈道，暗渡陈仓

暗渡陈仓来源楚汉战争时期中的一段历史故事。

秦末农民起义后，项羽与刘邦为争夺天下，进行了为期四年的“楚汉战争”。义军灭了秦朝后，刘邦原本先入秦都咸阳，但慑于西楚霸王项羽军事力量的强大，被迫迁入了汉中，休养生息。刘邦迁入汉中时，为了迷惑项羽，也为了防止与汉中相邻的秦朝降将章邯的入侵，便把出入汉中的唯一通道栈道烧毁了。

后来，刘邦逐渐强大起来，命韩信为大将，出兵与项羽一决雌雄。为了迷惑敌人，韩信派了一万多人马去修复烧毁的栈道。栈道修复工程艰巨，进展缓慢。章邯料定栈道修复决非短时内所能完成，便毫无戒备，殊不知韩信的主力已抄小路向陈仓进军，很快攻下了咸阳，占领了关中。

韩信采用一明一暗，以明掩暗的计谋，减少了章邯的警惕防范之心，从而顺利地攻取了咸阳，占领了关中，掀开了楚汉战争史上全新的一页。

世界历史上，采用“明修栈道，暗渡陈仓”之计最为成功，规模最大的当数第二次世界大战史中的盟军诺曼底登陆了。

其时，第二次世界大战进入关键的转折阶段，盟军诺曼底登陆的成败关系着作战双方的生死存亡。如若盟军在诺曼底顺利登陆，那么由一百万德军据守的“大西洋墙”便会顷刻间倒塌，两百多万英美盟军将从这里开始直捣德国本土；如若盟军登陆进攻失败，美国可能被这次重大惨败大伤元气，英国可能不得不谈判求和。

当时，法国北部较适宜的登陆地点有三处：即康坦丁半岛、加莱海滨和诺曼底。按照自然条件，从英国东南部渡过多佛尔海峡到达对岸法国的

加莱地区登陆，是作战双方普遍认为的最佳攻击路线。德军参谋总部在充分考虑这种情况的同时，又认真研究了各方面的情报，初步做出了盟军不会舍近求远、舍易求难的判断。

根据这个判断，德军的防御重点偏向加莱，不仅增调了大批部队，而且在加莱地区海岸修筑了一道纵深达五、六千米的较严密的防御地带。但德军在诺曼底地区的防御工事则远不及加莱地区，仅构筑了八十多个没有纵深的独立支撑点，其中只有一小部分是钢筋混凝土掩蔽部。对德军的情况，盟军了如指掌，根据登陆和纵深的条件，以及对敌方虚实情况等各方面的综合分析，盟军决定在诺曼底登陆。

为了迷惑德军，使其产生错觉，盟军实施了一个庞大的伪装行动。在秘密准备从诺曼底登陆的同时，盟军在多佛尔港口虚设以巴顿（前西西里登陆战役指挥官）为首的美第一集团军司令部，并制造了即将在加莱地区实施大规模登陆作战的假象。在英国东海岸各港口设置了大量假登陆舰，构筑了规模宏大的假码头，“舰艇”和假码头上非常齐备的脚手架、大吊车、油漕车等设施几乎与真的一模一样。盟军还故意把德军侦察机放进“第一集团军群”上空，任其在英格兰上空东部和东南部的港口拍摄部队集结上船的情形：四百多艘“登陆舰艇”烟囱冒着烟，水面上浮有油迹，缆绳上晒着衣服，甚至还能看见水手。不过，这些“舰船”不过是电影道具，水手都是一些老弱残兵扮演的。

在紧锣密鼓的整个登陆准备阶段，盟军方面都是重点轰炸加莱地区，而且在加莱地区投下的炸弹吨数超过同期在诺曼底地区投弹量的两倍。此外，盟军方面巴顿的司令部里不断发出各种假作战电报，散布盟军即将渡过海路最短的多佛尔海峡的信息，同时还故意制造一些并不存在的“秘密”，并巧妙地让这些“秘密”泄露出去，诱使德军上当。这一切，都使德军更加坚信盟军将在加莱地区登陆，希特勒本人也这样认定，他确信诺曼底不会出现令人震惊的登陆之举，即使有也不过是一场佯攻，是对方的牵制活动。

经过精心的准备和紧张的等待，决战的时刻来到了。1944 年 6 月 6 日凌晨，天空、海洋还是一片黑暗。此刻，大批伪造的舰船浩浩荡荡地向加莱方向驶去，中间点缀夹杂着一些真正的军舰，尤其是一些炮舰。空中，三十架“堡垒”飞机投掷了大量的金属箔片，借以干扰德军的雷达，使德军的雷达荧光屏上出现了大批飞机和大群舰队正铺天盖海地向加莱一带海岸开进的假象。同时，电离层中到处是盟军地面人员和飞行机组之间的无线电交谈信号，谈论着某项大规模战役的行动情况。所有的迹象表明，盟军即将在加莱半岛登陆。

然而，这不过是大胆而巧妙的佯攻。意味深长的是，德军最高统帅部却相信这一切都是真的，并且命令大量海军向加莱增援，反而拒不批准战斗打响时诺曼底方面增援的请求。几乎在同一时刻，在真的登陆地点诺曼底方向上，五千余艘舰船在数十架电子干扰飞机的掩护下，正朝着既定的犹他、奥马哈、戈尔德、米诺和斯渥德五个海滩区开进……

明修栈道，暗渡陈仓，盟军在加莱地区做出了最逼真最出色的登陆表

演，为另一方的诺曼底登陆创造了最好的时势和机会，终于夺取了诺曼底登陆战役的伟大胜利。

媚娘出家

武则天年方 14 时便被唐太宗召入宫中，被唐太宗昵称为“媚娘”。当时宫中观测天象的大臣纷纷警告唐太宗，说唐皇朝将遭“女祸”之乱，有一个女人将代李姓为唐朝皇帝。种种迹象表明此女人多半姓武，而且已入宫中。唐太宗为子孙基业着想，把宫中姓武的人逐一检点，做了可靠的安置，只是对于武媚娘，由于爱之深切，始终不忍加以处置。

唐太宗受方士蒙蔽，大服丹丸，虽一时精神陡长，纵欲尽兴，但过不多久，便身形枯槁，行将就木了。武媚娘此时正值女人的风华正茂岁月，而唐太宗却是年老力衰，眼看在世时间不长了。想到唐太宗一旦离世，自己便要老死深宫，武媚娘便时时留心另择新枝的机会。恰好太子李治见武则天貌若天仙，仰羡异常。两人便一拍即合，山盟海誓，只等唐太宗撒手，便可仿效比翼鸳鸯了。

当唐太宗自知死之将至时，仍不忘确保李家的江山长久，便有意让颇有嫌疑的武则天随自己一同归天。因此，临死之前，他问呆在身边的武媚娘：“朕这次患病，一直医治无效，病情日日加重，眼看着是起不来了，你在朕身边已有不少时日，朕实在不忍心撇你而去。你不妨想一想，朕死之后，你当如何自处呢?”

武媚娘是冰雪聪明之人，哪还听不出自己身临绝境的危险！怎么办?对，留得青山在，不怕没柴烧。于是，她赶紧跪下说：“妾蒙圣上隆恩，本该以一死来报答。但圣躬未必自此一病不愈，所以妾才迟迟不敢就死。妾只愿现在就削发出家，长斋拜佛，到尼姑庵去日日拜祝圣上长寿，来报效圣上的恩宠。”

唐太宗本来是要处死武媚娘，却因过于宠爱而有些不舍，如今一听，心想她既然自愿抛却一切，脱离红尘，且已远离皇宫，或许是其最好的出路，便连声说“好”，并命她即日出宫，省得再为她劳心。武媚娘拜谢而去。

不久，一旁的太子李治也借机溜了出来，对武媚娘呜咽道："你竟甘心撇下我吗?"

媚娘满脸无奈的忧伤，她回身仰望太子，叹了口气说："主命难违，只好走了。""了"字未毕，泪如雨下，泣不成声了。

太子道："你何必自己说愿意去当尼姑呢?"

武媚娘镇定了一下情绪，把自己的忧虑告诉了李治："我若不主动说去当尼姑，怕只有死路一条，留得青山在，不怕没柴烧。只要殿下登基之后，不忘旧情，那么我总会有出头之日……"

太子李治看到了希望，同时佩服武媚娘的过人才智，当即解下一个九龙玉佩，送给媚娘作为信物，发誓自己登基后一定接媚娘进宫。

果然，太子登基不久，武媚娘很快又被召入了宫中，并且很快又被封为皇后。这就是后来中国历史上第一个女皇帝——武则天。

冰雪聪明的武媚娘，之所以自愿抛却一切，脱离红尘，远离皇宫而去尼姑庵，是为了谋求自己的出路，也就是自己的活命之退路，竟让一直对她怀有疑心的唐太宗也最终放弃了对她的防范，全然没想到她在自谋退路的同时，又在谋取自己的进身之路。结果，还真是破天荒地逃过了唐太宗"天网"之劫难，暗渡陈仓，不久后又重新进入了后宫的权力中心，并最终篡夺了李家的江山。

玻尔出逃

1939 年 9 月，希特勒悍然出兵波兰，战争的乌云笼罩在欧洲上空。位于斯堪的那维亚半岛上的丹麦、挪威、瑞典三国是控制北大西洋的要冲，具有重要的战略地位。英法等国不仅担心这里会成为希特勒进攻的下一个目标，而且担心这里会成为德国研制新式武器的基地。当时，德国科学家轰击了铀原子，实现了核裂变。丹麦的尼尔斯·玻尔教授作为当时最伟大的科学家之一，已经成功地分裂出铀原子。如果德国占领斯堪的那维亚半岛三国，不仅可以从挪威得到进行原子试验所需的重水，还可以利用玻尔教授以及他的实验室、最新成果和资料，研制出具有巨大杀伤力的新式武器。英法等国对此绝对不能坐视不管。于是，在正式战争之后，另一场秘密的战争也开始了。

圣诞节之夜，在瑞典一家饭店里突然传出一声枪响，保安人员迅速出动并进行了调查。枪声是房客英国商人斯蒂芬森的保镖不小心弄出来的，纯属一般的枪支走火事件。保安人员又对斯蒂芬森的房间进行全面搜查，结果还发现了几包可塑炸药。这一意外的收获令亲德的瑞典保安人员欣喜若狂。

原来，早在斯蒂芬森入境初期，瑞典的保安人员和德国的特工就盯上了他。因为瑞典的反间谍组织知道斯蒂芬森并非普通的商人，而是负有特殊使命。这一次在斯蒂芬森的房间查出了炸药，说明瑞典反间谍组织的情报是准确的。此事经瑞典国内亲德派的大肆渲染，弄得满城风雨。英国外交大臣不得不出面表示道歉，承认这事件是对国际法的破坏。德国人为粉碎了一起敌对国的阴谋而沾沾自喜。

处境尴尬的斯蒂芬森仍住在瑞典。不过，从这时起，他开始了真正的商业活动，不断地拜访了当地的知名人士，似乎在做一些挽回名誉的工作。保安人员不再提防这个已经失效的间谍了。斯蒂芬森何时在瑞典消失，谁都不知道。

直到1943年，处于纳粹严密监视下的丹麦物理学家、原子弹之父玻尔，突然神奇地出现在大西洋彼岸的英国时，德国人百思不得其解。这个答案斯蒂芬森最清楚。原来，他当初以商人身份潜入瑞典，目的就是为了执行“玻尔出逃”计划。他在饭店里故意走火和暗藏炸药，以此来吸引瑞典保安人员和德国特工的注意，掩盖其真实意图。在无人“关注”他的时候，斯蒂芬森便广泛活动。而就在这时，这场戏的主角——飞尔，却悄无声息地逃出了瑞典。

明贷暗存

一个犹太商人走进纽约的一家银行，来到贷款部，大模大样地坐了下来。

“请问，先生我可以为您做点什么?”银行工作人员一边问，一边打量着来人的穿着：豪华的西服、高级皮鞋、昂贵的手表，还有镶宝石的领带夹子。

“我想借些钱。”

“好啊，您要借多少?”

“1美元?”

“只需要1美元?”

“不错，只借1美元。可以吗?”

“当然可以，只要有担保，再多点也无妨。”

“好吧，这些担保可以吗?”

犹太商人说着，从豪华的皮包里取出一堆股票、国债等等，放在银行工作人员的写字台上。

“总共50万美元，够了吧?”

“当然，当然！不过，您真的只要借1美元吗?”

“是的。”说着，犹太商人接过了1美元。

“年息为6%。只要您付出6%的利息，一年后归还，我们可以把这些股票还给您。”

“谢谢。”犹太人说完，就准备离开银行。

一直在旁边细心观察的分行长，怎么也弄不明白，拥有50万美元的人，怎么会来银行借1美元?他慌慌慌张张地追上前去，对犹太人说：“啊，这位先生……”

“有什么事情吗?”

“我实在弄不清楚，您拥有50万美元，为什么只借1美元?要是您想借三四十万美元的话，我们也会很乐意的……”

“请不必为我操心。只是我来贵行之前，问过了几家银行，他们保险箱的租金都很昂贵。所以嘛，我就准备在贵行寄存这些股票。租金实在太

便宜了，一年只须要花6美分。”

通常情况下，人们是为了借款而抵押，总是希望以尽可能少的抵押争取尽可能多的借款。而银行为了保证贷款的安全或有利，从不肯让借款额接近抵押物的实际价值，所以，一般只有关于借款额上限的规定，其下限根本不用规定，因为借款者自己就会管好贷款。能够钻这个“空子”，转换思路思考问题，行动上是到银行贷款，实则是免费租用银行这个大保险箱，明为借贷，暗地租存，真是“明修栈道，暗渡陈仓”。

9计 隔岸观火

隔岸观火，此计指的是在对方内部矛盾激化，分崩离析之时，我方应静待其形势的恶化，顺应其局势的变化，捕捉有利的时机，插足其间，然后见机行事，坐收渔翁之利。

使用此计的先决条件是“火”与“岸”：无“火”即无混乱的局面可“观”，无“岸”相隔作为屏障则自身也有一定风险。隔岸观火不是要单纯的“观火”，还要积极主动地“点火”，以促成好结局的早日到来。总之，既要煽风点火，又要隔岸观望，适时而动，才能坐收渔利。

如果“大火”已经烧到自己身上，仍在“隔岸观望”，那就太可悲、太软弱了！

一般在对方出现危难，而自己不宜介入或无力介入之时，都可采取“隔岸观火”之策。此计含义有三：一要能坐得住，不轻举妄动；二是坐看对方受损；三是适时而动，坐收渔人之利。

曹操按兵除二袁

三国时期，袁绍死后，由他妻子刘氏及谋士审配、逢幻一手操纵，立三子袁尚为大司马将军，统领冀、青、幽、并四州之地。袁绍长子袁谭深为不满，要和袁尚一争高下。恰在此时，曹操乘连胜之威，进攻黎阳。袁谭迎战大败，只好派人向袁尚求救。袁尚只拨五千兵相助，在半路上便被曹军全部截杀。此后，袁尚即不再增派援兵，意欲借曹操之手除掉其兄。

袁谭大怒，便欲投降曹操。消息传到冀州，袁尚担心袁谭降曹后并力来攻，便亲自率领大军去黎阳救助袁谭。袁谭闻讯大喜，遂打消了投降的念头。不久，袁熙、高干也领救兵来到黎阳城下。四支兵马并在一处，仍然不是曹操的对手，黎阳很快就被曹军攻破。袁氏兄弟与高干只好弃城逃走。曹操引兵追赶，袁谭与袁尚退入冀州坚守；袁熙与高干则在城外下寨，以成犄角之势。

曹军连日攻打，一时难以奏效。这时，谋士郭嘉向曹操献“隔岸观火”之策说：“袁绍废长立幼，而袁谭、袁尚二人势力相当，各树党羽，互相争斗。如果进攻太急，他们就会团结一致对付我们；如果暂缓攻击，

他们之间就会相互争斗火并。我们不如举兵南向，作出南征刘表的姿态，以便等待其内部发生变乱。当其内乱发生后，再进击他们，可以一举而平定河北之地。”曹操认为很有道理，便留下贾信守黎阳，曹洪守官渡，自率大军向荆州进兵。

事情果如郭嘉所料，曹操撤军不久，袁谭与袁尚即大动干戈。袁谭敌不过袁尚，便派人向曹操求救。曹操乘机挥军北向，首先打败袁尚、袁熙，后又消灭掉袁谭和高干，从而一举平定了河北。

袁熙、袁尚被逐出冀州后，引兵连夜奔往辽西投奔乌桓去了。曹操率精锐兵力千里奔袭，在白狼山与袁氏兄弟及乌桓王冒顿的大军相遇。两军大战一场，冒顿大败被杀，袁熙、袁尚率数千人逃向辽东。

此时，曹操突然命部队不要追赶，退军易州，按兵不动。手下将领说，“辽东太守公孙康，久久不能降服。现在袁熙、袁尚又前往投靠，必为后患。不如乘他们还没有准备好，打他们一个措手不及。”

曹操笑道：“用不着劳烦诸位费力了，几天之后，公孙康定会自动将二袁的脑袋送来。”众将都感到不解。

不久之后，公孙康果然派人将袁熙、袁尚的首级送到。众将惊讶不已，向曹操请教。曹操不慌不忙地作了解释。原来，当年袁绍确实曾有吞并辽东之心，公孙康不仅一直耿耿于怀，而且也担心袁氏兄弟前来投靠是假，欲鸠占鹊巢是真。而袁氏兄弟也的确如公孙康所担心的那样，企图寻机杀掉公孙康等人，以辽东数万骑兵与曹操抗衡，收复河北。所以，当密探回报说曹操屯兵易州，并无下辽东之意时，公孙康立即设计将二袁杀掉，并且派人将首级送到易州，还送来了自己的降书。

这样，曹操不费一兵一卒，即除掉了袁熙、袁尚，并且使公孙康自动归服。曹操运用隔岸观火之计，既得了二袁的人头，又得了公孙康的降书，真可谓不举而两得。

二桃杀三士

齐景公在位时，他手下有三员武将，即古冶子、田开疆和公孙接。这三位武士力大无穷、勇猛过人，又臭味相投，号称“齐邦三杰”。

三人结为异姓兄弟，自恃有功力大，在朝中傲视百官、简慢公卿；在

下面欺压百姓，无恶不作。即使在景公面前也常以你我相称，毫不讲礼仪。齐景公惧于三人声势相倚，无可奈何。齐相晏子曾登门拜防，劝导他们改恶从善，他们却蛮不讲理，丝毫不为所动。晏子深以为忧，每欲除去这个国家大患，又恐有所疏漏反而把事情弄得更坏，只好隐忍，等待时机。

一次，鲁昭公访问齐国。鲁昭公由鲁大夫叔孙诸陪同，齐景公由晏子陪同，坐于殿上，宴饮会礼。群臣立于殿下，“三杰”亦在其中。晏子看他们傲气十足、目中无人的样子，内心十分焦急，灵光一闪，想出一条妙计，今天一定要除掉这三个国家的灾星。

齐、鲁二君酒至半酣，晏子起身对齐景公说：“园中金桃已经成熟，我想摘上几个为二位国君祝寿。”景公准奏，下令管理御园的官吏前去摘取。晏子说：“金桃十分宝贵，世之珍品，臣当亲自前往，监督采摘。”

晏子走后，齐景公对鲁昭公说：“这棵桃树是先君在位海外人献的种子，已经长了三十年，往年却只开花不结果，今年是第一次结果，也只有几个。今日君侯降临，寡人不敢独享，特取来与贤君一同品尝。”鲁昭公拱手称谢。

一会儿，晏子领着管理御园的官吏进来了，将精致的雕花盘子献上。盘子里放着六个鲜桃，个头硕大，颜色桃红似火，香气袭人。

齐景公问道：“就这么几个么？”

晏子说：“还有三四个没熟的，只有这六个是熟透了的。”

齐景公命晏子敬酒。晏子手捧玉杯，恭敬地走到鲁昭公面前，左右献上金桃，晏子致词说：“桃大如斗，天下罕有，两君食之，千秋同寿。”鲁昭公喝了一杯酒，取桃一个吃了，赞不绝口。齐景公吃了鲜桃之后说：“此桃是难得之物，叔孙大夫贤名播于四方，应该吃一个桃子。”

叔孙诸施礼说：“我哪里赶得上晏相国呢？晏相国内修国政，外服诸侯，功劳最大，这个桃应该他吃。”

齐景公说：“既然二位谦让，那就每人饮酒一杯，食桃一个。”二人谢赏，把桃子吃了。

晏子说：“盘中还有两个桃子，大王可传令群臣，谁的功劳大，谁就吃桃好不好？”齐景公同意，立即传下令去，让每个大臣都说说自己的功劳，相国评功赐桃。

公孙接首先站出来，

拍着胸膛说："有一次我陪大王打猎，突然蹿出一只猛虎，是我冲上去，将猛虎打死，救了国君，这个功劳大不大？"

晏子说："保驾功大，大王可赐酒一杯，桃一个。"公孙接饮酒食桃，意气扬扬，站到一旁。

接着古冶子跳了出来，声如炸雷似地喊道："打死一只虎何足为奇！有一次我护送国君过黄河，一只大鼋兴风作浪，要伤害国君，我跳到水里，舍身杀死大鼋，救了国君，这个功劳大不大？"

晏子赶忙敬酒赏桃。古冶子吃了桃子，眉飞色舞地站立一旁。

"齐邦三杰"的第三个勇士田开疆一看桃子吃光，急着跳上来，大叫大嚷："那年我奉命讨伐徐国，舍死人生，斩其名将，俘敌五千余人，徐国投降了，连附近的郑国和莒国都吓得归附了我国，这么大的功劳难道不该吃桃吗？"

晏子说："田将军之功当然高出公孙接和古冶子二位，但桃子已经没有了，只好等到明年了。"

齐景公也说："你的功劳确实最大，可惜说迟了。"

田开疆手按剑柄，气急败坏地说道："杀鼋打虎算什么！我南征北战，血战沙场，反而吃不到桃子，在两位国君面前受辱，遭人耻笑，我还有什么面目站在朝廷之上？"说罢，自刎身亡。

公孙接大惊，也拔出剑来说："我有小功而吃桃，田将军有大功反不能吃桃。我吃桃时没有谦让，是无礼；看见结拜兄弟死了而不能跟从，是不勇啊！"说罢，也自刎而死。

古冶子一看，立即跳出来说："我们三人誓同生死，亲如骨肉，他们二人已死，我还苟活，于心何安？"说完，也举剑自杀了。

晏婴二桃杀三士，为齐景公除去了潜在的威胁，也为齐国除去一大祸患。

晏婴表面上不动声色，却如同女神抛出金苹果般，抛出有限的金桃来——三大勇士功臣，却只剩两桃可分，于是不和、纷争乃至杀戮的战火就熊熊燃烧起来。三个有勇无谋、空仗义气的勇士，即便不是各各自刎而死，也会由不和猜疑而或迟或早大动干戈、不死即伤。更可笑的是，战火熊熊燃烧，三勇士结伴去见了阎王，却还不知道战火是由谁点起的。晏子观火之屏障，真可谓高岸深堤。由此也可见，大勇不如大智呵。

丘吉尔坐山观虎斗

1941 年 6 月 22 日，德国法西斯的军队以"闪电战"进攻苏联，苏德战争终于爆发！

英国首相丘吉尔是一个相当顽固的铁杆反共分子，关于这一点丘吉尔自己也毫不隐讳。在丘吉尔的骨子里，他既憎恨纳粹，又仇视共产主义，他把共产主义视作洪水猛兽。从战争一开始，他就希望苏德之间能互相厮杀，使其两败俱伤，由他坐收渔翁之利。因此，在得悉德意军队已经开始进攻苏联的确切消息后，丘吉尔如释重负，并于当天发表了一篇颇得世界舆论好评的支持苏联的声明。

7月12日，苏、英两国政府签订了对德战争采取共同行动的协定。然而，丘吉尔却迟迟不采取具体行动。

1941年和1942年，是苏联红军和希特勒军队殊死相拼的两年。尽管在1942年苏联基本遏制住了希特勒的“闪电”进攻，但在苏德战场上，苏联红军承受着四百多万装备精良的法西斯军队的进攻。为此，苏联红军斯大林元帅多次向英、美两国提出了在法国北部开辟第二战场，借以牵制法西斯军队，减轻苏联战场压力的方案。这个方案，美国总统罗斯福是同意的，并派陆军总参谋长马歇尔将军前往伦敦同英方会商。可丘吉尔支吾搪塞，持消极态度，借口条件不成熟而故意拖延。

其实，丘吉尔的意图十分明显，就是尽可能地借希特勒之手来打击社会主义苏联的力量。正像希腊记者L·杰烈比在他的《丘吉尔秘密》一书中写的那样：“丘吉尔希望苏联在战争中流血牺牲，希望在胜利时苏联已完全精疲力竭，无法在欧洲和世界起首要作用……丘吉尔企图通过战争削弱苏联，他希望俄国人孤立地同德国人斗，这样，不论战争的结局如何，双方都将财尽力竭。”

为了敦促丘吉尔及早开辟第二战场，一方面减轻苏联的压力，一方面尽快缩短第二次世界大战的进程，斯大林于1942年5月派外交部长莫洛托夫访问伦敦，督促丘吉尔尽快行动，但没有取得任何进展。与此同时，英国的进步党派和爱国人士，也积极要求英政府开辟第二战场，许多城市为此举行了无数次的游行和集会。

慑于国内外的双重压力，1942年7月，丘吉尔和罗斯福单独进行了会谈。在丘吉尔的鼓动下，英、美决定1942年不在欧洲登陆，而是进入北非，让苏联继续同希特勒厮杀。同时，丘吉尔还通知本国的有关部门，停止第二战场的准备工作。

丘吉尔坐山观虎斗，又过了一年。1943年开始，苏联的卫国战争已经渡过最困难的阶段，特别是到了夏、秋两季，苏军的攻势节节胜利。正是在这样的形势下，1943年11月28日，斯大林、罗斯福、丘吉尔三位世人关注的“巨头”在德黑兰的苏联大使馆召开了一次非常重要的会议，这就是后来历史学家们大书特书的“德黑兰会议”。

在这次会议上，丘吉尔向斯大林解释为什么迟迟没有开辟第二战场。他说：“莫洛托夫先生在伦敦时，我曾告诉他，我们正制订在法国牵制敌人的计划……英美两国正准备1943年进行一次规模很大的军事行动……我充分了解，这个计划在1942年对于俄国是毫无帮助的……”

从丘吉尔一说话，斯大林就阴沉着脸一声不吭，任凭丘吉尔在那儿喋喋不休地为自己开脱、解释。后来，斯大林实在是忍不住了，他直截了当地质问道：“据我了解，你们是不能用大量的兵力来开辟第二战场，甚至也不愿用六个师登陆了？”

两人就此问题唇枪舌剑地争辩。斯大林甚为恼火，声势咄咄逼人，丘吉尔则满脸愠色。结果，这次会议尽管取得了其他一些成果，但关于第二战场问题争执到最后，丘吉尔权衡再三，才勉强同意于第二年五六月份实施在法国登陆，开辟第二战场。

1944年6月6日，盟军庞大的部队终于渡过英吉利海峡，在法国的诺曼底登陆，开始对德国的进攻。从斯大林提出开辟第二战场到在诺曼底登陆，经过了漫长的两年，而这两年正是苏联最危险、最困难的时候。在反对希特勒法西斯伟大的卫国战争中，两千多万苏联人死在了德意法西斯军队的铁蹄之下！

如果丘吉尔不采取隔岸观火、坐山观虎斗的策略，及早开辟欧洲第二战场，不但可以大大缩短第二次世界大战的进程，而且可以挽救千千万万人的生命。

渔翁得利

1910年，美国经济大衰退，通用汽车公司也不例外地受到严重的冲击，债台高筑。为渡过难关，公司需要向银行借贷巨额资金，为此，其创始人杜兰特被迫辞职了。

次年，杜兰特同一个瑞士技师路易斯雪佛兰搭伙合作，生产了一种廉价的汽车，开始同福特竞争。这种汽车非常畅销，杜兰特因此而大受鼓舞，一心想把通用汽车公司夺回来。他提出雪佛兰公司与通用公司以五比一作股票互换。但是银行家们仍坚持要另加900万美元现金。杜兰特自己当然拿不出这笔现金，他便想方设法去寻找融资对象。

显然，这个融资对象必须有极其强大的经济实力。通过各种关系，杜兰特结识了拉斯科布，并通过他获知了全美国经济实力数一数二的杜邦公司。希望在前，杜兰特大受鼓舞，于是便请拉斯科布把自己的想法透露给皮埃尔·杜邦。皮埃尔显然对前景无限的汽车行业非常感兴趣，没有表示什么拒绝之意。因此，杜兰特便写了一张请柬送给皮埃尔，邀请他在杜兰特与银行家们谈判时能亲自光临，皮埃尔也很干脆地答应了。

事实上，皮埃尔和拉斯科布早就对通用汽车公司有垂涎之意，只是一直没有找到机会，如今杜兰特自动送上门来，焉有不动心之理？当杜兰特遇到困难时，在拉斯科布的出谋划策下，皮埃尔买下了通用汽车公司的三千股股票。他们在等待时机的到来。

谈判这天，杜兰特信心十足地来到银行家们面前，皮埃尔和拉斯科布也如约而至。谈判开始了，杜兰特和银行家们为了各自的利益用尽心机，进行着艰难的拉锯战。杜兰特筋疲力竭，指望皮埃尔能在这激烈较量的时刻伸出援手，助其一臂之力。可是皮埃尔却不理会杜兰特的屡屡示意，只是不动声色，保持中立。双方僵持不下，最后按照协议规定，由最大的少数股持有人暂时代管通用汽车公司。

这个最大的少数股持有人便是皮埃尔。皮埃尔在杜兰特和银行家们进行激烈的谈判时，隔岸观火，不加入战圈，不让战火蔓延到自己身上，在冷静地保持中立中获取了自己最大的利益，实现了他做了多年的美梦。皮埃尔理所当然坐上了通用汽车公司董事长之位，而且他在这个席位上一坐就是十三年。

这是“鹬蚌相争，渔翁得利”在商场上谈判交易中上演最为激烈的一幕。当第一方与第二方激烈较量，双双精疲力尽的关键时候，一旁隔岸

观火的第三方，即便在实力上处于劣势，也可以轻而易举地出面收场，自然，也为自己捞取最大的利益。这种情形在社会生活中虽不多见，可在某些特殊时期还是会一再上演。

保持中立

在大公司里，日常工作本已够忙碌辛苦的了。但相对于人事问题的错综复杂而言，工作辛苦其实也算不了什么。

一旦遇上人事问题，你的态度最好是保持中立，远离是非之漩涡，并且尽量装糊涂，不让战火烧到自己的身边。

例如两位经理从平时的面上不和终于激化为明争暗斗，作为夹在其中的你，不管你愿不愿意，已经置身于漩涡的边缘了。这时，你会感觉到，他们或者对你分外客气或者热情，不时给你以鼓励或赞扬，或者你还可能在工作上尝到某些甜头。窃喜之余，你自然会明白其用意，他们都在试图对你进行拉拢。

这时，你又该怎么办呢？帮这边，那一边的必然会视你为敌，予以排斥打击；帮那边，这一边同样会排斥你；两边都帮，弄不好会被人视为两面派，受双方排斥；两边都不帮，说不定两边都恨你怨你。处于这种情境下，到底该如何做才行呢？

不妨先看看古人是如何处理与这类似的问题的。

宋代的韩琦曾经同范仲淹一道共行新政，北宋时长期担任宰相职务，他在战场上从不妥协退让。抵御西夏时，曾有“军中有一韩，敌人听了就胆寒”的威名。但在为人处世上，他却能做到柔韧不发，成熟练达。

有一年，他与同僚王拱辰、叶定基等人在开封府主持科举考试，王、叶二人经常为考生卷子的优劣争得面红耳赤，韩琦生性好静，并不恼火，只是听而不闻，视而不见，坐在桌前专心判卷。

没想到树欲静而风不止，王拱辰见自己同姓叶的都吵成这样了，韩琦还不出面来帮自己说话，心中生气，便跑过来对韩琦嚷道：“我说你在这里练习气度呐？”

韩琦听了这带刺的话，不但不生气，反而赶紧好言好语地赔不是说：“实在抱歉，我刚才没听，不知你们在争论什么事啊！”

同处一室，二人大声

争吵，韩琦不可能没听到。但是当二人都吵得像斗红了冠子的公鸡时，你该向着哪一方？你无论向着谁另一方都会很不高兴的。这不，韩琦本想置身事外，装聋作哑，没想到王拱辰已经跳出来向他吹胡子瞪眼了。

出人意料的是，韩琦居然给没事找事者赔不是。这样一来，王拱辰再没什么话可说了。当下正吵得面红耳赤的二人都觉得再吵下去没什么意思，就都不再做声了。等到事后，大家一点火气都没有了，韩琦又耐心地做了二人的工作，很容易就把事情解决了。

历史上，人们评价韩琦时，说他“器量过人，牛性淳朴厚道，不计较疙疙瘩瘩一类的小事……不管什么情况下，他都能做到泰然处之，不被别的事物牵着走。”（元代吴亮语）在这一件事上，韩琦又是怎么样泰然处之的呢？

那就是保持中立。这同样也是你这种情境下的最明智的办法。

没错，当你处于这种夹缝之中时，保持中立，隔岸观火，是你此时最好的防身策略。你自有你自己要走的路。在你的目标、追求决定了你的业务发展方向后，你自然应该倚向业务经理那一边了。他把你当成他的心腹，自然会待你不错。但你还是要谨慎行事，掌握其中分寸，不可过于形迹亲近，尤其不可忘形。在倚向一边的时候，还是要保持自己的主要立场，那就是保持中立。所以，你在业务经理眼前，最好只着重听他的指示，不随便提意见，尤其是不要讲另一位经理的坏话，或者泄密。同时，在后者面前，也要不表敌意，不过于冷漠，有意无意间表现你只是人在江湖，而并非针对他本人。

再譬如，平日与你关系密切的某部门主管犯了大错，公司的整个高层人物都大为震惊。又是开会讨论，又是私下商议，甚至老板还可能私下召见你，问你各方面的看法；就是其他受牵连或不受牵连的部门主管也有可能找你说话。局面仿佛风雨飘摇。遇上这种种情况，你又不能一一回避，那该如何面对呢？保持中立，为自己筑起观火之岸是你保护自己的最佳选择。

老板一定牢骚很多，大说某人办事不力，某人又能力欠佳，其实，他说来说去，目的只有一个，就是要看你和哪方面关系良好。要不然，此时的他，哪还有这种心思？这时候，你最好是装糊涂，这个不知，那个不晓，仿佛自己整一个被蒙局外人，最后不妨还补充说：“老板，您究竟对这件事情有何高见？我很想跟您学习观察观察呢！”

你这样说，他也就再没什么话要问的了。这样，既保护了自己，又不致伤害别人。

至于其他同事，在这种时候找你聊天，无非是想探口风或想看风使舵，面对这类人，切不可掉以轻心，须知他们也大多得罪不得。因此，你最好还是那一招，装糊涂。

“什么？他们到底发生了什么事？”你还是使出这一绝招。当然，这时既然你身处不尴不尬的境遇，就有必要决定日后的对策。

这种情况下，惹不起躲得起，避开是非之地是你此时的最好办法。刚开始时，先尽量减少与该部门的接触，比如与该部门的一切联络事宜都交

给秘书小姐去做。既然你不在此中，什么都不大了解，便不会有多少人前来打扰你了。你正好乐得清静。

不要试图去趟这潭浑水，更不要加入他们的战圈。否则，除了沾一身泥水，或引火烧身，你什么好处也得不到。任何时候，保持中立，隔岸观火，比加入战圈要明智得多！

10计 转化有术

世界是运动发展着的，事物是在不断发展变化着的。人们可以通过改变事物发展变化的内在和外在条件，以调控事物发展变化的程度和趋势，从而化无为有，积少成多，化劣为优，转不利为有利，化逆境为顺境，最终将不自由转化为自由。

走向自由

有人把一份工作看作是自己的理想而孜孜追求，一旦拥有便视其为命运的改变；而有人却把工作看作是羁绊自己的劳役，把办公室当作牢房；有人把进牢房看作是人生轨迹走回头路的突转，看作是一生的完蛋；也有人把牢房看成一所学府，与大学、军队共称为社会三所大学。

曾有这么一个笑话故事。有三个不同国籍的年轻人同时被关进一所监狱，而且都是三年刑期。为此，监狱长答应他们三个人每人一个要求。

美国人爱抽雪茄，要了三箱雪茄。

法国人最浪漫，要一个美丽的女子相伴。

而犹太人说，他要一部与外界沟通的电话。

三年过后，第一个冲出来的美国人，嘴里鼻孔里塞满了雪茄，大喊道："给我火，给我火！"原来他忘了要火了。

接着出来的法国人，只见他手里抱着一个小孩子，美丽的女人手里牵着一个小孩子，肚子里还怀着第三个。

最后出来的是犹太人，他紧紧握住监狱长的手说："这三年来我随时都能与外界联系，与他人交往，我

的生意不但没有停顿，反而增长了百分之二百，为了表示感谢，我送你一辆劳施莱斯！”

正所谓不同的实力、不同的习惯、不同的本性、不同的人生观等，影响着不同的人生选择，决定着不同的人生轨迹和命运。今天的生活是由过去的选择决定的，而明天的生活还得由今天的选择而定，不管你是在学院还是在牢房，不管你是身处顺境还是逆境。

还有一个有关监狱的故事。曾有一个人进了监狱，有朋友传给他一本厚书，书中夹着一张纸条，上面写了一句话：“你现在终于获得了学一门外语的上好机会。”

几年后这个人从监狱出来后，就给他的这位朋友打电话，第二句话就是：“我带出来一部六十万字的译稿，准备找一家出版社出版。”

监狱本是最不自由的地方，然而它还是有其相对自由的地方，像是一个虽然狭小却还是比较固定的空间，衣食虽不好却也可无忧，只要静心便可无牵无挂，在这种情况下，正可做一些需要专心、费时或是空想等方面的事情。

人类的智慧可以在不自由中寻找自由，也可以在自由中设置不自由。请慎重自己的人生选择吧。

化解困窘

一次，英国王室为了招待印度当地居民的首领，在伦敦举行晚宴，身为皇太子的温莎公爵主持这次宴会。宴会上，达官贵人们觥筹交错，相与甚欢，气氛融洽。

就在宴会快要结束时，出现了这样的事情：侍者为每一位客人端来了洗手盘，印度客人看到那精巧的银制器皿里盛着亮晶晶的水，以为是喝的水呢，就端起来一饮而尽。见此，温莎公爵神色自若，一边与众人谈笑风生，一边也端起自己面前的洗手水，像客人那样自然而得体地一饮而尽。接下来，宴会上客人们也纷纷效仿，各各一饮而尽。本来要造成的难堪与尴尬顷刻消失，宴会取得了预期的成功。

生活的大海丰富多彩又波光诡谲，要做一个驾驶生活、创造生活、美化生活的高手，要想成就一番事业，就必须拥有化解困窘与危机的随机应变的思维和能力。

倘若温莎公爵在宴会上礼貌地纠正客人的错误，却又在银盘里优雅地洗手，整个宴会将会乌云密布。所以，一位陪酒大臣说，当温莎公爵拿起银盘饮水时，他看到了人类化解困窘的智慧在闪光。

化解困窘或危机，还有很多技巧可用。像是偷换概念，幽默解嘲，装聋作哑装糊涂，或者借机转移话题，改变他人的注意力等等，都是比较有效的方法。

古希腊大哲学家苏格拉底，娶了一个心胸狭隘，性情泼辣的悍妇为妻，她成天唠叨不休，动辄破口大骂。有人问苏格拉底，你是世上享有盛名的大哲学家，怎么找这样的女人。苏格拉底说：“诸位有所不知，擅长骑术的人，总要挑选烈马骑，我若能忍受我妻子的话，恐怕天下就没有难

以相处的人了。”

一次，苏格拉底正在和学生讨论问题，他老婆不知又为了什么事跑来，当着学生的面，毫无道理地把苏格拉底骂了一顿，并且骂得兴起，还随手操起一盆水，泼了他一个落汤鸡。当时，学生们都愣了，大家都瞪眼看着老师，想他会有什么激烈的反应。这着实使苏格拉底在学生面前很难堪，很尴尬。可是，苏格拉底一动不动，很平静地说：“雷鸣电闪之后，必然是倾盆大雨呀！”引得大家哈哈大笑。

一句形象的自我解嘲式幽默，成了很好的困窘“调解剂”，它将原本令人很不愉快的事情转化为在场众人会心的一笑，使得紧张气氛即刻云开雾散，而说话者本人，便也在大家轻松的笑声中摆脱了困窘局面。

化劣为优

当然，困窘也好，危机也好，它的根本原因，都是在与对方或者外界环境较量时，一时身处弱势力量造成的。因此，要想化解困窘或危机，只要在根本上增强自己的实力和势能，改变自己的弱势地位，外界的困窘或危机便可随之而解。

此外，将无益的四面铺开收缩，再集中优势于一处，全力以赴于目前的困窘与危机，自然能化危为安。有时，如果是面对强大的对手，要改变自己的弱势地位，在某些方面集中自己的优势力量，化劣势为优势，也是一条化解困境、或危机的招数。

今天，在商场上这一招也屡见不鲜，特别是那些创业人士在事业的起步发展阶段。

早在20世纪80年代中期，刚退学不久的迈克尔·戴尔，在初创电脑公司开拓市场方面，资金缺少，人手有限，无疑处于困境。这时年轻的戴尔就曾运用过这种策略：“从一开始，我们就瞄准了我们的竞争者们所没有看到的售后服务这个巨大机会，然后我们以此作为本企业的最初目标。1986年，我们实施了第一个服务项目——上门修理计算机。如果你的计算机出了毛病，不管你是在公司、在家里或宾馆，我们都会上门服务。我们会在第二个工作日或当天赶到。后来，我们提供了4小时甚至2小时内及时上门服务。突然间我们的竞争对手们的服务显得有些落伍，而且实在太慢。我们占据了明显的优势。这样，我们把计算机行业最初的劣势变成了巨大的优势。”

与其他制造厂家不同，戴尔对顾客实行退款担保。另外，他们每天24小时用电话直接向用户提供技术指导，据戴尔说，90%的问题可通过电话解决。

由于经常与顾客保持电话联系，使得公司永远紧靠市场。对于一种机型，戴尔电脑公司随时知道顾客们喜欢什么，不喜欢什么。“我的竞争者们是研制产品后告诉顾客们应该怎么怎么，而不是发现市场上的真正需要之后才开发产品。”戴尔说。

到迈克尔·戴尔大学毕业的那一天，他的公司年销售额已达7000万美元。戴尔停止改装其他公司机型产品，开始设计、组装和销售自己的产品。

今天，戴尔电脑公司在16个国家，包括日本，拥有多家全权子公司。公司年收入超过20亿美元，雇员约5500人。戴尔已经成为美国第四大电脑制造商，是500名巨富中最年轻的公司老板。

熊和鳄鱼争斗的结果，往往取决于它们的战场是在陆地上，还是在水中。沃尔玛创始人山姆·沃尔顿就曾这样说过：“我建议这些小店主做我一直做的并引以为荣的事情：与顾客直接接触。让你的顾客知道你对他们有多么感激，亲自收钱找钱。这种人与人之间的直接接触对这些小店来说十分重要——它是沃尔玛这样的大店想做而又做不到的事情。”

企业初创立时都比较弱小，而其竞争对手一般都非常强大。大企业占据市场年长日久，有着丰富的运作经验，现成的进货、采购和销售促销渠道，在市场上已有自己的品牌，它可以利用规模优势，降低现有产品的生产成本，从而可以降低竞争产品的价格。因此，初创的企业不能与强大的竞争对手直面交锋，而应该抓住大企业庞大笨拙不灵活的劣势，集中自己的优势力量，化劣势为优势，攻其一点，就有可能处于不败之地，获取自己的一方市场。

千面豆身

一位中国商人在谈到卖豆子时，充满了一种饱含世事发展变化的智慧。

豆子发展的不同形态，在他手里都能变作商品出卖。如果豆子卖得动，就直接卖豆赚钱好了。如果豆子滞销，便分三种办法处理：

一、让豆子沤成豆瓣，卖豆瓣；如果豆瓣卖不动，腌了，卖豆豉：如果豆豉还卖不动，加水发酵，改卖酱油。

二、将豆子做成豆腐，卖豆腐；如果豆腐不小心做硬了，改卖豆腐干；如果豆腐不小心做稀了，改卖豆腐花：如果实在太稀了，改卖豆浆：如果豆腐卖不动，放几天，改卖臭豆腐；如果还卖不动，让它长毛彻底腐烂后，改卖腐乳。

三、让豆子发芽，改卖豆芽：如果豆芽还滞销，再让它长大点，改卖豆苗；如果豆苗还卖不动，再让它长大点，干脆当盆栽卖，命名为“豆蔻年华”，到城市里的各间大中小学门口摆摊，到白领公寓区开产品发布会，记住这次卖的是文化而非食品；如果还卖不动，建议拿到适当的闹市区进行一次行为艺术创作，题目是“豆蔻年华的枯萎”，记住以旁观者身份给各个报社写个报道，如成功可用豆子的代价迅速成为行为艺术家，并完成另一种意义上的资本回收，同时还可以拿点报道稿费。如果行为艺术没人看，报道稿费也拿不到，赶紧找块地，把豆苗种下去，灌溉施肥除草，三个月后，收成豆子，再拿去卖。

如上所述，循环一次。经过若干次循环，即使我没赚到钱，豆子的囤积相信不成问题，那时候，我想卖豆子就卖豆子，想做豆腐就做豆腐！

古人云：“车到山前必有路”，世界上所有的事情，遇到困难也一定会有办法。这一点，美国总统罗斯福就曾这样说过：“克服困难的办法就

是找办法，而且，只要去找，就一定有办法。”天无绝人之路，而只有找不到路的人，无路可走的总是那些缺少智慧，不下工夫去寻找出路的人。

化废为宝

当年，奥斯维辛集中营里毒死了几十万人，一对犹太人父子俩有幸活了下来。父亲对儿子说：“现在我们唯一的财富就是智慧，当别人说一加一等于二的时候，你应该想到大于三。”

1946年，他们来到美国，在休斯敦做铜器生意。一天，父亲问儿子一磅铜的价格是多少？儿子答35美分。父亲说：“对，整个得克萨斯州都知道每磅铜的价格是35美分，但作为犹太人的儿子，应该说成是3.5美元，你试着把一磅铜做成门把看看。”

20年后，父亲死了，儿子独自经营铜器店。他做过铜鼓，做过瑞士钟表上的簧片，做过奥运会的奖牌，他曾把一磅铜卖到3500美元，这时他已是麦考尔公司的董事长。然而，真正使他扬名的，是纽约州的一堆垃圾。

1974年，美国政府为清理给自由女神像翻新扔下的废料，向社会广泛招标。但好几个月过去了，没人应标。正在法国旅行的这位犹太人听说后，立即飞往纽约，看过自由女神下堆积如山的铜块、螺丝和木料后，未提任何条件，当即就签了字。

纽约许多运输公司对他的这一愚蠢举动暗自发笑，因为在纽约州，垃圾处理有严格规定，弄不好会受到环保组织的起诉。就在一些人要看这个犹太人的笑话时，他开始组织工人对废料进行分类：他让人把废铜熔化，铸成小自由女神像；用水泥块和木头加工底座；把废铅、废铝做成纽约广场的钥匙。最后，他甚至把从自由女神身上扫下来的灰包装起来，出售给花店。不到3个月的时间，他让这堆废料变成了350万美元现金，每磅铜的价格整整翻了10000倍。

都道犹太人聪明，尤其善于经商，这个故事作了最好的体现。把废铜铸成小自由女神像，这是化废为宝；把每磅铜的价格整整翻了10000倍，这又是怎样的点铁成金呵。智慧创造财富，高超的智慧创造巨大的财富。在这个犹太人身上我们看到了智慧思维在铁金转化上的闪光。

生意场上有句名言：不怕口袋空空，只怕脑袋空空。只要肯动脑筋，废铁也能换成黄金。

废物之所以为废物，可能是尘泥脏污了，可能腐蚀生锈了，可能是缺这断那，可能只是在某些环境下不能被人利用，还可能是其用途暂时不为人知而已，种种情况，不一而足。但锈铁也还是铁，废铜也还是铜，这种情况下，只要有心人士善加锐眼慧心，为其创造条件，自然会令其再放光芒。

万物都有用，废物自然有其用途，就看你怎么去用它了。用创新的眼光来看待常人眼中的废物，再稍作一些加工，有可能产生一些意想不到的轰动效果。譬如一些事物沦于废物或平淡之中，只因为它的形象太差，不被人接受。这种情况下，我们只要给它改头换面，换个漂亮包装取个好听的美名重新推出，便会焕发异彩，让人耳目一新。古语常说“良药苦口，忠言逆耳”，但如果人们将苦药外包上一层糖衣，为忠言加上一些赞美的话语，它们便能更好地为人们接受，以充分发挥它们的功效。

步步逼近

有时候，我们遇到非常困难非常艰巨的事情，一时之间难以完成时，我们不要沮丧，也不要灰心，不要被困难所吓倒。只要我们不急不躁，一步一步地进取，一分一分地争取，坚忍不拔，总能事有所成。

一则园艺所重金征求纯白金盏花的启事，在当地一时引起轰动，高额的奖金让许多人趋之若鹜。但在千姿百态的自然界中，金盏花除了金色的就是棕色的，因此，要想培植出白色的金盏花，仿佛是异想天开。所以许多人一阵热血沸腾之后，就将那则启事抛到九霄云外去了。

二十年过后的一天，该园艺所收到了一封热情的应征信和一粒纯白金盏花的种子。当天，这件事就不胫而走，引起轩然大波。

寄种子的是一个年逾古稀的老人。老人是一个地地道道的爱花人。当她二十年前偶然看到那则启事后，便怦然心动。她不顾八个儿女的一致反对，义无反顾地干了下去。

开始，她撒下了一些最普通的种子，精心侍弄。一年之后，金盏花开了，她从那些金色的、棕色的花中挑选了一朵颜色最淡的，任其自然枯萎，以取得最好的种子。次年，她又把它种下去，然后，再从这些花中挑选出颜色更淡的花的种子栽种……

日复一日，年复一年。终于，在二十年后的一天，她在那片花园中看到一朵金盏花，它不是近乎白色，也并非类似白色，而是如银如雪的白。于是，一个连专家都解决不了的问题，在一个不懂遗传学的老人长期的努力下，最终获得了这看似不可求的奇葩来。

宇宙漫长的历史，是一分一秒地走过来的；人类繁衍的重任，也是一代一代承袭了下来；遥远的路程分成若干段短路程，路程便不再遥远。要想事业有所成就，必须先设定目标，首先制定一个较长期的目标，然后再派生出若干短期的目标你将发现，那目标不再远大。巨大的困难就这样被我们分解了。

当我们有了远大的目标，或是遇到了巨大的困难之后，不要害怕，不要忧虑，记住将远大的目标、巨大的困难分解开来，每一个小的短期目标都设定在“跳一跳，够得着”的高度。当你努力够着它以后，你可以尝到成功的喜悦，继而产生更大的动力去实现下一阶段的目标。

一步一步地前行，一个目标接着一个目标地进取。遇到比较艰难时，也不必一次大幅度的前行，一点点就够了。不要小看这一点点，每次前行一步，进取一步，成功就会一步步地接近。最终，在你走完最后一步时，成功的终点就在你的脚下了。

坚持到底

1863 年冬天的一个上午，凡尔纳刚吃过早饭，正准备到邮局去，突然听到一阵敲门声。凡尔纳开门一看，原来是一个邮政工人。工人把一包鼓鼓囊囊的邮件递到了凡尔纳的手里。一看到这样的邮件，凡尔纳就预感到不妙。自从几个月前他把第一部科幻小说《乘汽球五周记》寄到各出版社后，收到这样的邮件已经是第十四次了。他怀着忐忑不安的心情拆开一看，上面写道：“凡尔纳先生：尊稿经我们审读后，不拟刊用，特此奉还。某某出版社。”每看到这样一封退稿信，凡尔纳心里都会一阵绞痛。这已是第十五次了，还是未被采用。

凡尔纳此时已深知，那些出版社的“老爷”们是如何看不起无名作者。他愤怒地发誓，从此再也不搞这些无用的创作了。他拿起手稿向壁炉走去，准备把这些稿子付之一炬。这时，关心他的妻子赶过来，一把抢过手稿紧紧抱在胸前。此时的凡尔纳余怒未息，说什么也要把稿子烧掉。他妻子急中生智，以满怀关切的感情安慰丈夫：“亲爱的，不要灰心，再试一次吧，也许这次能交上好运的。”听了这句话以后，凡尔纳抢夺手稿的手，慢慢放下了。他沉默了好一会儿，然后接受了妻子的劝告，又抱起了这一大包手稿到第十六家出版社去碰运气。

这次没有落空，读完手稿后，这家出版社立即决定出版此书，并与凡尔纳签订了二十年的出书合同。

很多人都知道凡尔纳是一位世界闻名的法国科幻小说作家，但很少有人知道，凡尔纳为了发表他的第一部作品，曾经遭受

过如此巨大的挫折!

也许，没有他妻子的疏导，没有“再试一次”的勇气，我们也许根本无法读到凡尔纳笔下那些脍炙人口的科幻故事，人类就会失去一份极其珍贵的精神财富。无数成功和失败的故事都在昭告人们：坚忍不拔，坚持到底，是失败通达成功的一个绝妙而又耐人寻味的出口。

总结经验

靖港之役，是曾国藩带兵以来所遭受的第一次大挫折。1853 年湘军东征，与太平军的西征军迎头而遇。先在岳州之战中败给了太平军，湘军出师不利，除塔齐布军外，其余各军都退回了长沙。好在湘军的主力并没有受到多大的损失。

曾国藩冷静分析后发现：太平军因为进攻过于冒进，也暴露出不少弱点，其中占领湘潭的林绍璋一军由于后军不继，攻势停顿，已经陷入了孤立无援的境地，这给了湘军以反攻的机会。曾国藩抓住这个弱点，制定了集中兵力攻打湘潭的计划，并安排杨载福、彭玉麟等五营先行，曾国藩率其余五营于次日续进。

就在曾国藩临行前一夜，忽然有靖港民团前来报告，说是那里太平军少而无备，并说当地民团已经搭好了浮桥，愿意协助进攻，充当向导。曾国藩一听机会难得，就不顾打湘潭的兵力已经出发，放弃了原定计划，率领所余水路各军改攻靖港。不想民团所提供的情况有误，太平军的力量远远超过湘军。湘军遭到了太平军炮火的猛烈轰击，战船也很快就被太平军击毁了十余只，余下的也被太平军俘获。湘军水勇纷纷上岸逃命。曾国藩急忙调动陆勇前来救援，但陆勇见水勇溃逃，也纷纷后退。危急之时曾国藩亲自执剑督战，并竖起令旗，旗上写着“过此旗者斩”几个大字。然而兵败如山倒，勇丁一个个绕过令旗继续溃逃，局面无可挽回。看到自己亲自训练的湘军如此不堪一击，曾国藩既羞愧又气愤，跳水自杀，幸而被救起送回大营。

靖港惨败令曾国藩悲观到了极点。好在安排去攻打湘潭的湘军传来捷报，湘潭一役大获全胜，这改变了长沙大营的形势，咸丰皇帝也开始重视湘军。

但靖港惨败极大地触动了曾国藩，痛定思痛，他认真地总结了岳州、靖港、湘潭这三次战役的经验教训，意识到湘军在靖港的战败，固然有一些客观原因，但更主要的还是湘军自身存在着严重的弱点。这些弱点是什么呢？他认为主要有两条：

一、湘军的训练仍然不精，特别是水师组建过于仓促，水勇大都未经过训练，这就大大影响了它的战斗力。

二、湘军赏罚制度不严明，缺乏严格的纪律，在有些地方甚至还不如清军中的绿营。

曾国藩看到了问题的所在，立即设法加以解决。他从明赏罚、严军纪做起，在长沙南门外的妙高峰展开了认真的整军运动。他决定对溃散各营全部裁撤，各营的勇丁也不许别的兵营重新招募。

经过整顿之后，湘军水陆原来的17000多人，只剩下了5000人左右。在大量裁撤的同时，曾国藩又让在这次作战中涌现出来的几位有带兵和指挥能力的营官增募新勇。

这一次，对于新招募的勇丁，曾国藩有了从严的要求，他强调绝不许滥竽充数，并且为湘军立下了规矩：每天早晨必须五更起床，起床后立即进行早操，在扎营时要认真筑垒，垒墙须高8尺，厚3尺；壕沟须宽8尺，深6尺；墙内须有内壕一道，墙外有外壕3道；壕内还须密钉竹签。

通过两个月的长沙整顿训练，弱点得到了很大的克服，战斗力有了明显的提高，整个湘军的面貌焕然一新。从此，曾国藩带领这支湘军，南征北战，打出了湘军的赫赫威名，也为朝廷立下了汗马功劳。这与曾国藩善于总结失败的习惯是分不开的。

面对困难和挫折，不退缩、不灰心丧气，善于总结失误和失败的经验教训，并以失败为起点重新冲刺，寻求新的出路，那我们的事业就会变得更为美好，成功的喜悦也终会到来。

起死回生

詹妮芙·帕克小姐是美国鼎鼎有名的女律师。她曾因代理人的一次车祸而被自己的同行——老资格的律师马格雷先生愚弄过一次，但是，恰恰是这次愚弄，使詹妮芙小姐愤而思变，终使事情起死回生而名扬全美国。

整个车祸事故的前因后果是这样的：一位名叫康妮的小姐被美国“全国汽车公司”制造的一辆卡车撞倒，司机踩了刹车，卡车把康妮小姐卷入车下，导致康妮小姐被迫截去了四肢，骨盆也被碾碎。康妮小姐说不清楚是自己在冰上滑倒掉入车下，还是被卡车卷入车下，对方的律师马格雷先生则巧妙地利用了各种证据，推翻了当时几名目击者的证词，康妮小姐因此败诉。

绝望的康妮小姐向詹妮芙小姐求援。詹妮芙接手案子后，详细地调查掌握了该汽车公司的产品近五年来的十五次车祸，取得了一个重要的发现：每一次的车祸原因完全相同，该汽车的制动系统有问题，急刹车时，车子后部会打转，把受害者卷入车底。

詹妮芙对马格雷说：“卡车制动装置有问题，你隐瞒了它。我希望汽车公司拿出200万美元来给那位姑娘，否则，我们将会提出控告。”

老奸巨猾的马格雷回答道：“好吧，不过，我明天要去伦敦，一个星期后回来，届时我们研究一下，做出适当安排。”

一个星期后，马格雷却没有露面。詹妮芙感到自己是上当了，但又不知道为什么上当，她的目光扫到了日历上——詹妮芙恍然大悟，诉讼时效已经到期了。詹妮芙怒冲冲地给马格雷打了个电话，马格雷在电话中得意洋洋地放声大笑：“小姐，诉讼时效今天过期了，谁也不能控告我了！希望你下一次变得聪明些！”

詹妮芙几乎要给气疯了，她问秘书：“准备好这份案卷要多少时间？”

秘书回答：“需要三四个小时。现在是下午一点钟，即使我们用最快的速度草拟好文件，再找到一家律师事务所，由他们草拟出一份新文件，

交到法院，那也来不及了。”

“时间！时间！该死的时间！”詹妮芙小姐在屋中团团转，突然，一道灵光在她的脑海中闪现：“全国汽车公司”在美国各地都有分公司，为什么不把起诉地点往西移呢？隔一个时区就差一个小时啊！

位于太平洋上的夏威夷在西十区，与纽约时差整整五个小时！对，就在夏威夷起诉！

詹妮芙赢得了至关重要的几个小时，终于在诉讼时效内成功上诉。庭上，她以雄辩的事实，催人泪下的语言，使陪审团的男、女成员们大为感动。陪审团一致裁决：“全国汽车公司”赔偿康妮小姐六百万美元损失费！

詹妮芙小姐胜诉，一时声名大振。詹妮芙竟然能将极其有限的时间也延长了出来，如此转化手法，不能不让人叹为观止。

败中取胜

在一次别开生面的人才招聘会上，李海宁以其绝对的实力闯过了五关，不知最后一关会是什么。李海宁在揣摩着。而另一位同是某名牌大学毕业的陈宇则有两关是勉强通过的。此时，他们都在等待着第六关考题的公布，这将是对他们的一次宣判，因为两个当中只能选一个。

李海宁入选是无疑了，大家都向他投去赞赏的目光。

主持者在片刻的有些令人窒息的“冷场”之后开始宣布：李海宁被录取，陈宇另谋高就。

宣布完后，李海宁兴奋地站起来，抑制不住心中的激动之情带头为自己鼓掌。

这时，陈宇不卑不亢地起身微笑着说：“哦，正可谓人各有志不可强求，选择人才是择优录取，更何况每个单位都有它用人的标准和尺度，每个人都要求找到、也会有自己适合的位置。好了，再见。”

“陈先生请留步！”主持者面带欣喜起身走向陈宇，“陈先生，你被录取了。”

全场响起热烈的掌声。

此时，我们都该和李海宁一样，知道我们所面临的第六个问题了吧。

这最后一个问题考验的就是我们的综合素质，是我们面临成功和失败所应采取的态度。其实在这里李海宁和陈宇都是有资格录取的。我们当然应为自己冲破重重关口后的那份成功真心喝彩，但也要有面对失败的不卑不亢。成功和失败都是我们事业必经的阶段，荣盛与衰辱也是我们人生的组成部分，因此，范仲淹所提的“不以物喜，不以己悲”，当是我们对待人生，对待事业成败的最好态度。做到这样，我们便能安然地渡过人生的低谷和事业的失败阶段，而更多地享受自己成功的喜悦。

开拓心境

哈佛大学校长来北京访问时，讲了一段自己的亲身经历。

有一年，大概是感觉到自己的生活没什么生趣，校长便向学校请了三

个月的假，同时也跟家人请了个长假，告诉他们，不要问他去什么地方，他每个星期都会给家里打个电话，报个平安。就这样，校长只身一人，去了美国南部的农村，尝试着过另一种全新的生活。

在农村，他到农场去打工，去饭店刷盘子。受雇在田地做工时，正值农忙季节，除了吃饭就是忙忙碌碌地干活，偶尔忙里偷闲，背着农场主人吸支烟，或和自己的工友偷偷说几句话，都让他有一种前所未有的轻松和愉悦。

最有趣的是最后他在一家餐厅找到一份刷盘子的工作。这一份工作时间最短，干了四个小时后，老板把他叫来，跟他结账。老板对他说："可怜的老头，你刷盘子太慢了，你被解雇了。"

"可怜的老头"重新回到哈佛，回到自己熟悉的工作环境后，却觉得以往再熟悉再单调不过的东西都变得新鲜有趣起来，这份最适合自己的工作成为一种全新的享受。

这三个月的经历，像一个淘气的孩子搞了一次恶作剧一样，新鲜而有趣。更为重要的是，经历了一种原始状态以后，就如同儿童眼中的世界，一切都那么有趣，不只换位思考，还换位生存了一段时间，变换了自己的生存环境，也变换了自己的心境，提升了自己的人生境界，生活自然会变得轻松美好起来。

让生活变得轻松

到美国观光的游客，只要到了西雅图，导游一般都会建议游客去一个鱼市场，说那是一个很特别的鱼市场，在那里买鱼是一种享受。

又一群游客到了这个鱼市场。市场里并非鱼腥味刺鼻，迎面而来的是鱼贩们欢快的笑声。这些鱼贩们面带笑容，像合作无间的棒球队员，让冰冻的鱼像棒球一样，在空中飞来飞去，同时他们还互相唱和："啊，十条鳕鱼飞明尼苏达去了。""十五只螃蟹飞到堪萨斯。"充满了乐趣和欢笑，这是多么轻松快活的劳动啊！

一位游客随便问一个鱼贩："你们在这种环境下工作，为什么还能保持愉快的心情呢?"这个鱼贩回答说："事实上，几年前这个鱼市场本来也是一个没有生气的地方，我们整天都在抱怨。后来，我们认为与其每天抱怨工作的沉重，不如改变工作的性质。于是，我们就不再抱怨，开始把卖鱼当成一种艺术。再后来，一个创意接着一个创意，一串笑声接着另一串笑声，就创造了这个快乐的鱼市场。”

这个鱼贩接着说：“而且，这里人人身手不凡，大伙将一些平日常用的动作练久了，可以和马戏团演员相媲美，来这里的顾客看我们的动作也是一种享受。这种工作的气氛还影响了附近的上班族，他们为了感染他们乐于工作的好心情，常到这儿来和我们这些鱼贩用餐。而我们也已经习惯了给这些不顺心的人开解烦恼。”

要解除烦恼和困苦，让自己生活得轻松快乐，贤哲们留下了这么一段治疗的良方。生命的轻重，都需要我们生命本身来承受。既如此，我们何不抛弃生命不能承受之重，化解烦恼与困苦，而让自己的生活变得轻松快乐呢？

你改变不了环境，但你可以改变自己；
你改变不了事实，但你可以改变态度；
你改变不了过去，但你可以改变现在；
你改变不了他人，但你可以掌握自己；
你不能预知明天，但你可以把握今天；
你不可以样样顺利，但你可以事事尽心；
你不能延伸生命的长度，但你可以决定生命的宽度；
你不能左右天气，但你可以改变心情；
你不能选择容貌，但你可以展现笑容。

11计　李代桃僵

李代桃僵一计，兵书云：“势必有损，损阴以益阳。”意思是当局势发展必然会有所损失时，要舍得局部的较小的损失，以换取全局的重大的胜利。像是田忌赛马，“以下驷对上驷，以上驷对中驷，以中驷对下驷”；像是丢卒保车，丢车保帅；像是付出大量时间、精力去获取钱财；像是在遇到危险、灾难情况下毅然破财消灾；像是不因小失大，宁肯忍耐而不乱大谋等等，用的都是李代桃僵之计。

田忌赛马

《史记·孙子吴起列传》中讲述了这样一个故事。

战国时期，齐国的将军田忌常常和王族们赛马。双方马分三等，比赛时，田忌总是以自己的上马对对方的上马，以中马对中马，以下马对下马。因为对方每一个等级的马都要比田忌的为强，所以田忌屡赛屡败。

孙膑听说了他们赛马的事，并且知道他们的马比田忌的马总体上跑得快不了多少，于是他对田忌说：“您再与他们比一次吧，我有办法使您

得胜。”

临场赛马那天，双方都下了千金赌注。一声锣鼓，比赛开始了。孙膑让田忌以下马对对方的上马，再以上马对其中马，以中马对其下马。结果，一败二胜，田忌赛马胜出。

这就是中《史记》中所说的“以下驷对上驷，以上驷对中驷，以中驷对下驷。”事物内部长处和短处、优势和弱势的不同排列组合，会产生强弱不同的力量，从而形成不同的结局。当我方与对方的情况，各有长处和短处时，要想各方面都超过对方是难以做到的。这时候，就要像田忌赛马一样，让自己的“下驷”做出最大的牺牲，同时换取自己的“上驷”、“中驷”与对方对阵的优势，最终取得争斗、竞争全局的胜利。

一家人哭好过一路人哭

北宋王朝因为内政腐败，加上在跟辽朝和西夏战争中军费和赔款支出浩大，财政发生恐慌，宋仁宗就把在宋夏战争中立下了大功的范仲淹从陕西调回京城，派他担任副宰相。

范仲淹一回到京城，宋仁宗马上召见，要他提出治国的方案。范仲淹自然知道朝廷弊病太多，要一下子都改掉不可能，准备一步一步来，但禁不住宋仁宗一再催促，就提出了十条改革措施，它的主要内容是：

一、对官吏一定要定期考核，按他们的政绩好坏提拔或者降职；

二、严格限制大臣子弟靠父亲的关系得官；

三、改革科举制度；

四、慎重选择任用地方长官。

还有几条是提倡农桑，减轻劳役，加强军备，严格法令等等。

宋仁宗正在改革的兴头上，看了范仲淹的方案，立刻批准在全国推行这十条改革措施。1043年，北宋历史上有名的庆历新政在范仲淹的领导下开始了。历史上把这次改革称为“庆历新政”（“庆历”是宋仁宗的年号）。

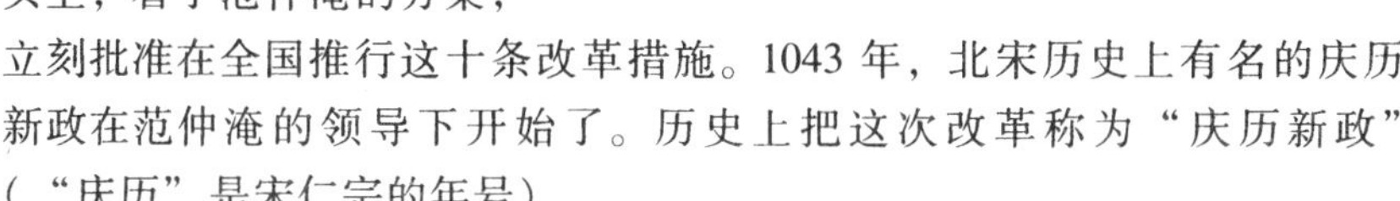

这年底，为了推行新政，撤换地方上不称职的长官，范仲淹跟韩琦、富弼等一批精明干练的按察使去各地检查官吏善恶。他坐镇中央，每当得到按察使的报告，就翻开各地官员的花名册把不称职者的名字勾掉，毫不

手软。

枢密副使富弼平时对范仲淹十分尊敬，这时见他一手举簿、一手执笔，毫不留情地罢免了一个又一个官员，俨若无情的阎罗判官，不免有点担心，便从旁劝谕："您一笔勾掉很容易，但是这一笔之下可要使他一家人痛哭呀！"

范仲淹听了，用手头的笔点着贪官的名字愤慨地说："一家人哭总比一路人哭要好吧！"

富弼听了这话，心里顿时一片亮堂，佩服范仲淹的见识高明。

在范仲淹的严格考核下，一大批尸位素餐的寄生虫被除了名，一批精明干练有才能的官员被提拔到重要岗位，官府办事效能提高了，财政、漕运等有所改善，暮气沉沉的北宋政权开始有了起色。

范仲淹自幼孤贫，生活极其艰苦，连续几年里海天都是以腌菜伴粥度日，却依然发愤读书。大概正是从贫寒中走出，范仲淹在以后的政治生活中，更多的想到的便是那些数不胜数的贫苦人民。所以，他才会不计个人的利益得失，升降沉浮，毫不留情一笔一笔地勾掉那些尸位素餐的官吏。在他的心底，总能听到老百姓孤苦无状的哭声，无论如何，一家人哭总比一路人哭要好啊！这正是其"先天下之忧而忧"的高尚情怀。

丢车保帅

汉文帝的时候，曾任太子舍人、门大夫、太子家令的晁错多饮上书，说到削减诸侯势力的事，以及修改法令的事。几十次上书，汉文帝都没有采纳，但认为他有奇特的才能，提升为中大夫。当时，太子称赞晁错的计策谋略，袁盎和诸位大臣却大多不喜欢晁错。

汉景帝继位后，任命晁错为内史。晁错多次请求皇帝单独与他谈论政事，景帝每每都听，宠幸他超过了九卿，晁错修改了不少的法令，并升为御史大夫。

一般人在顺境中，容易失去谨慎。晁错也是如此，他年轻气盛，接连升任，觉得世上没有做不到的事情，更趁此机会做了几件大事，一方面压服人心，一方面为了报效皇上知遇之恩，上书请求从吴国开始削藩，巩固刘家天下中央集权。

奏章呈送上去，皇上命令公卿、列侯和皇族一起讨论，没有一个人敢非难晁错的建议，只有窦婴与他争辩，因此和晁错有了隔阂。晁错所修改的法令有三十章，诸侯们都叫喊着反对，痛恨晁错。

晁错的父亲听到了这个消息，就从颍川赶来，对晁错说："皇上刚刚继位，你当了御史大夫，地位已经够高的了。怎么不安分守己，硬管闲事？你想想，诸侯王都是皇室的骨肉至亲，你能管得着？你把他们的封地削了，他们哪一个不怨你、恨你，你这样做究竟为的什么？"

晁错回答他的父亲："不这样做，皇上就没法行使权力，国家也一定要乱起来。"他父亲叹了口气说："你这样做，刘家的天下当然更加安定，我们晁家却危险了。我老了，不愿意看到大祸临头。"后来，其父亲一回到颍川老家，便服毒药而死，死前还说道："我不忍心看到祸患连累

自己。”

晁错的父亲死后十几天，吴、楚、赵、胶西、胶东、甾川、济南等七个诸侯王果然发动叛乱。历史上称为“七国之乱”。叛军声势很大，汉景帝有点急了。他想起汉文帝临终的嘱咐，拜善于治军的周亚夫为太尉，统率三十六名将军去讨伐叛军。

且说大臣袁盎一向与晁错合不来，两人的关系恶劣到不曾同堂议事。此时，他联合窦婴趁机向汉景帝进谗说七国发兵完全是晁错引起的。袁盎劝汉景帝说：“只要答应七国的要求，杀了晁错，免了诸侯起兵的罪，恢复他们原来的封地，他们就会撤兵回去。”

汉景帝听了这番话，思索了良久。心想晁错虽是一心为了我汉家天下，为了我手中的大权，自己也非常宠爱他，然而毕竟天下为大，天下的安定才是最重要的，自己的皇位要紧，于是无奈地说：“如果他们真能够撤兵，我又何必舍不得晁错一个人呢。”

见皇上如此表态，一批大臣便趁机上奏章弹劾晁错，说他大逆不道，应该腰斩。汉景帝见事态如此，只得批准了这个奏章。

一天，中尉来到晁错家，传达皇帝的命令，要他上朝议事。晁错还完全蒙在鼓里，立刻穿上朝服，跟着中尉上车走了。车马经过长安东市，中尉忽然拿出诏书，要晁错下车听诏。中尉宣布了汉景帝的命令，后面一群武士就一拥而上，把晁错绑起来。这个一心想维护汉家天下的晁错，竟这样莫名其妙地被腰斩了。

汉景帝杀了晁错，派人下诏书要七国退兵。这时候吴王濞已经打了几个胜仗，夺得了不少地盘。他听说要他拜受汉景帝的诏书，冷笑说：“现在我也是个皇帝，为什么要下拜？”

汉军营里有个官员名叫邓公，到长安向景帝报告军事情况。汉景帝问他说：“你从军中来，听到晁错死了，吴楚的军队退了没有？”

邓公说：“吴王为了造反已经准备了几十年了。这次故意借削地的缘故发兵，哪里是为了晁错呢？恐怕以后天下的人从此都将闭口，再也不敢进言了。”

皇上说：“为什么呢？”

邓公说：“晁错担心诸侯强大了不能够制服，所以要求削减诸侯的封

地，借以尊宠朝廷，这实在是关乎万世的好事啊。计划才开始实行，他竟然遭到杀戮，这样对内杜塞了忠臣的口，对外反而替诸侯报了仇，我私下认为陛下这样做是不足取的。”

此时景帝沉默了好久，说：“您的话很对，我也悔恨这件事。”

只是，忠臣已斩，后悔已晚。

晁错是西汉前期具有法家倾向的著名政论家，其削藩的主张对巩固封建中央集权，维护汉刘的天下，无疑是正确的。晁错的悲剧是由他的性格决定的。他只知忠君，不知自保；锋芒太露，不知迂回婉转；得罪的人太多，侵犯了许多人的利益，却不知广结善缘。在削藩问题上，汉景帝无疑也是认为其主张大有益处，因而大力支持。但除了汉景帝支持外，几乎所有的王公诸侯都成了他的政敌。这样一来，一旦局势突变，矛盾变得尖锐，再宠爱再信任他的汉景帝为了自己的统治，也只能是“丢车保帅”，把他当替罪羊了。唯一不同的是，丢车保帅是做得划算呢，还是白白牺牲而已。

小事任性，大事从容

美国名人之一毕林斯先生，曾任全美煤气公司总经理达三十年之久。有一次，他乘车回家，下车时把一盒雪茄遗落在车里了，没多久他返身去找，但早已不见了。他因此而气得面红耳赤、暴跳如雷，在旁观众人眼里，竟都以为他失去的是一件无比珍贵的宝物。而其实，这包雪茄的价值，不过是五美分一支，其损失可谓是微不足道。

毕林斯先生在总经理任内，虽然同样对于许多小事也常常会大发脾气，让人觉得这人脾气大，仿佛性情浮躁，而其实，他留给公司众人最深刻的印象，却是他遇上重大事情时镇静异常，临危不乱。像公司一些重大会议上，或者一些重大决策时，他都是一个名副其实的善运筹、有魄力的总经理。

曾经有一次，他凭空遭遇了十万倍于那次的损失，但他却全然若无其事一般。那是全世界发生经济恐慌的年代，毕林斯先生有好几天因为卧病在床，没有去公司办公。没想到就在这几天里，世事变幻，他有几万块钱存款的一家银行竟然倒闭了，自然，那一笔巨额存款也成了“呆账”。待到他病愈后，听到这家银行倒闭的消息，却只伸手搔了搔头发，然后沉思了会儿，便说：“算了，算了。”

毕斯林先生面对重大决策、紧急事件或遇上巨大的损失时，之所以能够如此镇定从容，主要原因之一就是他把怒气发泄在平日的小事情上了。所以遇到大事情时能够从容应对，心情开阔。

在我们的生活中，如果遇到大事不顺，情绪低落，忍不住发脾气时，不妨转移一个目标来发泄，譬如可以扔那些空碗酒瓶之类，咣当咣当响地代你出气，也可以狠骂你的温顺的性感猫儿，让它备受委屈，也可以拿着棍子追赶着狗儿跑，让自己大口大口地吐出胸中的闷气。总之，既然总要做出一些损失，来发泄心中的火气，换取心理的平衡和轻松时，那就不妨损失一些小东西无所谓的事情，没什么大不了。像是生活中很常见的夫妻

之间的吵架，同样如此。与其与对方对骂得彼此伤心伤肝，不如去破口大骂猫猫狗狗；与其大动干戈，摔电脑电视机，难以收场，不如摔些空碗酒瓶之类，事后一扫了事。这全是李代桃僵的功劳。要想生活幸福，切不可桃李不分呐。

为上司保驾揽过

作领导的，因为自己的身份地位和职责权利，一般都多用心思于大事，有时难免疏于一些小事情；喜欢在众人拥护下风风光光，而不愿当众有失面子；评功论赏时喜欢冲锋在前头，有了错误过失却喜欢有人出来承错揽过；利人利己，皆大欢喜的事情，他自然要出来做大好人，而利己却损人的事情，他一般是不愿出面来充当得罪人的角色了。

人有悲欢离合，事有顺逆起伏，在事情出现反复，前路凶险莫测，身处晦暗低谷的时候，领导就亟需忠心的下属挺身而出，甘当马前卒，全力保驾护航，或者主动出来承错揽过，敢于代领导担责受过。

某食品公司因产品质量问题，引起社会公众的投诉。电视台记者到公司采访时，最先碰到的是经理助理小王。小王一见这架势情形，一来经验不够有些心虚，二来也怕承担不起责任，就说道："我们刘经理正在办公室，你们有什么事情要问就直接去问他吧!"

刘经理正在办公桌上想问题，没提防，一帮人冲进门来，扛着"枪炮"话筒围住了自己。一番闪电之后，便有雷鸣而来："有人举报你们公司产品质量有问题，有人现在还躺在医院，你对此可有知情?""你对此事件有何看法呢?"

刘经理瞬间处于"受审"的中心，毫无心理准备，躲又无处躲，又不能不说，只得硬着头皮接受了采访。其情形可想而知，很不理想，问题没能得到很好的处理。公司的形象为之受了损失，产品销量也即时大幅度下跌。

事后，刘经理得知小王不仅没有阻拦一下记者未提前给自己报信，还将责任推卸给自己，大为恼火，很快就借故将他炒鱿鱼了。

我们不妨想想，如果小王一开始就尽其可能地款待记者，缓和一下气氛，实事求是地讲明产品质量问题的原因，说公司领导正在积极地寻求改进措施，以维护领导的面子，为领导分忧。或者，如果对于问题无权回答，至少也可以回答一些无关痛痒的话，拖延一下时间。同时示意他人给刘经理报信，看其是否决定接受采访，接受采访时多一些心理准备。这样一来，采访便可以更加顺利，问题便可以得到最妥当的解决。这样一来，事情的结果便会大不一样。

当然，挡驾是件得罪人的事情，非但艰难，而且费力不讨好。替领导分忧本身就不大容易。一般情况下，领导也难以启齿对下属交代，只有靠一些心腹用心去揣摩领导的意图，再见机行事。当然，这种事情不像工作职责那样界线分明，做好了，未必有什么明确的表扬；如果领会有误做事欠妥甚至越帮越乱，弄得领导很尴尬甚至下不来台时，那更会好心不得好报，承受领导的一腔怒火。

但不管为上司保驾揽过怎样费力不讨好，做下属的都应该尽自己力量去做。做得好了，即便当时得不到什么，上司自然也是看在眼里，记在心里，日后会找机会好好补偿的。要想不将事情搞砸，好心不得好报，除了谨慎小心之外，还要记得多请示多汇报，以更准确地领会上司的意图，减少自己的责任。而如果有了事情，却不肯做出一些牺牲，根本就不为上司挡驾护航，担责分忧的话，那只怕日后要付出更大的牺牲了。

12计 顺手牵羊

顺手牵羊一计出自《草庐经略·游兵》："伺敌之隙，乘间取胜"，是指看准对方在变动中出现的漏洞，抓住其薄弱点，乘虚而入获取胜利的谋略。古人说："善战者，见利不失，遇时不疑。"运用"顺手牵羊"计，要注意捕捉战机，乘隙争利。因为对方的漏洞可能是突然出现的，我方也是事先没有预计到的。

兵法云："微隙在所必乘，微利在所必得。"对方出现微小的漏洞，也要及时抓住加以利用，发现微小的利益，也一定要争取到。当然，小利是否应该必得，还要考虑全局，考虑整体利益。只要时间来得及，又不会"因小失大"，不致打乱全局计划，小胜的机会也不应该放过。因此，来去顺路，夺之顺手，顺其自然，应时而得，并且不影响主要目标的实现，是此计的主要特征。

将计就计

三国时，魏将邓艾与蜀将姜维两军对阵。王瓘潜受邓艾之命，领五千兵向姜维诈降，自称是王经的侄儿王瓘，近见司马昭弑君，将叔父一门屠戮，因此痛恨入骨，特来投降，愿意听从调遣，以报叔父之仇。

姜维一眼就看出王瓘行的是诈降之计。司马昭既然杀了王经，灭其三族，怎么可能让其亲侄于关外领兵。而且，魏降将夏侯霸也说王经没有侄儿王瓘，这就完全证实了王瓘的阴谋。既知其诈，玉灌的行动就得听姜维的指挥了。于是姜维便决定将计就计。

姜维见王瓘来降，极口赞其"诚意"、"深明大义"，为表示对他的"信任"，派了他运粮的重任，领其手下三千降兵到隘口把数千粮车运赴祁山；其余魏兵则留下另用。王瓘虽不愿，却不敢说，唯恐姜维疑惑；而得此任务，心中暗喜：粮为蜀军性命，把它运回魏寨岂不立了大功，王瓘于是派人悄悄写信给邓艾，约于八月十二日，从小路运粮送归大寨，教邓艾于坛山谷中接应。

姜维当然早已料到王瓘这一招，振人在路口暗伏，截获了密信，便将书中之意，改作八月十五日，约邓艾自率大兵，于坛山谷中接应。一面令

人扮作魏军往魏营下书，一面遣兵派将埋伏等候邓艾到来。

邓艾得王瓘书信，大喜，于八月十五日引五万精兵，径往坛山谷中来。邓艾使人凭高眺望，只见无数粮车，接连不断，从山谷中而行。勒马望去，果然都是魏兵（这是留下的二千降魏兵）。

因前面山势掩映，恐怕有伏兵，于是停军等候。不久，两骑骤至，报说："王将军因粮草过界，背后人马赶来，望早接应。"邓艾大惊，急催兵前进。时值五更，月明如画。只听得山后呐喊，邓艾只道王瓘在这里厮杀。

奔过山后时，忽树林后一彪军闯出，为首蜀将傅佥，勒马大叫说："邓艾匹夫！已中我主将之计，何不早早下马受死！"

邓艾大惊，回马便走。魏军立时散乱溃逃。此时蜀兵尽出，杀得魏兵七断八续。邓艾弃甲丢盔，混在步军中，翻山越岭方才逃脱性命。

姜维将得胜之兵四面包围王瓘。王瓘无路可逃，于是投江而死。

王瓘领五千兵前来诈降，一被人识破，便犹如一群小羔羊，自投罗网。非但如此，还未有察觉，自以为得计，反而被对方收来放养山中，更是牵出了"一大群羊"来。姜维坐镇，没想到竟然有这么一群"肥羊"自动送上门来，怎能不顺手牵来。

败舰劫船

1702 年一个夏天，一支英国舰队突然出现在西班牙的加的斯港。这支英国舰队此行目的是为了夺取加的斯港，控制出入地中海的门户。

这支英国舰队的指挥官是奥蒙德公爵和乔治·鲁克爵士。当这支庞大的舰队临近港口时，由于还没有摸清敌人的情况，指挥官没有下达进攻的命令。而其实，港口的西班牙守军还没有完备的防御，如果英国舰队突然发动进攻，就可一举拿下港口，轻易取得胜利。

乔治爵士还有些主见，说："国王这次命令我们出征，我们应该尽快解决战舰，迅速占领港口，这样才有立足之地。否则，我们的淡水和粮食都将用完，战斗力也会削弱。我看还是要立即发起进攻。"

奥德蒙公爵说："我看还是稳妥点为好。我们远道而来，将士都没来得及休整，而且对这里地理环境和敌人的情况不了解，如果贸然发动进

攻，导致全军覆灭，国王一定会怪罪我们的，到时候恐怕性命都难保。”

乔治爵士一听也有些道理，要不然万一出现判断失误，自己也负不起这个责任，便问道：“您说该怎么办呢？”

“命令水兵乘小船分批登陆，抢占滩头阵地，一点点地夺取要塞，最终占领港口。”公爵语气坚定地说。

于是一声令下，士兵纷纷向滩头发起进攻。刚开始战斗十分顺利，几乎没有遇到什么抵抗。英军以为守军被吓坏了，不敢反击了。其实，他们的意图早就被西班牙人识破了，他们正在调集大部队进行抵抗，只不过当地的兵力暂时不足而已。

当港口的西班牙守军已经做好战斗准备后，英军遇到了出乎意料的猛烈反击，顿时乱了阵脚，纷纷溃退。结果攻打了一个月之久，眼看水和粮食快用完了，港口仍牢牢地掌握在西班牙人的手里。

乔治爵士向奥蒙德公爵建议说：“再打下去我们可支撑不住了，不如收兵回国吧！保存一些兵力也好向国王交代。”奥蒙德公爵此时的情绪很低落，喃喃地说：“事到如今，只有这样了。让各舰清点人数和食品、淡水储备量，计算好每天的消耗，马上启程回国。”

英国舰队正准备返航，奥蒙德公爵得到报告：一批西班牙的运宝船，刚刚停靠在离加的斯港不远的比戈湾。奥蒙德公爵一听顿时来了精神，心想：这次远征一无所获，如果抢了这批宝物，免得空手而归，大家发财不说，回去在国王面前也好交代。

于是，他命令舰队向比戈湾全速前进。英国水兵在金银财宝的刺激下，个个争先恐后，勇猛无比，对西班牙运宝船进行了疯狂的洗劫。

奥蒙德公爵将劫得的一百万英镑的宝物献给英国国王威廉三世，不提攻占港口的失策，而将抢劫西班牙运宝船的经过添油加醋地描绘了一番。由于奥蒙德公爵顺手牵了一头“大羊”，国王不仅没有责怪他指挥作战不利，反而大大夸奖了他一番。

奥蒙德公爵指挥失误，没能夺取西班牙的加的斯港，却顺手劫回了对方的一艘运宝船，国王得到了一百万英镑的宝物，舰队兵士们也个个囊中鼓鼓，真个是战事虽败，却还是满载而归，虽败犹荣。之所以如此，因为他们顺手牵来的，也是一头肥羊啊。

咖啡与黄金

1857年，摩根从德哥廷根大学毕业，进入邓肯商行工作。一次，他去古巴哈瓦那为商行采购鱼虾等海鲜归来，途经新奥尔良码头，下船到码头一带兜风，突然有位陌生人从后面拍他的肩膀：“先生，想买咖啡吗？我可以出半价。”

“半价？什么咖啡？”摩根疑惑地盯着陌生人。

陌生人自我介绍说：“我是一艘巴西货船船长，为一位美国商人运来一船咖啡，可是货到了，那位美国商人却破产了。这船咖啡只好在此抛锚……先生！您如果买下，等于帮我一个大忙，我情愿半价出售。但有一条，必须现金交易。先生，我是看您像个生意人，才找您谈的。”

摩根跟着巴西船长一道看了看咖啡，成色还不错。想到价钱如此便宜，摩根便毫不犹豫地决定以邓肯商行的名义买下这船咖啡。然而，他兴致勃勃地给邓肯发出电报，可邓肯的回电是："不准擅用公司名义！立即撤销交易！"

摩根非常生气，不过他又觉得自己是有些过人，此事须冒不少风险，而邓肯商行毕竟不是他摩根家的。无奈之下，摩根只好求助于父亲吉诺斯。

吉诺斯回电同意用自己伦敦公司的户头偿还挪用邓肯商行的欠款。摩根大为振奋，心底产生了一种强烈的愿望，那就是开自己的公司，做自己想做的生意。于是索性趁此机会，放手大干一番，在巴西船长的引荐之下，他又买下了其他船上的甩卖咖啡。

摩根初出茅庐，做下如此一桩大买卖，不能说不是冒险。但上帝偏偏对他情有独钟，就在他买下这批咖啡不久，巴西便出现了严寒天气，一下子使咖啡大为减产。这样，咖啡价格暴涨，摩根只是一转手，便轻而易举地大赚了一笔。

从咖啡交易中，吉诺斯意识到自己的儿子是个人才，便出了大部分资金为儿子办起摩根商行，供他施展经商的才能。

1862 年，美国的南北战争打得不可开交。林肯总统颁布了"第一号命令"，实行了全军总动员，并下令陆海军对南方展开全面进攻。

一天，一位华尔街投资经纪人的儿子克查姆来与摩根闲聊。

"我父亲最近在华盛顿打听到，北军伤亡十分惨重！"克查姆神秘地告诉他的新朋友，"如果有人大量买进黄金，汇到伦敦去，肯定能大赚一笔。"

对经商极其敏感的摩根立时心动，提出与克查姆合伙做这笔生意。克查姆自然跃跃欲试，他把自己的设计告诉摩根："我们先同皮鲍狄先生打个招呼，通过他的公司和你的商行共同付款的方式，购买四五百万美元的黄金——当然要秘密进行；然后，将买到的黄金一半汇到伦敦，交给皮鲍狄，剩下一半我们留着。一旦汇款之事泄露出去，黄金价格肯定会暴涨。到那时，我们就堂而皇之地抛售手中的黄金，肯定会大赚一笔！"

摩根迅速地盘算了这笔生意的风险程度，爽快地答应了克查姆。

一切按设计行事，正如他们所料，秘密收购黄金的事因汇兑大宗款项走漏了风声，社会上流传着大亨皮鲍狄购置大笔黄金的消息，"黄金非涨价不可"的舆论四处流行。于是，很快形成了争购黄金的风潮。由于这么一抢购，黄金价格飞涨，摩根一瞅火候已到，迅速抛售了手中所有的黄金，又狠赚了一笔。

对方的漏洞是偶然的，不会常常出现在眼前。当摩根因为邓肯商行采购海鲜时，遇到了一头"大肥羊"，其时他的身份局限了他只能是为邓肯商行"牵羊"，没想到邓肯商行有钱不赚，这头"大肥羊"还是被年轻的摩根牵回了家。尝到了"肥羊"的滋味，摩根日后见了无主的羊，自然会积极地顺手牵来。

机会常常有，就看你有没有勇气去抓住成功的机会。当机会来到身

边，就要善于识别，并且迅速果断地顺手牵来。机会多是稍纵即逝，犹如白驹过隙。因此，当机会来临，善于发现并立即抓住它，要比貌似谨慎的犹豫好得多，犹豫的结果只能错过机遇，果断出击是改变命运的最好办法。古人说："善战者，见利不失，遇时不疑。"与机遇结伴而来的风险其实并不可怕，能够捕捉战机，敢冒风险，当机立断，乘隙争利的人才能充分抓住机会获取最大的利益。

借题发挥

在与人争辩，如果发现了对方偶尔出现的口误、漏洞或者歧义，就要及时抓住，穷追猛打，借此削弱对方的优势，化解困境；或借题发挥，偷换概念，将话题向着对自己有利的方向发挥，从而非常有效地达成自己的目标。

1959年美国副总统尼克松访问前苏联。在此之前，美国国会通过了一项关于被奴役国家的决议，对苏联和东欧的社会主义国家进行了一番抨击。因此，在尼克松与赫鲁晓夫会晤，谈到这项决议时，赫鲁晓夫大为恼火，便不顾外交礼仪，对尼克松说："这个决议臭极了，臭得像刚拉下的马粪，没有比马粪更臭的东西了！"

赫鲁晓夫出言粗俗，欲使尼克松难堪。没想到尼克松听后非但没有难堪，反而若无其事地回敬道："我想主席先生大概搞错了，比马粪还要臭的东西是有的，那就是猪粪。"

人家知道，赫努晓夫年轻时曾当过猪倌，自然也曾见识过猪粪的厉害。所以尼克松就此借题发挥，顺手牵羊，暗中给了赫鲁晓夫强劲的一击。当时，赫鲁晓夫脸上便浮起了尴尬的红晕。

在生活中，人们说话时口误、漏洞或者歧义也时或可见，这就给了人们以借题发挥的机会。在日常生活和工作中，巧妙地运用这种技巧，偷换概念，故意在领会对方的意思时出现偏差失误，将话题向着对自己有利的方向发挥，可以很好地化解自己面临的困窘或危机，或者有效地达成自己的目标。

一对恩爱夫妻，平日里感情甚好，一天夜里突然吵了起来。原来妻子下班误了车回家晚了，丈夫等急了，说了两句："你去哪儿了？回来这么晚？你心里还有这个家吗？"结果妻子一听就火了。夫妻俩

大吵了一场，妻子气得声称要回娘家。丈夫一时也没好气："你走好了，把你的东西全带走，走了就不要再回来！"

可是，过了好一阵，丈夫在外屋听出里屋没什么动静，他推开门一看，只见妻子坐在床边抹眼泪，床上铺着一条大包袱皮。丈夫问："你怎么还不走?"妻子看了一眼丈夫，哽咽着说："你躺在包袱皮上吧！"

"干嘛?"

"我……我要带走所有属于我的东西。"

这时丈夫的心怀渐趋平静，听到这里不禁笑出声来。妻子也跟着扑哧一笑，二人感情随之恢复。

在这里，夫妻俩吵架出现严重危机时，妻子抓住了丈夫所说的"把你的东西全带走"这句话的意义模糊之处，故意错误地领会对方的意思，借题发挥，还夸张地要将"丈夫"这个"自己的东西"包起来带回娘家。丈夫见到这种喜剧场面，自然会意识到自己说话太过冲动，会想到夫妻之间的恩爱关系，哪里能随意的说走就走，说分就分！于是，一场严重危机被机智的妻子借题发挥，瞬间化为无形。

顺手牵羊

某医院急诊科，一男性中年患者躺在观察室床上打吊针，嘴里不停地唠叨，嫌护士照顾不周，嫌医生不给他用好药。这时，门口一位漂亮姑娘主动与患者搭讪："现在这社会，没熟人看病，掏了钱，人家也不大上心！"

中年男人见有人出来附和，又见姑娘长得漂亮，便点头表示深有同感。那位漂亮姑娘见他对自己全无冷淡之意，便又问他什么病情，并安慰他说这种病没多大关系。三两句闲聊之后，她又主动地建议："这里的大夫我都很熟，要不，我去替你求求大夫。"

中年男人见她如此热情，又是主动地提出来的，自是点头同意。片刻这位姑娘回来对患者说："大夫同意给你换好药了，他说一会儿就来。"

等了十来分钟，还没见大夫来，中年男人有些急躁，问她怎么回事。姑娘也替他发急，瞬间又忽然想起似的说："干脆我用你手机催一催。"

中年男人感激地把手机送到姑娘手中。姑娘拨通了一个电话，"喂……喂"两声之后，说是屋里听不清楚，便一边往门口移去。当姑娘移至门口时，中年男人似乎意识到不对劲，便要叫姑娘回来。可还没等他张口，那位漂亮姑娘已出了门口。中年患者又喊又骂，提着吊瓶追至门口时，漂亮的身影早已消失不见。

人们在陌生的地方，问路或者求人时都会提防几分，这是处世防身之道。因为你在问路或求人时，便向对方暴露了自己的势单力薄的弱势或者困境。此外，如果对方向你伸出热情之手时，你也可能由于感激而容易松懈自己的警惕防范之心。在这种情况下，如果对方不生善心而起歹意的话，他就有机可乘。一般来说，这些别有用心者往往利用人们孤立无援的弱点、疏于防范的心理，在假意给你提供帮助的同时顺手牵羊，窃取

财物。

正所谓“害人之心不可有，防人之心不可无”。当你遇到困难，得到他人的热情援助时，你除了表达你的感激之情外，还要保持一定的警惕防范之心。这样，即便对方有心起歹意，也少有机会可乘。像上例中的中年患者，应该想到姑娘的身份有可疑之处，因为她既非护士，又不像患者，她在这里干嘛？她哪能熟识这么多大夫？中年患者没有开口相求，她倒是主动提出帮忙来，是否别有用心？还有一点，医院上下楼也不远，刚才能走过去，现在也能走过去，何必用手机相催？她怎能记得那么多的电话号码？只要心生警惕防范之心，自然能够识破对方的破绽。如此一来，姑娘再漂亮，又怎容易顺手牵羊、骗走手机呢？

13计 打草惊蛇

宋代郑文宝《南唐近事》记载了这样一个故事：南唐时，有个叫王鲁的人，自从就任当涂县令以来，便把主要精力放在为自己捞取钱物上。县吏们也跟着效法，索取贿赂，百姓们怨声载道，苦不堪言。有一天，王鲁得知上司要来察访民情，肃整吏治，不禁担忧起自己头上的乌纱帽来。他在批阅公文当中，正好看到本县百姓联名告发他手下的主簿贪污受贿的一叠状子，于是忧心忡忡，神思恍惚，不由自主地在状子上批下“汝虽打草，吾已惊蛇”八个红字。这就是打草惊蛇一词的来源。

打草惊蛇，原意指在情况不明时，因打击次要敌人而惊动了主要敌人，以致其隐藏得更深，不便发现。打草惊蛇作为一条处世计谋，指的是在对手情况不明或情况可疑时，先进行试探性的佯攻，诱使对手将真实情况暴露出来；在充分了解对手情况之后再采取相应的行动，并小心提防落入对手的圈套。

运用打草惊蛇之计，要善于审时度势。在知己不知彼时，要谨防打“草”而惊“蛇”，疏漏了主要目标；而在知己又知彼时，要充分利用“草”动则“蛇”惊这一规则，引蛇出洞。“打草”是“惊蛇”的手段，“惊蛇”

才是“打草”的真正目的。

搜身除奸

正德年间，宦官刘瑾把持朝政，为所欲为，还阴谋杀害皇帝，夺取帝位。曾经做过皇帝老师的何瑭，早就看破了刘瑾的野心，总想伺机除掉奸臣。

机会终于来了。有一天，何瑭和朝廷文武百官一起，来到皇宫门外，准备为皇帝庆祝寿辰。刘瑾也骑着高头大马来了。但就在刘瑾翻身下马时，何瑭突然看见他穿的大红朝服里面，露出只有当皇帝才能穿的赭黄色提花锦绣龙袍来，心下便暗暗地打起主意。

群臣给皇帝拜寿过后，皇帝设宴款待群臣。在大家忙着找位置坐下时，何瑭趁人不注意，迅速将一只九龙杯藏起来。九龙杯是宫中御用宝物，太监发现少了一只，大吃一惊，到处寻找。这时何瑭站起来问道：“是谁拿了九龙杯？”

见没人回应，他再次问道：“谁拿了就赶快交出来！不然就要搜身了！”

众官员不知是计，也都开玩笑似的说：“搜就搜，搜出来罚他一千杯酒！”

刘瑾心里有鬼，一听到搜身，心都凉了半截，不敢吱声。可是他越怕，大家就越怀疑，越要搜身。何瑭说：“这样吧，先从万岁搜起，从上到下，一个接一个搜身。”

皇帝听说笑道：“别开玩笑，这宫殿里的东西都是我的，单拿个九龙杯，有什么意思？”

何瑭说：“你是皇帝，理应带头。”边说边给皇帝使眼色。何瑭做过皇帝的老师，皇帝知道他爱开玩笑，只好站起来，解开龙袍让大家看。

万岁带了头，九千岁便也没有理由不搜。此时，刘瑾脸色变得苍白。文武百官早就恨透了刘瑾，见他脸上有异，更怀疑九龙杯是他拿了，便都朝他嚷着：“搜，搜！”

刘瑾没法子，只好让何瑭来搜。不料朝服一解，里面竟是只有皇帝才能穿的赭黄龙袍。出现这般意外，大家“啊”了一声，一时都愣住了。刘瑾见自己想做皇帝的阴谋彻底暴露了，便迅速抽出预先藏在袖里的短

刀，向皇帝刺去。说时迟那时快，何瑭飞起一脚，把短刀踢落在地上。此时金殿乱了套，皇帝只说了一句："快把他打死。"就吓得昏了过去。等他醒来时，刘瑾已被御林军打死了。刘瑾府第也正在查封之中。

一番混乱就这样过去了，奸臣被除，君臣也都松了一口气。这时，何瑭也将九龙杯献了出来，向皇上和大臣们说明，是自己察觉其不轨之举时临时想出来的主意，藏杯搜身，打草惊蛇，在轻松的玩笑之中突然暴露其天大的阴谋。

为害一时的刘瑾专权，就这样树倒猢狲散，迅速土崩瓦解了。

知道了"蛇"的藏身之处，便可以想办法使其附近的"草木"晃动，故意制造混乱，引得众人上前"打草"，暴露"蛇"身，然后大家一顿乱棒劈下，"蛇"哪里还能有活命的余地？

有些警官善于使用这种打草惊蛇策略，故意一点点地数出已知的与之相关的一些事情，使得本已做贼心虚的罪犯相信，警官已掌握了全部罪证。罪犯于是不得不把所知道或所做的一切全部地数将出来。

先查封后搜捕

解放前夕，云南省实力派将领卢汉见国民党大势已去，暗中与共产党地下组织建立秘密联系，共商和平解放云南大计。

蒋介石此时对卢汉也有所怀疑，但因证据不足，不能轻易对一个地方实力派人物下手。他决定亲赴云南考验一下卢汉。这天，蒋介石见到卢汉后便大声斥责起来："你们云南共匪猖獗，人心不稳，那些学生整天要民主呀要自由呀，我看都是共产党在煽动，你必须立即给我摧毁云南的共产党地下组织。怎么样，有什么困难吗？"

"没有困难，我一定依照总裁的吩咐，尽快将云南的共产党一网打尽。"卢汉回答得很干脆。

辞别蒋介石后，卢汉明白：看来这次不做点姿态是不行了。怎么样才能既应付了老蒋，同时又不使共产党地下组织受损失呢？左思右想，卢汉终于想出了一条两全其美的对策。

卢汉首先大张旗鼓地解散并查封了省议会，却不同时进行搜捕。此举立即惊动了共产党和左派人士，他们马上秘密转移。等卢汉下令进行搜捕时，早已不见了共产党的踪影，蒋介石没有看出什么破绽，只好作罢。

卢汉在这里采用的正是打草惊蛇之计。他运用此计可谓妙不可言，既消除了老蒋对自己的怀疑，又保住了云南共产党的地下组织。

做贼心虚

一个木匠收了许多孩子做学徒。有一天，他抽屉里的钱不见了，不知被谁拿走了，所有的孩子都否认是自己干的。

没有外人来过，不是这帮孩子还能是谁？为了弄清事实真相，木匠把孩子们召集到一块，发给每人一根同样长短的木棍，然后说："你们把这些木棍收好，明天早上再给我，偷钱的人木棍会比别人的长出一寸来。"

偷钱的那个孩子害怕被发现，晚上偷偷溜出来，把自己的木棍锯掉了

一寸，免得明天比别人长出一寸来。

第二天，孩子们把木棍都交了出来。大家的木棍都是一样长，只有一个孩子的木棍比别人的短了一寸。显然，这就是那个偷钱的孩子了。一见这情形，孩子满脸羞愧，哭着请求原谅，并保证以后再也不偷人家东西了。

蛇怕棍打，做贼心虚，这似乎永恒的规律，大概是上天对做事不光明正大者的惩罚吧。做贼心虚，有意识地打草惊蛇，做贼者便会惊惶失措，想办法遮掩自己。没想到越是遮掩反而越有痕迹，这条做贼者难以完全隐藏的“狐狸尾巴”，在智者的烛照之下，终会显露出来，这正应了一句古话：要想人不知，除非己莫为。

不动草，不砍树

春秋末期，齐国的大臣隰斯弥去拜见权臣田成子，田成子和他一起登上高台向四面张望。只见三面的视线都畅通无阻，唯有南面被一片树木挡住，而这片树木正是隰斯弥家的。

田成子也看着那一片树木，只随口说道：“怎么样，风景还好吧！”

“是啊，是很好。”隰斯弥若有所思地说。

回到家里，隰斯弥马上让仆人砍掉那一片树木。他的侍妾说：“你今天怎么啦，刚回家就要砍树。”

斧头刚砍了几下，隰斯弥眉头一皱，又不让砍了。侍妾愈加不解：“你今天到底是怎么啦？一会儿砍，一会儿又不砍的。”

隰斯弥说：“谚语云：‘知渊中之鱼者不祥。’田成子将要发动大事变了，在这个时候，我要是显示出知道他的细微想法，我就会有危险了。我不砍树，还不会有什么罪；我如果砍树，就意味着我知道了他所不能明言的事情，那罪过就大了。所以，我不能砍这树啊。”

此后，他绝口不提砍树的事。后来，田成子于公元前481年发动武装政变，杀了齐简公和许多王室贵族，另立齐平公，自己一手把握了国家大权。而隰斯弥一家，没在被杀之列。

隰斯弥这是知而不为，自有其一番用心。田成子邀请隰斯弥登上高台看风景，也许是在暗示隰斯弥家的树挡住了自己的视线。明知自己的树木挡住了田成子家的视野，令权臣田

成子不悦，但隰斯弥仍然大智若愚，置若罔闻，这又是为什么？

深不可测是领导统御下属的必要手段，一般的领导有必要也都会尽可能也去了解自己的下属，同时尽可能对自己的下属保守一定的秘密；此外，一些重大的机密事件，更是不能让下属或者同僚知道。如果领导微妙的心理活动你都能了如指掌，就必然要引起他的警惕和防范；而如果再让领导怀疑到你已揣度出他的重大机密或者行动计划，这更会让他心中不安，甚至可能给自己带来莫测之祸。

田成子带隰斯弥看风景，自是意不在树，而是在测试隰斯弥能否看出自己的心思。一个能看出自己微妙心思的人，也很可能会揣测出自己的谋反意图。幸亏隰斯弥想到了更深一层，装作对田成子所动心思懵然无知，靠自己的明察和老到躲过了一场杀身灭门之祸。

14计 不越雷池

人要有自知之明，知道哪些是自己生命和事业的禁区，该做的事勇于去做，不该自己做的事就不要插手，有所为有所不为，生命和事业的禁区容不得自己去胡乱冲撞。你可以灵活地改变游戏规则，也可以挑战生命和事业的极限，但不要轻易跨越雷池，更不能冲撞生命和事业的禁区。

生命禁区

水从高原流下，由西向东，注入渤海。渤海口的一条鱼逆流而上。它的游技很精湛，因而游得很精彩，一会儿冲过浅滩，一会儿划过激流，它穿过湖泊中的层层渔网，也躲过无数水鸟的追逐。它不停地游，最后穿过山涧，挤过石隙，游上了高原。然而，它还没来得及发出一声欢呼，瞬间却冻成了冰。

若干年后，一群登山者在高原的冰块中发现了它，它还保持着游动的姿势。有人认出这是渤海口的鱼。一个年轻人感叹说：这是一条勇敢的鱼，它逆行了那么远那么长那么久。另一个年轻人却为之叹息，说这的确是一条勇敢的鱼，然而它空有勇敢抗争的伟大精神却不知自身的局限所在，极端逆向的追求，擅撞生命的禁区，最后得到的只能是死亡。勇敢固然重要，抗争也是必需，但凡事应该量力而行。

知人者智，知己者明。要有自知之明，知道哪些是自己生命和事业的禁区，该做的事勇于去做，不该自己做的事就不要插手，不要任意胡为，有所为有所不为。不要置身于危险的边缘，不识水性的不下水，恐高之人不攀悬崖莫处高寒。你可以挑战生命和事业的极限，但不要轻易跨越雷池，更不能冲撞生命和事业的禁区。

安全距离

有一家大公司准备以高薪雇用一名汽车司机，他们的要求很严格，不

但要符合技术精和素质高的条件，还有很重要的一点就是安全意识强。

因为公司有很高的知名度，所以有很多司机吸引住了，前来应聘者络绎不绝。经过层层筛选和考试，三名技术优良的竞争者成为最佳候选人。公司要在最后的复试中从这三名司机中选拔出最优秀的一位。

公司的人事部门拟订了复试的题目：如果悬崖边有块金子，现在让你们开车去拿，觉得能距离悬崖多近而又不至于掉落呢？

第一位思考了一下，然后还设想了一下实际中会出现的种种情况，最后，推算出安全的距离，回答说："根据我的推算，距离两米应该是比较安全的。"

第二位却对此不以为然，他自认为有高超的驾驶技术，很有把握地说："一米。"

轮到第三位了，他静静地坐着，似乎根本就没有思考这个问题。等那两位回答完毕，他说："如果是这样的话，我会尽量远离悬崖，愈远愈好。"

最后的招聘结果出来了，这家公司录取了第三位候选人，因为他们觉得只有这个人的安全意识是最强的，而且他能断然拒绝诱惑。

安全在任何时候都是第一位的，对于司机而言更是重中之重，他们随时都要经受安全和危险的考验。钱财再宝贵，也是身外之物，而生命永远都是第一位的。没有了生命，钱财权势声名都将无所依附。

不树强敌

清朝湘军统帅曾国藩带领湘军围剿太平天国时，朝廷对其是一种极为复杂的态度：不用这个人吧，太平天国声势浩大，无人能敌；用吧，又委实不太放心，一则是汉人手握重兵，二则湘军是曾国藩一手建立的子弟兵，万一发展过于壮大难以控制。因此，对曾国藩的任用上经常是用其办事，但不授以高位实权。为此，曾国藩非常苦恼，他急需朝中重臣为自己撑腰，以消除朝廷的疑虑。

忽然有一天，曾国藩在军中收到权臣肃顺的密函，得知这位精明干练的顾命大臣在西太后面前力荐自己出任两江总督。曾国藩大喜过望，咸丰帝刚去世，太子年纪还小，顾命大臣虽说有数人之多，但实际上是肃顺独揽大权，有他为自己说话，那真是求之不得的好事。

受到肃顺如此赏识与力荐，曾国藩马上提笔给肃顺写信表示感恩与忠心。但写了几句，他就停下笔来。他知道肃顺为人刚愎自用，很有些目空一切的味道。他又想起西太后，这个女人目前虽没有什么动静，但绝非常人，以自己多年的阅人经验来看，西太后心志极高，且权力欲很强，又极富心机。面对这般高深莫测的潜在竞争对手，肃顺这种专权的做法能持续多久呢？西太后与肃顺合得来吗？

思前想后，曾国藩决定还是不写信了。

后来，政局急转，肃顺被西太后抄家问斩。在众多官员巴结讨好肃顺的信件中，没有曾国藩的只言片语。曾国藩由于没有巴结肃顺，又得到了大权在握的西太后的赏识与重用。

古语有云："君子不立于危墙之下"，也就是要远离危险的地方，不要置身于危险的边缘。这一点包括两方面：一是防患于未然，预先察觉潜在的危险，并采取防范措施；二是一旦发现自己处于危险境地，要尽早化解危险，或及时离开。

功高震主

常言说"树大招风"、"人怕出名猪怕壮"，明哲保身从来就是处世之道。处世要注意韬光养晦，不露锋芒；要注意不要炫耀自己的聪明才智，显得比别人聪明；也不要显耀自己的财富，这样只会招来眼红和仇富心理；更不要炫耀自己显赫的权势，这样只会为自己树立一大批敌人。

刘邦统一天下后，镇国家、抚百姓、供军需、给军饷的后方总镇守萧何被拜为相国。公元前196年，刘邦亲征陈豨时，敬萧何为开国元老，加恩派兵护卫，增加五千户领地和五百名随从。

有人给萧何忠告：刘邦远赴战场，将国内事务全部留交给你，他之礼遇有加，实则是对你心存芥蒂，藉增兵护卫，防患于未然。你应趁此机会，辞退护卫，献出财产以充军资，如此方可释陛下之疑心。萧何听后，马上遵行，果使龙颜大悦。

两年后，黥布作乱，刘邦再率大军亲征。萧何施德政于民，并拿出所有家产以做军费。然而尽管如此，刘邦仍是不断派人来问候他。萧何相府的一个幕僚提醒萧何说："相国快要遭灭族之祸了！你名位之盛已到极点，关中百姓皆拥护于你，皇上不断派人问候，实是对你担心。"

萧何听从门下之计，贱价强买民间田宅，故意招民怨恨。刘邦班师回朝时，沿途百姓拦驾告状。刘邦听了心里暗自高兴，只是笑着问萧何："相国为何与民争利？"然后，将所有状纸一并交予萧何，让他自己去处理，或退还田地，或补全差价，以释民怨。如此，君臣遂相安无事。

功高震主、权大压主、才大欺主是为人臣的"三大忌"。萧何身居高位，功劳显赫，又得关中百姓拥护，自然会受到皇上内心深处的猜疑和不安，以及他人的眼红。明智如萧何，善于隐其锋芒，以愚拙示人，因而在得人提醒，察觉到自己地位高危时，便立即采取捐献财产以充军资、贱价强买民间田宅等自污行为，才得以避过即将临身的大而无形的危险。

权大压主

王翦，频阳（今陕西富平东北）人，战国末年秦国大将，先后率军攻破赵国、燕国和灭亡楚国。其子王贲同为秦国将军，先后率军灭了魏国、齐国。

王翦灭楚颇有一番曲折。当初秦王嬴政在挑选攻打楚国的将领时，有两个候选人，一个是老将王翦，另一个是年轻将领李信。于是他首先进行了一次调查摸底，向两位将军提出同样一个问题："攻楚需要多少兵力？"

李信回答："不超过二十万人。"

王翦回答："没有六十万人不行！"

数字相差悬殊。秦王认为王翦年迈胆怯，便将攻楚的重任交给了李

信。王翦见状，称病请假回老家去了。

李信踌躇满志地踏上了攻楚的征途，然而等待他的却是一场惨败。秦王意识到自己选将出现了严重的失误，亲自来到频阳，请王翦出山。王翦还是那句话，说要六十万人。这一次秦王对他倒是言听计从。

于是，王翦率领六十万大军去攻打楚国，秦王亲自到灞上相送。秦王满满斟了一杯酒，端给王翦说："老将军请满饮此杯，祝早日平定楚国，到时朕亲自给将军接风洗尘。"

王翦谢过秦王，接过酒杯，一饮而尽说："陛下，战场之上，刀箭无情，老臣临行前有一个请求，不知该说不该说?"

秦王说："老将军请讲。"

王翦就向秦王请求良田宅园，秦王笑道："老将军是怕穷啊？寡人做君王，还担心没有你的荣华富贵?"

王翦说："做大王的将军，有功最终也得不到封侯，所以大王今天特别赏赐我临别酒饭，我也要乘此机会请求大王的恩赐，这样，我的后代子孙就不愁没有家业了。"

秦王哈哈大笑。

王翦到了潼关，又派使者回朝请求良田。一连五次，秦王身边的人都担心秦王会发怒，但秦始皇的神色丝毫未变，反而看上去挺高兴。

有位心腹对王翦说："将军太过分了吧？哪有这样向君主索要田地的，难道不怕秦王怪罪吗?"

王翦说："不然。秦王为人狡诈多疑，不相信人。现在把全国的军队都交给了我一个人，我不多请求田产作为子孙的基业，秦王就会坐在朝廷里怀疑我，那样我可就危险了！"

权大压主，王翦索求田产，就是要让君王放心：我所求的不过是钱财而已，绝不会觊觎你的江山。君王自然就放心了。

历史上，君王排挤、斩杀权臣的事情太常见了。因此，中国传统的政治家们在看清了这一点之后，就不那么勇往直前了，而是要先给自己留条后路。只是留后路的方式多种多样，或明或暗，或隐或显，或是激流勇退、功成身退，或是激流勇进以进为退，不一而足。

瓜田李下

唐德宗时，太子李诵的东宫里，有两个陪伴太子读书的官员。一个叫王叔文，是个好棋手，另一个叫王伾，写得一手好字。李诵除了读书之外，喜欢下棋写字，王叔文就经常在东宫陪太子读书下棋。

王叔文出身下级官员，多少懂得一些百姓疾苦。唐德宗宠信宦官，那些贪得无厌的宦官，便想尽办法来欺压和剥削百姓，不择手段地掠夺财物。他们设立了“宫市”，让一批太监专门到宫外采购宫里需要的东西。这些太监见到老百姓在市上出卖货物，只要他们需要，就强行购买，只付一成左右价钱，后来索性看中了什么，抢了就走；还有一批宦官，在专门替皇帝养雕、鹘、鹞、鹰、狗的“五坊”当差，叫做五坊小儿，他们吃饱了饭不干正经事，到处向百姓敲榨勒索。王叔文利用跟太子一起下棋的机会，向太子反映外面的情形。太子听到宦官借宫市为名在外面为非作歹，很不满意。

有一次，几个侍读的官员一起在东宫议论起这件事，太子气愤地说：“我见到父皇，一定要提出这件事。”大家听了，都赞扬太子贤明，只有王叔文在一边一言不发。等别的官员走了，太子把王叔文单独留下来谈话，说：“你不是常谈起宫市的坏处吗？刚刚谈到宫市，你为什么不说话？”

王叔文说：“我看殿下眼下还是少管这些外事为好。如果坏人在皇上面前挑拨是非，说殿下想收买人心，皇上怀疑起来，殿下要辩白也难了。”

太子恍然大悟说：“不是先生提醒，我还想不到这一点。”

打那以后，太子更加信任王叔文。公元805年，唐德宗病逝，太子李诵带病即位，王叔文掌权。第一件要改革的就是整顿宦官欺压百姓的坏风气。他替唐顺宗下了一道诏书，免了一些苛捐杂税：把宫市、五坊小儿一类欺负百姓的事，统统取缔了。这个措施一实行，长安百姓没有一个不拍手称快，一些作恶多端的宦官却是徒呼奈何。

瓜田李下，多有是非嫌疑，一切都当小心行事。身为太子，处于权力斗争的漩涡中心，一切自然要小心行事，不得轻举妄为。否则，做得不好，说你庸碌无能；做得好，有人会说你收买人心，捞取名声，有不轨之图谋。而皇上最

怕的就是有人对他的位置有觊觎之心，太子更不例外。

有些事情不是你这种身份的人所能做的，或者起码不是你现在所能做的，那么，你就只能装作不闻不问，不能随意插手，或现在还不能插手。当然，不是说你就完全无能为力了。如果你还有心的话，你现在不能改变这些事情，但你可以想办法改变自己，增强自己的实力势能，改变自己的身份地位，到那时，这种事情便很轻松的在你的掌握之中了。

盛怒不作

一个商人外出经商，三年不曾返家探望娇妻，眼见年关迫近，思乡之情油然而生，于是决定赶回家中与妻子团聚。为慰劳妻子本分持家，商人决定送一份奇特的礼物给她。

商人信步到街上走走，眼睛突然被一间店面深深吸引住了，原来偌大的一间店，里面空空荡荡，没有一点货物，主人坐在店中，喃喃低唱，墙上贴了醒目的布条，上面写了“卖四句偈”四个遒劲有力的大字。

商人很好奇，心想自己跑遍天下，阅历过世上不少货品，却从来没听说过四句偈这种东西，决定一探究竟，说不定能给妻子一个惊喜，于是对店主说：“请问这四句偈，多少钱？”

“如果你有意购买，我才告诉你这举世罕见的奇妙珍宝，只是试探的话，敬谢不敏。”店主懒洋洋地抬起眼皮。

“哦，对不起。我是诚心诚意要购买这四句偈，请你告诉我吧！”商人赶快堆起一脸憨厚的笑容。

“我店专卖的四句偈其实就是四句话：向前三步想一想，退后三步想一想，嗔心起时细思量，放下怒火最吉祥。看你忠厚老实的样子，特别减价你三十两银子。”

商人啼笑皆非，原来这就是店主所称“珍宝”的四句偈，既然承诺，也只好以这价钱买下这四句话，心里懊恼极了。

一路跋山涉水赶回家，到家的时候，已经是岁暮除夕的夜晚了。商人踏入门槛，只见厅中摆了一桌的佳肴，四副碗筷整齐的各占一边，妻子已经睡觉了。进入卧床正待叫醒妻子时，他赫然发现在帐前端端正正地摆了两双鞋子，一双男鞋，一双女鞋，商人怒火中烧。

“好哇！不要脸的贱人，竟然做出如此伤风败俗的勾当，坏我门风。”

商人转身冲到厨房，拿了锋利的菜刀来到床前便要砍下。这时他花了高价买下的四句偈突然浮上了脑海：“向前三步想一想，退后三步想一起，嗔心起时细思量，放下怒火最吉祥。”不禁心念一动：是啊，纵然要杀她，也要问个清清楚楚，明明白白，再说那野汉子是谁，也要问个明白。于是粗鲁地叫醒妻子，大声骂道：“不知廉耻的女人，竟然背着我偷人，这一桌酒席，这一双鞋子，你作何解释！”

睡得正香的妻子，看到久别归来的丈夫，对自己不但没有体恤慰问的情话，反而如凶神恶煞一般要杀自己，终于按捺不住，尖起嗓门大骂：“没良心的东西，你这一出门三年未归，也不捎个信儿回家，我想年关已近，别人家里一家团圆，因此也为你准备了一双碗筷，一双鞋子，图个吉

利圆满。你不问青红皂白，见面就要杀要砍的。既然这样你就杀好了，给你杀啊!"

"对不起，我误会贤妻了。哈哈！三十两买四句偈实在便宜！便宜!"

商人手舞足蹈，抚掌大笑，继而携手上桌，与妻子饮酒压惊。一旁的妻子看得一脸迷惑惊愕。

人一盛怒或心生猜疑，便气冲脑门，思维便不灵转，执其一隅，易钻牛角尖，考虑事情不全面，容易疏漏、忽视一些细节，做出极端冲动的事情来。盛怒过后冷静下来，纵是万般懊悔却也难以挽回。因此，人在盛怒、猜疑之下，切记不要作出较大的决策或行动。在盛怒和猜疑之下的决定往往是轻率的和错误的。即便那决策行动完全正确，稍等一下待心神冷静下来时再动手也不迟。

不擅越职权

做员工的要切切实实做好属于自己职权范围的事情。不属于自己职权范围内的事情，一定要及时报告。在其位，谋其事。不在其位，不谋其事。超越自己的职权行事，事情做得再好也会弄糟。因为，你这是不尊重他人，侵犯了他人的权力，冒犯了他人的尊严。对同事是这样，对上司更是这样。

"糟了！糟了!"黄经理放下电话，就叫了起来，"那家便宜的东西，根本不合规格，还是原来林老板的货好。"他狠狠地拍了一下桌子："可是，我怎么那么糊涂，写信把他臭骂一顿，还骂他是骗子，这下我惹的麻烦可大了!"

"是啊!"秘书吴小姐转身站起来说："我那时候不是说吗？要您先冷静、冷静，再写信，您不听啊!"

黄经理说："都怪我在气头上，想这小子一定骗了我，要不然别人怎么那样便宜。"黄经理来回踱着步子，指了指电话："把电话告诉我，我亲自打过去道歉!"

秘书一笑，走到黄经理桌前："不用了！告诉您，那封信我根本没寄。"

"没寄?"

"对!"

吴小姐笑吟吟地说。黄经理坐了下来，如释重负，停了半晌，又突然抬头："可是我当时不是叫你立刻发出吗?"

"是啊！但我猜到您会后悔，所以压下了。"吴小姐转过身，歪着头笑笑。

"压了两个礼拜?"

"对！您没想到吧?"

"我是没想到，"黄经理低下头去，翻记事本，"可是，我叫你发，你怎么能压？那么最近发南美的那几封信，你也压了?"

"我没压，"吴小姐脸上更亮丽了，"我知道什么该发，什么不该发。"

"到底是你做主，还是我做主?"没想到黄经理居然霍地站起来，沉

声问。

吴小姐呆住了，两行泪水随即滚落。她颤抖着、哭着喊："我，我做错了吗？"

"你做错了！"黄经理斩钉截铁地说。

吴小姐被记了一个小过，是偷偷记的，公司里没人知道。"好心没好报！"一肚子委屈的吴小姐，跑到另一个部门的孙经理处诉苦，希望调到刘经理的部门。

"不急！不急！"刘经理笑笑，"我会处理的。"

然而两天后，吴小姐却接到了一份解雇通知。

不管动机怎样，吴小姐不但错了，而且走人了，这是必然的结果。不明白自己的职权范围，不清楚哪些是自己必做的，哪些是自己不能做的，随意干涉自己职权之外的事情，不顾工作伦理，冒犯了上司的尊严，做错了事还不知错在哪，还去向别的部门经理告状，这样的手下谁还敢要？

要知道自己的长处和短处，分清自己的权力和责任，要知道事有可为和不可为。属于自己职责范围之内的事情，你不得推脱；不属于自己职责范围之内的事情，就不要轻易插手，以免冒犯他人，好心办坏事。

不与他人分享太多的秘密

清朝汪龙庄在《学治臆说》讲了这样一个亲身经历的故事。

汪龙庄以师爷的身份去拜见一位候补官员。临行前，他的老朋友送了他几句话，大意是说，对上司讲话，更要只说三分话，未可全掏一片心，最好是沉默，一定要小心同上司应对。他心里当然也同意这种说法，但常常感情用事，不大上心。

有一天，一位最欣赏他的顶头上司，问到他家里的情况，汪龙庄便把家里的情况详详细细地说出来，并且说及他自己的志向。他的上司便问道："莫非你有退出官场的想法？"

他连忙答道："哪里敢呢，斗胆回答大人的话，等过些年头，属下力不能支的时候，请大人放属下回家。"

又过了一年，汪龙庄的脚受了伤，便告病还乡。哪知上司忽然想到他原来给他讲的那席话，于是便产生了怀疑，指责他是逃避责任，对他的伤势再三检验，才把他放行了。

事后，汪龙庄不禁感叹："要不是亲身经历，谁能感受其中滋味！对上司说话，一定不要全抛一片心。要不然，机密的事变成了公开的秘密，那就会惹祸上身。"

如果说自己的秘密向上司倾诉还只是有可能给自己日后惹祸上身的话，那么分享了上司的秘密，简直就是自动将自己归于疏远、敌对的一面。你也许觉得你们分享的秘密算不了什么，上司当时似乎也无所谓，但也许一段时日过后他却会懊悔不已。不管表面上他待你如何，在内心里，他绝对会对你筑起防范的篱笆。

不只是上司，朋友同样如此。假如你看到了某人不光彩的一面，他看你的目光绝不会友善。好的同事、朋友间互吐心事是世界上最危险的事情。因此，如果你有幸或恰巧碰上这样的机会来临，譬如他们拉你倾吐心事，或遇到上司酩酊大醉，你最好一番浅谈之后及早抽身离开。

切记：没有不透风的墙，也没有不变形的话。分享的秘密一多，时日一长，猜疑、谣言等便随风而起，灾祸也就可能随时降临。

不撞禁区

每个人都有自己的自信和尊严，隐私和禁忌，有自己处世做事的根本，这些都是个人的一些禁区，容不得他人的冲撞冒犯。同样，他人的禁区也容不得你去冲撞冒犯。现代流行网《误入男人四大致命禁区》一文，讲述了小柔误撞爱情禁区的伤心经历。

丁然与前女友分手了。他全没想到的是，相处三年的女友，竟然还有另外一个男友。秉性骄傲的他，自然不能接受，备受折磨，心情不好时，便跑到壁球馆打球发泄。一日，正好小柔也在健身，两人认识了。当时，丁然没想到日后两人会成为恋人，所以，他毫无保留地让小柔了解了他的整个情变过程。

半年后，两人同居了。在丁然公寓的抽屉和衣橱的角落，小柔偶尔会发现他前女友遗落的半管口红以及内衣等等小东西，这很让小柔不爽。这还不算，坏事的事，对丁然的前女友，小柔一直有点好奇，常常有意无意间提到她的名字，比如说，她身材很好，个子比自己高了多少，等等。这种时候，丁然先是心不在焉，然后打岔："我爱着的，就是最好的。"

缘于女人的嫉妒，小柔唯恐丁然还在惦念着旧情人，便不断地拿他的前女友骚扰着丁然，享受着他否定前女友而肯定自己的快感。一段时间，她像患上爱情之痒的老太太，一直挠啊挠，没想到竟挠到了爱情的尽头。尽头处，丁然提出分手，理由竟是：受不了她用煎熬的方式爱他。

过后再回头，小柔不禁悲叹："天知道，我们曾多么相爱过，错就错在我把丁然的旧爱情做了标尺，用来衡量他爱我的深度。"小柔频繁地提到丁然前女友的名字，正是逼迫他在下意识里承认做男人的失败。

在丁然心里，前女友对他来说，不只是失恋，更沉重的，是狠狠地挫伤了自己作为男人的自尊。男人的自尊受挫远远大于失恋的伤感，丁然不想让前女友的滥情成为失败的标志，横在他和小柔之间。那是他的禁区。

要命的是，小柔没有意识到这一点，还在肆无忌惮，以提及其前女

友之事为乐，根本不知道自己在一次次地冲撞丁然的禁区。自己的禁区不断被小柔冲撞，丁然不得不选择放弃，放弃这个看得见自己禁区的人。只要小柔永远地离开自己的身边，他便可以将自己的禁区重新封锁起来。

不管是一般交往，还是在朋友、恋人之间，在其面前，每个人还是有自己不容冲撞冒犯的禁区。常言道，当着矬子，不说矮话。朋友中有一个"秃"顶，就不能对着人家说什么"秃头"或"光头"的；不要哪壶不开揭哪壶，故意去揭人伤疤。莫对得意者大煞其风景，也莫对失意惆怅之人大谈平生得意之事。若对方曾犯过错误或有某种缺陷，言谈时要避免刺激性的话语。对别人不愿回答的问题不要追问，不要刨根问底，如果一旦触及，应立即表示歉意，巧妙地转移话题。

15计　调虎离山

对强劲之敌，要善于用谋。如果向对方发动进攻，有很大的困难和危险，就要想办法引诱对方或其主力离开其准备良好的势力范围，失去他的优势，使他处处不利，由主动变被动，而我方则占取有利形势，出其不意而制胜。

老虎坐镇深山老巢，进或攻，退可守，猎人不敢轻易下手。而一旦想办法将老虎调离了深山，虎穴自然变得防守空虚，便可轻易得手；而失去老巢的老虎，无处藏身，也必然势孤力单，容易为猎人所乘。这正是调虎离山巨大的威力所在。

调虎离山，重在一个"调"字，目的是让对方离开有利的地方，调要做到巧妙、灵活、隐真示假，既要让虎离山，又不致弄假成真，反为虎伤。

孙策取卢江

东汉末年，军阀并起，各霸一方。孙坚之子孙策，年仅 17 岁，年少有为，继承父志，肃整军政，势力逐渐强大。公元 199 年，孙策欲向北推进，准备夺取江北卢江郡。

卢江郡南面有长江之险，北面有淮水阻隔，正可谓天堑之地，易守难攻。而割据卢江的刘勋势力强大。孙策知道，如果正面强攻，取胜的机会渺茫得很。他和众将进行一番商议，针对刘勋野心勃勃，且又极其贪财的弱点，定出了一条调虎离山的妙计。

一天，刘勋收到了孙策派人送来的一份厚礼和一封信。在信中，孙策说刘勋功名远播，令人仰慕，并表示要与刘勋交好。孙策还以弱者的身份向刘勋求救，他说，上缭经常派兵侵扰我们，我们力弱，不能远征，请求将军发兵降服上缭，我们感激不尽。看完信，刘勋万分得意。上缭一带，

十分富庶，刘勋早有觊觎之心，而今孙策主动提起，贪心突起，况且孙策软弱无能，料其兴不了什么风浪，便也无后顾之忧，遂决定发兵上缭。部将刘晔极力劝阻，刘勋哪里听得进去？他已经被孙策的厚礼、甜言迷惑住了。

这边孙策时刻派人打探着刘勋的行动，今见刘勋亲自率领几万兵马去攻上缭，卢江郡城内空虚，心中大喜，说："老虎已被我调出山了，我们赶快去占据它的老窝吧！"于是立即率领人马，水陆并进，袭击卢江郡。因为刘勋不曾安排足够的防备，孙策军队几乎没遇到顽强的抵抗，就十分顺利地控制了卢江郡。

刘勋猛攻上缭，还未曾取胜，却听得孙策已取卢江，情知中计，后悔已晚，只得灰溜溜地投奔曹操去了。

没有刘勋坐镇的卢江城，兵无主将，防守空虚，孙策自然能够轻易得手；而失去卢江城的刘勋，又何尝不像一头失去巢穴的老虎，没了依托，无处藏身，只能灰溜溜地投奔他人，寄人篱下了。为将为主者，在离开老巢之前，能不慎防么？

上机容易下机难

上世纪30年代，二十五军军长兼贵州省主席的王家烈，名义上服从中央，实际上独霸贵州军政大权，抵制蒋介石势力的渗入。蒋介石为了将贵州牢牢控制在自己手中，也曾采用一些办法，意欲将王家烈调出贵州，使其离开其势力范围。但王家烈也并非等闲之辈，对蒋介石的意图洞若观火，坚持自己的原则，无论如何也不离老巢。但明枪易躲，暗箭难防，再用心提防，也终有防不胜防的一天。

1935年5月的一天，蒋介石从武汉乘专机飞往贵阳，张学良也驾着他的专机同往。到贵阳后，蒋介石称与张学良到贵阳来主要是来玩的，一些该办的事情倒在其次。次日，蒋介石与张学良要返回武汉，王家烈率贵州军政大员到机场送行。待蒋介石的专机起飞后，张学良与王家烈握手告别时，随口说："老王，你没有坐过我亲自开的飞机，你上来，我让你在高空看看贵阳的美景，然后再把你送下来。"

这一回，王家烈一点没有防备之心，就上了张学良的专机，完全没想

到上机容易下机难。飞机腾空而起，一直向北飞去。飞机上，王家烈明知上当，却也无可奈何。

原来这是蒋介石授意，张学良协助的调虎离山之计。王家烈被骗到武汉后，又被转送到南京，蒋介石给了他一个军事参议院中将参议的虚衔，从此在南京赋闲。对外，蒋介石称王家烈剿共不力，立即命中央军开进贵州，任命其亲信天中信为贵州省主席，将王家烈的全部亲信、大部分军官降职的降职，撤换的撤换，对其军队进行彻底改编。到这时候，黔系势力被完全瓦解，贵州成了蒋介石的天下。

王家烈虽然深知调虎离山的厉害，对蒋介石慎守慎防，但还是上了蒋介石的调虎离山之计。原来这一回蒋介石变了个花样，在心腹大患离去之时，在悠闲戏耍之中，这正是人们最没有防备用心的时候，而且更要命的是，这一回唱主角的，不是死敌，而是让人不及防备的另外一人。真是一味的防守，终归是防不胜防啊。

团队不容“独虎”

女孩叫莫凤儿，性情特别活泼，交际也广泛，原本是公司的红人儿，设计的广告方案总能别出心裁，赢得了公司几家大客户的高度评价。只是有一点，她自恃业务能力强，做事放任自己的个性，我行我素，还不爱听人家的劝告。这一点，很是有些让她身边的人头疼，自然，这其中最头痛的，当是她的男上司卢经理了。

办公室前不远有一处早市。早市上的东西特别新鲜，自然也特别的便宜，莫凤儿有时早上来得早了点儿，便喜欢去早市上转悠一下，有时也顺便拎点特别喜欢特别便宜的东西带到公司，下班后再带回家去。

有一天中午，办公室忽然飘出臭味来，弄得一班人互相用猜疑的目光观察对方的脚，想弄清到底谁有这么“大胆”。后来，大家又感觉到这不像是脚丫的味道，因为其中还带点腥，于是四处翻寻，这时候，窗台下面好像有什么东西在动，大家这才发现，原来那里放着一个黑色塑料袋，打开来一看，居然是一大袋海鲜。

众人的目光都不约而同地集中在莫凤儿身上，没想到她竟然无所谓：“小题大做，原来你们是在找这个。嗨，这可怪不得我，这里的海鲜一点都不新鲜，简直比我们家乡北海的差远了。”

这时有人端过来一盆水：“莫凤姐，把海鲜放在水里吧，我帮你拿到走廊去，下班后你再装走。”莫凤儿才一边红着脸，一边把袋子拎走了。

这以后，莫凤儿也很少在早市上买东西到办公室来了。然而，夏天来了，她的另一大特点又很快突出来了。

天气刚开始转热，只要不是冷得发抖，莫凤儿上班时间便都是一身T恤短裤的打扮，光脚踩一双凉拖鞋，也不顾办公室的换拖鞋规定，屋里屋外就这一双鞋。有人说她时，她还振振有词地说：“北海那儿上班的人都这样，再说我这不是穿着拖鞋吗?”

这还不算。不管是在工作台前画图，还是在电脑前操作，她只要活干得顺手，一高兴起来准把鞋踢飞。刚开始，同事们还把她的鞋藏起来，和

她开玩笑，后来发现她根本不在乎，光着脚也到处乱跑。

光脚还不打紧。她还把街头的时尚带到办公室里来。别人至少在吊带外面罩一件小坎肩，可她就是耐不住裸露香肩的欲望似的。女职员们婉转地说，你这样来上班，男同事们还干不干活了？光看你了。可她不以为意，说什么爱美是女孩的天职，嘴上这么说，心里还会想：谁爱说什么就说什么呗。别人知道她与好几家大客户联系紧密，也不愿意得罪她。

因为莫凤儿的突出个性，卢经理也曾说过她好几回。这一回，卢经理自然也看出她穿得有点过火，也客气地劝她穿衣服的时候收敛一点、保守一点，但她还是我行我素，不把他的话当一回事。到这时，卢经理终于大有想法了。

公司原本上班气氛好好的，人人都遵守规章制度，自觉努力地工作，这一下好了。自从莫凤儿来公司以后，他总是感觉到有些不大对劲。不是这里出毛病，就是那方面有问题，甚至还有人明里暗里也同他抵触。说他们的时候，他们还会说人家也是那样，比他还出格，你就会说我？“人家人家”，这人家是谁不明摆着吗？

有一回，莫凤儿设计的广告方案出现了明显的失误。这可是一家新接手的大客户，为此，这家客户直接打电话给经理，问他是怎么回事，拿这种草案来敷衍他们？卢经理连夜打开莫凤儿的电脑一查看，电脑中的设计明显有误，没别的原因，就是莫凤儿的一时疏忽。原来，莫凤儿晚上与人有个约会，不想再留下加班，便在下午紧赶慢赶的，下班前将方案打印了出来便让人送到了客户那儿。

虽然，这种情况有时也会出现，只要向客户道个歉，再多花工夫将设计方案修改得尽量完美，便可以安抚好客户的不满情绪。然而，大家意料不到的是，卢经理为此大发雷霆，让她自动提交辞职报告——竟借此机会将她辞退了。

办公室一时失去了不少的热闹活跃气氛，但很快就恢复了正常状态。卢经理呢，自然轻松顺心多了。客户那儿，经过一番详细解释，他们也多能谅解，有了活儿还是来找他们公司。

一个以自我为中心，工作随意，不会约束自己，而与环境格格不入的人，是不会被人们真正所欢迎的，尤其是在大公司里，重视处世得体和团队合作精神的场合，更是会因为搅扰别人心情，破坏团队精神而为公司不容。团队不容独虎，公司只有将这样的“独虎”请出门外，才能有自己正常的、良好的敬业气氛，才会发挥出团队更大的效力。这样看来，卢经理因为一个明显的失误而辞退一位很有才气和能力的员工，也就是情理之中了。

帮上司找工作

戴学圆在一家大公司做了多年的高级主管，但时至今日，令他想不到的是，他面临了一个奇怪的两难境地：一方面，他非常喜欢自己的工作，也很满意随工作而来的丰厚薪水；另一方面，他讨厌他的上司，经过多年

的忍耐，最近他竟感觉忍无可忍，到了有些抓狂的地步了。在经过一段时间的慎重思考之后，他决定摆脱这系在自己头上的紧箍咒，重新谋一个别的公司高级主管的职位。猎头公司告诉他，以他的条件，再找一个类似的职位并不费劲。

周末回到家中，刚好儿子从学校回来，戴学圆便边看边辅导他做功课。没想到儿子说自己会做了，不需要爸爸的辅导。他说，他刚刚从老师那儿学到了很有用的一招，就是重新界定问题。就是说，当你遇到难解的问题时，不妨换一个角度考虑，把正在面对的问题完全颠倒过来看——不仅要跟你以往看问题的角度不同，也要和其他人看这问题的角度不同。像几何论证题，如果从前面顺着推导，得不出结果；不妨反过来从结果出来，倒过来推导；或者两边同时推导，在中间相会。“你看，这道难题就这样被我啃掉了。怎么样，爸爸，这一招厉害吧？”说完，儿子得意洋洋。

看着儿子的笑脸，戴学圆忽然灵光一闪，一个大胆的想法在他脑中浮现。没想到受辅导的反而是老爸。

不久，他的上司接到了猎头公司打来的电话，请他去别的公司高就。尽管他完全不知道这是他的下属和猎头公司共同努力的结果，但正好这位上司对于自己现在的工作也厌倦了，所以没有考虑多久，他就接受了猎头公司为他介绍的这份新工作。

好运常常结伴而来。就在戴学圆为解除了头上的紧箍咒而深感庆幸时，一件更大的喜事随之而来——上司一走，他的位置也就空了出来。自然，戴学圆申请了这个位置，结果他就坐上了以前上司的位置。

戴学圆本来只是想替自己找个新的工作，以躲开令自己讨厌的上司。但没想到竟从自己儿子那儿学了一招，就是替他的上司而不是他自己找了一份新的工作。结果，他不仅保留了自己喜欢的工作，而且摆脱了如紧箍咒般令自己烦心的上司，更美妙的是，还得到了意外的升迁。

每个人都会碰上自己的“人生瓶颈”，上下不能，进退不易。这时候，面对眼前的“拦路虎”，自己又斗不过它，搬不动它时，除了绕路退避外，不妨想想办法，看能不能让“拦路虎”自动离开。

16计 欲擒故纵

《老子》三十六章云："将欲歙之，必固张之；将欲弱之，必固强之；将欲废之，必固兴之；将欲夺之，必固与之。"这句话体现出卓越的辩证思想。后世对此多有发挥。以退为进，欲擒故纵，便是其辩证思想的最好发挥。

欲擒故纵，其意是为了征服对方，事先故意放纵对方。这是一种放长线钓大鱼的计谋。在竞争、争斗场合，一方进攻太急，便可能激起对方的疯狂反扑，有时故意让对方撤退、逃走，己方紧紧地跟在退逃的对手后面，但不要逼得太紧，让他们累得没有气力，斗志也逐渐消磨，待对方势力削弱或溃散时，一举将他们征服，这样便可以取得最大的胜利。

示恩灭胡

郑国西北面有一个小国，叫胡国。郑武公时时觊觎着水草丰美的胡国，总想一口吞并它。可是，胡国人个个擅长骑马射箭，勇猛剽悍，而且始终严密警惕着郑国，在边防关隘处也设有很多的戍边将士。因此，郑武公不敢轻举妄动。

郑武公最终还是想出一个计策。他派遣大臣，携带厚礼，前去胡国求亲，愿招其为婿。胡君不知是计，欣然答应了。

郑国公主出嫁的那天，两国举行了隆重的婚礼。公主又带去一大群陪嫁的美女娇妾，成天在宫内欢歌醉舞，相伴胡君，一同沉湎于声色犬马之中。

一段时间过后，郑武公召集文武百官，问道："寡人准备用兵夺地，你们看看，哪个国家可以讨伐？"

众臣面面相觑，不知大王意图，大多不敢贸然作声。大夫关其思知道大王平素垂涎着胡国，便答道："可以先讨伐胡国。"

郑武公一听拍案大怒，厉声骂道："混蛋，胡国乃我们兄弟邻邦，胡君又是我的女婿，你竟敢怂恿我

去讨伐，快推出去，与我斩首示众！”可怜关大夫，只因过早点破了大王的心思，竟被大王借用了头颅。

关大夫被斩首的消息传到胡国。胡君因而更加信赖郑国国君，于是日夜在宫内与郑国公主、娇妾们厮混，边防日弛，兵马不操。

在一个黑夜里，郑国出奇兵偷袭，不费吹灰之力就占领了小小的胡国。胡君梦还没醒便作了亡国国君，后悔莫及。

“将欲夺之，必先予之。”要想对手边防松懈，首先便要结以亲戚，示以恩信。反过来，弱小者如果要保全自己，以图长久，就当凡事谨慎小心，不得贪图小恩小惠，要对强者的大方、信任、仁义表示感激，但要时时保持警惕，不得松懈、大意，以人以可乘之机。

低价预售

1865年4月，美国的南北战争快接近尾声了。那时，市场上的物质很匮乏，猪肉的价格很贵。美国实业家亚默尔知道，这种情况只是暂时的，战争一旦结束，猪肉的价格很快就会降下来。所以他对战争的重视绝不亚于正在打仗的军人。他天天读报纸，听收音机，打探着最新的消息。

一天，报纸上这样一则新闻吸引了他的眼球：在南方军队高级将领罗伯特·李将军的营地附近，一个神父遇到了一群孩子。孩子们手里拿着钱，问神父什么地方可以买到面包和巧克力。

孩子们说：“我们已经两天没有吃到面包了！”

神父问：“你们的父亲呢？”

“我们的父亲都是李将军手下的军官，他们也是几天没有吃到面包了。他们给我们带回来的马肉太难吃了，嚼都嚼不动。”

在战争期间，有关人们缺穿少吃的新闻到处都是，然而这一条消息却绝不寻常：俗话说，兵马未动，粮草先行，现在已经到宰杀战马的地步，不用说，其形势已经十分危急。如此看来，国内战事马上就要结束了！

时机来了，必须马上行动。他马上与东部市场签订了一份以低于市场百分之二价格的卖出猪肉的合同，交货期限是十天以后。这则合同刚一签订，当地所有经销商都大骂亚默尔疯了，把猪肉的价格压得这么低！于是，很多经销商都想从他身上沾些便宜，纷纷找亚默尔签订猪肉买卖合同。亚默尔来者不拒，几天之内，又签订了一批合同。

就在合同签订的几天之后，战局和市场都发生了根本性的变化，猪肉的价格一下子降到比亚默尔卖出的猪肉的价格低25%。那些经销商们一时间目瞪口呆，后悔莫及。

就是这一回的猪肉交易，美国实业家亚默尔就赚了百万美元！

在生活中这种情况也很常见。很多时候，人们满心欢喜买回的特别便宜的东西，一段时日后便不再觉得自己沾了大便宜，反而有一种吃亏上当的感觉。因为，那些精明的销售商，善于捕捉市场的动态，把握全局，因而打尽了算盘。谁都想沾人便宜，销售商牢牢地抓住顾客的这个心理，让顾客觉得大占了便宜，也就可能在短时间内招引来更多的顾客。正所谓欲擒故纵，在让顾客“占尽便宜”的时候，其实也正是他们大量赚取的

时候。

正话反说

对一些个性强硬，有主见，或是对自己有抵触心理的人进行说服时，有时候故意正话反说，能刺激对方的好奇心，引起对方进一步了解的欲望、兴趣，往往能收取奇效。

美国一家著名公司的工程师卡尔先生，有一次想换装一个新式的产量指数表。换一个新式的产量指数表自然有想不到的好处，但要想换装一个，却也有一定的阻力——公司里有一个工头和自己关系不大好，依其性格和脾气，一定会出来反对。怎么办呢？

卡尔想了几天后，终于想出了一个应付的好方法。一天下午，他带着一些要征求其意见的文件去找这个工头，同时腋下夹着这个新式的产量指数表。当他们讨论文件的有关问题时，工程师把那产量指数表故意从左腋换到右腋，又从右腋换到左腋，如是换来换去好几回。此举终于将工头的好奇心引得痒痒的，“你腋下夹的是什么？”他终于开口问道。

“哦，这个嘛，这不过是一个新的指数表。”卡尔漫不经心地回道。

“让我看一看。”

“哦，你不会喜欢看的。”工程师装作要走的样子，并这样说：“这是给别的部门用的，你们部门用不到这东西。”

“但我很想看一看。”工头显然来了兴趣。

这时，工程师又故意装作一副不情不愿的样子，将那产量指数表递了给他。当工头接在手中认真审视的时候，工程师就随便将其效用和优点择要说了出来。

工头终于叫喊了起来：“谁说我们部门用不到这东西？这正是我早就想要的仪器！我常常为正在用的产量指数表走数不精确，又时不时毛病而烦恼得不得了，有了这个，我可就省心多了。”

这，不就对了么？工程师可是也省心多了。

偷窃土豆

在法国，土豆种植很长时间都没有得到推广。

宗教迷信者不欢迎它，还给它起了怪怪的名字——“鬼苹果”；医生们认定它对健康有害；农学家断言，种植土豆会使土壤变得贫瘠。

法国著名农学家安瑞·帕尔曼切曾在德国吃过土豆，决定在祖国培植它。可是，过了很长一段时间，他都未能说服任何人。

面对着人们根深蒂固的偏见，他一筹莫展。后来，帕尔曼切决定借助国王的权力来达到自己的目的。帕尔曼切发誓要让这不受人欢迎的“鬼苹果”走上大众的餐桌！

1787 年，他终于得到了国王的许可，在一块出了名的低产田上栽培土豆。同时，他又耍了个小小的花招——请求国王派出一支全副武装的卫队，每个白天都在那块地里严加看守。

这异常的举动，撩拨起人们强烈的偷窃欲望。

当夜幕降临，卫兵们撤走之后，附近的人们便偷偷地摸到田里偷挖土豆，然后，像捧着奇花异草的根苗一样，小心翼翼地将它移植到自家的菜园里。

每晚，农学家亲手栽培的土豆田里都能迎来一些蹑手蹑脚的偷窃者。就这样，土豆这丑丑的小东西，通过这种特殊的途径，走进了千家万户。普通人家的餐桌上，也常常能闻到炖炒土豆散发出来的香味。

帕尔曼切终于夙愿得偿。

正所谓攻心为上，诉诸于强力的，不如诉诸于人心。农学家帕尔曼故意请求国王派出一支全副武装的卫队，白天严加看守，正为了引诱人们的好奇心，撩拨人们的偷窃欲望，而在夜晚完全开放，为那些前来偷挖土豆的人们大开方便之门。人们窃的是土豆，收获餐桌上的美味，帕尔曼“窃”的是人心，收获了祖国广阔土地上土豆的推广。

欲取姑予

一个刚退休的前工会主席回到老家，在小城买了房住下来，还种了一片绿草地，想在那儿宁静地打发自己的晚年，写些回忆录。

刚开始的几个星期，一切都很好，安静的环境对老人的精神和写作很有益，但有一天，三个半大不小的男孩子放学后开始来到草地上踢足球，玩得不亦乐乎。

好多天过去了，他们根本就是热情不减。老人受不了这些噪音，于是出去跟年轻人谈判。“你们玩得真开心，”他说，“我很喜欢看你们踢足球玩，如果你们每天来玩，我给你们三人每天每人一块钱。”

三个年轻人很高兴，更加起劲地表演他们的足下工夫。过了三天。老人忧愁地说：“通货膨胀使我的收入减少了一半，从明天起，我只能给你们五毛钱。”

年轻人很不开心，但还是答应了这个条件。每天下午放学后，继续去进行表演。一个星期后，老人愁眉苦脸地对他们说：“最近没有收到养老金汇款，对不起，每天只能给两毛了。”

“两毛钱？”一个男孩子脸色发青，“我们才不会为了区区两毛钱浪费宝贵时间为你表演呢，不干了。”

从此以后老人过上了安静的日子。

如果换成好言相劝，天性好玩的男孩子未必肯对一个老年人买账；若再改作直言相斥，那更会闹出矛盾与不快来。老人不去触及男孩子的逆反心理，却从另一方面调动起顽皮男孩的利益需求之心。他知道人对利益的需求是无止境的，而且是有增无减，只要先放纵这些男孩子，巧妙地调动起利益需求之心，再慢慢的削减，让他们得不到满足，最终自动抽身而去，恢复自己的宁静。

17计 抛砖引玉

此计出于《百战奇谋·利战》中“抛砖引玉，利而诱之”之计，就是说在军事战争中，用相类似的东西去迷惑诱骗敌人，让他上当，然后就可以引出自己希望得到的作战目的来。用在处世做事中，抛砖引玉可指用相类似、或者低贱的东西去迷惑、诱骗对方，让其上当，然后就可以引出自己希望得到的目的来。

抛砖引玉这一转化技巧，可以使用的场合很多，效果也比较良好。在使用抛砖引玉计谋时，“抛砖”只是手段，“引玉”才是我们最终的目的。一般来说，为了自己追求的那块美玉，一块砖头之小利大都也还是舍得，只是要察觉出何谓“砖头”，怎么样去抛砖头，才能引出自己的目的来，却是不无技巧与方法。这一点上，就需要我们动些心机了。

樵夫诱敌

春秋时，楚国发兵攻打绞国（今湖北郧县西北），军队推进十分迅速，很快楚军就陈兵于绞国都城的南门外。

见楚军士气正旺，绞侯自知马上出城迎战，凶多吉少，而都城地势险要，易守难攻，于是决定坚守城池，闭门不出。楚军多次强攻，都被击退。两军相持了一个多月。

这时，谋士莫敖屈瑕向楚王献计道：“绞国都城被围一个多月了，城中一定缺少做饭的柴草，我们不妨派些樵夫上山打柴，而且不用派士兵保护，这样敌军一定会出城劫夺柴草。头几天，我们让他们抢去些柴草，使他们先得一些小利，尝到甜头。等到他们麻痹大意，大批士兵出城劫夺柴草之时，先设伏兵切断他们的后路，然后包围并歼灭他们，乘势夺城。”

楚王问：“绞侯会轻易上当么？”

莫敖屈瑕充满自信地说：“请大王放心。绞国小，而且绞侯性情轻狂；轻狂的人往往缺少计谋。有这样香甜的钓饵，不愁他不上钩。”楚王于是依计而行。

绞侯听得探子报告有三五成群的樵夫进山的情况，且并无楚军士兵跟随保护，马上布置人马。待樵夫背着柴禾出山的时候，突然袭击，果然顺

利得手，抓了三十多个樵夫，夺得不少柴草。

楚王见敌人已经吞下钓饵，便决定迅速起钓大鱼。次日，绞国士兵再度出城劫掠，将楚方的樵夫往山中驱赶。樵夫见绞军又来劫掠，吓得没命地逃奔，绞国士兵紧紧追赶，不知不觉被引入楚军的埋伏圈内。只见伏兵四起，杀声震天，绞国士兵哪里抵挡得住，慌忙败退，争先恐后地逃回绞国都城北门。没料，又遇上了早就在此设伏的楚军，伤亡惨重。

楚王此时趁机攻城，绞侯自知中计，已无力抵抗，只得打开城门投降，被迫与楚王签订城下之盟。

这样，楚国用“抛砖引玉”的策略，轻而易举地夺取了绞国都城。

此计虽妙，但要能抛出真正的诱饵，并且能准确地把握时机才行。要做到这些，就需要充分了解对手的实力，对手的性情好恶，其优点和弱点等情况，这样才能有的放矢、发挥出良好的效果，从而转化双方的优劣之势，顺利地达成自己的目的。

江乙善谋，安陵缠知时

春秋时，楚共王后宫有个叫安陵缠的姬妾，貌似天仙，体态婀娜，深得楚共王的宠爱。

一日，大臣江乙前来拜见安陵缠，待献上礼物之后，对她说道：“我听说，以钱财事人者，一旦钱财用尽，人们同他的交情就会疏远；以姿色悦人者，一旦容颜衰老，宠爱就不复存在。你怎样才能让大王永远宠爱你而不嫌弃你呢?”

安陵缠连忙施礼说：“我年少无知，望先生为我出主意。”

江乙说：“人死不能复生，天下事没有比这更令人悲哀的了。如果你能抓住一个机会，对大王说你愿意为大王日后殉葬，大王一定会永远宠爱你。”

安陵缠点头道：“敬听先生之言。”

有一次，安陵缠跟随着楚共王出外打猎。围猎时，施放的野火如天上的云霓，虎啸狼嗥，声若雷霆。突然，一只发了狂的犀牛向楚共王这边冲来，旁边的弓箭手见状，迅速开弓放箭，一下就射死了犀牛。楚共王骑在

马上，满意地说："此次行猎，甚娱我心。"突然，他的脸色转为阴沉，声调悲凉："人生如白驹过隙，我千秋万岁之后，情形将是怎样呢？"

安陵缠见这大好时机，便即时下马跪在楚共王面前，红着双眼流泪道："大王千秋万岁之后，臣妾愿与大王同葬。"

楚共王在悲凉之中听了这么一句话，深为感动，当即把一块领地封给了安陵缠。

在这里，安陵缠只是抛出陪葬的许诺，得到了一块领地，这才是日后自己色衰爱弛时美好生活的保障。而大臣江乙抛出自己的谋略，送安陵缠一个大大的人情，自然，也能得到这位大王身边的红人的感恩与报答，两人各自抛出自己的"砖"，又都达到了自己的目的，所以世人称"江乙善谋，安陵缠知时。"

送地收金

二战的硝烟刚刚散尽时，以美英法为首的战胜国们几经磋商，决定在美国纽约成立一个协调处理世界事务的联合国。一切准备就绪之后大家才蓦然发现，这个全球至高无上、最权威的世界性组织，竟没有自己的立足之地。

买一块地皮吧，刚刚成立的联合国机构还资金极缺；让世界各国筹资吧，牌子刚刚挂起，就要向世界各国搞经济摊派，负面影响太大。况且刚刚经历了二次大战的浩劫，各国政府都财库空虚，甚至许多国家都是财政赤字居高不下，在寸金寸土的纽约筹资买下一块地皮，并不是一件容易的事情。联合国筹办人员对此一筹莫展。

听到这一消息后，美国著名的家族财团洛克菲勒家族经商议，便马上果断出资八百七十万美元，在纽约买下一块地皮，将这块地皮无条件地赠予这个刚刚挂牌的国际性组织。与此同时，洛克菲勒家族将毗连这块地皮的大面积地皮全部买下。

对洛克菲勒家族的这一出人意料之举，当时许多美国大财团都吃惊不已。八百七十万美元，对于战后经济萎靡的全美国来说，都是一笔不小的数目呀，而洛克菲勒家族却将它拱手送出，并且什么条件也没有。这条消息传出后，美国许多财团主和地产商都纷纷嘲笑说："这简直是蠢人之举！"他们并且断言："像这样经营不要十年，著名的洛克菲勒家族财团，便会沦落为著名的洛克菲勒家族贫民集团！"

但出人意料的是，联合国大楼刚刚建成完工，毗邻它四周的地价便立刻飙升起来，相当于捐赠地皮所付金额数十倍、近百倍的巨额财富源源不尽地涌进了洛克菲勒家族财团。出现这种局面，令那些曾经讥讽和嘲笑过洛克菲勒家族捐赠之举的财团和商人们目瞪口呆。

洛克菲勒家族之所以舍得将如此昂贵的一块地皮拱手送出，什么条件也没有，乃是因为他们送予的不是别人，而是新生的联合国；而他们送出的地皮，也是用来建设联合国办公大楼。这联合国办公大楼一建成，便犹如一座小皇宫，璀璨夺目，光芒耀眼：出入的是世界各国的达官要人，周边聚居的也必定是富商豪贾，仕女如云，如此黄金宝地，地价自然会很快

飙升，变得寸土寸金，财源滚滚。如此举动，实属抛砖引玉中的绝大手笔。

抛出粗玉待琢磨

有时候，抛砖引玉不只是引起他人的兴趣，它还是你尊重他人的愿望和才智的表现，是你尊重他人的表现。毕竟，谁都喜欢按照自己的意愿或想法去做事情，而不喜欢他人强迫或派遣自己去做一件事情。同时，人们也希望有人跟他们谈谈他们的愿望、需要、想法，希望展示自己的才艺。因此，你若是直接要求对方为你做什么，显得自己对对方不够尊重，人家未必肯买你的账。这时候，若能巧妙地运用抛砖引玉之方法，便能迂回委婉地达成自己的目的。

江谷成是一家服装图样设计公司的推销员。在他的准客户中，有一位著名的设计师，非常令他头痛。一年多来，他已不记得自己跑过多少趟了。每次见到他时，他既不说买，也不说不买，可每次都用心地看图样，看后却还是那样一番话：“不，江谷成先生，我想今天我们还是不能合作。”

他到底在想些什么呢？江谷成想了几多时日后，一次猛然醒悟，这一年多来，自己却根本不知道这位客户想些什么？他到底有什么独特的需求呢？于是，他再也不向那位设计师认真地介绍自己公司的图样了，而是拿了几张那些设计师们尚未完成的图样，走进设计师的办公室。

“我想请你帮我一点忙……这里有几张尚未设计完成的图样，请你告诉我，如果按你的想法，我们该怎样完成它？”

设计师把图样看了半晌，没有任何表示，顿了顿才说：“江谷成，你把图样放在这里，过几天再来找我。”

三天后，江谷成又去设计师那里，听了建议后，把设计图样拿回去，按照他的意思做完。结果，这位设计师第一次，就从江谷成那里订了三张图样。

自从那笔生意完成后，这位设计师又订了十张图样，都完全是照着他的意思做的，江谷成这就这样从一个异常挑剔的准客户那里赚了一笔丰厚的佣金。

事后，江谷成说：“现在我才知道过去失败的原因，我总是强迫他买我认为他需要的图样。可是现在我所做的，跟过去完全不一样了。我请他提供他自己的想法，使他觉得那些图样是他自己创作的。现在不用我要求他买，他自己会来向我买。”

不要把什么话都说完了，而让对方无话可说；也不要把什么事情都做完了，而让对方无事可做。你的东西若是全部做完了，对方即便有一些个人的想法，或者更好的见解，也因不便改正而索性不说了。不要只让对方照你安排好的要求去做，也不要只是让对方掏钱，你应该做的，就是巧妙地抛出自己的“砖”，或抛出尚未完成的粗糙的“玉石”，从而留给对方表达其意愿的机会，或者显露其才艺的机会，让他自己去琢磨成一块完美的“玉”来。如此，既尊重了对方，尊重了对方的劳动和才智，对方才

会心满意足，才会分外珍惜。毕竟，这块“美玉”饱含着他自己的心血和才智。

在日常生活和工作中，有心机的人为了使事情得到更好的解决，也常常有意无意地抛出一块砖来。譬如在课堂上，老师在说出一个答案或者一个论点之后，有时会接着说：“当然，在这里，我只是抛出一块砖头而已，希望能引起你们的兴趣和深入的思考，想出更好的答案来。”再如，今日网上数不胜数的论坛，灌水者大有人在，有人如想获得某个问题的答案或者开拓更多的思路，求得创新，便只要往论坛中抛出一块带着那问题的“板砖”，引得灌水者的关注和兴趣，便很可能在水流泛滥之中找出自己所需的“美玉”来。

抛砖引玉

邓权山是一家工厂的业务员，业务跑得也还顺心，业绩也还不错，只是手头有一个让人头痛的客户。这个客户其实也没有别的，也不赖账，但就是喜欢拖账，而且往往一拖就是几个月。这样的客户本来应该跟他快刀斩乱麻，但因为这位客户每每要货不少，就又舍不得丢掉，搞得他心头总是有所挂牵。

这一天，邓权山开完财务会议出来又被狠狠地克了一顿，就因为这位客户那儿还有一笔金额不少的账款。没奈何，便与一位朋友商量了一番，想了个策略。第二天上午，他没打电话就直接赶到了客户的公司。

在办公室大楼，老板的助理上前询问他是否找老板？可有预约？见他不曾预约，便说：“很抱歉，我们老板不在，等明天老板回来再打电话给你。”

邓权山知道，这是这位客户爱用的一招，一有什么事情就推说自己在外头办事，忙得很。这位助理其实认识自己，但既然对方已经这般开口，便也只好点点头向大门口走。忽然，他像是想起了什么事情，就由包内掏出来一封信交给助理，说：“你们老板回来之后，麻烦你将这封信转交给他。”说完就匆匆离去了。

过了一刻多钟，邓权山又急急忙忙地走了回来，跟那位助理说：“很对不起，刚才的信给错了，请你还给我。这封信才是给

你们老板的。"

助理走进去拿了那封信出来。邓权山一眼瞥见那封信开了个小口，便抢先说道："呵，太好了，你们老板回来了，请你带我去见他。"

这一回，对方再也不好推托了，便只得带他去见老板。邓权山将自己的处境全盘托出，老板见自己推托的借口被识破，心下有些尴尬，便也不好再多说什么。爽快地，邓权山拿到了这笔货款，回公司去了。

在催款时，如果遇上喜欢赖账的客户，就要表现出相当的缠磨工夫。譬如侦知对方手头有现金时，或对方账户上刚好进一笔款项时，立即赶过去。或者，如果对方老是推托外面太忙不在办公室时，就要想办法摸清他的行踪，以确定他在办公室时，就即刻赶去，逮个正着。邓权山如此抛砖引玉，以一封信测试出了老板确在办公室的事实，既维护了对方的面子，不伤双方的和气，又达到了自己的目的。

18计　把柄在握

在谈判、竞争等场合与人交锋时，有意识地在其身上寻找把柄、制造把柄，一旦把柄在握，就可以控制对手，使其为我所用。

每个人都有其弱点、要害部门或者生活、事业上的过错之处，所有这些利用好了便是很好的把柄。像是有勇无谋者，可以使用计谋引诱他；性情急躁偏激者，可用激将法；过分重视人格名誉者，可以故意羞辱他；仁爱者，可以频繁地烦扰、拖累他。这些性格上的弱点都可能成为对手的把柄。此外，一个人的趣味、喜好、欲望、隐私、过错等等，也都可能被对手利用，作为要挟、打击自己的把柄。只要拿对手最喜劝或忌讳的东西去引诱或打击他，他就必定上钩无疑，授人把柄，为我利用，从而受制于我。

把柄在握之计，其效力巨大无比。抓住对手的弱点、要害、过错等把柄，挟其一点，引诱或打击其余部，使其损失扩大化，或出现更大的失误败退，以获取自己最大的利益。这是谈判、竞争场上的惯见招数。人们常见到一些貌似强大的事物，在把柄为对手抓握，并巧加利用时，变得狼狈不堪，最终败下阵来。

操刀操柄

福建的闽县和侯官都以盛产瓷器闻名，按例每年都要向福建按察使衙门送上许多珍贵的瓷器，名义上是请按察使检查质量，好上贡宫廷，实际上是一种变相的索贿受贿行为。

且说曹谨中进士后走马上任，来到福建省闽县任知县，谁知到任不久，便碰上这等事情，无奈之下，只得送了价值一百两左右银子的瓷器。而同时，侯官县知县送的瓷器其价值在白银千两以上。瓷器清单呈上之

后，按察使很不高兴，但又不好发作。其门房窥知主人的心意，于是倚势作威，将曹谨送来的瓷器打碎了一半，其他的也拒绝收受。

曹谨为人比较清廉正直，这一次上任不久，就碰上了这件事，非常气愤。但按察使是他的上级，他也没有办法，只好忍气吞声，命手下人将碎了一半的瓷器抬回去。

事有凑巧。在清理瓷器碎片的时候，他无意中发现有一个瓷器上面烧制有“富贵寿考”四个字。曹谨不由心下大喜。这是一个瓷鼎，瓷鼎上的这四个字乃是康熙皇帝的御笔，是康熙赐给福建安溪文渊阁大学士李光地的一块匾额。烧窑的技工将这四个字描摹下来，然后缩小，再写在瓷坯上烧成一只大瓷鼎，作为样品，准备贡献给皇帝，不料被这门房打碎了。

这下可好了！曹谨轻快地将这个瓷鼎的碎片拾起来，再用黄绫包好，然后去见按察使。到了厅堂，他既不请安，也不开口，手捧着黄绫包裹，径直走到公案前，双手将包裹放在公案上，然后退后一步，恭恭敬敬地行三跪九叩首的大礼。按察使惊呆了，不知道这里面包着的是皇帝赐的什么物品，只好也跟着行三跪九叩首。礼毕，按察使问道：“不知皇上钦赐何物？”

曹谨说：“请大人打开看看便知道了。”

按察使打开一看，里面竟是一些碎瓷片，不由大怒，责问道：“你为什么这样荒唐？”

曹谨不慌不忙，把打碎的“富贵寿考”四个字拼凑好，说道：“这是圣祖仁皇帝（康熙皇帝）的御笔，烧制在瓷鼎上，作为上贡样品，送呈大人。不想大人的门房拒绝收受，把它打碎了，亵渎先皇，罪在不赦，卑职惶恐万分，不知如何处理，还请大人发落。”

按察使听了大惊，他心里清楚门房打碎瓷鼎是知道自己嫌瓷器送少了，现在被曹谨抓住了把柄，如果张扬出去，被巡抚知道，再向皇上参上一本自己可是承受不起。唯今之计，只好丢卒保帅了。于是他假装发怒，说道：“有这等事！这还了得！”命令左右把门房抓来，当堂责打四十大板，押赴大牢，听候发落。

事毕，他设座待茶，对曹谨说：“此事多承关照，深为感佩。”曹谨知道他心中有愧，于是乘机进言，说道：“卑职所呈瓷器除了上贡样品之

外，其余完全可满足大人厨房茶址的需要，门房勒索不遂，亵渎先皇御笔，险些酿成大祸，幸亏大人明断，才了结此事。卑职还听说侯官知县所送瓷器价值在白银千两以上，大人素来一清如水，绝不会多取民间一分一毫，这一定是左右的人蒙蔽侵吞，有损大人清誉，希望大人留意，不要因小失大。”

按察使听了，知道曹谨的这番话，表面上很委婉，实际上却是在对他进行严厉的警告。但既出了此等事情，却也无可奈何，只好顺水推舟，立即下令将侯官县所送瓷器除上贡品外，其余的一律退回，对侯官知县也加以申斥，对曹谨则给予表扬。清代官场这一行之多年的陈规陋俗，也从此给破除了。

一般来说，曹谨只是一个知县，再怎么正直机敏，对于官场这一多年的陈规陋俗也无能为力，再怎么不愿随波逐流，表面上也得应付应付。如今，曹谨之所以能够四两拨千斤，一举破除陈规陋俗，乃是因为其上级福建按察使刚好不幸地被他抓住了刀柄。刀柄一旦在握，谁敢轻试锋芒？这也就是此计最为利害之处。

把柄在握

西汉成帝时，朱博由武官调任地方文官左冯翊（管辖京都长安以北及东北地区）。刚来不久，有人举报其府上的一位功曹受长陵县一豪强尚方禁贿赂，非但没治其罪责，后来还将他升迁为守尉之职。

尚方禁是当地一豪强，年轻时曾去强奸别人的妻子，被别人砍了一刀，面颊上还留了一道伤疤。朱博了解到事情的缘由后，以其他的事由召见尚方禁，看见他的面颊上果然有道疤痕。朱博让身边的人都走开，问尚方禁道：“这道疤是怎么落下的呀？”

尚方禁自己知道朱博已晓得内情，便跪下叩头，如实地讲述事情的经过，并一个劲地哀求大人恕罪，说自己以后再不敢干坏事了。朱博“哈哈”大笑，说道：“大丈夫血气方刚，难免会做下这种事情。现在我想洗刷您的耻辱，给你一个机会，您愿为自己效力否？”

尚方禁又高兴又害怕，回答说：“小人定效死力！”

于是朱博向尚方禁下令说：“您决不能泄漏机密，见到有该报告的事，就要记下来报给我。”从而把尚方禁当作亲信，用为耳目。尚方禁得到朱博的宽大处理和信任，便凭借自己的关系网，侦探揭发了所属各部门各地方的许多抢劫、杀人和其他隐蔽的坏人坏事，立下了不少功劳。朱博提拔他为连守县县令。

过了很长时间，朱博召见了那位功曹，把门关上，将其收受尚方禁贿赂等事说开，数落责问他，并且将笔和竹简递给他，让他自己写检查，“只要贪污受贿一分钱，也不得隐匿，若有半字欺瞒，杀头无赦！”

功曹十分惶恐，便自己把一桩桩贪赃奸情，不论大小一点不敢隐瞒地写了下来。朱博知道了他的犯罪实情，就叫他仍然就座，说：“你回去好好反省反省，听候处理。以后好好改过自新，再不要以身试法！”说完，就拔出随身所佩的刀来。

功曹见他拔出刀来，吓得全身筛糠般打颤，作躬打揖，请求朱大人高抬贵手。

朱博将刀一晃，向功曹扔了过去，让他把写在竹简上的字都刮掉，并让他出去仍担任原职不动。这个功曹以后想起自己的罪过就不寒而栗，公务上兢兢业业，不敢有一点差错自不必说，朱大人的指示也随时照办。后来，朱博见他已悔过自新，还立了不少功劳，便也提拔了他。

让地方豪强悔过自新，再示以恩信，这也算是分化瓦解地方犯罪势力的一个良策。首先，有过罪责的人其把柄捏在上司手中，公务上自然不敢再有差错；其次，地方豪强从污泥中走出，故对其中种种势力纠纷看得真切，识得其中厉害与软肋，容易掌握他人的弱点过错与罪行。这样一来，只要抓住了一个个地方豪强的作案把柄，然后让其悔过自新的任其改过，需要法办的法办，地方上所余无几的豪强之徒，自然再也兴不起什么风浪来了。

套取把柄

宋徽宗政和六年，京城惠民和济民为制中药，请户部（掌管土地、财政、户籍、赋税的机关）派人到全部各地“科买”牛黄。名为“科买”，其实不过是掩人耳目，户部官员便藉此机会敲诈勒索，每到一地，如当地拿不出牛黄，即百般纠缠、勒索地方官员用银两行贿。有的地方为取牛黄甚至宰杀耕牛，而且健壮的耕牛没有牛黄可取，致使地方官员、百姓苦不堪言。

宗泽管辖的莱州掖县（今山东县一带）也被摊派到“科买”三百两牛黄的“任务”。官吏们得知这一消息都非常紧张，商量着用重金前去行贿。宗泽得知后，淡然一笑，说：“你们不用怕，科买使者来到时，我去接待他。”

不久，科买使者来到了县衙，气呼呼地问：“本官奉朝廷之命到你掖县买牛黄，你们准备得怎样了？”

宗泽上前轻声说：“掖县耕牛调养得健壮，不产牛黄，请您到别的县去买吧。”

使者一听猛然一怔，心想，本官主持科买已不是一天两天，唯有你这个宗泽就这么特殊，既找不来牛黄，又不送金送银来，真是岂有此理。想到这儿，他把公案一拍：“宗泽，你好大的胆！本官科买牛黄是奉朝廷之命，你竟敢顶撞本官，目无朝廷，藐视皇上，你该当何罪——还不跪下！”

只见宗泽正了正乌纱，整了整官服，向门外叫道：“摆案接旨。”

科买使者又是一怔，不知圣旨何在。宗泽走到他的面前，压低了声音说道：“既然大人是奉皇上之命来此科买，想来必有圣旨，那么就请宣旨吧。”说着就要下跪。

使者明白了宗泽的意思，可自己哪有什么圣旨，不过是拉大旗做虎皮，吓唬地方官员而已，便急忙伸手拦住，说道：“本朝科买制度是皇上钦定的，皇上的旨意就是圣旨，你要本官拿什么圣旨？科买官外出督办牛黄，就是代表朝廷。这难道你怀疑吗？”

宗泽听了哈哈大笑，说：“好大的口气！照你这么说，是我宗泽违抗圣旨，该满门抄斩了。但可惜你说得太荒谬了！”

“怎么荒谬了？”

“没有圣旨，怎能代表朝廷？你这样做显然是假借皇上的名义，到处招摇撞骗。”宗泽高声喝道：“来人呐，将这假传圣旨的骗子绑起来！”

话音未落，几个彪形大汉冲进门来。使者见状，仍装作十分镇静的样子，走到宗泽面前，从衣袋里摸出一张户部公文，递了过去，说：“这是户部公文，你竟敢违抗不成？”

宗泽冷笑两声：“你用户部公文假冒圣旨，罪当斩首！”边说边转身坐到了公案后面。直到这时，科买使者才真正害怕起来，急忙说：“大人，下官有罪，唯求大人宽恕，日后必有重谢！”

“怎么，大堂之上，你要贿赂本官吗？”

使者一听，吓得魂不附体，急忙跪倒磕头：“下官不敢，望大人明察。”

宗泽身为一个“知县事”，到底不能把这位户部官员怎么样，只不过是用计吓唬吓唬他，好顶掉“科买牛黄”的差事而已。于是，宗泽顺水推舟，说：“念你我同在朝廷为官，本官饶你这一次。你快走吧！”

使者定了定神，从地上爬起来，哭丧着脸对宗泽说：“宗大人，我奉

命科买到了贵县，空手而返恐怕不好交差呀。烦劳大人出个佐证，回去也好有个交代。”

宗泽想了想，说：“好吧。”随即提笔写道：

“牛黄是从病牛的胆汁中提取的。耕牛生了病，渐渐枯瘦，慢慢地使胆汁凝固而生成牛黄。如今英明天子登位，天下太平安宁，耕牛很少生病，本县所辖地区，耕牛长得又肥又壮，哪有牛黄可取？这是个极好的征兆，值得向朝廷报喜。这次我县官民将科买牛黄的官员礼送出境，敬请户部见谅。”

使者接过这份“佐证”材料，有些哭笑不得，就此退去。

随后，宗泽又专文上奏朝廷，力陈科买牛黄的种种危害。在宗泽等人的强烈要求下，朝廷终于取消了这一做法。

原来，科买牛黄是户部的差事，派出的官员只带户部公文，根本无需圣旨。但这些久居京城的官吏，往往以“朝廷”自居，以代表“皇上”为名，吓唬地方的官员。宗泽清楚地了解他们的漏洞，如今逼到自己头上来了没别的办法，便将这漏洞套取为把柄，抓过来也吓唬吓唬这位户部来的使者，以顶掉这份害地方官害老百姓的差使。

通过这个故事，我们可以看到两点：一是可以将对方的漏洞扩大化，套取过来作为自己对付对方的把柄：二是抓住对方的把柄，同时又不使对方过于难堪，做到恰到好处，才能收到事半功倍的效果。

活用把柄

对手的弱点有时是公开性质的，有时是隐而不显的，显然，其隐而不显的弱点如能作为把柄使用，效果更大。因此，一些个人的隐情、绯闻等都属于隐性的弱点，更容易为个别知情者把柄在握，巧妙地用来用去。

当然，无论是什么样的把柄，都有个适用范围，都有其一定限度，只在巧妙地做到恰到好处，才能收到最大的效果。如果一个把柄被过于频繁地或者过度地使用超过了其承受范围，那对手很可能恼羞成怒，不顾一切地进行反扑。

譬如，如果是抓住对方的隐私作把柄的，就需要你自觉为对手的隐私保密；只要双方心知肚明，便可以多次利用同一个把柄控制对手。一旦你掌握的隐私成了公开的秘密以后，对手便会破罐子破摔，反而毫无顾忌地反过来对你报复。

这里举例说明，活用把柄的一些技巧与方法。故事中的双方，是一对曾共患难的哥们儿，这里姑称甲、乙二人。

且说甲、乙不通音信已有十年。十年至今，甲混出了名堂，一举成名丁，跑到京城买地置房，还做着大生意。虽然甲、乙二人也是十年未通音信，但因为名气大了，不知道乙从哪条道上得知了甲的信息，跑到京城来四处打听，竟然还就被他找上门来了。哥们儿发了，做兄弟的还在苦海，如今千里迢迢找了过来，自然是要求接济。

这第一次，算是兄弟情谊，随手拿了三千，也算是到京城来了一趟，

观光一番。十天过后，乙要回家乡，开口向甲借五万块，说是回去开个小店过日子。甲有些犯难了。谁都知道，这口头上说是借，可如今两人相隔千里，哪还有还的时日？虽说是曾经共过患难，但如今就这么轻易拿走五万，那可是不行。在他心里，顶多也就是帮上了一两万，毕竟曾共有一段年少疯狂的岁月。

没想到，乙硬是要借五万，说是就这五万，自己回去好好经营过日子。见甲仍是不肯，乙提到了“工厂办公楼那台电脑”。甲一听，傻眼了，他全然忘了的那一段事情竟翻了出来，回头看看在厨房的妻子，教授的女儿，再想到帮老朋友一把，助其脱离苦海也未尝不是好事，没奈何，便答应了乙的借钱要求，只是嘱咐他日后谨慎小心，每一笔生意都要小心再小心，赚点钱好好过活。

甲怎么就这么爽快地答应乙的要求呢？原来，当年哥们两个，曾饿着肚子在一个夜晚一起偷了村子不远处一家工厂办公楼里的一台电脑，当时卖了一千块钱，一人五百块钱，作为盘缠，各奔前途。甲就此混出了前途，自然不愿为了这五万块钱坏了自己的名声。

且说乙回去之后，还真做起了小生意来。一段时间还赚了些钱，小日子也还不错。没想到一年后因为不谨慎，被人骗了两次，拉走了两车货后再也找不到人了，这样不单生意做不下去了，还欠了一屁股债。债主上门催逼得紧，没奈何，只得又厚着脸皮寻到甲的门上来，要求再借贷十万。

见乙这般狮子大开口，甲肯定不答应了，说是上次五万块钱都还没问他要呢。这时，乙再次提起“工厂办公楼那台电脑”来，也已不管用了。甲也有些恼火了，说：“你爱怎么说怎么说吧，只要我不承认，像你这种人说的话人家也未必肯信。”

见甲这个态度，乙便从袋中掏出了一段电线，上面有着品牌电脑公司的标识。甲一下子又懵了。他怎么也没想到还有一段连接电脑的电线留在乙的手里，怪不得当初偷了卖给人家时，人家说少了一根电线。证据确凿，把柄在握，甲的态度即时软了下来，跟乙求和，两人商议一番，乙拿了八万块钱回老家救火去了。

这件事情到此结束了。毕竟，当初甲乙二人能够混在一起，患难与共，甲能白手起家，相信乙的才智也不会差到哪里去。得到了八万块钱新鲜“血液”的注入，乙的小生意又有了起色。后来，乙在老家的生意还是做得比较平安、顺利。乙还象征性地还了甲几万块钱，二人每一年都还通个音信，报个平安。

在这里，我们不妨再设想一下。如果乙的生意再次出现巨大的亏损，重又向甲索取巨额资金，比方又是十万，或二十万，那时，又会出现什么样的局面呢？

有可能，甲还是再次答应乙一回，也有可能，甲索性舍下这个面子，干脆默认当初的偷窃行为。“人有失足，马有失蹄”，人在走投无路时偷一回也算是人之常情，一个大活人毕竟不能活活饿死啊。更何况，当初偷电脑的也有你乙在内啊。

事态如果到了这个份上，乙抓在手里的把柄大概也不会有多大效用了。二人就此撕破脸面，反目为仇对双方都没什么好处。此外，乙如弄得甲身败名裂的话，甲也会凭着手里的实力对乙进行一番狠狠的报复，那时，乙更是吃不了兜着走了。

总之，凡事都有其限度有个适用范围，使用把柄自然也不例外。抓住了对方的把柄，也要用得巧妙，灵活，要掌握一定的分寸。不要在众人面前公开对方的那个秘密，点到为止，双方心知肚明就行，这样对方的把柄才能多次利用。不欺人太甚，不逾越对方承受的极限，兔子急了还会咬人呢，何况一个大活人。一旦闹得秘密被公开了，双方撕破脸面，那样不单自己掌握在手中的把柄失去效力，还遭到对方强烈的报复，那样就真是得不偿失了。

安插把柄

明代，张居正是最杰出的改革家。他在执政的十年中，“勇于任事，以天下为己任”，大胆地从政治、经济、军事各方面进行重大改革，使国家安定，经济发展，一时出现清明富强的景象。但就是这样一位大有作为的政治家，当年为了爬上首辅的位子，同样采取了一些不光彩的手段。尤其是他将一个把柄安插到两个人身上的手段，令人为之咋舌。

明世宗隆庆皇帝死后，明神宗朱翊钧即位，当时才十岁。隆庆皇帝遗命内阁三学士高拱、张居正、高仪辅政。但实际上朝廷大权是由以下三个人分掌：宫内有太监冯保，宫外有内阁大学士高拱和张居正。

明朝自成祖后，太监权位甚重，司礼监的掌印太监、秉笔太监，尤其重要。当皇帝不负责任，热心玩乐时，那批阅奏章的权力就落到了掌印太监、秉笔太监的手中，其凭借着皇帝的朱笔，可以无限扩大，所以司礼监的太监有内相之称。当年隆庆皇帝虽然不管事，但是政事也大都交由内阁处理。但隆庆皇帝死后，就出现问题了，秉笔太监冯保一心想做掌印太监，但因遭到了首辅高拱的反对而未果，这一来两人就结了深仇。隆庆皇帝死后，神宗皇帝年幼，两位太后对冯保极为信任，冯保借机让皇帝升自己为掌印太监，而且掌管东厂。

冯保上台，作为仇敌的高拱自然不快，所以紧锣密鼓地策动朝官上奏弹劾冯保。

冯保与高拱之间的矛盾斗争为张居正提供了绝佳的机会。想来想去，张居正想出了一条一石二鸟的计策。

他先与冯保套近乎，拉关系。冯保贪财好货，张居正便满足他的贪欲，让自己的儿子张简修送去珍贵的礼物，其中有名琴、夜明珠、珍珠帘，外加黄金、白银、珍玩无数，以博得冯保的欢心。当冯保耗费大量钱财，预先给自己营建了墓穴后，张居正还特地亲笔题写，为原本名声不佳的太监高唱颂歌。冯保见张居正与自己如此亲近，便视其为知己，遇事都与张居正商议；在李太后面前，他常是大肆攻击高拱，却大加赞扬张居正。

第一步成功了，张居正就开始了第二步。他派一死党扮作太监模样，混进宫去，在上朝的半路上装作要刺杀神宗，结果被众太监拿住了。但无论怎么审讯，那刺客就是不供出谁是主使来。冯保无奈，只好向张居正求教。

张居正装模作样地说：“这刺客扮作太监模样，分明是要嫁祸于您。权要大臣中，您与谁有过节呢?”冯保想了一下，权要大臣就是指张居正自己和高拱了。冯保马上想起高拱对自己轻蔑的眼光和非难，分明是他想要整死自己。

回去升堂继续审问，冯保对刺客说：“我知道是高拱派你来的了。只要你招出高拱是主谋，我便不杀你，还保你做官。”这一下，刺客竟点头承认，画押招供。两宫太后和神宗见刺客招供，都被激怒了，第二天，便下诏驱逐了高拱。

首辅高拱被解职回乡了，张居正便成了内阁首辅。

张居正又让刺客翻供。神宗听说刺客翻供，亲自审问。刺客说原先的供词是一太监审问时教给自己说的。他指一下站在神宗身旁的冯保说：“就是他!”神宗嫌冯保拿刺杀皇上的案子当儿戏，竟用来作为打击其政敌的圈套，心中生厌，自此也慢慢疏远冯保了。

张居正一直就想将名位排在他前面的首辅高拱挤下去，以便自己独揽大权。当掌印太监冯保与高拱之间展开了激烈的斗争时，张居正自然不会放弃这个绝好的机会。但是怎样才能抓住这个机会呢？他想到把柄在握之计。张居正先造好了一个刺杀把柄，用离间计让冯保把它安在了内阁首辅

高拱身上，搞倒高拱后又通过刺客翻供，将把柄回过来又安在了冯保头上，让皇帝对他生厌、疏远，从而实现自己的夺权大计。

对手有把柄就要毫无犹豫地抓住，如果对手把柄难寻，就要想办法去挖掘把柄；而如果对手很少有漏洞，根本难以找到把柄，那还可以想办法制造一个出来，再安到他身上去。

不授人以柄

在日常工作中，我们要以事业为重，尽可能地表现得光明磊落，以防止他人的诬陷，避免落人把柄。在某些时候，我们还要适当地掩藏自己的做事目标。世事复杂，人心多变，自己做事光明磊落，但又不让自己的意图明显，不怀好意、有心想算计你的人就找不到行动的目标，找不出自己的弱点和漏洞等把柄来。这样一来，才会减少我们事业中的人为障碍和挫折，以使自己的事情更为轻松顺利。

明太祖朱元璋坐天下之后，郭德成任骁骑指挥。郭德成的妹妹是朱元璋的妃子，每次入宫，妹妹总想让哥哥多呆一会，可郭德成就是不肯，每次都借故有事早早离开。

郭德成的妻子对夫君所为也是不解，她常埋怨他说："皇妃是你的妹妹，多聊一会又有何妨？皇上知道了也不会怪罪于你，你还怕什么呢？"

郭德成总是不肯作答，只说"我确有要事在身，怎可因私废公？你不明情由，以后不要再妄加非议。"

一天，朱元璋召他入宫，临走之前，朱元璋赏他两锭黄金，还让他莫对人言。郭德成谢恩收下，把黄金装入靴筒。快走出宫门之时，他突然脚下不稳，随后似醉汉一样跌坐在地，靴子也脱落了。宫中守卫一见靴子中滚出了黄金，立刻将他暂时收押，并迅速将此事报与皇上知晓。待朱元璋说明了其中原由，郭德成才得以脱身。

事后，有人责怪郭德成太不小心了，郭德成只是一笑置之。私下里，他却对妻子说："皇上严刑峻法，那些酷吏无孔不入，我随时都有可能被人栽赃陷害，牵扯进来，怎能不事事小心呢？我故意摔倒露出黄金，正是考虑到这个啊。试想皇宫防卫森严，滴水不漏，我挟金而出，岂能瞒过众人？日后若有人家说我偷了黄金，我也有口难辩。何况我妹妹服侍皇上，我出入无阻，万

一皇上以此试探于我，这事就更麻烦了。”

郭德成不仅在应付皇上时特别恭敬谨慎，在和其他人交往时也是小心谨慎，特别对掌管司法的大臣和大大小小的狱吏，他都是十分恭敬，有时还半开玩笑半认真地说：“有一天若是我犯在你们手里，请看在今日的情份上，让我少受些罪，我就感激不尽了。拜托！拜托！”

那些人每到此时，总是笑着回敬他说：“大人乃是皇亲，谁敢把你怎样呢？你太多虑了，切勿再言。”一时，人们都认为郭德成有些迂腐。

“小心驶得万年船”，郭德成的小题大做，其实并不为过。历史上，朱元璋以猜忌心重而著称，他治案一贯株连甚广，杀人如麻。也难怪郭德成对他不敢轻信，处处小心提防了。郭德成故意把黄金露出来，让朱元璋以及自己潜在的对手抓不住把柄，通过光明磊落的方式化解了可能的危机。

不握刀刃

乾隆时，清王朝国力日渐强盛，疆域逐步扩大，引起了英帝国的贪婪之心。为了向中国延伸自己的势力，英国利用乾隆皇帝八十大寿之时，特意派出了马嘎尔尼特使，出使中国。

马嘎尔尼来到北京后，心里盘算，这清廷中眼下最有权力并且能打开皇帝这把锁的只有满汉两中堂，而汉中堂刘墉官清如水，软硬不吃，既不贪财，又不好色，是个不好说话的主儿，于是就把主意首先打在了和珅身上。

这一天，马嘎尔尼携重礼前宋拜访和珅，通过通事对和珅说：“我是奉英国女皇之命，前来中国，为皇上拜八十大寿，与大清国通好，特请和大人多多帮忙。”

见财眼开的和珅，抚摸着马嘎尔尼送来的奇珍异宝，心里十分高兴，对马嘎尔尼说：“贵国愿与我大清国通好，那是好事，下官一定效力！”

马嘎尔尼又说道：“和大人，听说贵朝中还有一位刘墉大人，不像和大人好通事，还请和大人指教。”

和珅怕自己独吞英国人送的珍宝被刘墉知道了不好办，便替马嘎尔尼出主意说：“你是大清国的贵客，你可以送他礼物，到时他要是收下，我有话说，他要是不收，我也有话说。这样一来，他就得乖乖地听咱们的。”

第二天，为了让刘墉收下英国人的礼物，和珅亲自带着马嘎尔尼来到刘墉家里，为双方作了引见。稍事寒暄，马嘎尔尼对刘墉说：“刘大人，我奉我们大英国女皇之命，前来为贵国皇上庆贺八十大寿，以求两国通好，其中细节之事，还请刘墉大人成全相助。只要大事能成，我国政府一定不会亏待刘大人。”

刘墉很认真地说：“两国邦交大事，本官定当效力。不过，本官为国事效力，不图厚报！”

“那是当然，刘大人高风亮节，实在令人敬佩。现有小小的一见面礼，请刘大人笑纳！”说罢，令人将礼物呈上，净是难得一见的各种珍宝。刘墉心想，这肯定是和珅在捣鬼，我若收下，他定然参我个接受贿赂；我

若不收，他也会参我违背善待洋人之规，便故意装作什么也不知道，向马嘎尔尼推辞道：“我国有句古语叫‘无功不受禄’，下官对马嘎尔尼先生无尺寸之功，这礼物实不敢收。”

马嘎尔尼说道：“这只是我的一点心意，刘大人若是不收，我可要生气了。”

和珅也在一边帮腔：“是呀，刘大人，马嘎尔尼先生要是生气了，这不能善待洋人，违抗圣命的罪名你可担当不起啊！”

“和大人既然如此说，那本官就恭敬不如从命了。”刘墉于是命人将礼物收下了。

走出刘墉府大门，和珅对马嘎尔尼说：“刘墉只要收下了马嘎尔尼先生的礼物，这今后的事就好办了。不怕他刘墉不跟着我们走！”

马嘎尔尼道：“我国政府一定不会忘记和大人的功劳！我会多多致谢的。”

当天晚上，和珅心里越想越美，竟然连一向以清廉而闻名的刘墉也被自己抓住了把柄！朝中今后还有谁敢和自己作对！

次日一大早，刘墉便吩咐下人，待他上朝的时候，把马嘎尔尼所送的礼物抬到金殿外等候。

朝拜完毕后，刘墉出班奏道：“臣刘墉启奏皇上，昨日和大人与英使马嘎尔尼先生一起来到臣的府内，马嘎尔尼先生给臣送了礼，所送都是异国的奇珍异宝。臣无功不受禄，不像和大人，和大人为洋人办事，劳苦功高，受之无愧，所以臣不敢收受，但和大人对臣说：‘若不收礼物，惹洋人生气，就违犯了要善待洋人的圣谕’，臣又不敢不收，因此暂且收存于府中。臣以为，马嘎尔尼先生是为了两国邦交大事而来，所以马嘎尔尼所赠与我的一切东西，都应上缴国库；那些上等异国珍宝，臣不配享受，只有皇上才配享受，故臣将上等异国珍宝，敬献给皇上，现在殿外候旨。”

刘墉这几句话，除了把自己所收的礼物统统上缴出来之外，还将和珅收受礼物之事公开于朝堂。和珅尽管心里恨得直咬牙，可此时不单半个不字不敢说，还得附和刘墉的说辞，乖乖吐出所收珍贵礼物。

当时的情境，刘墉要是坚决不收其礼，未免过于矫情，驳了作为英国特使而来的马嘎尔尼的面子，终归不是好事。然而若是就此收下而另外不作表示，便是中了特使与和大人的圈套。抓握不了刀柄，可也不能将人家递上来的刀刃抓在手中。这是为人处世之大忌。刘墉这般，先暂且收了礼，回头却又将礼物献给了皇上，等于是将刀刃刀柄全部推出，如此对手便不好抓住刀柄用力，当然也就无可奈何。

19计 釜底抽薪

釜底抽薪，语出北齐史学家魏收《为侯景叛移梁朝文》：“若抽薪止沸，剪草除根。”西汉《淮南鸿烈》曾说得更为浅显：“故以汤止沸，沸

乃不止；诚知其本，则去火而已矣。”水烧开了，再加热水进去，水还是会翻滚不停；根本的办法是将火熄灭，水就不会再翻滚了。此计是指对对手不必用正面交锋的办法取胜，而应该采用避其锋芒，抓住其主要矛盾，削弱对手的气势，再乘机取胜的谋略。

治本不如治标，釜底抽薪的关键是抓住主要矛盾，转化优劣之势，稳操胜券。如在军事作战上，很多时候，一些影响战争全局的关键点，恰恰是敌人的弱点，指挥员要准确判断，抓住时机，攻敌之弱点，比如敌人后方基地、仓库、运输线等。如能乘机夺取，敌军就会不战自乱。

粮草之战

官渡之战开始时，袁绍率领七十万大军，号称百万，攻打曹操。当时，曹操据守官渡，只有六、七万人马。袁绍、曹操两军隔河对峙，相持两月之久。曹操因兵力悬殊，粮草将尽，便修书一封与使者，令许昌的官员速运送粮草到官渡前线。不巧使者中途被劫，告急信落入了袁绍谋士许攸手中。许攸就向袁绍报告这一重要情报，并献策道：“曹操屯兵官渡，与我相峙已久，许昌必然空虚：若趁机分一军星夜偷袭许昌，则许昌可破，曹操可擒!”

袁绍却说：“曹操诡计多端，这封告急信也许是诱敌之计，不可轻信。”

许攸说：“曹操南来与我决战已经这么长时间，粮草告急肯定属实，而今若不乘机攻取许昌，必然反受其祸害。”

此时正好有使者送来另一谋士审配来信，信中告发许攸滥受民间财物。袁绍见了此信，非但不肯用许攸之计，还将他大骂了一顿。许攸万般无奈，在手下的劝说下，投奔昔日老朋友曹操去了。

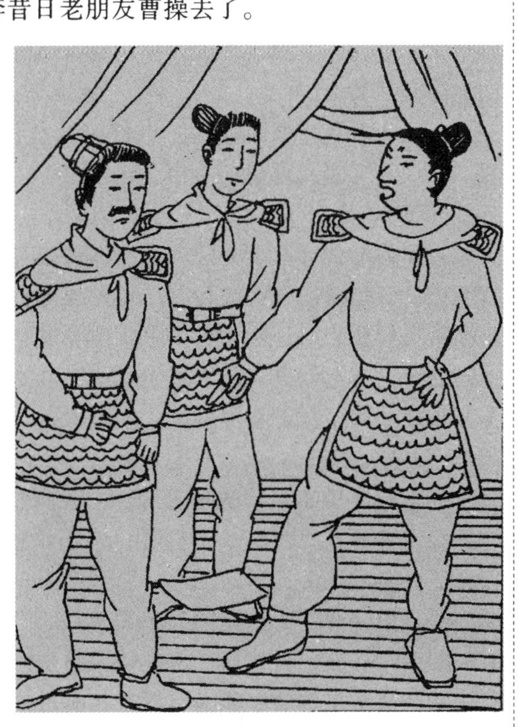

曹操听说许攸来投，欣喜若狂，来不及穿上鞋子，赤着脚跑出帐外迎接许攸。许攸得曹操如此厚礼相待，因说：“我有一策，不过三日，使袁绍百万之众不战自破，明公肯听吗?”曹操呵呵大笑。

许攸说：“袁绍从河北调来的军粮辎重，全部聚积在大本营以北四十里的乌巢，而把守粮草的淳于琼，却是个酒色之徒。明公可选精兵诈称袁绍的将领，带兵到乌巢加强粮草保护，乘机烧掉对方的粮草辎重，如此，袁军不出

三天必然自乱!”

曹操大喜，听得乌巢并无重兵防守，决定偷袭乌巢。第二天，亲领五千精兵，打着袁军的旗号，人衔枚，马勒口，带着柴草，黄昏时分向乌巢疾速进发。深夜，曹操兵马突然冲进了乌巢。袁绍的守军还没有弄清真相，曹军已经包围了粮仓。一把大火点燃，顿时浓烟四起。曹军乘势消灭了守粮袁军，并活捉了淳于琼 。袁军的一万车粮草，顿时化为灰烬。

袁绍大军听说乌巢粮草尽化灰烬，再无粮草接济，七十万大军人心惶惶，不战自乱。曹操率领兵马，发动全线，乘势猛攻。袁绍遭受惨败，仅带领八百亲兵，艰难地杀出重围，回到河北，从此一蹶不振。

声势浩大的官渡之战，被曹操以弱胜强，大获全胜收场。从此，曹操奠定了统一北方的基础。

古代军事战争中，常是“兵马未动，粮草先行”，特别是在两军对峙有了一番时日之后，双方粮草供给更是成了重中之重。官渡之战，原本袁绍占了绝对的优势，兵力超出曹军十倍，相持两月之后，粮草还有一万车，而曹操不只兵力相差悬殊，就是粮草也已告急。此时袁绍如依从谋士许攸的计谋，曹操又如何能够阻挡！没想到许攸投敌献计，反而被曹军釜底抽薪，烧了屯集乌巢的全部粮草，七十万大军不攻自败。一计釜底抽薪，胜过千军万马！

旺火断薪

唐文宗即位后，感到谋杀宪宗、敬宗的宦官还在左右，深以宦官专权为患，决心加以剪除。

当时神策中尉王守澄尤其专横，皇帝对他无可奈何。文宗曾与宰相宋申锡共商谋诛宦官，不料事情泄露而遭失败。此后，宦官更加骄横。文宗感到忍无可忍，又提拔李训、郑注为翰林侍讲学士，常与两人密谋，再一次清除宦官势力。

公元835年，李训以郑注出任凤翔节度使，企图内外配合，发动事变。不久，文宗又拜李训为相。这年初冬，文宗诛杀王守澄。

同年11月21日，在宰相李训的策划下，文宗在紫宸殿朝会，左金吾卫大将军韩约伪奏左金吾院内的石榴树夜有甘露，百官称贺，文宗遂带宦官仇士良、鱼弘志等前往验看。李训预先已伏兵该处，图谋诛杀宦党。不料皇帝一行前来时，仇士良、鱼弘志等发觉情势有异，遂强行拥护着皇帝退往后宫，并与朝官展开一番生死搏斗。结果大臣李训、郑注、王涯等均全家被杀，其余死者不可胜计，朝官惨败，宦党全胜，这次事件在历史上称作“甘露之变”。

宣宗即位后，对“甘露之变”一直怀恨在心，便授旨给宰相令狐绚。令狐绚受旨后欲将宦官一网打尽，又怕牵连太多，很容易出什么乱子来，而且还会造成许多无辜的牺牲。思来想去，终于想出了一个绝妙而又省力的办法。他在奏折中这样向皇上密奏道：“只要对宦官中有罪的不放过，有缺额不再补充，自然这一伙人就无形中慢慢清除了。”

后来情形果然如令狐绹所设想，横行一时的宦党势力，因为得不到新

人的补充，而随着时间的流逝慢慢地削弱下来了。

这真是绝妙的“釜底抽薪”之术。唐代几个朝代的宦党之患，牵连蒙冤多少人，而宰相令狐绹在奏折中只是这么一句话，让根深叶茂的宦党慢慢分散，慢慢消磨，结果自然土崩瓦解了。只要不再有薪柴补给，原有灶里的薪柴火势再旺，又还能红火几时？

擢升将官

北宋时，禁军都指挥使张旻，依据圣旨挑选士兵，但他对士兵每每下的命令都太过严厉，士兵们心存畏惧，便暗地里商议准备叛变。此事露出了风声，宋真宗为此召集廷臣商议这件事情。

有大臣提议处罚张旻，毕竟士兵准备哗变是因他而起；也有大臣提议马上捕捉商议哗变的人，以杀鸡骇猴。

这时，宰相王旦奏言：“如果处罚张旻，那么帅臣今后还怎么服众？但马上就捕捉谋划哗变的人，那么整个京城都会震惊。陛下几次都想任用张旻为枢密使，不如现在就提拔任用他为枢密使，使他解除了兵权。如此一来，准备反叛他的士兵自然也就安心了，他们酝酿的哗变也就会自动取消了啊。”

宋真宗点头称善，即时诏令擢升之事。一场哗变的危险就这样无形中消除了。

北宋的军事制度比较独特，军队集中在京城，因此，禁军的一举一动对政权的安危都有着极大的影响。都指挥使张旻此时如坐在火山口上，稍不小心，就可能引发大地震，造成都城动乱，进而波及全国，因此，不可轻易弹压禁军；但如果就此将都指挥使张旻贬谪，又可能助长禁军的气焰，反而将事情弄得更糟。宰相王旦的此法，正可谓釜底抽薪，火山由张旻而起，将张旻调离，火山自然也就消失于无形。

耗尽弹丸

一天深夜，卓别林带了一笔钱回家。在经过一段小路时，树后突然闪出一个彪形大汉，拿着手枪逼他交出所有财物。

卓别林看着黑洞洞的枪口，情急智生，便装作浑身发抖，战战兢兢地说：“我是有点钱，可全是老板的，帮个小忙吧，在我帽子上打两枪，我回去好交代。”

强盗没有说话，但把他的帽子接了过来，“砰砰”地打了两枪。

卓别林又央求再朝他的裤脚打两枪，“这样不更逼真了，主人就不会不相信了。”

强盗不耐烦地拉起裤脚打了几枪。

卓别林又说：“请再朝衣襟上打几个洞吧。”

强盗骂着：“你这个胆小鬼，他妈的……”强盗扣着扳机，但不见枪响。

卓别林一看，知道子弹没了，便飞也似地跑远了。

没了子弹的手枪只是玩具枪一把，没有毒牙的蛇也便成了无毒蛇，知

道了这一点，若能以适当的方法手段断其弹药，拔其毒牙，再毒再厉害的家伙，也发不出什么威来了。

断其货源

在南非的一个生产和销售农业机具的大型企业集团中，销售公司和生产公司之间出现了冲突。原来，这家生产公司与别的生产公司不同，它是应集团内销售公司的需求而成立起来的。由于销售公司决定了产品的出路，于是它就强迫生产公司不断提供额外的，而且产品设计必须符合销售商所服务的那个市场某些特殊需要的产品。毫无疑问，它严重干扰了生产公司的正常运作程序。这对生产公司极其不利，结果生产公司的亏损越来越大。终于，两家公司长期的摩擦不可避免地演化为正面冲突，并摆上了台面。

对此，销售公司理直气壮："你们这些产品的全部业务都是从我们这里得到的，我们理应得到特殊优惠。如果没有我们的销售，你们公司早就关门大吉了。所以，你们有责任供应我们所需要的东西，而且应该提高生产效率来配合我们的销售进度。"

面对销售公司这番话语，生产公司无力回驳，毕竟人家公司说的是大实话。怪只怪自己一开始就"投错了胎"，低人一等。多年来，生产公司一直被销售公司紧紧控制，自己全然无利可图，如果销售公司对它的产品排斥或拒收，那么生产公司就将面临破产的危险。

但不管怎样，冲突都要想办法加以解决。如果听任事态恶化的话，对整个集团的发展是非常不利的。于是，董事长请来一个顾问，让他全权处理此事。顾问深入到两家公司，避实就虚，对两家公司的负责人进行了一番调查提问。在问话的过程中，顾问发现销售公司的负责人在回答时，要么离题甚远，要么闪烁其词，尽可能避开自己。

于是，顾问得出了这样的结论：对于问题的解决，销售公司负责人的态度是不积极的。在调查进入尾声时，顾问分别问双方负责人，是否愿意考虑某种解决方案？结果生产公司愿意接纳，而销售公司则有些不情不愿。

在进行了深入的调查之后，顾问对这一矛盾的解决已是胸有成竹。董事会采纳了顾问的建议，做出决定：在六周内关闭生产公司。这个决定让销售公司的负责人感到走投无路。因为他完全清楚生产公司的产品对他来说是何等的重要，生产公司一直是自己进货的最大渠道，更紧要的是，自己绝大部分商品都是生产公司制造的。一旦关闭生产公司，销售公司就如同无源之水，无薪之火，自然也同样面临关闭的危险。

为销售公司安危存亡计，其负责人于是主动找到生产公司的负责人，双方经过了一番比较友好的协商，重新调整了利益分配方案，力求达成共赢局面，从而解决了长期难以化解的矛盾。然后，两家公司一起向董事会提出了合作的申请，再次联手谋求双方的共同利益。

生产公司和销售公司之间的关系，之所以在看似无路之际变得柳暗花明，而且集团并没有采取任何有力的措施，譬如向销售公司施加高压等，

便得到了妥善的解决，只是因为顾问所提出的建议——关闭生产公司，同时也是给销售公司釜底抽薪，断其货源。销售公司没了货源，如同无源之水，无薪之火，为生存计，自不得不彻底让步了。

20计 混水摸鱼

“混水摸鱼”又作“浑水摸鱼”，原意是渔民们捕鱼时把水弄混浊了，鱼儿会晕头乱窜，此时用手去摸鱼，往往易于得手。混水摸鱼，它是在对方内部并没有混乱或只有一点苗头的时候，怎么去挑起其内乱，创造有利战机，然后再乘机行事，或从中取胜。

至于混水摸鱼的具体策略，不妨看看《兵法圆机·混》：“混于虚，则敌不知所击；混于实，则敌不知所去；混于奇正，则敌不知所变化。混于军、混于将，则敌不知所识。而混敌之将以赚军，混敌之军以赚将，混敌之军将以赚城营。同彼旌旗，一彼衣甲，饰被装束相貌，乘机窜入；发于腹，攻于内，彼不识，我自别。而彼不能别者，精于混也。”

“混水摸鱼”是一种乱中取胜的策略，有的时候，“水”并不混，所以无法摸“鱼”，这时可以先设法搅混“水”，然后便可乘虚而入。此计讲究的就是“混”、“乱”，“混”则使情况变得复杂，摸“鱼”的机会自然很多；“乱”则能干扰对方的心智，使之无法做出正确的应对。当然还要注意一点，那就是事情无论怎样混乱，自己一方却还是清清楚楚，彼此明白才行。

放俘归营

《魏书·侯渊传》记载了这样一个故事。

北魏大都督侯渊，率领七百精骑，疾奔袭击拥兵数万的葛荣部将韩楼。他孤军深入敌方腹地，带着一股锐气，在距韩楼大本营一百多里地之处，将韩楼的一支五千余人的部队一下子就打垮了，还抓了许多俘虏。

侯渊没有将俘虏当“包袱”背，而是将他们放了，还把缴获的马匹口粮等东西都发还给他们。侯渊的部将劝他不要放虎

归山，以免增加敌人的实力。侯渊向身边的将士们解释道：“我军仅有七百骑，兵力十分单薄，敌众我寡，无论如何不能和对方拼实力、拼消耗。我将俘虏放归，用的是离间计，使韩楼对他们起疑心，举棋不定，这样我军便能趁机攻克敌城。”将士们听了这番话，才恍然大悟。

侯渊估计那批释放的俘虏快回到韩楼据守的蓟城了，便率领骑兵连夜跟进，拂晓前就去攻城。韩楼在接纳曾被俘过的这批部下时，原本就有些不放心，现在看见侯渊紧接着就来攻城时，便怀疑这些放回来的士兵是给侯渊当内应的。于是，韩楼由疑生惧，由惧而逃，于是弃城而去。只是，还没逃多远，就被侯渊的骑兵部队追上去活捉了。

无票过关

一次，物理学家爱因斯坦乘火车到科隆开学术会议。火车快进站时，旅客们都掏出自己的车票，做好出站准备。这时车厢里有人哭了起来。原来是一位老太太，她没了车票，她的车票在中途查票时交给了列车员，过后列车员却矢口否认。

爱因斯坦一见此情景，忙走过去安慰她：“老太太，您把我的车票拿去吧。”

火车到了科隆站，同车的旅客都很担心，不知这位好心的大学者怎么能平安地走出检票口。要知道，无票乘车的人，不仅会被处以五倍的罚款，甚至还会被关进警察局！

爱因斯坦泰然自若，让那位老太太走在他前面。老太太平安地出站了，可他被拦住了，检票员向他要车票，他的脸腾地红了，检票员一见，就拉他去车站管理室。到了车站管理室后，当工作人员再次向爱因斯坦要车票时，爱因斯坦突然指责检票员粗野无礼，并且说，他的车票已经给了检票员。

那检票员先是一愣，然后也与他大吵起来。这时，站长出来了。爱因斯坦见时机到了，向站长说：“我经常乘车外出，就怕遇到这一类的麻烦事，所以养成了一个习惯，常常在车票的背面写上自己的名字。您要不信，可以在这些车票中查一查。”

站长让检票员查一查，果然有一张写着爱因斯坦的车票。检票员几乎不相信自己的眼睛，但因一时弄不清怎么回事，又不想过多地将前面的情形向站长解释，以免节外生枝，只好向爱因斯坦道歉。

“不必了。”说罢，爱因斯坦扬长而去。

大科学家爱爱因斯坦之所以敢于如此耍赖，实在是代老太太抱不平而已。至于他能如此轻松便无票混了出去，实在是因为对方做了亏心事在先，有些心虚，不敢恋战，恨不得早早收场。

上门促销

一位长相漂亮、声音温柔的女直销员，挨家挨户上门促销高档图书，以及音像制品，每月的业绩居高不下，获得了很大的成功。

一次，一位进入销售行业两年、长相也很是不俗、但业绩终是平平的

女销售员，终于抛下自己的虚荣心，请这位不比自己漂亮多少的女直销员上麦当劳，先是一番恭维，然后诚心地向她讨教推销的技巧。

得到了这位同样漂亮的小姐的恭维，这位成功的直销员很快眼里闪着亮光，悄声说："很简单。你只要专捡夫妇两人都在家时去拜访，轻言细语地对那位丈夫说明来意，详细介绍公司图书、音像制品的性能和特点，还有样品可以当场试看。最后，我告诉他，不必马上买，可以等下次来时再说。这时，旁边的女主人往往表现出积极的态度，赶忙买下我的东西。"

没想到还有这么个绝招，怪不得自己销量不高。业绩一直平平的漂亮女销售员，学了这一招后马上使用起来，果然是屡试不爽，业绩很快就有了提升。

不管业绩怎么样提升，这两位漂亮小姐其实也没想到，她们用的就是混水摸鱼之计。以自己的漂亮、热情、温柔的媚功，引诱起男主人的好感、遐思，使其迷糊、迷乱，这还不算；更厉害的是，勾引起女主人的吃醋之心。世界上不多情的男人也许不少，但不吃醋的女人却找不到一个。也许她们没有太高的智慧，但有的是花招儿和心眼儿。这样，一位可能迷糊、迷乱，另一位吃醋、夹着心眼儿，家中的"水"在两位主人不同力的作用下一片混乱，甚至还起漩涡儿，漂亮的女销售员正好混水摸鱼。

麻将计算器

记得有人讲过这样的一个故事。

一般大学里都有不少人在校外租房子。在校外租农民的房子有其优点也有其缺点。缺点自不用说，要掏钱，还有时玩得忘了读书的大事，等等；优点是安静、自由，方便谈恋爱、娱乐、玩扑克麻将牌什么的，也很少受人管制。

那时，打牌一般都在校外，而且在女生宿舍里，校卫队的人一般查女生宿舍的少，牌打得比较安心。还有就是女生宿舍比较温馨浪漫，大家在有限的空间里，挤坐在床沿上，正好偷偷摸摸发展男女恋情关系。也正因如此，大学里面扑克麻将打得不亦乐乎，甚至有人一打就是两三年。

且说有天晚上，大家又在长城上激战。没想到从哪里冲出一支人马，弄得门剧烈地响起来。一听，原来是校卫队的声音。此时，像有人抓壮丁一般，两个男生打开后窗户便跳了出去，没身于一片黑暗之中。原来窗后是一块松软的土地，很容易着陆。

男生是跑了，现场却未来得及打扫。校卫队进门的时候，麻将牌还铺在桌子上，拢成一个小土堆似的。有个队员问："打麻将的人呢？"没人吭声。

"麻将牌是谁的？"

这时有个女生站出来说是她的。

"知不知道这是赌具？"

"不知道，我是借来演算代数的，相当于计算器。"该女生轻声而有力地说。

"演算代数？计算器？"校卫队队员的眼睛鼓得圆溜溜的。

该女生接着问他们："知不知道我国最伟大的数学家祖冲之?"

见他们摇头，她又漫不经心地说下去："就是祖冲之把圆周率精确到小数点以后七位，就是3.1415926。那时候没有计算器，更没有电脑，他当年主计算圆周率就是拿竹筹摆弄出来的。那些竹筹呢，后来就演变成了这桌上的麻将。"

校卫队的人像听天书似的，呆了，反正人没抓着，只好偃旗息鼓，草草收兵。

之所以该女生能够如此混水摸鱼，将校卫队的队员们一个个头都搅晕了，一是因为打麻将的男生已不知去向，"水"已经有些混了；二是因为那些队员们没什么数学常识，他们就算想插话也插不进，免得自己出乖露丑；三呢，也是该女生镇静自若，对方就是恋战下去也未必能捞到什么便宜。如此浑水一潭，校卫队的队员们自然得早早收兵了。

21计 察微知著

弦动别曲，叶落知秋。有经验的人多能观天色而知风雨，有智慧的人也大多懂得察微知著。《易经》中将这一点称为"知几其神"，其中的"几"，指的就是事物细微的变动，也是指吉凶祸福的预兆。有智慧的人不会消极地等待事情的自然结果，他们能够见机而作，依据事物细微的变化，判断事态的发展情况，以便及时掌控事态的进展方向与速度，趋吉避凶，使人生之船顺利前行。

事物之间不是孤立的，而是有着各种各样的联系。"一羽示风向，一草示水流"，从大自然的一草一羽中我们可以体察出一些即使极细微、不能为人显而易见的情况。而这表面细微的变化，需要我们用心去捕捉，去判断事态发展的方向，从表象看出其本质，从事物的一点看出全貌来。世间的许多发现，便是人们从这样那样的联系中探索出来。因此，生活中不单要善于睁开敏锐的眼睛，还要打开心灵的慧眼。

而在人际交往上，我们也可以运用自己的洞察能力，识人察人，察言观色，从他人的面上看穿其内心想法或意图，以及时掌控事态的进展方向与速度，趋吉避凶，或者用以识别他人的谎言或骗术，有效地保护自己。

一双象牙筷

现代人曾就我国古代历史总结出了。"中国历史十大定律"，其中一个重要的定律就是"象牙筷定律"。这个定律讲的是有关箕子的一段历史故事。

殷纣王即位不久，命工匠为他琢一双象牙筷。身为太师的箕子一听说象牙筷，就吓得脸色发青，直打哆嗦。下朝后有人问他，他说："象牙筷肯定不能配瓦器，而要配犀角雕的碗、白玉琢的杯子。有了玉杯，肯定不能盛野菜粗粮，而要盛山珍海味才相配。吃了山珍海味就不愿再穿粗葛短

衣，也不愿再住茅屋陋室，而要穿锦绣的衣服，乘华丽的车马，住高楼大厦。这样下去，我们国境内的物品将无法满足他的欲望，就要到境外各国去搜求奇珍异宝。从象牙筷子开端，我预测到了日后发展的结果，我不禁为他担心。”

事态的发展不出箕子所料，纣王的贪欲果然越来越大。纣王命人抓了上千万的劳工，修建占地三里的鹿台和白玉为门的琼室，并从各处搜求奇珍异宝、奇禽怪兽充塞其中。同时以酒为池、悬肉为林，让男女赤身裸体嬉逐其中，再由一帮侍臣、后宫佳丽陪着自己，通宵畅饮。

忠臣比干数次劝谏，纣王恼怒之下，把他的心肝剜出，说：“比干自以为圣人，听说圣人的心有七窍，我倒要看看比干的心究竟怎样！”

箕子复谏无效，就装疯扮傻起来，披散头发，胡言乱语，纣王关在囚牢里，自行其假痴不癫之计。

终于，百姓怨而诸侯叛，纣王遂亡其国，自身“赴火而死”。新朝周武王释放囚徒，邀箕子再出来做官，箕子不愿，去深山隐居去了。

箕子察微知著，只从一双象牙筷便预测到了日后发展的恶性结果。为什么事态会如箕子所言，一步一步地发展下去？既然大臣们大多察觉了这一点，或许纣王本人也有所察觉，为什么事情还会如此发展下去？事情是偶然性呢，还是必然？

箕子到底是怎么能够做到如此准确的预测的呢？原来，他根据的就是人的本性，人的欲望的规律而总结出了如此事态发展的必然规律。他知道，世人的贪欲，没有止境。正如俗语所说“得寸进尺，得陇望蜀”，当第一个欲望被满足之后，第二个欲望接踵而来。一个接一个，胃口越来越大。最后的结果，是“贪心不足蛇吞象”，是洪水决堤，难以收场。

揣摩意图

汉高祖刘邦杀了项羽，平定天下之后，开始论功行赏。刘邦认为萧何功劳最大，就封萧何为侯，封地也最多，但群臣却心中不服。在封赏勉强确定之后，对席位的高低先后又起争议。君臣议论纷纷：“平阳侯曹参身受九次伤，而且攻城略地，功劳最多，应当排他第一。”

刘邦因为在封赏时已经委屈了一些功臣，多封了许多给萧何，所以在席位上也不好再坚持，但心中还是想将萧何排在首位。这时，关内侯鄂君暂时将身边众人的议论摒弃于心外，察看着刘邦脸上的神情。

刘邦何等人物，脸上自然是不露声色，让人摸不清他内心在想些什么。不过，当年刘邦封韩信为帅时，君臣是何等意气风发，此次江山已定，大封天下第一功臣，其脸上至少应有一些喜色才是啊！哦，有什么不对呢？想到这里，鄂君心下豁然明了刘邦的意图，就不顾众大臣的反对，上前说道：“臣以为，曹参虽然有攻城略地的功劳，但这只是一时之功。而且，他在与楚霸王对抗五年时，也时常丢掉部队，四处逃避。而萧何却常常从关中派兵员填补战线上的漏洞。楚、汉在荥阳对抗了好几年，军中缺粮，都是萧何转运粮食补给关中，粮饷才不至于匮乏。再说皇上有好几次逃到山东，都是靠萧何保全关中，才能接济皇上的，这才是立世之功。

如今即使少了一百个曹参，对汉朝又有什么影响？我们汉朝也不必靠他来保全啊！难道一时之功能够高过立世之功么？臣主张萧何第一，曹参其次。”

刘邦听了鄂君的一番陈辞，喜悦之形即时溢于言表，忙说：“好，说得好！”于是下令萧何排在第一，可以带剑入殿，上朝时也不必急行。

明眼人一看就知道刘邦宠幸萧何，虽然在安排入朝的席位上，刘邦表面上不再坚持，但作为最高统帅，刘邦自是比谁都清楚谁的功劳最大。鄂君揣摩出了他内心的意向，于是顺水推舟，迎合了刘邦的意图，刘邦自然高兴。鄂君因此而被改封为“平安侯”，封地也比原来多了近一倍。在关键时刻，鄂君替刘邦说出了内心想说又不便的话，因此使得自己一生倍享荣华富贵。

察人性格

洞察他人气质，分辨其性情是一门伟大的艺术。言辞能透露出一个人的品格，行动能透露人的东西则更多。你要以敏锐的观察和良好的判断力穿透对方表面的慎重与矜持。研读人性，应如精读一本书一样读透。一个人的行事举动，是其内在性格与实力的外现。所以，我们可以凭着敏锐的观察和良好的判断力，通过其言行来辨识人的品格性情，以明察其意图。

1942年3月，希特勒下令搜捕德国所有的犹太人。68岁的贾迪·波德默将全家人叫到一起，共同商量逃生的办法。最后想出一个办法：向德国的非犹太人求助，争取他们的保护。

办法定下来之后，关键是选择求助对象。两个儿子认为，应当向银行家金·奥尼尔求助，因为金·奥尼尔一直把波德默家族视为他的恩人。波德默家族拥有潘沙森林的采伐权，是有名的木材供应商。金·奥尼尔是一家银行的小股东，他是在波德默家族的资助下发家的。四十年来，为了支持金·奥尼尔打败竞争对手，波德默家族的钱，一直都存在他的银行。而金·奥尼尔本人也曾多次表示，如果波德默家族有什么需要，尽管找他。

父亲贾迪·波德默却不同意向银行家金·奥尼尔求助，而应该向拉尔夫·本内特求助才好。拉尔夫·本内特是一位木材商人，波德默家族的人是为他打工起家的，经过他的资助，波德默才有了后来的家业。虽然很少往来，但自己心里从没断绝过感激和思念。最后，贾迪·波德默说，你们还是去求助拉尔夫·本内特先生吧，虽然我们欠他的很多。

第二天一早，两个儿子出发了。在路上，二儿子说：“我们不应该向拉尔夫·本内特先生求助，上次我见到他时，他还提起那七百吨木材的事情。要去，你自己去吧！我要去求助金·奥尼尔。”兄长艾森·波德默见弟弟执意如此，也无办法，无奈，兄弟二人各走各路。艾森·波德默去了木材商的家，其弟则去了银行家那儿……

六年以后，希特勒纳粹政权早已垮台。艾森·波德默，从日本辗转回到德国，寻找当年失散的弟弟。他四处打听，都无有音信。后来，他从纳粹档案中查到这么一条记录：银行家金·奥尼尔来电，家中闯入一名年轻男子，怀疑是犹太人。

再过两年后，艾森·波德默定居美国，并在美国安度晚年，直到2003年年底去世。他留给子孙一部回忆录，书中主要讲述他在木材商拉尔夫·本内特的冒险帮助之下，怎样偷渡日本，保全性命的。该书的封面上写着：献给父亲贾迪·波德默先生！

生意是生意，恩情是恩情，性命是性命，安乐时是一回事，患难时又是另一回事，唯一持久可靠，历经种种情境而不易本色的，是一个人的本性。因此，在人生的重要关头，有时甚至是需要以生命相托付的时候，我们一定不要被尘世的浮杂而迷惑，而要凭借自己的一双锐眼，一颗慧心，去细细观察，去用心感受，什么是真，什么是善。

掌控得失

为人处世不可急功近利，不能仅仅盯着眼前的利益，眼光要放长远，要经受得住眼前蝇头小利的诱惑，去把握住生命中真正值得我们去追求的东西。在贫困时候，能够勇于拼搏，为理想前程而努力奋斗，但能够拒绝他人利益的诱惑，能够明察出他人拿自己命运作交换的意图；居安思危，能够在富贵之时，清楚地认清所处的形势，急流勇退。

清朝雍正年间的大将年羹尧在镇守西安之时，广求天下之士，厚养于其府中。有一位孝廉叫蒋衡，应聘前往。年羹尧非常爱惜他的才华，对他说："下科状元一定非你莫属。"

年羹尧说话口气如此之大，正是依仗他自己的功劳以及与皇帝的特殊关系。蒋衡见他威福自用，骄奢之极，就对他的一个同僚说："年羹尧德不胜威，当今万岁英明神武，年羹尧大祸必至，我们不可久居此处。"他的同僚都不相信，年羹尧的权势正如日中天，多少人想巴结都巴结不上，多少人削尖了脑袋想投奔到他的门下呢。

蒋衡不顾同僚劝阻，执意称病回家。年羹尧挽留不住，取千两黄金相赠，蒋衡坚辞不受，最后在年羹尧的坚持下，只接受了一百两黄金。蒋衡回到家不久，年羹尧果然就出事了，牵连了不少人。而年羹尧一向奢华，送人不到五百两黄金的，从来不登记，蒋衡因为只接受了百两之赠，从而确保了自己平安无事。

能够从他人的一句话中看出他的品性，并且预见出他日后的命运，蒋衡真可谓人生的智者。他见微知著，从年羹尧骄横跋扈，倚功自傲这点上测知其大祸必至，可谓目光长远；他能够执意回家，并且坚辞年羹尧的千两黄金，对于一个贫穷失志的士人来说，又需要多大的毅力呢？当然，这份明察与毅力，也带来了一生丰厚的收获，只因为这样，命运才掌握在自己手中。

人生就像一盘棋局，错综复杂。仅仅能够看清下一两步走法的棋手算不上怎么高明；要下好这盘棋，必须要有长远的战略眼光，能够通盘掌握棋局，要能够看清接下来的多步走法，能够预测事态的发展方向。

识人阴谋

"一羽示风向，一草示水流"，从大自然的一草一羽中我们可以体察

出一些即使极细微、不能为人显而易见的情况。而这表面细微的变化，需要我们用心去捕捉，去判断事物发展的方向，从表象看出其本质。

有这样一则寓言故事。

一头年老体弱的狮子，无力自行觅食，只好躺在洞穴中。它呼吸困难，说话有气无力，一副病入膏音的样子。

这消息很快在兽群中传开了，大家都为病狮哀伤不已，它们一个接一个地来探望狮子。哪知道这头狮子就这样呆在自己的洞穴中，轻而易举地把探望者一个个捉住吃掉。

狐狸对这件事有些怀疑，最后也来看了究竟。它站得远远地恭问万兽之王安好。狮子道："啊，我最亲爱的朋友，是你呀！为什么站得那么远？来，好朋友，在我这可怜的狮子耳边说句话吧，我快不行啦。"

"愿上帝保佑你！"狐狸说，"但请原谅我，我不能久留。老实说，我感到十分不安，我看到的都是走进洞去的脚印，而没有看到走出来的。"

凡事进易退难，所以，当环境处于凶险莫测之地，当事物存在某些异常状况时，一定要保持一颗警惕的心，洞察细微，把握全局，谋定而后动，才是生存的不二法门。